阜宁年鉴

FUNING YEARBOOK

2022

阜宁县地方志编纂委员会办公室　编

江苏人民出版社

图书在版编目（CIP）数据

阜宁年鉴. 2022 / 阜宁县地方志编纂委员会办公室编. -- 南京 : 江苏人民出版社, 2022.11
ISBN 978-7-214-27733-6

Ⅰ. ①阜… Ⅱ. ①阜… Ⅲ. ①阜宁县—2022—年鉴 Ⅳ. ①Z525.34

中国版本图书馆CIP数据核字(2022)第232155号

书　　名	阜宁年鉴（2022）
编　　者	阜宁县地方志编纂委员会办公室
责任编辑	王　田
出版发行	江苏人民出版社
出版社地址	南京市湖南路1号A楼，邮编：210009
装帧设计	南京德玺文化发展有限公司
印　　刷	南京凯德印刷有限公司
开　　本	889mm × 1194mm　1/16
印　　张	21
字　　数	800千字
版　　次	2022年11月第1版
印　　次	2022年12月第1次印刷
标准书号	ISBN 978-7-214-27733-6
定　　价	298.00元（精装）

单位地址：江苏省阜宁县阜城大街 45 号楼 5-102，
阜宁县地方志编纂委员会办公室

邮政编码：224400

办公电话：0515-87238825

传真号码：0515-87238825

电子邮箱：fndsb829@126.com

《阜宁年鉴（2022）》手机版

编纂说明

一、《阜宁年鉴》是由阜宁县人民政府主办，县地方志编纂委员会办公室组织编纂的县级综合年鉴。《阜宁年鉴》创办于1994年，并于年内出版《阜宁年鉴（1986—1992）》，而后停止。2002年恢复，并于年内出版《阜宁年鉴（1993—2000）》，又停止。2009年再恢复，并坚持逐年出版，本卷为第16卷。

二、《阜宁年鉴（2022）》以马克思列宁主义、毛泽东思想、邓小平理论、“三个代表”重要思想、科学发展观、习近平新时代中国特色社会主义思想为指导，坚持辩证唯物主义和历史唯物主义的立场、观点和方法，旨在全面、系统地记述阜宁县2021年度自然、政治、经济、文化、社会、生态建设等方面情况，客观、真实地反映全县各行各业取得的新成就、新经验以及需要解决的新矛盾和新问题，为社会各界了解阜宁、研究阜宁提供资料信息，为各级领导科学决策提供参考依据，为编修地方史志书籍积累地情史料，注重资料性、思想性和科学性的统一。

三、本卷采用分类编辑法，基本结构分为类目、分目、条目3个层次，以条目为主要记事载体，大部分条目一事一记，部分条目综合记事，内容交叉的条目用参见法，以免重复。条目标题力求精炼，在形式上用【 】标示。

四、本卷卷首设“大事记”，纵贯年度脉络，设“特载”，提取年度要点，设“县情概览”，横呈全县总貌。本卷主题划分类目、分目，分别记述阜宁县各个领域、各个行业年度情况；卷末设“镇区 街道 社区”“人物”“荣誉栏”“统计资料”“附录”“索引”。条目文稿和入鉴资料绝大部分由县直各部门、各单位和各镇区（街道）提供，并经供稿单位领导人审核签发。《阜宁年鉴》编辑部按照地方综合年鉴规范对文稿进行编辑，并采集部分资料，直接撰写部分文稿。入鉴数据由于来源、口径不同，会有某些出入，读者使用时请以县《阜宁统计年鉴》为准。

五、本卷记述起迄时间原则上为2021年1月1日至2021年12月31日，为保持内容资料的完整性和连续性，根据记述需要，部分文字资料适当上溯或下延，2021年度获得的奖项在2022年授予的一并收录。

六、文稿中“省”指江苏省，“市”指盐城市，“县”指阜宁县，其他省、市、县均有省名、市名、县名。

七、本卷年鉴卷首设目录，卷末设主题索引。全书统一页眉，读者可依据上述检索系统迅速查阅相关内容资料。2009年起，《阜宁年鉴》随书赠送数据光盘。2016年起，《阜宁年鉴》入载阜宁政府网。2019年起，可通过二维码形式链接全文，读者可在手机上下载查阅。

八、《阜宁年鉴（2022）》的编辑出版工作得到全县各镇区（街道）、各部门、各单位的鼎力支持和全体供稿人员的辛勤付出，在此谨表谢意。由于水平有限，粗疏、错漏之处在所难免，敬请广大读者批评指正。

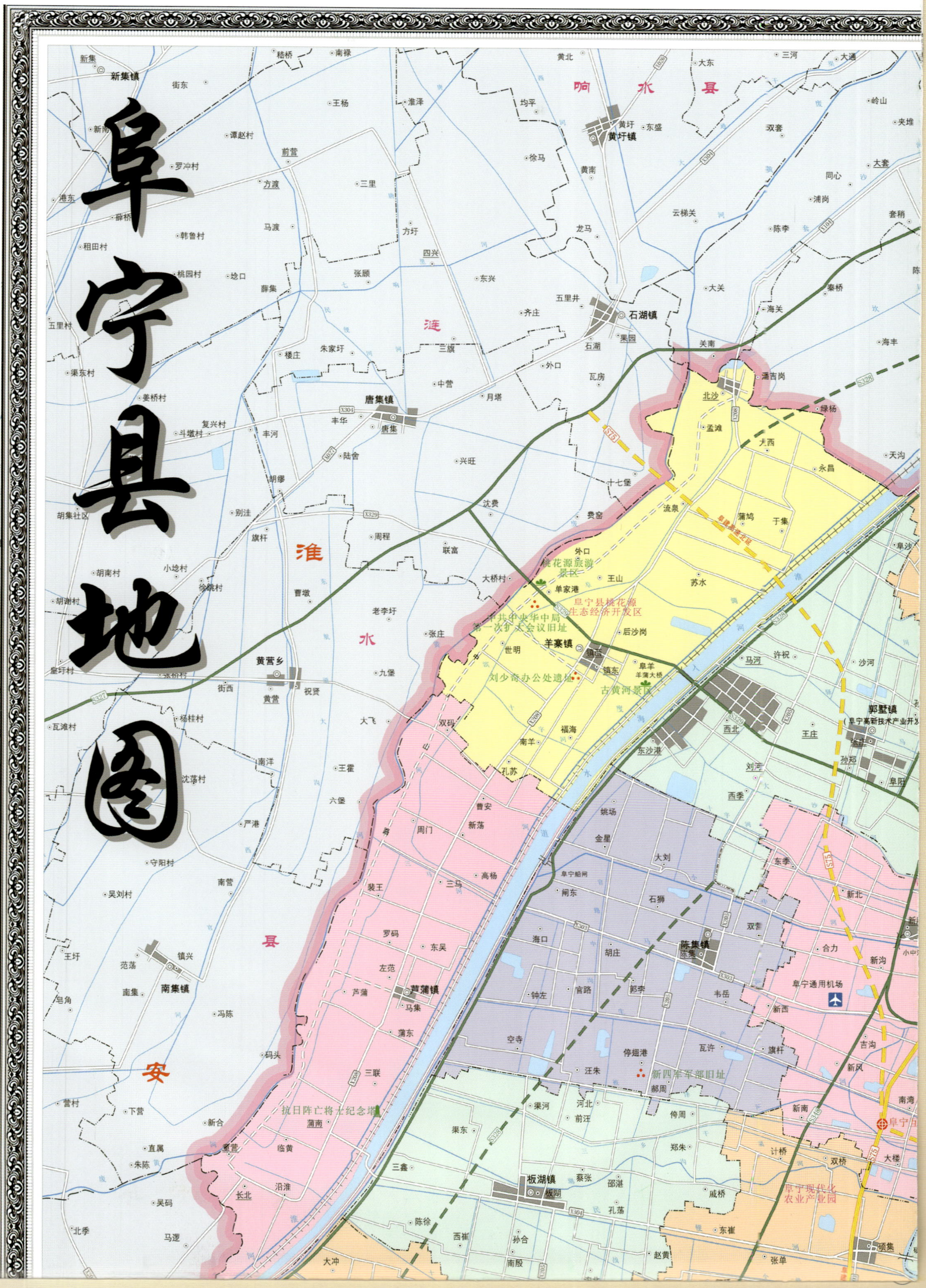
阜宁县地图
响水县
涟水县
淮安县
新集镇
黄圩镇
石湖镇
唐集镇
黄营乡
羊寨镇
郭墅镇
陈集镇
芦蒲镇
南集镇
板湖镇
新集
街东
稽桥
南禄
黄北
大东
三河
大通
王杨
淮泽
均平
东盛
双套
岭山
夹堆
新南
谭赵村
前营
徐马
黄南
同心
大套
罗冲村
三里
方渡
浦岗
淮东
薛桥
马渡
方圩
云梯关
陈李
套稍
韩鲁村
龙马
租田村
四兴
桃园村
埝口
张顾
东兴
大关
秦桥
薛集
五里井
齐庄
海关
五里村
朱家圩
三旗
楼庄
果园
关南
海丰
渠东村
石湖
外口
瓦房
潘吉岗
中营
姜桥村
月塘
北沙
绿杨
丰华
复兴村
斗墩村
丰河
孟滩
陆舍
兴旺
尤西
天沟
胡缪
十七堡
永昌
胡集社区
别注
沈费
流泉
蒲鸠
于集
周程
费窑
旗杆
联富
淮
水
外口
桃花源旅游景区
王山
胡南村
小埝村
单家港
苏水
徐桃村
大桥村
胡谢村
曹墩
老李圩
中共中央华中局第一次扩大会议旧址
阜宁县桃花源生态经济开发区
后沙岗
张庄
世明
镇西
阜羊
羊寨大桥
许祝
沙河
马河
九堡
刘少奇办公处遗址
镇东
古黄河景区
皇圩村
街西
黄营
祝贤
大飞
双码
西北
王庄
阜宁高新技术产业开发区
瓦滩村
杨柱村
福海
南洋
南羊
东沙港
孙郑
沈落村
王霍
孔苏
刘河
六堡
西季
阜阳
曹安
姚场
严港
新荡
金星
周门
东季
守阳村
大刘
高杨
南营
三马
裴王
闸东
石狮
新北
吴刘村
罗码
海口
双套
合力
东吴
胡庄
陈集
县
王圩
镇兴
左范
新沟
范落
芦蒲
马集
阜宁通用机场
南集
钟左
官路
郭李
韦岳
新西
皂角
冯陈
蒲东
空寺
瓦许
吉沟
停翅港
旗杆
码头
三联
汪朱
新四军军部旧址
新风
郝周
安
营村
下营
河北
渠河
南湾
前汪
抗日阵亡将士纪念塔
新合
蒲南
侍周
阜宁
新南
渠东
郑朱
计桥
双桥
直属
童营
临黄
大楼
三鑫
朱陈
板湖
蔡张
邵湛
阜宁现代化农业产业园
戚桥
沿淮
吴码
孔荡
长北
陈徐
东崔
北季
西崔
孙合
颜集
马逻
赵黄
大冲
南殷
张单

【刘灯付】

1919年2月10日出生，1948年7月加入中国共产党，1946年参加工作，至2021年底党龄73年。

【祁玉芳】

1920年10月10日出生，1944年6月加入中国共产党，1937年参军，至2021年底党龄78年。

【郭正科】

1922年11月19日出生，1945年1月加入中国共产党，至2021年底党龄77年。

让幸福照进来

——党旗映红幸福脸

【刘华山】

1923年3月12日出生，1946年6月加入中国共产党，1943年10月参军，至2021年底党龄76年。

【陈玉生】

1923年3月29日出生，1938年4月加入中国共产党，1937年参加革命，至2021年底党龄84年。

【徐兆祥】

1923年7月11日出生，1942年3月加入中国共产党，至2021年底党龄80年。

让幸福照进来
——党旗映红幸福脸

庆祝中国共产党成立100周年
The 100th Anniversary of the Founding of The Communist Party of China

【洪　萍】

1923年8月21日出生，1949年8月加入中国共产党，至2021年底党龄73年。

【徐宝用】

1923年12月5日出生，1948年4月加入中国共产党，参加过游击队，至2021年底党龄74年。

【刘志祥】

1924年10月16日出生，1948年10月加入中国共产党，1946年5月参军，参加过渡江战役，至2021年底党龄74年。

让幸福照进来
——党旗映红幸福脸

【王福亚】

1925年4月1日出生，1946年7月加入中国共产党，至2021年底党龄76年。

【张德勤】

1925年11月19日出生，1947年12月加入中国共产党，1944年6月参军，曾参加过涟水保卫战、东沟战役、益林战役。至2021年底党龄75年。

【查其凯】

1925年12月18日出生，1948年6月加入中国共产党，1946年参军，参加过在淮海战役、渡江战役、抗美援朝战争。至2021年底党龄74年。

让幸福照进来
——党旗映红幸福脸

【徐金华】

1926年2月16日出生，1946年5月加入中国共产党，至2021年底党龄76年。

【徐新华】

1926年5月16日出生，1946年7月加入中国共产党，1947年4月参军，至2021年底党龄76年。

【王秀方】

1927年6月16日出生，1949年7月加入中国共产党，至2021年底党龄73年。

让幸福照进来

——党旗映红幸福脸

【冯广英】

1926年8月10日出生，1945年3月加入中国共产党，至2021年底党龄77年。

【王正春】

1926年8月29日出生，1946年4月加入中国共产党，参加过游击队、土地改革等工作，至2021年底党龄76年。

【刘玉梅】

1926年10月25日出生，1948年4月加入中国共产党，至2021年底党龄74年。

让幸福照进来
——党旗映红幸福脸

庆祝中国共产党成立100周年
The 100th Anniversary of the Founding of The Communist Party of China

【左华功】

1926年12月26日出生，1948年1月加入中国共产党，至2021年底党龄74年。

【周德位】

1927年2月10日出生，1949年4月加入中国共产党，曾参加过游击队，至2021年底党龄73年。

【陆成志】

1927年2月1日出生，1947年1月加入中国共产党，1946年参军，至2021年底党龄75年。

让幸福照进来

——党旗映红幸福脸

庆祝中国共产党成立100周年
The 100th Anniversary of the Founding of The Communist Party of China

【丁风珠】

1927年10月28日出生，1949年3月加入中国共产党，参加过涟水战役、胡集战斗，至2021年底党龄73年。

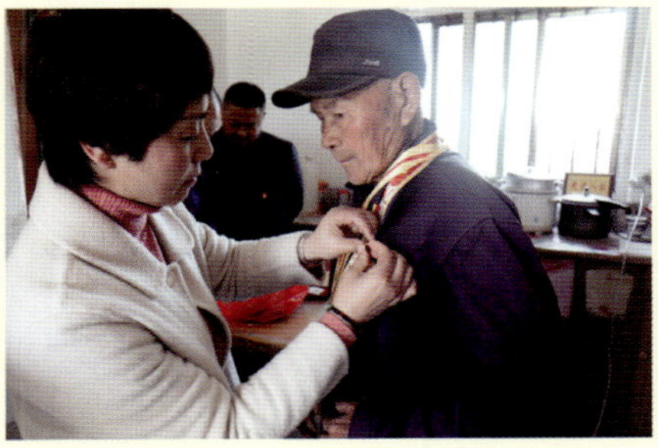

【翟　华】

1927年11月14日出生，1949年3月加入中国共产党，1946年参军，在战斗中一只眼失明，荣立一等功1次、二等功3次，是二等伤残军人。至2021年底党龄73年。

【曹加常】

1928年1月9日出生，1945年2月加入中国共产党，2021年6月病故，党龄77年。

让幸福照进来
——党旗映红幸福脸

庆祝中国共产党成立100周年
The 100th Anniversary of the Founding of The Communist Party of China

【李云干】

1928年2月10日出生，1946年10月加入中国共产党，1946时参军，参加过涟水战役、淮海战役、开封战役、渡口战役、孟良崮战役等。至2021年底党龄76年。

【徐宝会】

1928年2月18日出生，1948年10月加入中国共产党，1946年参军，参加过解放战争，至2021年底党龄74年。

【顾 云】

1928年3月1日出生，1948年8月加入中国共产党，至2021年底党龄74年。

让幸福照进来

——党旗映红幸福脸

【孙玉恩】

1928 年 3 月 6 日出生，1945 年 2 月加入中国共产党，参加过游击战，至 2021 年底党龄 77 年。

【张学英】1928 年 6 月 29 日出生，1948 年 6 月加入中国共产党，至 2021 年底党龄 74 年。

【祖庆生】

1928 年 12 月 24 日出生，1949 年 8 月加入中国共产党，13 岁就参加儿童团，至 2021 年底党龄 73 年。

让幸福照进来

——党旗映红幸福脸

【费定山】

1928 年 7 月 16 日出生，1948 年 7 月加入中国共产党，1944 年加入游击队，曾参加益林战役，至 2021 年底党龄 74 年。

【钱长良】

1928 年 7 月 27 日出生，1948 年 1 月加入中国共产党，参加过苏咀战役、益林战役、涟水战役、淮海战役，至 2021 年底党龄 74 年。

【吴凤兰】

1928 年 8 月 8 日出生，1946 年 3 月加入中国共产党，至 2021 年底党龄 76 年。

让幸福照进来

——党旗映红幸福脸

【陈士楼】

1928 年 9 月 13 日出生，1949 年 1 月加入中国共产党，参加过抗美援朝战争，至 2021 年底党龄 73 年。

【韩德先】

1928 年 9 月 18 日出生，1948 年 1 月加入中国共产党，参加过淮海战役搬运队，至 2021 年底党龄 74 年。

【岳步腾】

1928 年 9 月 29 日出生，1948 年 2 月加入中国共产党，至 2021 年底党龄 74 年。

让幸福照进来
——党旗映红幸福脸

庆祝中国共产党成立100周年

【杨锦国】

1928年12月3日出生，1949年5月加入中国共产党，参加过渡江战役后勤工作，至2021年底党龄73年。

【王金和】

1929年1月8日出生，1949年5月加入中国共产党，参加过罗桥区剿匪工作，至2021年底党龄73年。

【施作林】

1929年1月22日出生，1949年7月加入中国共产党，参加过淮海战役、渡江战役，至2021年底党龄73年。

让幸福照进来
——党旗映红幸福脸

【杨广才】

1929 年 2 月 17 日出生，1949 年 3 月加入中国共产党，1946 年参军，参军后多次参加战斗，荣立二等功一次，至 2021 年底党龄 73 年。

【王梓铨】 1929 年 3 月 7 日出生，1947 年 2 月加入中国共产党，至 2021 年底党龄 75 年。

【戴廷铨】

1929 年 3 月 13 日出生，1949 年 3 月加入中国共产党，至 2021 年底党龄 73 年。

让幸福照进来

——党旗映红幸福脸

庆祝中国共产党成立100周年
The 100th Anniversary of the Founding of The Communist Party of China

【吴必祥】

1929年3月31日出生，1949年1月加入中国共产党，1946年10月入伍，参加过上海战役、杭州战役。福建漳州战役、抗美援朝战争，至2021年底党龄73年。

【何兆康】

1929年4月18日出生，1949年6月加入中国共产党，1949年2月入伍，至2021年底党龄73年。

【朱洪达】

1929年4月26日出生，1945年3月加入中国共产党，至2021年底党龄77年。

让幸福照进来
——党旗映红幸福脸

【薛为秀】

1929年4月30日出生，1949年6月加入中国共产党，1948年参加工作，至2021年底党龄73年。

【范华山】 1928年6月14日出生，1949年8月加入中国共产党，至2021年底党龄73年。

【闵连国】

1929年7月9日出生，1946年4月加入中国共产党，至2021年底党龄76年。

让幸福照进来

——党旗映红幸福脸

庆祝中国共产党成立100周年
The 100th Anniversary of the Founding of The Communist Party of China

【朱月芝】

1929 年 9 月 18 日出生，1949 年 2 月加入中国共产党，1944 年参军，参加过益林战役、渡江战役，至 2021 年底党龄 73 年。

【许正功】

1929 年 10 月 29 日出生，1946 年 11 月加入中国共产党，1947 年 5 月参军，参加过淮海战役，至 2021 年底党龄 76 年。

【衡亚男】

1929 年 12 月 23 日出生，1945 年 5 月加入中国共产党，参加过菱陵保卫战，至 2021 年底党龄 77 年。

让幸福照进来
——党旗映红幸福脸

【潘学英】

1930年1月4日出生，1949年5月加入中国共产党，至2021年底党龄73年。

【李广标】

1930年1月15日出生，1948年10月加入中国共产党，1949年3月参加民兵工作，至2021年底党龄74年。

【林连奎】

1930年2月2日出生，1949年8月加入中国共产党，1949年参军，至2021年底党龄73年。

让幸福照进来
——党旗映红幸福脸

【孟兆仁】

1930年2月11日出生，1947年11月加入中国共产党，至2021年底党龄75年。

【李付宰】

1930年4月8日出生，1949年1月加入中国共产党，至2021年底党龄73年。

【祁国芳】

1930年4月29日出生，1949年1月加入中国共产党，曾在淮海战役期间为党组织传送情报。至2021年底党龄73年。

让幸福照进来
——党旗映红幸福脸

【陆锡华】

1930 年 6 月 10 日出生，1948 年 8 月加入中国共产党，参加过益林战役，至 2021 年底党龄 74 年。

【周德连】

1930 年 9 月 17 日出生，1948 年 8 月加入中国共产党，1946 年参加中国人民解放军，先后参加过渡江战役、抗美援朝等战役。至 2021 年底党龄 74 年。

【季红芳】

1930 年 11 月 29 日出生，1949 年 2 月加入中国共产党，至 2021 年底党龄 73 年。

让幸福照进来

——党旗映红幸福脸

【许乃顺】

1931 年 2 月 10 日出生，1948 年 5 月加入中国共产党，1947 年 3 月参加工作，至 2021 年底党龄 74 年。

【蒋 云】

1931 年 2 月 26 日出生，1947 年 10 月加入中国共产党，曾担任妇女民兵队长，至 2021 年底党龄 75 年。

【戴秀兰】

1931 年 4 月 10 日出生，1947 年 7 月加入中国共产党，至 2021 年底党龄 75 年。

让幸福照进来
——党旗映红幸福脸

【孙凤祥】

1931年8月5日出生，1949年9月加入中国共产党，至2021年底党龄73年。

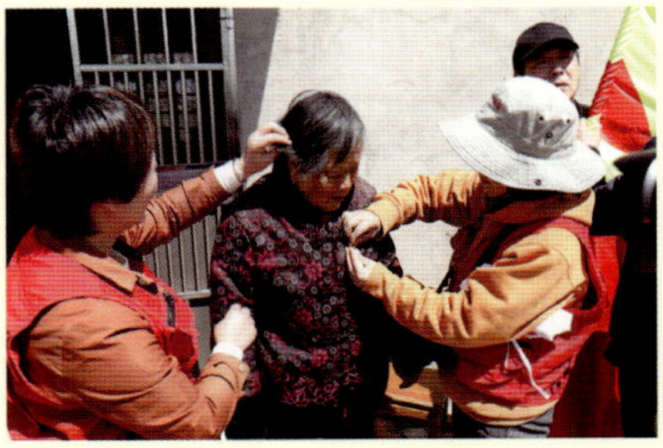

【陈玉珍】1931年11月13日出生，1949年6月加入中国共产党，至2021年底党龄73年。

【金秀英】

1931年12月11日出生，1949年9月加入中国共产党，至2021年底党龄73年。

让幸福照进来

——党旗映红幸福脸

庆祝中国共产党成立100周年
The 100th Anniversary of the Founding of The Communist Party of China

【邓 清】

1932年1月3日出生，1947年6月加入中国共产党，1948年入伍，参加过淮海战役，至2021年底党龄75年。

【杨玉英】

1932年2月19日出生，1948年9月加入中国共产党，至2021年底党龄74年。

【周明连】

1932年4月15日出生，1949年5月加入中国共产党，至2021年底党龄73年。

让幸福照进来
——党旗映红幸福脸

【刘训梅】

1932年5月12日出生，1949年9月加入中国共产党，做过地下交通员，至2021年底党龄73年。

【王玉霞】

1932年5月29日出生，1948年6月加入中国共产党，至2021年底党龄74年。

【柏朝元】

1932年9月27日出生，1949年9月加入中国共产党，至2021年底党龄73年。

让幸福照进来
——党旗映红幸福脸

【黄 海】

1932年11月21日出生，1949年1月加入中国共产党，至2021年底党龄73年。

【陈必元】

1932年12月27日出生，1947年6月加入中国共产党，至2021年底党龄75年。

【侍梅英】

1933年1月5日出生，1949年3月加入中国共产党，至2021年底党龄73年。

让幸福照进来
——党旗映红幸福脸

【胡效英】

1933年1月8日出生，1949年8月加入中国共产党，至2021年底党龄73年。

【卢秀英】 1933年1月10日出生，1948年3月加入中国共产党，至2021年底党龄74年。

【张建荣】

1933年1月19日出生，1949年5月加入中国共产党，1948年参军，至2021年底党龄73年。

让幸福照进来
——党旗映红幸福脸

【夏怀碗】

1933年1月27日出生，1949年6月加入中国共产党，1949年参加工作，至2021年底党龄73年。

【曹　正】

1933年5月1日出生，1948年10月加入中国共产党，1947年入伍，参加过淮海战役、渡江战役、开国大典、抗美援朝，至2021年底党龄74年。

【陈学英】

1933年6月17日出生，1948年4月加入中国共产党，至2021年底党龄74年。

让幸福照进来
——党旗映红幸福脸

【戴 凤】

1933 年 7 月 23 日出生，1949 年 3 月加入中国共产党，1946 年参加工作，至 2021 年底党龄 73 年。

【郑才之】

1934 年 6 月 19 日出生，1949 年 8 月加入中国共产党，1955 年参军，至 2021 年底党龄 73 年。

【戴元秀】

1935 年 2 月 25 日出生，1949 年 7 月加入中国共产党，17 岁参加工作，至 2021 年底党龄 73 年。

让幸福照进来
——党旗映红幸福脸

【边桂金】

1936年4月14日出生，1948年6月加入中国共产党，1950年12月入伍，参加过抗美援朝，至2021年底党龄74年。

【陈　桂】

1937年5月13日出生，1949年2月加入中国共产党，至2021年底党龄73年。

【周学梅】

1949年7月加入中国共产党，至2021年底党龄73年。

让幸福照进来
——党旗映红幸福脸

2021 年 1 月 9 日，罗桥镇在西游园举行赵宏本纪念馆开馆仪式。　　县融媒体中心 / 供

2021 年 1 月 19 日，江苏省人民对外友好协会在阜宁县调研友协工作。　　县融媒体中心 / 供

2021 年 2 月 14 日，央视《新闻联播》点赞阜宁县金沙湖旅游度假区“星”年新春灯会。

县融媒体中心 / 供

2021 年 2 月 18 日，央视《晚间新闻》栏目以《用工需求旺盛 丰富招工方式吸引人才》为题，对阜宁县春节期间促进群众就业增收和企业用工工作进行宣传报道。

县融媒体中心 / 供

2021 年 2 月 27 日，全县“美丽阜宁”建设暨全国文明城市创建大会召开。 县融媒体中心 / 供

2021 年 3 月 16 日，全县党史学习教育动员会议召开。 县融媒体中心 / 供

2021 年 4 月 2 日，阜宁县举行“祭先烈 守初心”清明节祭扫活动。　　县融媒体中心 / 供

2021 年 4 月 18 日，阜宁县举行“学党史 感党恩 跟党走”阜宁县百米画卷《成长》荣获吉尼斯世界纪录“亚洲之最”授牌仪式。

县文化馆 / 供

2021 年 4 月 23 日，阜宁县举行江苏省农业科学院亚夫科技服务“阜宁新沟工作站”揭牌仪式。

县融媒体中心／供

2021 年 5 月 5 日，阜宁县杂技团的滑稽节目《热心人》在“第十一届中国杂技金菊奖全国魔术比赛、全国滑稽比赛”决赛中摘取金菊奖。

县融媒体中心／供

2021 年 5 月 11 日，阜宁县在铁军广场举行庆祝 2021 年“5·12”国际护士节大型义诊活动。

县融媒体中心 / 供

2021 年 5 月 19 日，阜宁县举行第二十一届 5·18 经贸洽谈会暨新能源产业发展讲坛。

县融媒体中心 / 供

2021 年 6 月 2 日，江苏省蹲点指导组在阜宁县督查农房改善工作。 县融媒体中心 / 供

2021 年 6 月 17—18 日，省委党史学习教育第四巡回指导组在阜宁开展巡回指导。 县融媒体中心 / 供

2021 年 6 月 18 日，省纪委监委调研组在阜宁县调研经济社会发展和纪检监察工作。　县融媒体中心 / 供

2021 年 6 月 30 日，阜宁县庆祝中国共产党成立 100 周年暨“七一”表彰大会召开。　县融媒体中心 / 供

2021 年 7 月 7 日，全县领导干部大会召开。 县融媒体中心 / 供

2021 年 7 月 16—17 日，中国共产党阜宁县第十五次代表大会召开。 县融媒体中心 / 供

2021年7月28日，金沙湖金陵湖滨酒店试营业。 县融媒体中心／供

2021年8月28日，全市高质量发展项目观摩推进会在阜宁县举行。 县融媒体中心／供

2021年8月28日，市委、市政府在阜宁县举行盐城—阜宁、盐城—大丰快速通道项目开工动员大会。

县融媒体中心／供

2021年9月9日，省审计厅在阜宁县调研审计工作。　县融媒体中心／供

2021 年 9 月 30 日，阜宁县举行烈士纪念日献花活动。 县融媒体中心 / 供

2021 年 10 月 19—21 日，中国新四军和华中抗日根据地研究会考察组在阜宁县考察新四军红色文化保护、利用和开发工作。
县融媒体中心 / 供

2021 年 11 月 4 日，盐城市未成年人思想道德建设暨乡村“复兴少年宫”建设推进会在阜宁召开。

县融媒体中心 / 供

2021 年 11 月 12 日，阜宁县举行全县乡村振兴现场观摩。 县融媒体中心 / 供

2021 年 12 月 8 日，2021 第七届中国（阜宁）环保新材料创新论坛暨第二届中国纺织行业“阜宁杯”职业技能竞赛在阜宁县举行。 县融媒体中心 / 供

2021 年 12 月 15 日，县镇两级人大代表换届选举投票。 县融媒体中心 / 供

特 载

2021年大事记

县情概览

中共阜宁县委员会

阜宁县人民代表大会

阜宁县人民政府

政协阜宁县委员会

纪检监察

人民团体

法　治

军　事

经济管理

农 业

工业·建筑业

商贸服务业

金 融

旅游业

房地产业

城乡建设

水 务

交通 · 邮政

生态环境

科学技术

教育·体育

文　化

卫生健康

社会事务

应急管理

人 物

镇区 街道 社区

荣誉栏

统计资料

附　　录

索　　引

全县庆祝中国共产党成立100周年暨“七一”表彰大会讲话

县委书记　徐华明

2021年6月30日

同志们：

在中国共产党成立100周年之际，今天我们在这里共同庆祝党的生日，回顾党的光辉历史，讴歌党的丰功伟绩，表彰一批为全县高质量发展作出突出贡献的先进集体和先进个人，激励全县各级党组织和广大党员，深入学习贯彻习近平新时代中国特色社会主义思想，不忘初心、牢记使命，接续奋斗、砥砺前行，充分展现“争当表率、争做示范、走在前列”阜宁担当，奋力开启全面建设社会主义现代化新征程、谱写新时代江淮乐地新篇章。在此，我代表中共阜宁县委，向辛勤工作在全县各条战线、各个岗位上的5.5万多名党员致以节日的问候！向受到表彰的先进集体和先进个人表示热烈的祝贺！

胸怀千秋伟业，恰是百年风华。党的100年，是矢志践行初心使命的100年，是筚路蓝缕奠基立业的100年，是创造辉煌开辟未来的100年。100年来，中国共产党从初创时50多名党员，发展成为现在拥有9100多万名党员的世界第一大党；100年来，党团结带领人民开辟了伟大道路，建立了伟大功业，铸就了伟大精神，积累了宝贵经验，创造了中华民族发展史、人类社会进步史上令人刮目相看的奇迹。特别是党的十八大以来，以习近平同志为核心的党中央，擘画了‘五位一体’总体布局、“四个全面”战略布局，汇聚起实现“两个一百年”奋斗目标、实现中华民族伟大复兴中国梦的磅礴力量，开创了党和国家事业发展新局面。2020年以来，面对突如其来的新冠肺炎疫情，党中央统揽全局、果断决策，全党全军全国各族人民上下同心、全力以赴，取得疫情防控重大战略成果，2020年在全球主要经济体中唯一实现经济正增长，彰显了“中国之治”强大优势，“共产党好、社会主义好、伟大祖国好”响彻神州大地，成为海内外中华儿女共同心声。100年的历史充分证明，中国共产党是富于创新精神，不断开拓进取的党；是经得起各种风浪考验，勇于在困难和挫折中奋勇前进的党；是始终坚持以人为本，脚踏实地为人民群众根本利益奋斗不息的党，在中国共产党坚强领导下，一定能战胜一切艰难险阻，实现中华民族伟大复兴！

盐阜地方史是中国共产党百年历史的重要组成部分，铁军精神是中华民族精神的生动体现。党的光荣100年，也是阜宁这片红色土地发生翻天覆地变化的100年。早在1927年阜宁就建立了第一个党支部，1928年初就成立了中共阜宁县委，开始传播革命火种，并在革命、建设、改革的道路上形成燎原之势。进入新时代，全县各级党组织和广大共产党员始终勇立时代潮头，用硬核担当，团结带领全县百万人民，夺取了“6·23”抢险救灾和恢复重建全面胜利，取得了新冠肺炎疫情防控重大成果，推动“强富美高”新阜宁建设不断前进，翻开了阜宁发展史上崭新的一页。让百万人民引以为豪、为之振奋的是：我们全面完成脱贫攻坚任务，7.49万低收入人口同全县百万人民一道迈入小康社会，171个经济薄弱村全部达标，高水平全面建成小康社会，同步实现新时代江淮乐地近期目标；我们迈开高质量发展坚实步伐，接连涌现2个百亿级产业，项目数量体量质量、应税销售占比、企业增长面均实现历史性突破；我们迎来了更加美好的生活，全国文明城市创建、农民住房条件改善等惠民工程，以及教育、医疗、文化、社会保障等公共事业发展，极大提升了“幸福阜宁”质感。这些成绩的取得，离不开全县百万人民的团结拼搏、艰苦奋斗，更离不开各级党组织和广大共产党员的率先垂范、奋发作为。“哪里最危险，哪里就有党旗在飘扬；哪里最危险，哪里就有党徽在闪耀；哪里最危险，哪里就有党员在行动”，成为阜宁各级党组织和广大共产党员带领百万老区人民挺起不屈脊梁、毅然坚定前行最生动的写照。

站在新的历史起点上，全县各级党组织和广大党员干部要从党的百年历史中汲取丰厚滋养和强大力量，用党的奋斗历程和伟大成就鼓舞斗志、指引方向，用党的光荣传统和优良作风坚定信念、凝聚力量，用党的历史经验和实践创造启迪智慧、砥砺品格，解放思想、开拓创新，在新时代新征程中再创新佳绩。借此机会，我提几点希望：

一、传承红色基因，永葆对党忠诚政治本色。习近平总书记指出，“作为共产党员，就一定要对党忠诚，时刻为党分忧、为党担责、为党尽责”。阜宁有着光荣的革命传统，我们要赓续好红色基因，弘扬好铁军精神，以政治建设铸魂立根、强基固本。一要加强政治建设。始终把学习贯彻习近平新时代中国特色社会主义思想作为首要政治任务，学习上抓深化、理解上抓消化、运用上抓转化，以学深悟透做实新思想的实际行动，增强“四个意识”、坚定“四个自信”、做到“两个维护”，提升政治领悟力、政治判断力、政治执行力。要把贯彻落实习近平总书记对江苏工作系列重要讲话指示精神作为重大政治责任，全面对标对表、深入学习贯彻，确保党中央和省委、市委决策部署在阜宁不折不扣、高质高效落地见效。二要坚定理想信念。明天习近平总书记将在庆祝中国共产党成立100周年大会上发表重要讲话，全县上下要认真组织学习，从中感悟真理力量，不断深化对共产党执政规律、社会主义建设规律、人类社会发展规律的认识，用马克思主义真理光芒照耀我们的前行之路。要深化党史学习教育，进一步筑牢思想根基，守好共产党人精神家园。三要用好红色资源。6月25日，中央政治局专门就用好红色资源、赓续红色血脉进行集体学习，习近平总书记强调，红色资源是我们党艰辛而辉煌奋斗历程的见证，是最宝贵的精神财富，要用心用情用力保护好、管理好、运用好红色资源。我们要充分运用阜宁红色资源，深入挖掘铁军精神新时代内涵，依托华中局第一次扩大会议旧址、停翅港新四军军部旧址等爱国主义教育示范基地、党性教育基地和各类红色文化遗址，讲好革命传统故事，教育引导广大党员干部自觉见贤思齐，对照先烈先辈，从优良传统中补足精神之“钙”、筑牢信念之“魂”，让红色基因深深扎根、薪火相传。

二、践行群众路线，根植人民至上深厚情怀。江山就是人民，人民就是江山。我们要把群众观念和群众路线内化于心、外化于行，牢记初心使命，滋养为民情怀，贯彻好以人民为中心的发展思想，团结带领人民群众创造更加幸福美好的生活。一要常怀为民之心。把群众意愿、群众利益作为一切工作的出发点和落脚点，通过“四不两直”走访、基层党组织统一活动日等载体，深入群众家门、走进群众心中，倾听群众呼声、回应群众关切，把知民情、解民忧、化民怨、暖民心作为经常性工作，真正站在群众立场上考虑问题、开展工作，用人民是否真正得到了实惠、人民生活是否真正得到了改善、人民权益是否真正得到了保障来检验我们的工作成效。二要常办利民之事。以党史学习教育和全国文明城市创建为契机，进一步聚焦群众反映强烈的问题，做实“我为群众办实事”活动，深入排查解决好教育、文化、医疗、养老、住房、育幼等领域突出问题，在巩固脱贫成果、棚户区改造、农房改善等工作中加快补齐民生短板，让发展指标体现更多“幸福指数”、发展成果富有更多“民生含量”。三要常立安民之制。畅通社情民意表达机制，坚持广开言路、开门纳谏，与群众一道议出高质量发展的新路子，议出服务群众的新方法，议出社会治理的好机制。压实服务群众督查机制，加强对惠民政策落实情况监督检查，真正通过建章立制着力解决工作不扎实、为民不尽责问题，以作风大转变取信于民、造福于民。

三、强化使命担当，展现锐意进取奋斗姿态。阜宁仍处于工业化和城镇化加速期，面临做大总量、做优质量“双重任务”。全县各级党组织要始终把高质量发展作为主题主线，围绕县“十四五”规划描绘的科学蓝图，坚定信心、奋发作为，奋力谱写“强富美高”新阜宁现代化建设篇章。一要在看清大势中抢抓机遇。准确把握“进入新发展阶段、贯彻新发展理念、融入新发展格局”的特征和要求，坚决扛起“争当表率、争做示范、走在前列”重大使命，积极抢抓长三角一体化、江苏沿海开发、淮河生态经济带三大战略叠加机遇，找准阜宁定位，争创阜宁优势，努力在新一轮发展中争取更大主动。二要在保持定力中积极作为。阜宁的产业发展已经全面起势，但规模仍然偏小，龙头型基地型引领型项目还很匮乏。全县各级党组织和广大党员要始终在突出工业主导、主攻亿元项目上展现新担当、干出新业绩，不断厚植阜宁产业发展根基，为全县经济社会高质量发展注入强劲动能。三要在守好底线中稳步前行。全县上下要切实担负“促一方发展、保一方平安”政治责任，树牢底线思维，增强底线意识，统筹好发展和安全，全力维护社会大局和谐稳定，把发展步伐迈得更大更稳更快。

四、坚持党建引领，筑牢坚若磐石基层基础。党的工作最坚实的力量支撑在基层，最突出的矛盾和问题也在基层，必须把抓基层、打基础作为长远之计和固本之举。一要推进组织建设。以强化政治功能为目标，以提升组织力为重点，坚持一切工作到支部、一切工作靠支部，推行支部“标准+示范”建设，持续整顿软弱涣散基层党组织，以党建引领乡村振兴和基层治理，推动各领域基层党建提质增效，努力使每个基层党组织都成为坚强的战斗堡垒。二要抓好队伍建设。坚持为发展配干部、凭能力用干部、以实绩论英雄，选优配强各级领导班子。把培树基层党组织带头人作为关键之举，推进村（社区）党组织书记队伍整体优化提升，加强社区工作者、“两新”组织党务工作者等队伍建设，打造一支实干担当、奋发有为的带头人队伍。三要加强阵地建设。强化基层党建保障力度，深入开展村（社区）党群服务中心功能提升行动，将村（社区）党群服务中心打造成“扬正气、接地气、聚人气”的基层党组织坚强阵地。

五、恪守清正廉洁，营造风清气正政治生态。全面从严治党永远在路上。全县各级党组织要切实担负管党治党责任，把纪律挺在前面，坚持抓早抓小、落细落实，以案为鉴知敬畏，以人为镜严律己，持续深化正风肃纪“镇村行”“看机关”专项行动，一体推进不敢腐、不能腐、不想腐，着力建设清正廉洁高素质干部队伍，为全县高质量发展提供坚强有力保障。各级党员干部特别是领导干部要带头筑牢拒腐防变思想堤坝，把好用权“方向盘”、系好廉洁“安全带”，自觉接受各方监督，主动管好家人和身边工作人员，时刻保持共产党员良好形象，让组织放心、让群众满意。

同志们！奋斗百年路，启航新征程。让我们紧密团结在以习近平同志为核心的党中央周围，以更加昂扬的状态、更加饱满的热情，拼搏进取、创新实干，为开启全面建设社会主义现代化新征程、谱写新时代江淮乐地新篇章作出新的更大贡献！

党史学习教育

2021年中共中央开展党史学习教育，阜宁县紧紧围绕“八专题一实践”（专题学习研讨、专题培训轮训、专题宣讲、专题宣传、专题党课、专题民主生活会和组织生活会、专题活动和“我为群众办实事”实践活动），引导广大党员学党史、悟思想、办实事、开新局。党史学习教育简报和外宣用稿居全市之首：中央、省、市《简报》共计用稿94篇，中央1篇、省12篇；省级以上主流媒体推送988篇次，国家级200篇；中央党史学习教育《简报》149期大篇幅介绍阜宁县红色故事和利用红色资源开展党史学习教育经验做法。在全省“明理 增信 崇德 力行”庆祝建党百年党史知识网络竞赛和“普及党史知识，传承红色基因”第十八届江苏社科普及周主题知识竞答活动中，阜宁县位居全省116个县（市、区）第一名；在全省党史教育作品大赛中，阜宁县短视频获一、二等奖；阜宁县选手孙剑代表盐城市在全省“永远跟党走 奋进新时代”“百姓名嘴”风采展示活动总决赛中获二等奖（全省第三名）。开展“我为群众办实事”实践活动，全年累计办实事33933件，出台常态化办实事制度83项，受到市委主要领导批示表扬，作为全市县（市、区）唯一代表在省“我为群众办实事”座谈会上交流发言。创新开展“学党史、跟党走，让朋友圈红起来”系列活动，被省委宣传部作为重点创新案例向中央推介，获中央巡回指导组高度评价。

组织部署　县委高度重视开展党史学习教育工作，精心谋划、迅速部署、有序推进。县委常委会专题学习习近平总书记在党史学习教育动员大会上的重要讲话、“七一”重要讲话精神以及省、市党代会精神。县委主要领导先后5次专题研究会办全县党史学习教育工作，并在县委常委会、县委党建领导小组会议、县四套班子例会上多次对此项工作进行研究学习。阜宁县第一时间召开县委党史学习教育动员会议，出台《关于开展党史学习教育的实施方案》，成立以县委、县政府主要领导挂帅的党史学习教育领导小组，办公室设在县委宣传部，抽调组织部、宣传部、党校、党史办、融媒体中心等部门精干人员集中驻点办公，明确相关职责和制度，出台《县委党史学习教育领导小组办公室工作制度》等5个规范化制度文件，健全推进机制，推动党史学习教育在全县纵深展开。组建县委党史学习教育10个督查指导组，对全县20个镇区（街道、社区）和县直71家部门、单位开展常态化督查指导工作，定期下发《督查通报》，累计督导226次，调阅材料2230份，提出问题建议104个，帮助解决各类疑难问题114个。建立“三明确两汇报一督查”机制，即明确目标任务、明确完成时限、明确牵头单位和责任单位；每月汇报活动进度情况、交办推进情况，定期督查各地各单位开展“我为群众办实事”实践活动情况，有力推进了阜宁县党史学习教育走深走新走实。

学思践悟　强化“关键少数”示范作用，创新学习形式，推动全县党史学习教育高质量开展。县委理论学习中心组坚持以上率下，围绕习近平新时代中国特色社会主义思想、“七一”重要讲话精神、4本必读书目等，读原著、学原文、悟原理，开展专题集中学习27次，交流研讨学习10次。县委主要领导带头撰写《赓续革命老区红色血脉 汲取奋斗前行磅礴力量》《续写革命老区红色土地新荣光 走好“强富美高”现代化建设新征程》等学习体会文章，带头赴华中局第一次扩大会议旧址等红色遗存开展现场学习，赓续红色基因，传承铁军精神。举行党史学习教育集中学习暨专题读书班，县委中心组成员全程封闭学习，进行交流研讨和党史专题测试。全县面上通过各种形式，广泛开展党史学习教育，实现各层各级党组织和全体党员全覆盖。推出“学习篇目清单”“交流研讨清单”“参观基地清单”“特色活动清单”“民生实事清单”等“五张清单”，打造沉浸式“理论课堂”、体验式“红色课堂”、多样化“活动课堂”、项目化“实践课堂”等“四大课堂”，实施“五个一”（组织一场参观、重温一遍誓词、上好一堂党课、开展一次座谈、参加一次实践“红心向党”）行动，通过瞻仰革命遗址、重温入党誓词、组织专题党课等形式，切实做到学党史、悟思想、办实事、开新局。针对青年党员，开设年轻干部党史学习教育“线上课堂”，举办“青年干部党史学习大家谈”和“学党史 · 提素能 · 强担当”年轻干部座谈会等活动，开展交流研讨。组建青年宣讲团，开展“团干部上讲台”集中宣讲活动。针对流动党员，提出“两就近”原则，在流动党员相对集中的上海、北京、深圳、苏州、杭州等城市，建立在外流动人员党支部，组织流动党员就近参加支部学习，就近走进当地红色基地，开

2021年7月20日，全县党史学习教育专题党课暨县委中心组学习（扩大）会议召开。　县融媒体中心/供

展党史学习教育，让流动党员“流动不流学，离家不离教”。针对“两新”组织，引导企业和志愿服务组织赴红色遗存开展“忆苦思甜”教育活动和“敬先烈、忆初心，传承党史精神”主题活动。针对农村群众，为全县330个村农家书屋免费配送党史学习书籍3000多本，开展农家书屋党史主题阅读活动，推动党的好声音“飞”入万千农户家。针对青少年群体，开展以“童心向党”为主题的“我向党旗敬个礼”“唱支红歌给党听”“党的故事我来讲”等活动以及绘画、作文、歌谣、视频等征集大赛，收到歌谣300余首，视频500多个，绘画和征文作品近千份。组织“红色之旅”宣教活动，4万多师生走进红色教育场馆瞻仰学习，缅怀先辈功绩，传承红色基因。创办《党史故事100讲》栏目，每天以文字、图片、音频等方式推送一则党史故事，让全县14万学生与家长一起学习党史故事。在阅读新空间、乡村“复兴少年宫”、重点红色场馆定期举办“四史”大课堂，开展互动式学习，8000多名学生参加现场学习，在线观看超过250万人次。全县上下围绕重点任务清单，广泛开展多样化学习教育。在专题学习研讨方面，全县累计订购党史学习书籍55159册，党员覆盖率100%。编印《红色阜宁》《新四军在阜宁的故事》《非凡历程》等一批本土读本教材，用发生在身边的历史教育人、引导人、激励人。围绕学党史悟思想、习近平“七一”重要讲话等专题开展“党员干部话党史”活动，收集各单位“一把手”心得体会文章300多篇，择优编印简报并汇编成册。利用“庙湾大讲堂”“周六大讲堂”等阵地，组织各层各级党员干部开展学习交流122次，在新时代文明实践“云课堂”中推出“‘七一’讲话精神问答”等线上学习产品，推动讲话精神入脑入心。在开展专题培训轮训方面，组织科级干部轮训班3期，培训800多人次；组织党员干部、党外人士、政法干警、人大代表等党史学习教育培训共计26班次，培训人数22000多人次。在开展专题宣传方面，整合县内各级各类媒体，开设“党史学习教育”等专题专栏，推送各类党史教育宣传报道2100多篇次，重点打造《奋斗百年路 启航新征程》《红色阜宁》专栏，在广大干群中引起强烈反响。阜宁县党史学习教育宣传报道被省级以上媒体采用988篇次，国家级200篇次，其中中央电视台刊登15条，人民网23篇次，新华网78篇次，新华社46篇次。制作刊播以党史学习教育、习近平“七一”重要讲话精神、六中全会精神为主题的平面、音频、微视频公益广告，在公路沿线、人口聚集区和公共服务区等重点区域，以商业电子屏、车载电视、楼宇广告、宣传道旗等载体循环宣传播放。在开展专题宣讲方面，开展“领导干部带头讲、理论骨干进村讲、百姓名嘴巡回讲”“三讲”活动。组建县委宣讲团，开展进机关、进农村、进校园、进医院、进企业、进协会“六进”宣讲活动1500多场次，受众20多万人次。在全县优选113名优秀宣讲员，利用周末、农村逢集日、传统节假日等开展“村村到”巡讲活动。组织“百姓名嘴”大篷车进镇村，通过淮剧、民谣、快板等形式，开展“百年党史百姓讲”巡讲180场次。在开展专题活动方面，举办县《党史知识简明读本》编辑研讨会。为全县13个烈士命名村烈士共同撰写较高质量人物传略。组织党员群众观看红色电影，让党史学习教育“动情”“入心”，被“学习强国”全国平台推介。开展“让幸福照起来”“让幸福唱起来”“让幸福舞起来”“让幸福赛起来”等群众喜闻乐见、易于参与的群众性活动，对111名百岁老党员开展慰问、拍摄等志愿服务，并在“七一”期间举办百岁老党员感党恩摄影展，为庆祝建党百年营造良好的氛围。在开展组织生活会方面，阜宁县各级党组织通过登门征询、书面征询、纪检查询、网络征询“四询结合”的方式，充分发扬民主，全面准确掌握问题，以看现场、听剖析、思过程、找差距“四个步骤”拓思路、促提升，保障组织生活会质量。在上好专题党课方面。县委主要领导在华中党校率先开讲党史第一课；7月20日，县委书记张利华履新后带头上《赓续红色血脉，汲取奋进力量，以新激情新担当接续建设幸福新阜宁》专题党课，全县各级党组织书记分别开讲专题党课。举办“百年辉煌路，江淮乐地情”主题文艺活动，打造党史学习教育实境党课。在党校系统录制54堂微党课视频，通过县内各大新媒体每日推送，供广大党员群众学习。阜宁县政法系统、开发区等10多家单位创新党课形式，将学习贯彻“七一”讲话精神专题党课“搬”进红色遗存。党史学习教育启动以来，有4万多名党员走进红色遗存、聆听实境党课。

“我为群众办实事”实践活动　阜宁县积极深化党史学习教育成效，聚焦群众“急难愁盼”问题，创新方式载体，融合推进“两在两同”建新功行动和“我为群众办实事”实践活动。举办了3期“学党史、办实事、惠民生”主题新闻发布会。全年累计为群众办实事33933件，出台常态化办实事制度83项，74家重点单位累计汇总民生问题202个，实施项目733个，项目完成率达100%。充分发挥党员模范带头作用，深入基层一线听民声、察民情，努力把工作做到群众心坎上。清单压实“责任田”。全县各级党组织通过走访调研摸排问题，形成问题清单，提出“我为群众办实事”实践活动项目清单，梳理形成阜宁县首批22项、第二批77项“我为群众办实事”项目清单、县处级以上领导干部挂钩项目清单和5项市委领导领办项目清单，在《阜宁日报》、“文明阜宁”微信公众号等平台公布。线上搭建“连心桥”。在坚持“开门纳谏”和“推门纳谏”的同时，充分发挥网络发言人公共服务平台、12345热线电话等载体作用，及时征求为民办实事意见，了解社情民意。线下开办“直通车”。定期组织职能部门在庙湾古城、铁军广场、镇区集市等场所，举办教育政策、农村医保、养老保险等不同主题的“民生直通车”活动，现场受理群众反映的热点难点问题，通过和群众面对面交流，帮助群众解决困难，拉近干群关系。研究出台《在全县党员干部中开展“两在两同”建新功行动的实施意见》，县四套班子领导率先垂范，采用“四不两直”方式，持续深入挂钩联系点排查解决民生领域突出问题和短板弱项。在热点难点上下功夫。农村党组织聚焦“乡村振兴”，城市社区党组织聚焦“共驻共建”，机关和事业单位党组织聚焦“保障民生”，国有企业党组织聚焦“项目建设”，“两新”组织党组织聚焦“服务发展”，列出企业融资、乡村环境整治、旅游景点、道路交通、康居工程、文明创建等热点难点问题，明确挂钩县领导、责任单位、完成时间，每周1次例会，推进专项整治。在志愿服务上做文章。发动理论宣讲、文化服务、卫生健康等五大专业志愿服务队5000多名志愿者投身“微服务”，满足群众“微心愿”。通过志愿服务组织“备菜”、基

层群众“点菜”、县镇调剂“配菜”、志愿者上门“送菜”、群众现场“品菜”、县镇财政“买单”6个流程，搭建点单派单精准化服务平台，将志愿服务精准送达群众身边。号召全县党组织党员干部积极投身疫情防控，在阜溧高速新沟出口等地设立5个主要查验点，公安、卫生防疫等部门300多名党员干部坚持实行8小时三班制，保证每天24小时不间断查验。在金海岸宾馆、宏玮大酒店等集中医学观察点成立临时党支部，发挥党员先锋模范作用，坚持24小时值守，最大限度保障隔离人员生活需求。在全民核酸检测实战演练中，各级党员干部冲锋在前、担当履职，有10000多名党员干部主动报名担任志愿者，300多名65岁以上老党员主动要求参战。在实事项目上求突破。抓实农房改造，改善农民住房条件48595户，建成新型农村社区130个，打造新时期乡村“五大振兴”的阜宁样本。投入5亿元，启动日供水15万吨的新城水厂建设工程，切实满足百万人民饮用优质水需求。在古黄河堆上实施管道节水灌溉项目，让万亩飞沙地变成致富的“金银滩”。探索农业水价综合改革“八个到位”举措，实现“节水+降费”的双重效果。全力落实事实孤儿“梦想小屋”等一批“暖心”项目。深化乡村“复兴少年宫”建设全国试点工作，打造乡村复兴少年宫指导中心和孵化基地，将现有的22家乡村少年宫、19家中心幼儿园、18家文明实践站提档升级并免费开放。建成全域优质医疗“半小时服务圈”，积极推进县第三人民医院改扩建工程、县域传染病防治体系改造提升工程、阜宁农贸市场改造工程等一系列民生工程项目，让老区人民的日子越过越红火。分别建立“四张清单”“四种监督”“四方评议”制度，推进民生实事促闭环。建立“四张清单”制度。持续推动党员干部开展“三走访三问清”以及“百名年轻干部进村（居）、千名科级干部进企业、万名党员进社区”“三进”活动，集中梳理乡村环境整治、道路交通、文明创建等方面问题，形成问题清单、任务清单、责任清单、重点督查清单“四张清单”，明确挂钩县镇领导、责任单位、督查指导组，列出具体任务项目、时间节点，推进专项落实。建立“四种监督”制度。创新民生实事推进、督查、奖惩等工作机制，推动全过程跟踪落实。突出事前监督。在民生项目实施前，组织主管部门、行业专家、群众代表提前介入，加强对项目招投标、图纸设计、方案制定等筹备工作的监督，从源头减少问题的产生。突出现场督寻。项目实施过程中，组织各级人大代表和专项督导小组开展现场督导，发现问题和不足，及时给出解决方案，并不定期开展“回头看”，确保所涉问题一督到底。突出过程督查。针对“四张清单”中明确的目标任务、完成时限，责任单位每月汇报推进情况，并在《工作简报》上公布。每季度举办一次新闻发布会，展示一批重点民生项目进展情况。突出督查奖惩。对重点督查民生项目开展周督查、月排名、旬调度，公开晾晒成绩，建立督查“红黄黑”发牌机制，分别给予红旗激励、黄牌警告、黑牌惩戒。建立“四方评议”制度。充分发挥考评正向激励和反向鞭策作用，客观、公正反映工作成效和群众满意度。开展述职评议。要求责任单位领导班子年终述职必须汇报民生实事项目开展情况，由考核组对项目完成情况进行评议。接受专家评审。在民生实事项目完成后，成立质量和财务专家评审小组，参与项目验收，提出验收意见，督促整改落实。突出群众评价。组织部分人大代表和群众对民生实事项目实施情况开展满意度测评，对群众反馈意见一一答复。落实评定销号。在综合述职评议、专家评审、群众评价基础上，对民生实事项目进行最终定级，完成情况好的实行销号，完成质量不高的责令整改，切实把实事办实、好事办好。

红色品牌打造　阜宁县始终注重依托红色资源创树党史学习教育红色品牌，让红色阜宁真正“红”起来。发挥县内红色资源丰富优势，统一规划修缮提升79处红色遗存和15个烈士英名命名的村、路、桥、学校，将华中局第一次扩大会议旧址、停翅港新四军军部旧址、新四军第三师师部旧址、芦蒲烈士纪念园等红色场馆列为全县党史学习教育基地，使全县红色遗存成为党员干部开展党史学习教育的重要载体。精心打造红色旅游线路，华中局第一次扩大会议旧址入选全国“建党百年红色旅游百条精品线路”，华中局第一次扩大会议旧址、阜宁铁军纪念馆入选江苏20条“永远跟党走”红色旅游线路；开辟4条“红色阜宁”精品路线，40多辆“红色公交”免费接待省内外党员群众参观、研学30多万人次。在新四军军部旧址等红色基地，配备红色志愿宣讲员20余名，为社会各界人士提供红色宣讲服务近1000场次。央视《朝闻天下》栏目在“十一”期间聚焦报道阜宁县推动红色旅游“热”起来的好做法。将党史学习教育与媒体融合发展、新时代文明实践活动有机结合，通过“线上+线下”方式，开展“让朋友圈‘红’起来”系列活动。精心打造《早安阜宁》《夜读阜宁》两个红色栏目，全县12000多名志愿者利用微信朋友圈开启“刷屏”模式，线上转发红色故事、红色人物等党史学习教育作品700多条，每天受众200万人以上；全县十大微信公众号、APP形成党史学习教育宣传矩阵，累计“红粉”近150万。线下帮助农村留守群体解决各类困难事、烦心事23000多件，有力推动“学党史、感党恩、听党话、跟党走”走进广大群众心间、变为行动自觉。《新华日报》、“学习强国”省级平台和省、市《简报》持续推广这一创新做法。组织党员干部到党性教育基地巡看、爱国主义教育基地巡讲、烈士命名村巡听“三巡”活动，通过现场教学，让广大党员干部在理想信念、价值理念、道德观念上紧紧团结在一起。开展“学习党史，缅怀先烈”主题活动，组织烈士命名村党组织书记讲述烈士命名村的由来和张如珍、李良、王成俊等烈士的英勇事迹。红色宣讲镇村行——红色经典阅读分享会获市“十百千万”工程优秀阅读活动。国庆期间，阜宁县举办以“感受非遗技艺，传承红色基因”为主题的“新四军”面塑展，受到央视《新闻直播间》栏目宣传推介。开展“阅百年历程，读红色阜宁”——红色遗存“五进”活动，将重点红色遗存制作成立体模型，“搬”进校园、村居、社区、机关、企业，让红色遗存动起来、活起来。

（陈丽天）

激情开启新征程　接续建设新阜宁
奋力谱写全面建设社会主义现代化崭新篇章

——在中国共产党阜宁县第十五次代表大会上的报告

县委书记　张利华

2021年7月16日

各位代表、同志们:

现在，我代表中国共产党阜宁县第十四届委员会向大会做报告。

中国共产党阜宁县第十五次代表大会，是在阜宁县高水平全面建成小康社会、向着全面建设社会主义现代化新征程迈进的重要时刻，召开的一次十分重要的会议。大会的主要任务是，总结阜宁县第十四次党代会以来的工作，确定今后五年经济社会发展和党的建设目标任务，动员全县各级党组织、全体共产党员和广大干部群众，团结拼搏，接续奋斗，奋力谱写全面建设社会主义现代化崭新篇章。

过去五年主要成绩和基本经验

县第十四次党代会以来，我们以习近平新时代中国特色社会主义思想为指导，深入贯彻新发展理念，紧紧围绕省委"六个高质量"和市委"两海两绿"发展路径、"四新盐城"建设要求，按照"跻身全国百强、建成全面小康""突破内陆思维、聚力绿色发展"的思路，扎实推进高质量发展，圆满完成了县第十四次党代会确定的主要目标任务，新时代江淮乐地建设深入推进，高水平全面建成小康社会。

一、综合实力得到进一步增强。积极应对各类风险挑战，始终坚持发展第一要务，着力打造"四张名片"，高质量发展迈出坚实步伐，"强富美高"新阜宁建设取得丰硕成果。2020年，实现地区生产总值574亿元，是"十二五"末的1.43倍；人均地区生产总值突破7万元，是"十二五"末的1.46倍；全体居民人均可支配收入27958元，年均增长8.6%。

二、经济质态得到进一步提升。工业经济提质增效，形成新能源、智能制造2个百亿级产业，实现开票销售超亿元企业50家、税收超千万元企业20家，国家高企总数达150家。农业发展不断进步，粮食年产量近96万吨，建成省级农业产业园1个、绿色优质农产品基地6个，新获批国家农产品地理标志3个，"七彩阜宁"成为全省首例县级区域农产品品牌。服务业加快突破，服务业增加值、社会消费品零售总额分别是"十二五"末的1.58倍、1.96倍，阜宁港开通连云港港、大丰港、河南周口港、太仓港集装箱航线。建筑业产值持续保持全市第1，获省绿色建筑示范县、建筑产业现代化示范城市。

三、城乡面貌得到进一步改善。获评国家卫生县城、国家园林县城、全国文明城市提名城市。圆满完成"6·23"灾后重建，受到社会各界广泛点赞。在全省率先启动农房改善工作，累计改善农房4.8万户，建成新型农村社区186个，分别创成省、市特色田园乡村5个、3个。青盐、徐宿淮盐高铁相继开通，创成省级"四好农村路"示范县，建成3条旅游景观公路，实现县域公交全覆盖。坚决打好污染防治攻坚战，取消县高新区化工产业定位，关闭退出化工企业24家。实现生活垃圾处理无害化、减量化、资源化。完成农村人居环境整治三年行动任务。全县生态环境质量明显提升。

四、民生福祉得到进一步增进。脱贫攻坚战取得全面胜利，7.49万低收入人口同全县百万人民一道迈入小康社会，171个经济薄弱村全部达标，县农业农村局被表彰为全国脱贫攻坚先进集体。新冠肺炎疫情防控有力有效，全民健康体检惠及城乡群众，县人民医院创成三级综合医院。教育优质均衡发展，新建校舍37.5万平方米，教育教学质量稳居全市第一方阵。戏曲文华奖、杂技金菊奖实现突破。芦蒲烈士纪念塔入选全国重点文保单位、国家级抗战纪念设施、遗址名录。城镇新增就业5.5万人，养老、医疗保险基本实现全覆盖，社会救助体系更加健全。平安阜宁、法治阜宁、食安阜宁建设取得新成果。扫黑除恶专项斗争形成强大震慑，连续15年获省平安县称号。安全生产形势持续向好，信访工作绩效位居全市前列，富建集团债务处置稳妥有序，获省金融生态创建先进单位。

五、党的建设得到进一步加强。认真开展"两学一做"学习教育、"不忘初心、牢记使命"主题教育、党史学习教育，精心组织国庆70周年、建党100周年系列宣传庆祝活动，"感党恩、听党话、跟党走"氛围日益浓厚。严格落实意识形态工作责任制，新时代文明实践中心建设扎实推进。机构改革任务圆满完成，职务职级并行等措施精准落地。一体推进不敢腐、不能腐、不想腐，县委巡察实现全覆盖，政治生态更加风清气正。持续巩固团结奋进良好局面，人大、政协工作不断强化，统战、人武、双拥、"三老一关一参两会"等工作持续进步，群团组织作用有效发挥。

成绩饱含汗水，奋斗印证初心。过去五年成绩的取得，是上级党委坚强领导的结果，是历届县委接续奋斗的结果，是全县百万干群团结拼搏的结果。在此，我代表中共阜宁县第十四届委员会，向奋战在全县各条战线的同志们，表示衷心的感谢和崇高的敬意！

过去五年的奋斗充满艰辛，实践积累的经验弥足珍贵。我们深刻体会到：必须毫不动摇坚持党的领导。五年来，我们始终坚持和发挥党“总揽全局、协调各方”的领导核心作用，带头贯彻落实上级的重大决策部署，自觉找准中央、省市与地方实际的结合点，各项工作方向正确、落实有力。特别值得铭记的是，面对“6·23”特大风灾，在党中央、国务院和省市党委、政府的坚强领导下，全县各级党组织带领群众众志成城，把党旗插在受灾最严重的地方，广大党员干部挺身在前、冲在一线，将群众损失降到了最低，用鲜血和汗水书写了对党和人民的无限忠诚。五年来，无论是抗灾救灾、灾后重建，还是新冠肺炎疫情防控、富建集团债务处置，全县各级党组织和广大党员干部识大体、顾大局，直面困难、迎难而上，展现了团结一心、共克时艰的良好精神风貌。实践证明，只有强化党的领导，把准政治方向，才能凝聚起无坚不摧的强大力量。必须毫不动摇坚持工业主导。五年来，我们立足工业化加速期这个判断，始终把项目引建作为头版头条，打造培育产业标杆，历史性实现“双百亿”产业。实践证明，只有抓牢项目引建这个“牛鼻子”，才能不断打牢高质量发展的“家底子”。必须毫不动摇坚持改革开放。五年来，我们始终抓改革、促开放、强创新，大力推动眼界联海、交通联海、产业联海，不断拓展开放沿海、接轨上海的深度与广度，经济社会发展活力进一步释放。实践证明，只有坚持改革开放不懈怠，深化改革强活力，深度开放汇外力，才能持续增添发展动能。必须毫不动摇坚持惠民富民。五年来，我们牢固树立以人民为中心的发展思想，紧紧咬定高水平全面建成小康社会这一目标，坚决打赢精准脱贫攻坚战，下大力气改善农民住房条件，持续加大教育、医疗等民生领域投入，实施了一批群众急需急盼、覆盖面和受益面广的民生实事项目，让改革发展成果更多更公平地惠及全县人民。实践证明，始终坚持人民至上，发展为了人民、发展依靠人民、发展成果由人民共享，才能最大限度激发全县人民的积极性、主动性和创造性，我们的各项事业才有根基、才有依靠。

在肯定成绩、总结经验的同时，我们也清醒地认识到发展中还存在许多问题和不足，主要表现在：一是对照长三角竞相发展的态势来看，虽然阜宁县身处长三角，但身处长三角的战略区位优势，还没有转化为阜宁县发展的现实优势和竞争的比较优势，在产业体量和质态上都还比较薄弱，还需倾力增强抢抓机遇、转型出关的决胜勇气，在长三角县域经济千帆竞发的激烈竞争中迎头赶上。二是对照人民群众对美好生活的期盼来看，阜宁老百姓的口袋还不鼓，优质公共服务有效覆盖面还不广，城市建管水平还有待提升，镇村基础设施建设欠账仍然较多，人居环境长效治理水平还需进一步提高，乡村振兴任重道远。三是对照风险防范本质安全的要求来看，安全环保、防灾减灾、信访稳定、金融运行等基础仍不牢靠，个别领域问题依然比较突出，社会风险防控和应急处置能力建设仍需加强。四是对照现代化干部队伍建设的要求来看，部分党员干部缺乏斗争精神，抱守“无为”思想、“躺平”观念，沉溺于“舒适区”，党性修养和业务素养能力还不过硬，精神状态和工作作风还不奋发，在思维理念、工作眼界、实战能力上，与推进现代化建设的形势要求还有不小差距。面对这些问题，我们务必高度重视，坚持问题导向，采取有力措施，切实加以解决。

今后五年的奋斗目标和重点举措

今后五年，是开启全面建设社会主义现代化新征程的第一个五年。我们既处于大有可为的战略机遇期、又面临世界百年未有之大变局的加速演变期，既将迎来加速发展的有利风口、又将处在转型跨越的重要关口，需要积极应对挑战，全力拼抢机遇，在全面建设社会主义现代化新征程中展现新作为、创造新业绩。

今后五年工作的指导思想是：坚持以习近平新时代中国特色社会主义思想为指导，全面贯彻中共十九大和十九届二中、三中、四中、五中全会精神，深入贯彻习近平总书记视察江苏重要讲话指示精神，认真落实省、市委工作部署，立足新发展阶段，贯彻新发展理念，融入新发展格局，坚决扛起“争当表率、争做示范、走在前列”的重大使命，走深走实“两海两绿”发展路径，着力建设“产业新阜宁、开放新阜宁、生态新阜宁、幸福新阜宁”，奋力谱写全面建设社会主义现代化崭新篇章。

今后五年工作的主要目标：

（一）关于产业新阜宁。产业是发展的基石。项目兴则产业兴，产业兴则阜宁兴。要把发展经济着力点放在实体经济上，坚持“项目为王、产业强县”不动摇，进一步强化“大抓项目、抓大项目”意识，突出工业主导战略，推动一、二、三产业全面转型升级，加快构建现代产业体系。2025年底，地区生产总值突破800亿元；工业经济总量突破千亿大关；农业现代化示范区建设迈出新步伐，农业加工业产值与农业产值比达3∶1，绿色优质农产品比重达85%；建筑业产值登上千亿台阶；服务业增加值占地区生产总值比重达50%。

（二）关于开放新阜宁。开放是发展的动力。要坚持以开放促改革、促创新、促发展，把阜宁发展放在构建国内国际“双循环”新发展格局、长三角一体化发展、江苏沿海开发等大格局中审视和谋划。练就开放思维、开放眼界、开放能力、开放气质，全方位接轨上海，深层次连接沿海，融入盐城主城区“半小时经济圈”、上海“一个半小时经济圈”。在长三角高水平开放的“强磁场”中造就阜宁加速发展的“小磁场”，积极打造长三角北翼魅力独特的中等城市，让阜宁在长三角发出属于自己的声音、创立属于自己的品牌、展示属于自己的形象，全力增强阜宁在长三角的存在感。每年招引亿元以上项目40个，全力突破50亿元、100亿元以上重大项目。注册外资实际到账、外贸进出口总额分别年均增长10%以上。

（三）关于生态新阜宁。生态是发展的底色。要牢固树立“绿水青山就是金山银山”的理念，把生态作为阜宁最大的比较优势、最宝贵的财富，大力推进产业生态化、生态产业化，坚定走生产发展、生活富裕、生态良好的发展道路。深入打好污染防治攻坚战，从末端治理向源头治理转变，加快推动生产方式、生活方式绿色转型，一体建设美丽宜居城市和美丽田园乡村。单位GDP能耗年均下降2.5%以上，到2025年，全县空气质量优良天数比率90%以上，地表水达到或好于Ⅲ类水体标准，垃圾分类集中处理率90%以上，森林覆盖率达19.2%。

（四）关于幸福新阜宁。民生幸福是发展的追求。要坚持以人民为中心的发展思想，聚焦人民群众对美好生活的向往，大力兴办民生实事，在提高群众收入、完善社会保障、优化公共服务、创新社会治理、提高本质安全水平上持续发力，深入开展新时代文明实践活动，全力创成全国文明城市，不断提高人民群众获得感、幸福感、安全感。到2025年，城镇新增就业3.5万人，全体居民人均可支配收入达40600元，年均增长7%以上；常住人口规模稳定保持在80万左右，人均预期寿命提高到82岁左右；人均住房面积52平方米以上；群众安全感保持在98%以上。

具体重抓以下几方面工作：

一、重抓转型升级，全力突破重大项目，以项目构建产业发展体系，形成抓项目就是抓发展的强烈共识，不断增强县域发展后劲。

（一）始终坚持工业主导。强化项目导向。坚持“工作项目化、项目节点化、节点责任化”，创新项目引建机制，持续深化产业招商、区域招商、基金招商，精准开展供应链、创新链、资本链招商。优化项目服务机制，实行重大项目“一名领导挂帅、一个团队服务、一个机制推进、一个工作群跟踪、一抓到底”机制，增强效率意识，加速项目投产。培育产业特色。在“两主一特”的基础上，巩固拓展新能源、环保滤料等优势产业；突破电子信息、新能源汽车零部件等引领性产业；提升阀体装备、食品加工、纤维纺织等传统产业，加快构建“2+2+3”产业新格局。每个产业围绕一个目标，成立一套班子，制定一张产业目录，绘制一份招商地图，设立一支引导基金，推进集群化发展。2025年，新能源产业突破300亿规模，阀体装备、纤维纺织产业突破300亿规模，环保滤料产业突破100亿规模，电子信息、新能源汽车零部件产业突破100亿规模，形成“3311”开票能力。提升园区载体。把园区作为重大项目承载地和改革开放排头兵，按照“一特三提升”要求，抓好“两区两园”规划提升、功能完善和机制创新，持续提升园区在县域经济中的份额。深化园区“等级创建”，开发区聚焦新能源、电子信息产业，打造长三角北翼一流省级开发区；高新区聚焦纤维纺织、新能源汽车零部件产业，打造创新发展、绿色转型新典范；东益工业园聚焦电子信息、食品加工、玻璃制品产业，建成特色园区、百亿园区、集约园区；环保滤料产业园聚焦全产业链条，推动产业向环保装备设计、研发、施工、运维延伸，打造全国知名的环保产业特色园区。推动园区整合和高效集约发展，以开发区为主体，适时整合高新区、环保滤料产业园，到2025年，争取形成超800亿元规模的S329工业廊道。做大企业规模。坚持智能化、绿色化、高端化导向，常态开展工业经济高质量发展培育计划，强化政策引导，优化企业服务，重点激励“个转企、小升规、规改股、股上市”，支持、鼓励有条件的企业进军资本市场，实现上市企业零的突破。2025年，开票销售亿元以上企业超100家，税收千万元以上企业超50家，规上工业企业超500家。

（二）大力发展现代农业。按照“稳定粮食面积、打造产业特色、提升农业质效”的总体思路，走好精耕农业之路，大力推进农业规模化、特色化、产业化、绿色化发展，加快构建具有阜宁特色的现代农业产业体系，着力打造长三角地区绿色高端的米袋子、菜园子、肉篮子、果盘子。推进高标准农田建设。每年实施一批重点项目，建成一批示范片，“十四五”期间新建和改造提升4.13万公顷，实现高标准农田全覆盖。做强农业特色。重点发展以优质稻米为主导，生态黑猪、绿色果蔬、河荡水产为特色的“一主三特”产业，坚持绿色农业、数字农业、智慧农业方向，打造一批万亩连片有机稻米种植基地、万亩连片优质果品种植基地、万亩特色水产养殖基地、万头生态黑猪养殖基地。全力抓好粮食稳产增效、生猪稳产保供，彰显农业大县责任担当。加速农业产业化。坚持品牌强农战略，以工业化思维抓好农业发展，依托“七彩阜宁”区域农产品品牌，创建一批绿色食品、有机农产品和地理标志商标。依托优势农业产业，深入招引农产品精深加工项目，培植农业龙头企业，不断提升农产品加工转化率和附加值，打造农业全产业链条。发挥制种大县优势，建立科企深化合作、商业育种创新机制，加快推动现代种业发展。优化农业园区布局。结合工业园区优化整合，统筹安排好农业园区和农业项目布局，推动镇级工业园区向农产品深加工园区转型。加快建设以东益食品加工园为重点的省级农产品加工集中区，以春华秋实农业园为中心的农业现代化示范区，以城南七彩阜宁农业公园、城北三灶北郊生态园为支撑的环城特色农旅融合区。

（三）加快突破现代服务业。把现代服务业发展作为产业转型升级、城市功能提升、群众生活品质改善的重要手段，对标长三角服务业新业态、新模式、新产品，推动服务业优结构、提层次。大力发展生产性服务业。推进生产性服务业与先进制造业深度融合，大力招引科技研发、新兴金融、现代物流、智能仓储、运维服务等新型业态，加快发展港口经济、楼宇经济、电商经济。做精做优生活性服务业。围绕城市空间布局、人口发展规模、消费升级需求，大力发展城市经济、夜间经济，积极提升老城区阜城大街、射河北路商业街，保留老城记忆、文化脉络；全力推进新城区上海路、长春路商业街业态繁荣，彰显现代气息、都市繁华，让老城老得有“味道”，新城新得有“格调”。“十四五”期间，打造2个五星级酒店，布局一批精品城市酒店，建设2个单体面积超4万平方米的城市综合体，加紧盘活阜宁中心、新苏国际、天鹅国际商业步行街。全力打造全域旅游“核心IP”。围绕“建成省级全域旅游示范区、建设长三角生态旅游康养基地”目标，持续实施全域旅游“543工程”。深度学习浙江莫干山、安吉生态旅游模式，依托专业团队，一体化推进景区设计、建设、运营、管理。依托里下河耕读文化特色，大力发展乡野研学、农事体验、民宿康养等旅游业态，推动金沙湖创成国家5A级景区、马家荡创成4A级景区，提升古黄河桃花源等3A级景区，培育穆沟等一批省级乡村旅游重点村，擦亮阜宁生态旅游招牌。放大阜宁红色旅游影响力，重点打造沿中山路红色旅游精品线路，整体设计、系统提升，建设具有阜宁印记的红色研学基地。加快建筑产业转型升级。紧跟精益建造、数字建造、绿色建造、装配式建造发展方向，培育重点骨干企业，新增特级资质2家、壹级资质10家，培养一批建筑工匠，加快建筑业高质量发展。

二、重抓改革开放，增强创新突破的锐气勇气，对标长三角，更高水平“引进来”，更大力度“走出去”，持续增添县域发展新动能。

（一）聚力改革攻坚。持续推进“放管服”改革，不断优化营商环境，深化重点领域和关键环节改革，促进流程再造、效能提升、服务优化，进一步激发市场主体发展活力。深入推进“互联网+政务服务”和不见面审批（服务）改革，建设一站式智慧政务大厅，让更多事项一门办、一网办、一窗办、一次办。提升镇级为民服务中心标准化建设水平，打造“15分钟政务服务圈”。认真落实省要素市场化配置改革30条措施，进一步优化土地、能耗、排污、金融等要素供给，优先向重点企业、重大项目倾斜，不断激发创新创造活力。深入开展土地、厂房、楼宇资源高效利用工作，建立资源高效利用评价体系、闲置资源监管库和工业用地储备库，每年处置一批闲置资源，有效盘活存量，源头遏制增量，提升发展质效。深化国资国企改革，加快国有平台优化整合、市场化转型。有效防范化解各类金融风险和政府隐性债务风险，创成省金融生态优秀县。

（二）突出创新赋能。围绕产业链部署创新链，紧盯产业发展关键环节和重点领域，着力打通产业链条的薄弱环节和技术瓶颈。强化企业创新主体。大力实施高企培育、高企上市、“高升规”、高企数字化转型、高企知识产权护航“五大行动”，引导企业加大研发投入，增强核心竞争力。到2025年，研发经费支出占地区生产总值比重达3%，国家高新技术企业数量超300家。建强创新载体平台。加大企业研发机构培育力度，推动省级以上企业技术中心、工程（技术）研究中心、新型研发机构、研究生工作站创建。深化政产学研协同创新，布局推进主导产业研究院、专业孵化器、技术创新联盟和引导基金“四个一”建设，力争到2023年实现全覆盖。加强科技人才支撑。深入实施“才·阜行动”，更大力度招引各类优秀人才，鼓励企业聘请专家到企业任职，探索在上海、南京等长三角重点人才集聚地建立“人才飞地”。

（三）深化开放发展。拓展开放思维。坚决摒弃因循守旧、故步自封保守观念，跳出阜宁看阜宁，以更大力度破除路径依赖，以更宽视野谋划开放发展，增强长三角城市群、江苏沿海中等城市身份意识、主动意识，在思维理念、方式方法和工作标准上全面对标沪宁杭、苏锡常，加快融入“双循环”新发展格局。涵养开放胸怀。以只求所在、不求所有的胸襟，深化对外合作。积极应对疫情深度影响，主动策应中日韩小循环，强化全产业外资招商，全力招引一批优质外资项目，培育一批重点外贸企业。全方位接轨上海，在优质产业项目和科技人才资源上加强引进，在绿色优质农产品供应、旅游康养休闲上深化合作，实现农产品主供基地、重大项目、创新载体、来阜游客“四个倍增”。构建开放格局。向东策应沿海，主动与周边海港联动发展，促进产业配套、优势互补，全力融入沿海开放发展大局；向南进一步缩短与重点城市时空距离，更好承接“溢出效应”；向西放眼淮河生态经济带，打造淮河流域入海门户核心物流节点。推动“公铁水”多式联运发展，对接推进临盐高速、盐阜快速路、盐射高速西延、沿海高铁等重大交通工程，加快推动淮河入海水道二期工程和阜宁港“一港三区”建设，建成阜宁港海关监管点和保税仓，建设市级以上出口基地。

三、重抓城乡融合，突出主城龙头，带动乡村振兴，立足县域自然本底，划定发展边界，坚持建管并重，努力让城乡美得更有形态、美得更有韵味。

（一）提升城市发展能级。系统谋划国土空间总体规划（2020—2035），科学划定城镇开发边界、永久基本农田保护红线、生态保护红线。围绕打造长三角北翼魅力独特的中等城市，坚持全域统筹、城乡一体发展，加快以人为核心的新型城镇化建设，着力构建县城、益林“一主一副”城镇发展格局。主城围绕构建“大河两岸、一城半湖”的滨湖枕河城市形态，优化空间布局，形成“一核、三廊、四纵四横、四片区”的空间结构。副中心立足区位和自然特色优势，坚持城市眼界和城市标准，完善产业、交通、公共服务等设施功能配套，高水平打造“苏北小上海”、江苏重点镇。树立经营城市理念，充分彰显城市价值，促进城市可持续发展。做好城市设计，推进城市有机更新，系统改造提升城市核心节点、街角巷道，建设一批美丽街区、美丽社区、美丽转角，扮靓城市立面和城市天际线。重点实施城南文体公园建设、城市水体整治及环境提升、城市高压走廊迁移等城建重点工程；有序推进S348北绕城段（S329北移）、澳门路东延、南京路拓宽等城市路网工程。持续抓好老旧小区和棚户区改造提升，加快推进农贸市场超市化改造。深化综合行政执法改革，不断提升城市精细化建管水平。

（二）加快乡村振兴步伐。紧扣“20字”方针，做好巩固拓展脱贫攻坚成果与乡村振兴有效衔接工作，完善镇村布局规划，大力实施乡村建设行动，引导农民向新型农村社区和城镇集中、土地向规模经营集中、农技人才向农业园区集中、农产品向品牌集中，促进农业现代化、农民市民化。以北部堆堤林果产业、中南部绿色瓜果蔬菜、西南部湖荡水产为发展方向，优化产业发展规划，推动产业向农民集中居住区布局，做到农房建在哪、产业配到哪，带动农民家门口就业，实现农民生产、生活协调发展，使农村既能留得住乡愁，更能留得住人才。持续做好农房改善“后半篇”文章，创新基层社区治理，健全自治法治德治相结合的乡村治理体系，探索符合实际、行之有效的村庄长效管理方案。大力实施农村人居环境整治提升行动，聚焦生活污水、垃圾、黑臭水体治理、村容村貌提升等重点任务，推动村庄清洁由“短期清脏”向“长期清洁”转变。结合现有路网、自然本底、空间布局，以点带线、连片拓面，复活传统村落、创建美丽村庄，逐步形成农房改善示范片区、美丽宜居乡村组团。到2025年累计创成特色田园乡村20个。

（三）推进全域文明创建。坚持把全国文明城市创建当作民心工程来抓。按照“2021年打响卡位战、2022年打好攻坚战、2023年打赢决胜战”思路，聚焦文明创建薄弱环节和城乡建设短板问题，在推进措施、组织保障等方面，创新机制，持续发力，不仅要拿到创建的牌子，更要让干部在创建过程中增强能力、锤炼作风；让群众在创建过程中提升素养、得到实惠；让城市在创建过程中提高颜值、涵养气质。把培育文明素养作为全域文明创建的核心内容。深入推进新时代文明实践中心建设，推动文明实践标准化、志愿服务项目化、特色活动常态化，打造阜宁新时代文明实践中心建设升级版。深入开展文明镇村、文明单位、文明家庭创建和道德模范、身边好人等评选活动，引导群众自觉抵制低俗文化，增强辨丑审美能力，争做彬彬有礼"讲究"的阜宁人。

四、重抓生态文明建设，以生态彰显特色，统筹做好减污降碳、添绿留白文章，切实把生态优势转化为发展优势。

（一）优化生态空间布局。以自然地貌为基底，水系为骨架，河流为廊道，湿地为斑块，系统构建金沙湖湖区、马家荡荡区，射阳河、串场河、通榆河、古黄河、苏北灌溉总渠"两区五廊"的生态空间格局，筑牢生态安全屏障。加强国土空间规划监管，执行最严格耕地保护制度和永久基本农田保护制度，对没看准、没想好的事，宁可"留白"也不留遗憾。持续推进国土绿化行动，高标准打造绿色通道、绿色林网等绿色空间，新建一批"口袋公园"和绿化景点，严格执行林木采伐制度，不断提升生态碳汇能力。

（二）加快绿色低碳发展。坚持生态优先、绿色发展，充分挖掘自然生态禀赋，培育绿色产业体系，厚植生态经济新优势，打通绿水青山向金山银山的转换通道。紧扣碳达峰、碳中和目标，统筹处理好发展与减排的关系，实施能源消耗总量和强度"双控"行动。推动制造业绿色转型，严把产业导向、项目准入、节能减排"三个关口"，推进重点行业减污降碳，支持鼓励企业实施节能环保等绿色化改造，加快淘汰低端落后产能，进一步调优产业结构，高新区化工企业实现应退尽退。推行农业绿色生产方式，深入实施农药、化肥"双减"行动，大力发展种养结合、生态循环农业。推动建筑领域节能减排和绿色创新发展。积极倡导绿色消费、绿色居住、绿色出行，努力形成简约适度、绿色低碳的生活方式。

（三）深入打好污染防治攻坚战。把解决突出生态环境问题作为民生优先领域，持续改善环境质量。加强大气污染防治，强化多污染物协同控制和区域联防联控，开展细颗粒物和臭氧浓度"双控双减"行动。严格管控各类扬尘。切实保障水质安全，严格落实"河长制""断面长制"，坚持"水岸同治"，持续开展小流域治理，整镇推进"一村一河"，逐步消除"两违三乱"问题。扎实推进城乡一体化污水处理项目，加快实施污水处理厂提标改造，实现县城、集镇、农村集中居住点雨污分流管网全覆盖、全运行，消除黑臭水体，保持国省考断面水质全部达Ⅲ类。做好金沙湖禁捕工作。强化土壤污染管控与修复，确保污染地块安全利用率达100%。通过五年的努力，让阜宁的天更蓝、水更清、土更净，阜宁大地逐步恢复夜观繁星、卧听虫鸣、鱼儿逐浪的生态气质。

五、重抓民生改善，站稳群众立场，为群众提供可感知有温度的点滴优质民生服务，全力以赴把阜宁老百姓的小目标、微幸福一点点变成现实。

（一）加强社会保障。巩固拓展脱贫攻坚成果，落实5年过渡期内保持脱贫攻坚政策总体稳定要求，完善防止返贫动态监测和帮扶机制，重点关注不稳定村、户和边缘村、户，每年提升相对经济薄弱村20个，通过吸纳就业、入股分红、兜底保障等多种举措，促进相对贫困家庭增收致富，统筹做好城镇低收入群体帮扶。加大促进就业力度，每年组织各类培训不少于100场次，保障高校毕业生充分就业、农民工返乡就业、城乡困难群体就近就业、陪读家长灵活就业，稳步提高各类群体收入水平。不断完善养老、医保、救助等保障体系，稳步提升保障水平。积极应对人口老龄化，推动养老事业和养老产业协同发展，确保养老机构护理型床位占比达55%。建设一批社区幼儿日间照料中心。深化殡葬事业改革，规划建设县级公益性公墓，公益性安葬（放）设施覆盖率达100%。

（二）优化公共服务。全面推进教育现代化建设，持续优化教育布局，启动新一轮教学质量振兴行动，创成国家学前教育普及普惠县、义务教育优质均衡县，跻身省教育强县行列。围绕群众体育健身需求，见"空"布点，建设一批体育休闲"微空间"，打造"5分钟健身圈"。坚定文化自信，繁荣发展文化产业和文化事业，大力传承传统文化、培育特色文化、丰富群众文化，振兴淮杂两团，打磨精品力作，打造一批小剧场、小影院、小书屋，塑造阜宁地域文化品牌。2025年，文化产业增加值占GDP比重达6%。以提高县域医疗服务水平为重点，加快推进医技能力建设，着力打造全域优质医疗"半小时服务圈"。提高饮用水安全保障能力，构建以新城水厂为主，城东水厂、东益水厂为辅的"一主两辅"3厂互通安全供水格局，推进以苏北灌溉总渠为主，潮河、通榆河为备用的"一主两备"安全水源地建设。

（三）推进治理升级。健全疾病预防控制体系和重大疫情防控机制，抓好常态化疫情防控，筑牢全民疫苗免疫屏障，增强基层防控和自我防护能力，坚决防范疫情风险。夯实安全生产责任体系，深化安全生产专项整治，持续推进重点行业领域机械化、信息化、智能化建设，不断提升安全生产治理体系和治理能力现代化水平，坚决杜绝重特大事故发生，创成省级安全发展示范城市。健全应急管理体系，提高防灾减灾救灾能力。加强食药安全监管，创成省级食品安全示范县。大力推进"八五"普法。巩固深化政法队伍教育整顿成果，持续推动扫黑除恶制度化常态化。完善"大数据+网格化+铁脚板"基层管理服务机制，推进县域社会治理现代化，全面构建立体化、信息化社会治安防控体系，加快建设平安阜宁、法治阜宁。畅通群众诉求表达渠道，坚持"周周清"例会制度，协同推进初信初访规范化办理、重复信访治理、信访积案攻坚，确保信访形势稳定向好。支持人大、政协开展工作，发挥人大、政协职能作用。强化党管武装，加强双拥共建，做好民族、宗教、对台、侨务等工作，巩固和发展爱国统一战线，调动群团组织积极性，促进"三老一关一参两会"等老年事业发展，形成心齐劲足干事局面。

推进新时代党的建设新的伟大工程

习近平总书记在庆祝中国共产党成立100周年大会上的重要讲话仍激荡在耳。以史为鉴、开创未来，必须不断推进党的建设新的伟大工程。全县各级党组织和广大党员干部要牢记习近平总书记谆谆教诲，认真落实新时代党的建设总要求，坚定不移推动全面从严治党向纵深发展，以党建高质量引领发展高质量，为开启全面建设社会主义现代化新征程提供坚强的组织保障。

一、在加强政治建设中固本铸魂。红色是阜宁最鲜明的着色。79处红色遗存，15处以烈士英名命名的路、桥、村、学校，让我们真切地感受和触摸到那段永不磨灭的鲜红历史；依然健在的162名新中国成立前老党员，还在向后人讲述他们亲身经历的战斗故事。新征程上，我们要赓续红色血脉，发扬优良传统，续写革命老区红色土地新荣光。把牢政治“定向舵”。始终把政治建设放在首位，坚持以习近平新时代中国特色社会主义思想为指导，增强“四个意识”，坚定“四个自信”，做到“两个维护”，不断提升政治判断力、政治领悟力、政治执行力，胸怀“两个大局”，牢记“国之大者”，充分发挥党“总揽全局、协调各方”的领导核心作用。拧紧思想“总开关”。在深入学习党的创新理论中感悟思想伟力，始终以新思想解放思想、统一思想，着力解决好落实缺乏创造性的问题，切实以思想破冰引领行动突围，以笃信笃行推动转型出关。要把党管意识形态扛在肩上，传播阜宁好声音、讲好阜宁真故事，让正能量充盈阜宁大地。增强党员使命感。是星星就要熠熠发光，是党员就要履行誓言。每一名党员都要回答好“入党为什么、在党干什么、为党做什么”的永恒党性课题。广大党员干部决不能崇尚风轻云淡、悠哉修身的“小我”情怀，更不能明哲保身、麻木不仁，只满足于每天“8小时”的尸位素餐。要有强烈的党员意识和事业情怀，涵养躬亲庶务、不舍昼夜、不负人民的崇高境界，自觉把个人奋斗融入到党的事业、时代的洪流、阜宁的发展，自觉从党的百年历史中厚植为民情怀，从铁军精神中汲取奋进力量，团结全县干群把行动统一到县委确立的目标任务上来，在现代化建设的新征程上来一场无悔阜宁的激情比拼。

二、在筑牢基层堡垒中夯实根基。党的基层组织是党的全部工作和战斗力的基础，必须持续抓基层、强基础。增强基层组织凝聚力。做好换届“后半篇”文章，深化基层功能型党组织建设，推进党建阵地标准化规范化，确保各项工作落到基层、实到支部。按照“增加先进、提升中间、整顿后进”的思路，每年整顿一批软弱涣散村，打造一批先进示范村，力促农村基层组织全面进步、全面过硬。提升基层队伍战斗力。选树一批服务群众有感情、发展富民有本事、作风行为有正气的基层带头人，不断提升基层党组织推动发展、服务群众水平。推进党员干部特别是机关党员干部下沉服务，定期进企业、进社区、走村组、走农户，积极开展志愿服务，以实实在在的行动和效果提升群众满意度。真情实意关爱基层干部，健全完善选拔任用、教育培训、激励保障等制度，注重培养和挖掘一批扎根农村、从乡土里“长”出来的村干部，注重选拔优秀村书记充实到镇区党政班子，让基层干部工作有劲头、事业有干头、发展有奔头。扩大基层党建影响力。统筹抓好机关党建、“两新”组织党建、农村党建等工作，进一步创新基层党建工作载体、提升基层党建活力，推动党的建设和中心工作同频共振，将党建引领效应拓展到经济发展、项目建设、基层治理、民生改善各领域，探索形成一批叫得响、立得住、推得开的特色党建品牌。

三、在全面从严治党中净化生态。全面从严治党永远在路上，必须把严的主基调长期坚持下去，坚定不移推进党风廉政建设和反腐败斗争，坚决清除一切损害党的先进性和纯洁性的因素，清除一切侵蚀党的健康肌体的病毒。正风气。深入贯彻落实中央八项规定精神，深化作风顽疾整治，紧盯“四风”隐身变异等突出问题，坚持露头就打、常抓不懈，确保打出声势、形成威慑。强监督。坚持严管和厚爱相结合，把监督作为对干部最好的保护，促进各类监督贯通融合，着力形成纪律监督、监察监督、派驻监督、审计监督和巡察监督统筹衔接的“大监督”格局。严惩戒。坚持不敢腐、不能腐、不想腐一体推进，坚持有腐必反、有贪必肃，坚持挺纪在前、执纪从严，从“关键少数”做起，以上率下、以上促下，切实形成风清气正、海晏河清的政治生态。

四、在勇于担当作为中彰显忠诚。开启全面建设社会主义现代化新征程，迫切需要广大党员干部披荆斩棘、冲锋陷阵。点燃干事激情。阜宁人民从不缺乏血性胆识、担当实干精神。1927年11月，阜宁县第一个中共地下党支部在城厢小学建立，点燃了阜宁革命火种，从此阜宁大地在共产党人的领导下，开启了波澜壮阔的革命建设史。四十年代，中共中央华中局和新四军军部移驻阜宁达一年半之久，无数革命先辈在这里留下了光辉足迹，阜宁人民紧密团结在党和人民军队周围，浴血奋战、艰苦奋斗，为盐阜敌后抗战胜利做出了巨大贡献和牺牲。五六十年代，党的一声号召，阜宁人民一锹一土开挖出苏北灌溉总渠阜宁段，创造了“旱改水引来稻花香”的成功经验。新世纪前后，“五年再建一个新阜宁”、挺进“大河南”，拉开了新城建设的主框架。回望走过的路，我们有过无数次勇立潮头的荣光时刻，而每一次的奋起，都展现了阜宁人民听党话、跟党走的坚定决心和豪迈意志。一代人有一代人的使命担当。广大党员干部要在披风沥雨中付出更多激情和汗水，在爬坡过坎中展现更多坚韧和勇毅，真正做到平常时候看得出来、关键时刻站得出来、危难关头豁得出来。直面发展恐慌。面对现代化一日千里的加速度，面对长三角日新月异的快节奏，坐而论道，永远只能望长三角之项背；纸上谈兵，永远只能得夸夸其谈之沽名。我们的党员干部，特别是科级以上干部，不深入一线，不深入残酷竞争的主战场，不直指作风顽疾的主病根，不把自己逼到发展一线的悬崖边，我们永远淬炼不出跨越发展的“真金”。为阜宁、爱阜宁，就要有等不起的紧迫感、慢不得的危机感、坐不住的责任感，切实解决知识老化、思维固化、能力退化、战斗力弱化的突出问题，缺什么补什么，弱什么强什么，更加注重实战能力的系统化提升，打造适应现代化建设要求的阜宁干部队伍。营造成事“气候”。干事既要有环境，更要有氛围。面对复杂局面，不愿干、不想干、也不会干，抱着“只要不出事、宁愿不干事”的想法，甘于混日子，“躺平”的思想在部分干部身上仍不同程度存在。要切实加强正向激励与反向鞭策，打破论资排辈、打通部门壁垒、不搞平衡照顾，旗帜鲜明地“为发展配干部、凭实绩用干部”，在发展的主战场上，让能带兵打仗、能打硬仗、能打胜仗的干部脱颖而出，让甘于平庸、碌碌无为、投机取巧的干部无处遁形、无地自容。

同志们，百年征程波澜壮阔、百年初心历久弥新。站在“两个一百年”的历史交汇点上，肩负新的时代使命，我们必须继往开来、接续奋斗。让我们更加紧密地团结在以习近平同志为核心的党中央周围，在省、市委的坚强领导下，锐意进取、开拓创新，激情开启新征程，接续建设新阜宁，奋力谱写全面建设社会主义现代化崭新篇章！

阜宁县2021年乡村振兴战略实施情况汇报

市委、市政府：

2021年，阜宁县坚持以习近平新时代中国特色社会主义思想为指导，深入贯彻新发展理念，紧紧围绕省委“六个高质量”和市委“两海两绿”发展路径、“四新盐城”建设要求，大力实施乡村振兴战略，扎实推进高质量发展。2021年，地区生产总值实现值645.45亿元，增幅7.2%；人均地区生产总值实现值80300元。全体居民人均可支配收入实现值30600元，增长9.5%；城镇居民人均可支配收入36800元，增长9.0%；农村居民人均可支配收入23550元，增长10.5%。现将阜宁县2021年乡村振兴战略实施情况汇报如下：

一、把握新发展阶段，强势推进乡村振兴战略

（一）健全乡村振兴战略领导体系

为贯彻落实中央和省市关于实施乡村振兴战略各项决策部署，成立由县委书记担任政委，县长担任总指挥，县各相关单位和镇区为成员单位的阜宁县实施乡村振兴战略指挥部。指挥部下设办公室和产业振兴、人才振兴、文化振兴、生态振兴、组织振兴、乡村建设6个专项工作组，指挥部办公室与县委农村工作领导小组办公室、县委实施乡村振兴战略领导小组办公室合署集中办公，按月逐镇开展乡村振兴战略重点项目观摩点评，统筹推进乡村振兴战略各项具体工作开展。

（二）推进脱贫成果与乡村振兴有效衔接

出台《阜宁县灌溉总渠以北片区“十四五”帮促项目规划》，编排133个重点地区帮促项目。按照“四个不摘”要求，强化农村低收入人口动态监测，坚决防止出现规模性返贫致贫。制定全县村集体增收行动计划，选派“第一书记”驻村帮促34个经济薄弱村和188个村级集体经营性收入低于30万元的村。年内全县所有村集体经营性收入超22万元，其中集体经济强村58个，占比18%。阜宁县农业农村局（县政府扶贫工作办公室）被中共中央、国务院表彰为“全国脱贫攻坚先进集体”。

（三）加大“三农”资金投入

全县年初预算农林水支出县本级安排（不含上级转移支付）52833万元，占当年一般公共预算支出（不含上级转移支付）761436万元的6.94%。全年土地出让金收入73.35亿元，其中用于农业农村支出3.31亿元，占比达4.6%。累计投入2.22亿元用于高标准农田等农业基础设施建设，筹集安排农房改善专项资金3.41亿元，兑现大棚种养基地等奖补资金3102万元。

二、贯彻新发展理念，全面推进乡村振兴战略

（一）夯实产业振兴基础，构建高效特色产业体系

1.*切实提升稳产保供能力*。落实耕地轮作试点面积341.59公顷，全年粮食种植面积12.69万公顷，粮食产量96.2万吨，其中夏粮5.78万公顷、总产33.88万吨，秋粮6.91万公顷、总产62.32万吨。瓜果蔬菜种植面积5.43万公顷、总产量185.9万吨，建成省级蔬菜产业推广示范基地1个、蔬菜示范点5个。生猪存栏43.88万头，出栏59.28万头；家禽存栏810万羽，出栏1221万羽；发展池塘养殖面积6133公顷，水产品总产量7.8万吨。

2.*发展壮大特色优势产业*。与江苏省农科院合作，建立亚夫工作站，构建“生态黑猪”全产业链发展模式，全年“阜宁黑猪”出栏3.5万头。建设杂交水稻制种基地面积2333公顷，引进中江种业投资1亿元建设“种粮一体化”项目，培育省级优势特色育苗中心3家，试验示范种植稻麦新品种11个、瓜菜新品种39个，全县良种覆盖率98%以上。

3.*拉长增粗产业发展链条*。推进古河粮油批发交易市场建设国家级农产品产地专业市场，现有国家级农业龙头企业1家、省级6家、市级25家，新培植省级示范家庭农场25家、市级34家。新招引12个千万元以上农产品加工项目，重大项目全年入库在建项目21个，计划总投资22.8亿元，年内完成投资13亿元。春华秋实现代农业示范园获评市五星级园区，七彩阜宁农业公园获“省2021年康美基地”称号，北郊生态农业林果主题农园获“省2021年主题创意农园”称号，全域旅游共接待游客175.2万人次，总收入8.76亿元。

4.强化农业科技装备水平。深入推进“互联网+现代农业”体系建设，持续升级智慧农业和物联网平台，全县农业信息化覆盖率达78.92%，建成省级数字农业农村示范基地1个，获“全国县域农业农村信息化发展先进县”称号。持续提升农业机械化水平，全年农作物耕种收综合机械化率达82%，特色农业机械化率达60%。

5.推进品牌强农营销富民。“七彩阜宁”区域公用商标获批国家集体商标，“白水塘白对虾”成功注册国家地理标志证明商标，“阜宁黑猪”获评第二届江苏省十强农产品区域公用品牌，培育入选省级农产品品牌目录1个、市级15个。开展线上直播带货和线下品牌宣传等专项活动，网络直播销售额超600万元，农业电商年度销售额超16.6亿元，同比增长11.2%。

（二）发挥人才振兴作用，保障乡土人才繁荣发展

1.促进就业稳民生。为118家企业发放稳岗返还资金175.71万元，新开发公益性岗位425个，完成就业困难认定345个，全日制公益性岗位64人、非全日制公益性岗位281人。举办线上线下招聘活动，累计带动4000余人入企业就业，全年实现新增城镇就业7253人。加强新生代农民工职业技能培训，累计举办高素质农民培训班46期，培训农民8000人；培育农业科技示范户741个，选树稻麦科技示范户754个，遴选业务技术骨干78人。

2.招引人才提民生。出台《关于“才·阜行动”的实施意见》，累计入选省“双创”人才和市领军人才31人、省“333高层次人才”培养对象15人、“苏北发展急需人才”102人、省市乡土人才“三带”行动计划528人。引进6名高层次人才申报工信部“启明计划”，10个高层次人才项目入选市黄海明珠人才计划。全县企事业单位共引进大学生2386人，其中本科生1663人、研究生以上171人；首批招聘“名校优生”52人，其中博士1人、硕士35人、本科16人。

3.创新创业惠民生。出台《关于加强乡土人才队伍建设实施意见》，组织119个人才团队参加市创新创业大赛。建立返乡入乡创业贷款申领绿色通道，发放贷款6604万元，带动459名初始创业者特别是返乡人员成功创业。江苏大鹤现代农业有限公司的标准化种植管理系统OICO项目，在全市农业创业创新项目创意大赛中被评为初创组一等奖，获省初创组优胜奖。

（三）推进文化振兴繁荣，焕发乡村文明新气象

1.弘扬精神文明。深化全国文明城市创建，集中整治12个居民小区，打造15条特色文化背街后巷。组织211554场新时代文明实践活动，受众达100万人次，完成全县40家文明实践站的提升建设和80家文明实践所站的验收工作。推进文明镇村、文明家庭等创建，推进“好人”“七个一”系列宣传教育活动，获评“新时代江苏好少年”1人，“第八届江苏省道德模范提名奖”1人，“江苏好人”2人，“盐城好人”2人。

2.丰富群众文化。建设252家农村文化大院，举办文化科技卫生“三下乡”集中服务、阜宁立春“打春牛”民俗庆典、“一心跟党走”舞蹈大赛等文艺惠民活动。围绕建党100周年，开展文艺采风创作、诗书画作品联展、电影拍摄等活动。新建益善书房等5个阅读新空间，举办1000多场全民阅读活动，为全县村农家书屋免费配送党史学习书籍660套，补充更新图书1.83万册、期刊4500册。阜宁县作家孔令玉成功入选中国作家协会，新春文化惠民演出活动被央视《晚间新闻》栏目专题报道。

3.传承传统文化。县杂技团滑稽节目《热心人》获中国杂技界最高奖项“金菊奖”，立春“打春牛”被列入国家文化部非遗司“非遗过大年”民俗项目。非遗音乐作品《牛歌声声》受邀参加2021全国农民文化艺术展演，“阜宁大糕”参加第5届中国非物质文化遗产传统技艺大展，新四军题材“面塑”非遗传习展活动被央视《新闻联播》和《新闻直播间》连续报道。杂技《我的小小世界》获得江苏省文华奖表演奖，淮剧《十品半村官》参加江苏省庆祝中国共产党成立100周年优秀舞台艺术作品展演，《田家湾的号声》获市文华奖。

4.培育红色文化。全县共有17处革命遗址入选江苏省第一批革命文物名录；华中局第一次扩大会议旧址入选“建党百年红色旅游百条精品路线”，铁军纪念馆、中共中央华中局第一次扩大会议旧址等两处红色景点入选全省20条“永远跟党走”红色旅游线路，纪录片《阜宁战役》在中央电视台四套《国家记忆》栏目播放。

（四）推动生态振兴引领，坚守农业农村发展底线

1.发展绿色农业。加大秸秆离田、深翻还田力度，全年秸秆离田综合利用率95%；加强耕地质量保护和提升，建设5个省级绿色防控示范区，全年化肥用量同比减少0.6%，农用农药使用量减少0.59%，农药包装废弃物回收工作乡镇覆盖率100%，废旧农膜回收率90%，畜禽粪污综合利用率97%。绿色优质农产品比重74.3%。

2.优化人居环境。常态化开展农村人居环境整治提升评比、村庄清洁等行动，推行生活垃圾“四分类”试点，对5个试点镇垃圾分类试点工作“回头看”，开展农村垃圾长效治理督查考核，抽查整改率97.8%。实施城乡一体化污水处理二期工程，新建行政村污水处理管网280千米，实现行政村污水处理设施全覆盖。

3.修复生态环境。围绕绿化景观、湿地保护、生物多样性和鸟类栖息地等要求推进金沙湖湿地修复，实施串场河整治和环境提升工程，打造承载文化记忆、彰显生态特色的滨水空间。全县新增成活率在85%以上的成片林107.25公顷，完善高标准农田林网980公顷，四旁植树62万株。

（五）增强组织振兴力度，改革提升社会治理能力

1.基层党建实现新突破。打造2个党建示范带，整顿19个软弱涣散村党组织。做好村（社区）“两委”换届工作，全县村（社区）“一肩挑”比例100%。举办村（社区）干部大学堂，累计参训1.5万人次。设立农村党员激励关爱专项资金，被中央电视台宣传报道。电教片《展板的故事》《盐阜血铸雨花魂》分别获“百年风华”全省党员教育全媒体作品大赛一、二等奖。

2.选人用人展现新气象。完成县、镇党委换届任务，累计提拔科级干部82名、重用29名，晋升职级72名。举办党的十九届五中全会精神轮训班8期，累计培训党员干部1200多人次。举办科级干部“双学双提”培训班、乡村振兴业务素能提升班，选派220名干部参与疫情防控，124名干部外出招商，提升党员干部综合素质和履职能力。

3.乡村治理取得新进步。加强“平安阜宁”建设，排查化解矛盾纠纷462起，整治治安问题82条，开展送法上门、法治集市等为民服务活动38次。完善社区党群服务中心建设，规范社会组织管理，全面推行“一门受理、一站式服务、全科社工”的社区服务模式，促进城乡社区公共服务均等化和社区服务供给便捷化。

（六）加快乡村建设进度，促进农村宜居宜业

1.优化镇村发展布局。初步划定生态保护红线、基本农田保护线、城镇开发边界“三条控制线”，盘活37.62公顷闲置土地。推进土地增减挂钩，新增耕地67.67公顷，做好耕地占补平衡工作，新增耕地面积56.33公顷，参与易地调剂，补充耕地指标交易66.75公顷。编制《阜宁县镇村布局规划》，完成益林镇马家荡、蟠龙和新沟镇新东等“多规合一”村庄规划编制21个。

2.配套农村基础设施。实施农田改造建设工程，新建或改造提升高标准农田8946.67公顷，其中5466.67公顷国家入库项目已经全面开工建设，年底完成工程量80%以上，正加快推进3613.33公顷（含示范区2280公顷）自建项目开工建设。建成农村地区5G基站48座；完成省下达的11条生态河道建设和77条河道疏浚任务，提升县乡河道552条；对渠南灌区进行现代化改造，节约耕地10.07公顷，年可增产粮食1200万千克，节水2200多万立方米，节电2.25万度，产生经济效益1776万元。投入1625万元建设县应急指挥中心，实现应急管理体系和能力的现代化。

3.改善乡村发展面貌。2021年共改善农房6113户，其中进城入镇4906户、进新型农村社区930户、原址翻建新建277户，益林镇穆沟新型农村社区项目被评为省级农房改善示范项目。新改建农村公路84.103千米，实施县乡道路面维修8.04万平方米，改造危桥134座，完成农村公路生命安全防护工程40千米。全县408个规划发展村庄已全部建成美丽宜居乡村，其中省级特色田园乡村5个、市级6个。

4.提升公共服务水平。新建沟墩阳光幼儿园，改扩建东沟中学等一批学校；全面完成中小学课桌椅“焕新工程”、厕所改造工程、学生饮水及洗浴设施工程。提升镇级卫生院，建立县镇村三级医保服务网络，在全县20家卫生院、328家卫生室安装医保电子凭证刷卡设备，建设21个“15分钟医保服务圈”示范点，打通医保服务“最后一公里”。在镇区村居建立10个居家养老服务站，实现全县1137名农村留守老年人信息台账动态管理。

在肯定成绩的同时，我们清醒地认识到发展中还存在许多问题和不足：一是对照长三角竞相发展的态势来看，未能将长三角战略区位优势转化为发展的现实优势和竞争的比较优势，产业体量和质态比较薄弱，农业龙头企业没有取得质的突破，“七彩阜宁”区域品牌、“阜宁大糕”“阜宁黑猪”等地标品牌效应未能真正形成。二是对照宜居宜业美丽乡村的要求来看，镇村基础设施建设欠账较多，人居环境长效治理水平还需提高，优质公共服务覆盖不广。三是对照传承创新乡土文化的要求来看，淮杂节目编排力度不足，文旅融合发展态势不强，城市品牌打造意识不强，文化资源价值没有得到充分发挥。四是对照现代化干部队伍建设的要求来看，部分党员干部缺乏斗争精神，党性修养和业务素能不过硬，思维理念、工作眼界、实战能力与推进现代化建设的形式要求存在差距。五是对照人民群众对美好生活的期盼来看，城乡居民可支配收入差距较大，村集体经济发展水平与全市平均水平还有一定差距，农民群众对全面小康的心理预期和现实生活感受存在落差。

三、融入新发展格局，加快推进乡村振兴战略

2022年，阜宁县将继续贯彻习近平总书记视察江苏重要讲话指示精神，认真落实省、市委工作部署，坚决扛起“争当表率、争做示范、走在前列”的重大使命，加快构建现代产业体系，打造美丽宜居城市和美丽田园乡村，不断提高人民群众获得感、幸福感、安全感，奋力谱写全面建设社会主义现代化崭新篇章。

（一）重抓转型升级，突破重大项目，增强县域发展后劲

坚持“工作项目化、项目节点化、节点责任化”，创新项目引建机制，优化项目服务机制，加速项目投产见效。巩固拓展优势产业、突破引领性产业、提升传统产业，构建产业集聚发展新格局。抓好“两区两园”规划提升、功能完善、机制创新，推动园区整合和高效集约发展。坚持企业智能化、绿色化、高端化导向，重点激励“个转企、小升规、规改股、股上市”，支持、鼓励有条件的企业进军资本市场，实现上市企业零的突破。

（二）重抓特色产业，发展精耕农业，建设现代产业体系

按照“稳定粮食面积、打造产业特色、提升农业质效”的总体思路，建设长三角地区绿色高端的米袋子、菜园子、肉篮子、果盘子。持续推进高标准农田建设，打造一批万亩连片有机稻米种植基地、万亩连片优质果品种植基地、万亩特色水产养殖基地、万头生态黑猪养殖基地。统筹安排农业园区和农业项目布局，推动镇级工业园区向农产品深加工园区转型，做大培强农业龙头企业。深入招引农产品精深加工项目，积极创建绿色食品、有机农产品和地理标志商标，打造农业全产业链条。

（三）重抓科技创新，强化人才支撑，增添城乡发展动能

加大企业研发机构培育力度，深化政产学研协同创新，建强创新载体平台。深入实施“才·阜行动”，更大力度招引各类优秀人才，鼓励企业聘请专家到企业任职，积极探索在上海、南京等长三角重点人才集聚地建立“人才飞地”。

（四）重抓生态文明，推进城乡融合，厚植城市精神品格

立足打造长三角北翼魅力独特的中等城市，构建县城、益林“一主一副”城镇发展格局，金沙湖湖区、马家荡荡区、射阳河、串场河、通榆河、古黄河、苏北灌溉总渠“两区五廊”生态空间格局。实施农村人居环境整治提升行动、国土绿化行动，倡导绿色低碳发展，复活传统村落，创建美丽村庄。坚定文化自信，传承传统文化、培育特色文化、丰富群众文化，塑造阜宁地域文化品牌。以全国文明城市创建、新时代文明实践活动为抓手，引导群众争做彬彬有礼“讲究”的阜宁人。

（五）重抓治理能力，提供优质服务，绘就民生幸福蓝图

始终把党的政治建设放在首位，探索形成一批叫得响、立得住、推得开的特色党建品牌。创新基层社区治理，健全自治法治德治相结合的乡村治理体系，探索符合实际、行之有效的村庄长效管理方案。持续巩固拓展脱贫攻坚成果，做好城镇低收入群体帮扶，加大促进就业力度，增加村集体收入，提高城乡居民收入水平。完善养老、医保、救助等保障体系，全面推进教育现代化，建设体育休闲“微空间”，打造全域优质医疗“半小时服务圈”，实现人民群众对美好生活的向往。

（县政府办）

接轨上海

2021年，阜宁县深入践行“两海两绿”高质量发展路径，以接轨上海为龙头，深度推进长三角一体化发展，全力融入国内经济大循环。全县围绕“一区三基地”建设开展全方位、多层次、常态化对接工作，接轨上海、深度融入长三角氛围浓烈，呈现活动密度高、系统性强、接轨成效好的崭新局面。

一、强化组织统筹，形成整体联动局面

为强化工作系统性，县出台《2021年全县接轨上海深度融入长三角工作要点》，编制全县镇区（街道、社区）和县直部门任务清单、活动计划和考核办法，明确相关部门共性和个性化具体任务。分别召开接轨上海月度例会、上海区域驻点招商工作座谈会等系列会议，推进接轨上海工作，有序推进“一区三基地”建设。明确“活动周、主题月、黄金季、深化年”总体活动规划。各牵头部门积极组织各类专项活动，先后举办“四月踏春行”“高铁游阜宁”“农旅产品上海行”等主题月活动。其中，“高铁游阜宁”推广活动期间，分别在上海、苏州、南通等高铁沿线重要节点城市举办10场文旅推介活动。“农旅产品上海行”活动，组织60多名种植大户、农产品加工企业负责人赴上海考察观摩；组织20家农业企业到上海开展进社区销售活动；组织阜宁名优产品参加中国国际有机产品博览会、第二十三届（2021）江苏农业国际合作洽谈会。科技上组织6次对接活动，举办中科院上海硅酸盐研究所、上海理工大学、东华大学等高校院所产学研对接、东华大学滤料企业技术培训，其他还组织上海阜宁商会企业家来阜红色之旅、上海欧美同学会闵行分会合作共建等活动，镇区（街道、社区）小分队长三角招商推介活动20多场，形成接轨上海浓烈氛围。

二、强化督查推进，保证接轨工作成效

为保证接轨上海深度融入长三角工作的连续性，保证既往签约项目落地开花，县委办、县发改委每月牵头督查2020年“接轨上海金秋活动周”6场活动128个签约项目落实情况，县委组织部、县农业农村局、县科技局、县文广旅局、县工信局、县重大项目推进中心分别就所举办活动和承担年度任务对镇区（街道、社区）进行督查，形成汇报材料，交办滞后事项，县分管领导还对签约项目落地推进情况专题会办，保证了工作成效。

三、注重成果落地，一体化发展实绩显著

项目招引实现新提升。新开工长三角重大项目32个，其中最大的阿特斯5GW光伏电池项目投资额20亿元，来自上海的有吉瓦年产8万卷高效金刚线、石墨烯纤维、睿赛尔新材料等项目。“三基地”建设成效显著。科创嫁接进度超前。新实施长三角地区产学研合作项目51项，新增长三角地区共建创新载体2个，推进建设环保滤料产业技术研究院，引进北京交通大学长三角研究院在阜宁县设立分中心；新聘东华大学等长三角高校院所科技副总25名；建立2个校企联盟。农业对接深度推进。新建沟墩南美白对虾、大塘禽蛋直采、古河芦笋基地、阜城果蔬基地、郭墅瓜蒌等直采直供基地，总辐射面积1013公顷；新建上海农产品直销窗口3个，改造17个，直销窗口数量达31个，6家主供应基地办理上市食用农产品合格证事项；年内开工亿元农产品加工项目3个；盐城网上粮食交易市场、七彩阜宁社区店等自建电商平台上线运营37家。打造阜宁运营中心、土味园、悦谷世嘉、马家荡大青蟹等直播基地28家。旅游合作持续升温。康养项目湖滨酒店已对外试营业，被市认定康养示范基地，进一步提高全县面向长三角旅游接待能力，签订旅游合作协议10份，和上海重点旅行社合作开通上海旅游直通车，确保每周至少发车2班次以上，长三角游客增长15%以上。全方位融合发展开创新局。阜宁（杭州）城建招商推介会集中签约项目3个；阜宁港区至太仓港内河集装箱班轮航线正式开航；复旦大学附属华东医院与阜宁县人民医院医联体签约揭牌；县内东沟中学等学校到上海学校考察学习、在线交流频繁；太仓市的提前进调、并联审批等做法借鉴应用到阜宁县审批服务中；县粮食企业与上海、宁波等长三角地区粮食代购代储合作、应急保供合作进一步深化。

（县发改委）

2021年大事记

1月

1日　县在开发区智能装备产业园举行元旦全县工业项目集中开工活动。县委书记徐华明在开工活动中热情致辞，县委副书记、县长张利华主持开工仪式。阜宁阿特斯阳光电力科技有限公司总经理、阜宁阿特斯光伏科技有限公司总经理俞春娥介绍项目建设情况。

是日　县举行首届凤凰教育文化艺术月暨阜宁凤凰广场启幕仪式，县委书记徐华明致辞，江苏凤凰出版传媒集团党委副书记、总经理孙真福，县委副书记、县长张利华，江苏凤凰出版传媒股份有限公司党委书记、总经理佘江涛，江苏凤凰出版传媒股份有限公司副总经理、董事会秘书徐云祥出席启幕仪式。

是日　县举行金沙湖绿竹巷民宿运营揭牌仪式。上海市旅游局副局长邹波，县委副书记、县长张利华参加活动并为绿竹巷民宿揭牌。绿竹巷民宿是以“竹”文化为主题的精品民宿，是阜宁县旅游接轨上海落地项目中最具特色的一家民宿。整个民宿占地1公顷，包含有茶餐厅、竹工坊、精品民俗等体验项目，给旅客带来深度的全竹慢生活体验。

5日　县人武部召开宣布命令大会，盐城军分区政委马小军宣读中央军委国防动员部命令和盐城军分区党内任职通知，任命赵辉为阜宁县人武部政治委员。县委书记、人武部党委第一书记徐华明到会讲话。

6日　县委副书记、县长张利华主持召开全县疫情防控工作会议，布置冬春季疫情防控任务，进一步压紧压实各层各级的防控属地责任、监管责任、主体责任、个人责任，为全县百万人民安全过节保驾护航。县领导郝瑞耀、王宁、张桂军、吴正年、徐向东、陈聪参加会议。

是日　上海姚记生物科技集团有限公司总裁叶自春一行在阜宁洽谈项目合作，并举行项目座谈以及智慧工厂项目签约。县委书记徐华明参加活动并介绍阜宁县经济社会发展情况。叶自春详细介绍姚记生物科技集团有限公司在智慧工厂、水产饲料项目等业务领域，并对阜宁县经济社会发展、营商环境优化以及城乡面貌等方面给予高度评价，对来阜投资合作充满信心。签约仪式上，县高新区与上海姚记生物科技集团成功签约计划投资5亿元的智慧工厂项目。

8日　市第二综合考核组在阜宁县开展现场集中检查考核工作，并召开2020年度年终综合考核工作会议。市委副秘书长苏冬，县委书记徐华明，县委副书记、县长张利华参加会议。徐华明在会上分别作县委领导班子述职报告、干部选拔任用工作报告和个人述职报告。张利华分别作县政府领导班子述职报告和个人述职报告。会议进行民主测评和评议。县人大常委会主任林进，县政协主席丁政万，县委副书记田海波等县领导参加会议。

9日　罗桥镇在西游园举行赵宏本纪念馆开馆仪式。副县长吴正年参加开馆仪式。赵宏本（1915—2000年），是罗桥镇凤谷村人，是著名连环画画家，四届全国人大代表，五届全国政协委员，六届上海市政协委员。赵宏本纪念馆以“家”为主线，展厅形散神聚，主题鲜明，重点突出，内容充实，以丰富多彩的形式系统全面地介绍赵宏本老先生的一生。赵宏本纪念馆是一座集纪念、研究、游览、休闲互动于一体的综合性文化场馆。开馆后将免费向市民开放。

是日　一众显示科技液晶显示屏及手机盖板项目在县开发区签约，项目计划总投资5亿元。县委书记徐华明出席签约仪式并介绍阜宁县产业发展情况，东莞一众显示科技有限公司董事长陈踩文介绍项目情况。县委常委、开发区党工委书记郝瑞耀主持签约仪式。

11日　县召开2020—2021年度全县党员干部冬训动员大会暨骨干培训班，县委书记徐华明作动员讲话和首场辅导，并通报2020—2021年度全县党员干部冬训工作受省、市表彰奖励情况。县委常委、宣传部长罗时荣参加活动。

12日　2020盐城公安工作报告会现场，勇救4人的阜宁县农民洪立华被评选为“盐城市见义勇为好市民”。2020年6月6日　洪立华来回游了4趟，将4名落水者救上岸。事发后他一直没有对外说，当地社区民警入户走访调查时，从其他村民口中听说了此事，洪立华勇救4人的事迹才被知晓。

13日 江苏省脱贫攻坚国家级表彰先进个人、先进集体拟推荐对象公示，阜宁县农业农村局（县政府扶贫工作办公室）成为江苏省脱贫攻坚国家级表彰先进集体拟推荐对象。

19日 省人民对外友好协会会长柏苏宁带领省调研组在阜宁县调研友协相关工作，市友协会长李驰陪同，县委书记徐华明介绍阜宁县相关情况。柏苏宁对阜宁县友协工作给予肯定。调研组实地观摩七彩阜宁农业公园、金沙湖旅游度假区、阿特斯协鑫阳光电力科技公司等现场。

2月

6日 县召开林业工作会议，县委副书记、县长张利华参加并提出具体要求。

8日 央视《东方时空》重点报道阜宁县《“暖心工程”让离任村干部发挥余热》。

14日 央视《新闻联播》点赞阜宁县金沙湖旅游度假区“星”年新春灯会。

15日 央视《晚间新闻》栏目以《牛年正月新春别样春节新风尚》为题，对阜宁县春节期间新时代文明实践系列工作进行宣传报道。

18日 市委、市政府召开2020年度全市综合考核总结表彰大会，市委书记戴源出席会议并讲话，市委副书记、市长曹路宝主持会议。大会以电视直播形式召开，县设立分会场组织收听收看。县委书记徐华明，县委副书记、县长张利华出席分会场会议。在全市2020年度综合考核中，县获综合考核第二等次、文化建设高质量单项奖、人民生活高质量单项奖。阜宁经济开发区、东益工业园区、阜宁港物流园区、阜宁省级现代农业产业园、阜宁白水塘现代渔业园区、金沙湖旅游度假区、马家荡旅游度假区等园区获市园区等级评定，中材科技、荣威娱乐、金海新能源等企业获评“争星创优”星级企业，一批先进个人获得市委、市政府表彰。会后，市委常委、秘书长崔浩为阜宁县授牌。县人大常委会主任林进，县政协主席丁政万，县委副书记田海波等县四套班子领导参加县分会场会议。

是日 央视《晚间新闻》栏目以《用工需求旺盛 丰富招工方式吸引人才》为题，对阜宁县春节期间促进群众就业增收和企业用工工作进行宣传报道。

19日 2020年度全县综合考核总结表彰暨“亿元项目提质增效年”动员大会召开，贯彻落实县委十四届十一次全会精神，表彰2020年度综合考核先进集体和先进个人，部署“亿元项目提质增效年”任务举措。县委书记徐华明出席会议并讲话，县委副书记、县长张利华主持会议。县开发区、高新区、东益工业园、自然资源和规划局分别作交流发言。县人大常委会主任林进，县政协主席丁政万等县四套班子领导在主会场参加会议。会议采取电视现场直播形式召开，县设立主会场，各镇区（街道、社区），县级机关部门（单位）、企业设立分会场收听收看。

22日 全县建筑业发展大会召开，县委书记徐华明出席会议并讲话。县委副书记、县长张利华作全县建筑业发展工作报告。大会解读《阜宁县关于促进全县建筑业高质量发展的实施意见》文件，宣读《关于公布2020年度全县建筑业考核结果的通知》《关于兑现2020年度建筑业高质量发展奖补资金的通知》，为综合先进企业、获得奖补资金企业颁奖，并为县图审中心揭牌。县住建局、县金融监管局、中科建工集团、江苏晟功建设集团做交流发言。县人大常委会主任林进，县政协主席丁政万，县委副书记田海波等县领导参加会议。

23日 全县农村工作会议召开，县委书记徐华明出席会议并讲话。县委副书记、县长张利华主持会议，并就春耕备耕、造林绿化、春季动物疫病防控、耕地“非农化”“非粮化”专项整治等当前农业农村重点工作作出具体部署和要求。县农业农村局、县住建局、罗桥镇、益林镇、沟墩镇作交流发言。县人大常委会主任林进，县政协主席丁政万，县委副书记田海波等县四套班子领导出席会议。

25日 县农业农村局（县政府扶贫工作办公室）被中共中央、国务院表彰为全国脱贫攻坚先进集体称号，是全市唯一一家获此殊荣的部门。

27日 全县“美丽阜宁”建设暨全国文明城市创建大会召开。县委书记徐华明出席会议并讲话。县委副书记、县长张利华主持会议，并就贯彻落实会议精神作具体部署。县公安局、县综合行政执法局、县住建局、阜城街道分别作交流发言。县人大常委会主任林进，县政协主席丁政万，县委副书记田海波等县领导出席会议。

是日 全县“正风肃纪镇村行”暨“正风肃纪看机关”专项行动推进会召开，解读《关于2021年度一体推进“正风肃纪镇村行”和“正风肃纪看机关”专项行动的实施意见》，深化巩固“正风肃纪镇村行”和“正风肃纪看机关”专项行动成果，推进机关、基层正风肃纪，促进全县广大党员干部明高线、知底线、强监督、守责任。县委书记徐华明出席会议并讲话。县委副书记、县长张利华主持会议并作具体部署。县民政局、益林镇主要负责人分别作交流发言。县委副书记田海波等县领导参加会议。

3月

1日 巡视指导督导工作专题培训会议在南京召开。中央巡视机构“讲师团”成员、中央巡视组组长薛利就深入学习贯彻习近平总书记重要论述和党中央决策部署，推进新时代巡视工作高质量发展作专题培训辅导。省委书记娄勤俭主持会议并讲话。会议以视频形式召开，各设区市、县（市、区）设分会场。省领导王常松、郭元强，第九巡视指导督导组全体成员，省委巡视工作领导小组全体成员等在主会场参加会议。县设立分会场组织收听收看，县委书记徐华明，县委常委、纪委书记、监委主任倪一华，县委常委、组织部长、统战部长周达虎在县分会场参加。

2日 全省党史学习教育动员会议在宁举行，省委书记、省委党史学习教育领导小组组长娄勤俭作动员讲话。县人大常委会主任林进，县政协主席丁政万，县委副书记田海波和朱玲、倪一华、罗时荣、王宁、周达虎、郭碧玉等县领导参加分会场会议。

3—10日 县委书记徐华明带队到长三角、珠三角地区大中城市，密集跟踪洽谈项目，宣传推介阜宁先后拜访了杭州艾洛益材料科技有限公司、宁波美菲特水处理有限公司、温岭甬岭供水设备有限公司、嘉兴万阳电子有限公司，到企业生产车间和研发中心考察，与各企业负责人就推进有关项目合作进行交流。县委常委朱玲，副县长张桂军、陈聪和开发区、高新区、阜城街道、沟墩镇、新沟镇、县农业农村局、供销合作总社、重大项目推进中心等主要负责人分别参加活动。

16日 全县党史学习教育动员会议召开，县委书记徐华明出席会议并讲话，县委副书记、县长张利华主持会议并就贯彻落实会议精神作具体部署。县委副书记田海波，县政协主席丁政万等县领导参加会议。

17日 省安全生产第九督导组副组长、省商务厅二级巡视员夏网生带队在阜宁县调研督查安全生产工作，听取相关工作介绍，并就做好当前和下一步工作提出要求。县委书记徐华明介绍阜宁县安全生产工作情况，在阜期间，省督导组分两组，实地察看宏人商品城、新沟镇杨受成关爱老年中心、美林堡木业、苏油加油站等现场，详细了解安全生产、化工企业关闭退出、残余物料清理等工作开展情况。

18日 县举行村（社区）干部大学堂开班式，县委书记徐华明出席并提出具体要求；为离任村干部优秀代表举行荣退仪式，向2020年绩效考核前10名的村居书记颁发荣誉证书。此次村（社区）干部大学堂设1个主体班和19个镇区班，全县339个村（社区）“两委”班子、后备干部参加培训。每月集中学习1天，全年学习10次。县委常委、组织部长、统战部长周达虎参加开班式。

21日 2021年阜宁（杭州）城建招商推介会在杭州举行，县委副书记、县长张利华出席并致辞，宣传推介阜宁，商谈投资合作。碧桂园集团苏中区域总裁上官鹏程、江苏欧堡利亚华松实业集团有限公司副董事长刘骋等近40名嘉宾客商参加活动。集中签约项目3个，计划总投资60亿元。县委常委、常务副县长王宁主持推介会，副县长徐义参加活动。

23日 省供销总社一级巡视员、苏合投资运营集团董事长徐筱棣一行在阜宁县调研，先后来到大鹌蛋业、县农药零差率配送中心进行现场走访，听取企业负责人相关情况介绍，并就江苏省供销合作产业发展与阜宁县现代农业相结合进行沟通交流。县委书记徐华明介绍相关情况。市供销总社党委书记、理事会主任朱雯，副县长陈聪参加活动。

28日 盐城港阜宁港区至太仓港内河集装箱班轮航线正式开航，省港口集团集装箱公司副总经理潘元兵出席开航仪式，盐城港集团党委书记、董事长、总经理周正雄，县委副书记、县长张利华分别致辞。副县长徐义参加活动。

是月 县陈集镇停翅港村入选中组部、财政部乡村振兴建设红色美丽村庄试点村，是江苏省首批13个行政村之一，是盐城市唯一的入选村。

4月

1日 全县镇领导班子换届工作会议暨业务培训会召开，县委书记徐华明出席会议并讲话。县委副书记田海波主持会议。

2日 县举行“祭先烈、守初心”清明节祭扫活动，缅怀先烈，重温初心。县委书记徐华明，县委副书记、县长张利华，县人大常委会主任林进，县政协主席丁政万参加，县委副书记田海波主持，县领导朱玲、罗时荣、王宁和重点优抚对象代表、公安干警代表、医护工作者代表、供电公司、驻阜部队官兵等160余人参加活动。

8日 县举行阜宁智能装备制造产业园二期项目开工仪式。市国投集团党委书记、董事长戴同彬致辞，县委书记徐华明出席开工仪式并讲话，县委副书记、县长张利华参加活动。戴同彬一行实地观摩阿特斯切片、协鑫集成、中材四厂、阜宁中心等项目现场。阜宁智能装备制造产业园二期工程，建设地点位于县开发区，二期B2区项目用地面积4.33公顷（约65亩），拟建设标准厂房4栋及附属配套，总建筑面积约5.5万平方米，项目总投资18000万元；二期E区项目用地面积6.08公顷（约91.13亩），拟建设标准厂房6栋及附属配套，总建筑面积约9.5万平方米，项目总投资40000万元。

14日 市长曹路宝在阜宁县调研实施乡村振兴战略情况，先后到罗桥镇津浦河和长圩河环境整治现场，实地督查推进村庄河塘整治工作，和蒲包茶干制作技艺非遗文化推介人陈治国交流，查看郭墅镇沪青猪场管理流程，在三灶镇高标准农田建设现场查看小麦长势，勉励古河芦笋生态循环农业基地负责人，肯定阜宁协鑫再生能源发电项目利用先进技术处置垃圾化害为利，查看新建水厂建设，在县污水处理厂询问项目运行监测等情况。

15日　上海市金山区人大常委会党组副书记、副主任朱喜林带队在阜宁县考察人大代表履职平台和代表联络机构建设及经济社会发展情况，先后到中材第四工厂、阿特斯阳光电力和协鑫集成等地，了解阜宁县人大代表履职平台建设、人大代表联络站建设运行情况，特别是提升履职能力，发挥代表联系服务选民作用等方面的情况，对阜宁县人大工作和经济社会发展所取得的成就给予肯定。县委书记徐华明介绍阜宁县相关情况。县人大常委会副主任计俊参加活动。

19—20日　全市人大社会建设工作座谈会在阜宁县召开，传达全省人大社会建设工作座谈会会议精神，征求各县（市、区）人大常委会领导对盐城市养老服务立法及《盐城市养老服务条例（草案）》初稿和公墓规划建设的意见建议。市、县（市、区）人大社会委负责人交流2020年工作情况和2021年主要工作安排。市人大常委会副主任邹毅实，县人大常委会主任林进参加活动。会前，与会人员实地考察中粮米业、智慧养老服务中心、白天鹅公园、金沙湖康养基地等地。

23日　县委中心组学习（扩大）会议暨第21期庙湾大讲堂召开，邀请全国脱贫攻坚楷模、最美奋斗者、全国敬业奉献模范、时代楷模赵亚夫和省农科院副院长孙洪武分别作专题辅导报告，县委书记徐华明主持报告会。县委副书记田海波，县政协主席丁政万等县领导参加会议。

是日　县举行江苏省农业科学院亚夫科技服务“阜宁新沟工作站”揭牌仪式，全国脱贫攻坚楷模、最美奋斗者、全国敬业奉献模范、时代楷模赵亚夫出席，省农科院副院长孙洪武致辞，县委书记徐华明介绍阜宁县相关情况。县委常委朱玲主持仪式，副县长王福权参加活动。

27日　青海省同德县委书记丁瑞毅带领党政代表团在阜宁县考察，后参观考察左范少数民族职业技能培训中心、中共华中局第一次扩大会议旧址、白天鹅公园“阜有诗书”、县实验初中上海路校区、协鑫集成、中材风电叶片第四工厂等现场。县委书记徐华明介绍阜宁县相关工作开展情况，县委副书记、县长张利华，县委副书记田海波参加活动。

28日　市委党史学习教育第七巡回指导组由市人社局二级调研员王道远带队，对阜宁县党史学习教育进行督促指导。县委书记徐华明汇报阜宁县党史学习教育开展情况。指导组参观中共中央华中局第一次扩大会议旧址，并观看县检察院青年宣讲比赛。县委常委、宣传部部长张国胜，县委常委、组织部部长徐加晔参加活动。

5月

5日　“第十一届中国杂技金菊奖全国魔术比赛、全国滑稽比赛”决赛在深圳欢乐谷落幕，县杂技团演员戴祥祥表演的滑稽节目《热心人》获金菊奖，是县杂技团首次摘取中国杂技金菊奖，成为阜宁文艺界最高奖项得主。中国杂技“金菊奖”是经中宣部批准设立，由中国文联和中国杂技家协会共同主办的全国性文艺专业奖项，是中国杂技界的最高奖项，有着国内杂技界“奥斯卡”之称。此次是中国杂技金菊奖首次将魔术、滑稽两大艺术门类比赛合并举行。本届金菊奖收到全国范围内85个节目报名，28个魔术节目和11个滑稽节目入围决赛，县杂技团是全国唯一的县级杂技团体。

11日　县在铁军广场举行庆祝2021年“5·12”国际护士节大型义诊活动，县人民医院、中医院和疾控中心等单位组织医护人员和学科专家在铁军广场为市民免费义诊，科普健康知识。活动主题为“科技促民生，科普惠健康——护卫健康，未病先防”，活动免费测量血压800余人，测量血糖600余人，发放健康科普知识传单3000余份。

12日　县委召开统一战线工作领导小组会议，传达学习相关会议精神，解读中央新修订的《中国共产党统一战线工作条例》，总结2020年工作，研究部署2022年重点任务，巩固拓展大统战工作格局。县委书记徐华明出席会议并讲话。

14日　党史学习教育市委宣讲团宣讲报告会在阜宁县举行。市委宣讲团成员、市委党校教育长盛海丰作专题辅导讲座。县委书记徐华明主持报告会并讲话，县委副书记、县长张利华出席报告会。县委副书记田海波，县委副书记、市委驻阜富民强村帮促工作队队长戴云峰等县领导参加会议。

19日　县举行第二十一届5·18经贸洽谈会暨新能源产业发展讲坛。市政协副主席沈洪清致辞，县委书记徐华明出席会议并讲话，县委副书记、县长张利华主持。与会人员观看阜宁5·18宣传片，并邀请国合洲际能源资源院院长、新能源国际投资联盟常务理事长王进博士开展《双碳目标下新能源的担当与使命》专题讲座。集中签约亿元以上项目26个，计划投资额64.6亿元。张利华主持活动，并发布县第二十一届5·18经贸洽谈会成果

24日　县召开“四张名片”（全国新能源产业集聚区、全国新时代文明实践引领区、淮河生态经济先行区、苏北改善农民住房条件样板区）打造工作推进会，县委书记徐华明出席会议并讲话。县委副书记、县长张利华主持会议并就贯彻落实会议精神作具体部署。

31日　县召开全县农房改善工作现场推进会，会议分现场观摩和集中开会两个阶段进行。县委书记徐华明出席会议并讲话，县委副书记、县长张利华主持会议并就贯彻落实会议

精神作具体部署。徐华明一行对沟墩镇条海新型农村社区、陈良镇陈良新型农村社区、东沟镇沿河新型农村社区、益林镇角巷新型农村社区、蟠龙新型农村社区、穆沟村庄改造项目、公兴社区三益村新型农村社区、新沟镇新南村新型农村社区、高新区兴庄新型农村社区等农房改善项目进行实地观摩，现场听取相关负责人的情况介绍，详细了解各个农房改善项目开展情况。

6月

1日 市政协副主席沈洪清带队在阜宁县专题督查"有事好商量"协商议事工作，听取阜宁县"有事好商量"协商议事工作情况汇报，并观看"有事好商量"协商议事工作专题片，并随机抽查了益林镇，新沟镇，新沟镇大楼村、南湾村，陈良镇新涂村、成俊村、丹平村，板湖镇戚桥村、孔荡村等协商议事室建设运行情况，详细了解政协委员下沉和5月份专题协商议事月活动开展等情况，对阜宁县"有事好商量"协商议事工作取得的成绩表示肯定。县政协主席丁政万陪同并汇报相关工作。

2日 省蹲点指导组在阜宁县督查农房改善工作，先后来到益林镇穆沟新型农村社区、益林镇蟠龙新型农村社区，陈良镇新型农村社区等地，实地检查农房改善项目建设、社区管理水平、住房质量、生活配套等工作情况，对阜宁县农房改善工作取得的成效给予肯定。

2—5日 县委书记徐华明带队赴北京、苏州、无锡开展项目招商对接活动，先后拜访中材科技、中钢集团、中粮集团、京冶轴承、中航化集团、中关村创业投资和股权投资基金协会、优派克科技和吉姆西半导体科技等央企、国企和产业龙头型企业，宣传推介阜宁。

9日 市人大常委会副主任邹毅实带队在阜宁县视察全域旅游项目建设及开展情况，先后到益林镇穆沟村新型农村社区、马家荡旅游景区、七彩农业公园和金沙湖温泉酒店等地，详细了解阜宁县村容环境提升、民俗改造、旅游产品开发、特色旅游项目建设推进情况和经验做法。县人大常委会主任林进介绍阜宁县具体情况。

是日 县召开创建全国文明城市模拟测评工作点评会，通报创建全国文明城市第一次模拟测评情况，相关镇区和部门作表态发言。县委书记、县创建指挥部政委徐华明出席会议并讲话，县委副书记、县长、县创建指挥部总指挥张利华主持会议并就贯彻落实会议精神作具体部署。

是日 碧桂园集团在阜宁洽谈建筑机器人等项目投资合作情况，实地参观考察串场河北码头、阿特斯阳光电力科技有限公司、碧桂园·双玺项目地块等地。碧桂园集团博智林公司副总裁宋岩，县委副书记、县长张利华参加座谈会，双方就自身情况开展交流，并就进一步的投资合作达成初步意向。

17—18日 省委党史学习教育第四巡回指导组组长方标军一行在阜宁开展巡回指导，实地观摩阜有诗书·悦读书房、庙湾古城"民生直通车"、中共中央华中局第一次扩大会议旧址、益林镇为民服务中心、中华善文化馆和益林战役纪念馆等现场。市委常委、宣传部部长吴晓丹陪同，县委书记、县委党史学习教育领导小组组长徐华明汇报阜宁县党史学习教育开展情况。方标军充肯定阜宁县党史学习教育取得的阶段性成绩。县处级以上党员领导干部进行现场考学。

18日 省委常委、省纪委书记、省监委主任王常松在阜宁县调研经济社会发展和纪检监察工作，参观盐城抗击"6·23"特大龙卷风纪念馆，听取党史学习教育开展情况汇报。省纪委副书记、省监委副主任周广智参加。市委书记戴源，市委常委、市纪委书记、市监委主任王小红陪同调研，县委书记徐华明介绍阜宁县相关工作开展情况。

是日 《百年辉煌路 江淮乐地情》党史学习教育实境课堂在县文化中心上演。

25日 省安全生产第九督导组副组长、省商务厅二级巡视员夏网生在阜宁县督查指导安全生产工作，先后实地察看宏人商品城、阜宁东华能源有限公司、阜城蔬菜批发市场、凤凰广场、阜宁文心课外辅导培训中心等现场，详细了解三合一场所整治、燃气充装安全、农贸批发市场安全、商业综合体安全、课外培训机构安全等工作开展情况，通过听取汇报、检查设备、查阅台账资料、现场问询等方式，对阜宁县安全生产工作进行全面督查，并对相关工作提出指导意见。县委书记徐华明介绍相关情况。

27—28日 副市长费坚，市政协副主席姜友新分别率队在阜宁县开展"七一"走访慰问，县委副书记、县长张利华，县政协主席丁政万分别参加活动。费坚一行先后走访慰问了烈士遗属、先进模范党员、新中国成立前老党员和生活困难党员，为党龄满50年的老党员佩戴"光荣在党50年"纪念章并慰问。姜友新一行先后到益林镇、古河镇慰问新中国成立前老党员和退役军人模范党员。

30日 县举行庆祝中国共产党成立100周年暨"七一"表彰大会。县委书记徐华明出席会议并讲话。县委副书记、县长张利华主持会议，并就贯彻落实会议精神作具体部署，宣读《关于表彰全县先进基层党组织、优秀共产党员和优秀党务工作者的决定》，为先进基层党组织、优秀共产党员和优秀党务工作者等进行颁奖。县人大常委会主任林进，县政协主席丁政万，县委副书记田海波，县委副书记、市委驻阜富民强村帮促工作队队长戴云峰等县领导参加会议。

7月

1日　庆祝中国共产党成立100周年大会在北京天安门广场举行，各界代表7万余人以盛大仪式欢庆中国共产党百年华诞。县委书记徐华明，县委副书记、县长张利华，县人大常委会主任林进，县政协主席丁政万，县委副书记田海波，县委副书记、市委驻阜富民强村帮促工作队队长戴云峰等领导集中收看大会实况直播，与全县广大党员和社会各界人士共同庆祝党的百年华诞。

7日　全县领导干部大会召开。会议宣布省、市委关于阜宁县党政主要负责人职务调整的决定：张利华任中共阜宁县委书记；徐华明不再担任中共阜宁县委书记职务；许根林任中共阜宁县委副书记，提名为阜宁县县长候选人。市委书记戴源出席会议并讲话。市委常委、组织部部长勾凤诚主持会议并宣布省、市委决定。徐华明、张利华、许根林分别发言。县人大常委会主任林进，县政协主席丁政万，县委副书记、市委驻阜富民强村帮促工作队队长戴云峰，县委副书记钱勇等县四套班子领导、在职县处级干部和各镇区、各单位主要负责人出席会议。

16—17日　中国共产党阜宁县第十五次代表大会召开，总结阜宁县第十四次党代会以来的工作，确定2021—2025年五年经济社会发展和党的建设目标任务，动员全县各级党组织、全体共产党员和广大干部群众，团结拼搏，接续奋斗，奋力谱写全面建设社会主义现代化崭新篇章。县委书记张利华代表中国共产党阜宁县第十四届委员会向大会作题为《激情开启新征程 接续建设新阜宁 奋力谱写全面建设社会主义现代化崭新篇章》的报告。县纪委、县委组织部分别向大会作纪委工作书面报告和党费收缴、使用、管理情况书面报告。大会选举产生中共阜宁县第十五届委员会委员31人、候补委员6人、中共阜宁县纪律检查委员会委员15人，通过《中国共产党阜宁县第十五次代表大会关于中国共产党阜宁县第十四届委员会工作报告的决议》《中国共产党阜宁县第十五次代表大会关于中国共产党阜宁县纪律检查委员会工作报告的决议》。

17日　中国共产党阜宁县第十五届委员会第一次全体会议召开，县委书记张利华受中共阜宁县第十五次代表大会主席团的委托主持会议，会议选举出中共阜宁县第十五届委员会常务委员会委员和书记、副书记，通过中共阜宁县纪律检查委员会第一次全体会议选举结果的报告。会议以无记名投票差额选举的方式，选举张利华、许根林、钱勇、郭碧玉、王峻松、张国胜、徐加晔、王怀亮、杨春涛、陈聪、于木村为中国共产党阜宁县第十五届委员会常务委员会委员，选举张利华为中国共产党阜宁县第十五届委员会书记，许根林、钱勇为中国共产党阜宁县第十五届委员会副书记；通过中共阜宁县纪律检查委员会第一次全体会议选举结果的报告。

是日　中共阜宁县第十五届纪律检查委员会举行第一次全体会议，以举手表决方式通过了《中国共产党阜宁县第十五届纪律检查委员会第一次全体会议选举办法》；采用无记名投票的方式，差额选举出由王怀亮、徐骏、周少浦、陶飞、高忠、刘建兵、朱帮华组成的中共阜宁县纪律检查委员会常务委员会，选举王怀亮为中共阜宁县纪律检查委员会书记，徐骏、周少浦为中共阜宁县纪律检查委员会副书记。王怀亮受中共阜宁县第十五次代表大会主席团委托主持会议。全体纪委委员出席会议。

20日　全县党史学习教育专题党课暨县委中心组学习（扩大）会议召开，县委书记张利华出席会议并以《赓续红色血脉 汲取奋进力量 以新激情新担当接续建设幸福新阜宁》为主题讲专题党课。市委党史学习教育第七巡回指导组组长王道远到会指导，县委副书记、代县长许根林出席会议。县四套班子领导参加会议。

28日　金沙湖金陵湖滨酒店投入试运营。金沙湖金陵湖滨酒店项目总投资12亿元，占地12.13公顷（182亩），建筑面积76000平方米，配有客房、餐饮、娱乐等多种设施。酒店以商务、会议、政务接待、休闲度假客源定位为主，其他客源为补充的五星级高端综合型酒店。

是月　财政部对全国1862个县2020年度财政管理绩效进行综合评价，阜宁县位居全国第38名、全省第3名，是盐城市唯一进入全国前50强的县（市、区），并将获得上级财政专项奖补资金激励。

8月

9日　市安全生产考核评估组在阜宁县开展履行安全生产工作责任半年考核评估工作，县委副书记、代县长许根林介绍阜宁县相关工作开展情况。考核评估组对阜宁县安全生产工作给予充分肯定。

10日　市人大常委会常务副主任、党组副书记张礼祥带队在阜宁县调研疫情防控和基层人大工作，听取阜宁县疫情防控工作情况汇报，实地考察阜城街道人大代表之家、吴滩街道议政代表会建设和人大代表工作室等现场，对阜宁县的做法表示肯定。县委书记张利华介绍阜宁县相关工作开展情况，县委副书记、代县长许根林参加活动。

是日　县金沙湖生态修复入选江苏省首届“最美生态修复案例”。

18日　全县经济形势分析会召开，听取相关部门和镇区（街道）汇报的1—7月份主要经济指标完成情况、列市“两重一实”项目推进情况、经济运行存在问题和下一步对策措施汇报，分析研判当前经济形势，研究部署下一阶段重点工作。县委副书记、代县长许根林参加会议。

19日　县人武部党委第一书记任职大会召开。市委常委、盐城军分区司令员李泽勇参加会议，并宣读盐城军分区党委关于张利华任阜宁县人武部党委第一书记的决定并颁发任职证书。县委常委、人武部部长杨春涛参加会议。

23日　国家机关事务管理局、中直管理局、国家发展改革委和财政部联合发出《关于公布第一批节约型机关建成单位名单的通知》，授予盐城市阜宁生态环境局为“节约型机关”。

28日　全市高质量发展项目观摩推进会在阜宁县举行，市委书记曹路宝主持并讲话。与会人员观摩阜宁县的阿特斯年产5GW大尺寸光伏电池和10GW 硅片及8万卷金刚线、淮宁年产1GW大尺寸高效组件和200MW发电建材、中成风电叶片紧固件、上伟碳纤复合材料扩能、造裕智能装备制造、串场河整治提升、新城水厂、阜宁实小教育集团北京路校区、金沙湖城市水体修复涵养等项目现场。市委副书记、代市长周斌，市政协主席陈红红等出席。县委书记张利华参加并作工作汇报，县委副书记、代县长许根林参加观摩。市四套班子全体领导，各县（市、区）、盐城经济技术开发区、盐南高新区，以及市各有关部门和单位主要负责人等参加。县人大常委会主任林进，县政协主席丁政万，县委副书记钱勇，县委副书记、市委驻阜富民强村帮促工作队队长戴云峰等县四套班子领导参加活动。

28日　市委、市政府在阜宁县举行盐城至阜宁、盐城至大丰快速通道项目开工动员大会。市委书记曹路宝出席大会并宣布项目开工，市委副书记、代市长周斌讲话，市政协主席陈红红等市四套班子领导出席，县委书记张利华汇报开工准备情况并代表各属地政府作表态发言。盐阜快速通道项目是G204的重要组成部分，路线全长41.4千米，总投资约71.15亿元，按双向六车道一级公路标准建设，设计时速100千米，计划于2023年建成通车。会议以视频方式举行。市交通运输局在主会场介绍项目基本情况，中铁四局集团、市交投集团在主会场发言，建湖县、亭湖区、盐南高新区、大丰区在分会场通过视频连线报告项目开工准备情况。各县（市、区）市有关方面负责人和阜宁县四套班子领导参加活动。

9月

7日　县举行“金融赋能 共促发展”政银企对接活动，搭建政、银、企三方合作交流平台，促进金融与经济良性互动、相互促进、共赢发展，为推动全县高质量发展蓄势赋能。本次活动市、县金融机构共向阜宁县投放贷款60.21亿元。在放款仪式上，市12家银行、县11家银行，共向40家企业现场投放贷款34.68亿元。县委书记张利华出席会议并致辞，市地方金融监管局局长朱金明，人民银行盐城市中心支行行长吴从法，盐城银保监分局局长殷路鸣参加活动，县委副书记、代县长许根林主持会议。仪式前，与会人员实地参观阿特斯光伏电池、淮宁高效组件和发电建材、七彩农业公园玫瑰工坊等项目现场。县委常委、常务副县长郭碧玉发布阜宁县产业引导基金，并代表阜宁县与工商银行盐城分行、中国银行盐城分行、建设银行盐城分行、江苏银行盐城分行签署战略合作协议。县委常委、组织部部长徐加晔推介阜宁县重点项目，副县长丁小虎等参加活动。

9日　省审计厅党组书记、厅长侯学元在阜宁县调研审计工作，实地调研县审计局庭院文化、局史陈列室等党建阵地和陈良镇新涂村党建文化建设、乡村振兴、农房改善等工作现场。座谈会上，张利华介绍阜宁县经济社会发展和审计工作开展情况。侯学元对阜宁县审计工作取得的成绩给予肯定。市委常委、常务副市长羊维达，县委书记张利华，县委副书记、代县长许根林参加活动。

18日　县召开县镇两级人大换届选举工作会议，县委书记张利华出席会议。县人大常委会主任林进就人大换届选举有关工作做具体部署，县委常委、宣传部部长张国胜对人大换届选举宣传工作做具体部署，县委常委、组织部部长徐加晔对人大换届选举人事工作做具体部署。

28日　全县国有企业党建工作座谈会召开。县委书记张利华参加会议并提出具体要求。县委副书记、代县长许根林就下一阶段工作做具体部署。

是日　益林镇入选2021年全国千强镇榜单。

是日　市应急管理局调研组在局长张鹏程的带领下在阜宁县调研全县工业企业可视化安全监督预警平台建设成效情况，到阜宁县工业企业可视化安全监管预警平台控制中心，通过听汇报和观看现场演示，并就有限空间可视化安全监管预警项目建设情况与专家组进行交流，详细了解可视化监管平台的监测、预警等功能。县委副书记、代县长许根林参加活动。

29日　县召开创建省级双拥模范县动员部署会，对创建省级双拥模范县的创建方案进行详细具体的解读。县交运局、综合行政执法局、阜城街道分别围绕自身职责作交流发言。县委副书记、代县长许根林参加会议。

10月

7日　央视《新闻直播间》栏目以《江苏盐城阜宁：感受非遗技艺，传承红色基因》为题，15日央视《朝闻天下》栏目以《江苏盐城阜宁：免费公交专线助推红色游升温》为题，16日《新闻联播》栏目以《江苏盐城阜宁：欢度美好假日　礼赞幸福小康》为题、央视《新闻直播间》栏目以《江苏盐城阜宁：美丽乡村游，假期好选择》为题，播出阜宁县国庆假期美丽乡村游、红色旅游、面塑非遗文化等情况。

10日　县选手江浪在2021年全国第十一届残运会暨第八届特奥会跆拳道K41/K42组比赛中，获银牌。江浪，男，1990年出生，是陈集镇闸东村6组村民。

12日　根据省委统一部署，市委第一联动巡察组对阜宁县开展涉粮问题专项巡察工作动员会召开。市委第一联动巡察组组长张炜东作动员讲话，县委副书记、代县长许根林讲话，县委副书记钱勇主持会议并作表态发言。

是日　市人大常委会副主任邹毅实带队在阜宁县视察《盐城市革命遗址和纪念设施保护条例》贯彻实施情况，先后到新四军第三师油坊陈列馆、新四军第三师师部旧址、停翅港新四军军部旧址等地，听取阜宁县贯彻实施《盐城市革命遗址和纪念设施保护条例》工作情况的汇报，对阜宁县贯彻实施《盐城市革命遗址和纪念设施保护条例》情况给予肯定。县人大常委会主任林进参加活动。

16日　全县重大项目引建大干四季度暨招商出征大会召开，通报全县1—9月份项目推进工作完成情况，传达《关于组建阜宁县专业招商队伍的通知》，动员全县上下大干四季度，全面掀起新一轮招商引资、项目推进热潮。县委书记张利华出席会议并提出具体要求。县委副书记、代县长许根林主持会议。

20—21日　省城乡发展研究中心主任崔曙平带领省苏北农房改善考核验收评价组在阜宁县考核验收农房改善工作，先后到益林镇穆沟新型农村社区和陈良镇陈良居委会新型农村社区走访考核验收项目，到沟墩镇林河村、陈集镇停翅港村、板湖镇板湖居委会、板湖镇渠东村、东沟镇兴园村、羊寨镇大西村、芦蒲镇东吴村、古河镇联合村等地现场查看农房，并检查阜宁县农房改善工作绩效评价台账资料和改善农户“一户一档”台账资料，对阜宁县近年来农房改善工作取得的成绩给予肯定。县委副书记钱勇，副县长陈艳燕参加活动。

20日　市委党史学习教育第七巡回指导组在阜宁县开展第六轮“四不两直”巡回指导和督查，实地督查指导县民政局、县司法局、阜城街道和县委党校等镇区部门，观摩党史学习教育相关现场，听取工作情况汇报。市委党史学习教育第七巡回指导组组长王道远带队，县委书记张利华汇报阜宁县党史学习教育开展情况。

19—21日　中国新四军和华中抗日根据地研究会第一副会长、中将徐承云带队，在阜宁县考察新四军红色文化保护、利用和开发工作，先后参观新四军盐阜地区抗日阵亡将士纪念塔、中共中央华中局第一次扩大会议旧址、陈集停翅港新四军军部旧址、新四军三师师部旧址等现场，对阜宁县新四军红色文化保护、利用和开发工作给予肯定。县委书记张利华介绍阜宁县相关工作开展情况，县政协主席丁政万参加活动。

26日　市人大常委会基层立法联系点调研组在阜宁县调研盐城市人大常委会2022—2026年立法规划及2022年立法计划项目建议，现场调研益林镇敬老院、蟠龙游客驿站，围绕城乡建设与管理、环境保护、历史文化保护等重点领域，征集市人大常委会2022—2026年立法规划及2022年立法计划项目建议，听取阜宁县对盐城市现有地方性法规的贯彻实施及修改完善的意见和建议、对《盐城市养老服务条例（草案）》的修改意见和建议。县人大常委会党组书记、主任林进参加活动。

31日　县与江苏新华日报资产管理有限公司在南京签订产业引导基金合作协议。新华日报社党委书记、社长、新华报业传媒集团董事长双传学，新华日报社副总编、江苏新华日报资产管理有限公司董事长钱丽萍出席活动。县委副书记、代县长许根林参加签约仪式。

11月

1日　澳大利亚奥斯特沃德公司董事长山姆在阜宁洽谈在阜投资项目推进事宜。县委书记张利华参加活动并介绍阜宁县经济社会发展情况。

3日　新加坡金鹰集团旗下赛得利集团总裁张文涛一行在阜宁洽谈项目合作。县委书记张利华参加活动并就具体事宜进行洽谈。

4日　全市未成年人思想道德建设暨乡村“复兴少年宫”建设推进会在阜宁召开。市委常委、宣传部部长陈卫红出席会议并讲话，县委书记张利华介绍阜宁县相关工作开展情况。会上，阜宁、盐都、东台、射阳四县作交流发言，并为新启用的乡村“复兴少年宫”授牌。市委宣传部副部长、文明办主任赵国锋，县委副书记钱勇参加会议。会前，与会人员集中观摩沟墩中心小学、陈良镇复兴少年宫、新涂村复兴少年宫等现场。

6日　市委副书记、统战部部长羊维达一行在阜宁县调研黄河故道乡村振兴工作，先后考察华中局第一次扩大会议旧址、桃花源生态经济区林果交易中心、羊寨镇外口村村庄改造现场。县委书记张利华介绍阜宁县相关情况。

12日　县委书记张利华主持召开全县乡村振兴现场观摩暨县四套班子工作月度例会，传达学习中共十九届六中全会精神、市黄河故道片区乡村振兴工作推进会精神，听取羊寨镇乡村振兴工作情况汇报，研究部署下一阶段工作，并就做好相关工作提出具体要求。县委副书记、代县长许根林参加会议并部署当前重点工作。

17日　市委常委、组织部部长费坚在阜宁县调研组织工作，先后到县人才公寓、阜宁滤料产业科创中心、金沙湖七彩农业园功能性党支部、陈良镇新涂村、盐港村等地进行实地走访调研，与基层党员干部、青年人才、群众等交流，详细了解阜宁县人才集聚、基层党建、干部队伍建设和经济社会发展等情况,并主持召开座谈会。县委书记张利华汇报阜宁县经济社会发展和组织工作情况。费坚对阜宁县经济社会发展取得的成绩、组织工作亮点特色、干事创业浓厚氛围给予肯定。

18日 省政府研究室原副主任、省委党校江苏党建研究院副院长沈和带队在阜宁县开展“传承红色基因，弘扬红色文化，促进革命老区富起来强起来”课题研究工作，实地调研参观陈集停翅港新四军军部旧址、单家港华中局第一次扩大会议旧址，通过实地查看、听取汇报等方式详细了解阜宁县红色革命历史、红色资源研究挖掘、保护传承和开发利用情况，对阜宁县重要红色文化资源进行挖掘、整理、研究。

26日 市委常委、副市长吴本辉在阜宁县检查串场河阜宁段整治工作开展情况，从花园街道安乐居委会、沟墩学府花园小区东广场至沟墩镇工商所大桥，沿途察看路边景观、农村段绿化提升，河道长效管理和旅游路8号线等整治改造，听取串场河沿线规划设计情况汇报。县委副书记、代县长许根林参加活动并介绍阜宁县相关工作开展情况。

12月

8日 2021第七届中国（阜宁）环保新材料创新论坛暨第二届中国纺织行业“阜宁杯”职业技能竞赛在阜宁县举行。副市长唐敬参加活动并致辞，县委书记张利华、中国纺织工业联合会党委书记高勇致辞，中国纺织工业联合会副会长李陵申出席，县委副书记、代县长许根林作阜宁环保新材料产业发展推介。中国工程院院士孙晋良、际华集团总经理夏前军分别致辞。会议发布阜宁环保新材料“十四五”发展规划，举行中国（阜宁）绿色低碳产业示范园创建启动仪式，2个环保新材料产业金融项目和4个亿元以上环保新材料产业项目现场签约，中国产业用纺织品行业协会授予阜宁县环保新材料产业园“十三五”优秀公共服务平台。会议举行创新协同发展大会，清华大学李俊华教授作《工业烟气减污降碳技术进展及应用》主旨报告。为第二届全国纺织行业“阜宁杯”职业技能竞赛获奖选手颁奖。

是日 在第二届江苏省十强农产品区域公用品牌大赛暨创新品牌推广活动上，“阜宁黑猪”获十强公用品牌和网络人气奖。

15日 县镇两级人大代表换届选举投票日。全县分为144个县选区，476个镇选区，应选举产生新一届县人大代表361名、镇人大代表1111名。

16日 在省委宣传部、省委党史学习教育领导小组办公室主办“的永远跟党走 奋进新征程”江苏省“百姓名嘴”风采展示活动总决赛中，阜宁县基层理论宣讲员、阜宁融媒主播孙剑以91.61分（总成绩第三）获二等奖。

24日 市委副书记、统战部部长羊维达在阜宁县调研“三农”工作，先后到春华秋实现代农业科技园，详细了解产业发展现状，并察看阜宁农业农村综合大数据应用平台运行情况；在盐城栖岭农业科技有限公司，察看数据中心、实验室等；在益林镇蟠龙新型农村社区，对该村农房改善、美丽乡村建设等工作给予肯定。县委书记张利华介绍阜宁县相关情况。

28日 县马良湖被省水利厅授予“省级水利风景区”称号。

30日 中国共产党阜宁县第十五届委员会第二次全体会议召开，全面贯彻习近平新时代中国特色社会主义思想，深入学习贯彻党的十九届六中全会、中央经济工作会议和省第十四次党代会、市第八次党代会精神，按照省、市委经济工作会议部署，回顾总结2021年工作情况，研究部署2022年工作任务。全会由县委常委会主持，县委书记张利华代表县委常委会作题为《扛起新使命、推动新跨越，奋力描绘“阜明水秀、物阜民宁”现代化崭新画卷》的主题报告。县委副书记、代县长许根林就做好明年经济工作和当前重点工作做具体部署。开发区、益林镇、羊寨镇、县住建局、县农业农村局作交流发言。全会表决通过《中国共产党阜宁县第十五届委员会第二次全体会议决议》。县委副书记钱勇，县人大常委会主任林进，县政协主席丁政万等县领导参加会议。

是日 市委巡察指导督导组对阜宁县委巡察工作指导督导见面沟通会召开，指导督导组组长张炜东传达了中央和省、市委关于巡视巡察指导督导工作精神，通报了工作任务、工作安排和工作要求。县委书记张利华参加并汇报县委巡察工作情况。

（县志办整理）

地理概貌

【地理位置】 阜宁县地处北纬33°26′—33°59′、东经119°27′—119°58′之间，隶属江苏省盐城市，南与建湖县毗邻，北与滨海县接壤，东与射阳县相连，西与淮安市涟水县隔废黄河相望，西南与淮安市楚州区交界。县域南北长52.5千米，东西宽48千米，总面积1438.78平方千米。

【行政区划】 2020年，阜宁县实行镇管村体制，辖阜城街道、吴滩街道、花园街道（江苏省阜宁经济开发区）、金沙湖街道（金沙湖旅游度假区）、沟墩镇、陈良镇、三灶镇、新沟镇、陈集镇、郭墅镇（高新技术产业开发区）、羊寨镇、芦蒲镇、板湖镇、东沟镇、益林镇、古河镇、罗桥镇、公兴社区、硕集社区。全县有339个村（居）。

【地形地貌】 阜宁县西部高亢，向东南、向东、向东北，渐趋低洼。县域分属3个地貌单位：县域西部，即废黄河以东、射阳河至沿岗河以西地区属黄淮平原，系因黄河夺淮后，大量泥沙覆盖而形成的黄泛区，面积为843平方千米，占全县总面积58.5%。最西部废黄河堆堤及滩地地面真高为8—12米，由此向东地面真高逐步下降。县域东北部，即串场河至沿岗河以东地区属滨海平原，地面真高1—1.5米，面积240平方千米，占全县总面积16.68%。县域南部、西南部，属里下河平原，面积为356平方千米，占全县总面积24.74%，地面真高一般1.5—2.5米，西南端马家荡一带仅0.8米左右。

【土地面积】 2021年，阜宁县总面积为143878.41公顷。其中，耕地80576.97公顷（其中水田69527.60公顷、水浇地9303.33公顷、旱地1746.04 公顷）、园地1380.49公顷、林地3602.40公顷、草地83.37公顷、湿地368.84公顷、城镇村及工矿用地22254.56公顷、交通运输用地1838.92公顷、水域及水利设施用地30859.67公顷、其他土地2913.19公顷。

2021年阜宁县土地资源基本情况一览表

表1　　单位：公顷

项　目	2021年	2020年	项　目	2021年	2020年
年末总面积	143878.41	143878.41	二、建设用地	26032.17	25984.19
一、农用地	110725.97	110774.17	1. 城镇村及工矿用地	22254.56	22217.07
1. 耕地	80576.97	80731.75	# 城市		
# 灌溉水田	69527.6	69721.47	建制镇	6643.09	6615.76
水浇地	9303.33	9270.94	农村居民点	15185.58	15217.05
旱 地	1746.04	1739.34	2. 交通运输	1838.92	1834.2
菜 地			# 铁路用地	155.53	155.21
2. 园地	1380.49	1387.92	公路用地	1680.6	1676.47
# 果园	446.94	445.01	3. 水利设施用地	1938.69	1932.92
3. 林地	3602.4	3603.79	三、未利用地	7120.27	7120.05
4. 其他农用地	25166.11	25050.71	1. 未利用土地	452.21	449.02
# 农村道路	2290.49	2244.96	2. 其它土地	6668.06	6671.03
坑塘水面	10960.49	10948.11	# 河面	6341.86	6344.68
农田水利用地	11292.43	11319.44			

【土壤类别】 县域土壤分为水稻土、潮土、盐土、沼泽土4个土类，分布如下：

西部　废黄河以东，沿岗河至射阳河以西地区，包括羊寨、芦蒲、板湖、陈集、新沟、郭墅、古河等镇，以及益林、东沟、罗桥等镇北部，计843平方千米，土壤母质系黄泛冲积物，以黄潮土、水稻土为主，质地砂——粘壤，pH酸碱度8.0左右，微碱性，有机质1.19%。

东北部　沿岗河至串场河以东地区，包括三灶镇、阜城街道和沟墩镇东部，计240平方千米，土壤母质系黄泛冲积海相沉积物，质地砂——粉砂，为轻度壤质盐性土，pH酸碱度8.0，有石灰反应，有机质1.4%。

南部　即射阳河东、串场河西地区，包括沟墩镇西部，陈良镇、金沙湖辖区以及公兴社区的大部分土地，计133平方千米，土壤母质系黏质湖相沉积物，为潴育型、脱潜型水稻土，质地黏重，pH酸碱度7.0左右，中性，有机质1.6%—1.7%。

西南部　包括东沟、益林等镇南部沿荡地区及马家荡，计223平方千米，为湖荡洼地，土壤为潜育型及渗育型水稻土，荡区终年积水为沼泽土，pH酸碱度7.0左右，中性，有机质1.6%—1.7%。

【主要河流】阜宁县境内有大小河流100多条，加上马家荡，全县水域面积约35000公顷。主要河流有6条：西部的废黄河，流经县境中部东北部的射阳河，苏北灌溉总渠，串场河，通榆河，淮河入海水道。

废黄河　亦名黄河故道。原系淮河下游，是淮河入海通道。1194年黄河之水夺淮河下游入海（史称黄河夺淮），此后600多年，这条河称为黄河。1855年，黄河改道北上，此后，这条河称废黄河或黄河故道。1731年阜宁建县以后，“黄河”—“废黄河”成为阜宁与涟水两县界河，县境段31.7千米，西南至东北走向。黄河夺淮以前几千年，未见过淮河成灾记录。黄河夺淮以后，因黄水夹带的大量泥沙沉淀河床，淤塞河道，水患濒发，为害700年之久。中华人民共和国成立后，毛泽东主席号召：“一定要把淮河修好！”1951—1952年，开挖苏北灌溉总渠，以利淮河上游泄洪、下游农田灌溉。同时，对废黄河进行切滩、固堤、护坡、建闸，提高行洪能力，消除了水患。

射阳河　古称射阳湖，是一条历史悠久的自然河道。上游起自宝应县射阳镇，下游至射阳县注入黄海。县境段呈西南至东北走向，蜿蜒于县域中部和东北部，长75千米。县境域汇集潮河、海陵河、薛梨大沟、南北恒河、杨集河、马泥沟、潮沟河、生产河、淤深河、马河、小中河、大沙河、川里河、驿马河、沿岗河、阜坎河等。县境射阳河河口宽度一般为120—200米。流域面积约1200多平方千米，占全县总面积的83%，是灌溉、排涝行洪、水路运输的主动脉。

苏北灌溉总渠　西起洪泽湖，流经洪泽、淮安区、阜宁、滨海、射阳5个县（区），至扁担港入海，全长168千米。县境段长44.7千米，其走向基本与废黄河平行。阜宁县1953年以来，先后在总渠南堤建11座涵洞，北堤建一座涵洞，以便于县境废黄河到射阳河之间的农田灌溉。1999年，对9座涵洞进行加固改造。2010年，苏北灌溉总渠实灌面积4.3万公顷，占全县耕地总面积54%。

串场河　为昔日运盐之灶河，它串通各盐场，定名为串场河，西堤俗称范公堤，以河沿岗，故亦称岗河。县境段从沟墩镇陈坎村至施庄码头村入射阳河，全长22.5千米。一般河底高程-1.8米，河口宽40—60米。串场河是省属干线航道，是县境水上运输的纽带，向北通张家河、入坎响河，可达灌河；向南可入长江各口岸，向西有多条河道通大运河，是排水和灌溉的主要河道，起作南北调度水源的作用。串场河上挂大沟两条，即团结河、沟墩翻身河。

通榆河　在县境南自沟墩镇陈坎村驳运港向北至吴滩各港贯射阳河在阜城镇窑桥北上至三灶镇东湾村止，全长29.5千米，1999年5月贯通，2010年实测流量150立方米每秒。通榆河左（西）岸挂大沟2条，即闸河、施庄中心河；右（东）岸挂大沟14条，即盐阜河、友谊河、七一河、海通河、通马河、北干河、吴滩向阳河、匣通港、串通河、戴圩河、马路圩河、胜利河、孙杨港。

淮河入海水道　长163.5千米，上接洪泽湖，东侧二河口，沿苏北灌溉总渠北侧与总渠成一渠一河三堆堤，在射阳县扁担港注入黄海，是淮河、洪泽湖泄洪的主要通道之一，设计防洪标准近期百年一遇、远期300年一遇，总渠北排涝近期5年一遇、远期十年一遇。设计流量近期每秒2270立方米，远期每秒7000立方米，近期河床分为南泓和北泓，受保护人口2000万人，保护耕地200万公顷。南泓排老管河以上运东闸高片来水，部分径东沙港闸入总渠，大部分仍径南泓排入黄河，北泓排老管河以东低片水，北堤外设调度河，通过周门、单港、北沙3座翻水站向废黄河排河北片洪水。口宽570—750米，深4.5米。1998年10月试挖，2003年6月28日全线贯通，具行（泄）洪条件，阜宁段南堤长33.695千米（66+872—100+567）顶高11.15—9.89米，顶宽8米，边坡1：3；北堤长34.438千米（66+114—100+552），顶高11.15—9.39米，顶宽8米，边坡1：3；南堤有芦杨地龙和东沙港闸2座穿堤建筑物，北堤有潮河地涵，戴舍大沟地涵，马集大沟地涵，芦杨泵站、芦杨地龙，张马大沟地涵，大沙河地涵，川里河地涵，跃进河地涵等9座穿堤建筑物，2005年6月建成芦蒲马集、阜滨干渠、羊寨川里河、八支渠4条通往入海水道北堤上堤硬质道路。2006年10月通过国家级验收，阜宁段设计行洪水位8.3—7.42米（潮河—跃进河）。

【气候特征】阜宁县位于北亚热带向暖温带过渡的气候带。其特点是季风显著，四季分明；雨水充沛，雨热同季；日光充足，气候温和。因地处气候过渡区，灾害性天气种类比较多，常见的有大风、暴雨、雷电、干旱、连阴雨、高温、寒潮、大雾等。2021年阜宁县总的气候特点是：气温正常偏高，降水量较常年偏多。平均气温16.0℃，较常年高1.2℃，年降水量为1235.7毫米，较常年多287.5毫米。6月13日入梅，入梅略偏早（常年6月18日）；7月11日出梅，出梅正常（常年7月10日）。梅雨期持续29天，梅期略偏长（常年23天）。梅雨期降水量184.2毫米，较常年偏少1—2成。

历史沿革

【概况】 新石器时代晚期，就有先民们在县境内生息繁衍。夏、商、西周三代称淮河下游地区为“淮夷地”，阜宁先民是“古淮夷民”一部分。

春秋战国时期，阜宁境域原是吴国属地，周元王四年（前472）越并吴地，地属越。周显王三十五年（前334），楚并越，境域尽属楚国。

秦并六国统一中原（前221），实行郡县制，在淮河以南置九江郡，阜宁境域属九江郡。楚汉之际，西楚霸王项羽置东阳郡，境域属东阳郡。

秦亡汉兴。汉高祖六年（前201），境域为射阳侯刘缠的封地。汉惠帝三年（前192），撤销射阳侯封地，置射阳县（县治在今宝应县射阳镇。射阳侯国、射阳县皆以古射阳湖命名），境域属射阳县。汉武帝元狩四年（前119），分出射阳县东部建盐渎县，境域分属射阳县、盐渎县。此后，经历东汉、三国、西晋，直至东晋，境域均属此两县，长达630年（三国时期，因战乱，曾一度废除此两县，但未设新县）。

东晋义熙七年（411），撤销射阳、盐渎两县，建山阳、左乡、东城、盐城四县，境域分属山阳、左乡、盐城三县。此后，宋、齐、梁、陈四朝和隋朝，直至唐初，境域均属此三县。

唐武德八年（625）至北宋，县境分属楚州山阳县、盐城县。后历经南宋、元、明、清雍正初年，境域均属山阳、盐城二县。

清雍正九年（1731），划出山阳县东北部和盐城县西北部，合并海滩新涨之地建阜宁县。从1731年建县直到1912年中华民国成立前，阜宁县隶属淮安府。

1912年，阜宁县隶属江苏省。1914年，江苏省分为五道，阜宁县隶属淮扬道。1927年废道，阜宁县又直隶于省。1933年，省以下分设若干行政督察区，阜宁隶属第十行政督察区，1934年，第十行政督察区改称盐城行政督察区，1936年，再改盐城行政督察区为第六行政督察区，阜宁均受其管辖。

1940年10月，阜宁县抗日民主政府成立。1941年9月，盐阜行政公署成立，阜宁隶属盐阜行政区。1945年，隶属盐阜分区；同年底，隶属苏皖边区第五行政区。1947年2月，隶属苏北行政公署第五分区。1949年5月，隶属苏北人民行政公署盐城行政区。

中华人民共和国成立后，阜宁县隶属苏北行署盐城专区。1953年，江苏省人民政府成立后，隶属江苏省盐城专区。1970年，隶属盐城地区。1983年盐城市成立，阜宁县为盐城市辖县之一，至2018年隶属未变。

（县志办）

2021年阜宁县国民经济和社会发展统计公报

【概况】 2021年，阜宁县实现地区生产总值645.45亿元，按可比价计算，增长7.2%，两年平均增长4.4%。其中，第一产业增加值75.45亿元，增长2.4%；第二产业增加值266.31亿元，增长7.6%；第三产业增加值303.69亿元，增长7.9%。三次产业增加值占地区生产总值的比重为11.69%、41.26%和47.05%，对地区生产总值增长的贡献率分别为6.8%、43.1%和53.1%。按常住人口计算人均地区生产总值81250元，比2020年增长13.2%。年末全县在库“四上”企业总数首次超过700家达到740家。年内新增“四上”企业132家，增长9.1%，其中：工业57家、批发零售业42家、住宿餐饮业6家、建筑业13家、房地产业9家、服务业5家。

【农业生产】 全年实现农林牧渔业总产值131.79亿元，同比增长10.2%。其中，农业总产值68.50亿元，增长14.9%；林业总产值2.47亿元，增长43.4%；牧业总产值30.97亿元，增长5.3%；渔业总产值19.15亿元，增长1.7%。全年粮食播种面积12.69万公顷，粮食总产量95.89万吨；蔬菜播种面积3.34万公顷，总产143.25万吨；生猪饲养量117.18万头，出栏72.83万头；家禽饲养量2314.84万只，出栏1525.81万只；水产品产量7.92万吨。实施高标准农田9066.67公顷（13.6万亩），“阜宁黑猪”入选全省十强农产品区域公用品牌、“七彩阜宁”区域公用商标获批国家集体商标、“白水塘白对虾”成功注册国家地理标志证明商标；农作物耕种收综合机械化率达85%，绿色优质农产品比重达74.3%，创成省农产品质量安全县。

2021年阜宁县主要农产品产量情况统计表

表2

农产品名称	单位	产量	比2020年	农产品名称	单位	产量	比2020年
粮食总产量	吨	958837	0.0	生猪饲养量	万头	117.18	24.1
#夏收粮食	吨	338797	0.1	#生猪出栏量	万头	72.83	29.8
秋收粮食	吨	620040	-0.1	家禽饲养量	万只	2314.84	10.1
油料总产量	吨	10877	0.0	#家禽出栏量	万只	1525.81	10.9
#油菜籽	吨	7360	1.5	肉类总产量	吨	85992	26.1
水果总产量	吨	44272	-6.4	水产品总产量	吨	79245	2.6

【工业生产】 克服疫情散发、能耗“双控”、能源保供等因素影响，全年规上工业企业营业收入354.15亿

元，同比增长20.6%；实现全口径工业应税开票销售收入490.55亿元，同比增长24.5%，其中应税销售占比达98%。265家规上企业增长面76.6%。新能源、环保新材料产业开票分别增长28.1%、25.4%，电子信息、汽车零部件产业开票分别增长62.7%、64.5%。全年新增规上企业57家。新增国家两化融合贯标认证企业7家、省三星级以上上云企业50家、市长质量奖企业1家，创成国家、省绿色工厂各1个，建成省级智能车间2个。全县整合组建招商局31个，遴选124名机关工作人员在上海、深圳等重点区域脱产驻点招商。举办第21届5·18经贸洽谈会、环保新材料创新论坛。建立重大项目"一名领导挂帅、一个团队服务、一个机制推进、一个工作群跟踪、一抓到底"机制，开工、竣工亿元以上工业项目分别达41个、40个，阿特斯5GW光伏电池片和10GW金刚线切片、淮宁2GW异质结光伏电池一期等一批重大产业项目竣工投产。入选全国整县（市、区）屋顶分布式光伏开发试点名单。

【建筑业】 全年晋升总承包一级资质企业5家。全县资质以上建筑业企业141家，其中特级资质企业2家、一级资质企业7家、二级资质企业47家。全年实现建筑业总产值544.8亿元，比2020年增长25.9%。全年房屋建筑施工面积3108万平方米，增加19.9%，竣工产值319.2亿元，下降0.1%。

【固定资产投资】 全县固定资产投资同比下降7.7%，其中：制造业投资增长3.2%，高技术投资增长126.3%，房地产投资下降14.5%。从投资规模看，500万—5000万元项目投资下降23.9%，5000万元以上项目下降0.3%。从产业投资看，第一产业下降17.9%、第二产业下降12.9%、第三产业增长94%。

2021年阜宁县固定资产投资完成情况一览表

表3 单位：亿元

项　目	2021年	2020年	比2020年（±%）
1. 固定资产投资	166.81	180.72	-7.7
500-5000万元固定资产投资	30.9	40.63	-23.9
5000万元以上固定资产投资	113.3	113.64	-0.3
工业投资	99.48	106.12	-12.9
服务业投资	40.21	55.27	94.0
#房地产开发投资	22.62	26.45	-14.5
2. 固定资产投资按产业分			
第一产业	4.51	5.49	-17.9
第二产业	99.48	119.96	-17.1
#工业	99.48	119.96	-17.1
第三产业	40.21	55.27	-27.2

【消费市场】 全县实现社会消费品零售总额278.5亿元，同比增长21.6%。分行业看，限上批发业实现销售额38.49亿元，同比增长62.2%；零售业实现销售额20.22亿元，增长20.2%；住宿业实现营业额0.51亿元，增长45.7%；餐饮业实现营业额4.97亿元，增长39.1%。获评全国电子商务进农村综合示范县。

【外资外贸】 2021年，全县实现进出口总额6.81亿美元，同比增长30.3%。其中，出口5.94亿美元，同比增长29.0%；进口0.87亿美元，同比增长40.0%。总投资达60亿元的新加坡金鹰赛得利集团纤维及无纺布项目成功签约。全年实际使用外资及港澳台资5854万美元，同比增长158.1%。

【交通】 盐阜快速通道开工建设，阜宁港至太仓港集装箱航线正式通航，新长铁路益林道口平改立工程完成上部结构施工，淮河入海水道配套航道工程通过国家发改委可研审查。新改建农村公路95千米，改造提升危桥135座，建成乡村旅游景观公路2号线、4号线、8号线、金沙湖支线共78.4千米。县域公交实现全覆盖。桃花源中山路入选交通运输部"红色之旅初心路"全国十强。

【邮电业务】 全年实现电信业务收入5.76亿元，增长3.2%；实现业务收入3.57亿元，增长34.7%。快递业务量、业务收入增速分别列全市第二位、第三位。

【全域旅游】 中共中央华中局第一次扩大会议旧址入选全国建党百年红色旅游百条精品线路。全年接待游客192万人次，实现旅游总收入11.76亿元，同比增长10.1%；桃花源生态经济区、七彩阜宁农业公园创成国家3A级旅游景区，金陵湖滨酒店对外营业，金沙湖获批全市首批康养产业发展示范基地。

【财政收入】 全县实现财政总收入120.71亿元，同比增长13.9%，其中，一般公共预算收入30.43亿元、增长7.5%，其中税收收入24.26亿元、增长9.7%。税收收入占一般公共预算收入比重为79.7%，比2020年提高

1.6个百分点，收入质量逐步提高。

【金融市场】 全县金融机构存款余额662.40亿元，同比增长11.0%。其中，储蓄存款421.85亿元，增长12.6%；金融机构贷款余额404.40亿元，增长14.5%；金融机构贷、存余额比例61.05%，增长3.3%。

【科技创新】 开展“科技创新突破年”活动，举办全县科技创新推进大会、第五届科技创业大赛，签订产学研合作项目100项，建成市级以上研发中心33家、省级研发中心2家。全社会研发投入同比增长21%。6个项目列入省重点技术创新导向计划，通过江苏省知识产权强省建设示范县创建验收。

【教育事业】 推进义务教育优质均衡发展，建成沟墩阳光幼儿园，完成东沟中学、益林初中等学校改扩建工程，实验初中北京路校区启动建设，阜宁中专创成省现代化示范性职业学校。完成中小学课桌椅换新、厕所改造、学生饮水及洗浴设施等工程。落实教育“双减”工作，推广“四轮备课”“三学三思”教学模式。

【文化事业】 改造提升新时代文明实践所（站）40家，常态化开展新春文化演出、文化惠民乡村行等群众文化活动；《热心人》获第十一届中国杂技金菊奖，《我的小小世界》获省文华奖表演奖；“阜有诗书·樊登阅读空间”24小时自助图书馆正式运营；17处革命遗址入选省第一批革命文物名录；“打春牛”入选国家文化和旅游部非遗司“非遗过大年”民俗项目，省级非遗“阜宁牛歌”“阜宁面塑”“阜宁大糕”登上国家级舞台。

【卫生事业】 组织全民医保春节行、全民医保家家清活动，超额完成医保扩面任务；严格抓好疫情防控，累计集中管控1016人，扎实推进疫苗接种，全人口全程接种率81.62%。县人民医院南院区二期、县中西医结合医院整体搬迁加快建设，县三院改扩建工程全面竣工，创成省级卫生镇5家，沟墩中心卫生院建成二级综合医院。

【城乡环境】 推进城市有机更新，改造整治老旧小区12个、背街小巷及低洼易涝片区16处，铺设燃气主管网9.4千米，新建新能源电动汽车充电桩100个，完成公厕改造、遮阳棚建设、后街小巷路灯提升等任务。整治黑臭水体6条，建设生态河道11条，完成河道沿河“两违三乱”整治、城河路雨污分流主管网建设、新阜坎河清淤疏浚等工作，新城水厂建成通水。开展乡村建设行动，组织实施农村人居环境整治行动，完成农房改善6113户，建设新型农村社区7个，穆沟新型农村社区获评省级农房改善示范创建项目，成功创建板湖镇孔荡村等省、市特色田园乡村4个，美丽宜居乡村建成率100%。

【自然生态】 强化工业污染治理，淘汰压减“两高”项目4家，关停拆除化工企业9家，整治无组织排放挥发性有机物项目20个。空气质量优良率85.5%，国省考断面水质全部达Ⅲ类。打造绿色生态阜宁，新增成片林107.27公顷（1609亩），完善高标准农田林网980公顷，建成绿美村庄15个。

【人口】 年末全县常住人口79.44万人，比2020年增0.04万人，其中城镇常住人口47.06万人。常住人口城镇化率59.25%，比2020年提高0.68个百分点。全年出生人口3194人，出生率4.0‰；死亡人口7523人，死亡率9.5‰。

【居民收入】 全年实现全体居民人均可支配收入30492元，同比增长9.1%。其中，城镇居民人均可支配收入36589元，增长8.3%；农村居民人均可支配收入23409元，增长9.8%。从收入构成看，财产性收入增长较快，全体居民人均财产净收入达1189元，增长16.0%。

【就业、医疗保障】 健康扶贫模式入选国家发改委助力脱贫攻坚典型案例；举办各类招聘活动38场，新增城镇就业7800人，新开发公益性岗位1140个，完成技能培训2万人，举办第九届职业技能大赛。安置就业困难人员经验做法被省市推广，城镇登记失业率4%以内。新增企业养老保险参保12020人、城乡居民参保9103人，郭墅、羊寨、板湖敬老院改造提升为区域性养老服务中心。

（县统计局）

中共阜宁县委员会

综述

【概况】 2021年，中共阜宁县委员会坚持以习近平新时代中国特色社会主义思想为指导，全面贯彻党的十九大和十九届历次全会精神，深入贯彻习近平总书记对江苏工作重要指示精神，认真落实省、市委工作部署，勇担“争当表率、争做示范、走在前列”光荣使命，团结带领全县百万干群，推进生态新阜宁、开放新阜宁、产业新阜宁、幸福新阜宁建设，全面展开现代化建设崭新篇章。

【经济工作】 2021年，阜宁县以“项目为王、产业强县”为目标，构建“2+2+3”生态绿色工业产业新格局，新能源、环保新材料产业稳步增长，电子信息、汽车零部件产业强劲起步，阀体装备、食品加工、纤维纺织产业转型升级。设立产业引导基金，出台管理办法，绘制产业招商地图，列出重点跟踪企业，明确专人负责跟踪，总投资60亿元的赛得利纤维及无纺布项目成功落户，阿特斯5GW光伏电池片和10GW金刚线切片、淮宁2GW异质结光伏电池、中海油燃机热电联产等一批重大产业项目竣工投产。整合组建31个招商局，全面掀起项目引建热潮，全年新开、竣工亿元以上项目48个、44个，为产业发展注入新动能。实施工业经济高质量发展培育计划，纳入培育计划的税收超千万元企业实现税收4.7亿元，实施重点新增长点项目15个、新增开票销售19亿元，开票销售超亿元企业首超60家，金海新能源获批省级小巨人企业；100家规上企业实施技改，超千万元重点技改项目17个，全口径技改投入超30亿元，获批省四星级上云企业17家、三星级上云企业33家，阿特斯“5G+工业互联网”融合应用建设项目获省二等奖、国家优秀奖，阿特斯、协鑫集成、上伟碳纤3家企业获得国家两化融合贯标证书，东方滤袋、中洲阀门创成省级智能制造示范车间，蓝天环保被授予市长质量奖。开放型经济取得突破，全年注册外资到账增幅全市第1，外贸进出口增幅19.2%，荣威公司进出口额突破2亿美元。建筑业加快转型，全年建筑业总产值突破600亿元，5家公司晋升总承包一级资质，新开工装配式建筑28万平方米。

【三农工作】 2021年，阜宁县新建和改造提升高标准农田9080公顷，全年粮食种植面积稳定在12.67万公顷、总产量近96万吨，生猪存栏45万头、出栏70万头。推动农业结构调整，重点发展以优质稻米为主导，生态黑猪、绿色果蔬、河荡水产为特色的“一主三特”产业，提升罗桥等万亩有机稻米基地，建立水稻绿色高质高效示范片5000亩以上2个、千亩以上9个。“七彩阜宁”区域公用商标获批国家集体商标，“白水塘白对虾”成功注册国家地理标志证明商标，“阜宁黑猪”入选全省十强农产品区域公用品牌，县获评全国县域农业农村信息化发展先进县，创成省农产品质量安全县，绿色优质农产品比重74.3%。注册“黄河故道桃花源”通用果品商标4个，新建果品交易市场1个，果品产值达2亿元，新上银宝大地禾公司粮食精细化加工项目，建设高标准、规模化稻麦生产基地，为当地农户提供“家门口”就业门路。深化农村经营体制改革，加大示范家庭农场培育力度，累计培植省级示范家庭农场25个、市级34个；推进农村集体产权制度改革，强化农村土地承包管理，规范土地流转，累计流转土地3.4万公顷。

【城乡统筹】 2021年，阜宁县以全国文明城市创建为抓手，开展18项专项整治，推进小区革命、人行道板革命和背街小巷革命，改造明达公寓、晨光小区等老旧小区12个，新建、改造人行道板5500平方米，整治背街小巷12个、低洼易涝片区4处，铺设燃气主管网9.4千米，配套居民7747户，城河路雨污分流改造工程竣工，新城水厂建成通水。持续开展停车秩序、流动摊点、户外广告、违建管控、油烟噪音扰民等整治行动，市容环境整洁有序。高标准推进国土绿化，新建、改造口袋公园15个，新增成片林107.27公顷，新建、完善高标准农田林网1000公顷，四旁植树162万株，建成绿美村庄15个，全县林木覆盖率26.7%。全县整治村庄河塘507条，疏浚整治省级农村河道77条、建设生态河道11条。

【民生工作】 2021年，阜宁县聚焦群众急难愁盼问题，兴办8大类24项为民办实事工程。推进“四好农村路”建设，新改建农村公路95千米，修缮、提升危桥135座，维修县、乡、村道路面8万平方米，新长铁路益林道口平改立工程完成上部结构施工。改造提升县镇农贸市场16个、完成9个。大力推进棚户区改造，完成宏人商品城、原化机厂等地块5290户房屋征收搬迁工作。提升文化基础设施，改造提升40家新时代文明实践所（站），常态开展新春文化演出、文化惠民乡村行等群众文化活动，惠及群众20万人。推进县人民医院二期、县三院改扩建、县中西医结合医院整体搬迁等工程进度，创成省级卫生镇5家，沟墩中心卫生院建成二级综合医院。完善社会救助机制，全面推行困难群众申办社会救助不见面审批，临时救助4698人。

【新冠肺炎疫情防控】 2021年，阜宁县贯彻习近平重要指示精神，落实党中央、国务院和省、市关于疫情防控的决策部署，始终绷紧疫情防控这根弦。为重点来阜人员第一时间做好信息的核实，做到应检尽检、应隔尽隔。加强集中隔离点规范管理，严格各项防疫制度，细化岗位职责和任务分工，并定期开展安全隐患排查，加强对疫情风险管理的督查指导，发现问题，及时做好督促整改。开展公共场所测体温、查验健康码、行程码以及开展疫苗接种、核酸检测等工作。

【民主法制建设】 2021年，阜宁县发挥县人大、政协重要作用，调动全县各方面的积极性、主动性和创造性。县人大紧扣全县大局、紧贴民生关切、依法履行职责，主动助力重大项目引建、民生实事项目建设、营商环境优化、全国文明城市创建、安全生产等工作，大力开展驻点招商等专题调研，对法院、检察院开展工作评议，监督推进平安阜宁建设、国有资产管理、就业服务等工作，着力打造以代表为主体的“啄木鸟”志愿者活动品牌。县政协立足三大职能，调研视察集镇环境整治及功能提升、加快建筑业转型、串场河治理提升等工作，专题议商巩固脱贫攻坚成果、农业转型升级、农旅融合发展、养老服务体系建设等事项，围绕推动经济园区高质量发展、环保新材料产业发展、优化民营经济发展环境等重要议题建言献策，“有事好商量”协商议事在助力发展中展现了政协作为。爱国统一战线进一步巩固壮大，统战、民族、宗教、侨务和对台工作不断加强。党管武装工作扎实开展，退役军人服务管理、拥军优属等工作取得新成绩，军地军民团结良好局面持续巩固。工会、共青团、妇联、科协、工商联、红十字会等群团组织作用充分发挥。

【中共建设】 2021年，阜宁县围绕“八专题一实践”，开展党史学习教育，创新推行“学党史、跟党走，让朋友圈红起来”系列活动，中央党史学习教育《简报》介绍阜宁县做法，“我为群众办实事”实践活动受到市委主要领导批示表扬。发挥县委中心组学习引领作用，组织开展集中学习29次、专家报告会10场、交流研讨10次，不断推动各级中心组学习走深走实。建立10个“四巡”工作小组，对72家基层党委（党组）中心组落实“四巡”全覆盖。推进基层党员冬训工作，创新冬训形式和方式，连续10年获全省基层党员冬训工作示范县。持续开展19个软弱涣散村专项整治，打造329、231省道2个党建示范带，启动停翅港红色美丽村庄建设试点工作。发挥19个“百姓名嘴工作室”作用，让党的创新理论飞入寻常百姓家。常态化举办村（社区）干部大学堂，举办4期，累计参训1.5万人次。出台《阜宁县机关事业单位人员平时考核实施办法》，构建平时考核、年度考核“双联考”评价体系。聚焦党委（党组）主体，抓住“一把手”和领导班子关键，出台《县纪委书记同镇区、部门‘一把手’谈话制度》，督促监督检查室和派驻纪检监察组深入镇区部门挂点，通过“一问二访三谈”，准确把握“关键少数”情况。打好巡察整改“组合拳”，在全市率先出台《阜宁县巡察整改责任清单（试行）》，压紧压实被巡察单位党组织整改主体责任。

重要会议

【2020年度全县综合考核总结表彰大会】 2月19日，2020年度全县综合考核总结表彰暨“亿元项目提质增效年”动员大会召开。贯彻落实县委十四届十一次全会精神，表彰2020年度综合考核先进集体和先进个人，部署“亿元项目提质增效年”任务举措。县委书记徐华明出席会议并讲话，县委副书记、县长张利华主持会议。

【举行庆祝中国共产党成立100周年暨“七一”表彰大会】 6月30日，县举行庆祝中国共产党成立100周年暨“七一”表彰大会，贯彻中共十九大和十九届二中、三中、四中、五中全会精神和习近平视察江苏重要讲话指示精神，树立典型，弘扬先进，进一步推动阜宁县各级党组织和广大党员不忘初心、牢记使命，紧扣

2021年2月19日，2020年度全县综合考核总结表彰暨“亿元项目提质增效年”动员大会召开。

县融媒体中心/供

"争当表率、争做示范、走在前列"的重大使命，奋力推动阜宁高质量发展，在全面建设社会主义现代化新征程中贡献力量。县委书记徐华明出席会议并讲话，县委副书记、县长张利华主持会议并就贯彻落实会议精神作具体部署。宣读《关于表彰全县先进基层党组织、优秀共产党员和优秀党务工作者的决定》，并为先进基层党组织、优秀共产党员和优秀党务工作者等进行颁奖。

【中国共产党阜宁县第十五次代表大会召开】 7月16—17日，中国共产党阜宁县第十五次代表大会召开。会议总结阜宁县第十四次党代会以来的工作，确定2021—2025年经济社会发展和党的建设目标任务，动员全县各级党组织、全体共产党员和广大干部群众，团结拼搏，接续奋斗，奋力谱写全面建设社会主义现代化崭新篇章。县委书记张利华代表中国共产党阜宁县第十四届委员会向大会作题为《激情开启新征程 接续建设新阜宁 奋力谱写全面建设社会主义现代化崭新篇章》的报告。县委副书记、代县长许根林主持大会。会上，县纪委、县委组织部分别向大会作纪委工作书面报告和党费收缴、使用、管理情况书面报告。

【县委十五届二次全会召开】 12月30日，中国共产党阜宁县第十五届委员会第二次全体会议召开。全会全面贯彻习近平新时代中国特色社会主义思想，深入学习贯彻党的十九届六中全会、中央经济工作会议和省第十四次党代会、市第八次党代会精神，按照省、市委经济工作会议部署，回顾总结2021年工作情况，研究部署2022年工作任务，动员全县上下扛起新使命、推动新跨越，勇当沿海地区高质量发展排头兵，奋力谱写"强富美高"新阜宁现代化建设新篇章！全会由县委常委会主持，县委书记张利华代表县委常委会作题为《扛起新使命、推动新跨越，奋力描绘"阜明水秀、物阜民宁"现代化崭新画卷》的主题报告。县委副书记、代县长许根林就做好明年经济工作和当前重点工作做具体部署。开发区、益林镇、羊寨镇、县住建局、县农业农村局作交流发言。全会表决通过《中国共产党阜宁县第十五届委员会第二次全体会议决议》。

重要活动

【阜宁第二十一届"5·18"经贸洽谈会】 5月19日，举行第二十一届"5·18"经贸洽谈会暨新能源产业发展讲坛。市政协副主席沈洪清致辞，县委书记徐华明出席会议并讲话，县委副书记、县长张利华主持，集中签约亿元以上项目26个，计划投资额64.6亿元。

【徐华明带队赴北京苏州无锡洽谈项目合作】 6月2—5日，县委书记徐华明带队赴北京、苏州、无锡开展项目招商对接活动，先后拜访中材科技、中钢集团、中粮集团、京冶轴承、中航化集团、中关村创业投资和股权投资基金协会、优派克科技和吉姆西半导体科技等央企、国企和产业龙头型企业，进一步深化交流合作，宣传推介阜宁，推动共赢发展。

【第七届中国（阜宁）环保新材料创新论坛举办】 12月8日，2021第七届中国（阜宁）环保新材料创新论坛暨第二届中国纺织行业"阜宁杯"职业技能竞赛在阜宁县举行。副市长唐敬参加活动并致欢迎辞，县委书记张利华、中国纺织工业联合会党委书记高勇致辞，中国纺织工业联合会副会长李陵申出席，县委副书记、代县长许根林作阜宁环保新材料产业发展推介。会议发布阜宁环保新材料"十四五"发展规划，举行中国（阜宁）绿色低碳产业示范园创建启动仪式，2个环保新材料产业金融项和4个亿元以上环保新材料产业项目现场签约，中国产业用纺织品行业协会授予阜宁县环保新材料产业园"十三五"优秀公共服务平台。

督查工作

【概况】 2021年，督查工作紧紧围绕县委工作中心，坚持依法依规、统筹协调、实事求是、真督实查的原则，突出一线导向、问题导向、绩效导向，动真碰硬、锲而不舍，切实履行督促、检查、评估、反馈等基本职能，不断提高督促检查工作的质量和实效，全年共组织各类督查活动50多次，印发《督查通报》15期、各类汇报材料30多份，有力地促进中央和省、市、县委各项决策的贯彻落实。

【调整充实县委督查工作领导小

2021年5月19日，县举行第二十一届"5·18"经贸洽谈会暨新能源产业发展讲坛。图为集中签约现场。 县融媒体中心/供

组】充分发挥县委督查工作领导小组作用，领导小组由县委副书记任组长，县政府常务副县长任副组长，县相关职能部门主要负责同志为成员，并根据分工调整和工作需求进行适时充实调整。领导小组下设办公室，负责统筹推进全县督查工作，各成员单位在领导小组带领下，各司其职、密切配合，构建“大督查”工作格局，不折不扣把各项部署要求落到实处。

【严控督查规模】按照督查工作要求，结合阜宁县实际，出台《阜宁县督查检查考核计划管理办法（试行）》，严格执行督查报批准入制，县委督查工作领导小组根据管理办法于年初制定《督查年度计划的工作事项》，除县委、县政府统一部署和列入督查年度计划的工作事项外，县级机关各部门不得自行设置以镇区（街道、社区）为对象的督查项目，不得在部门文件中自行规定全县性督查事项，不得擅自印发《督查通报》，确需开展的，必须报县委督查工作领导小组同意后方可实施。

【创新督查方式】对中央、省市主要领导批示，市委、市政府重要会议文件精神和县委县政府重要工作进行统一研究、统一安排、统一组织、统一协调，形成“交办→督查→通报→整改→跟踪→达效”的工作闭环。督查时采取“四不两直”方式现场核查、实地暗访、随机抽查，紧盯工作一线、关键环节、重点岗位、重点人员，注重工作实绩，着力发现问题、解决问题、推动工作，对容易反弹的问题，适时回访复查，巩固督查成效。

【促进担当作为】充分运用好督查成果，扎实有效推进工作落实。对工作推进有力、成绩突出、成效显著的地区、部门和单位，在《督查通报》中予以通报表扬，在县级媒体上宣传推广，发挥示范引领作用，并报送考核部门作为年度评先评优的重要参考。对工作落实不到位、排名靠后的地区、部门和单位，在《督查通报》中予以点名批评；对县委、县政府交办工作推进不力的地区、部门和单位，主要负责人在县级媒体中作表态发言；对工作多次落实不到位，不认真整改存在问题的地区、部门和单位及相关责任人，按照有关规定提请县纪委监委处理，并作为干部提拔任用和年终综合考核的重要依据。

政策研究

【领导决策研究】2021年，面对复杂多变的外部环境和经济社会发展压力，县委研究室积极服务统筹推进疫情防控和经济社会发展大局，瞄准项目引建、疫情防控、“六稳”“六保”、全国文明城市创建、黄河故道综合开发等工作重点，准确把握县委意图，及时提出建议意见，积极发挥参谋助手作用，为县委决策提供参考。先后就产业发展、乡村振兴、生态保护、民生改善、基层治理等课题开展调查研究，形成一批高质量调研成果。

【开展基层调研】坚持实事求是原则，积极创新调研方法，抓实调查研究工作，深入镇区、部门、企业，全方位、多角度调查研究，用心用情了解基层实情、倾听群众声音，掌握基层最真实的情况、收集群众最迫切的需求，认真分析研究，全面梳理总结“第一手资料”，为县委进一步谋深谋实谋细发展思路提供参考。

【调研成果转化】全年完成县第十五次党代会、县委十五届二次全会、党史学习教育动员会、全县庆祝中国共产党成立100周年暨“七一”表彰大会、美丽阜宁建设暨全国文明城市创建会、新时代文明实践中心建设推进会、招商引资项目推进会、高质量发展项目观摩推进会、第21届5·18经贸洽谈会等重要文稿220多万字。（朱亚军）

组织工作

【干部工作】2021年，中共阜宁县委组织部（简称县委组织部）圆满完成县、镇党委换届任务，组织意图人选均全票当选。镇级党委换届后，班子结构更加优化、战斗力更强，平均年龄39.5岁，35岁以下干部、女干部、四类“相关人员”等配备到位。深入贯彻落实市委培养锻造“三出”干部文件精神，制定具体实施细则，旗帜鲜明地“为发展配干部、凭实绩用干部”，侧重在招商一线、拆迁一线、安全稳定一线考察识别使用干部。举办中共十九届五中全会精神轮训班8期，累计培训党员干部1200多人次。按照市委促进干部政治能力、专业能力“双提升”要求，分两期举办全县科级干部“双学双提”培训班，联合上海交大、深圳大学、浙江大学举办乡村振兴、党员干部业务素能提升班。先后召开年轻干部、名校优生座谈会，助力年轻干部成长成才。选派220名干部参与疫情防控，124名干部外出招商，56名干部到平台公司、巡察督查、综合执法等部门历练。发挥80名干部工作社会监督员作用，加强党员干部“八小时之外”监督。出台《阜宁县机关事业单位人员平时考核实施办法》，构建平时考核、年度考核“双联考”评价体系。

【基层党组织建设】做好村（社区）“两委”换届后半篇文章，常态化举办村（社区）干部大学堂，全年举办4期，累计参训1.5万人次。按照“走在前、作表率”和“两个全覆盖”要求，推进机关和“两新”组织党建工作，明确规矩规范，制定加强“两新”组织党务工作者专业化建设实施意见，出台“两新”组织专职党务工作者员额管理、资格认定、公开招聘及考核奖励等暂行办法，市场化招聘“两新”组织专职党务工作者4名，完成“两新”组织专职党务工作者资格认证初级20名、中级7名。将党群服务中心提档升级作为组织部门学党史“办实事”项目，开展党群服务中心功能提升及周边环境专项整治活动，划分ABC三档分类整治管理。对照“十有”微服务清单，努力把党群服务中心打造成群众愿意来、经常来的“打卡地”。持续开展19个软弱涣散村专项整治，打造329、231省道2个党建示范带，启动停翅港红色美丽村庄建设试点工作，努力将其打造成全县党建工作示范村、红色教育品牌村、集体经济标杆村、村级治理先进村、宜居宜业样板村。

【党员队伍建设】 配合宣传部门抓好全县党史学习教育，开展“两在两同”建新功行动，组织“两优一先”评选表彰对象提名推荐和全县5644名党员“光荣在党50年”纪念章统计颁发工作，引导各级党员干部知史促行、感恩奋进。开展“入党动机见行动”活动，推行发展党员分级分段考察。创新开展党内分节点暖心关爱试点工作，聚焦党员入党、进退、退休、困难、临终等重要节点定制“暖心菜单”，设立农村党员激励关爱专项资金，全市现场会在阜宁县召开。组织微党课大赛，电教片《展板的故事》《盐阜血铸雨花魂》分获“百年风华”全省党员教育全媒体作品大赛一、二等奖，全市党员教学资源题材规划研讨会在阜宁县召开。调研课题《中国共产党在阜宁在阜宁的百年辉煌和经验启示》获江苏省社科应用研究精品工程“庆祝建党百年·江苏党的建设历史经验”专项课题研究二等奖，县（市、区）中唯一。举办“学习市委全会精神，争当‘看得出、站得出、豁得出’干部”主题征文等活动。

【人才招引工作】 坚持党管人才原则，出台《关于贯彻落实市黄海明珠人才计划的相关意见》，提升人才工作规范化、科学化水平。全年引进6名高层次人才成功申报国家重大人才工程、10名高层次人才入选市“黄海明珠人才计划”领军人才项目，组织119个人才团队参加市创新创业大赛。广泛对接省内外高校院所，建立引才工作站、盐城籍学子联络站各36个，聘请“引才大使”100名。开展线上线下高校招聘活动150多场，全县企事业单位引进大学生2876人，其中本科生1841人、研究生以上182人。首批招聘“名校优生”52名，其中博士1人、硕士35人、本科16人。全市首家出台《关于加强乡土人才队伍建设的实施意见》，组织全县乡土人才创新创业大赛，进一步健全乡土人才选拔培育、扶持激励和使用管理机制。实施人才公寓提档升级工程，改造建设公寓外墙、综合服务中心。为青年人才搭建相聚相识的平台，累计举办15届青年人才联谊活动，80多对青年人才牵手成功。

（袁叔衡）

宣传工作

【概况】 2021年，阜宁县宣传思想文化工作成效明显，先后获全国文明城市提名城市、全国未成年人思想道德建设先进集体、全国推进乡村“复兴少年宫”建设试点县，连续十年获全省基层党员冬训示范县。定期召开意识形态领域情况分析研判联席会议，全县意识形态领域未发生安全事故。舆情信息报送工作位居全市第一，获盐城市“网安2021”专项行动优秀组织奖。深化全国文明城市创建，在市两次测评中均位居前列。王红被评为11月份孝老爱亲类“中国好人”，季洪球获江苏省道德模范提名奖，施懿轩获评新时代江苏好少年，典型数量位列全市第一、全省前列。滑稽节目《热心人》获中国杂技界最高奖项“金菊奖”。杂技《舞瑶赋》获“江苏省文艺大奖·杂技奖”魔术作品大赛金奖；淮剧《十品半村官》参加江苏省庆祝中国共产党成立100周年优秀舞台艺术作品展演，获市文华大奖。中共中央华中局第一次扩大会议旧址入选全国“建党百年红色旅游百条精品路线”。中央党史学习教育《简报》149期大篇幅介绍阜宁县红色故事和开展党史学习教育经验做法。在全省“明理增信崇德力行”庆祝建党百年党史知识网络竞赛中，阜宁县答题总人数和总次数均位居全省县级排名第一。“我为群众办实事”实践活动获市委主要领导批示表扬。创新开展“学党史、跟党走，让朋友圈红起来”系列活动，受到《新华日报》等主流媒体推介，被评为全市宣传思想文化工作创新项目。

【理论武装】 推广传达学习式、专家报告式、专题研讨式、学研结合式模式，创新开展参观体验式学习，用好用活红色教育基地、实境课堂等阵地。县委理论学习中心组累计学习27次。建立10个“四巡”工作小组，对60家重点基层党委中心组落实“四巡”全覆盖。“学习强国”平台党员覆盖率、学员参与度、有效供稿三项指标均位居全市前列。创新开展以“云党课、云宣讲、云打卡、云测试”为主要内容的“云冬训”，阜宁县连续10年获评全省基层党员冬训工作示范县。开展“百年党史百姓讲”大篷车巡讲活动。县委宣讲团成员、理论宣讲志愿者、“百姓名嘴”等累计宣讲1400多场次，受众超10万人次。选手孙剑代表盐城市在全省“百姓名嘴”风采展示活动总决赛中获二等奖（全省第三名）。陈晶晶等3名选手在全市各类宣讲大赛中获一等奖。

【意识形态工作】 将意识形态工作任务纳入县委主体责任季度清单，对罗桥镇、古河镇、沟墩镇、益林镇4个镇及其村居开展专项巡察。定期召开意识形态领域情况分析研判联席会议，全县意识形态领域未发生安全事故。舆情信息报送工作位居全市第一。持续加强阵地管理。抓好报纸、广播、电视和“两微一端”等媒体宣传阵地和新时代文明实践所（站）、文化馆（站）、图书馆、农家书屋等意识形态阵地建设。王启稳“百姓名嘴”工作室被评为全市意识形态工作联系点。开展整治非法宗教活动、遏制宗教渗透蔓延专项工作，营造安全稳定的社会环境。印发《突发公共事件新闻宣传应急预案》，强化突发公共事件应急处置能力。沟墩镇入选省“扫黄打非”进基层示范点。

【新闻宣传】 打造特色内宣活动，先后开辟“贯彻县委十四届十一次全会精神在行动”“贯彻党代会启航新征程”等十多个专题专栏，《阜宁新闻》播出稿件3500多篇；《阜宁日报》编发247期近1000个版面，刊发稿件2000余篇，策划制作高质量发展项目观摩推进会特刊、"红色阜宁""聚焦""理论"等系列特刊等200多个；"阜宁发布"新媒体平台累计发布稿件4000多篇。稳步推进外宣工作。2021年在市以上主流媒体推出稿件4000余篇（条），其中新时代文明实践、春耕春种、网络招聘等在《新闻联播》《新闻直播间》、央广网、央视频等多个中央电视台、广播频道宣传报道达17篇次，全年在《人民日报》客户端、人民网、新华网、中央电视台、央广网等国家级媒体平台推送各类新闻稿件290多篇（次）；在《新华日报》、江苏电视台、"学习强国"、新华报业网、荔枝网等省级媒体平台推送报道2200多篇，其中在《新华日报》刊发80篇、江苏卫视播出98条、《盐阜大众报》头版刊发15篇、《盐城新闻》播出188条。"学习强国"阜宁县级融媒号在全市首家上线。成立阜宁融媒"大糕视频"工作室，并与盐阜大众报联合设立"阜宁观察"工作室，成为全市第二家挂牌的县级媒体。县融媒体中心获评2021年度江苏省县市新闻中心系统先进单位。

【网信工作】 开展网络舆情应急处置工作，严格按照网络舆情应急处置各项制度要求，开展网络舆情应急处置各项工作，全年处置级别舆情61条，交办舆情预警信息157条；举报互联网违法和有害不良信息272件，处理涉阜网络安全事件23起；开展全县党政机关工作群组专项整治工作，精简195个工作群组。开展网络综合治理工作，开展违规违法自媒体账号专项整治行动，组织专门力量对属地微博、微信公众号、抖音号等自媒体账号进行排查，共排查出各类相关自媒体账号114个，依法依规批评教育发布不实信息网民50余人，约谈违规发布敏感信息的网站1家，约谈不实信息发布人2名，网信与公安、卫健、市场监管等部门联合办理涉国家领导人违规信息案件1起，对涉嫌网络信息敲诈的盐城部分自媒体进行处理。开展国家网络安全宣传周在现场、进校园、进社区活动，净化网络环境，规范网上传播秩序。加强网络发言人平台管理，审核通过网民各类诉求3330条。加强考核工作，在原有"双月一考核一通报一评估"制度的基础上执行周汇报、月报告制度，真正将网络意识形态责任制工作落到实处。做好全年网络主题宣传工作。以庆祝建党100周年为主旋律，组织拍摄《不忘初心》MV、微电影《微光》、公益MV《万疆》，开展网络中国节——春节、清明、端午等系列活动和"文明实践暖新春，红红火火过大年""爱在七夕，幸福有你"等传统网络中国节活动，策划组织"让幸福照进来"等各类网络公益志愿服务活动，并参与省委网信办组织的"点亮满天星"网络公益活动。依托"文明阜宁"微信公众号举办为期两个月的"网络助民丰，好货进万家"农副产品免费宣传推介活动。

【文艺精品创作】 滑稽节目《热心人》获中国杂技界最高奖项"金菊奖"；魔术节目《舞瑶赋》《魔幻三重奏》在"江苏省文艺大奖·杂技奖"魔术作品大赛中分别获金奖和银奖；杂技《我的小小世界》在省文华奖中获个人表演奖；《沃土暖阳》等作品入选省文华奖优秀美术书法作品展；"喻口之声"合唱团在省紫金合唱节上获铜奖；淮剧《田家湾的号声》获市文华大奖；5件作品获市政府文艺奖。

【文化产业】 推进文化产业，重抓文化产业单位新增工作，制定全年文化产业发展指标，并将任务分解到各镇区（街道、社区），进行月度统计、季度通报、年度考核。加大文化产业项目招引力度，加强县委宣传部、县重大项目推进中心、市场监管、统计等部门间相互配合，做好文化产业入库统计工作。新增规上文化产业单位11家。注重传统文化与创意设计融入融合，组织评选阜宁县第四届文化创意设计大赛优秀作品，共评出一等奖4件、二等奖6件、三等奖10件、优秀奖15件。举办阜宁县第五届文化创意设计大赛，征集作品172件。实施文旅、农旅融合发展和红色旅游示范工程，发挥金沙湖等自然文化资源、庙湾古城等民俗文化资源和新四军军部等红色文化资源优势，加快建成一批特色景区和街区。

【新闻出版行业监管】 推动"扫黄打非"进农村、进社区、进企业、进学校，织密基层网络，实现全县359个镇村"扫黄打非"基层站点、89家邮政快递网点"扫黄打非"工作点标准化规范化建设全覆盖。重视和加强"扫黄打非"人员配置优化，壮大管理员、监督员、信息员和联络员队伍，持续发挥"扫黄打非"基层点位功能作用，组织"扫黄打非"业务培训，加强理论学习和实践锻炼，提升管理人员政治素养和业务能力。强化市场监管。开展网上网下联动"扫黄打非"专项检查15次，共检查实体书店600余家次、邮政快递网点144余家次、印刷复制企业90余家次，收缴盗版图书2400余册、盗版光盘300张，责令停业整顿出版物经营单位3家，行政处罚9起，办理上级交办问题线索1起。联合县公安局处置7条涉政敏感信息，批评教育5人，处置网络传播淫秽物品牟利案件1起，并被列入省督办案件。根据群众举报的相关线索，处置购买的非法宗教出版物案件1起。组织开展"绿书签"系列宣传活动，印制宣传海报5000余张、绿书签4000份，发动"扫黄打非"基层站点进行张贴、发放，开展"绿书签行动"进校园、进书店、进社区、进媒体、进网站、进乡村、进执法部门等系列宣传活动。做好行政审批。严格规范行政许可程序，依法依规做好行政许可工作，对全县30家印刷企业和187家书店开展2021年印刷发行企业年度考核和《出版物经营许可证》年检工作结合重要时间节点，开展出版物市场"双随机、一公开"和印刷企业"五项制度"执行及安全生产检查，全面排查各类安全隐患。举办全县"文化企业安全生产大讲堂"活动，提高文化市场从业人员安全生产责任意识。组织全县30家印刷企业负责人参加市印刷行业法律法规培训，增强印刷企业经营业主依法经营和安全生产意识，推动印刷产业健康稳定发展。

【版权管理】 以"4·25世界知识产

权日”宣传周为重点，组织开展版权宣传普及教育活动，制作宣传展板，印发版权基础知识问答、版权作品登记服务指南等宣传资料单页1000多份，并通过广播电视、微信、报纸、影院、街头大屏等媒介进行宣传。明确专人负责，重点做好文学、书法、美术、摄影、传统工艺品等领域作品版权登记，在登记数量稳步增长的同时，提高登记版权作品质量，全年登记作品536件。

【全民阅读】 开展2021年“全民阅读春风行动”志愿服务活动。举办“庙湾颂”阜宁县第九届读书节系列活动，全年开展5大类、34项1000多场全民阅读活动。为全县330个村农家书屋免费配送党史学习书籍660套。参加省第十一届江苏书展苏州主展场活动，对158家农家书屋补充更新图书1.83万册、期刊4500册。推进开展农家书屋主题阅读活动，组织开展阜有诗书——“阅百年征程读红色阜宁”全民阅读城乡行活动330场次。新建5个阅读新空间，益善书房、县图书馆24小时自助书吧已建成对外开放，龙湖书房、庙湾书房、农商书房3个24小时自助书吧正在建设。三坛悦读汇、阜有诗书·樊登阅读空间、“奋进新时代书香进万家”——全民阅读走基层活动分别被评为2021年盐城市优秀阅读品牌、优秀阅读空间和优秀阅读活动。

【新闻发布】 1月27日召开《打防管控“冬季攻势”新闻发布会》，3月25日召开《全县政法队伍教育整顿新闻发布会》，9月28日召开《“学党史、办实事、惠民生”系列主题第一、二、三场新闻发布会》，11月5日召开《“阜宁县商务创新促进会”涉嫌组织、领导传销活动案案情通报新闻发布会》，12月16日召开《阜宁县人民检察院公益诉讼工作新闻发布会》。

（陈丽天）

精神文明建设

【概况】 2021年，是阜宁县新一轮创建全国文明城市的第一年。全县精神文明建设工作坚持以习近平新时代特色社会主义思想为指引，贯彻落实中共中央、国务院《新时代公民道德建设实施纲要》，聚焦培育时代新人、弘扬时代新风，突出培育和践行社会主义核心价值观，抓好全国文明城市创建、复兴少年宫建设工作，开展理想信念教育，实施公民道德建设工程，不断提高全县广大干群思想觉悟、道德水准、文明素养，凝聚正能量，展示新形象。5月，阜宁县被列为全国乡村“复兴少年宫”首批试点县，陈良镇、益林镇被列为市级复兴少年宫建设试点。11月，王红当选孝老爱亲类中国好人，6月、9月，王红、张龙华分别当选江苏好人，王红、王德华、周其佳、立标、严国丽当选“盐城好人”；季洪球获第八届江苏省道德模范提名奖，司万平、张龙华当选第七届盐城市道德模范，缪为胜当选第七届盐城市道德模范提名奖。

【新时代文明实践】 县出台《2021年阜宁县新时代文明实践工作提升方案》，在阵地功能提升、志愿服务提质、文明实践提效等方面深化拓展，推动工作开展。健全细化提升标准，制定出台《新时代文明实践阵地提升标准》，完成对40家文明实践站提档升级工作。突出便民育民功能，建成集“展示、服务、指挥”于一体的县新时代文明实践指挥中心，部分镇区、村居因地制宜增设主题展馆、活动舞台等服务实施。强化经费保障机制，将活动开展、业务培训、项目开展、志愿者保险（交通、误餐补贴）、办公经费等全部列入财政预算。县委、县政府专项投入850万元建设新时代文明实践指挥中心，通过“以奖代补”形式，年均投入200万元用于文明实践所站提升建设。建强志愿服务队伍，在镇区确保“五支分队”常态化发挥作用的同时，指导村居在环境维护、矛盾调处、扶贫助困等方面成立不少2支的“常驻乡”志愿服务队伍并发挥作用。县民政局开展“智慧养老”项目，招募养老员，为老年人提供理发助浴助餐等服务；罗桥镇新联村、芦蒲镇蒲东村文明实践站分别成立“夕阳红”“六舅爹”等志愿服务队，围绕服务群众、矛盾调解，做到大事不出镇、小事不出村、矛盾不上交。做优志愿服务项目。县一缕阳光志愿者协会实施“漂移的阳光图书角”志愿服务项目，向部分农村小学捐赠图书并提供“漂移”服务，该项目被推荐在第六届省志交会参赛。结合建党百年主题，实施“党旗映红幸福脸”公益摄影志愿服务项目，完成对全县镇区的88名建国前老党员走访慰问以及“和党旗合影”的拍摄任务，该项目在省第六届志交会展示。做实志愿服务活动。全年推出“云课堂”视频节目13期，各志愿服务队伍开展志愿者培训，提高志愿者的理论水平和服务技能。在各镇区成立“百姓名嘴”工作室，组建“百姓名嘴”理论宣讲大篷车，开展理论“巡讲+巡展+巡演”活动，共计在镇村开展活动40多场次，提供企业招聘信息50余条，发放社情民意调查了解表5000余份，帮助群众解决困难100余件，受众1万多人次。22支志愿服务队开展“送戏下乡”2000多场次。联合县融媒体中心，推出13个涉及惠民政策、卫生健康、安全和农业生产等群众关心的视频节目。联合县委网信办、文明办等相关部门和社会组织开展“雷锋志愿服务月”暨“清新一座城”网络公益志愿服务活动。县志愿服务总队全年开展志愿服务7794场次，服务群众超30万人次。“让幸福照进来”公益摄影志愿服务项目在“2021年全国学雷锋志愿服务‘四个100’先进典型”评选中，获评最佳志愿服务项目。

【推进全国文明城市创建工作】 2021年，全县上下按照“全面创建，全程创建，全域创建，全民创建”总要求，突出问题导向、惠民导向、目标导向，以18项专项整治为抓手，全面实施全民文明素养提升、未成年人教育提升、县城环境秩序提升、补短板惠民生提升、城乡一体文明提升、公共服务质量提升、实地考察项目提升“七大提升行动”，着力完善城镇服务功能，着力解决民生突出问题，着力纠正不文明顽症，着力优化人居营商环境，使得城乡交通秩序、公共秩序明显改善，环境卫生得到优化，城乡文明程度和全民思想道德素养得到提升。重新调整县创建指挥部，由县委书记、县长分别任政委、总指挥，明确县委副书记牵头日常创建工作，县委、县政府分管领导为副总指挥，县相关部门主要负责人为成员。进一步细化创建工作责任，创建指挥部下设“一办八组”，其组长（主任）均由县委、县政府分管领导担任，县创建办抽调31名科级干部、124名工作人员组成31个网格全天候开展创建工作，围绕创建薄弱环节开展18项专项整治，全面推进创建工作。县先后召开创建攻坚大会、点评会、推进会、现场会、会办会，并建立书记县长一周一督查、县政府分管领导常态督查、其他四套班子领导分条线督查、督查考核组每周督查排名、县创建办每月模拟测评的督查推进机制，强势推进创建工作开展。19个镇区（街道、社区）与104个重点职能部门，都成立了“一把手”挂帅的创建组织机构，明确专门工作人员脱产负责创建工作，形成了纵向到底、横向到边的创建组织体系，有序有力有效推进创建，形成“千家万户齐上阵，城乡联动忙创建”的良好局面。县委、县政府要求2021年要打响创建卡位战，着力开展全民文明素养提升、未成年人教育提升、县城环境秩序提升、补短板惠民生提升、城乡一体文明提升、公共服务质量提升、实地考察项目提升“七大提升行动”，并将之细化分解为农贸市场专项整治、废旧回收市场专项整治、“人行道板”专项整治、公厕专项整治等18项专项整治行动，列出18项专项整治任务清单，明确责任单位，排出时间节点，并通过每周一次例会来推进专项整治。5月10—20日、9月22—30日期间先后两次委托第三方专业测评机构进行模拟测评，及时召开点评会，将测评的结果、存在的问题及时通报、及时公布，并限期整改、接受公众监督。县创建督查考核组对会议交办的、领导视察现场交办的、民生直通车搜集的、群众来电来访反映的各类创建问题，逐一明确责任单位、责任人和整改标准、时限，进行交办和跟踪督办，开展限期督查、反复督查，常态跟踪督创建。县各新闻媒体开辟专题专栏，全方位开展社会主义核心价值观、“讲文明、树新风”公益广告宣传，及时跟踪报道创建动态，突出重点开展专题宣传，对创建不力、不到位的，毫不留情地曝光；社区小区、公共场所、后街小巷、公交站台、主次干道、大型户外广告牌、高炮、建筑围挡、宣传橱窗等各类宣传阵地都新上一批“社会主义核心价值观”“中国梦”“讲文明、树新风”“节俭养德”“八礼四仪”等公益广告宣传画面；各镇区（街道、社区）、各部门、各单位的大型宣传广告牌、灯箱广告、沿街单位LED显示屏、出租车、公交车等各类电子宣传栏，都滚动播放创建内容；在县城重点路段、重要节点新上高品位的景观小品，提升了城市的品位和内涵。县集中组织以“千名机关单位文明创建志愿者进包干社区、小区、路段”“千名社会志愿者走进街头、走进门店、走进市民”“万名党员进社区”、万名中小学生“小手拉大手，共创文明城”为主要内容的“双千双万”宣传普及活动，县还组织省、市、县、镇四级人大代表开展“千名代表进万户，助创全国文明城”活动，常态化开展文明创建志愿服务活动，并向广大城乡居民发放、讲解、普及创建应知应会知识，提高群众的知晓率、参与率和满意度。

【评选、表彰第九届十大“阜宁好人”和2020年度“阜宁好人”】 按照“每季一推荐，每季一评选，每季一宣传，年终一总评”的工作思路，进一步健全发现、评选、推荐、审定工作机制，持续开展县、镇（单位）、村三级联动评选“阜宁好人”活动。2021年4月6—11日，在县内报、台、网上发布启示、刊登(播放)十大“阜宁好人”候选人事迹，通过人大代表、政协委员、报刊、网络微信等公众投票，王乃培、王俊、朱正英夫妇、张晓林、顾亚芹、肖国定、马如虎、援鄂医疗队17勇士、尚旭普、张红霞、董秀芳被评为第九届十大“阜宁好人”，王寿俊、王其稳、杨明、洪立华、张梨、惠同花、马如羊、付友武、孙静、许黎辉、张于生、李冬生、陈卓汝、陈震、郑春香、姚宏伟、蔡珍嫦、张龙华、蔡志英被评为2020年度“阜宁好人”。在县城主要路段和重要节点制作公益广告展示好人的先进事迹。利用阜宁日报、电视台、阜宁发布、“文明阜宁”微信公众号等媒体同步开辟专题专栏，按季度发布“阜宁好人榜”，及时宣传“好人”。按照《阜宁县褒奖“好人”实施办法》，对第九届“阜宁好人”发放了“好人”一次性奖励资金68000元。2022年1月8日，在县融媒体中心举办第九届十大“阜宁好人”颁奖仪式，县委副书记钱勇、县委常委、宣传部部长张国胜出席颁奖仪式。向上级部门推送各类道德典型，其中王红当选“中国好人”，王红、张龙华当选“江苏好人”，王红、王德华、周其佳、李标、严国丽当选“盐城好人”；季洪球当选第八届江苏省道德模范提名奖，司万平、张龙华当选第七届盐城市道德模范，缪为胜当选第七届盐城市道德模范提名奖。

【阜宁被列为全国乡村“复兴少年宫”首批试点县】 近年来，阜宁县贯彻落实全国和省市未成年人思想道德建设工作，2021年5月，阜宁县被列为全国乡村“复兴少年宫”首批试点县。阜宁县以中央确定的全国推进乡村“复兴少年宫”建设首批试点为契机，围绕乡村复兴少年宫“建设的标准、师资的配备、活动的开展”等核心要素，探索形成阜宁县推进乡村复兴少年宫“5321”工作模式，并于8月份以县委办、县政府办名义印发《阜宁县关于开展乡村“复兴少年宫”建设工作的实施方案》。着力开展“四个一”（明确一个定位，走在全国试点县建设前列；打造一个品牌，让“复兴少年宫”在未成年人中红起来；坚持一个标准，制定“复兴少年宫”的建设标准，高标准推进建设“复兴少年宫”；整合一切要素，调动一切能调动的人，整合一切能整合的资源），以高标准完成全国“复兴少年宫”试点工作。全年已完成52所乡村“复兴少年宫”建设并投入运行使用，并免费开放。阜宁县获评为全国未成年人思想道德建设工作先进单位。

【市级文明推荐申报评选】 2月18日，市文明办组织开展2019—2020年度盐城市文明单位、文明村镇、文明社区、文明校园评选申报工作。根据市文明办工作部署要求，对照测评体系标准和市文明办提出的工作要求，对申报的文明单位、文明镇、文明村、文明社区、文明校园进行相关工作培训，并组织检查组对申报单位进行实地检查。12月23日，市文明委命名表彰益林镇、沟墩镇、花园街道等6个镇（街道、社区）为盐城市文明镇；陈良镇新涂村、陈良居委会、顺桥村丹平村，新沟镇新胜居委会、新东村、大楼村，沟墩镇墩北居委会、条岗村、林道村等51个村（居）为盐城市文明村；阜城街道新盛社区、兴阜社区、林海社区、中心社区、南苑社区5个社区为盐城市文明社区；县水务局、县气象局、县审计局等42个单位为盐城市文明单位；县实验小学、江苏省阜宁中学、阜宁中等专业学校，东沟镇中心小学、益林镇益北小学、郭墅中心小学等12个学校为盐城市文明校园。

【省级文明推荐申报评选】 9月7日，省文明办组织开展2019—2021年度江苏省文明单位、文明村镇、文明社区、文明校园评选申报工作。根据市省、市文明办工作部署要求，对照测评体系标准和省、市文明办提出的工作要求，对申报的文明单位、文明镇、文明村、文明社区、文明校园进行相关工作培训，并组织检查组对申报单位进行实地检查。2022年1月11日，省文明委命名表彰益林镇、沟墩镇、羊寨镇、花园街道4个镇（街道、社区）为江苏省文明镇；陈良镇新涂村、新沟镇新东村、益林镇王楼村等7个村（居）为江苏省文明村；阜城街道新盛社区、兴阜社区2个社区为江苏省文明社区；县水务局、县气象局、县审计局等20个单位为江苏省文明单位；县实验小学、江苏省阜宁中学、江苏省阜宁中等专业学校3个学校为江苏省文明校园。

【县第五届“文明家庭”评选】 3月31日，县文明办、县妇联联合开展阜宁县第五届“文明家庭”评选暨第六届寻找“最美家庭”活动。活动以“爱国守法、遵德守礼、平等和谐、敬业诚信、家教良好、家风淳朴、绿色节俭、热心公益”为标准，广泛发动群众参与推荐，推出事迹突出、群众公认、典型性强的“文明家庭”。经各镇区（街道、社区）、各有关部门广泛推荐和县评选活动组委会评审，授予姜涛家庭、邹德壮家庭、顾婷婷家庭等62个家庭为阜宁县第五届“文明家庭”称号。

【志愿服务评选表彰活动】 1月12日，县委宣传部、县文明、县民政局、县妇联、团县委、县文联、县新时代文明实践中心办公室联合开展2020年志愿服务评选表彰活动，评选活动立足村镇、社区、企业、学校、窗口服务单位，着重推荐扎根基层、服务群众的志愿服务典型。2月24日，经过活动组委会严格评选，共有王静秋、姜中海、崔花等218人评选为最美志愿者；县烟草专卖局（分公司）志愿服务队、县检察院志愿者服务队、阜城街道南苑社区志愿者服务站等27个志愿服务组织被评选为最佳志愿服务组织；“法润文明·代表先行”志愿服务周周行、“科普云课堂·校园月月讲”科普志愿服务项目、老百姓的“表面工程”—全县皮肤病巡回义诊项目等16个志愿服务项目被评选为最佳志愿服务项目；阜城街道新盛社区、南苑社区，吴滩街道邹圩村、合利居委会、立新居委会，花园街道必生村等20个村居被评选为最美志愿服务社区（村居），活动推动向上向善、诚信互助的社会风尚。3月份，市委宣传部、市文明办、市民政局、市生态环境局等12家单位联合发文表彰2020年度盐城市志愿服务先进典型，阜宁县推荐的阜宁县啄木鸟志愿者协会会长刘海峡、阜宁县幸福人家志愿者协会、阜宁县阜城街道东风社区获先进典型称号。

【未成年人思想道德建设】 做好新时代好少年评选工作，5月阜宁县郑耀宇获评新时代市好少年，9月阜宁县施懿轩获评新时代江苏好少年。围绕中国共产党建党百年的辉煌历程，围绕国家改革发展的历史性成就和人民美好幸福生活，加入阜宁红色文化元素，创作富有时代特点、适合未成年人传唱的童谣和校园歌曲，抒发广大少年儿童爱党爱国爱社会主义的真挚情感，共收到参赛作品523篇。5月27日，在全县中小学生中开展“诵读学传”向建党百年献礼活动，通过独诵、朗诵、诵唱、表演等丰富多彩的表现形式宣讲党的历史，教育引领全县中小学生从红色经典中汲取前行的力量。县文明办会同教育局、市场监管局、文广旅局，综合执法大队、治安大队等部门联手行动，加大对学校周边环境的监管力度，常态化开展未成年人成长环境“六整治六净化”活动，确保全县无“黑网吧”，无未成年人进入网吧现象。 （朱中华、彭 刚）

统战工作

【巩固大统战工作格局】 3月，全县统战工作会议召开，印发《中共阜宁县委统战部2021年工作要点》。5月，县委统一战线工作领导小组会议召开，印发《中共阜宁县委统一战线工作领导小组2021年工作要点》，为全县统战领域重点工作开展定目标、明方向。4月，推出民营企业家理想信念教育行动、工商联分会提档升级、“统战之家”阵地建设等19个“书记抓统战”项目；是月，对各村居党组织负责人进行农村宗教工作专题辅导。7月，对镇区统战干部、统战工作领导小组成员单位联络员和统战系统机关人员进行培训，实现统战干部培训全覆盖。8月，进一步落实部机关科级干部挂钩镇区制度，并建立机关人员挂钩宗教活动场所制度。将统战工作纳入干部教育培训整体规划，分2批次开展统战工作业务培训。9月，召开全县统战工作推进会，实地观摩统战工作现场点，加强交流学习。

【党外代表人士工作】 春节前，发布《致全县统一战线朋友的新春慰问信》，县委书记带头慰问党外代表人士，赠送共产党党史和中华传统文化书籍。举办“同栽同心树 共植同心林”义务植树活动。开展暖侨行动，准备45份“暖侨大礼包”，寄送给五湖四海的海外侨胞，让其感受到县委、县政府的关心。清明节期间，举办“缅怀革命先烈 凝聚合作力量”祭扫活动，组织参观中共中央华中局第一次扩大会议旧址等革命教育基地，学习党的历史。4月，结合镇级换届，推动2名党外后备干部提拔重用。举办第8期“同心·讲堂”暨党外人士学党史专题讲座，启动党外人士学党史、跟党走主题教育。5月，组织县新联会会员到滨海学习。6月，以征求“十四五”期间全县经济社会发展建议为主题，分批次召开县知联会、新联会、欧美同学会会员座谈会。开展“奋进新时代·最美同心人”推选活动，举办“同心筑梦迎百年，扬帆起航谱新篇”主题诵读展演。7月，以县知联会换届为抓手，开展教育、医卫界党外知识分子队伍建设调研，召开党外人士情况通报会，通报县党代会精神。8月，开展“观影承志铭初心，学史力行续华章”主题观影活动，引导广大统一战线成员对标先进、积极进取，凝聚团结奋斗强大合力。以实践创新基地建设为重点，加强对醉里挑灯文学网站等党外知识分子、新的社会阶层人士创业工作室的指导提升，挂牌1个党外知识分子、6个新的社会阶层人士“实践创新基地”。9月，先后召开县知联会、新联会换届大会，选举新班子，增补新会员。中秋节，举办“浮云游子意，明月故乡情”中秋节海外游子忆故乡网络宣传活动，赵秀儒等华人华侨纷纷寄来祝福。10月，举办全县党外代表人士培训班。11月，牵头开展民营企业家综合评价，走访调研重点民营企业，打造民营经济发展“两个健康”数据库和人才库。12月，完成县工商联换届工作。常态化开展“同心医疗”“同心公益”“同心暖企”系列活动，惠及基层群众500多人、民营企业30多家。以欧美同学会为桥梁，围绕“走出去学习交流，引进来内化提升”思路，服务“双招双引”。

【宗教工作】 召开全县宗教活动场所安全工作专项整治三年行动的动员部署会，在总结安全工作专项整治“一年小灶”的基础上，安排部署“三年行动”相关工作。组织所有基督教活动场所签订《两节期间强化管理承诺书》，召开全县统战工作会议，与镇区签订《阜宁县民族宗教工作安全工作目标责任书》。落实场所安全生产年审制，按照“一季度场所自查，二季度整改落实，三季度年审通过”的方法确保所有宗教活动场所消防、建筑安全达到“双合格”。开展宗教领域“两个专项”整治行动，对排查出的私设聚会点按照“逐一过堂，一点一策”整治的工作方法全部劝散，信教群众就近分流到宗教活动场所。4月，举办基督教传道员培训班，邀请市民宗局专家、市基督教“三自”团体负责人以及县委党校教授为208名传道员授课。5月，开展宗教界“学党史、我行动”主题教育活动，组织县佛协到华中局第一次扩大会议旧址、停翅港新四军军部旧址参观学习，并进行革命传统教育；组织县基督教界以镇区为单位分别开展“庆建党百年”学党史系列汇演活动。12月，举办全县宗教领域安全生产培训班，邀请安全生产专家为宗教活动场所负责人及安全员授课。持续开展“爱国主义教育10分钟”活动，编印《阜宁县基督教活动场所宣讲稿汇编》12辑，要求镇区统战工作负责人和村居党组织书记进场所向信教群众宣讲。坚持宗教中国化方向，指导宗教团体编印《阜宁县2021年度基督教中国化讲道通稿》，规范各基督教活动场所传道员讲道内容。

【民族工作】 为芦蒲镇左范少数民族村争取省少数民族发展资金50万元，用于巩固提升左范少数民族村脱贫成效。以左范村集体名义购置盐城五洲国际广场门市房1间，专项用于经营宾馆旅社，经营所得全部计入左范村集体经济收入。3月10日，农工党江苏盐城市委会在左范民族村建立的“同心书屋”正式揭牌启用，同时向左范村捐赠3582册的书籍。9月30日，芦蒲镇统战办联合左范少数民族村、芦蒲民族学校举行“三个一”（一杯茶、一首歌、一支舞）活动，推进民族学校建设。11月28日，县委统战部（民宗局）与阜城街道在铁军广场联合举办以“中华民族一家亲、同心共筑中国梦、宣传全会精神、深化党史学习”为主题的民族团结进步宣传月文艺汇演。1[illegible]月，阜城街道东风社区红石榴家园、芦蒲民族学校红石榴家园确定为全市首批红石榴家园。12月，芦蒲民族学校红石榴家园创成省级红石榴家园。 (李万鹏)

机构编制

【改革试点】 2021年，阜宁被列入全省27个综合行政执法改革暨指挥中心建设试点县之一，益林镇被列为全省97家基层“三整合”示范点之一，年底省委编办将对各试点县、镇分别进行验收，从中分别评选出13家全省综合行政执法改革暨指挥中心建设先行示范县和50个“三整合”改革先行示范镇。两项改革工作已通过市级初步评估验收。县委编办全程做好与省、市委编办沟通对接，跟进改革方案报批和示范县、示范镇创建情况，确保严格按照上级规定的方向和要求推进改革工作。

【综合行政执法体制改革】 牵头组织政法、综合行政、工信等部门到海安、吴江、张家港等地学习综合执法新做法，出台《阜宁县综合行政执法体制改革暨指挥中心建设方案》，在职能体系、情报系统、指挥体系、队伍体系、制度体系等五方面进行再提升。推动县综合行政执法大队向各镇街派驻中队下沉编制55名，下沉执法人员和执法辅助人员122名；成立县公路事业发展中心、铁路事业发展中心和港航事业发展中心，将原公路站调整为全额拨款，做好131名事业人员分流工作。将县农业综合执法大队调整为县农业综合行政执法局，设置农业、畜牧业、农机和渔政4支行业执法中队，提升执法效能。加强县综合执法指挥平台和数字城管、全要素网格、“12345”热线互联互通。2021年，“12345”平台向县指挥中心移送工单近8000件，按时办结率97.83%，综合执法队伍向平台移送工单9万多件（其中简易程序案件4536件），全部按时办结。协调县工信局等27家单位，向政务云计算中心归集436类共1778万条数据资源，并与县指挥平台对接，夯实执法数据基础。发挥“大数据+指挥中心+综合执法队伍”作用，各综合行政执法部门将综合执法人员及案件信息统一录入县指挥平台，综合执法队员全员安装“阜宁一体化”APP终端，并与县镇两级平台实时互联互通，依托中心开展实时定位和指挥，以及工单派发和督办，健全“APP终端发现—平台调度—执法队伍行动”运行机制，推进跨部门、跨区域、跨层级综合行政执法，加强执法监督考评。健全综合行政执法联动工作机制，牵头负责各执法领域的管罚衔接工作，实行监管部门、镇街、网格、群众多渠道“吹哨”，综合执法部门“报到”的协作机制。强化行业主管部门和各镇街的属地监管责任，加强事前、事中监管，及时移送案件线索，全年向综合执法部门移送一般程序案件22件，均已按规定程序办理。梳理出综合行政执法（城市管理）、市场监管、文化市场、交通运输、农业5个领域和应急管理领域行政执法事项清单共3751项。健全协调配合、信息共享、轮岗培训、奖励举报、“双随机一公开”、健全信用监管以及考核评价等机制，促进执法队伍规范履职和效能提升。

【基层“三整合”改革】 出台深化镇街“三整合”改革工作方案，对“三定”执行、综合执法、便民服务、平台应用、网格管理5个方面共10项具体任务，明确各牵头部门、验收时限和验收方式。完成17个镇街指挥平台的建设工作，整合数字城管、全要素网格、“12345”等相关信息，并与县指挥平台对接，实现综合执法、网格管理、指挥调度等功能模块县镇联动。按照“应进必进、能进必进”原则，依法赋予镇街审批服务权限，出台第一批向镇街服务中心集中的审批服务权限83项（其中赋权事项17项），已正常开展业务，第二批31项审批服务事项和56项行政处罚权限正在审批。将分散在多个部门、条线的党建、综治、城管、村建等多个网格及监控视频整合为全要素网格，基层网格员通过“全要素网格通”APP终端与县镇两级平台互联互通，及时上报巡查发现的各类问题，对违法行为“早发现、早处理”。

【加强事业单位管理】 加强参公单位管理，配合做好执法类事业单位、参照公务员法管理事业单位认定申报工作，完成县重大项目推进中心等11家事业单位退出参公管理工作。完成投资公司改制转企，不再保留县城资公司等4家正科级生产经营性事业单位，原核定的18名事业编制予以收回，科级干部人事关系全部与事业性质脱钩，实行企业化管理，其他6名本科生在面上予以分流。对公益类事业单位进行调研摸底，统计分析全县“小散弱”事业单位实际运行情况，提前谋划改革方式，对110家5名编制以下的事业单位，做好改革准备工作。建立事业单位及其法定代表人信用承诺制度，开展事业单位履职评估考核，促进事业单位规范履职，建立违规法人异常名录并与发改、工信、市场监管等部门实时共享，开展联合惩戒，构建“一处失信、处处受限”的信用惩戒大格局。

【编外用工管理】 严格执行《阜宁县县直机关事业单位政府购买服务用工管理暂行办法》，摸清部门单位的用工需求并从严审核指标，全年下达县人大办等14家部门和单位政府购买服务用工指标117名（其中公安50名）。严格履行政府购买服务用工备案制度，对全县各类编外用工情况进行全面排查，对已下达的用工指标使用情况逐一对接，确保人员信息归集及时、准确，为机构编制管理和调研提供有力数据支撑。全县共有各类编外用工6601名，其中2018年以来共下达政府购买服务用工指标670名，均已备案并实行动态管理。

【调整县镇权责清单】 根据部门权力变动以及相关法律法规调整情况，及时梳理出县发改委等36个县级部门行政权力清单7099项，以及县住建局等30个部门事中事后监管责任清单322项，做到“一套清单管权责，清单之外无权力”。根据基层治理新要求，梳理出镇街行政权力清单98项和《阜宁县县级部门和镇街主体责任与配合责任清单》85项，厘清镇街和县级部门的职责边界。

【机构编制服务保障】 在县疾控中心增加免疫规划科等5个副股级科室，并增核科长5名，重点保障疫情防控一线力量；在县应急管理局单独设置政策法规科，加强安全生产法制建设；乡村振兴局、侨联、文物局等按时挂牌组建到位。平衡城乡教师编制结构，加大教育编制内部挖潜力度，根据学生数重新核定中小学教师编制，通过选调、招录等计划补充县城中小学师资力量，并通过顶岗交流、转岗培训等方式解决驻城学校教师不足问题，全年安排从乡镇选调85名教师到县城中小学，下达258名事业编制用于招聘县城中小学教师。下达2022年公务员招录计划74名，其中6名用于补充综合执法队伍，20名用于补充镇街基层急需的专业技术力量。 （顾锦红）

老干部工作

【概况】 2021年，阜宁县有离休干部101人，其中享受副省（部）长级医疗待遇3人、享受按副省（部）长级标准报销医疗费待遇17人、享受副县（处）级待遇14人、享受科级待遇及其他67人；机关事业单位退休干部6085人，其中县处级31人、科级685人、股级及以下5369人。县委老干部局被县委、县政府表彰为全县综合考核先进单位“一等奖”。

【党史学习】 开展党史学习教育，采取“课内+课外”“座谈+访谈”“展览+展演”“线上+线下”方式，结合铁军精神和阜宁地方党史，组织动员老干部读党史、听党课、办讲堂、访足迹，开展“回望百年路，助力新征程”主题党日、“我看建党百年新成就”老干部座谈会、“建党百年庆，翰墨抒丹心”书画摄影作品展和建党100周年主题征文比赛等“沉浸式”学习活动。开辟线上党史学习渠道，在线推送党建快讯、党史天天读、红色微党课等相关内容200余篇。

【党建引领】 以“夕阳金辉”党建品牌为统领，提升离退休干部党建水平。推进离退休干部党组织“标准+示范”建设，9月24日，召开离退休干部党建工作推进会、举办老干部党支部书记培训班。开展全县离退休干部党支部建设情况走访调研和观摩学习活动，推荐评选出省“百佳离退休干部党支部”1家、市级示范支部3家，宣传推广示范支部创建经验，促进支部互学互比。推动“全面做好离退休干部工作”纳入全县综合考核指标“党的建设”考核指标，进一步完善离退休干部党建工作考核机制。做好离退休干部暖心关怀，实施离退休干部党员人生重要时间节点暖心关怀工作，制定出台《关于推行全县干部荣誉退休制度的实施细则》，做好退休后的管理衔接工作。

【品牌打造】 以打造“辉耀阜宁”志愿服务品牌为重点，整合涉老资源，建立“组织联建、支部联动、资源联享、工作联抓”的多联工作体系。推进银发人才库建设和特色团队创建，创建老干部志愿团队27支，在册老干部志愿者450余名，培育“老班长”志愿者工作室、唐文祥“红色宣讲”工作室、阜宁经济开发区“龙湖琴韵”艺术团等老干部志愿服务子品牌。实施“开启新征程，银发再出发”志愿服务行动，印发《关于在全县离退休干部党员中开展“两在两同”建新功行动的通知》，聚力“讲好党的故事、促进乡村振兴、完善基层治理、助推科技创新、培育时代新人、促进农业发展”，为阜宁高质量发展献计献策100余条，开展志愿服务200多次，受益群众8000余人。挖掘老干部正能量典型，参与盐城市第二届离退休干部“正能量之星”评选活动，全县8名老干部先进典型被评为市“正能量之星”，县委老干部局获评优秀组织奖。

【服务管理】 从服务举措再细化、服务设施再完善、服务品牌再打造等三个方面入手，开展离休干部“真情大走访”活动和离休干部家庭医生签约服务绩效考核工作，收集各类需求建议20余条。深化离休干部“四个一”服务管理工作，通过每年一次家庭医生签约服务，“一人一策”精准服务方案，每年至少一次上门慰问和每月至少一次电话慰问，提高签约服务针对性和实效性。举行“光荣在党50年”纪念章颁发活动，各地各单位通过走访慰问、召开会议、集体座谈、庆祝活动等多种形式，向老党员们表达崇高敬意和诚挚问候。持续改造老干部文化养老阵地，对老干部活动中心和老年大学的硬件设施和环境面貌进行修缮升级，增设信息化教学系统。探索“互联网+老干部服务”模式，持续抓好“江苏省离退休干部服务管理系统”运行管理工作，完善全县老干部实时信息库，推进老干部档案数字化管理。

【县老年大学和老干部活动中心建设】 通过“中心+党建”“中心+志愿服务队”“中心+教育培训”等方式，深化新时代老干部活动中心新内涵，促进老干部活动创新转型发展。围绕全县重大活动、重要时间节点，相继举办“迎新春·文化年货”活动和“庆祝县第二十一届5·18经贸洽谈会胜利召开”主题画展，老干部共创作挂历作品192幅、对联作品300副，展出绘画作品22幅。鼓励老干部参与文明城市创建、帮助贫困学子圆梦、投身抗疫阻击战、响应节能环保倡议等志愿服务活动，老年大学“老干部圆梦艺术团”开展文化惠民演出40余场。县老年大学联合县老干部活动中心尝试运用“钉钉”APP直播授课，直播音乐、书法教学、时事政治、微党课和红色电影等线上共享等课程。县老干部活动阵地有县老干部活动中心、老干部活动中心城南分中心和县老年大学，阵地面积近6000平方米，老年大学在籍学员近600人次。（丁敏洁）

党校工作

【概况】 2021年，县委党校精心组织，创新形式，强力推进“七个一”活动。开发一堂特色党史课，举办一场以“中国共产党在阜宁的光辉历程”为主题的图片展，开辟以阜宁红文化、绿文化、水文化、廉文化、乡村振兴文化为主线的现场教学基地精品线路，编写一本党史学习教育读本，演出一台新四军在阜宁的大戏，熟唱《新四军军歌》，召开“新四军在阜宁”研讨会。教学科研、理论宣讲、干部培训、党建宣传等工作在全市党校系统中均名列前茅。尤其在全市党校系统精品课比赛中，两门课程获评精品课，一门课程获评优秀课，三门课程总积分获团体第一名。

【干部培训】 突出主课主业，丰富培训内容，通过扩大培训班次、深入基层宣讲、主动对接外培党史学习教育班次、创新干部教育宣传模式等举措不断彰显干部培训特色。全年举办各类班次计44次，接待人数合计约25000人次，包括“双学双提”全县科级干部轮训班（两期）等各类县内主体班、县外特色班、专题班次等。全年基层宣讲场次50余次，培训基层党员干部3500多人次，受到广大干群的一致好评。

【课堂教学】 致力于课堂教学改革，聚力红色党课，做到学教融合，组织全体教师反复研课、磨课，将新四军在阜宁战斗和生活史实资料与中共党史54讲相结合，形成《中国共产党在阜宁的光辉史篇——抗日战争爆发后的苏北形势》等12讲精品党课。

全年筹备校本教材《四史学习教育读本》《奋进的阜宁》。8月份，县委党校获全市党校系统精品课评比团体第一名，教师李春林、毕钊源的课程获评精品课程，教师俞颖桢的课程获评优秀课程。11月，教师姚慧在县委宣传部主办的“学党史、感党恩、跟党走”主题宣讲比赛中获三等奖，党校党委获优秀组织奖。

【科研咨政】 成功申报12项课题研究，其中1项省级课题、5项盐城市政府社科奖励基金项目课题、6项盐城市委党校学习市第八次党代会精神课题，科研成果参加理论研讨会，教师代表在全市作发言交流，在《中国青年报》《盐阜大众报》等刊物发表理论文章12篇。论文成果获市级一等奖1个、市级三等奖1个、县级特等奖2个、县级二等奖2个。

【理论研究】 组织多次理论研究活动。3月，全体教师参加“学习‘四史’庆祝中国共产党成立100周年”线上理论研修班，研究中国共产党史、新中国史、改革开放史、社会主义发展史的战略高度和教学方向。在“话百年非凡历程 担民族复兴大任”暨庆祝中国共产党成立100周年理论研讨会”中，2位教师获一、二等奖。理论研究成果在国家级（中文核心）刊物发表1篇，在省级刊物发表6篇，在市级刊物发表2篇，获县级领导批示1篇。

【阵地建设】 推进阜宁分院建设，推进以阜宁古黄河为轴线，以华中局第一次扩大会议旧址、新四军军部旧址、新四军三师师部旧址、单家港战役旧址、芦蒲抗日阵亡烈士纪念馆、阜宁烈士陵园为核心内容，打造阜宁红色研学基地。全年在国家级、省、市、县级刊物发表宣传报道17篇。

（姚慧）

关心下一代工作

【概况】 2021年，县关心下一代工作委员会团结带领全县各级关工组织和广大“五老”，想青少年所想，急青少年所急，尽关工委所能，解青少年所难，务实工作，在10月18日省关工委成立30周年纪念大会上，被表彰为先进集体。

【建党百年主题教育活动】 根据省、市关工委统一部署，在全县广大青少年中开展“颂建党百年，做时代新人”主题教育活动。编写《铭记党史跟党走，中华圆梦作贡献》宣讲稿，并印发全县各级关工组织，供宣讲使用。各地关工委结合本地实际，着力讲好阜宁故事、红色故事、好人故事，编写宣讲稿189篇。3月29日，在沟墩实验小学举行“颂建党百年，做时代新人”主题教育活动启动仪式。阜城街道关工委从4月下旬开始，组织“五老”宣讲团进学校、进社区（居）进行宣讲。县司法局关工委请“在党50年”、支援老挝战斗的老干部唐林用亲身经历为20名未成年人社区矫正对象讲党的辉煌历程。全县宣讲70多场次，受教育人数3.8万人次。在全县青少年和“五老”中开展老少同台“童心永向党 筑梦新辉煌”创作演讲比赛活动。6月9日，在陈集镇校外教育中心辅导站举办全县老少同台创作演讲比赛现场观摩会。开发区关工委组织“老少同台”演讲队伍与龙湖新韵艺术团一起进厂场、进村（居）巡回演讲演出。全县创作“老少同台”演讲稿563篇，其中“五老”创作98篇、教师创作167篇、学生创作336篇。县“老少同台”创作演讲比赛活动省、市报刊均进行报道，省关工委给予肯定。阜城街道关工委、陈集镇、芦蒲镇校外教育中心辅导站获“优秀组织奖”，沟墩镇“五老”唐定、高克安，益林、芦蒲校外教育辅导站学员卜虞哲、晏于涵获“优秀演讲者”称号，羊寨镇北沙小学学生创作的绘画作品获一等奖。从收到的200多篇的演讲稿中选出8篇在《阜宁日报》上刊载，选出44篇5万多字，编印成《颂建党百年 做时代新人 老少同台创作演讲比赛活动作品选》，发至各镇（区、街道、社区）县直有关单位、学校、企业、村（居）关工委，供宣传教育使用。

【校外教育辅导站建设】 年初，市关工委下发争创市优秀校外教育辅导站10条标准，县关工委对照标准认真抓好落实。沟墩、吴滩、阜城等6个校外教育中心辅导站和吴滩街道合利校外教育辅导站争创力度较大，着力配强班子、建好队伍、提升活动质量，各项工作达到或基本达到市关工委争创标准，并报市验收。与县教育局联合下发的《关于坚持党建引领、强化校站结合、努力提高校外教育辅导站工作整体水平的意见》文件，学习泰兴、江阴经验，强化校站结合，提升办站水平，配齐配强校外教育辅导站领导班子。沟墩、吴滩、阜城、陈集、板湖、芦蒲、益林的校外教育中心辅导站全部由镇分管领导任名誉站长、关工委主任任站长、联办学校校长任副站长、镇关工委办公室主任和学校关工委常务副主任负责辅导站的具体活动安排工作。挑选一批热爱关工工作、有一定专长的专兼职辅导员队伍。全县19个镇区（街道、社区）有校外教育辅导员335人，全部发放聘书，其中在职教师112人、“五老”114人、各类社会志愿者109人。公兴的面塑班、古河的扎染班、新沟的板画、硕集的谷粒画、金沙湖街道线上红色教育、芦蒲的心理疏导室，吴滩的“中国好人”戴元美事迹和宣传图板展览室、农耕文化室，沟墩的国防知识教育室成为青少年接受社会主义核心价值观教育的好阵地。在清明节前后，阜城、沟墩、陈集等镇（区、街道、社区）组织青少年祭扫阜宁革命烈士墓，参观益林战役纪念馆、新四军军部旧址、华中局扩大会议旧址等。在学雷锋活动中，芦蒲、板湖等镇组织青少年学生到敬到院向孤寡老人献爱心。

【教育引导】 先后到县政法委、县人民法院、县检察院、县公安局和县司法局及部分学校进行调研，采取召开座谈会、看案例等方式了解近两年青少年犯罪人数、犯罪原因、犯罪年龄段等，为配合青少年学习新颁布的《中华人民共和国民法典》，编写《民法一典通，护“未”共成长》宣讲稿，印发各镇（区、街道、社区）、各单位和学校，供宣讲时使用。先后到阜宁中学、阜宁实小、阜宁职校等学校进行宣讲，各学校法制副校长坚持要每学期到所在学校上1—2堂法制课，现场释疑解惑。县法院到部分中学公开开庭审理案件，组织学生旁听，13次到东沟中学、板湖小学等中小学上法制课，受教育人数达12000余人次。县司法局关工委进社区、厂场、学校宣讲10多场次，受教育人数5000人次。县公安局关工委利用星期天组织部分青少年学生进警营参观法制展览。全县法制宣讲103场次，受教育人数9.7万人次。5月，对2020年已建的16家关爱工作站组织人员进行观摩，总结经验，排找问题，研究对策。县基层派出所建关爱工作站的做法受到省、市关工委肯定，陈良派出所关爱工作站在2022年全市关工会议上作经验介绍。对全县21名矫正对象每人落实2名“五老”结对帮教，每月定期了解情况，进行心理疏导，帮助解决实际问题。年内，有6人解除矫正，其余无一例重新违法犯罪。配合司法局、教育局于12月10日在全县初一、二年级学生中开展每两年一次的法律知识测试。配合县教育局、司法局在全县中小学校开展“双零”校园创建活动。与县教育局、司法局联合下发《关于开展校园“零犯罪、零伤害”活动的通知》，各学校校园犯罪、伤害明显下降。网吧义务监督步入常态化。在省关工委成立30周年纪念大会上，县政法系统关工委被表彰为“先进集体”。

【三扶两创】 年初，组织专门人员对全县青年农民创业致富典型进行调研指导。9月，对全县青年农民创业典型进行观摩，推荐益林生猪养殖场、盐城市昊轩花卉有限公司作为青年农民创业示范基地，推荐金丰源蔬菜育苗专业合作社姜官俊、陈集镇盐城市生态农业有限公司张林雁作为青年农民创业之星；推荐县农业农村局王乃宁作为最美老科技报市关工委表彰、命名。完善县镇村三级科技服务网络，对三级科技服务网络进行调整，县科技专家组由9人组成，每个镇区科技服务队由5—7人组成，村科技服务组由3—5人组成。全县镇区科技服务队成员133人，村（居）科技服务组成员1765人。开展“菜单式”科技培训，将县科技专家组成员的技术专长，列出服务清单，发到各镇关工委，由镇关工委与村关工委对接，按照清单内容，确定服务对象、时间和地点，按需进行培训。科技专家组与全县300多位青年农民建立科技服务微信群，青年农民可以直接与专家对接，实现服务常态化。全县筛选出100多名有创业愿望的青年农民进行重点培植。全县青年农民创业致富典型有183人，其中种植业56人、养殖业70人、运输业23人、农副产品加工26人、网络营销8人。与县农业农村局关工委在镇（区、街道、社区）农业农村局建立关工组织，已有13个镇区农业农村局建立关工组织。省关工委《薪火》杂志2021年第1期再次进行刊载县大力推进“三扶两创”，助力青年农民致富经验。

【助学帮困】 以《扬子晚报》利群阳光助学行动为契机，到村组、学校和家庭了解特困大学新生家庭情况，整理材料申报，全县有36名特困大学生新生每人获得5000元助学金，全省第一。以《关心下一代周报》“冰凌花”助学计划为契机，30名困难中小学生经申报每人获得500—1000元助学金。抓住省关工委“千人助学计划”机遇，为10名特困大中小学生每人争取600—2400元助学金。全年收到社会各界爱心人士捐款59.5万元，其中社会捐助47.9万元、“五老”捐助11.6万元。发动机关单位、民营企业征订《周报》万余份，赠送贫困生。 （张金玲）

县委参事室

【调研献策】 2021年，县委参事室响应县委“生态新阜宁，开放新阜宁，产业新阜宁，幸福新阜宁”建设的号召，制定调研课题，跑镇区、下农村、进工厂，了解群众所想、所盼、所急、所求，掌握第一手资料后，通过书面和会议形式向县委、政府和有关部门提出6条建议。钱元龙、沈志成、王心远、左华等就现代农业稳产增效问题进行调研，在实施高标准农田建设、节水灌溉、轮作种栽、推进规模农业、高效农业等方向，向有关部门提出合理化建议被采纳。洪晋玲、吴有根、朱正高、戴启龙等就全国文明城市创建，环境整治，老旧小区改造，惠民生、补短板，共享发展成果问题进行调研，向有关部门提出串场河县城至沟墩段环境整治和景观改造提升建议，被有关部门认可并实施建设。

【纪念建党100周年】 配合有关部门召开座谈会，学文献、忆党史、讲历史。钱元龙、王心远组织县书画协会和老干部国画联谊会，分别举办纪念建党100周年大型书画展。钱元龙、戴启龙负责的县诗词协会，专门举办“纪念建党100周年洲业杯诗词大赛”，收到参赛诗稿200多首，诗协从中初选65首，然后聘请市诗协副主席、盐城师范学院文学院教授顾国华为评审组长，聘请盐都、射阳、滨海、响水等诗协负责人为评委进行评审，评出一等奖1名、二等奖3名、三等奖5名、优秀奖15名。邀请县朗颂协会于7月1日举办获奖诗词朗颂大会暨颁奖活动，县委、县政府分管领导到会为获奖者颁奖。

【倡导成立阜宁县戏剧协会】 阜宁是淮剧之乡，曾涌现出梁伟平、梁国英、王苏龙等梅花奖得主。为弘扬淮剧优统、推动文化兴县活动，县委参事室主任钱元龙多次召开文艺界有关人员座谈会，就文化兴县、振兴淮剧问题进行调研，向县宣传、文化部门建议，成立阜宁县戏剧协会，传承发展阜宁淮剧事业。该建议得到县有关领导和部门认可，于5月22日正式成立阜宁县戏剧协会。

（孙体彩）

阜宁县人民代表大会

综　述

【概况】 2021年，阜宁县人民代表大会常务委员会（简称县人大常委会）始终坚持以习近平新时代中国特色社会主义思想为指导，学习贯彻习近平总书记关于坚持和完善人民代表大会制度的重要思想，全面贯彻落实中共十九大和十九届历次全会精神，紧扣中心大局、紧贴民生关切、紧跟时代步伐，履行法定职责，创新工作实践，注重践行全过程人民民主，着力把人大制度优势转化为治理效能。累计召开常委会会议10次、主任会议16次，听取和审议“一府一委两院”专项工作报告16个，对3部法律法规实施情况开展执法检查，组织专题询问2次，开展评议活动2次，备案审查规范性文件6份，向“一府一委两院”发出审（评）议意见15件，作出决议决定9项，依法任免国家机关工作人员174人次。调研报告《关于人大讨论决定重大事项制度实践与思考》获全省人大优秀调研成果一等奖。

【理论武装】 坚定捍卫“两个确立”，把学习贯彻习近平新时代中国特色社会主义思想作为首要政治任务，对习近平发表的重要讲话、作出的重要批示指示，常委会党组第一时间开展学习、第一时间全面贯彻、第一时间部署落实，始终在政治立场、政治方向、政治原则、政治道路上同以习近平为核心的党中央保持高度一致，增强“四个意识”，坚定“四个自信”，做到“两个维护”，自觉用习近平法治思想、习近平总书记关于坚持和完善人民代表大会制度的重要思想指导人大工作，确保人大工作方向不偏、立场不移、初心不改。

【党的领导】 自觉把人大工作置于县委的领导之下，及时把县委的决策部署转化为全县人民的共同意志，把县委确定的人选依法选举任命为国家机关领导人员。严格执行重大事项向县委请示报告制度，重大问题、重要会议、重点工作都及时向县委请示报告，全年向县委专题汇报4次、请示报告16次。对标建设“四新阜宁”要求，聚焦县委中心大局谋划推进人大各项工作。

【助力重大项目突破】 召开全县人大系统助力“亿元项目提质增效年”推进会议，建立县镇人大与代表常态化联络机制，多方收集信息，协力跟踪项目；由常委会主任会议成员牵头，开展8场“企业家代表沙龙”活动，造浓招商氛围，推进以商引商，发挥“关键少数”的关键作用；研究出台《关于人大代表提供有价值项目信息的奖励办法》，激励全体人大代表投身项目招引，全力推动产业项目落地生效。全县各级人大代表提供项目信息76条，招引落户企业16家，其中亿元项目4家。

【助力民生实事建设】 建立跟踪督查机制，常委会组建11个跟踪监督小组，对年度民生实事项目建设进度进行全程监督，每月一检查，每季一汇报，每半年同政府开展联合督查；建立进度预警机制，对未达序时的项目，根据滞后情况分别予以“红黄蓝”三色预警，预警信息自动生成发送至县分管领导和承办部门主要负责人；建立预警响应机制，连续两个季度被红色预警的项目，由常委会发出提醒函并组织代表约见责任单位主要负责人，推动有关方面把实事办好、好事办实；组织“民生实事项目征集月”活动，全县1146名人大代表和街道议政代表问计于民、问需于民，提出下一年度民生实事项目建议951条。

【助力营商环境优化】 开展“千名代表联万户·优化投资软环境”活动，发动代表深入企业和个体工商户，宣讲《优化营商环境条例》，征集营商环境意见和建议498条并反馈相关部门；设立“营商环境人大代表监督哨”，在行政审批局办事大厅常年常态、线上线下、定时定向收集营商环境问题；组织亿元项目“季季看·家家到”活动，推动常委会组成人员在“一线”思考、在“一线”履职、在“一线”作为，帮助企业解决不动产权证办理、厂区排水等13个方面的问题；专题听取审议法检两院关于开展优化营商环境工作情况的报告，对6个政府部门开展优化营商环境专项工作评议，破解全县营商环境中的堵点、痛点、难点问题。

【县镇人大换届选举】 贯彻中央和省市县委关于换届选举工作的指示精神，召开全县县镇两级人大换届选举工作会议，成立换届选举工作办公室和镇街换届选举工作督导组，坚持换届选举工作周前会制度，依法加强对镇街人大换届选举工作的指导和协调。严肃换届选举纪律，从严抓好换届选举风气监督，把牢代表政治关、素质关、结构关，高质量完成县镇两级人大换届选举工作。全县依法选举产生新一届县代表358名、镇代表1108名，代表结构显著优化、整体素质普遍提高，为坚持和完善人民代表大会制度、推进地方治理体系和治理能力现代化奠定坚实基础。

【人大代表履职阵地建设】 全面启动阜宁人大代表履职阵地建设，以县级建中心、镇街建家站、选区建室点、委办建哨室的布局，一体化推进、多元化运用、规范化运行，在7个镇街建成12个高标准试点。量身打造以"有事码上找代表，代表马上帮您办"为主题，以"联系群众、报告履职、建议办理、履职保障、能力培训、风采展示"为主体的"阜宁人大代表云家"平台，为代表依法、高效履职插上"智慧翅膀"，形成全县各级代表全员履职，线上线下一体发展的代表工作全新格局。平台累计注册用户13835人，群众反映问题656条，已回复605条。

【完善人大代表履职管理机制】 优化专业小组设置，充分结合代表职业特点，组建财政金融、法律、生态文明、卫生健康等16个专业代表小组，开展专业代表小组活动56次，形成各类调研报告13篇，提交高质量建议意见75条；出台履职积分管理办法，推动代表常态化参加视察调研、执法检查、工作评议等活动，常态化列席人大常委会、政府常务会等会议；拓展代表联系选民制度，每位代表联系10户选民，依托阜宁人大代表云家，鼓励和支持代表通过不同形式丰富联系内容、拓展联系深度、增强联系实效，切实做到真联系，取得真效果。

重要会议

【第十六届人民代表大会第五次会议】 1月6—8日，阜宁县第十六届人民代表大会第五次会议召开。大会应到代表323名，因事因病请假21人，实到代表302名，符合法定人数。县委副书记、县长张利华作政府工作报告，大会选举何新龙当选为县人民检察院检察长，通过《关于阜宁县人民政府工作报告的决议》《关于阜宁县国民经济和社会发展第十四个五年规划和二〇三五年远景目标纲要的决议》《通过关于阜宁县2020年国民经济和社会发展计划执行情况与2021年国民经济和社会发展计划的决议》《关于阜宁县2020年财政预算执行情况和2021年财政预算的决议》《通过关于阜宁县人大常委会工作报告的决议》《关于阜宁县人民法院工作报告的决议》《通过关于阜宁县人民检察院工作报告的决议》，宣布阜宁县2021年度县本级民生实事项目表决结果。县委书记徐华明、县人大常委会主任林进，县政协主席丁政万，县委副书记田海波等出席会议。出席县政协十四届五次会议的全体委员，部分老干部，县政府组成人员，县委部门及群团组织主要负责人，县政府有关直属单位、驻外办事处主要负责人，县人民法院、人民检察院负责人，驻阜单位主要负责人等列席会议。

【人大常委会会议】 2021年，县人大常委会共召开10次会议。分别为：

1月5日，县十六届人大常委会召开第三十四次会议，听取和审议县人大常委会2021年工作要点并审议表决人事任免事项，任命陈聪同志为县政府副县长。

4月10日，召开第三十五次会议，审议并表决通过人事任免事项，对部分员额法官和部分员额检察官进行述职评议，听取和审议县政府关于2019年预算执行和其他财政收支审计查出问题整改情况的报告和县政府关于2020年环境状况和环境目标完成情况的报告，审议并通过关于建立镇政府（街道办事处）向镇人大（街道人大工委）报告年度环境保护重点工作任务完成情况制度的决定（草案）和关于推行街道议政代表会制度的决定（草案），部署常委会亿元项目"季季看·家家到"视察活动安排，并通报五月份常委会建议议程。

5月27日，召开第三十六次会议，审议并表决通过人事任免事项，听取和审议县政府关于平安阜宁建设情况的报告、县政府关于2020年全县国有资产管理情况的调研报告、县政府关于创建省义务教育优质均衡县情况的报告和县政府关于全县就业服务工作情况的汇报，分组审议人事任免事项和相关报告，向被任命人员颁发任命证书，并举行宪法宣誓仪式。

6月9日，召开第三十七次会议，邀请市委党校副校长、副教授李建兵就习近平《论中国共产党历史》开展党史学习教育讲座，表决通过个别人大代表辞去县人大代表职务的请求。

7月8日，召开第三十八次会议，

2021年1月6—8日，阜宁县第十六届人民代表大会第五次会议召开。
县融媒体中心/供

表决通过张利华代表县人民政府提出的《关于提请任命许根林同志职务的议案》,投票决定任命许根林为阜宁县人民政府副县长，审议通过关于接受张利华辞去阜宁县人民政府县长职务请求的决定,县人大常委会投票决定许根林代理阜宁县人民政府县长职务。

7月26日，召开第三十九次会议,听取和审议县政府关于2021年上半年国民经济和社会发展计划与财政预算执行情况、2020年县级财政决算、2020年度县本级预算执行和其他财政收支审计情况等工作报告,听取和审议县法院、检察院作关于开展优化营商环境工作情况的报告,听取和审议县政府关于调整部分县级2021年民生实事项目工程建设内容和投资计划的提请议案，表决通过阜宁县人民代表大会常务委员会关于批准2020年县级财政决算的决议、关于批准县政府调整2021年部分政府为民办实事工程建设内容和投资计划的决议,对县政府为民办实事工程项目实施情况进行专题询问,审议表决县政府、监委和检察院的人事任免事项,并为新任命人员颁发任命书。

9月24日，召开第四十次会议,听取县人大常委会执法检查组关于国务院《优化营商环境条例》《江苏省优化营商环境条例》执法检查报告,听取和审议县政府关于省级全域旅游示范区创建工作情况的报告、县政府关于全县建筑业高质量发展情况的报告,审议通过关于县镇人民代表大会换届选举时间的决定和县法院关于核免和增补部分人民陪审员的议案、县人大常委会关于成立县镇换届选举委员会的决定、关于县第十七届人民代表大会代表名额分配的决定、关于确定新一届镇人大代表名额的决定、关于增补县十六届人大常委会代表资格审查委员会成员的决定,对全县安全生产工作开展专题询问,部分委员代表们围绕社会关注的热点问题进行面对面问询。

11月29日,召开第四十一次会议,听取和审议县政府关于县十六届人大五次会议代表建议、批评和意见办理情况的报告,听取和审议县政府关于全县养老服务体系建设的报告,审议表决关于在全县公民中开展法治宣传教育第八个五年规划的决议,审议表决阜宁县人大常委会规范性文件备案审查实施办法,审议表决人事任免事项,对县政府优化营商环境工作开展情况进行专项评议。

12月8日，召开第四十二次会议,审议表决县政府关于提请审议《阜宁县2021年县级预算调整方案（草案）》的议案,审议表决县政府、县检察院关于贯彻落实《阜宁县人大常委会关于加强检察公益诉讼工作的决定》情况的报告,审议表决县人大常委会关于接受县镇选举委员会部分组成人员辞职的决定（草案）。

12月18日,召开第四十三次会议,听取和审议关于2020年县本级预算执行和其他财政收支审计查出问题整改情况的报告,审议通过县十七届人大一次会议有关事项,审议通过《阜宁县第十七届人民代表大会常务委员会审议意见办理暂行办法》《阜宁县第十七届人民代表大会民生实事项目人大代表票决制实施办法(试行)》《阜宁县第十七届人民代表大会议事规则(草案)》。

【主任会议】 2021年,县十六届人大常委会共召开主任会议15次,2022年1月5日召开第七十次主任会议,2022年1月中旬换届。其中：1月29日，召开第五十五次主任会议，讨论并通过县人大常委会2021年度有关工作文件；2月26日，召开第五十六次主任会议,进行党组中心组学习,对全面贯彻新发展理念、习近平论述党史精神、环境状况和环境保护目标三个课题进行交流学习讨论,讨论通过《阜宁县人大机关2021年度调查研究工作意见》《阜宁县第十六届人民代表大会常务委员会工作委员会议事规则》《阜宁县第十六届人民代表大会专门委员会议事规则》；3月22日，召开第五十七次主任会议,听取县人大机关2021年“比学赶超”工作计划和各镇街人大“两项清单”落实情况的汇报,讨论通过县十六届人大常委会第三十五次会议有关事项；4月26日，召开第五十九次主任会议，听取县国土空间规划近期实施方案和国土空间规划编制情况，并针对规划编制工作中的重点和难点进行交流探讨，提出相关意见建议；6月9日，召开县人大常委会党组会议暨第六十一次主任会议，讨论决定第三十七次常委会会议的日程议程安排；7月19日，召开第六十三次主任会议,传达贯彻县党代会精神,讨论县人大常委会第三十九次会议等事项；12月7日,召开第六十八次主任会议,听取县政府关于全县巩固脱贫攻坚成果与乡村振兴有效衔接的报告,讨论通过县十六届人大常委会第四十二次会议有关事项；12月18日,召开第六十九次主任会议,讨论通过阜宁县十七届人大一次会议方案、县十六届人大常委会第四十三次会议有关事项；2022年1月5日，县十六届人大常委会召开第七十次主任会议,通过召开阜宁县第十七届人民代表大会第一次会议时间的决定、关于2022年计划预算草案的初步审查意见、关于2022年度县本级民生实事候选项目预审的意见。

【党组扩大会议】 2月3日,县人大常委会召开党组扩大会议,传达学习县委常委会关于听取五大党组工作汇报会的讲话精神,传达2020年度全县综合考核总结表彰暨亿元项目提质增效年动员大会精神。4月26日，县人大常委会召开党组扩大会议,听取人大常委会各党总支和各党支部履行主体责任情况汇报,并就意识形态工作进行专题研究。7月19日,县人大常委会召开党组扩大会议,传达贯彻县党代会精神,讨论县人大常委会第三十九次会议等事项。

重要活动

【市人大常委会走访慰问困难家庭】 1月27日,市人大常委会副主任陈平带队到阜宁县古河镇神墩村走访慰问困难家庭。县人大常委会主任林进等参加活动。1月28日，市人大常委会副主任周键云带队到阜宁县陈良镇如珍村看望慰问困难党员和困难群众。

【全市人大农业和农村工作座谈会在阜宁县召开】 4月15日,全市人大农业和农村工作座谈会在阜宁县召开,传达学习习近平总书记在中央农村工作会议和全国脱贫攻坚总结表彰大会上的重要讲话精神,传达全省人大农业和农村工作座谈会、全国人大农委视察盐城的讲话精神,总结交流过去一年各地工作亮点和特色经验,研究谋划今年全市人大农业和农村工作。会前,与会人员实地考察阜宁县美丽乡村、农业产业示范园、农村一二三产业融合发展等项目。市人大常委会副主任陈平等参加会议。

【上海市金山区人大常委会在阜宁县考察】 4月15日,上海市金山区人大常委会党组副书记、副主任朱喜林带队在阜宁县考察人大代表履职平台和代表联络机构建设及经济社会发展情况,先后到中材第四工厂、阿特斯阳光电力和协鑫集成等地,详细了解阜宁县人大代表履职平台建设、人大代表联络站建设运行情况,特别是提升履职能力,发挥代表联系服务选民作用等方面的情况。考察组认为,阜宁县人大代表履职平台、代表联络机构建设工作有特色、有亮点,作用发挥好,做了很多好事实事,值得学习和推广。县委书记徐华明介绍阜宁县相关情况。

【市人大常委会在阜宁开展固废执法检查】 5月26日,市人大常委会环资委主任蒋春带队在阜宁县开展固废执法检查,先后到古河镇大鹤蛋业有限公司、郭墅镇淇岸环境科技有限公司、新沟镇良廷环保科技发展有限公司、县人民医院等地,详细了解安全生产主体责任的落实和固废资源处理等情况。在座谈会上,检查组听取阜宁县相关工作情况的汇报,并展开交流和问卷调查,对阜宁县近几年固废资源处理工作中取得的成绩给予肯定。县人大常委会主任林进参加活动。

【市人大常委会在阜宁视察全域旅游项目建设及开展情况】 6月9日,市人大常委会副主任邹毅实带队在阜宁县视察全域旅游项目建设及开展情况,分别到益林镇穆沟村新型农村社区、马家荡旅游景区、七彩农业公园和金沙湖温泉酒店等地,详细了解阜宁县村容环境提升、民俗改造、旅游产品开发、特色旅游项目建设推进情况和经验做法。林进介绍阜宁县具体情况。

【市人大常委会调研阜宁县疫情防控和基层人大工作】 8月10日,市人大常委会常务副主任、党组副书记、一级巡视员张礼祥在阜宁县调研疫情防控和基层人大工作,先后到华中局第一次扩大会议旧址、阜城代表之家、阜城西大街创文监督哨、吴滩街道许合村人大议政代表工作室等地,听取阜宁县疫情防控和基层人大工作情况汇报,详细了解阜宁县核酸检测、疫苗接种、隔离措施、人大云家平台等工作情况,对阜宁县的相关做法和工作成效给予肯定。县委书记张利华介绍阜宁县相关工作开展情况,县委副书记、代县长许根林参加活动。张礼祥县人大常委会主任林进介绍人大代表云家建设和议政代表会等工作开展情况。在阜期间,调研组还实地调研县金沙湖和马家荡湿地保护工作。

【市人大常委会调研县公益性公墓规划建设和人大代表之家运行情况】 8月27日,市人大常委会副主任邹毅实一行调研阜宁县公益性公墓规划建设和人大代表之家运行情况,先后到板湖镇、三灶镇镇级公益性公墓,听取阜宁县关于公益性公墓规划建设情况介绍,实地了解墓区日常管理制度和运行情况;到阜城代表之家,了解代表之家建设及群众交办单处理运行等情况,并对人大代表之家建议办理线上运行系统给予肯定,并就阜城代表之家运行、管理及下一步措施提出意见建议。县人大常委会主任林进介绍阜宁县相关情况。

【市人大常委会视察《盐城市革命遗址和纪念设施保护条例》贯彻实施情况】 10月12日,市人大常委会副主任邹毅实带队在阜宁县视察《盐城市革命遗址和纪念设施保护条例》贯彻实施情况,先后到新四军第三师油坊陈列馆、新四军第三师师部旧址、停翅港新四军军部旧址等地,听取阜宁县贯彻实施《盐城市革命遗址和纪念设施保护条例》工作情况的汇报。邹毅实对阜宁县贯彻实施《盐城市革命遗址和纪念设施保护条例》情况给予肯定,认为阜宁县近年来深入挖掘红色资源的精神内涵,在红色资源传承保护与开发利用方面取得明显成效。

【市人大常委会调研盐城市人大常委会2022—2026年立法规划及2022年立法计划项目建议】 10月26日,市人大常委会基层立法联系点调研组在阜宁县调研盐城市人大常委会2022—2026年立法规划及2022年立法计划项目建议,现场调研益林镇敬老院、蟠龙游客驿站,围绕城乡建设与管理、环境保护、历史文化保护等重点领域,征集市人大常委会2022—2026年立法规划及2022年立法计划项目建议,听取阜宁县对盐城市现有地方性法规的贯彻实施及修改完善的意见和建议、对《盐城市养老服务条例(草案)》的修改意见和建议。县民政局、应急管理局、住建局等部门负责人结合各自职能及前期调研情况,提出具体的建议,与会人员从立法的必要性、可行性、迫切性以及立法需要解决的主要问题等方面进行讨论。

【县镇两级人大代表换届选举】 12月15日,是阜宁县县镇两级人大代表换届选举投票日。全县分为144个县选区、476个镇选区,应选举产生新一届县人大代表361名、镇人大代表1111名。

【县人大代表履职阵地建设现场会】 12月28日,全县人大代表履职阵地建设现场会召开。与会人员先后参观新沟镇西沙湖村卫生室人大代表云上联络点、郭墅镇农贸市场联络站、羊寨镇农商行人大代表联络站等7个人大代表履职阵地。

(陈 熹)

综　述

【概况】 阜宁地处江苏沿海中部，南北长52.5千米，东西宽48千米，面积1439平方千米。辖建制镇13个、街道办事处4个、社区2个、省级经济开发区1个。2021年，年末户籍总人口108.49万人；实现地区生产总值645.45亿元，一般公共财政预算收入30.43亿元，一、二、三产业比重11.69∶40.26∶47.05；完成固定资产投资166.81亿元，注册外资实际到账5854万美元，进出口总额6.81亿美元，社会消费品零售总额229.66亿元；城乡居民人均可支配收入分别为36589元和23409元。

【工业经济】 2021年，阜宁县克服疫情散发、能耗“双控”、能源保供等因素影响，实现全口径工业应税开票销售收入490.55亿元。265家规上企业增长面76.6%。“2+2+3”产业规上企业开票销售占比63.3%，其中：新能源、环保新材料产业开票分别增长28.1%、25.4%，电子信息、汽车零部件产业开票分别增长62.7%、64.5%。新增国家两化融合贯标认证企业7家、省三星级以上上云企业50家、市长质量奖企业1家，创成国家、省绿色工厂各1个，建成省级智能车间2个。开工、竣工亿元以上工业项目分别为41个、40个。举办环保新材料创新论坛。入选全国整县（市、区）屋顶分布式光伏开发试点名单。

【农业经济】 实施高标准农田9067公顷，耕地轮作试点341.6公顷，粮食总产量95.9万吨。生猪存栏45.2万头、出栏70.1万头，“阜宁黑猪”入选全省十强农产品区域公用品牌。绿色优质农产品比重74%，创成省农产品质量安全县。“七彩阜宁”区域公用商标获批国家集体商标，“白水塘白对虾”注册国家地理标志商标。12个千万元以上农产品加工项目建成投产，新增省级农业产业化龙头企业1家。县现代农业产业园创成市五星级园区。

【第三产业】 阜宁港开通太仓港集装箱航线，阜宁港淮河作业区纳入盐城市内河港口总体规划。全县快递业务量、业务收入增速分别列全市第2位、第3位。获评全国电子商务进农村综合示范县。金沙湖获评全市首批康养产业发展示范基地，金沙湖金陵湖滨酒店对外营业。中共中央华中局第一次扩大会议旧址入选“全国建党百年红色旅游百条精品线路”。建筑业总产值544.8亿元，晋升总承包一级资质企业5家。

【城乡建设】 做好全国文明城市创建“卡位战”，推进宏人商品城、原化机厂等地块棚户区改造，完成房屋征收46.6万平方米，改造老旧小区12个，改建公厕18座，建设交通路口遮阳挡雨棚59座。新改建口袋公园15个，新增城市绿地45.6万平方米。整治县城黑臭水体6条，城河路雨污分流改造工程竣工。新建5G基站237座、新能源电动汽车充电桩100个。完成农房改善6113户，其中进城入镇4906户、进新型农村社区930户、原址新建翻建277户。穆沟新型农村社区被评为省级农房改善示范项目。孔荡村创成省特色田园乡村。清华大学在阜宁县设立乡村振兴工作站。盐阜快速通道开工建设，新改建农村公路95千米，改造提升危桥135座。中山路入选交通运输部“红色之旅初心路”全国十强。空气质量优良率85.5%，6个国省考断面水质全部达Ⅲ类。疏浚整治县乡河道77条，建设生态河道11条。新增成片林107.27公顷，完善高标准农田林网980公顷，建成绿美村庄15个。

【社会民生】 落实常态化疫情防控措施，累计集中管控中高风险地区来阜人员1016人，其中境外回阜人员648人。推进疫苗接种，全人口全程接种率81.62%。健康扶贫模式入选国家发改委助力脱贫攻坚典型案例。获批全省就业培训“云眸工程”试点县。在全市率先建成县镇村三级医保服务网络。高龄、经济困难失能老年人养老服务和困境儿童保障覆盖率100%。获评省残疾人工作先进县。教育“新四项”惠民工程全面完成，入选全国在线教育应用创新项目区域。加快建设县院南院区二期工程，县三院改扩建工程竣工。新城水厂建成通水。完成19个农贸市场标准化建设。完成县殡仪馆回购，城乡公益性公墓建设加快推进。入选全国首批乡村“复兴少年宫”建设试点县。“阜有诗书”阅读空间建成运营。“打春牛”列入文化和旅游部“非遗过大年”民俗项目，杂技《热心人》《我的小小世界》分别获国家金菊奖、省文华奖。深化安全生产“三年大灶”整治，生产安全事故起数和死亡人数分别下降53.8%、37.5%。进一步强化政府性债务化解，推进金融风险防范化解。持续深化平安阜宁、法治阜宁建设。食药安全形势持续稳定向好。坚持信访“周周清”例会制度，初信初访化解率91.4%。

重要会议

【县政府常务会议】 县政府全年召开常务会议9次。3月3日，召开县政府第43次常务会议，进行常务会学法活动，研究《阜宁县殡葬秩序专项整治工作实施意见》，研究并通过《关于全面加强危险化学品安全生产工作的实施方案》《阜宁县行政执法工作突出问题整改方案》《阜宁县产业引导资金管理办法（试行）》，研究讨论全县城镇污水处理设施整合事项等其他事项。12月27日，召开县政府第51次常务会议，进行常务会议学法活动，传达学习省委、市委经济工作会议精神，全省新冠肺炎疫情防控工作电视电话会议、全省安全生产电视电话会议暨省安委会全体（扩大）会议精神，《住房和城乡建设部关于广州市大规模迁移砍伐城市树木有关问题的通报》，听取信访稳定工作情况汇报，研究2022年全县经济社会发展主要指标体系及预期目标，听取2022年“两重一实”投资计划和政府年度投资计划编排情况汇报，研究《关于在全县公民中开展法治宣传教育的第八个五年规划（2021—2025年）》《阜宁县生态环境保护责任清单》《阜宁县“十四五”气象事业发展规划》《阜宁县人口和计划生育协会改革实施方案》，研究调整镇区（街道、社区）财政管理体制相关事宜，研究《阜宁高新区产业转型升级方案》《阜宁县县级公立医院绩效考核工作》《阜宁县政府投资信息化建设项目管理办法》《阜宁县公安机关警务辅助人员管理办法（试行）》。

【召开党政联席会议】 11月2日，县召开党政联席会议，分析研判全县前3季度经济运行情况，研究部署冲刺全年目标任务的各项关键举措。县委书记张利华主持会议并讲话，并就做好安全稳定、疫情防控、全国文明城市创建等工作提出具体要求。县委副书记、代县长许根林出席会议。县委副书记、市委驻阜富民强村帮促工作队队长戴云峰和张国胜、徐加晔、王怀亮、陈聪、于木村、丁小虎、陈艳燕等县领导参加会议。

【全县疫情防控工作会议】 1月6日，县委副书记、县长张利华主持召开全县疫情防控工作会议，布置冬春季疫情防控任务，进一步压紧压实各层各级的防控属地责任、监管责任、主体责任、个人责任，为全县百万人民安全过节保驾护航。县领导郝瑞耀、王宁、张桂军、吴正年、徐向东、陈聪参加会议。

重要活动

【获评全国脱贫攻坚先进集体】 2月25日，全国脱贫攻坚表彰大会在人民大会堂举行，阜宁县农业农村局（县政府扶贫工作办公室）被中共中央、国务院表彰为全国脱贫攻坚先进集体称号，是全市唯一一家获此殊荣的部门。

【阜宁港区至太仓港内河集装箱班轮航线开航】 3月28日，盐城港阜宁港区至太仓港内河集装箱班轮航线正式开航，省港口集团集装箱公司副总经理潘元兵出席开航仪式，盐城港集团党委书记、董事长、总经理周正雄，县委副书记、县长张利华分别致辞。

【省农科院亚夫科技服务“阜宁新沟工作站”揭牌】 4月23日，县举行江苏省农业科学院亚夫科技服务“阜宁新沟工作站”揭牌仪式，全国脱贫攻坚楷模、最美奋斗者、全国敬业奉献模范、时代楷模赵亚夫出席，省农科院副院长孙洪武致辞，县委书记徐华明介绍阜宁县相关情况。

【省蹲点指导组督查农房改善工作】 6月2日，省蹲点指导组在阜宁县督查农房改善工作。省蹲点指导组先后来到益林镇穆沟新型农村社区、益林镇蟠龙新型农村社区，陈良镇新型农村社区等地，实地检查农房改善项目建设、社区管理水平、住房质量、生活配套等工作情况，省蹲点指导组对阜宁县农房改善工作取得的成效给予肯定。

【金沙湖金陵湖滨酒店试运营】 7月28日，金沙湖金陵湖滨酒店投入试运营。金沙湖金陵湖滨酒店项目总投资12亿元，占地12.3公顷，建筑面积76000平方米，配有客房、餐饮、娱乐等多种设施。酒店以商务、会议、政务接待、休闲度假客源定位为主，其他客源为补充的五星级高端综合型酒店，为推动金沙湖旅游品牌升级奠定坚实的基础。

2021年6月2日，省蹲点指导组在阜宁县督查农房改善工作。

县融媒体中心/供

【盐城至阜宁、盐城至大丰快速通道项目开工动员大会】 8月28日，市委、市政府在阜宁县举行盐城至阜宁、盐城至大丰快速通道项目开工动员大会。市委书记曹路宝出席大会并宣布项目开工，市委副书记、代市长周斌讲话，市政协主席陈红红等市四套班子领导出席，县委书记张利华汇报开工准备情况并代表各属地政府作表态发言。盐阜快速通道项目是G204的重要组成部分，路线全长41.4千米，总投资约71.15亿元，按双向六车道一级公路标准建设，设计时速100千米，计划于2023年建成通车。会议以视频方式举行。市交通运输局在主会场介绍项目基本情况，中铁四局集团、市交投集团在主会场发言，建湖县、亭湖区、盐南高新区、大丰区在分会场通过视频连线报告项目开工准备情况。各县（市、区）市有关方面负责人和阜宁县四套班子领导参加活动。

【2021第七届中国（阜宁）环保新材料创新论坛】 12月8日，2021第七届中国（阜宁）环保新材料创新论坛暨第二届中国纺织行业“阜宁杯”职业技能竞赛在阜宁县举行。副市长唐敬参加活动并致辞，县委书记张利华、中国纺织工业联合会党委书记高勇致辞，中国纺织工业联合会副会长李陵申出席，县委副书记、代县长许根林作阜宁环保新材料产业发展推介。中国工程院院士孙晋良、际华集团总经理夏前军分别致辞。会议发布阜宁环保新材料“十四五”发展规划，举行中国（阜宁）绿色低碳产业示范园创建启动仪式，2个环保新材料产业金融项目和4个亿元以上环保新材料产业项目现场签约，中国产业用纺织品行业协会授予阜宁县环保新材料产业园“十三五”优秀公共服务平台。会议举行创新协同发展大会，清华大学李俊华教授作《工业烟气减污降碳技术进展及应用》主旨报告。会上还为第二届全国纺织行业“阜宁杯”职业技能竞赛获奖选手颁奖。 （县政府办）

政务服务

【推进“一窗受理”工作】 2021年，阜宁县综合行政执法局在2020年完成“三集中三到位”工作的基础上，率先梳理进驻大厅的涉及药品经营许可、食品经营许可、烟草零售许可、户外广告设置审批等260项事项，印发《“无差别综合窗口”工作实施方案》，将原来11个部门20余个窗口整合成10个综窗，已全面实现“一窗综合受理、全链闭环服务、统一窗口出件”的无差别综合受理模式。

2021年12月8日，2021第七届中国（阜宁）环保新材料创新论坛暨第二届中国纺织行业“阜宁杯”职业技能竞赛在阜宁县举行。 县融媒体中心/供

【“一件事”改革】 对照市级编制发布的“一件事”清单，在阜宁旗舰店接入“开饭店、开药店、提取公积金、退休、宠物办证、开超市、新生儿、初次就业、军人退役”等“一件事”板块，将涉及多个办理事项的多套申报材料整合为“一张表格”“一张清单”。整合个体工商户注册登记、小餐饮食品经营备案、店招店牌设置审批等事项办理流程，在全市首创60平方米以下小型餐饮开办“一件事一次办”，并逐步向镇区推广，实现全县通办。

【提升软硬件功能】 克服政务服务大厅面积紧张、设施陈旧等问题，在大厅北侧新建500平方米附属用房，严格按照标准化创建要求，设置咨询引导区、24小时自助区、阅读休闲区、帮办代办区等多个功能区.新增的2部电梯有效缓解群众上下楼不方便的问题。购置的“五进五出”智能闸机在防控疫情的同时，方便群众进出。

【网上政务服务】 为推动商事登记、民生服务等高频事项由“网上能办”向“网上好办”转变，阜宁县“网办”能力提升工作通过改造旗舰店、政务服务APP本地版块、支付宝小程序等方式，借助实名认证、人脸识别等技术和公安人口库等大数据资源，增加秒批秒办、“一件事”办理、“亲清阜商”、项目管家、效能评估等特色版块。按服务场景、服务对象等对政务服务事项进行全面梳理和分类，建立政务服务地图，办事人足不出户就能查询“去哪办”、明确“怎么办”。已实现小餐饮食品经营备案、公交卡办理、尊老金发放等事项的“自动审核、秒批秒办”。

【优化市场准入】 2021年开办的约3000家企业全流程6个环节实现0.5天办结常态化，0.5天办结率月度考核均保持全市前三。“企业退出”办结时间也压缩至1个工作日，对适用简易程序注销的企业已实现即到即办。

【设立"长三角"专窗】 通过线上拍照审核，线下邮寄材料，实现异地办理139件。在全市通办的基础上，分别与省外6个县区行政审批局签订《政务服务"跨省通办"联动机制合作框架协议》，进一步推进"跨省通办"。

【推进"一业一证"改革】 印发《关于全面推进阜宁县"一业一证"改革工作的通知》，将公共场所卫生许可、动物防疫、人力资源、劳务派遣、农作物种子、药品零售等22个行业纳入"一业一证"改革，发放《行业综合执业证》54张，申报材料和审批时限均压缩60%以上。

【推行告知承诺制】 开展告知承诺制并编制承诺清单，配套建立"线上核查"和联合勘验制度，采用线上线下融合的方式开展勘验工作，通过"告知承诺制"审批模式发放卫生许可证、人力资源服务证275张，平均节省时间70%以上。迅速落实"双减"政策，多次与教育局、民政局、市场监督管理局等部门会商，11月底，全县义务教育阶段学科类校外培训机构已统一完成营转非工作。

【打造"阜宁帮办"2.0版本】 4月份，上线阜宁重大项目"融易办"项目管家平台，可及时跟踪项目审批及工程进度，打造机制实体化、流程信息化、帮办专班化、要素一体化、服务常态化、路径多元化的"阜宁帮办"2.0版本。

【组建全县项目管家队伍】 按照"1+1+N"的模式，由项目管家全流程牵头负责，承载镇区专人领办，行政审批一窗受理，职能部门限时办结。

【创新模拟审批方式】 创新使用模拟审批、"四即"服务、容缺后补、多测合一等方法，全面提升重大项目服务质效。9月，位于县高新区的年产10000吨锰锌铁氧体磁性元器件项目在交地后的次日就取得施工许可证，首次实现拿地即开工。

【推进工改系统平台应用】 质安监和施工许可实现一套申报材料并联审批，编印工改系统平台申报指南、许可和竣工验收备案申报流程图，并制作配套的二维码，办事人扫码就能查看每一步操作流程。引进第三方评审机构，借助专业评审机构的"智"和"力"，进一步规范节能报告的评审程序。推动优质中介进驻网上中介超市，制作超市使用指南，引导广大企业通过网上中介超市选择中介，提高中介服务水平。

（周加户）

外事工作

【概况】 2021年，县外事办根据疫情防控要求，原则上暂停因公护照、签证业务办理。做好疫情期间协助邀请外国人来华手续。协调商务、卫健等部门指导KGF、欧丽能两家外资企业完善企业闭环管理方案并指导实施，并为5名外籍企业高管办理邀请函，帮助企业解决发展需求，服务企业发展。细化本地接驳转运工作专班各成员单位职责，提高风险防范意识，出台《阜宁县涉外突发事件应急预案》，明确应急救援的范围和体系，使涉外突发事件应对处置的各个环节有章可循。

【接待省友协调研】 1月19日，省友协会长柏苏宁一行在阜宁县指导工作，对县友协工作给予肯定，并指出阜宁县友协能够依托本地特色和丰富资源开展工作，对加强县区友协自身建设、健全组织机构、积极拓展友好渠道、充分发挥理事作用等方面提出宝贵意见。

【承办全市外办主任工作会议】 1月25日，全市外办主任工作会议在阜宁举办，传达学习全国地方外办主任会议和全省外办主任会议精神，总结全市2020年外事（港澳）工作，部署2021年工作任务。市外办党组书记、主任董玲玲对各县（市、区）2020年外事工作进行了点评，对2021年外事工作如何开展提出了"四个转变"提出具体要求。阜宁县副县长张桂军出席会议并致辞。会前与会人员先后观摩七彩阜宁国家农业公园、金沙湖生态度假区、阿特斯阳光电力科技有限公司、中材科技风电叶片有限公司等外事高质量发展代表项目，播放市外办2020年特色亮点工作宣传片，各县（市、区）外办就年度工作进行交流，市外办各处室汇报了2021年工作安排。市外办班子成员、各处室及下属单位负责人，全市各县（市、区）外事部门负责人和相关工作人员参加会议。

【接待陈江和考察】 7月14日，新加坡金鹰集团主席陈江和一行在阜宁考察，县外办主动对接省、市涉外防控工作组，配合县公安、卫健等部

2021年1月20日，省人民对外友好协会在阜宁调研阜宁县友协工作。
县融媒体中心/供

门，实地考察调研点、酒店、餐饮等，经过反复推演，此次接待符合防控要求。（李园园）

信访工作

【概况】 2021年，城乡建设领域信访问题专项整治工作中，交办阜宁县90件，已经化解88件，化解率98%；规范越级进京访秩序专项整治工作中，交办阜宁县28件，已经化解24件，化解率85.7%；重复信访事项化解中，国家局交办294件，目前已化解277件，化解率94%。

【"人民满意窗口"创建】 实施"人民满意窗口"建设提升工程，推进各职能部门和镇区、村居（社区）信访接待场所改善环境、优化接访流程、完善联合接访制度、不断提高窗口服务水平。全县已有7个镇区（街道、社区）通过省"人民满意窗口"创建考核。

【信访干部队伍建设】 举办全县信访干部培训班，采用多种方式组织信访干部跟班培训，到市培训，着力增强信访干部处理信访事项、解决信访问题、化解矛盾纠纷、做好群众工作的本领，干部队伍的政治素质和业务能力得到提升。

【初信初访办理】 压实首问首办责任，严格落实办理要求，做到应录尽录、及时受理、规范办理。初信初访事项进行跟踪督办，实现群众合理诉求"最多访一次"。

【强化源头防范能力】 强化基层治理，解决群众初信初访问题，切实把问题解决在基层，把矛盾化解在萌芽，增强源头吸附能力，减少矛盾累积上行。健全完善决策机制和程序，发挥信访工作在社会稳定风险评估机制中的重要作用，从源头上减少风险隐患。

【深化研判预警能力】 建立覆盖全面、触角灵敏、反应敏捷的信访信息网络，及时获取行动性、预警性信息，牢牢把握工作主动权。加强信访形势研判，做好日常分析研判、月度综合研判、突出问题专项研判、重大活动和敏感节点战时研判，利用信访大数据资源，从中发现普遍性、苗头性、倾向性、潜在性问题，增强工作前瞻性。

【健全协作联动机制】 加强与公安、网信等部门的协作联动，统筹信息资源，汇总通报舆情线索，做好涉访信息搜集和研判工作，加强信访信息预警，做到急事急报、特事特报、大事快报。对来自各渠道的预警性、行动性涉访信息，随时交办，各镇区（街道、社区）、部门和单位即刻核查、处理。

【完善处置工作预案】 围绕国家和省、市、县重大活动，健全完善应急处置预案，抓好重点部位信访保障。重大活动提前谋划部署，强化组织领导，加派工作力量，及时启动应急机制。抓好隐患排查、源头查控、途中查验、重点查堵、劝返接回等环节。圆满完成全国、省、市、县"两会"及十九届六中全会期间的信访保障工作。做到人员零滞留、零非访、零滋事、零聚集，劝返工作零失误、零事故、零炒作，实现市提出的"四个确保"目标。

【"周周清"工作】 结合市"周周清"工作制度要求，县出台《关于进一步压实信访"周周清"工作责任提升办理质效的实施意见》，从压实包案领导责任、明确案件化解时限、完善考核通报制度方面进一步强化，让"周周清"工作制度在清风险隐患、清初信初访、清越级上访、清信访积案质效上进一步提升，夯实基层维稳工作基础。2021年，召开28次信访"周周清"例会，推动问题快速解决，一次性化解率90%以上。（沈光辉）

台湾事务

【概况】 2021年，对台工作坚持以习近平新时代中国特色社会主义思想为指导，深入贯彻习近平总书记对台工作重要论述，全面落实中央、省、市对台工作会议精神，紧扣上级台办和县委、县政府中心工作，发挥部门优势，狠抓工作落实，较好地完成了各项工作任务。

【推动台企有序生产】 按照"外防输入、内防反弹"的工作要求，认真落实省、市、县疫情防控指挥部的部署，主动靠前服务，帮助企业落实好常态化疫情防控措施和防疫主体责任，积极开展稳岗达产行动，协助在阜台企有序做好新冠疫苗接种工作，做到应种尽种。

【落实惠台措施】 宣传支持企业发展的优惠政策，帮助企业用足用好政策，助推企业发展升级。为惠华金属线、上伟碳纤复合材料等企业申请技改转型升级、聚力创新、信息化升级及改造、配套产业补助、技改等各类补贴共1675万元。

【深化阜台友谊】 春节前，逐一走访在阜台企，了解台商台企困难，为在阜的13名台商台干送上阜宁特色的春节礼包。4月，在完善两岸婚姻群体台账时。1月和11月，通过市台商协会组织开展了两次"台商助学，爱筑希望"活动，来自上海、苏州、昆山、宿迁、盐城等地台商近130人捐赠了近8万元的善款，共为58人次的贫困学生每人发放了1000元现金和大米等慰问品。10月30日，组织开展"同心聚力 情系阜宁"——台商阜宁行经贸交流活动，40余名台商参观了金沙湖、七彩农业公园，观看阜宁宣传片，详细介绍了阜宁经济社会发展情况，以及阜宁的特色产业和支柱产业。

【做好涉台宣传】 做好涉台宣传工作，分别协助省、市台办完成"云中看江苏——盐城篇"在孔荡大爱村的拍摄、"成长型企业"和"此心安处是吾乡——走近在盐台商徐啟奇"等专题片；接待省台办、市台办领导来阜调研4次。（朱亚军）

综　述

【概况】 2021年，政协阜宁县委员会（简称县政协）及其常委会在中共阜宁县委的坚强领导下，坚持以习近平新时代中国特色社会主义思想为指导，认真学习中共十九大和十九届历次全会精神，抓住建党百年党史学习教育契机，贯彻习近平关于加强和改进人民政协工作的重要思想，按照中央和省、市、县委决策部署特别是对人民政协工作的最新要求，坚持发扬民主和增进团结相互贯通、建言资政和凝聚共识双向发力，围绕县委十四届十一次全会和县第十五次党代会精神，按照“争当表率、争做示范、走在前列”新要求，深化协商、善于担当，开拓创新、勇毅前行，充分发挥人民政协专门协商机构作用，切实履行政治协商、民主监督、参政议政、凝聚共识新使命，扎实推进各项工作有力有序创新高效推进。

【党建工作】 贯彻落实中央、省、市、县委党史学习教育部署要求，县政协党组、政协办党总支严格按照学习教育要求开展必读书目学习、心得体会交流、专题学习研讨、专题宣讲等各项规定事项。编印阜宁地方党史《红色阜宁》,《红色阜宁》被县委指定为全县党史学习教育必读书目，创新开展学党史、感党恩、颂阜宁、聚共识专题文艺演出。坚持阜宁政协杂志每期必出一篇党史学习教育文章，微信公众号每天必推一期“红色阜宁我来讲，不忘党恩跟党”走栏目，每天必播出一集《百炼成钢：中国共产党的100年》。积极践行“两在两同”建新功行动，坚持问题导向、强化整改落实，持续加强机关作风和廉政建设。开展党员冬训，严格开展“三会一课”，进行民主生活会和组织生活会。

【履职建言】 立足协商民主重要职能，创新调查研究方式，探索协商民主新路子，推动协商民主广泛多层制度化，推进协商提质增效。重点就长三角区域污染防治协作机制落实情况、农村文化大院发展、水环境治理和长效管护等议题，进行调研，召开协商会议，广聚各方智慧、为县委县政府科学民主决策提供重要依据和有益参考。就推进农旅融合发展、推进养老服务体系建设等开展专题议商，重点围绕高质量推动农业转型升级，探索建设农业现代化示范区走在前列和《中华人民共和国民法典》（以下简称《民法典》）宣传普及执行，召开常委会议，举办民生论坛活动。其中就《民法典》宣传普及及贯彻执行组织的民生论坛活动，着力围绕推进《民法典》普及执行、做好《民法典》校园普及宣传等13个议题向全县政协委员广泛征集建议意见，引导支持委员围绕议题组织调研，促进将意见提准提实，活动累计向县委县政府报送14篇调研报告及30余条意见建议。完善提案征集、审查、立案、转办、督办和反馈机制，实行闭环办理，发挥提案办理服务民生事业、增进民生福祉的重要渠道作用。全年立案的199件提案办复率100%。其中对《关于坚定工业主导 倾力打造S329工业廊道的建议》《关于探索建设农业现代化示范区的几点建议》等18件重点提案明确由县领导领衔督办，提升提案办理质效。

2021年阜宁县政协重点提案一览表

表4

序号	重点提案	序号	重点提案
1	关于坚定工业主导 倾力打造329工业廊道的建议	10	关于如何做好阜宁县主导产业快速集聚的建议
2	关于探索建设农业现代化示范区的几点建议	11	关于因地制宜推进乡村振兴，持之以恒建设美丽乡村的建议
3	关于加快推进阜宁县招商引资项目落地的建议	12	关于持续推进农村人居环境改善的建议
4	关于加强生产经营单位安全生产教育培训的提案	13	关于加大旅游惠民力度的提案
5	关于“促进文明城市创建工作再上台阶”的提案	14	关于提升小区物业管理水平的建议
6	关于优化营商环境 深化亲商意识的建议	15	关于加强师德师风建设，培养高素质教师队伍的建议
7	关于进一步优化阜宁县基础人才招才引智的建议	16	关于加强食品安全监管工作的建议

续表

序号	重点提案	序号	重点提案
8	关于健全我县养老综合服务体系的建议	17	关于改进提升道路交通秩序工作的提案
9	关于阜宁县滤料产业市场与品牌方面的建议	18	关于进一步做好农村留守儿童工作的建议

【助推经济社会发展】 坚持围绕中心、服务大局，为推动全县经济社会高质量发展集聚强大力量。围绕疫情防控常态化条件下经济社会发展，班子成员主动深入企业、农村调研，帮助企业和基层群众协调解决存在问题。机关人员下沉社区，积极参与、支持街道、社区疫情防控和疫苗接种工作。广大政协委员宣传疫情防控知识和要求，开展协商议事活动，积极建言、踊跃献策。围绕聚焦重大项目，科学谋划招商，推动“亿元项目提质增效年”活动开展以及民营经济高质量发展等重要议题建言献策，提出一系列较高参考价值的意见建议。引导广大政协委员积极投身“亿元项目提质增效年”活动，鼓励支持全体机关人员积极投身招商引资。

【打造协商议事品牌】 为贯彻省政协“有事好商量”协商议事工作巩固提升年活动要求，落实全市政协“有事好商量”协商议事工作推进会和专题会议精神，推进协商议事工作走深走实。县委召开常委会，专题会办研究“有事好商量”协商议事工作。县政协联合县委党校编印“有事好商量”协商议事培训教材。全县政协系统开展5月份“完善村规民约，树立文明新风”和9月份“城乡水环境治理和管护”专题协商议事月活动，推进协商议事工作实质性进展。县政协主席会议成员和各委、办、室主任定期到联系镇区、村居、界别，督促指导协商议事工作。在镇区、村级、界别实现协商议事室全覆盖，并延伸到部分企业和小区，真正做到镇区有典型、面上全覆盖、区域成体系，扩大影响力，推进协商议事工作常态化推进。选取重要活动、典型案例等拍摄“有事好商量”协商议事专题宣传视频，宣传报道先进典型、特色亮点和协商实效，弘扬协商精神，推动“有事好商量”协商议事工作再上新台阶，营造各方关心、支持、参与协商议事活动的浓厚氛围。

【编印《红色阜宁》】 为贯彻落实中央、省、市、县委党史学习教育部署要求，县政协利用收集掌握的红色历史资料，组织编印从1928年阜宁县第一个中国共产党支部成立以来的阜宁地方党史——《红色阜宁》一书。该书设有洪波涌起、风云际会、火凤停翅、碧血丹心、史迹寻踪、红色嘉话6个篇章，20万字，为全县党史学习教育提供重要资料，被确定为党史学习教育指定必读书目。

重要会议

【政协阜宁县第十四届委员会第五次会议】 1月5—7日，中国人民政治协商会议阜宁县第十四届委员会第五次会议召开，应出席委员325名，因事因病请假13名，实到委员312名，符合政协章程规定。县委书记徐华明讲话。政协主席王玉新代表政协阜宁县第十四届委员会常务委员会向大会做工作报告。县政协副主席李德平代表政协阜宁县第十四届委员会常务委员会做提案工作情况报告。张寿广、陈玉兵、卢亚静、唐玉桂、刘德开等县政协常委、县政协委员分别作交流发言。会议选举丁政万当选为政协阜宁县第十四届委员会主席，刘建忠、程风雷当选为政协阜宁县第十四届委员会常务委员。表彰2020年度“双岗双优”委员、2020年度优秀提案和提案办理工作先进单位及先进个人、2020年度“有事好商量”协商议事工作先进集体及先进个人，审议通过政协阜宁县第十四届委员会第五次会议提案初步审查情况报告、政协阜宁县第十四届委员会第五次会议决议。县四套班子领导、副处级领导干部和曾担任县处级领导职务的老领导等应邀出席会议并在主席台就座。不是县十四届政协委员的县各部委办局主要负责人以及住阜市八届政协委员参加会议。

【党组扩大会议】 县政协全年召开党组扩大会议13次。1月19日，召开第35次党组扩大会议，学习中央经济工作会议精神和习近平在省部

2021年1月5—7日，中国人民政治协商会议阜宁县第十四届委员会第五次会议召开。
县融媒体中心/供

级主要领导干部学习贯彻中共十九届五中全会精神专题研讨班开班式上的讲话精神，传达学习市“两会”精神，并分别听取提案委、经科委、农业和农村委、文化文史委和社会事业委等各委室新一年协商计划和工作安排。2月3日，召开第36次党组扩大会议，集中学习中国共产党第十九届中央纪律检查委员会第五次全体会议公报和省、市“两会”精神，传达全县重大项目推进暨县四套班子工作月度例会和县委常委会会议精神，讨论县政协2021年工作要点。3月1日，召开第37次次党组扩大会议，重点学习习近平总书记在党史学习教育动员大会和全国脱贫攻坚总结表彰大会上的重要讲话精神，传达学习县委、县政府近期召开的2020年度全县综合考核总结表彰暨“亿元项目提质增效年”动员大会、全县农村工作会议、2021年全县“美丽阜宁”建设暨全国文明城市创建大会、“正风肃纪镇村行”暨“正风肃纪看机关”专项行动推进会等系列会议精神，讨论湖海艺文社换届相关事宜，审议通过重点提案遴选相关事项。3月17日，召开第38次次党组扩大会议，传达学习全国“两会”精神、习近平总书记在中央党校中青年干部培训班开班式上的重要讲话精神、县委常委会议等近期系列会议精神，讨论研究《中共阜宁县政协党组关于开展党史学习教育的实施方案》《中共阜宁县政协党组关于庆祝中国共产党成立100周年系列活动安排的方案》。4月1日，召开第39次党组扩大会议暨34次主席会议，学习《中国人从此站立起来了》《为人民服务》《纪念白求恩》等3篇文章，传达学习全市政协宣传和社情民意信息工作会议、全县重大项目推进暨县四套班子工作月度例会、县委中心组学习交流会暨县委常委会等会议精神，审议通过关于开展党史学习教育的实施方案。5月7日，召开第40次党组扩大会议，重点学习《在党史学习教育中感悟马克思主义真理力量和实践力量》等文章，传达学习全省政协“有事好商量”协商议事工作理论研讨会、全市政协“有事好商量”协商议事工作专题会议、全县重大项目推进暨县四套班子工作月度例会等会议精神。6月9日，召开第41次党组扩大会议，重点学习习近平总书记重要文章《用好红色资源，传承好红色基因，把红色江山世世代代传下去》，传达学习全市政协“有事好商量”协商议事工作观摩推进会等会议精神。7月22日，召开第42次党组扩大会议，学习县第十五次党代会精神，传达贯彻县委常委会第1次会议以及市政协相关会议精神。8月18日，召开第43次党组扩大会议，学习市委七届十三次全会和县四套班子工作月度例会暨列市家家到观摩项目推进会精神，交流习近平总书记“七一”重要讲话精神学习体会。8月31日，召开第44次党组扩大会议，传达学习全市高质量发展项目观摩推进会和县委常委会第5次会议精神。9月30日，县政协召开第45次党组扩大会议，重点学习中国共产党盐城市第八次代表大会、市政协八届25次常委会议和县委常委会第10次会议、县委中心组学习（扩大）会等近期市县相关会议精神。10月18日，召开第46次党组扩大会议，传达学习全省政协系统党的建设工作经验交流会、市县政协秘书长会议、县委常委会第11次会议、全县重大项目引建大干四季度暨招商出征大会等省、市、县近期召开的相关会议精神。11月15日，召开第47次党组扩大会议，传达学习党的十九届六中全会、全县乡村振兴现场观摩暨县四套班子工作月度例会以及全市社情民意信息工作推进会等会议精神，听取全市政协“有事好商量”协商议事工作观摩会迎接准备情况。

【常委会议】 县政协全年召开常委会议5次。1月6日，召开第18次常委会议，县委书记徐华明作关于政协阜宁县第十四届委员会补选主席、增选常委候选人建议名单的说明并提要求，审议通过补选十四届政协主席、增选常委候选人建议名单，审议并原则通过选举办法（草案）。1月7日，召开第19次常委会议，听取各组召集人分组讨论和委员出席情况汇报，讨论通过政协主席、常务委员候选人名单（草案），讨论通过选举大会监票人名单（草案），讨论通过会议决议（草案）。7月29日，召开第20次常委会议，学习习近平在庆祝中国共产党成立100周年大会上的重要讲话和县第十五次党代会精神，专题议商了聚焦重大项目，科学谋划招商，推动“亿元项目提质增效年”活动深入开展工作。10月28日，召开第21次常委会议，学习解读市委《关于巩固提升“有事好商量”协商议事工作的意见》，传达全市政协“有事好商量”协商议事工作观摩会精神，就“高质量推动农业农村转型升级，探索建设农业现代化示范区走在前列”工作进行了专题议商。12月29日，召开第22次常委会议，听取县政府关于县政协十四届五次会议以来提案办理情况通报和县纪委监委关于全县党风廉政建设情况通报，审议通过县政协十五届一次会议有关事项。

重要活动

【湖海艺文社举行第五次社员代表大会】 4月9日，阜宁县湖海艺文社举行第五次社员代表大会，审议通过阜宁县湖海艺文社章程（草案），选举产生阜宁县湖海艺文社第五届理事会和新一届领导集体。县政协党组书记、县政协主席、阜宁县湖海艺文社第五届理事会名誉社长丁政万，县政协副主席嵇田，县政办秘书长毛卫民参加会议。

【甘肃省庆城县政协开展考察调研协商议事工作】 4月11日，甘肃省庆城县政协主席何骁玲一行在阜宁县考察调研政协协商向基层延伸及基层协商民主方面的经验和做法，先后实地考察阜宁县益林镇、新沟镇西沙湖村、陈良镇新涂村等地“有事好商量”协商议事室，听取2019年以来阜宁县开展协商议事活动情况、观看专题片，并从协商议事室建设、议题安排、委员挂钩、成果转化、典型案例等方面，详细了解了阜宁县协商议事室建管用情况，对阜宁县通过“有事好商量”协商议事，化解基层矛盾、畅通协商渠道、丰富协商内容的做法给予高度评价。县政协主席丁政万、副主席李德平、秘书长毛卫民参加活动。

【河北省沧州市政协考察农房改善工作】 5月12日，河北省沧州市政协常委、市政协人资环委一级调研员王健一行在阜宁考察农房改善工作，先后来到郭墅镇许祝村、沟墩镇条岗村、陈良镇新涂村3个新型农村社区居住点，听取阜宁县相关工作情况介绍。考察组对阜宁县农房改善工作取得的成绩给予肯定。县政协副主席嵇田陪同。

【市县工商联界政协委员在阜“优化营商环境”界别协商活动】 5月27日，市政协副主席沈洪清带队开展市县工商联界政协委员“体验式、沉浸式”党史学习教育暨“优化营商环境”界别协商活动，到陈集镇停翅港新四军军部旧址开展现场学习，接受革命传统教育。县政协向参加活动人员赠送书籍《红色阜宁》，举办专题讲座，宣讲新四军大力发展经济、做好工商业资本家统战工作等方面的红色故事。市县政协委员就优化营商环境开展界别协商。县政协主席丁政万参加活动。

【市政协督查“有事好商量”协商议事工作】 6月1日，市政协副主席沈洪清率督查组在阜宁县专题督查“有事好商量”协商议事工作。督察组首先听取阜宁县“有事好商量”协商议事工作情况汇报，并观看“有事好商量”协商议事工作专题片，随后随机抽查益林镇，新沟镇，新沟镇西沙湖村、大楼村、南湾村，陈良镇新涂村、成俊村、丹平村，板湖镇戚桥村、孔荡村等协商议事室建设运行情况，详细了解政协委员下沉和5月份专题协商议事月活动开展等有关情况，对阜宁县“有事好商量”协商议事工作取得的成绩表示肯定。县政协主席丁政万陪同并汇报相关工作，市政协社法（民宗）委主任裴磊滨，县政协副主席路宝亚、嵇田，秘书长毛卫民参加活动。

【《人民政协报》江苏记者站调研采访“有事好商量”协商议事工作】 6月2日，《人民政协报》江苏记者站站长江迪一行在阜宁县专题调研采访“有事好商量”协商议事工作。江迪一行先后来到罗桥镇协商议事室、罗桥镇沿街村“街坊议事小院”、罗桥镇沿边村“晓光竹海议事亭”等地实地查看阜宁县“有事好商量”协商议事工作开展情况，参加罗桥镇“有事好商量”协商议事室优化营商环境专题协商议事活动。江迪一行对阜宁县通过“有事好商量”协商议事，畅通协商渠道、丰富协商内容，化解基层矛盾、促进基层治理的做法给予高度评价。县政协主席丁政万陪同采访，市政协联络委主任徐翠华、县政协秘书长毛卫民参加活动。

【响水县政协考察项目建设情况】 8月31日，响水县政协主席田国举带队在阜宁县考察高质量项目建设情况，先后来到中成风电叶片紧固件、阿特斯年产5GW大尺寸光伏电池、淮宁年产1GW大尺寸高效组件和200MW大尺寸光伏电池、串场河整治提升工程、造裕智能装备制造和金沙湖城市水体修复涵养等项目现场进行观摩并听取情况介绍。响水县考察团对阜宁县产业发展、城市建设和生态治理等方面取得的成绩给予肯定。县政协主席丁政万全程陪同考察。

【市政协开展“两在两同”建新功行动走访调研活动】 9月7日，市政协副主席沈洪清、市政协人资环委工作处处长王新颜到挂钩镇区新沟镇开展“两在两同”建新功行动走访调研，实地察看江苏双多化工有限公司、金戈家纺有限公司、晶鑫光学科技有限公司、中江种业智慧农业示范园，在听取企业负责人对企业生产、经营、未来发展的介绍后，对镇区企业发展表示赞赏。在新北村“有事好商量”协商议事室，沈洪清仔细翻阅会议记录，听取村内“有事好商量”协商议事活动开展情况，详细了解村集体经济收入状况和村“两委”班子运行情况，肯定了新沟镇取得的成绩。

【《人民政协报》专题报道】 12月27日，《人民政协报》第七版发表《江苏省阜宁县政协“有事好商量+”赋能乡村振兴》一文，报道阜宁县政协“有事好商量+”工作。

【中国新四军和华中抗日根据地研究会考察】 10月19—21日，中国新四军和华中抗日根据地研究会、中将徐承云带队在阜宁县考察新四军红色文化保护、利用和开发工作，先后参观新四军盐阜地区抗日阵亡将士纪念塔、中共中央华中局第一次扩大会议旧址、陈集停翅港新四军军部旧址、益林善文化纪念馆、新四军三师师部旧址等现场，对阜宁县新四军红色文化保护、利用和开发工作给予肯定。县委书记张利华介绍阜宁县相关工作开展情况，县政协主席丁政万，县新四军研究会会长仇学善参加活动。

【县委专题会办研究“有事好商量”协商议事工作】 10月30日，阜宁县委召开常委会议，专题会办研究“有事好商量”协商议事工作。县委书记张利华主持会议并讲话，县政协主席丁政万传达学习中共盐城市委《关于巩固提升“有事好商量”协商议事工作的意见》文件精神，汇报全县有事好商量工作情况。县委副书记、代县长许根林，县委副书记钱勇、戴云峰，县人大常委会主任林进以及其他在阜的县四套班子领导出席会议。

【市县联动开展“送医送文化下乡”服务群众活动】 11月18日，市、县政协联动开展“送医送文化下乡”服务群众活动，市政协副主席沈洪清，县政协主席丁政万、党组成员吴正年、秘书长毛卫民参加活动。由省市县三级医卫界和从事医疗卫生工作的政协委员组成的专家组为东沟镇村民提供普外科、消化内科、肿瘤科、神经内科、骨科、眼科等专科义诊服务。政协委员通过活动发挥专业优势，体察民情，服务群众，为促进乡村振、提升基层百姓幸福感起到了积极作用。

【亭湖区政协开展异地视察】 11月19日，亭湖区政协党组书记、主席孙红艳率住亭湖区市政协委员及亭湖区政协机关工作人员一行县开在阜宁展异地视察，先后实地考察中江种业、七彩农业园、陈良镇新涂村“有事好商量”协商议事室、开发区阿特斯公司等地，详细了解阜宁县主导产业发展、现代农业建设、休闲旅游开发相关情况以及阜宁在开展协商议事推进成果转化落实等方面的经验做法，对阜宁县近年来经济社会发展以及政协工作所取得的成绩给予充分肯定。县政协党组书记、主席丁政万，市政协联络委副主任颜成俊等参加活动。

【全市政协“有事好商量”协商议事工作观摩会在阜召开】 12月3日，全市政协“有事好商量”协商议事工作观摩会在阜宁县召开，市政协党组书记、主席陈红红出席会议并讲话，市政协党组副书记崔浩，市政协副主席葛启发、吕拔生、孙长春、沈洪清、姜友新，市政协秘书长殷勇出席会议，县委副书记、代县长许根林致辞，县政协主席丁政万参加会议。与会人员观摩新涂村协商议事室、馥桂园小区协商议事室、协鑫集成协商议事沙龙等现场，详细了解阜宁县“有事好商量”协商议事工作推进情况，充分肯定阜宁县协商议事工作取得的成效。

提案工作

【概况】 2021年，县政协收到契合县委、县政府的总体工作部署，反映社会各界的愿望和呼声的委员提案216件，经审查，立案199件，遴选出重点提案18件，提案办复率100%，意见和建议采纳并落实率92%，委员对办理工作满意率近100%。

【提案质量把控】 坚持数量服从质量，关注提案质量的高低，着力做到提出问题要聚焦、反映情况要准确、分析问题要深入、提出建议要具体、提案撰写要规范。加强选题引导，采用“举办委员提案知识讲座、编发《提案征集选题参考》、召开提案经验交流会”等形式，结合“有事好商量”协商议事活动和委员“百千万”活动，动员和引导政协委员围绕群众普遍关心的生产生活热点难点问题提出提案，提高立案率和采纳率。

【提案审查】 对委员提交的提案按照会中初审、会后复审、主席会议终审的“三审”制度，对每一件提案逐一把关审查。对质量不高、诉求不明、一案多提的提案逐一推敲，并与提案者深度沟通交流，采用“补、并、修、转”的办法，将部分有价值的提案进一步完善提高，予以立案；将那些无价值的提案直接不予立案；对那些涉及面不大但有点价值的提案妥善交与相关单位作为委员来信处理或作为社情民意信息反映。

【优化协商平台】 经县政协主席会议审议，年度确定的重点提案，由县委、县政府主要领导、分管领导和县政协党组（主席会议）成员领衔督办。《关于加大旅游惠民力度的提案》作为5月份主席会议专题议政的主要内容，会后形成《关于创建省级全域旅游示范区的建议案》报县委县政府；县委书记、县长带头督办《关于坚定工业主导、倾力打造S329工业廊道的建议》等重点提案，带头过问提案办理工作，及时回应委员的关切；各承办单位主动承接办理任务，开展提案办理工作，强化关键措施落实，增强提案办理实效。

【改进协商方式】 探索“提案+”的协商思路，将提案办理与年度协商、专项调研、专题视察活动、“有事好商量”协商议事活动有机结合起来。把提案、建议转化成界别“有事好商量”协商议题，就《关于优化营商环境，提升亲商意识的建议》中共界开展了专题协商议事活动，形成《关于我县项目落地难的原因分析及对策建议》《关于我县“行政审批慢”的调研与思考》建议案报县委、县政府，罗桥、陈良等镇还将《关于持续推进农村人居环境改善的建议》提案作为“有事好商量”协商议事的议题开展协商议事活动，做到在协商中办理提案，在办理中促进协商。

【强化协商举措】 注重提案办理的各个环节，及时解决协商过程中的“梗阻”，推动民主协商与凝聚共识双促进。协商程序是：提案审查委员会征集提案并审查立案→主席会议研究确定重点提案→县委、县政府党政主要领导批示重点提案→召开提案交办会，由各单位领取提案→承办单位办理提案→领导与提案委、县委办、县政府办、政协委员利用各种形式督办提案→由承办单位答复提案并征求提案人意见→召开政协常委会议，专题听取县政府关于提案办理情况的通报。加强重点承办单位提案办理工作，对提案办理重点单位进行督办，组织“提”“办”“督”三方协商，面对面质询、点对点商议，共同促进办理质量提升。 （王建芹）

综　述

【概况】 2021年，全县各级纪检监察机关以习近平新时代中国特色社会主义思想为指导，贯彻落实中央、省、市纪委全会部署，围绕县委确定的各项目标任务，忠实履行党章和宪法赋予的职责，做细做实日常监督和长期监督，一体推进正风肃纪反腐，充分发挥监督保障执行、促进完善发展作用，着力营造风清气正、干事创业的良好政治生态，全县党风廉政建设和反腐败工作取得新成效。

【践行“两个维护”】 持续学习贯彻习近平新时代中国特色社会主义思想，坚持用党的创新理论武装头脑、指导实践，确保纪检监察工作始终沿着正确方向前进。围绕常态化疫情防控进行监督检查，发现问题426个，处置问题线索40件，通报曝光10期42个问题。开展粮食购销领域腐败问题专项整治，对全县8个涉粮监管部门以及37个粮站（所、库）进行全面督查，彻查“靠粮吃粮”问题，立案查处5人，留置1人。严明换届纪律，开展3轮专项督查，对镇村换届 2801名拟推荐人员做出党风廉政意见回复，提出否定或暂缓意见21人。制定县纪委书记定期同下级党组织“一把手”谈话制度，对17家单位“一把手”开展谈心谈话。向镇区和部门“一把手”送达“落实全面从严治党廉政建设主体责任暨春节期间作风专题提醒函”76份。精准规范用好问责利器，对履职不力的17名党员领导干部实施问责。

【派驻监督】 对15个派驻纪检监察组实施全员轮岗，聚焦办案重点，突出量化考核，推动派驻职能更加优化、权责更加协同、监督更加有力、运行更加高效。开展“嵌入式”监督，紧盯主体责任落实、“三重一大”事项决策、巡察反馈问题整改以及纪检监察阶段性工作，开展常态化、高频次监督，累计处置各类问题线索214件239人，立案79件，党纪政务处分75人。贯彻监督体系和监督能力现代化要求，在全县开展县直重点部门“单月讲”、镇区“双月赛”活动，组织政法系统、农业条线和国企平台等5个专场活动，加强廉政风险防控制度建设。

【贯通协调“四项监督”】 健全完善监督体系，推动各类监督贯通协调。强化纪检监察机关专责监督责任，创新监督方式，推动“四项监督”有机整合，实现有形覆盖向有效覆盖转变。强化监督办案联动，建立“室组”联动监督、“室组地”联合办案机制，对行业性区域性问题、重大疑难复杂案件等，强化协调协作、聚力攻坚，实现各展所长、优势互补。统筹使用纪检监察机关和派驻、巡察机构人员力量，先后抽调16人次参加专案、巡察工作，实现工作绩效和实战技能“双提升”。推进基层监督，完善派出监察员办公室履职尽责制度规定，深入纠治侵占农村集体“三资”、农房改善领域、冒领惠民补贴等群众反映强烈的问题，5个派出监察员办公室政务立案69件，实施第一种形态97人次，有效发挥管住“微权力”、严惩“微腐败”职能作用。

重要会议及活动

【县纪委十四届六次全会】 2月8日，县纪委召开十四届六次全会。县

2021年2月8日，中国共产党阜宁县第十四届纪律检查委员会六次全会召开。
县纪委监委/供

2021年2月27日，全县"正风肃纪镇村行"暨"正风肃纪看机关"专项行动推进会召开。 县纪委监委/供

委书记徐华明出席会议并讲话。县委常委、县纪委书记、县监委主任倪一华作题为《推动新时代纪检监察工作高质量发展，为谱写江淮乐地新篇章提供坚强纪律保障》工作报告。县委副书记、县长张利华，县人大常委会主任林进，县政协主席丁政万等县领导出席会议。

【全县正风肃纪专项行动推进会】 2月27日，县召开"正风肃纪镇村行"暨"正风肃纪看机关"专项行动推进会。张利华主持会议，徐华明出席会议并讲话。倪一华解读《关于2021年度一体推进"正风肃纪镇村行"和"正风肃纪看机关"专项行动的实施意见》，县民政局、益林镇主要负责人分别作交流发言。县委副书记田海波等县领导参加会议。

【全县营商环境"五整治一提升"推进会】 3月4日，县召开县营商环境"五整治一提升"活动协调推进会。县纪委副书记孙波解读《关于开展营商环境"五整治一提升"活动实施方案》。行政审批局、工信局、发改委、司法局主要负责人分别就全县政务服务环境、企业运营环境、市场环境、法治环境等方面存在的问题进行分析探讨，并交流下一步整治措施。开发区、阜城街道、益林镇等部分镇区的分管领导在会上作交流发言。倪一华，县委常委、常务副县长王宁出席会议。

【全县"510"警示教育大会】 5月11日，县召开县委中心组学习（扩大）会议暨全县"510"警示教育大会，县委书记徐华明主持会议并对全县各级领导干部提具体要求，与会人员还集体观看了县纪委监委制作的警示教育片《贪欲不可存》。田海波，县委副书记、市委驻阜富民强村帮促工作队队长戴云峰等领导参加会议。

【县纪委十五届一次全会】 7月17日，县纪委召开十五届一次全会，选举产生中国共产党阜宁县第十五届纪律检查委员会常务委员会委员和书记、副书记。经无记名投票选举，王怀亮当选为中国共产党阜宁县第十五届纪律检查委员会书记，徐骏、周少浦当选为副书记。王怀亮、徐骏、周少浦、陶飞、高忠、刘建兵、朱帮华当选为中国共产党阜宁县第十五届纪律检查委员会常务委员会委员。

【十五届县委首轮巡察工作动员部署会】 9月28日，县召开十五届县委首轮巡察工作动员部署会。县委书记张利华出席会议，强调要以十五届县委巡察工作为新的起点，认真贯彻落实中央和省、市委最新部署要求，乘势而上、再接再厉，坚决打好本届县委巡察工作开局之战。会议宣读巡察组授权任职和任务分工，传达《关于被巡视省属高校党委落实上轮巡视整改不力问题的通报》。县领导徐加晔、王怀亮参加会议。

【涉粮问题专项巡察工作动员会】 10月12日，市委第一联动巡察组对阜宁县开展涉粮问题专项巡察工作动员会召开。市委第一联动巡察组组长张炜东作动员讲话，县委副书记、代县长许根林讲话，县委副书记钱勇主持会议并作表态发言。市委第一联动巡察组副组长葛明翔及有关人员，阜宁县委、县政府领导班子成员出席会议；2019年起退休的县委、县政府领导班子成员，县各有关单位主要负责人，各镇区（街道、

2021年5月11日，县委中心组学习（扩大）会议暨全县"510"警示教育大会召开。 县纪委监委/供

2021年10月12日，市委第一联动巡察组对阜宁县开展涉粮问题专项巡察工作动员会召开。
县纪委监委/供

社区）党政主要负责人，县纪委监委领导班子成员及职能科室主要负责人，县委组织部领导班子成员及职能科室主要负责人，县委巡察办主任、副主任和县委巡察组组长，国有粮食企业主要负责人等列席会议。

【市委巡察指导督导见面沟通会】 12月30日，市委巡察指导督导组对阜宁县委巡察工作指导督导见面沟通会召开。指导督导组组长张炜东传达中央、省、市委关于巡视巡察指导督导工作精神，通报工作任务、工作安排和工作要求。县委书记张利华参加并汇报县委巡察工作情况。县委常委、县纪委书记、监委代主任王怀亮参加会议。

党风廉政建设

【纠治群众身边腐败和作风问题】 组织开展农房改善、殡葬秩序、欺诈骗取医保基金等系列专项整治，查处群众身边腐败和作风问题75起180人。围绕农村乱占耕地建房、教育领域乱收费、人防车位违规租售等方面开展“每月一题”专项监督，重点查摆工作开展滞后、发现问题浮于表面、落实整改没有实效等问题，下发专题通报9期，曝光问题26起52人。推进正风肃纪“镇村行”“看机关”专项行动，在全县范围内创建模范机关、清廉村居、和谐社区，发挥先进典型示范表率作用。严格落实市纪委“一县一治理”工作要求，深化农房改善专项整治，对新沟镇康居工程建设、现代服务园区违法违规建房等开展专项追责调查，全年问责17起24人。聚焦营商环境“中梗阻”，开展“五整治一提升”专项行动，推动解决政务服务不优、部门协作不快、“阜企”帮扶运行效果不佳等问题32个。开展疑难复杂信访百日攻坚、纪检监察系统领导干部下访活动，成功化解疑难信访积案11件，2021年信访总量同比下降26.3%。

执纪问责

【一体推进“三不机制”】 全县纪检监察机关全年接收信访举报490件次，其中检举控告类447件次；立案480件，党纪政务处分496人，移送检察机关7人，查处科级干部28人，28名党员干部主动投案。做实政法队伍教育整顿监督执纪问责工作，立案18件，处分23人。织密制度之“网”，建立纪检监察建议“规范制发、动态跟踪、整改评估、审核销号”制度，先后向县法院、公安局、供销总社等单位制发纪律检查建议书和监察建议书6份。在全县开展县直重点部门“单月讲”、镇区“双月赛”活动，组织政法系统、农业条线和国企平台等5个专场活动。筑牢思想之“堤”。连续15年开展“210”“510”警示教育活动，召开政法系统、青年干部、经济园区及重点镇街等专场警示教育大会，筑牢党员干部拒腐防变堤坝。组织纪检监察干部“纪法宣讲进百镇千村”活动251场次，覆盖党员干部近3.42万人次。打造阜宁特色廉政文化旅游专线，接待县外党员干部1.58万人次。

【正风肃纪】 持续整治违反中央八项规定精神问题，坚决防反弹回潮、防隐形变异、防疫劳厌战。纠治“四风”顽疾，制定落实中央八项规定精神负面清单和吃喝风负面清单，建立内外联动“1+X”作风建设协同监督机制，重点开展落实中央八项规定精神“周周查”、公职人员违规吃喝“定期查”、专项治理“全面查”，查处违反中央八项规定精神问题47起106人，查处人数和处分比位居全市第一。

【政治巡察】 协助县委对13家单位党组织进行常规巡察，发现问题339个，移交问题线索27条，提出整改建议41条，高质量完成十四届县委巡察全覆盖任务。启动十五届县委首轮巡察，对4个镇（区）和66个村（居）开展巡察监督，稳步提升对村巡察覆盖率。在全市率先出台《阜宁县巡察整改责任清单（试行）》，将“三个责任”清单化，进一步压实整改主体责任。创新开展“1+5+N”对村巡察整改交叉督查，深化巡察监督与纪律监督、监察监督、派驻监督的贯通协作。探索建立县委巡察工作领导小组成员带队督察模式，先后两次对4家企业、5个镇区（街道）和13个县直单位进行专项督察。中央巡视组、省市纪委、省委巡视办相关领导先后对阜宁县巡察工作进行调研指导，并给予充分肯定，巡察工作连续5年考核居全市前列。（高　健）

阜宁县工商业联合会

【民营经济服务】 2021年，县工商联组织民营企业家参加市联理想信念教育培训班，到南通张謇纪念馆、五山滨江和江苏安惠科技有限公司企业党建进行现场教学，共同学习张謇精神，提高企业家的政治意识、责任意识和担当意识，推动企业实现新的更大发展。联合县检察院举办相继举办民营经济人士营商环境座谈会、"民营企业刑事法律风险防范"法治讲座；联合县法院建立商会调解纠纷化解机制，出台《关于深化商会调解机制促进民营经济领域纠纷多元化解工作实施方案》；联合县税务局开展"春雨润苗"行动，落实减税降费政策和优化办税服务体验；联合县司法局开展"法治体验四进四送"、万所联万会、《民法典》宣讲活动，拓展民营企业法律服务；强化与县人社、工会、工信等部门联动，开展协调劳动关系三方协商，促进形成争议处理的合力。组织民营企业开展网上营商环境问卷调查，组织工商联界别政协委员开展"优化营商环境"界别协商系列活动，畅通政企沟通渠道。

【联谊交流互访活动】 牵头帮助杭州阜宁商会做好筹建各项工作，于5月份举办成立大会，为在杭州的阜宁籍企业家搭建沟通联系新平台。为策应接轨上海战略，5月19日，县工商联到上海开展考察活动，与上海市宝山区工商联和阜宁县在沪企业家联合会进行座谈。双方就民营经济、产业转型、商会建设等方面进行坦诚友好交流，搭建对接交流互动平台，推进两地会员企业交流合作，创新联络方式，拓宽合作领域，增进两地工商联、商会、民营企业之间的交流合作。以异地商会为平台，收集招商信息，宣传推介阜宁，引荐客商来阜投资兴业。相继邀请新疆江苏商会、常州市装饰行业商会到阜宁交流考察。动员广大会员企业和基层商会捐款捐物助力疫情防控，牵线梦之蓝公益研究院开展助学圆梦活动。引导民营企业开展助学圆梦活动，在阜宁中学举办捐赠活动。

【作风建设】 1月15日—2月5日，根据县委统一部署，十四届县委第一巡察组于对工商联党组开展巡察。县委巡察反馈意见后，工商联党组立即召开党组会议，针对巡察反馈意见指出的需要整改的问题进行了全面安排部署，压实整改责任，落实整改措施。根据岗位职责和整改方案措施，进一步修订完善《阜宁县工商联党组议事规则》《阜宁县工商联内部管理制度》《阜宁县工商联兼职副主席工作制度》和《阜宁县工商联轮值活动制度》等规章制度，逐步完善治根本、管长远的制度体系。

（蒋东炎）

阜宁县总工会

【组织建设】 2021年，阜宁县总工会组织机关全体党员干部到东台三仓，参观学习新四军廉洁文化；走访慰问县总机关党龄50年以上的老党员6人，为其颁发"光荣在党50年"纪念章；老干部支部组织"学党史感党恩话重阳"主题党日活动，先后前往林海社区、东沟恒河油脂等单位参观学习。组织全体机关人员开展"一周进一企"走访服务活动，全年走访企业424个，协助解决各类问题52件次，此做法在《工人日报》头版头条推介。开展每周学讲谈、一周一信息活动，累计撰写学习心得体会282篇，登台演讲100余人次。

【职工活动】 围绕庆祝建党百年，举办"百年奋进正风华"职工书画展，观众超万人次；开展"忆峥嵘岁月·展奋斗芳华"征文诵读比赛，300余职工踊跃投稿；开展"学党史·忆工运·守初心"线上知识竞赛，1449名职工参加，累计答题5472次；选拔优秀职工参加全省职工"四史"知识竞赛，获团体第三名。召开全县劳动领域职工思想政治建设工作会议，组织工会意识形态工作业务骨干培训。结合全县重大工程、重点产业、重点行业，在风电、光伏等新能源产业、环保滤料产业、快递行业中开展6场技能竞赛。协助组织2021年全国纺织行业"阜宁杯"缝纫工（滤袋）职业技能竞赛。联合县人社局举办"建功'十四五'奋进新征程"2021年全县叉车工职业技能竞赛。

【劳模先进】 召开"五一"劳动奖命名表彰会议，命名表彰10家"五一"劳动奖状获得单位、30家工人先锋号获得班组以及79名"五一"劳动奖章获得者。县总工会、县审计局、阜宁阿特斯阳光电力科技有限公司获市“五一劳动奖状”。开展劳模党支部“双创双提升”活动，全年新建劳模创新工作室6家。开展“劳模工匠进校园·思政教师进企业”活动。先后组织5名讲师、10名劳模走进移动公司、陈集中学等单位宣讲。召开“学史力行·劳动筑梦”劳模事迹报告会，为20名劳模颁发阜宁县劳模宣讲团聘书。

【工会惠企】 围绕促进企业提升技术创新能力，开展科技创新成果、先进操作法、发明专利评选认定活动，对优秀科技创新成果等第一完成（发明）人予以表彰；围绕解决企业生产经营中的重点难点问题，开展“五小”活动，征集“五小”活动优秀案例和节能减排典型做法120余例。建立健全基层工会劳动保护组织网络，推动落实事故隐患和职业危害安全监控体系。参与全县工业企业疫情防控督查工作。开展“安全在我心中”系列劳动安全卫生知识宣教活动，组织“安全生产我来讲”暨“安全隐患随手拍”工作推进活动。全年收到“安全隐患随手拍”作品110件，其中50件作品获奖。举办全县工会干部安全生产培训班，全县重点企业工会负责人、重点岗位班组长共150人参加培训。新建“安康·爱心驿站”4个。全面落实小微企业工会经费全额返还支持政策，全年为962家小微企业返还工会经费312万元。

【劳动保护】 在庙湾古城开展“以习近平法治思想为引领，坚定不移走中国特色社会主义法治道路”的主题法治宣传活动，开展工会劳动法律进企业、律师进社区宣讲和服务农民工活动，为8名合法权益受到侵害的职工、被欠薪农民工等提供无偿法律援助服务。加强以职工代表大会为重点的企业民主管理、厂务公开工作，在重点企业中建立职代会备案制度，培植一批优秀职代会典型。组织开展职工“吐槽大会”“我为企业献一策”等活动和专项提案征集活动。深化集体协商工作，开展集体协商春季集中要约行动。围绕疫情防控保障、职工素质提升、劳动安全保护、薪酬福利等内容开展专题民主协商，着力解决实际问题。

【普惠职工服务】 开展“工惠企业（职工）十件实事”行动，为150名职工技能提升和农民工求学圆梦，省电视台专门采访报道。注重发挥“互联网+”功能作用，“六个一”服务法在《工人日报》介绍。持续深化“五助一卡”帮扶活动，帮助13名青年创业，资助28名困难职工子女升学圆梦，为100名快递小哥每人送上一份700元的体检单，为20名困难职工提供大病医疗救助，对28名符合建档条件的困难职工实行常态化帮扶。联合邮储银行、南京银行以及世纪联华超市共同开展“新春佳节，工会有礼”工会卡春节特惠活动。举办2021年阜宁县“春风行动”职工就业暨相亲会活动，达成务工意向400余人。命名表彰女职工先进集体和先进个人。邀请原省总工会女职工部部长宗萍到阜宁县举办“培树魅力女性 构建幸福家庭”专题讲座，组织500名女职工“两癌”筛查，建设12家爱心母婴室。出台《关于开展“学党史 办实事 工会助力乡村振兴”活动的实施意见》，组织10家企业、村居结对发展，引导鼓励基层工会使用职工福利费购买农副产品。组建5个“工会志愿者服务队”，为城区全员核酸检测实战演练检测点送上各类慰问品13万元。

【工会改革】 拓展党建带工建，以非公企业党建带工建“三创争两提升”活动为抓手，持续推动环保滤料产业集群、新能源产业集群党建带工建工作发展。阜宁协鑫光伏、江苏恒达机械、江苏黄河药业、中海宏祥铜业4家非公企业被评为市级示范单位；阜城街道工会联合会、江苏省阜宁经济开发区工会联合会被评为市级示范片区。“产业集群+”做法被《工人日报》推介，《“产业集群+基地”激发基层工会活力》被《江苏工人报》评为2021年度“江苏地方工会好新闻”。全年组建各类工会36个，发展会员3216人，80%的单位实行党工干部交叉兼职。启动工会会员实名数据库建设，录入会员123739人。推进“三新领域”“八大群体”等新业态群体建会入会行动，新组建行业工会8个，吸纳会员1100名。细化分解产改实施方案重点内容，落实成员单位年度重点工作任务，下发产改试点计划，组织产业工人队伍建设改革试点推进活动，发挥开发区、阜城街道及协鑫光伏、中成紧固件、东方滤袋、蓝天环保等首批试点示范引领作用。举办产改业务培训班，开设线上线下产改政策直通车推进产改整体合力。

（陈 菲）

共青团阜宁县委员会

【推进青少年思想教育引导】 2021年，共青团阜宁县委员会（简称团县委）在五四、国庆、少先队建队日等重要时间节点开展“矢志再出发，青春建新功”“迎接少代会，争做好队员”等主题团、队活动200余场；结合党史学习教育，在全县开展“学党史 强信念 跟党走”主题团、队活动70余场；成立青年讲师团，在全县各级团组织开展“党史百年青春说”系列宣讲36场；举办全县中小学“诵读学传”大赛，评选小小红色讲解员，组织“红领巾寻访”活动60余场，特色做法多次被省、市简报采用。推进“青年学习社”建设，重点打造“重返华中局”青年学习社线路，获评市青年学习社示范精品线路。挖掘全县各条战线先进青年典型，1名团员青年获全国优秀共青团员，东沟法庭获全国青年文明号。

【引领青年建功立业】 深化“新农菁英”培育计划，新摸排60位“新农菁英”，举办新农菁英训练营，成立4家新农菁英服务站，联合做好“新农菁英贷”推广发放工作，全年累计发放约800万元。引领广大团员青年围绕全国文明城市创建和新时代文明实践发挥作用。开展“创建文明城，青年当先锋”“争当河小青”“文明交通·安全出行”“春运暖冬”等各类文明志愿服务200多场，累计参与青年志愿者7500多人次。召开县志

2021年5月27日，团县委、县教育局、县少工委联合举办的"诵读学传"大赛在县实小长春路校区举办。
团县委/供

愿者协会第三次会员代表大会，促成全县16家志愿者协会与19家镇区结对，累计储备青年志愿者2300多人。组织200余名青年志愿者完成县"518"经贸洽谈会、金沙湖欢乐跑活动、省农民运动会等重大赛会服务保障工作。围绕创业培训、资金支持、平台搭建三个方面，持续服务、引领青年投身创新创业。联合县委组织部、县科技局开展创新创业大赛，推选4个青年创业项目参加市创青春大赛，其中1个项目获三等奖；联合人社局开展返乡创业大赛，在公众号开辟"团团周三帮你找工作"专栏，累计发布50余期，提供岗位3600多个，有效服务求职青年784人。开展好大学生暑期社会实践系列活动，帮助76名大学生成功上岗实习。实施高层次青年人才和青年学子"归航行动"，组织返乡大学生参加"千名学子看家乡"、暑期大学生专场招聘会等。成立阜宁籍大学生驻外团工委及高校联络站，招募621名成员，常态化开展活动。

【护航青少年成长成才】 建立青年联席工作会议制度并召开第一次全体会议，联合相关职能部门围绕青年发展规划制定县相关落实制度。预青办和未保办等议事协调机构运转良好，青年人才联谊制度写进县"才·阜行动"实施意见并常态化，青年人才工作获市先进。中小学组织开展青少年安全提升工程现场推进会，宣传防火、防沉溺安全知识，提升中小学生的安全自护能力。开展法护校园、模拟法庭大赛、法制成人礼、禁毒防艾等活动，举办民法典知识讲座，引导青少年学法、懂法、守法。组织开展"童享阳光·点亮小书桌""暖冬行动""温心同行"等活动，筹集各类资金13万元，为困难群体和困境青少年服务。实施重点青少年群体"成长护航工程"，组织开展爱心暑托班、"10·17"全国扶贫日爱心助学活动；实施"梦想改造+"项目，为55户事实孤儿改善住房条件。实施希望工程"圆梦行动"，自筹资金12.5万元，资助大一新生25人，实现全县建档立卡户新生全覆盖。

【基层组织建设】 在全县230家非公企业中新建团组织，扩大团组织覆盖面；打造青年学习社精品线路2条，全年常态化开展活动20余场；机关党员主动投身社区疫情防控工作，团结带领全县各级团组织和广大团员青年奋勇担当作为，成立临时团支部1个，建立青年突击队25支，拨付特殊团费4万元，累计募集资金20余万元，捐赠各类防疫物资价值27.8万元。在全县团员青年中，开展"青年大学习"，参学率长期位于省、市前列。开展主题教育培训班，覆盖全县机关、镇、村所有团干部。对参训团干部进行党的政策、团的业务知识专业测试，助力团干部的理论和业务水平再提升。按序时青标准组织完成镇村两级团组织换届选举，推动110家非公企业建立团组织。举办全县基层团干部培训班，实现县镇村三级团组织书记全覆盖。推动全县中学中职学校100%建成团校。

（李咏絮）

阜宁县妇女联合会

【概况】 2021年，阜宁县妇女联合会（简称县妇联）开展巾帼大宣讲活动，线下组建成立"巾帼党课讲师团"，开展巾帼大宣讲12场；线上在公众号推出党史学习专栏，推送《党史百年天天读》《讲巾帼英雄故事》《巾帼大学习》等信息269条。开展党史学习教育主题活动，组织开展"守初心，巾帼英烈铁军魂再出发，巾帼建功新征程"党史学习教育现场教学汇演、"诵读红色家书，赓续红色血脉""510"廉政教育、"绣党旗，颂党恩，庆七一"、党史学习教育主题宣讲会、"童心向党，绘画传情"竹匾画征集、"学四史 守初心"微感言征集、第三届红色故事宣讲大赛暨小小宣讲员选拔赛等主题活动。参加市"巾帼颂歌献给党"大合唱比赛，获三等奖、优秀组织奖。弘扬先进妇女典型精神，开展三八红旗手（集体）、巾帼建功、最美家庭评选活动，选树各级先进典型个人（集体）286个，成立"三八红旗手（集体）"工作室10个，成立三八红旗手联盟。

【创业创新】 推进巾帼创新创业赋能行动，开展"迎三八"女性就业专场招聘活动，线上发布14家企业1000多个女性就业岗位信息，线下在东沟镇、罗桥镇举办招聘会；调研摸排恒生环保、瑞斯特针织、世通阀门等女企业家企业发展情况，加强和人行、农商行协作，开展"巾帼荣誉贷"金融服务活动；强化女性创业者服务，协助申请创业贷款；组织女企业家参加"沪盐融合 赋能未来"

2021年4月，县妇联在金沙湖举办"庙湾巧手"巾帼手工技能培训班。
县妇联/供

上海市女企业家盐城行项目推介及联谊交流会。开展"巾帼建功""双学双比"活动，6个集体被评为市巾帼文明岗，5人被评为市巾帼建功标兵，评选县级巾帼文明岗20个，巾帼建功标兵80个，县姜大姐大豆专业合作社被评为全国文明岗、创业女性施燕被评为全国巾帼建功标兵，阜宁县鸿陟农产品有限公司被评为省级巾帼电商助农示范基地；组织巾帼农业合作组织、乡村民宿女主人、巾帼新农人参加省市培训、交流研讨活动；在芦蒲、金沙湖、新沟等镇开展巾帼手工技能培训5场，业务对接活动3场，培训妇女200多人。开展"岗村结对共建 促进乡村振兴"活动，组织16家省市级巾帼文明岗与村（社区）结对共建，为村（社区）和农村妇女提供组织、人才、服务等方面的支持。深化"美丽庭院"创建工作，在公众号设立"美丽庭院"创建擂台赛展示各镇区创建工作，召开"美丽庭院"创建工作推进会23场、庭院绿化宣讲10场、女性保健宣讲10场、家风故事宣讲5场、"美丽庭院"妇女议事17场，常态开展"20+集中清扫日"主题活动，组织女党员、女干部、巾帼志愿者到村组开展"美丽庭院"创建宣传、垃圾分类宣传，发放宣传画、环保袋、围裙、客厅、卧室、厨房温馨提示卡1000余份，创建"美丽庭院"示范户950个，2个示范点被评为新型农村社区市级示范点。推进家政服务提质扩容行动，开展巾帼家政培训活动，为300多名农村妇女提供家政收纳、家政保洁、育婴员、养老护理培训服务；组织巾帼家政企业参加市县家政职业风采、"最美家政师"评选活动；加强行业标准规范和诚信体系建设，推动事事灵家政、爱君家政等信用好的巾帼家政企业和人员入驻"好苏嫂"诚信平台。

【家庭家教家风建设】 厚植家庭文明风尚，开展第五届"文明家庭"暨第六届"最美家庭"评选活动，评选"最美家庭"49户；推荐各类优秀家庭参加省市家庭类评选，表彰省最美家庭1户、市最美家庭6户、市"书香家庭"6户，组织开展"最美家庭"故事分享12场；开展"让廉洁从家出发"家庭助廉系列活动，在微信公众号给全县干部家庭发一份"廉洁从政倡议书"；举办年轻干部专场警示教育暨"让廉洁从家出发"家庭助廉活动；组织200多名家庭代表到党性教育基地开展"学党史，感党恩，亲子走读红色路"主题活动5次；开展"清正家风故事"征集活动，选送家风故事10篇报市参赛，2篇获得盐城市优秀作品奖，2人参加市"清风家正故事"讲述比赛获优秀奖。做实家庭教育，在硕集社区、陈良镇、三灶镇等镇区开展"学习强国进家庭"、家教知识公益宣讲活动，邀请心理专家为家长普及科学家教知识；在新沟镇、郭墅镇、阜城街道开展家风故事分享活动，营造家庭文明创建氛围；实施"益童前行守护童心"项目，开展"护童成长营——家庭教育讲座"4期、护童知识——儿童知识讲座"16期，受益家长及儿童1000人次。深化"三全"社区家庭教育工作，在林海社区、红心社区、新盛社区3个试点小区收集7714户家庭中0—18岁1443名未成年人教育环境创设及家庭档案信息，收集童言童语34条，采纳建议10余条，为小区46名贫困家庭学生赠送价值7.36万元的美好书桌，开展"浓情端午，夏日放粽""九九重阳节，浓浓敬老情""送法进社区，服务零距离""小手牵大手，快乐共成长"、垃圾分类等各类亲子共读、亲子游戏、家庭教育讲座等活动15场。

【妇儿民生服务】 完善妇女利益诉求表达机制，推广妇女议事"五步工作法"，先后开展"美丽庭院"创建、家庭文明建设等妇女议事活动19场，引导妇女有序参与城乡社区治理；在沟墩镇成立家事调解室，培训家事调解员100人。聚力维护妇儿合法权益，开展"性别平等进校园"活动，推进男女平等基本国策，开展"民法典进家庭"活动，组织法官、律师进社区、进广场宣讲《民法典》10场，提升群众的法治意识和法治思维；组织镇（社区）妇联主席、网格员参加市反家庭暴力工作培训班，推动在基层派出所普遍建立"反家暴联调室"，放大"幸福家"公证法律服务站，为妇女儿童提供身边的法律服务，全年接待信访来电20起、来人78起，国家、省、市妇联转回复件8件，12345平台回复8件。持续关爱困难妇儿，为全县农村贫困妇女免费进行"两癌"检查；为全县272名单亲贫困母亲每人购买价值300元的平安保险一份；实施好“春蕾计划”“99公益日”“大爱阜宁手牵手”等慈善项目，为阜宁现代中等专业学校和陈集中学369名家庭经济困难的学生发放奖助学金39万元；为阜宁县1520名低保家庭义务教育阶段学生发放助学金190万元；深化“把爱带回家”巾帼志愿服务活动，向185名贫困家庭发放慰问金及物品；开展“漂流的阳光图书角”活动，为村小留守儿童们送上405册图书和“图书角”书柜，收集“微心愿”40个；开展“情暖童心 爱在中秋”关爱活动，丰富困境妇女儿童精神文化生活，提升妇女儿童的获得感、幸福感、安全感。

【妇联组织建设】 强化妇联党组领导核心作用，落实全面从严治党主体责任，抓实党风廉政建设和安全生产工作，持续推进正风肃纪看机关专项活动，营造风清气正的政治生态；落实妇联干部挂钩联系点、到村（社区）报到、全员接访等常态联系制度，坚持真入基层、常在基层，以实际行动回应妇女群众关切，以妇联干部的奉献指数提升妇女群众的幸福指数；开展“万名妇联执委走基层”活动，组织全县各级妇联组织执委主动亮出妇联标识、亮明执委身份，在基层群众、生产一线、下属单位、工作服务对象中，开展“走基层、访妇情，我为群众办实事”“五个一”主题活动；全县三级执委走访妇女群众300多名，收集解决涉及妇女儿童困难实事135条。开展“六好”镇级妇联组织争创活动，进一步推动“四新”领域妇联组织建设，在爱君家政、爱的港湾志愿者协会成立妇联组织。持续实施“基层妇联领头雁培训计划”，启动执委项目认领工作，认领庙湾巧手、美丽庭院建设、妇女微家、“四新”妇联建设、“春蕾助学”等10大类项目；实施“她公益”志愿服务项目，镇区（社区）妇联申报“美丽庭院”创建、留守儿童关爱、家庭文明培育等项目24个；举办“她公益”志愿服务项目培训会，邀请盐城心语社会工作服务中心孙莉老师就项目策划、实施等进行培训。

（陈久玲）

阜宁县残疾人联合会

【概况】 2021年，阜宁县残疾人联合会（简称县残联）以高质量党建领航残疾人事业高质量发展，以革命老区的铁军精神加强对残疾群众的意识形态工作，教育引导残疾人。10月，阜宁县被省残工委表彰为全省残疾人工作先进县。县残疾人运动员江浪在全国第十一届残疾人运动会暨第八届特奥会跆拳道比赛中，获银牌；选派的一组选手在盐城市2021年残疾人掼蛋选拔赛中，获第二名；1名残疾人运动员在盐城市残健融合全民健身运动会上，获肢体组季军。《做好“三个角色”点亮残疾人士幸福之光》被学习强国平台登载。

【发展集中安置残疾人企业】 通过线上咨询洽谈和线下点对点对接，集中为各类残疾人送岗位、送服务，帮助一批就业困难的残疾人实现高质量就业，每人每月获取1620元以上的工资收入，并足额缴纳“五险”，其中为江苏省丰鑫源环保集团召开两次专项招聘活动，为行动不便、精神障碍人员安排居家就业的有16人。县集中安置残疾人企业由2020年的24家增至25家，新吸纳正式就业残疾人26名。

【推进按比例安置残疾人】 以按比例就业安排年审为杠杆，动员用人单位提供适合残疾人就业的岗位信息，调动企业安排残疾人的积极性。全年有83家企业通过按比例政策实现新增就业429人。省公务员招考增设阜宁县残联机关一级科员岗位1个。

【鼓励残疾人创业】 5月15日助残日之间，通过层层选拔，在自主创业人员中选出10名自强之星，县领导亲自颁奖祝贺，通过专题板块、现场直播滚动式广泛宣传个人创业事迹。全年有36名残疾人实现自主创业。

【康复服务】 县委、县政府将残疾儿童康复提升工程列为“两重一实”重点项目，全年对7个镇区104户残疾人家庭进行无障碍改造；实施822件辅助器具的适配发放；对2665名精神病人提供服药救助；扩大受益群众，针对65周岁以上无固定收入的老年人开展免费复明手术464例；对215名低视力儿童和333名肢体智力等残疾儿童加大康复力度。县康复中心创新“康教”相结合模式，组建幼儿园，使在康复期儿童能够边康复边上学，解决残疾儿童上学难题。

【活动开展】 县残联党支部与江苏医药职业学院康复医学院党总支合作共建党员基层教育服务基地，于1月16日联合开展“听抗疫事迹、建服务基地、展专业技能”主题党日活动，并邀请阜宁县援鄂医疗队队长姜金龙深情讲述县援鄂一线医务人员抗疫故事，该活动被市委市级机关工委评为年度全市机关最佳基层党组织活动案例一等奖。与县委组织部联合会开展“党内关爱暖心”活动，县残联16名退休老干部、老党员受邀参加。召开党史学习教育暨廉政教育大会，并邀请县委宣传部副部长王平现场讲解党的光辉历程。组织阜宁县“全国助残日”宣传暨第三届“十佳助残之星、十佳自强之星”颁奖主题文艺汇演。组织庆祝中国共产党成立100周年大合唱。组织残联系统和其他部分社会人士参加省第十八届社会科学普及宣传周主题有奖竞答和残疾预防与康复有奖知识竞答活动。制定并实施《2021年阜宁县“第11届残疾人健身周”活动方案》。

（邵延策）

阜宁县文学艺术界联合会

【概况】 2021年，阜宁县文学艺术界联合会（简称县文联）以党史学习教育和中国共产党成立100周年为活动重点，开展较大文艺活动11次、承办或协办市文联活动4次、书画摄影盆景展览8次、文艺交流采风16次、文艺志愿服务活动23次，400余篇文学作品在市级以上报刊杂志发表，170余幅书画、摄影作品参加市级以上展览竞赛活动，由县文联、县摄影家协会精心策划的“让幸福照进来——党旗映红幸福脸”志愿服务专题获2021年度全国学雷锋志愿服务“四个100”先进典型。

【文学创作】 县作家协会会员在市级以上报刊、杂志发表小说、散文、诗歌等作品400余篇。孔令玉加入中国作家协会，长篇小说《女儿吟》获2020年度盐城市政府文艺奖三等奖，正在创作的长篇散文《那片深沉的褐黄》，被列为盐城市作协年度重点扶持项目；徐卫凤长篇报告文学《风行大地》获2020年度盐城市政府文艺奖二等奖，《凤城展翅》（2020年6月受江苏省作协和江苏省扶贫办委派采访江苏丰县脱贫攻坚工作）收录在报告文学集《茉莉花开——脱贫攻坚江苏故事》，由江苏凤凰科学技术出版社出版；张大勇出版儿童诗集《白云为什么红了脸》；陆道如出版纪实文学集《大时代逐浪》；张洪文纪实散文《一份难忘的“困难报告”》入选由省委党史办、省政府扶贫办编辑、江苏人民出版社出版的《江苏扶贫实录》一书；张大勇、徐卫凤、孔令玉、曹艳春等在盐城市“大地铭记：永不忘却的红色记忆”征文中分别获一、二、三等奖和优秀奖。张大勇、孔令玉、朱文虎、刘猛、曹玲林、苏迅等6人的散文作品入选《江苏散文选（2021卷）》等。

【书画创作】 单正卫篆书作品入展中国书法家协会主办的第九届中国书坛新人新作展；孙华光、邓芙蓉书法作品入展省书法家协会主办的江苏省首届篆隶书法作品展，其中孙华光书法作品获优秀奖；刘志军、惠德楼刻字作品入展省书法家协会主办的江苏省第七届刻字艺术展；县实验小学学生丁昕辰百米画卷《成长》获吉尼斯世界纪录“亚洲之最”称号；顾冬成、吴界和、嵇加龙等书画作品参加市庆祝中国共产党成立100周年优秀书法美术摄影作品展；夏国海水彩画《乐土》获2020年度盐城市政府文艺奖二等奖，《沃土暖阳》入选第五届江苏省文华奖，油画作品《立夏》获江苏第三届青年油画展优秀奖，6件油画作品入展2021《艺术百家》江苏省优秀青年美术家提名展。

【摄影创作】 张俊创作的《黄河故道春色美》获市生态环境局主办的“大美湿地生态盐城”主题摄影大赛二等奖，《碧荷映蓝天》入选盐阜大众报业集团主办的“江苏科晟杯”园林摄影大赛，《晨雾中的小康村》入展省文联主办、省摄影家协会承办的“美丽江苏”摄影大展；丁亚平创作的《阜宁新农村》获省“小康光景”摄影大赛表彰，并刊印向社会发行；束建创作的《守护环境》获“2021年GCPA国际摄影大赛”创意组银牌，《王者》获“2021尼康‘冲破想象’”摄影大赛三等奖，《奇墅湖秋色》获“六合视界风光大赛”一等奖；顾健创作的《“赛”出乡村振兴“精气神”》在江苏省县（市、区）新闻中心系统好新闻评比中获图片类三等奖。

【文艺交流采风】 3月2日—5月21日，县文联先后10多次组织县内文艺家，到县内红色景点、烈士命名村、小康村等开展“弘扬铁军精神，追寻红色记忆”采风创作活动，创作诗词、书画、散文和摄影作品500多件，其中围绕建党百年创作的微电影《微光》、歌曲《一百年》在网络媒体发布。5月30日，在阜宁书城举办阜宁籍著名作家吴光辉红色散文分享会。6月3日，协助市文联开展建党百年“红色艺履”——百名画家走进阜宁采风活动，《中国美术报》社长、总编王平一行先后参观阜宁停翅港新四军军部旧址和中共中央华中局第一次扩大会议旧址。6月7日，“画说湿地”——盐城市湿地采风行走进马家荡，17名画家、作家参加活动。7月2日，组织县内文学、音乐、书画、摄影爱好者开展“红色阜宁、幸福家园”主题采风创作活动。9月29日，组织8名书法家到县消防救援大队，开展“翰墨飘香进消防，双拥共建迎国庆”书法笔会活动，现场创作40余件作品赠送给消防指战员。11月11日—12月13日，多次组织作家协会会员开展“寻古镇（村），觅古韵”文学采风活动，创作20余篇富有地方文化特色的散文、诗歌作品。

【文艺活动】 2月7—8日，组织8名书法家到硕集社区、庙湾古城开展“我们的中国梦——文化进万家”迎新春义务写春联活动，免费为广大群众书写春联800多副、福字600多张。2月12—26日，在县美术馆举办“翰墨迎新春”——滨阜响三县书画联展活动。2月28日，阜宁县影视协会成立并召开第一次会员代表大会，通过《阜宁县影视协会章程》，选举产生第一届理事会和领导班子。3月8日，在县美术馆举办“别样芳华”阜宁县女子10人书法联展。4月18日，县文联举办“庙湾春韵”阜宁县第十九届盆景展。6月28日，在阜宁凤凰广场举办“百年礼赞，红色传承”——庆祝中国共产党成立100周年全国书法美术名家邀请展，展出来自河北、四川、贵州、山西等51位书画名家作品；在庙湾古城举办“山河岁月”——阜宁县庆祝中国共产党成立100周年诗书画联展，展出县内书画爱好者作品100幅。6月29日，在县农商行举办“辉煌百年史，诗韵颂党恩”——阜宁县“洲业杯”诗词大赛获奖作品朗诵会。7月1日，与市油画学会、县文广旅局等单位在县美术馆联合举办“立象·尚意”盐城市油画学会提名作品展。7月2—26日，与县人大办、县教育局联合举办“宣传人大制度，发扬人民民主”全县中小学生书法大赛活动。10月1日，在庙湾古城举办“大美阜宁，幸福家园”——阜宁县庆国庆优秀摄影作品展，展出摄影作品80幅，100余人参观展览。12月15日，在县美术馆举办“美丽乡村”阜宁县第二届农民书画作品展，展出书画作品60幅，并编印展览作品集。

【开展“让幸福照进来——党旗映红幸福脸”专题志愿服务活动】 3月1日—5月31日，县文联、县摄影家协

2021年5月14日，市文联到阜宁县古河镇张刘村调研文艺助力乡村振兴工作。 丁亚平/摄

会联合开展“让幸福照进来——党旗映红幸福脸”专题志愿服务活动，用镜头记录阜宁县新中国成立前老党员的风采。该活动历时3个月，100多名文艺志愿者利用节假日和周末时间走村入户，面向全县健在的百名新中国成立前老党员开展慰问、拍摄服务，并为每一位老党员完成“我和党旗合个影”的摄影工作。“七一”前夕，在庙湾广场举办大型图片展，展出摄影图片100多张，《现代快报》《新华日报》等媒体对该活动进行相继报道。该项目被盐城市推荐参加第六届江苏省志愿服务展示交流会，获2021年度全国学雷锋志愿服务“四个100”先进典型。

【市文联调研文艺助力乡村振兴工作】 5月14日，市文联党组书记、主席李军带队在阜宁县开展文艺助力乡村振兴工作专题调研，到古河镇张刘村进行走访慰问，参观陈良镇新涂村文艺惠民活动，到阜宁县中博书法院参观书法展览，并召开文艺助力乡村振兴工作座谈会。会上，县文联和县各文艺家协会相关负责人进行交流发言。调研组对阜宁县文艺助力乡村振兴工作予以肯定。市文联党组成员、副主席张曙光、朱桐生等参加活动，县委常委、宣传部部长张国胜，县文联主席顾冬成等陪同。

（嵇加龙）

阜宁县科学技术协会

【概况】 2021年，阜宁县有科协基层组织37个，其中乡镇街道科协14个、企业科协23个，本级科协基层组织会员人数1977人次。县科协获县级机关单位综合考核一等奖，被表彰为2021年全国科技活动周暨江苏省第33届科普宣传周优秀组织单位、2021年全国科普日活动优秀组织单位、2021年“科创江苏”创新创业竞赛（盐城地区）优秀组织单位、2021年江苏省全民科学素质大赛网络赛优秀组织单位。阜宁县成功创建中国农技协科普教育基地1家（阜宁县现代农业产业园区）、江苏省示范企业科协1家（蓝天环保集团股份有限公司科协）、市级“基层科普行动计划”科普示范社区1家（阜宁县阜城街道新盛社区）。

【党支部换届选举工作】 8月13日，召开县科协党支部换届选举大会，大会选举产生新一届支部委员会，孙浩天当选支部书记。

【建立健全基层科协组织】 县科协以机关党建“书记项目”为契机，开展项目《深化党建带科建打造百姓家门口的精神家园——持续探索新时代党建引领下的基层科协工作有效路径》，通过走访调研、制定工作方案、开展试点工作等方式，把规范和发展镇区（街道）科协摆在重要位置，建立健全镇区（街道）科协，确保基层科协组织建设要达到“六有”（有牌子、有人员、有经费、有台账、有活动、有场地），制定《关于加强党建引领基层科协建设的实施方案》，推动县、镇区（街道）及基层党建带科建的全面铺开，加强基层科协组织建设。

【科普品牌建设】 科普宣传周、全国科普日期间，阜宁全县范围内举办了各类科普活动70余项，包括大型科普集市广场活动、《我和我的祖国——中国科学家精神》主题巡展、新时代文明实践科普志愿者进村居（社区）、“美好生活、法典相伴”科普知识网络竞赛、“全国防灾减灾日”应急科普知识网络竞赛、校园科普宣传周、第二十七届江苏省青少年科技模型大赛盐城市选拔赛（阜宁县分赛点）、“节能降碳、绿色发展”节能减排科普云课堂、科学防疫科技志愿服务联合行动、县科学传播专家团科普行动等系列活动，覆盖受众20万余人。人民网、省交汇点新闻、《扬子晚报》（紫牛新闻）、《盐城晚报》《阜宁日报》、阜宁新闻（电视台）、“科普阜宁”微信公众号纷纷报道阜宁县科普宣传周活动。结合新时代文明实践，推动科技志愿服务活动常态化，推动科技创新成果和科学普及活动惠及于民。

【科普联合行动】 联合县司法局开展“美好生活、法典相伴”科普知识网络竞赛和第七届4·8司法日联动服务宣传活动，普及宣传民法典、公共法律服务、公证、法律援助、社区矫正、反邪教、移风易俗等内容，提升市民法律意识和全民科学素质；联合县市场监督管理局开展阜宁县“世界知识产权宣传周”活动，增强全社会尊重和保护知识产权意识；联合县应急管理局开展5·12全国防灾减灾日宣传活动和全国防灾减灾日应急科普知识网络竞赛活动，进一步增强全民防灾减灾意识、提升公众安全素养；联合生态环境局开展6·5世界环境日宣传活动，引导群众自觉养成科学、低碳、健康、合理的生活和消费方式；联合县应急管理局开展“安全生产月”宣传活动，提升公众安全素质。县科协全年举办各类科普宣讲活动20场，受众63500余人次；举办青少年科技竞赛活动4场，参加人数35200余人次。

【科普信息化】 推动“科普中国”在阜宁县落地应用，全县注册科普中国信息员2978人，月平均文章传播量46703篇；“科普阜宁”微信公众号科普宣传效果好，利用“科普阜宁”平台开展科学知识、卫生健康、防诈骗、防灾减灾、《民法典》、党史学习等主题的科普宣传，累计发布各类科普信息460余条，账号关注人数2.8万人，阅读量60多万人次。开展“科普e站”整改工作。

【青少年科技教育】 举办第27届江苏省青少年科技模型大赛盐城市阜宁赛区选拔赛，全县500多名中小学生参加竞赛；开展“开学第一课”消防安全科普教育活动，逼真地模拟火灾险情、逃生通道，组织学生开展应急疏散演练，强化同学们的消防安全技能；邀请县心理学教研员杨兆宝为芦蒲初级中学学生上一堂心理健康教育课《交往有艺术》。继续开展“科普云课堂·校园月月讲”科普品牌活动，“科普云课堂·校园月月讲”科普志愿服务项目获得县最佳志愿服务项目。

【全国科技工作者日活动】 召开科技工作者座谈会，来自全县工业、农业、教育、卫生等领域的6名科技工作者代表作交流发言，讲述从事科技工作的心得、感悟和打算，对阜宁科技资源共享、科研人员激励机制、创新创业等热点问题进行交流讨论，增进与科技工作者之间的感情，增强科技工作者的荣誉感、自豪感。在协鑫集成、蓝天环保、供电公司等6家企业进行“中国科学家精神”巡展，营造尊重科学、尊重人才的良好氛围。

【举荐表彰优秀科技工作者】 县人民医院“难治性血小板减少”症维持治疗科技创新团队获盐城市优秀科技创新团队称号，阜宁协鑫集成科技有限公司工程师王磊获盐城市“优秀科技工作者”称号。

【自然科学优秀学术成果推荐申报】 县科协向全县工、农、医等各领域公开征集自然科学优秀学术成果，经过论文查重、初审、公示等环节共征集24篇学术成果，县农业科学研究所的“阜宁县设施蔬菜病虫害农药减量控害综合防控技术”等4篇学术成果获盐城市自然科学优秀学术成果三等奖。

【推进科技思想库建设】 先后收到建议议题3篇，其中阜宁协鑫集成科技有限公司王磊的“产业链图谱视角下的盐城市光伏产业发展路径研究”获盐城市2021年度自然科学软课题立项资助项目。

【承办2021年盐城（阜宁）企业科技信息服务培训会】 4月，县科协承办盐城市科协企业科技信息服务培训会，邀请省科协企业创新服务中心项目部部长唐杰授课，来自盐城各县（市、区）科协分管负责人及企业科技主管、企业专利应用工程师等180余人参加培训会。

【参加“科创江苏”创新创业大赛（阜宁赛区）】 县科协到开发区、高新区等企业科协开展调研工作，了解相关企业的基本情况，动员企业科协和广大科技工作者参与创新创业，择优项目参加“科创江苏”创新创业大赛（阜宁赛区），筛选出3个优秀项目参加市赛。阜宁协鑫集成科技有限公司的“科技应用对光伏组件带来的改变”项目获2021“科创江苏”创新创业竞赛（盐城地区）决赛创业组创新组第三名。

【省科协系统第二期领导干部能力提升培训班观摩】 10月中旬，2021年江苏省科协系统第二期领导干部能力提升培训班全体人员一行先后实地参观阜宁县新沟镇新东村农村科普示范基地、县科协（阜城街道）科技创新成果服务中心、县科协（经济开发区）企业科技信息推广服务中心和县现代农业园区等地，对阜宁县近年来的科协工作给予肯定。

【承办盐城市第十届自然科学学术活动月启动仪式】 市学术活动月首次由县科协承办，启动仪式颁发盐城地区第八届淮海科技奖、2021“科创江苏”创新创业竞赛（盐城地区）获奖名单。组织参观阜宁县科协“十三五”期间在科技服务平台建设、科普教育基地打造等方面的示范典型，推动阜宁县科技界营造浓厚的学术氛围和人才成长环境。

【科技信息推广应用】 成立科技信息推广应用领导小组，根据企业实际情况，了解科技人才在企业的现状和需求，成立和壮大企业科协，明确以企业的总经理为科协主席，技术总监为副主席，负责技术的工程师为秘书长，保证企会协作、专利平台检索和专利信息成果应用等工作高效开展。已成立了蓝天环保、金海新能源等企业科协23家，其中蓝天环保集团股份有限公司科协获2020年度江苏省示范企业科协称号。

【科技信息推广应用“一站式”跟踪服务】 成立阜宁县科协（经济开发区）企业科技信息推广服务中心，组建科技信息服务专业队伍，针对阜宁企业实际需求，提供科技信息推送、专利信息数据库（网络版）系统操作培训、技术专家对接服务企业、企业应用效果跟踪、企业示范应用成果培育、企业转化应用效益分析等“一站式”服务。专利信息平台新增注册企业15家，县企业总注册105家，做到高企清零、各镇区园区清零。在2021年度专利信息平台活跃企业TOP20排行榜中，阜宁县企业江苏康隆迪超净科技有限公司、江苏蓝天环保集团股份有限公司位列全市第一、第二。企业科技信息应用案例征集目标数5项，已提交8项，阜宁县案例申报完成率、完成数量均位列盐城市各县区第一。

【科普数字化发展】 针对不同区域、行业、年龄人群，开展科普资源内容精准推送、智慧服务。全年开展阜宁县“美好生活、法典相伴”科普知识网络竞赛、阜宁县“全国防灾减灾日”应急科普知识网络竞赛活动、“科普云课堂、校园月月讲”活动，线上观看和参与人次累计91.4万；“科普阜宁”微信公众号总用户数25854人，年阅读总量10.7万人次，开辟科学辟谣、疫情防控、应急科普等多个科普专栏；全县注册科普中国信息员2978人，注册科技志愿者2039人，县科协获江苏省科技志愿服务工作优秀组织单位、科普中国信息传播工作优秀组织单位。

（王庆艳、刘媛媛、倪娅媛）

阜宁县哲学社会科学联合会

【概况】 阜宁县哲学社会科学联合会成立于2017年4月，是中共阜宁县委领导下的以哲学社会科学研究为主要任务的学术性群众团体。正科级建制，2021年，由县委宣传部副部长王平兼职主席，秘书长1人。常务理事一般为县级社科团体负责人，主席、副主席人选一般为业务主管单位负责人。无专职工作人员。在第十八届江苏社科普及周主题知识竞答活动中，阜宁县在县（市、区）排名中，以总参与答题73.8万人次，位居全省第一。

【社科立项】《百年峥嵘——谈中国共产党成功的经验》《新时代养老服务体系构建研究》等成功申报市政府社会科学基金项目研究课题并立项公示14篇。

【理论研究】 社科论文《从百年风云看中国共产党为什么能》入选盐城市庆祝中国共产党成立100周年理论研讨会重点推荐篇目。

【社科普及】 成功申报市社科普及项目资助4个，其中阜宁县“百姓名嘴”大篷车志愿服务项目被列为重点项目。成功申报益林善文化馆、盐城市王启稳“百姓名嘴”工作室2家市级社科普及基地。

（陈丽天）

阜宁县红十字会

【公益性应急救护培训】 2021年，县红十字会在全县范围内开展应急救护技能培训和急救知识普及，提高全县各单位和公众应对突发事件的自救互救能力。开展应急救护员培训74场，培训人数1165人。开展应急救护普及型培训36场，培训人数11200人。

【推进“三献”工作】 开展捐献造血干细胞宣传培训服务工作，针对“志愿者保留项目”回访工作，逐一回访，工作完成率100%。做好捐献造血干细胞志愿者再动员、高分辨、体检、捐献服务环节工作，再动员成功率100%，采集捐献造血干细胞血样110份，新增遗体和人体器官捐献登记志愿者1033人。

【博爱送健康】 组织县红十字冠名医疗机构，到街道（乡镇）、社区、红十字“博爱家园”开展送医送药送健康服务，组织“博爱送健康”活动13场次，次群众受益2649人。

【人道救助品牌打造】 重视募捐筹资工作，推动以项目筹资为渠道的募捐筹资工作，主动对接爱心企业，了解捐赠方的意愿，最大限度调动爱心企业积极性，激发捐赠热情。谋划“99公益日”网络筹资，网络筹集爱心捐款10万元。常态化开展“博爱送万家”活动，实施博爱助学、博爱助医、博爱助老等救助项目，发放救助款物46.44万元，受益群众近5000户。做好中国红十字基金会“小天使”和“天使阳光”救助项目争取小天使、天使阳光基金拨款22万元，救助县内患儿6人。

【推进“博爱家园”建设】 推进博爱家园组织建设和志愿服务队建设，新建“博爱家园”3个，其中1个被表彰为全省优秀“博爱家园”；新建志愿服务队3个，新增志愿者120人，开展人道项目22次。注重“博爱家园”内涵建设，在“博爱家园”中常态开展红十字会业务知识宣传、人道救助、应急救护培训、养老照护志愿服务等项目。

2021年2月2日，县红十字会在阜城街道南苑社区举行博爱送万家活动。
县红十字会/供

【志愿服务活动】 组织应急救援、无偿献血、捐献造血干细胞、应急救援等志愿服务队志愿者结合专业职能，常态化开展志愿服务，为广大群众送知识、送健康、送温暖。特别是志愿者积极参与新冠肺炎疫苗接种、核酸检测动员宣传服务、重点场所义务消杀等工作，助力疫情防控工作。

（沈 力）

阜宁县老区开发促进会

【宣传老区】 2021年，阜宁县老区开发促进会（简称县老促会）在全系统组织学习宣传《阜宁老区发展史》。阜宁县是抗战时期中共中央华中局和新四军重建军部所在地，是具有影响力的革命老区。阜宁老区发展史，集中展现阜宁人民在中国共产党领导下的光荣革命史、不懈奋斗史、辉煌成就史。采取各种形式学习宣传阜宁老区发展史，读阜宁老区发展史，讲老区革命和发展故事，参观阜宁、芦蒲烈士陵园等红色教育基地，创作阜宁老区发展史文艺作品，演老区发展剧目，交流读老区发展史心得体会。到北京、上海、南京等地举办专场报告会，向阜宁籍在外地工作的社会各界人士赠书。拜访全国政协原秘书长朱训、中国对外友好协会原会长陈昊苏等。联合国投集团组织开展学习市党代会报告、学习老区发展史"盐阜儿女心向党"征文活动，收到征文40多篇，向市老促会报送36篇。县老促会连续11年获中国老促会颁发的"全国老区宣传工作"特等奖。

【编纂《红色之源》】 年初，省老区开发促进会在全省开展红色资源调研普查工作，本着"红色资源家底数要清"的指导思想，县老促会向县委请示，建议开展阜宁红色大普查，编纂阜宁《红色之源》丛书。县委书记张利华做出批示："老促会的建议很好，请国胜部长给予支持"，并在《盐阜大众报》上发表署名文章《续写革命老区红色土地新荣光》。普查工作由县老促会牵头，县各相关部门共同参与，制订阜宁县红色资源普查工作方案，组建领导小组，成立红色资源普查工作室。

【县镇联动"赛三事"】 全县老促会系统全年开展"赛三事"活动，办实事349件，做好事203件，解难事146件。全系统参与乡村振兴，参与美丽乡村建设，负责环境整治，河道清理、土地流转、民事调解、志愿者服务、捐款组织、助学帮困、支持村里修路和风景带建设、植树绿化、帮困难户修危房、助老维权、负责镇区编修志工作等方面。吴滩街道吴滩居委会老促会会长刘忠成从2015年开始，帮扶青年农民吴汝留，创办盐城昊轩花卉有限公司种植多肉植物，2021年基地面积超8公顷，温室连体大棚面积3万平方米，在职员工70余人，其中科技人员11人，已发展成为集多肉植物培育、电子商务、园艺培训、农林休闲观光、种苗进出口为一体的农业产业化重点企业，年产多肉植物3000多万株，年销售1000多万元，盈利450万元左右。7月，阜城街道老促会组织5位企业负责人，筹款5万元，调选8人，成立危房修建会员队伍，对辖区内34户房屋破漏的困难户，开展免费维修，至10月上旬，全街道34户危房困难家庭的房屋全部修理完毕。

（殷克锦）

阜宁县扶贫协会

【产业振兴】 2021年，阜宁县扶贫协会围绕产业振兴重抓村企合作和种养殖产业发展，突出重抓种养殖产业，围绕打造种养殖全产业链，组织实施省级项目3个，有偿投入125万元。县扶贫协会理事单位沟墩禽蛋合作社发挥村企合作桥梁作用，由村委组织200多低保户承包养殖，企业负责"收、加、销"一体化，每天20多吨鸡蛋发往上海、南京等地，在网上专门建立电商平台，推销阜宁特色的农副产品，年销售8000万元，6月20日盐城电视台专题采访报道。国家级农业龙头企业宁富集团年加工鸡、鸭、猪、牛、羊肉2万吨。宁富食品进入到军品采购清单。常务理事单位盐城洪源食品公司每年为困难农户提供订单，建有原料基地种植面积约213公顷，就地转移300多名劳动力。

【教育帮扶】 在教育部门、生源学校的密切配合和社会力量的支持下，坚持教育帮扶老传统，推荐5人参加国华中学考试，3人参加面试，录取1人。未被录取的4人都得到碧桂园集团"一对一"帮扶。扬州天海职校招生工作最初基本落实有30多名新生入选，由于扬州出现疫情，直到11月2日才组织新生入学，最终有15名新生正式入学。继续组织实施"滴水、筑梦"工程、圆梦工程、"爱心传递"行动，有48名学生获得资助12.5万元。组织实施第二轮"图强助学计划"，对家庭特别困难的3名新入学的大学生实行大学全程资助，每人资助2万元。广辟渠道，开展多层次帮扶，发动有爱心的社会团体捐资助学。

【项目推进】 秉承"发展是第一要务"理念，坚持跟踪工业项目，注重研究政策信息、产业信息，结合阜宁实际，将能源类项目作为主要抓手。中海油一期项目一台机组竣工投产，总投资10亿元，中海油二期、三期总投资70亿元以上，正在跟踪。集中式渔光储一体化项目总投资10亿元以上，已进入江苏省新能源项目库，在"十四五"期间可安排实施。总投资5亿元以上的分布式光伏电站项目"自发自用、余电上网""平价上网"项目已启动。县委主要负责人对项目跟踪工作给予肯定。10月20日，县政府主要负责人听取由县扶贫协会主导的能源项目情况汇报，并要求由副县长牵头，各相关部门全力支持，全面推进规划布局的能源类项目。

（张秀建）

政法委及综治

【概况】 2021年，全县政法系统贯彻中央和省、市、县部署要求，推进平安建设、法治建设，开展政法队伍教育整顿，全县未发生有影响的重大敏感案（事）件，实现“四个确保”目标。

【政治导向】 县委、县政府高度重视政法工作，县委常委会多次研究讨论政法工作和政法队伍教育整顿工作，县委主要负责人到政法系统开展专题调研、召开防范化解风险工作会。县政府常务会议专题研究加强县域社会治理工作。全县政法系统开展党史学习教育，举办政法干警政治能力培训班，切实加强政法干警的政治历练、实践锻炼、业务训练。贯彻执行《中国共产党政法工作条例》，县委政法委派员参加政法部门民主生活会，对政法部门党委（党组）中心组开展“四巡”活动，召开政法委员政治建设述职会，增强政法系统政治纪律政治规矩。严格落实意识形态责任制，加强舆情监测、引导控制。

【社会维稳】 完成两会、建党100周年、十九届六中全会等重大安保维稳任务，妥善处置涉军、投资受损、民代幼等利益群体涉稳风险，市驻京信访工作组专门发函表扬。连续8年坚持信访“周周清”做法，获市“政法领域改革十大创新项目”提名奖。成功创建省“人民满意窗口”。严厉打击邪教违法犯罪活动，破获制作散发邪教宣传品系列案件，做好114件工业项目的稳评备案工作。

【严打整治】 成立县扫黑除恶斗争领导小组，出台《关于常态化开展扫黑除恶斗争的实施意见》，推进四大行业领域整治，扫黑除恶工作质效全面提升。组织政治安全、扫黑除恶、反恐防暴等“九场专项攻势”，实现刑事案件、侵财案件、电信诈骗破案率“三提升”，抓获刑事作案成员数、逮捕数、公诉数“三增长”，电信网络诈骗打击、公诉总数、跨境赌博打击等29项核心指标列全市第一。强化诉讼监督，书面引导侦查率、侦查活动违法监督采纳率、刑事审判违法监督采纳率全市第一。

【平安阜宁建设】 成立县委平安建设领导小组，加强“苏解纷”非诉服务平台宣传推广，全县各级各类调解组织化解纠纷13028件。县法院创新“三个统一、三个到位”诉调对接工作模式，源头化解纠纷的做法入选最高法院《多元化纠纷解决机制典型经验与实践案例》。县检察院严格落实“群众信访件件有回复”，所有案件7日内程序回复，3个月内实体答复。县公安局统筹推进智能感知封控、圈层巡逻查控、社会单元防控、治安要素管控、专业手段侦控、整体联防联控等六大工程，标准地址和实有人口、实有房屋、实有单位实有风险信息采集率100%。县司法局开展矛盾纠纷排查化解专项活动，在镇（街道、社区）设立社区矫正委员会，对接收的矫正对象实现管得住、矫得好。

【法治阜宁建设】 健全党委（党组）中心组定期学法、政府每月学法、宪法宣誓、任前考法等学法制度，开展法治集市、法治文艺巡演、《民法典》主题宣传等普法活动，建立“阜宁政法”微信公众号，提高普法实效。县法院深化以审判为中心的刑事诉讼制度改革，依托智能办案平台，庭审效率提高近40%。县检察院办理全市首例知识产权保护支持起诉案，维护“阜宁大糕”地理标志集体商标信誉。县公安局规范源头执法行为、严格受立案流程、完善案件管理机制、整治执法突出问题，实现群众安全感和满意度、执法能力素质、队伍整体形象“三个明显提升”。县司法局开展“八五”普法工作，规范行政决策行为，推动落实行政复议体制改革，提升行政复议应诉水平。

【社会治理】 坚持“大数据+网格化+铁脚板”治理机制，出台《关于推行“大数据+网格化+铁脚板”治理机制 加快构建基层社会治理新格局的实施意见》。将网格化治理、扫黑除恶等重点工作列入县综合目标考核、农村干部考核内容，有效推进社会治理工作。城市社区配备专职网格员，统一配发网格通手机、工作证、工作服、信息采集登记表等。成立县网格学院，出台网格员培训方案，2次邀请省项目组对网格员培训42场2400多人次。强化县镇综治中心规范化建设，组织网格员参与法治宣传，排查化解矛盾纠纷462起，整治治安问题82个。推动“三官一律”进网格开展法律援助、矛盾调解、法治讲座等工作，群众网格知晓率、满意率得到提升。

【服务发展】 政法部门发挥职能作用，妥善处理涉企案件，慎重适用强制措施，注重保障企业合法权益。县法院开展优化营商环境2021司法行动，处置13家歇业企业，释放闲置土地24.87公顷（373亩）、低效厂房9.2万平方米，化解不良债务17.97亿元。县检察院办理生态环境和资源保护公益诉讼案件39件，运用诉前检察建议妥善处置环境污染隐患的做法被《检察日报》报道。县公安局出台《优化营商环境服务企业发展十项措施》，推行领导“一对一”服务、部门“组团式”服务、微信“点单式”服务、走访“上门式”服务，为重点项目排忧解难。县司法局开展律师公益法律服务、“滤料产业链＋法律服务”专项行动、法律服务进园区等活动，帮助企业防范法律风险。

【服务群众办实事】 坚持问计于民、问需于民，政法各单位召开座谈会、新闻发布会、恳谈会185次，收集各类意见和建议197个。组织开展“政法干警大走访、为民服务办实事”爱民实践活动，为群众办实事、解难事88件。县委政法委安装平安灯箱341个，关注全县多名易肇事肇祸精神病人，帮助解决入院难、补交医保、办理身份证等问题。县法院推进诉讼服务中心2.0升级版建设，阳光执行、法治集市、法治进校园等8个实事项目落地见效。县检察院围绕群众“脚底下”“舌尖上”安全、法治副校长进校园、未成年人司法保护等方面开展为民实事活动，排查消除安全隐患230个。县公安局推进“网上+掌上”的雪亮技防工程智慧移动应用体系建设，通过视频侦查、人像比对研判破获各类案件440起，抓获网上逃犯10余名。县司法局为全县村居配备法律顾问，法律顾问覆盖率100%，培养法律明白人1221人，1起农民工追索劳动报酬案例获省政府领导批示。 （吴　迪）

公　安

【概况】 2021年，全县公安机关树牢“绩效为王、队伍为基”鲜明导向，实施“1239”工程，贯彻落实中央、省市县和上级公安机关部署要求，开展队伍教育整顿，在省、市综合考评验收中获评优秀等次。先后有16个集体和112名个人受到市级以上表彰，益林、陈良、硕集、古河4家派出所获市“枫桥式派出所”评比竞赛优胜单位（均列全市前10强）；涌现出“市青年文明号”巡特警特勤中队、“市五四红旗团支部”刑警大队、“市巾帼文明岗”出入境管理大队，省先进工作者、省五一创新能手、省百优刑警、市最美警察等一大批先进典型。

【维护稳定】 以建党百年大庆安保维稳为主线，开展“忠诚2021——迎华诞、护平安”“除隐患、保安全”等集中行动，超前预警处置各类不稳定事端36起，圆满完成建党100周年、十九届六中全会、各级“两会”等系列安保任务。公安信访化解专项工作如期“摘牌”，部交58件疑难信访全部清零，获省公安厅贺电表扬。

【助力疫情防控】 坚持视疫情为命令、防控为责任，组建公共安全应急处置中队，全警全情全天候开展数据核查、流调溯源、通道查控、社区防控、舆情导控、打击封控、“三合一”落地查人等工作，共核查清洗反馈中高风险地区来阜数据13万余条，精准追溯密接、次密接人员272人，高强度、零瑕疵完成扬州集中转运隔离、境外人员接驳。

【打防犯罪】 常态开展扫黑除恶斗争，组织“九场专项攻势”和“双月竞赛”“三亮三比”两场专项竞赛，实现命案、“八类案件”全破，刑事案件、侵财案件、电信诈骗案件破案率“三提升”（分别同比上升11.5%、6.5%、11.1%）；抓获刑事作案成员数、逮捕数、公诉数“三增长”（分别同比上升26.4%、17.2%、32.2%）。“云剑”“蓝剑”“闪电”“净网”等专项行动、黄赌娼毒等突出治安问题专项整治成效显著；成功侦办“3·1”特大网络传销案、“8·11”跨省盗抢系列案件和部督“3·6”特大跨境制贩毒案等一批重案要案，协破射阳“6·21”重特大现行命案；攻坚公安部挂牌督办电诈犯罪团伙2个、近300人特大电诈团伙1个。公诉人数首次突破千人。

【护航发展实现新突破】 紧扣“亿元项目提质增效年”活动，落实《优化营商环境服务企业发展十项措施》，严打侵犯知识产权、假冒伪劣、非法经营等犯罪，破获涉企案件13起、抓获35人，挽损500余万元。打造“我‘阜’务‘宁’满意”公安政务服务品牌，建成8个“盐之e警”综合服务窗口，实现户政、车驾管、出入境89项236种高频服务事项“网上办、马上办、随时办、自助办”，群众满意度99.5%以上。开展创建全国文明城市“五大专项整治”。

【警务改革】 以“情指勤舆”一体化实战机制为核心驱动，升级“智慧侦查中心”，实化派出所“一室两队”，探索推进以“六融六合”机制为牵引的“所队融合”改革。以洲业、东风路警务工作站为试点，围绕“四个街面化”要求，务实推进县城地区“1+1”所站对应“巡处一体”改革，初步实现各类警情快接快处、矛盾纠纷现场调处、服务群众便捷高效、防范打击精准有力、基层减负成效明显的目标。

【智慧警务】 以社会治安防控体系建设示范城市创建为契机，争取党政支持，推动出台第8号《政府常务会议纪要》，全面搭建“一台四眼”赋能体系，勤务现场可视化、指挥调度扁平化、动态监管全流程、支援响应全维度的深度融合、智慧合成新机制不断优化。完成感知“天罗”工程建设，建成64家智慧安防小区、430路高清监控。高标打造集约式办案、全流程管控、一站式服务等功能于一体的智慧执法办案管理中心及13个派出所综合指挥室。

【实战练兵】 坚持“按实战要求训练、按训练标准实战”，开展领导干部练兵、全警岗位练兵、警种专业练兵、实战协同练兵，实战打赢能力不断提升。在比武竞赛方面，在12个职业技能竞赛项目中，新型诈骗犯罪侦查、“鹰击”技能、教官教学技能、交通事故处理4个项目获全市第一；微课程、精品课程排名全市第一；法制辩论大赛获全市二等奖；治安建模、警务保障、巡特警体技能竞赛获三等奖；“阜能”数据质量监管模型，获省公安厅科技强警三等奖和市公安局科技强警二等奖。先后开展“7·13”警情、全市高质量发展“家家到”安保、“9·3”警情复盘讲评，“情指勤舆”一体化实战机制得到增强。

【幸福警营建设】举行庆祝建党100周年安保维稳决战决胜誓师大会暨“雷霆突击队”授旗仪式、“第二个中国人民警察节”、媒体记者进警营等系列活动，讲好警察故事，打造阜宁公安形象品牌。推出战时表彰、战时慰问、“阜警+”联盟等系列暖警励警举措，提升警队活力。（张　鹏）

检察院

【概况】2021年，阜宁县检察院实施干警能力提升工程，队伍教育整顿工作经省、市督导组评估验收为优秀等次；建成干警体能训练馆，组织开展各类文体活动；1名院领导受邀以“小课堂”为平台，就强化审判监督工作质效为全市刑检部门检察官做经验交流；刑案速裁工作做法在全市检察机关做经验交流。未检工作在全市未检业务竞赛中，团体获第一，1名干警获第三；在省市民事检察业务竞赛中，1名干警获全市第一和全省业务竞赛标兵。刑案繁简分流、生态公益诉讼、未成年保护、服务民企相关做法先后被《检察日报》、江苏检察在线等报道。

【为民实事】按照县“亿元项目提质增效年”部署，出台《服务保障民营企业健康发展的实施意见》，着力打造法治营商环境，获县委主要领导批示肯定。联合市检察院合力办理全市首例知识产权保护支持起诉案，切实维护“阜宁大糕”等地方地理集体品牌的信誉度，得到县主要领导批示肯定。保障弱势群体利益，开展国家司法救助36件，救助金额95000元。办理全市开展洗钱犯罪专项行动以来首例洗钱案，得到县党委、政府主要领导批示肯定。推进未成年检察工作，联合县公安局在县大爱妇产医院设立未成年人“一站式”办案中心，有效保护、救助未成年被害人。坚持阳光司法，先后举办各类公开听证45次，相关做法被新华报业网等省市县媒体报道。对2019—2021年涉案未成年人辍学情况进行统计分析，到涉案辍学学生较多的学校进行走访调查，根据基础数据和调查情况撰写调研报告报送市检察院。开展线上线下法治进校园活动27场次，受教育家长、师生6.5万余人，防范校园周边“三无”产品“史莱姆”法治云课堂被省、市检察院微信推广，微信公众号观看人数4.5万人次，相关问题建议形成的情况反映被省委办公厅和省、市检察院采用。开展窨井盖综合治理，推动消除安全隐患230个。

【法律监督】强化刑事诉讼监督，监督立案7件，监督撤案18件，纠正漏捕7人，纠正漏诉3人，纠正侦查活动违法32件，纠正审判活动违法17件，提出抗诉3件，提请抗诉1件。审判监督工作整体效果全市领先，经验做法被市检察院情况反映刊载。加强刑事执行检察监督，提出纠正监外执行不当19人、纠正财产刑执行不当38件。深化民事行政和公益诉讼检察，开展“公益诉讼加速年”活动，出台《公益损害赔偿资金管理暂行办法》，推动县人大制定公益诉讼监督清单。开展红色遗存保护“回头看”专项行动，相关工作情况被省、市媒体报道。办理的阜宁生态环境局怠于履职行政公益诉讼诉前检察建议一案，通过环境行政执法与司法联动联席会议、生态环境损害赔偿磋商会等形式，督促堆放6年的200余吨危险废物得到安全处置，消除环境污染危险，相关做法被《检察日报》《江苏法治报》刊载。发出行政公益诉前检察建议64件，审结民事公益诉讼6件。开展“民事检察攻坚年”活动，对虚假诉讼案件提请市检察院抗诉1件，虚假诉讼提请抗诉采纳6件；提请抗诉改判3件，发出再审检察建议5份；发出执行监督检察建议6件。

【提升办案质效】落实认罪认罚从宽制度，加速推行案件繁简分流办理，发挥派驻公安办案中心检察室前沿阵地作用，打造提前介入、业务交流、诉讼监督三位一体的检察阵地，速裁程序适用率40.5%，位居全市第一。该做法在全市刑事检察工作会议上作经验交流，并被市检察院情况反映刊载。进一步严控“退补率”，优化“案件比”，案件比由2020年全年1.25降为1.1。全面落实控辩协商同步录音录像规定，推动司法规范化，提高一审服判率，上诉率1.94%，较2020年同期下降8._个百分点。（张巧玲）

法　院

【概况】2021年，阜宁县人民法院（简称县法院）以党史学习教育和政法队伍教育整顿为动力，以审判执行工作为抓手，受理各类案件13621件，审执结12189件，法官人均结案304件，其中12名法官结案超400件，11项主要审判指标中9项位居全市前列。23篇调研信息宣传成果被《人民司法》等国家级刊物、媒体刊用。东沟法庭被命名为全国青年文明号，全省法院唯一入选；县法院再获市文明单位，连续七年获全县综合先进集体，9个部门、31名干警受到市级以上表彰。

【平安阜宁建设】全年受理刑事案件704件909人，审结616件754人。常态化开展扫黑除恶，发送司法建议4份，切实推动“行业清源”。依法从严从重判处涉疫情犯罪案件3件，保障群众生活安全稳定。审结安全生产刑事案件2件3人，助力创建省级安全发展示范城市。参与“断卡”“净网”专项行动，审结电信网络犯罪案件44件173人，挽回经济损失1700万元，其中审结涉及42名被告人的特大跨境电信网络诈骗案2件。开展职务犯罪案件庭审警示教育，审结职务犯罪案件7件8人。

【助推法治阜宁建设】 主动融入“大数据+网格化+铁脚板”治理模式，每月通报万人成讼率，组织法官进网格585人次，创新“三个统一、三个到位”诉调对接工作模式，源头化解纠纷1465起，相关经验做法入选最高法院《多元化纠纷解决机制典型经验与实践案例》。发挥人民法庭“桥头堡”作用，打造“庭区共建共治”等“一庭一品牌”5个，推进基层治理体系和治理能力现代化建设。依法审理群众身边的“小案”，妥善化解小区业主私装墙门等纠纷。严格落实普法责任制，12则普法宣传案例在省、市电视台播出，发布原创微信、抖音400余期，广泛传播法治正能量。

【推动诚信阜宁建设】 坚持惩戒失信与褒奖诚信并重，审结合同类案件1472件，以司法力量夯实市场经济诚信基石。健全虚假诉讼防范和惩治机制，严惩“套路贷”等行为，将涉嫌犯罪的21件案件移送公安机关。健全失信惩治机制，限制高消费3170人次，纳入失信名单2673人次，全市率先在抖音曝光失信被执行人4批105人次。健全联查联审机制，累计联审8900余人次。健全信用修复机制，及时将644名已履行义务的被执行人移出“失信黑名单”。

【民生权益保障】 对贩卖假冒食用盐、制售毒狗肉的被告人依法给予严惩。开展根治欠薪行动，判处拒不支付工资犯罪案件2件2人，全年帮助525名农民工追回欠薪2240万元。深化家事审判工作，审结婚姻家庭类案件1764件，签发人身安全保护令5份，坚决摁住家暴“拳头”，相关经验做法被省法院新闻发布会推介。着眼未成年人保护，从严判处侵害留守儿童犯罪案件5件，审结“事实孤儿”变更监护人案件5件，拍摄未成年人保护主题微电影《温暖》，9名兼职法治副校长到12所学校授课28场次。

【案件执行】 全年执结案件3385件，执行到位金额3.5亿元，同比上升60.6%，执行工作12项指标有9项居全市前列。完善综合治理执行难大格局，与公安等部门联合出台查人扣车等文件8项。创新执行方法，首次尝试“1元起拍”，与阳光保险合作，全市率先开展继续执行责任保险，有效激发工作活力。加大强制执行力度，开展集中执行36次，实施搜查186次、拘传254人次、司法拘留77人，移送追究拒执罪7人。加强财产查处力度，核查财产线索8431条，司法拍卖278场次，成交金额2.05亿元，成交金额同比上升46.4%。优化执行工作模式，以“854+无纸化”为核心，推进“分权分段集约执行”工作机制不断深化。

【便民诉讼】 改造诉讼服务中心、执行事务中心，实现“一站全办”工作要求。设立自助服务区，配备诉讼风险评估等设施，免费发放《诉讼服务月报》，引导当事人评估风险、查询案件1.1万余次。规范诉讼服务标准，出台《诉讼服务2.0升级版方案》及8项配套规范，形成“1+8”诉讼服务（《阜宁县人民法院推进诉讼服务中心2.0升级版建设实施方案》及8项配套规范）“阜宁模式”。推行“家门口式”诉讼服务，共网上立案7754件，跨域立案32件，实现“就近即办、异地通办”，诉讼服务2.0版平台得分位居全省前十。

【服务优化营商环境】 贯彻国务院《优化营商环境条例》，审结商事纠纷2230件，标的额12.35亿元，开展优化营商环境2021司法行动，形成专题调研报告，获县主要领导批示转发。建立闲置资源处置直通车机制，成功处置13家歇业企业，释放闲置土地24.87公顷、低效厂房9.2万平方米，处置企业数、土地、厂房面积分别上升160%、126%、246%。加速破产审判，受理破产案件32件，审结32件，分别上升220%、357%，化解不良债务17.97亿元。与县工商联深化商会调解机制，诉前调解商事纠纷同比上升80%，一则案例入选全市商会调解典型案例。

【服务保障乡村振兴】 创建“法润乡村”工作品牌，助力建设农业强、农村美、农民富的新时代鱼米之乡。审结土地经营权流转案件142件，涉农业产业案件38件，促进农业高质高效发展。参与农村乱占耕地建房专项整治行动，审结相关案件9件，严守耕地保护红线。发挥裁判规则引领作用，妥善处理高价彩礼等纠纷，组织法治集市宣传活动132次，一则案例入选江苏法院弘扬中华优秀传统文化典型案例，助力形成乡风文明新风尚。全市率先在乡镇试点设立固定巡回办案点，组织巡回审判122次，开展农房改善司法调研，发出涉农司法建议3份，为乡村振兴提供精准服务。

【服务绿色生态发展】 妥善审理涉新能源企业案件85件，参与澳洋赛得利企业重组等工作，助力走好生态经济新路径。依托金沙湖旅游度假区巡回法庭，化解旅游投资合同纠纷15件，助推创建全域旅游示范区。践行“两山”理念，对非法倾倒垃圾造成污染的2名被告人坚决予以刑事制裁，审执结涉河道治理案件5件，主动策应“串场河风光带”建设，及时化解拆迁补偿纠纷5件，助力打造绿色生态空间。

【推进综合配套改革】 严格落实司法责任制，建立“两对照一评查”工作机制，卷宗、文书瑕疵率分别下降72.1%、66.8%，对224件重点案件进行质量评查，评查覆盖面提升82%。坚持院庭长带头办案制度，共办结案件6885件，占结案总数的56.5%。严格落实院庭长“六类案件”监督责任，依法对953起案件实施监督管理，建立部门负责人季度履职督查机制，确保监督管理有力有序。实行员额法官动态管理，遴选增补员额法官5人、退出4人。

【推进诉讼制度改革】 做优繁简分流“亮点工程”，分流案件6894件，繁简分流率82%，居全市第三。深入推行“人民调解+速裁”工作模式，在院机关组建新型调裁团队，共速裁结案1623件，相关经验做法入选《江苏法院2021年司法改革案例选编》。深化以审判为中心的刑事诉讼制度改革，证人、鉴定人等出庭作证5起，启动非法证据排除程序4次，裁定准予撤回起诉1件。完善人民陪审员工作机制，146名“无袍法官”参审案件1584件，充分彰显司法民主。

【推进智慧法院建设】 坚持创新引领，推动现代科技与司法审判深度融合。完成审判法庭、执行系统数字化改造，运用12个互联网法庭、“江苏微解纷”等工作平台，共云上庭审994场、云上调解2017件、网络查控1.1万件次。深度应用智能辅助办案系统，依托“移动微法院”、电子卷宗随案生成等智能办案平台，庭审效率提高近40%。自主研发信访工作管理平台，设置风险评估、交办督办、责任评查等环节，信访办结率同比提升65%。 （楚士将）

司法行政

【概况】 2021年，全县司法行政系统以“进位争先”为工作目标，政务信息、行政复议、公证业务、律师管理、队伍建设等多项工作得到上级领导的批示肯定和社会各界的认可支持。在省司法厅绩效考评中，位列全省98个县（市、区）司法局第15名，较2020年上升4个格次，再获全省“高质量发展先进司法局”，被评为全市司法行政系统先进集体第一等次(三等功)，连续7年获得县综合考核一等奖。

【法治政府建设】 精心编制法治阜宁建设规划，推进述法工作和领导班子及其成员年度考核相结合，法治建设在全县高质量发展绩效考核中分值大幅提升。发挥行政复议在化解行政争议中的主渠道作用，全年办理行政复议案件52件、县政府为被告的行政诉讼案件9件，行政机关负责人出庭应诉率100%。尝试引入第三方调解机制，加大行政复议案前案中调解力度，案件实质性化解率超60%。拓展合法性审查链条，高效服务县域重大行政决策，审核把关县委县政府重要文件74件、重大项目合作协议8份、制发3件行政规范性文件。全方位推动“援法议事”活动开展，聚焦执法堵点痛点难点，开展重点领域专项督查全覆盖，出具6份执法监督建议书，提出20条书面整改意见，强化常态化执法指导，对全县六个综合行政执法改革部门计515人完成换证考试。

【法治领域改革】 率先在全市推动落实行政复议体制改革，增核4个行政编制，全市最多，实现县政府集中行使本级行政复议职责。增加行政应诉（执法监督）、备案审查2个科室，增强法治建设职能定位。实施社区矫正刑事执行警务辅助队伍改革，66名社区矫正安置帮教工作者完成身份转换，着力提升刑罚执行辅助人员的工资待遇，增强社工职业认同感、荣誉感和归属感。打造有辨识度和影响力的阜宁特色法治文化建设品牌，持续开办《小司说法》微普法、主编《普法园地》专栏、拍摄《律师说法》节目，创作表演唱、音乐快板、漫画等多种形式文化作品，其中3篇入选省级法治文化作品库。探索社区矫正损害修复新路径，建立“善文化+”模式，实现未成年社区矫正对象县中心直管，社矫工作更具针对性、实效性。打好大中小型司法所建设“组合拳”，相关经验做法被省级媒体报道宣传。

【便民惠民服务】 实施法律明白人培育工程，选育1221名法律明白人，网格配备率100%。推广宣传“苏解纷”非诉服务平台，近2万人申请注册“苏解纷”小程序，为矛盾调处提供高效、智慧的解决方案。部署推进“法援惠民生拓展工程”，全年办理法律援助案件1359件，县常住人口受援率0.15%，基本实现“应援尽援”，一件跨省讨薪案件得到省政府副秘书长批示肯定。持续巩固“村（社区）法律顾问”制度，实现全县339个村（社区）法律顾问全覆盖。发挥“监地共建”工作优势，为阜宁籍省内监狱服刑人员提供网上预约视频会见便利。公证处参与全县政府招投标、政府采购活动，现场监督公证宏人商品城拆迁、农民集中居住区选房，为全县的经济社会建设提供公证法律服务。持续推进“减证便民”行动，开展证明事项告知承诺制，办理免予证明事项6000件。

【律师强县】 县政府出台优惠奖励政策，招引省内外名优律所，设立瑞信阜宁分所，律师万人比2.39，高出基准59.3%。强化党对律师队伍的政治引领作用，主动投身服务大局，承担社会责任。先后组织律师开展“滤料产业链+法律服务”专项行动、公共法律服务进园区和律师公益扶贫助学、法护幼苗等活动，推动律师事业开创新局面。江苏阜一律师事务所、阜宁新城法律服务所被市司法局评定为法律服务先进集体，广泽律师事务所主任王伟被省律协党委评为优秀党务工作者，4名律师被推荐为县政协委员、2名律师被推选为县人大代表，发挥律师参政议政作用。

（马卫国）

人民武装

【概况】 2021年,县人民武装部在军分区和县委、县政府的正确领导下,紧紧围绕党在新形势下的强军目标,深入学习贯彻习近平强军思想,牢固树立听党指挥政治信念,聚焦主责主业,坚持战斗力标准,积极拓展和深化军事斗争准备,狠抓民兵队伍质量建设,不断提高国防后备力量履行使命任务的能力。

【政治工作】 加强思想政治建设,持续深化理论武装,做好迎接党的百年华诞和习近平总书记"七一"重要讲话精神学习贯彻。坚持把开展党史军史学习教育活动,学习新时代卫国戍边英雄群体先进事迹,作为凝聚强军兴军意志力量的中心环节,将学习教育活动和巡视巡察问题整改结合起来,专题组织党委议教,研究制定教育计划,保证教育时间、落实教育内容,确保教育实效。部领导带头上党课,帮助干部、文职人员、职工和专武干部廓清思想迷雾,对照查找自身问题和不足,激发履职尽责内在动力,活动中人人撰写心得体会、形成学习成果。注重发挥县域内红色遗存的宣教功能,进行现地党课教学,进一步增强所属人员不忘初心、干事创业的责任感和使命感。

【民兵组织整顿】 第一季度重点开展民兵组织整顿工作并将其工作贯穿全年,紧贴职能使命任务,高起点筹划和推进。按计划准备、组织实施、总结验收三个阶段,扎实抓好民兵组织建设,深挖社会资源潜力,全面核准辖区内基础信息,切实摸清潜力底数、力量分布。坚持军民融合发展,吸纳优质资源,转变编兵传统思维,紧紧扭住关键环节,注重发展民兵新质力量,助推全县民兵建设转型升级。坚持党管武装,加强民兵党组织建设,购置补充应急装备物资器材,抓好民兵政治教育,落实基干民兵体检、政考和档案集中管理,将民兵建设纳入全县年度目标任务综合考评。不断提高民兵应急分队平时服务、急时应急、战时应战能力。在迎接省军区民兵工作点验时,专业对口率、党员和退伍军人比例均达到上级规定的要求。

【首长机关训练】 以使命任务为牵引,努力向备战打仗聚焦,以参加省军区集中统训为契机,重点抓好以军事基础理论及识图用图、动员行动要图标绘、动员文书拟制等基本技能科目训练,结合平时自我训练,部领导带头学、带头训,机关全体干部、文职人员认真学、扎实练,有针对性的固强补弱,强化落实每天1小时体能训练,通过集体作业交换思路、明晰要点、掌握方法和勤学苦练,人武部所属干部、文职人员军事理论水平、基本技能和体能素质有了明显提高,年终参加省军区考核总评成绩优异。

【民兵训练】 坚持按纲施训,不断提高军事训练质量水平,改进创新军事训练方法和模式,持续巩固平战结合,建用衔接的后备力量体系。扎实抓好新入队民兵训练,完成共同基础训练。分三批(次)共628人,进行民兵专业分队、抗洪抢险分队、应急维稳排和轮训备勤分队训练和考核,总评成绩良好。落实编训一致,抓好分队成建制训练。发掘培养专长教学人才,通过参加上级组织的民兵"四会"教练员(会讲解、会示范、会纠正动作、会做思想工作)队伍比武考核,带动民兵训练进一步走深走实。在组织训练中使广大民兵能够熟悉应知应会基本常识,熟练掌握武器装备操作使用,并把练技能与练作风、练养成有机地结合起来,突出应急应战和使命课题演练,持续掀起群众性练兵热潮,确保战斗力有效提升。

【战备工作】 紧密结合形势任务,严格落实战备工作制度,组织值班业务培训,确保战备秩序正规有序,及时修订完善各类应急预案,抓好战备库室整治,购置补充必备的物资器材;与地方相关部门对接防汛抗洪、抗震救灾工作,派员参加盐城市铸盾—2021人民防空综合演习。加强基层武装部规范化建设,协调解决各类问题矛盾。抓好民兵战备值班执勤,8月5—6日派出65名民兵协助地方政府做好疫情防控现场秩序维持工作。抓好民兵信息员队伍建设,不断提高报情质效。突出抓好元旦、春节、五一和国庆等节日期间战备工作,围绕反恐维稳、森林灭火、防化救援、抗震救灾等课目进行针对性演练,确保遂行任务。

【保障工作】 加强重大军事活动的后勤保障,突出搞好年度大项工作经费预算,落实经费申请报批规定,坚持大项经费党委集体会办研究,双主官联签,注重勤俭节约,确保经费规范使用。将疫情防控工作作为一项重要政治任务，常态化落实疫情防控各项制度，突出征兵和重大军事活动人员聚集防控，加强人员日常管控，阻断传播途径，实现疫情“零感染”。

【征兵工作】 推行“三位一体”征兵宣传模式，用好宣传发动这个主阵地。狠抓高学历青年征集重点，及时为返乡的高学历青年开辟体检、政考“绿色通道”。克服疫情带来的诸多不利影响，优化抓实征兵体检、政考业务培训，抓好体格检查、政治考核、役前训练、审批定兵、兵员输送等重点环节，严格兑现践行廉洁征兵承诺和要求，层层传导压力，将其向全体征兵工作人员和基层一线征兵工作人员拓展延伸。从人大代表、政协委员、应征青年家长、退休干部、退役士兵中聘请廉洁征兵监督员59人，公布举报电话20个，严格定兵公示制度，全方位接受社会监督，切实从源头上筑牢廉洁征兵“防火墙”。全年春夏两季共征集新兵194名，其中大学以上学历占94%、大学毕业生占37%。

【安全工作】 坚持依法从严治军，学习条令条例、法律法规和上级文电精神，增强所属人员的安全意识，定期进行安全形势分析，加强对重点部位人员政治审核和思想教育；突出征兵和重大军事活动安全风险评估。加强办公涉密载体和手机使用的保密管理，刚性落实各项保密制度和规定。对照军委国防动员部考评细则中明确的70项具体内容，以“百日安全竞赛”活动为抓手,进行全方位排查，同时做好上级安全检查存在问题的整改，消除隐患苗头,防止和杜绝各类安全问题的发生,确保人武部高度集中统一和安全稳定。

（张本来）

武警阜宁中队

【组织建设】 2021年，武警阜宁中队加强理论学习，提升政治能力，能够不断加强政治理论学习，认真学习习近平新时代中国特色社会主义思想、《习近平谈治国理政》第三卷、《军队党的建设条例》《军队基层建设纲要》。以支委会、队务会、军人大会、党小组会的形式，组织官兵学习，统一官兵思想，进一步增强了广大官兵的政治意识。各支委成员都能认识到团结的重要性，时时处处维护班子团结，特别是在今年7月干部调整，支部班子调整以来，正、副书记能够坚决做到思想上常交流、工作上常通气、生活上常关心，经常开展批评和自我批评。平时注重补台补位，班子成员都能相互支持，维护支部荣誉、维护支部形象，支部在议大事上形成一致的意见，在解决事关中队建设的问题上形成合力。在中队支部班子调整后，党支部一班人对于风气建设的认识是一致的，就是要解决中队风气建设不纯正、内部关系不和谐的问题。集中组织“大谈心、真交心”活动和官兵恳谈会，让全体官兵畅所欲言，为中队提建议，解决官兵关心的现实问题，通过一系列举措，官兵关系更加密切，中队风气更加纯正，党支部斗争精神明显增强。

【组织勤务】 始终把执勤工作摆在首要位置，严格执勤制度落实，定期分析执勤安全形势。按照支队执勤教育整顿方案要求，开展执勤业务训练，提高官兵执勤素质能力。抓好议勤制度落实。持续深化“三哨”活动，在狠抓执勤人员培训和勤务治理上下功夫，在抓专勤专训，提高哨兵执勤能力上下功夫，在严格制度和确保安全上抓落实，保证了执勤目标的绝对安全。为形成对执勤工作的合力，中队与目标单位严格落实三共机制，统筹结合，形成合力，与看守所召开联席会议，组织联合检查，有效提高目标安全系数，同时提升两警协同配合处置能力，圆满完成各项任务。

【军事训练】 严格按照新《军事训练大纲》《军事训练“八落实”运行规范》和上级年度训练计划，坚持贴近实战练精兵。结合军事比武、勤训轮换、教练员集训等大项活动，提高干部骨干的组训能力，同时建立军事训练档案，找准个人短板弱项，组织强化训练，有效带动全体官兵军事素质的整体提升。干部骨干凝聚思想共识，确立“练兵先练官”的抓训思路，以提升干部骨干训练为突破口，训练场上，干部站排头，带头参训，为全体官兵做出了表率。严格落实军事训练成绩一票否决制，完善训练奖惩机制，将成绩与评功评奖、评先创优挂钩，培树训练典型，切实树立训练有为、训练有位观念，有效激发官兵的训练热情，营造良好的军事训练氛围。

【正规化管理】 开展“条令学习年”活动，以《条令条例》《军队基层建设纲要》为基本依据，落实依法从严治军要求，注重从抓制度落实入手，认真贯彻落实精细化管理要求，严格部队管理秩序。从落实一日生活制度严起，从集合站队、穿衣戴帽等细节抓起，培养官兵令行禁止、规范统一的作风纪律。严格落实安全工作“八个基本规范”，严密组织安全大检查，紧盯在外人员、枪弹管控、保密安全等管理重点，定期召开安全形势分析会，查找安全隐患，下大力度抓好整改。在抓管理中，从抓好干部骨干入手，防止发生精力外移和违规违纪等现象，促进了管理工作的顺利开展。注重端正对士兵的根本态度，尊重士兵的主体地位，充分调动和发挥官兵的积极性，中队建设的重大问题交给大家讨论，重点难点问题发动大家攻克。

【政治教育】 开展“传承红色基因，担当强军重任”主题教育活动，在注重“六个结合”上下功夫，进一步增强官兵高举旗帜、听党指挥、履行使命的自觉性和坚定性。坚持搞好经常性的思想政治教育，引导官兵树立正确人生观、价值观，教育中坚持发挥官兵集体智慧，不断提高教育质量。按照“人人是教员、处处是课堂、事事是教材”的方式，不断丰富课堂内容。注重抓好以党员、警士、班长为主体的思想骨干队伍建设。适时搞好培训，积极开展谈心活动，及时摸清官兵的思想情况，有针对性地做好教育引导工作。利用“三互”等载体抓好经常性思想工作。广泛开展大谈心活动，对身体不适、家庭变故、个人愿望未如愿的同志及时跟上，做好思想稳定工作。

【后勤建设】 落实伙食管理制度，坚持每周订食谱制度，严格落实“1126”“6211”要求，发动官兵积极出主意想办法，提高伙食质量。按照粗粮细做、细粮精做要求，不断翻新伙食花样。在伙食管理中，严格落实伙食管理五项制度，确保了每名官兵都能吃到标准、吃得营养。不断提高服务保障效能，在后勤管理中，进一步强化官兵的“以队为家”意识，引导官兵自觉爱护营房设施，加强对各类库室的建设与管理。适时安排专人对营产营具、热水器和洗衣机进行检修，保障了官兵日常生活。落实财务管理制度，严格经费管理，坚持支部当家理财，不越红线，勤俭节约，确保将每一分钱都花到合理位置。

（时　克）

人民防空

【人防工程建设和质量监督】 2021年，阜宁县人民防空系统学习省人防部门修订的《江苏省人防工程项目审查办法》《江苏省人防工程质量监督管理办法》等各项规范条文，熟悉业务技能，做好下放行政审批权力的承接工作，新立项工程约8万平方米，新主体竣工工程约4万平方米。

【人防工程标识设置】 按照省文件要求，全县完成43个已竣工人防工程标识标牌更新安装。

【人防指挥通信和专业队训练演练】 组织人员参加盐城市军分区组织的人防机关人员集训集体开训动员活动。按照市人防办的要求，完善全县10支人防专业队计174名专业队员的档案，强化队伍训练，将集中参加县人武部统一组织的全县民兵和人防专业队员整组点验活动，接受市人防办检查和点验。

【人防工程安全检查】 制定《阜宁县住房和城乡建设局关于开展人防安全检查工作的实施方案》《阜宁县住房和城乡建设局关于开展中秋国庆期间人防安全检查工作的通知》，组织开展人防安全生产专项整治行动，与县城39个人防工程34家管理使用单位签订安全生产责任书，明确安全生产的责任和任务，建立并完善安全生产管理网络。37个工程已基本整改到位，2个工程仍在整改当中。

【人防车位专项治理】 3月12日，县住建局印发《阜宁县住宅小区结建防空地下室停车位违规使用专项整治方案》，明确整治范围所有已竣工人防工程和整改时间2021年3月31日—2021年11月30日，3月31日—6月30日为企业自查自纠阶段，7月1日—7月31日人防消防科分3组对企业逐家过堂。对已竣工的39个人防工程进行摸排，有人防地下停车位3857个，其中已出租车位1365个，2020年以后无出售车位。

【人防宣传教育】 开展人防法律法规和政策宣传工作，利用县电视台、阜宁日报和阜宁县工程建设领域公开网人防平台等载体，结合512全国防灾减灾日等重要节点，组织开展形式多样、行之有效的宣传教育活动，扩大人防法律法规和政策知识的知晓率。

【城市防空警报系统建设】 为建立健全阜宁县城市防空警报系统建设，开展全县4个人防重点镇区防空防灾多媒体警报器、电声警报器招标采购、安装工作，每个重点镇区安装的2套防空警报系统均已正常使用。

（李　广）

退役军人事务

【概况】 2021年度，阜宁县退役军人事务系统围绕“让军人成为全社会尊崇的职业，让退役军人成为全社会尊重的人”目标，发挥县、镇、村三级退役军人服务保障体系作用，全面落实法规政策，开展各项工作，全年接收退役军人约230人，先后举办年度退役军人适应性培训、个性化培训和职业技能培训，完成年度符合政府安排工作退役士兵选岗安置工作，对全县约9300名享受国家定期抚恤补助优抚对象信息进行年度核查确认，为全县约840名符合条件的残疾退役军人集中换发新一代《残疾军人证》，将散葬在县内的5座烈士墓迁入县烈士陵园进行集中管理和保护。县杨集中心小学申报江苏省双拥模范

2021年7月1日，阜宁县退役军人事务局为郭墅镇符合条件的残疾退役军人集中换发新一代《残疾军人证》。　赵　建/摄

2021年9月30日，阜宁县退役军人个性化培训班开班。　　赵　建/摄

先进单位。

【退役军人安置】 与各职能部门沟通协调，为24名政府安排工作退役士兵筹措提供10个事业编制岗位、32个国企编制岗位（其中央企业编制岗位11个），并按照公开安置政策、公开档案分数、公开安置岗位、公开选岗和接受社会监督为主要内容的“四公开一监督”阳光安置办法，召开选岗大会，政府安排工作退役士兵们一次性选岗成功，做到退役军人、部队和接收单位和“三满意”。

【退役军人就业创业】 与阜宁中等专业学校合作，先后分两期组织2021年度退役军人适应性培训，163名自主就业退役士兵和24名政府安排工作退役士兵参加培训。开展2021年度自主就业退役军人职业技能培训，共46人参加。组织6场退役军人线下专场招聘会，累计253家企业参与，提供岗位7627个，达成就业协议294人。建立60岁以下退役军人就业信息库。与阜宁农商银行达成合作，对退役军人在办理创业贷款条件上给予放宽、利率上给予优惠。举办江苏省退役军人创业创新大赛盐城阜宁片区选拔赛，县退役军人史欢龙创办的来易石墨烯公司入围。

【优待抚恤】 全县参加信息采集退役军人及其他优抚对象约28900人，享受抚恤定补人员约9300人（含重点优抚对象3691），企业军转干部400人，再就业下岗失业转业志愿兵240人。发放抚恤定补金合计约1亿元，享受定期抚恤补助优抚对象水、电、气、有线电视费用等补助发放约624.9万元，老复员军人遗孀生活补助发放651.7万元，发放义务兵家庭优待金659.6万元，发放现役军人立功荣誉金21.2万元，发放大学生入伍奖励金162.5万元。完成对全县优抚对象信息进行核查确认。完成5名新评、6名残疾军人退役换证和10名补证材料、1名带病回乡退伍军人材料的申报审批工作。完成60周岁农村籍退役军人生活补助材料的申报审批工作。对全县伤残抚恤人员的档案进行整理完善，录入全国优抚信息系统，并完成残疾退役军人新一代《残疾军人证》集中换发。开展重点优抚对象住院医疗费用二次救助工作，全年救助450人次计75万元。

【烈士纪念和褒扬】 完成全县零散烈士纪念设施普查维护，开展“让烈士回家”活动，将散葬在县内的5座烈士墓迁入县烈士陵园进行集中管理和保护。投入50万元，对县烈士纪念园进行提升改造。县烈士陵园和芦蒲烈士陵园组建宣讲员队伍，全年接待党政机关、企事业单位、群团组织、学校等各界人士10万余人。利用清明和烈士纪念日，组织由县四套班子领导参加的缅怀纪念活动。针对个别烈士史料有出入等情况，组织工作人员到烈士出生、战斗、牺牲等地，对烈士事迹资料进行校对挖掘。

【拥军优属】 八一、春节期间，县四套班子集中走访慰问驻阜部队官兵和老兵代表。端午节前夕，县双拥办、县退役军人事务局携手志愿者到阜宁武警中队，开展“军民鱼水情，粽香进军营”为主题的包粽子联谊慰问活动。发挥县、镇、村三级退役军人服务体系作用，全年走访慰问边海防和执行特殊任务的现役官兵家属182人次，发放慰问金12万元、慰问礼品182份。常态化组织登门为现役军人和退役军人悬挂“光荣之家”牌匾活动，全年完成新挂换挂“光荣之家”牌匾660人次。开展“四尊崇”“五关爱”“六必访”和立功受奖军人家庭送喜报活动，与县人武部向获二等功、三等功现役军人家庭送出喜报46张。持续完善双拥文化阵地设施，建成特色双拥主题教育公园、双拥广场和双拥路，在县城交通要道设立4处大型双拥公益宣传牌，在县城繁华街道（上海路、香港路、城河路）悬挂双拥宣传道旗。八一期间，与融媒体中心联手开办“戎耀今生·传承红色记忆”新闻专栏，集中采写报道8位阜宁县参战老军人的先进事迹，并在阜宁日报、阜宁电视台、“阜宁发布”微信公众号、“阜宁发布”APP上同步推出。组织人员组成政策宣讲组，开展“政策进军营，共筑强军梦”活动，宣讲安置优抚、就业创业等政策。　　（赵　建）

经济管理

财　政

【概况】 2021年，全县实现一般公共预算收入30.42亿元，一般公共预算支出101.86亿元，完成非税收入2.53亿元，为夺取疫情防控和经济社会发展双胜利提供财力保障，实现“十四五”良好开局。7月份，财政部对全国1862个县2020年度财政管理绩效进行综合评价，阜宁县位居全国第38名、全省第3名，盐城市唯一进入全国前50强的县（市、区）；县财政局在省财政厅组织的重点工作绩效考核评比中，获全省一等奖，连续四年获省财政厅表彰。

2021年阜宁县财政收入情况一览表

表5　　　　单位：万元

预算科目	2021年决算数	2020年决算数	增长（%）
本年财政收入合计	1207126	1059600	13.9
一、上划中央财政收入	160818	180440	-10.9
增值税	111484	103896	7.3
消费税	11991	10957	9.4
企业所得税	26549	25939	2.4
个人所得税	10794	39648	-72.8
二、地方财政收入	1046308	879160	19.0
（一）一般公共预算收入	304273	283128	7.5
1. 税收收入	242582	221153	9.7
增值税	111484	103896	7.3
企业所得税	17699	17293	2.3
个人所得税	7196	26432	-72.8
资源税	46	9	411.1
城市维护建设税	13707	12736	7.6
房产税	17981	6536	175.1
印花税	4066	3011	35.0
城镇土地使用税	13939	7659	82.0
土地增值税	15847	16138	-1.8
车船税	2782	2514	10.7
耕地占用税	9297	241	3757.7
契税	28084	24151	16.3
环境保护税	454	353	28.6
其他税收收入		184	-100.0
2. 非税收收入	61691	61975	-0.5
专项收入	14802	13273	11.5
行政事业性收费收入	16817	20528	-18.1
罚没收入	10257	8514	20.5
国有资源（资产）有偿使用收入	19460	17867	8.9
其他收入	355	1793	-80.2
（二）政府性基金预算收入	742035	596032	24.5
国有土地使用权出让相关收入	733510	590922	24.1
国有土地收益基金收入			
农业土地开发资金收入			
彩票公益金收入	666		
彩票发行机构和彩票销售机构的业务费用	133		
城市基础设施配套费收入	5037	2831	77.9
污水处理费收入	2689	2279	18.0

表6

2021年阜宁县财政支出情况一览表

单位：万元

预 算 科 目	2021年决算数	2020年决算数	增长(%)	预 算 科 目	2021年决算数	2020年决算数	增长(%)
本年支出	1582526	1458734	8.5	金融支出		20	-100.0
一、一般公共预算支出合计	973900	914383	6.5	援助其他地区支出	789	766	3.0
一般公共服务	82593	72917	13.3	自然资源海洋气象等支出	7463	8756	-14.8
国防	527	625	-15.7	住房保障支出	75893	63005	20.5
公共安全	29476	26210	12.5	粮油物资储备管理事务	4036	4675	-13.7
教育	136130	141442	-3.8	灾害防治及应急管理支出	4746	2421	96.0
科学技术	44727	51498	-13.1	其他支出	759	264	187.5
文化旅游体育与传媒	18590	18539	0.3	债务付息支出	17208	16393	5.0
社会保障和就业	181334	167437	8.3	债务发行费支出	69	88	-21.6
卫生健康	123075	98357	25.1	二、本年政府性基金支出合计	608626	544351	11.8
节能环保支出	12344	27375	-54.9	文化体育与传媒	12		0.0
城乡社区事务	62540	46060	35.8	城乡社区事务	516642	388828	32.9
农林水事务	123201	122045	0.9	其他支出	65456	96033	-31.8
交通运输	23441	18092	29.6	债务付息支出	26340	23629	11.5
资源勘探信息等支出	23239	23757	-2.2	债务发行费支出	176	161	9.3
商业服务业等支出	1720	3641	-52.8	抗疫特别国债安排的支出		35700	-100.0

【兑现各类奖补资金】 2021年，县本级安排1.5亿元支持主体发展专项资金，支持招商引资、工业经济、开放型经济以及建筑业、金融业发展等。贯彻落实上级财政支持政策，及时拨付创业担保贷款贴息773万元；拨付省商务发展、工业和信息产业转型升级、工业企业技术综合改造综合奖补资金、普惠金融发展专项资金1404万元。

【强化"一金三贷"激励引导】 创新财政激励金融支持实体经济政策措施，拓展财政撬动金融渠道，促进加大信贷投放规模，有效缓解县域企业融资难题。全年"科技资金池"支持有关银行为8户企业发放贷款2949万元，"苏微贷"为14户企业发放贷款9680万元、"小微创业贷"为25户企业发放贷款5150万元；"苏科贷"为21户科技型中小微企业发放贷款6835万元；"富民创业贷"累计发放创业贷款536笔7802万元；县财政担保公司为各类企业担保107笔贷款，合计4.37亿元；县国投公司先后为新港混凝土、七彩虹建筑、新时代建材等15户企业20笔到期贷款共计1.78亿元提供"过桥"服务；有关国有平台企业转贷及借款41笔，累计17.05亿元。

【落实投入粮食产业发展和国家粮油储备财政政策】 2021年，下达粮食产业发展和国家粮油储备财政资金5226万元，保障全县的粮食安全。

【支持教育高质量均衡发展】 全年安排校舍维修、薄弱学校改造、功能室建设等专项经费8900万元；实施新四项教育惠民工程，县财政投入3000万元，为2299间教室更换了照明设备、更换课桌椅20481套、为东沟小学等7所学校新建了厕所、为56所学校安装了426台直饮水机、为12所农村初中新建或改造学生浴室；按照规定标准共安排各阶段教育资助经费2115万元，保证全县建档立卡户和低保户家庭学生顺利就读。

【保障疫情防控经费】 2021年，县财政始终把新冠疫情防控经费保障作为财政工作的重中之重，安排疫情防控专项经费1.78亿元，主要用于疫苗接种、防疫物资储备、核酸检测设备购置、医学隔离点、防控车辆购置等方面支出，保证了全县疫情防控工作的有序开展。从医保基金中列支疫苗接种经费9975万元，保证新冠疫苗全民免费接种政策的实施。

【各类供养补助提标】 将农村特困分散供养和集中供养标准，从原每人1000元/月、1250元/月统一提高到1300元/月；将预算安排每人173元/月的标准，统一提高到210元/月，全县年增支8300万元；将原80多岁、90多岁和百岁以上老人的50元/月、100元/月和300元/月的尊老金标准，分别提高到100元/月、200元/月和

600元/月，在原有基础上各提高了1倍。

【落实对生态环境保护的补贴政策】 2021年，下达生态环境保护相关资金6080万元，其中：重点生态功能区转移支付资金1692万元，水环境区域补偿、受偿资金及连续达标奖励资金439万元，生态环境保护专项资金564万元，污染物排放统筹资金收取、返还及生态环境高质量指标考核奖励资金3385万元，保障全县生态环境保护工作的开展。

【加大农业基础设施建设投入力度】 2021年，县财政投入14487万元用于建设高标准农田及高效节水灌溉，投入2500万元用于洼地治理工程，投入2000万元用于渠南灌区建设，投入1297万元用于旱涝灾后应急治理工程，投入1940万元用于农村河道整治。

【推进乡村产业振兴】 按照县委县政府出台的激励意见，及时安排兑现各类奖补资金3102万元，支持农业结构调整，加快农业产业转型升级，进一步增强“三农”发展活力，促进农业增效、农民增收和集体增积累。三是加大改善农民群众住房条件投入。全年累计安排改善农民群众住房条件专项资金3.41亿元，改善农房2200户，农村面貌极大改观，农民生活品质显著提升。

【支持农业保险】 2021年，全县三大主粮作物参加农业保险面积累计10.484万公顷，覆盖率达87.8%，保险深度1.4%，保险密度688，提升农民种粮积极性和安全感，提升粮食安全保供水平，全面完成省乡村振兴考核指标。

【债务管控】 全年化债24.7亿元，全口径债务余额较2020年下降11.28亿元，债务率较2020年下降约24个百分点。结合县实际，向省财政厅申报阜宁县新增债券和再融资债券需求，获批新增债券额度13.44亿元，再融资债券额度14.9亿元，保障县内重点民生实事工程建设，确保政府债务风险稳定可控。坚持平台公司例会制度，及时研究会办平台风险防范、债务化解、资产划转办证和实体化转型相关事宜，每月对平台债务进行风险监测，做到风险早发现早处置。

【国资国企监管】 坚持将国资国企监管与财政工作同步推进、同向发力，出台《县属国有企业严格落实“三重一大”决策制度实施办法》《县属国有企业对外投资监督管理暂行办法》《进一步加强和规范政府投资项目管理的实施意见》等制度文件，从制度上规范企业的行为。牵头组织国企系统开展“析讲评”活动，指导企业排查廉政风险点，落实全县国企党建工作座谈会精神，防范廉政风险。县国资办牵头组织对全县行政事业单位及国有企业进行资产全面清查、登记，以求真实全面掌握全县国有资产状况。通过一周一报制、定期座谈制、一月一通报等方式及时掌握全县资产清产核资工作进展情况，加强组织协调，针对问题及时会商研究，提请会办。全县清产核资工作正进入第三方机构核实鉴证阶段，经汇总已完成初步过堂279家，完成核实鉴证74家，盘盈净资产35586万元，盘亏净资产472万元。公共基础设施已经核实认定1家（陈良镇），盘盈净资产19321万元。

【推进国企改革发展】 落实三年改革行动方案要求，出台《阜宁县国企改革三年行动方案》，成立国企改革领导小组，针对改革重点任务，主动调查指导、督促催办，稳步推动国企改革相关工作。整合重组原城投和建投公司，组建城发集团，将原开源集团整合到海鑫集团，进一步壮大企业规模和投融资实力，为推动集团资信等级提升打好基础。加快推进全民所有制企业公司制改革工作，全县69家全民所有制企业已全部完成改制。

【推进预算一体化管理】 成立一体化工作领导小组和工作专班，加强对一体化工作的指导和协调。制定预算管理一体化工作方案，明确目标任务，细化工作措施，把握时间节点，落实工作责任。组织做好业务需求制定、系统调整完善、操作实务培训等相关工作，一体化系统于2022年元旦上线运行。

【调整完善镇区财政管理体制】 出台基本公共服务领域县与镇区财政事权和支出责任划分改革方案，科学确定事权，合理确定分担比例，努力推进基本公共服务均等化。确定新一轮县对镇区体制调整方案，进一步加大财力下倾，充分调动镇区培植税源、组织收入积极性，增强镇区基本公共服务保障能力，促进镇区均衡协调可持续发展。

【规范政府投资建设和政府采购管理】 对近三年县本级政府投资项目实施情况逐项排查，加大项目概算审查力度，探索建立县本级学校、医院等建设项目支出预算标准，推动实施单位务实节俭新上项目。全年审结政府投资项目概算90个，计送审金额26.91亿元，评审金额23.83亿元，核减3.08亿元，平均核减率约11.45%。2021年，县政府采购计划为2.84亿元，实际采购2.31亿元，节约资金5300万元，节约率18.6%，有效地降低财政支出，发挥资金使用效益。

【推进部门预算绩效监督管理】 根据《中共阜宁县委 县人民政府关于全面实施预算绩效管理的实施意见》，结合《预算法实施条例》，进一步完善全县财政预算绩效管理制度体系，强化对部门单位自评价工作的监督。在部门单位自评价的基础上，抽取2020年度4个部门整体支出、6个专项资金进行财政绩效再评价，对6个为民办实事项目开展中期绩效运行监控。对13家预算单位、2个镇区进行财政综合检查、4项专项资金检查、2项财政政策执行情况检查。对监督检查发现的问题及时下达整改通知书并要求限期整改到位。

（季燕飞）

税务

【概 述】 2021年，阜宁县税务局以“六项建设+十项竞赛”为抓手，完成税收收入41.23亿元，同比增长0.76%，税收一般预算收入24.37亿元，同比增长10.19%。县税务局正风肃纪做法4次在《新华日报》宣传报道，继续保持江苏省文明单位、盐城市文明单位。新沟税务分局党支部“‘村上税局’党旗红”获评全省税务系统党建工作创新优秀案例，县水务局老干部党支部获市级离退休干部“六有一提升”示范党支部称号。

【税费收入】 2012年，开展社保费和非税收入日常征管工作，入库各项社保费收入24.79亿元、非税收入1.56亿元。持续强化税收治理，全年累计完成应对任务942户，入库税款1.26亿元，总成效2.07亿元。加强欠税管理，累计清理欠税1.23亿元。受理各类案件42件，累计查补入库税款1236.89万元。推进增量留抵退税应退尽退，为全县76户次纳税人办理增量留抵退税2.07亿元。办理出口退税和政策性退税，累计退税8.83亿元。持续落实延缓缴纳政策，累计办理缓缴税款1.48亿元。

【依法治税】 落实税务权责清单制度，健全完善8大类131项税务部门权责事项清单，并在省税务局执法信息公示平台向全社会公开，接受社会监督。完善行政执法程序，制定县局《税收行政执法“三项制度”推行方案》，进一步提升行政执法“三项制度”执行力。运用说服教育、劝导示范、警示告诫、指导约谈等方式，落实“首违不罚”制度，全面推行轻微违法行为依法免予处罚清单,做到宽严相济。全年约谈纳税人635户次，纳税人主动申报税款1.33亿元。借助内部控制监督平台，全年开展执法督察项8个，组织疑点核查32条，发现问题5个。贯彻落实《政府信息公开条例》，完善税收征管执法信息公开，严格落实税务行政权力公开。落实会前学法工作机制，常态化坚持“法治月学”。

【纳税服务】 紧盯纳税申报时长、退税时长、新办企业套餐办结率等营商环境评价指标，办税时间和服务质效提速优化。落实“我为纳税人缴费人办实事”要求，开展“走企业、听心声、访实情、优服务”活动，累计收集各类涉税问题和意见建议29个，并已全部解决、反馈到位。全年受理3497户新办企业套餐，新办企业套餐使用率100%，全部在0.5个工作日内办结，办税时效排全市前列。畅通信访舆情工作机制，做好12366、12345平台等工单处理，全年受理650余件，均已受理办结，处理结果满意率99%。组织开展征期保障工作，大征期期间业务和系统运行安全平稳。县税务局获评2021年度全县综合考核优化营商环境先进集体。

【队伍建设】 在全市纳税服务和非税收入大比武中取得了较好成绩，有1人通过司法考试、2人通过硕士研究生考试，“三师”资格考试通过率稳步提升。继续推行“争旗夺牌”和“月明星，季标兵，年优秀”评比制度，全年累计评比“月明星”782人次，“季标兵”162人次。创刊《阜宁税务人》报。

（朱海军）

自然资源管理

【概况】 2021年，县自然资源和规划局聚焦“优空间、护资源、促发展”的工作主线，紧扣县委、县政府和市自然资源和规划局工作目标，推进自然资源和规划事业高质量发展，被国家机关事务管理局等部门联合授予“节约型机关”称号，“阜宁县金沙湖生态修复”案例获江苏省首届“最美生态修复案例”，被省文明委表彰为省文明单位。

【土地征收】 2021年，阜宁县获得批准9个建设用地批次61个地块54个项目，涉及用地面积128.96公顷，新增建设用地107.60公顷。2021年度土地征收成片开发方案获得省政府批准，共7个片区、总面积364.88公顷。

【土地供应】 开展闲置土地高效利用工作，完成市下达的闲置土地高效利用9宗、43.55公顷，完成率100%。合理调控土地供应节奏，促进房地产市场健康发展，编制发布2021年国有建设用地供应计划。全年完成工业用地出让49宗、58.31公顷，出让收入1.7亿元。完成经营性用地出让31宗、73.68公顷，出让金收入39.2798亿元。

【调查测绘】 按照国家和省市要求，为全面掌握2020年度国土利用变化情况，持续开展耕地“非农化”“非粮化”监测，更新第三次全国国土调查成果，保持国土调查数据现势性，支撑自然资源“一张图”和综合监管平台平稳运行，不断夯实“以图管地”工作基础。按照全市大比例尺地形图测绘全覆盖工作的统一部署，完成全县101500公顷1:2000比例尺地形图的测绘建设工作，实现全县地形图测绘建设全覆盖。

【水资源专项调查】 按照省自然资源厅对水资源调查试点工作要求，坚持“地上和地下”相统筹，重点探索研究地表水资源的空间分布，以及新管理形势下地下水资源的调查监测评价的新方法路径，为编制本级水保护利用规划提供数据支撑，并在自然资源确权、权益管理、开发利用等方面为服务自然资源管理“两统一”核心职责奠定基础。

通过开展阜宁县水资源专项调查省级试点项目，调查出阜宁县地下含水系统自上到下主要分为潜水、第Ⅰ承压水、第Ⅱ承压水、第Ⅲ承压水、第Ⅳ承压水等五个，包括其介质类型、空间分布、厚度、顶底板埋深及其补径排特征等，阜宁县多年平均降雨量945.7毫米，多年平均陆面蒸发量为887.7毫米，多年平均地下水资源量1.96亿立方米，多年平均水资源总量4.55亿立方米。阜宁县第Ⅰ、

Ⅱ、Ⅲ、Ⅳ承压层孔隙水容积储存量249.6亿立方米，弹性存储量2.38亿立方米，在考虑越流及侧向补给条件下的可更新性，部分可以开采使用。

【确权登记】 贯彻党中央、国务院关于生态文明建设的决策部署，按照《阜宁县自然资源统一确权登记总体工作方案》，对县内主要14条县级骨干河流进行自然资源确权登记，协助市自然资源和规划局完成射阳河、嘎粮河和杨集河自然资源统一确权登记工作。启动全县农村集体土地所有权更新汇交发证工作，对明确土地产权关系、推进土地市场建设、维护土地权利人合法权益有着重要意义，年底已完成历史资料的整理和村组界线内业划定、外业调查及内业建库工作，以及登记成果更新汇交。

【土地执法检查】 全年查处违法违规用地41宗，面积20.19公顷，处罚金额165.7万元。移交综合行政执法局查处17宗，其中：涉及违法违规用地13宗，面积3.01公顷；涉及违反城乡规划法建设4宗，建筑面积11687.34平方米。

【企事业单位不动产登记补充办证】 全年受理各类不动产登记140730件，办理不动产权证书121824本、不动产登记证明13041份，生成电子证照74650份，提供查询服务12126次，同步办理水电气网等过户10049件。全力解决不动产历史遗留问题，开展企事业补充办证、国有资产确权登记、遗留小区问题等一系列专项清理行动。全年解决不动产历史遗留问题306个，其中遗留问题企业补充办证263个、国有资产确权登记21宗、历史遗留小区22个，为18326户群众颁发不动产权证书。加快推进房地一体农村不动产确权登记工作,开展“村村清、户户办”等活动，完成镇、村、组三级确认140144宗，经省自然资源厅批准核减后为127674宗，完成缮证125266宗，综合缮证率98.1%，实现“应登尽登，应发尽发”的总目标，通过省自然资源厅验收。

【不动产发证亮点】 推进“交房（地）即发证”常态化管理。进一步深化部门协作，优化业务流程，全面落实不动产登记领域“我为群众办实事”任务要求，采取线上交房、转移登记与抵押登记合并等方式让群众少跑腿，全年有4个小区、1963户群众交房时领证；31家企业交地时领到产权证书，涉及土地面积70.62公顷。提升不动产登记“一件事改革”水平，从源头上避免新的遗留问题产生。全面实现“线上苏小登”不动产登记“跨省通办”，线上登记服务全部接入江苏政务服务网和全国不动产登记网上“一窗办事”平台，全年线上办件57件，查询232次。推动不动产登记信息共享和不动产单元代码应用，方便企业群众办事创业，推进线上登记，优化线下服务，深化与银行金融机构的便民协作，协调全县9家金融机构形成合作协议，全部实现不动产登记服务点建设。不动产登记全面打通省自然资源厅提供的7个部门24个信息共享接口，通过嵌入式共享集成，辅助登记审核。探索推进“一码+三维”地籍试点工作，构建阜城镇香港路试点区域内14个小区，土地面积270公顷的宗地产权三维模型、建筑面积约231.7万平方米的房屋产权三维模型，在实现不动产自然状况查询的基础上，推出三维可视化查询功能，满足企业和群众对不动产登记信息的立体化、直观化查询需求。

【土地整理】 全年组织实施陈良镇许湾等村省级投资土地整治项目，建设规模696.9公顷，新增耕地面积10.5公顷，投入资金3639万元。完成东沟镇官庄等村高标准基本农田建设土地整治项目验收工作，建设规模1442.96公顷，新增耕地14.88公顷；完成三灶镇蒯东等村省以上投资（耕地开垦费）土地整治项目验收工作，建设规模696.07公顷，新增耕地21.09公顷；完成羊寨镇王山等村土地整治项目清算工作，建设规模438.87公顷；完成吴滩街道合利社区许合等村土地整理项目清算工作，建设规模805.76公顷；完成芦蒲镇周门等村省级土地整治专项资金（耕地开垦费）土地整治项目清算工作，建设规模695.79公顷。

【占补平衡】 执行耕地保护政策，完成25个占补平衡项目市级验收工作，新增耕地67.55公顷。

【土地储备】 2021年，阜宁县土地储备中心按照年度土地储备计划和储备土地供应计划，完成收购储备土地21宗，总面积52.11公顷，支付各类收购补偿价款81500万元；通过招拍挂公开出让储备土地21宗，面积48.81公顷，成交价款259200万元；划拨土地1宗，面积4.44公顷。支持平台建设，梳理在库土地资产，将部分储备土地挂牌出让给各平台公司，全年提供储备土地38.49公顷；落实工业用地储备，保证好项目落地，化解项目建设等土地的局面，为全县工业项目储备土地，收储工业用地5宗，面积25.10公顷；履行自然资源所有者权益保障职能，合理评估储备土地资产价值，截至2021年底，在库储备土地145.34公顷，总资产价值136300万元；依法管控建设用地准入，对收购储备的原用途为工业，拟变更为住宅、公共管理和公共服务的土地，依法进行土壤污染状况调查，全年对40.93公顷的5宗建设用地,进行土壤污染状况调查，保障建设用地安全利用。

【全县矿业权人勘查开采信息公示】 为做好全县矿业权人勘查开采信息公示工作，县自然资源和规划局要求采矿企业明确专人上网填报，如实上报企业勘查开采信息，并要求在省自然资源厅规定的时间内完成勘查开采信息公示工作。县自然资源和规划局对采矿企业上网填报勘查开采信息公示情况跟踪督查。3月，全县3家采矿企业在规定的时间内完成矿业权人勘查开采信息公示工作。

【地质灾害防治】 为全面贯彻落实《地质灾害防治条例》《江苏省地质灾害防治管理办法》的精神，4月，县自然资源和规划局利用“世界地球日”上街开展地质灾害防治和防灾减灾宣传，推进全县地质灾害群测群防体系规范化、标准化建设。5月汛期期间，县自然资源和规划局下发《关于成立汛期地质灾害防治应急指挥部的通知》《关于切实做好2021年度汛期地质灾害防范工作的通知》，建立地质灾害防治工作目标管理责任机制，开展地质灾害隐患点排查，制订地质灾害防治方案和应急预案，落实防范措施，及时报告地质灾害防范工作情况，严格落实汛期地质灾害防范工作责任追究制度。

【县地质灾害防治“十四五”规划编制】 做好阜宁县地质灾害防治“十四五”规划编制工作，从源头上防范化解水旱灾害重大风险，把问题解决在萌芽之时、成灾之前，提升监测预警水平。 （柏明华）

金融监管

【概况】 2021年，县地方金融监管局推进金融服务全县经济高质量发展，持续防范化解金融风险，在全市地方金融监管系统考核中位列第一等次、排名第二，承担的市对县考核指标“普惠型金融重点领域贷款占比”全市第一。

【银企对接】 制订出台全年银企对接活动方案，推进银企对接活动常态化、长效化，全年组织开展各类政银企对接活动9场次。其中：9月7日，举办“金融赋能·共促发展”综合性政银企对接活动，共向198家企业投放60.21亿元，其中现场放款34.68亿元。先后组织开展“十行百员进千企”、省农发行、省中行、上海农商行、上海银行、新沟镇、阜城街道、开发区、滤料产业等专场银企对接活动，累计对接走访企业近500家，为近300家企业提出针对性融资方案，解决近2亿元融资问题。发挥省综合金融服务平台作用，帮助银企双方在线融资对接，新增1652家企业接入平台，新增授信36.51亿元。

【非法金融活动风险管控】 县地方金融监管局持续防范处置非法金融活动风险，维护金融秩序稳定。先后开展春节期间、5月、5·15、6·15、12·4等防范非法金融活动集中宣传教育，赴各镇区（街道、社区）开展《防范和处置非法集资条例》宣讲，切实提升基层干群风险防范意识。深入开展非法金融活动风险排查整治和重点领域风险化解处置工作，摸清风险底数，稳妥处置风险隐患。2021年，拆除含有敏感字样的违规门牌5家、劝退6家民营投融资风险隐患企业、注销4家涉嫌非法集资农民专业合作社、实现在业农民资金互助社清零。

【融资担保】 督促县各融资担保公司持续提升运行质效，规范稳健发展，县财政担保公司在2021年省监管评级中提升为A级。发挥融资担保公司融资增信作用，积极推动县4家政策性融资担保公司做大规模，为企业提供优质增信服务，至年底，全县4家政策性融资担保公司在保余额27.77亿元、在保户数1137户，担保费率降至1%以下。

【保险工作】 2021年，全县保险公司保费收入累计13.2亿元。

【证券工作】 2021年，全县有4家证券公司：国信证券、华泰证券、海通证券、申万宏源证券。全年实现交易额288.67亿元。

【企业上市工作】 推进企业挂牌上市工作，出台《阜宁县“十四五”企业上市（挂牌）行动计划》，鼓励引导企业积极利用资本市场做大做强；优化全县企业上市和新三板挂牌后备企业资源库，动态调整后备企业，对“金种子”企业制订一企一策一领导培育方案重点培育；组织企业参与线上、线下上市培训，邀请国信证券、华宝证券等券商到阜宁开展培训考察活动，推动全县企业上市挂牌进程。

【推动成立县产业引导基金】 2021年，阜宁县地方金融监管局积极贯彻落实县委、县政府工作部署，积极推动县产业引导基金设立运作。制定出台《阜宁县政府产业引导基金管理办法（试行）》，选聘江苏新华日报传媒集团下属公司——江苏新华沣裕资本管理有限公司为基金管理人，10月31日许根林县长赴南京正式签约，已收到中国证券投资基金业协会的私募投资基金备案证明，设立工作全部完成。

【健全地方金融监管体系】 持续实施投融资企业商事注册会商，前置风险把控。强化对“7+4”类机构监管，制定出台《阜宁县地方金融组织现场检查工作制度（试行）》，持续开展规范化、制度化、常态化现场检查，督促县内“7+4”机构规范经营。每月统计分析相关数据，发现经营异常或风险及时处置。

【开展县“金融赋能·共促发展”政银企对接活动】 9月7日，县举办“金融赋能·共促发展”政银企对接活动，搭建政、银、企三方合作交流平台，促进金融与经济良性互动、相互促进、共赢发展。活动邀请市地方金融监管局局长朱金明、人民银行盐城市中心支行行长吴从法、盐城银保监分局局长殷路鸣出席，县领导张利华、许根林、郭碧玉、徐加晔、丁小虎参加活动。本次活动市、县银行共向阜宁县企业投放贷款60.21亿元。

【宁效云在阜宁洽谈】 12月14日，中国银行江苏省分行行长宁效云率分行领导班子一行到阜宁洽谈，县委书记张利华和县委副书记、代县长许根林接待。双方就中国银行支持阜宁地方经济社会发展进行了交流和座谈。 （顾 昊）

价格监督管理

【概况】 2021年，全县价格管理工作根据省、市、县政府及其发改部门部署安排，服务经济民生，维护经济秩序，全年取消政府定价的经营服务性收费1项，降低政府定价的经营服务性收费3项，完成各类财物价格认定190件、价值总额380万元，完成商品房价格备案17批次、总建筑面积52万平方米。

【电价改革】 贯彻落实国家、省发改委关于工商业电价改革政策，取消工商业目录销售电价，推动工商业进入市场购电或代理购电，使电价改革平稳落地。根据省发改委文件完善居民阶梯电价政策，对“一户多人口”电价落实明细执行办法，并对困难群体给予每户每月15元免费电量；针对县内因不办理居住证而无法证明实际居住人数问题，商请县公安部门出具治安管理系统信息证据，协调解决一户多人口优惠电度问题。落实农产品初加工用电政策，会同县农业农村局、供电公司对县内涉及农产品初加工的企业登门审核，核定初加工电用比例，报市发改委发文公布，明确阜宁县农产品初加工企业用电执行农业电价的范围和比例。

【价格调控】 春节前，县发改委牵头，会商县商务、财政部门在南、北世纪年华超市及永辉超市设立投放点，组织调拨县级储备猪肉，低于市价投放市场，以满足群众需求。投放结束后，经核实向县财政局申请拨付价格调节资金，向承担政府储备猪肉销售任务的3家超市发放冻猪肉销售差价补贴。按市发改委及县政府要求，报请市发改委代储冻猪肉95吨，确保县级政府储备充足备用。

【收费公示】 根据上级收费政策文件，动态调整收费目录清单，编制印发《阜宁县行政事业性收费清单（2021）》文件，在县政府网站公开。编印《阜宁县经济民生价格政策汇编》手册，供有关领导及相关部门单位对照掌握价格政策。

【出台教育收费政策】 会同县教育局研究制定2021年春、秋学期教育收费标准，审核教辅材料费、代办费、托管费标准，有效规范各级各类学校收费行为。

【开展供水供电供气收费清理】 贯彻落实国家发改委关于供水供电供气行业收费政策文件，开展供水供电供气行业经营服务性收费调查，清理不合理收费，公布合法收费项目。

【取消降低收费】 取消部分票据业务收费，包括商业银行取消收取支票工本费、挂失费，以及本票和银行汇票的手续费、工本费、挂失费。降低银行账户服务收费、人民币转账汇款手续费、银行卡刷卡手续费。

（顾　坚）

审　计

【概况】 2021年，阜宁县审计局完成计划内和交办审计项目59个，查处违纪违规金额59.43亿元，挽回经济损失4484万元，节约政府投资5.59亿元，移交各类案件线索18起，查处案件6起。连续第7年获得盐城市审计系统综合考核第一等次和阜宁县目标任务综合考核先进集体一等奖，蝉联江苏省文明单位，获评“盐城市五一劳动奖状”。9月，省审计厅厅长侯学元到县审计局视察调研“五个强审”行动成果。

【内部审计】 探索机构改革背景下内部审计发展新路，12月份在全县各镇区（街道、社区）、县直重点部门和企事业单位全面推行成立审计委员会及办公室。探索审计统筹融合，将预算执行审计与政策跟踪审计、经济责任审计、投资审计等融合起来，推动预算执行审计“一审多项”。探索建立以研究型审计为导向的工作机制，创新培养既能当好审计员、又能当好研究员的年轻骨干力量，推动研究型审计开展。在11月政府常务会上专题研究修订《阜宁县公共投资项目审计监督办法》，取消对社会中介机构的资质要求，加强建设单位内部审计的“第一道关口”监督职责，及时清理纠正投资审计工作中的不规范行为，防范投资审计风险。

【打造优秀审计项目】 着力提升创优意识，在年初制定审计项目计划时，就应对所有项目进行全面分析，科学研判，锁定1—2个项目作为优秀项目目标。组建高效、复合型审计团队，对照“地方审计机关参评项目评分标准”有的放矢的开展工作。申报2019年度县本级预算执行和决算草案审计项目通过市审计局评选入围省审计厅参评。正在申报原粮食局经济责任审计项目参评“全省优秀审计项目”。

【案件移送查处】 全年移交各类案件线索18起，查处案件6起，其中在“同级审”中通过对稻谷补贴资金审计发现，某街道居委会主任及经管员对本居部分稻谷补贴对象不是实际种植者而是原土地承包户的情况不经调查核实，导致4.5万元稻谷补贴被冒领，经审计移送，该2人已被立案查处。

【审计查出问题整改】 7月，以县委办、县政府办名义出台《关于加强审计整改工作的实施意见》，建立健全各项整改工作机制，将审计查出问题整改情况纳入全县综合考核。在11月召开的政府常务会上，对2020年下半年以来审计查出问题整改情况进行专题研究会办，做好审计查出问题整改工作。

【科技强审】 修订《阜宁县审计局审计数据管理办法》，加强数据采集和报送工作，由计算机审计中心统一采集财政、社保、卫健、扶贫等10多个行业数据，实现财政资金和行政事业单位数据采集的全覆盖，健全完善审计数据库。在审计项目中全面推行财务和数据“双主审、双方案”大数据审计模式，发挥计算机审计“集中分析、发现疑点、分散核查、系统研究”的作用，推动信息技术与审计业务深度融合，为审计高质量发展提供技术支撑。成立专项领导小组，安排专人负责审计专网建设、终端部署、应用系统试用和问题反馈，组织全体人员开展“金审三期”应用系统测试应用系统试用培训，为熟悉使用“金审三期”奠定基础。

2021年9月9日，省审计厅在阜宁县调研审计工作。　县融媒体中心/供

【侯学元调研审计工作】 9月9日，省审计厅党组书记、厅长侯学元在阜宁县调研审计工作。座谈会上，张利华介绍阜宁县经济社会发展和审计工作开展情况。侯学元对阜宁县审计工作取得的成绩给予肯定。在阜期间，侯学元还实地调研县审计局庭院文化、局史陈列室等党建阵地和陈良镇新涂村党建文化建设、乡村振兴、农房改善等工作现场。市委常委、常务副市长羊维达，县委书记张利华，县委副书记、代县长许根林参加活动。

（县审计局）

统　计

【统计法治建设】 2021年，阜宁县统计局对照习近平总书记“要坚持标本兼治、综合施策，从源头上遏制‘数字上的腐败’”的要求，坚决把指示精神贯彻落实到具体工作中。在县政府常务会上传达学习统计法律法规等重要文件精神，在9月2日的政府学习会上进行专题学习，县委、县政府领导先后对贯彻落实指示精神加强统计工作作出指示。多次召开县统计局党组会、中心组学习会和干部职工大会，学习习近平重要指示批示和系列文件的精神实质。在9月26日由县委组织部和县委党校联合组织的2021年全县科级干部主体培训班上，县统计局局长高兆师给全体参训科级干部近400人，开展题为《弘扬法治精神 全面依法治统》统计法律法规业务培训。

【统计宣传】 按照“七五”普法工作要求，多层次、全方位开展统计法治宣传教育。利用“9·20”统计开放日、“12·4”法制宣传日和“12·8”《统计法》颁布纪念日等，开展宣传咨询。印制5000余册《中华人民共和国统计法》《统计法实施细则》和《统计相关知识应知应会手册》，分发给社会各界，扩大宣传面。

【统计改革】 为完善统计体制，改革统计制度方法，变革统计生产方式，提升统计服务水平，增强统计保障能力，加快建设与国家治理体系和治理能力现代化要求相适应的现代化统计调查体系。国家统计局在2021年相继出台《“十四五”时期统计现代化改革规则》《推进服务业统计改革发展工作方案》《关于全面推进企业电子统计台账工作的指导意见》等文件，县统计局根据上级的统一部署，策应改革要求，在推进统计工作理念、推进统计方法手段现代化、推进统计法治监督现代化方面探索，提高工作标准，夯实基层基础力量。

【统计服务】 推出“数说辉煌”建党百年发展成果图片展，组织相关人员查询相关档案资料、访询相关人员，收集整改翔实的统计数据反映100年阜宁发生的巨大变化，由专业人员制作宣传图片展览板，分别在县委党校、文化中心、县自然资源和规划局大厅等场所展出，方便群众从不同方面通过数据了解建党100年来全县取得成就。着力服务中心工作，发挥参谋助手作用，做好统计监测。加强对高质量发展的统计监测，通过加强与部门协调联动，整合统计部门及政府各职能部门主要宏观统计数据，实现全县各部门宏观统计数据的归集、查询、监测、分析、预警等全过程实时共享，为推动全县高质量发展提供高水平的统计服务。进一步强化和完善原有经济形势分析会议制度，围绕重点领域、重点项目、重点指标开展动态监测分析。将针对特定领域发展情况和存在问题开展专题统计调研和分析预警。向重点镇区派出强有力的统计指导人员，采取“扫村”“扫街”“扫楼”和定报企业家家到的方式加强业务指导，强势挖掘数据，力求应统尽统，能统则统。立足长三角定位，对长三角153个县的三大类15个主要经济指标进行比对，找出差距，强弱补短，同时还对市县周边三个县主要指标进行比较性分析，为进位争先找准目标。

（周德平）

市场监督管理

【概况】 2021年，全县市场监管系统出台《依法行政系列制度》《行政处罚案件程序规范》《投诉举报处理程序规定》和《行政许可内部程序规范》等一系列工作制度，从事前、事中、事后进行全面规范，对行政许可、行政处罚、行政强制等权力事项进行全面梳理，实现一线执法人员全部持证亮证执法。定期组织案件互评互审、旁听法庭庭审、执法办案半月谈、学法竞赛等活动，提升执法人员的业务水平。开展巾帼担当、创标杆争先锋、亮身份亮承诺亮职责、执法维权党建亮剑工程等系列活动，层层签订《2021年党风廉政建设责任书》，开展高频次执纪监督检查，完成为民办实事21个项目53件实事，组织党员干部为身边群众办实事108件。蓝天环保公司获市长质量奖，东方滤袋公司获江苏省质量信用AAA级企业，阜宁县连续三年有企业获得江苏省质量信用AAA级企业称号，评出首届阜宁县县长质量奖企业3家、提名奖企业3家，举办首届县长质量奖颁奖仪式暨质量提升大会，1家企业获得省能源体系认证奖补。县市场监管局被市精神文明创建委员会表彰为2019—2020年度盐城市文明创建先进集体。

【市场登记】 将9项行政许可和4项备案事项纳入县无差别综合受理清单，实行“无差别综合窗口（前台）统一收件+部门受理岗（中台）分类受理+部门行政许可科（后台）集中审批+无差别综合窗口统一出件”的服务运行机制。试点推进药品零售行业的“一业一证”和“一件事”改革。数字政务再提升。推进个体户登记全程电子化工作，实现个体户登记的各个业务环节均可网上办理，实施全程电子化登记。注销程序再优化。强化部门信息共享和业务协同，实施个体工商户简易注销登记。对营业执照和税务登记证“两证整合”改革实施后设立登记的个体工商户通过简易程序办理注销登记的，无须提交承诺书，也无须公示。

【疫情防控】 在全面落实疫情防控常态化工作机制的基础上，加强进口冷链食品及进口货物监管，在“江苏冷链”累计已申报1627批次、6117吨，实现进口冷链食品全过程可追溯。保障疫苗接种工作，对疾控中心、27个疫苗接种点进行全覆盖检查，保障新冠病毒疫苗质量安全、流向可控。严格实施零售药店退烧、止咳、抗病毒等药品实名登记销售制度。牵头完成附小香港路校区检测点的全员核酸检测工作，累计检测两万人次。作为后勤保障牵头部门，对两个县集中隔离点进行后勤保障工作，完成扬州籍人员隔离工作。

【食品安全监管】 以创建食品安全示范县为目标，开展食品小作坊、进口冷链食品、禁售长江流域非法捕捞渔获物等专项整治和改造提升工程。农贸市场检测室建设在全市第一家实现全覆盖。实施并完成“明厨亮灶+互联网工程”，覆盖大型以上餐饮服务单位404家。组织推进食品安全责任保险工作，全县大型食品生产企业、学校食堂、集体用餐配送单位、特大型餐饮单位及食品相关产品生产企业实现保险覆盖率100%。查办涉食品安全案件，全年立案查处案件396起，合计罚没约193万元。

【特种设备安全监管】 巩固“三年大灶”和“一年小灶”的工作成果，全面组织特种设备领域安全生产专项督导。开展气瓶专项整治“回头看”和涉燃气安全生产专项检查，运用电梯“96333”应急处置平台，确保特种设备领域各项工作安全可控。依托特种设备安全监察平台，开展特种设备安全生产各项执法专项行动，全年检查各类特种设备使用单位362家，发现并督促整改各类隐患168处，处理各类投诉举报127起，立案查处19起，罚没58.5万元人民币。

【药械安全监管】 做好药品医疗器械流通、使用环节专项检查，重点打击从非法渠道购进药品、合法药品流入非法渠道、回收医院药品等违法违规行为。做好全县含兴奋剂药品经营专项检查，严厉打击违法经营含兴奋剂药品的行为。聚焦新冠病毒检测试剂、呼吸机、医用防护服、医用口罩和红外体温计等疫情防控类医疗器械，确保产品安全。持续开展化妆品“线上净网，线下清源”行动，规范网络销售化妆品秩序，保障公众用妆安全。

【认可和检测检验监管】 配合市、县开展道路交通安全“百日行动”专项整治，承办盐北5县检测机构理论调研现场会，指导22家检测机构完成自报、年报工作。对认证获证组织、CCC产品认证企业、检验检测机构、工业生产许可证获证企业进行“双随机一公开”检查。全年对46个品种、444个批次产品展开监督抽查，涉及汽柴油、燃气配件及灶具、电动车整车及配件、烟花爆竹等重点产品，对其中不合格的35个批次均已立案处理。

【市场秩序监管】 建立健全阜宁县网络市场监管部门联席会议制度，开展“6·18”专项监测、清理整治网络违法销售纪念章等专项监测行动。加强价格监管，紧紧围绕重要商品价格监管、涉企收费专项治理等工作重点，针对群众投诉比较集中的停车收费、医疗收费、物业收费、教育收费等行业开展价格收费整治。

【消费者权益保护】 完善投诉受理制度，使投诉受理进一步程序化、制度化、规范化，发展ODR企业，推动在线和解，全年发展ODR企业8户，在线和解投诉8件。通过12315、12345来人、来函、来电等渠道，接受各类投诉举报咨询2544件，办件量上升20%，办结率保持100%。

【知识产权保护】 创成省知识产权推进示范县。“白水塘白对虾”注册为地理标志证明商标；“七彩阜宁”县级区域农产品集体商标已核准，是盐城市首例县级区域集体商标。指导阜宁大米申报2021年度省地理标志促进和保护项目，已通过审核进行立项。阿特斯、宏泰石化获市政府专利奖银奖。（孙德立）

综　述

【概况】 2021年，阜宁县落实耕地轮作试点面积341.59公顷，全年粮食种植面积12.69万公顷，粮食产量96.2万吨，其中：夏粮5.78万公顷、总产33.88万吨，秋粮6.91万公顷、总产62.32万吨。瓜果蔬菜种植面积5.43万公顷、总产量185.9万吨，建成省级蔬菜产业推广示范基地1个、蔬菜示范点5个。生猪存栏43.88万头，出栏59.28万头；家禽存栏810万羽，出栏1221万羽；发展池塘养殖面积0.61万公顷，水产品总产量7.8万吨。1月，县农业农村局（县政府扶贫工作办公室）成为江苏省脱贫攻坚国家级表彰先进集体拟推荐对象，于2月被中共中央、国务院表彰为全国脱贫攻坚先进集体称号，是全市唯一一家获此殊荣的部门。

2021年阜宁县农林牧渔业现价总产值一览表

表7　　单位：万元

产品名称	产值	产品名称	产值
农林牧渔业总产值	1317882	1. 育种育苗	2036
一、农业产值	684954	2. 造林	4634
（一）谷物及其他作物产值	265620	（二）竹木采运	3584
1. 谷物	244994	（三）林产品的采集	58
# 小麦	78297	三、牧业产值	309727
# 稻谷	149013	1. 牲畜的饲养	13089
# 玉米	7458	# 牛的饲养	4141
2. 薯类	2390	# 羊的饲养	8948
3. 油料作物	6888	2. 猪的饲养	185338
# 油菜籽	3533	3. 家禽（毛重）	111244
4. 豆类	6250	# 肉禽	42882
# 大豆	4675	# 禽蛋	68362
6. 其他农作物	5098	四、渔业产值	191521
（二）蔬菜、园艺作物	322574	（一）海水水产品	1172
1. 蔬菜	318589	（二）内陆水域水产品产值	190349
2. 花卉（鲜切花）	54	1. 淡水鱼类	56814
（三）水果、坚果、饮料和香料	95625	2. 淡水甲壳类	130368
（四）中药材	1135	3. 淡水贝类	433
二、林业产值	24689	4. 其他淡水养殖产品	2734
（一）林木的培育和种植	21047	五、农林牧渔服务业	106991

【全县农村工作会议】 2月23日，全县农村工作会议召开，县委书记徐华明出席会议并讲话。县委副书记、县长张利华主持会议，并就春耕备耕、造林绿化、春季动物疫病防控、耕地“非农化”“非粮化”专项整治等当前农业农村重点工作作出具体部署和要求。县农业农村局、县住建局、罗桥镇、益林镇、沟墩镇作交流发言。县人大常委会主任林进，县政协主席丁政万，县委副书记田海波等县四套班子领导出席会议。

【曹路宝调研实施乡村振兴战略情况】 4月14日，市长曹路宝在阜宁县调研实施乡村振兴战略情况，先后到罗桥镇津浦河和长圩河环境整治现场，实地督查推进村庄河塘整治工作，和蒲包茶干制作技艺非遗文化推介人陈治国交流，查看郭墅镇沪青猪场管理流程，在三灶镇高标准农田建设现场查看小麦长势，勉励古河芦笋生态循环农业基地负责人，肯定阜宁协鑫再生能源发电项目利用先进技术处置垃圾化害为利，查看新建水厂建设，在县污水处理厂询问项目运行监测等情况。

【省农业科学院亚夫科技服务“阜宁新沟工作站”揭牌】 4月23日，县举行江苏省农业科学院亚夫科技服务“阜宁新沟工作站”揭牌仪式，全国脱贫攻坚楷模、最美奋斗者、全国敬业奉献模范、时代楷模赵亚夫出席，省农科院副院长孙洪武致辞，县委书记徐华明介绍阜宁县相关情况。县委常委朱玲主持仪式，副县长王福权参加活动。

【羊维达调研“三农”工作】 12月24日，市委副书记、统战部部长羊维达在阜宁县调研“三农”工作，先后到春华秋实现代农业科技园，详细了解产业发展现状，并察看阜宁农业农村综合大数据应用平台运行情况；在盐城栖岭农业科技有限公司，察看数据中心、实验室等；在益林镇蟠龙新型农村社区，对该村农房改善、美丽乡村建设等工作给予肯定。县委书记张利华介绍阜宁县相关情况。

种植业

【概况】 2021年，全县粮食种植面积12.69万公顷，粮食总产量95.9万吨，平均单产504千克；全县油料种植面积3780公顷，油料作物总产量1.09万吨，平均单产192千克。

【粮油产量】 2021年，全县小麦播种面积5.38万公顷，总产31.87万吨，平均单产395千克；大麦0.31万公顷，总产1.72万吨，平均单产370千克；蚕豌豆867公顷，总产0.30万吨，平均单产223千克；油菜0.26万公顷，总产0.77万吨，平均单产195千克；水稻6.044万公顷，总产57.18万吨，平均单产630.7千克；玉米0.44万公顷，总产3.24万吨平均单产491.3千克；秋收豆类0.322万公顷，总产0.88万吨，平均单产181千克；花生0.102万公顷，总产0.29万吨，平均单产191千克；芝麻126.67公顷，总产0.025万吨，平均单产133千克。

林　业

【概况】 2021年，在严格执行严禁耕地“非农化”“非粮化”政策要求的前提下，落实国务院办公厅《科学绿化指导意见》，仍然保持全县林业生产的稳定，森林资源总量38680公顷，其中成片林27113.3公顷（珍贵彩色树种林1720公顷），四旁树折算面积11566.7公顷；高标准农田林网80866.7公顷；活立木蓄积量达206.3万立方米，林木覆盖率为26.88%，全市排名第二，已基本形成道路林网、水系林网和农田林网等森林资源全覆盖。

【科技兴林】 加大新树种品种引进、试验、推广的力度，从南京林业大学和省农科院引进皇家雨点、红衣主教等北美海棠，斯蒂芬、完美和青博福德等冬青，金陵红枫、金陵黄枫等新树种品种20多个进行试种观察，为丰富全县林木种质资源创造条件；首次实施碳汇示范林营造工程，尝试进行森林固碳动态监测，为碳汇交易探索经验；推广林木标准化繁育技术，提高出圃苗木质量，提升全县的造林绿化水平。

【林木苗木】 以市场为导向，效益为中心，推广选育市场需求量大、生态效益、经济效益好的榉树、栾树、中山杉等珍贵用材树种的繁育，减少女贞、红叶石楠等观赏树种的繁育，以优化全县森林树种结构，全县有林苗面积66.7公顷，在圃苗木211.24万株，主要包括：柳树17.87万株、女贞36.6万株、栾树32.29万株、榉树15.28万株、紫薇17.55万株、水杉16万株以及红叶石楠15.3万株等，共调运苗木20多万株。

【串场河绿化提升工程】 按照“应栽尽栽，应绿尽绿”的要求高标准设计，对串场河绿化提升工程脏乱差的地段在保留胸径5厘米以上的乔木、果树和景观苗木的基础上，对河道两岸统一进行河坡刷新，土地平整和路肩填补，刷坡30多千米，整理土地26.67公顷，保证树木有地可栽。因地制宜选用中山杉、垂柳、国槐、榉树、朴树、刺槐等乔木，间栽紫薇、木槿、花石榴、垂枝海棠等花灌木，迎春等藤本植物和芦苇、蒲草等挺水植物，种植树木7万余株，实现绿化全覆盖。本着便民利民、体现特色的原则，建设路庄、郑飞、陈坎、丰渔等6个绿化景观节点，增加游客步道、清水平台、休闲廊亭和健身器材，方便群众休闲息歇。（柏明华）

畜牧业

【概况】 2021年，全县生猪存栏44.35万头，出栏72.83万头，全县家禽存栏789万羽，出栏1525万羽。“阜宁黑猪”成为第二届江苏省十强农产品区域公用品牌。肉禽养殖产业进一步扩大，吴滩、三灶新建年出栏分别超20万羽、100万羽以上肉鸡养殖场。东沟栖岭公司建成数字化中心，整个肉鸡的生产、防疫都进行数字化跟踪，全程把控肉鸡养殖环节，评为“江苏省农业产业化——省级重点龙头企业”。

【生猪生产】 2021年，市级下达阜宁县生猪养殖任务为年末存栏40万头，年出栏65万头。阜宁县生猪年末存栏44.35万头，出栏72.83万头。4月，县与省农科院共建阜宁新沟亚夫工作站，双方增强合作交流，推进生猪健康养殖发展。陈集镇建设万头“阜宁黑猪”养殖基地——盐城市六旭黑猪养殖有限公司，是阜宁县第二个阜宁黑猪扩繁基地。

【生态养殖】 阜宁生态黑猪是阜宁县与省农科院合作研发的黑猪新品种，是阜宁生态猪的升级版，该品种所有权属于省农科院，市场开发和品牌经营权归阜宁县。阜宁黑猪品种稳定、肉质细嫩、口感浓香、肌肉内脂肪较多，饲料广泛、可食用青绿饲料，生长周期较普通生猪延长一个月。至年底，“阜宁黑猪”存栏2.1万头，出栏3.5万头。全县有阜宁黑猪相关扩繁场2个、育肥场4个、屠宰加工场1个，生产加工“阜宁黑猪”的企业2个。

【动物防疫】 开展“先打后补”工作，并开发“先打后补”小程序，为完成2022年底前全县所有规模养殖场户实现“先打后补”的总体目标，进一步强化动物防疫主体责任，联合县财政局下发《关于印发阜宁县重大动物疫病强制免疫“先打后补”工作实施方案的通知》文件，全面落实符合条件的畜禽规模场开展“先打后补”工作。规范养殖场补助发放流程，实现线上线下一体化监管。开展春夏秋季重大动物疫病集中防控、免疫效果监测、非洲猪瘟专项监测、“三灭四消”行动等工作，全年没有发生重大动物疫情。

渔 业

【概况】 2021年，阜宁渔业以虾蟹特水品种为主导产业，按照稳产增收、生态健康、安全高质的发展思路，强抓安全生产不松懈，统筹片区开发、加快生态改造、提升科技水平，稳步推进阜宁县渔业高质量发展，实现水产品总产量7.8万吨、渔业总产值35.33亿元。

【水产养殖】 2021年，全县发展池塘养殖面积6133公顷，重点打造通榆河沿线虾类健康养殖、马家荡周边河蟹生态养殖、省干道沿线稻虾综合种养三大特色养殖区，主推河蟹、南美白对虾、罗氏沼虾、小龙虾等特色水产品种，实现特色水产养殖面积占比92%，推广应用河蟹生态养殖、南美白对虾与罗氏沼虾混养及轮养、稻虾轮作等生态健康养殖模式，占比86%。为加快推进全县养殖池塘生态化改造工作，年初在全县农业农村工作会议上将池塘生态化改造任务分解到各镇区，并定期开展督查通报。根据全县养殖品种、池塘结构、水系特点提出可操作的生态化改造模式及技术参数，在沟墩、新沟等镇开展生态化改造、尾水治理业务培训和现场教学参观。按照因地制宜、因场施策的原则，重点采取池塘标准提升、设施设备完善、进排水系优化、尾水达标处理等池塘生态化改造措施，在白水塘、紫气东来现代渔业园区和设施大棚虾等养殖基地试行五池四坝、三池两坝的尾水净化处理模式。

【第一次全国水产种质资源普查】 按照第一次全国水产养殖种质资源普查工作部署，组建县镇村三级普查队伍，明确普查范围，排定进度节点，并结合县情实际，对水产养殖种质资源普查操作手册、数据录入系统等要点进行详细讲解，将县站渔技员挂钩到相关镇区包干负责普查进度和数据有效性。全县各镇区已于12月25日全部完成普查登记，录入系统有限信息1395户。

【产地水产品质量监管】 印发《水产养殖规范用药宣传清单》1000份，分发张贴到各养殖塘口，对禁用渔药、休药期、已批准的渔药等进行宣传，开展用药减量行动，推广应用生态健康养殖模式。为进一步做好产地水产品质量安全，完成省市级水产品例行抽检，检测合格率100%，并专门聘请第三方检测机构开展县级水产品例行抽检60个，检测结果合格率100%。

【渔船检验】 遵循“规范操作、实事求是、方便渔民、保证质量”的原则，严格按照检验规范检好每一艘渔业船舶，把好渔船质量关。对存在船体质量及适航状况问题，就地落实整改措施，坚决做到不符合规定要求不予检验，做到规范操作，立足本职，为民务实，改过去格式化检验为渔民需要，镇村报告，定点相对集中的检验模式，唱响服务主旋律。年内完成内陆渔船787艘、海洋捕捞渔船41艘（含省渔船检验局盐城分局检验部分）部分的检验任务，渔业船舶登船检验率100%。

【渔业资源保护】 严厉打击各种破坏渔业资源的违法行为，重点开展电力捕鱼专项整治行动，继续推进县、镇、村三级联动，相关部门密切配合的打击机制。实行“区域管理，责任包干，协同动作 长期治理”管理模式，应用自查、联查、突击查的灵活机动机制，结合全县“河长制”的实施，始终保持打击电力捕鱼的高压态势。分片分区对重点人进行跟踪蹲守，全年查获案件20起，与公安部门联合办案3起，收缴“绝户网”350条。

【开展长江流域重点水域禁捕工作】 执行长江流域禁捕制度，加强渔船管控工作，对召回渔船136艘再次摸排，实施“定位定人联船”管理机制，结合内陆渔船一并纳入管控范畴，对全县828艘渔业船舶的渔船生产类型、作业水域、停靠地点、人员情况等基本信息进行调查，建立完善数据库，健全渔船管理台账，落实村级管理具体责任人，明确属地政府管理责任和行业部门监管责任，坚决防止内陆渔船重返长江禁捕水域从事渔业违法活动。强化金沙湖水产种质资源保护区巡查管护工作，落实值班值守制度，实施全天候对接到位，保护区执法巡护工作开展有序。全年劝离游泳人员250余人次，劝离垂钓人员460余人次，没收钓鱼竿约180根，没收非法捕捞网具280多条，查处违法捕捞案件20起。加大保护区设施建设，基本达到管理区域全封闭，智能监控全覆盖。

【人工放流】 开展春季放流苗种的招标采购工作，投入资金10万元，购买草鱼、鲢鱼、鳙鱼、鲷鱼大规格鱼种9200千克，投放金沙湖保护区及射阳河、通榆河等重点水域。开展夏季人工增殖渔业资源的苗种采购和放流工作，投入资金4万元，购买夏花80万尾，投放县内主要河道，增加鱼类资源蕴藏量，修复渔业生态资源，促进渔业增效，渔民增收。

【渔船安全生产】 围绕渔民主体责任、属地管理责任、部门监管责任，层层签订责任书。加强船载终端、进出港签证及安全教育培训。利用伏季休渔有利时机，组织渔民培训活动，受训海洋渔民200人次，发放安全基础知识手册300份，海洋渔业船员安全讲义200份，制作流动宣传版面10块，组织渔民观看渔业安全生产专题片，提高渔民安全意识；加大安全检查力度，重抓隐患排查与治理，出动61车次205人次，检查渔船900艘次。为全面提升阜宁县海洋渔船管理科学化、专业化、精细化水平，防止和减少渔业生产安全事故，实行公司化管理模式，负责渔船安全生产工作的预审，负责渔船的安全生产检查、隐患治理及人员培训工作，实现专业化管理。加大跨区作业渔船的召回力度，对超出作业区域的海洋渔船落实召回整治措施，县、镇、村（队）三级联动，逐船排查对接，对跨区作业的渔船限期回到规定海域，并落实渔船服务公司跟踪管理。对10人以上海洋渔船落实“定人联船”管控机制，做到底细清、责任明。村、属地镇区（街道、社区）、县渔业主管部门落实共管责任体系。开展船东互保工作，全县所有渔船做到应保必保、保全保足。

【海洋“三类船舶”清理整治】 根据省、市关于海洋“三类船舶”清理整治要求，县出台清理整治行动方案及清理整治行动实施细则，掌握时间节点，按时序推进，海洋借名登记渔船1艘、13艘海洋涉渔乡镇船舶于11月底全面完成清理整治工作任务，达到涉渔乡镇船舶、异地挂靠渔船全部清零。

农业机械

【概况】 2021年，全县农机装备总动力约91万千瓦，拥有大中型、高性能农机装备7500多台套，全县农作物耕种收综合机械化率达到82 %，特色农机化水平达到60 %以上。80马力以上拖拉机保有量970台，秸秆机械化处理水平94.75%，收割机1688台，稻麦收割机械化水平98%以上；粮食产地烘干机10089吨，产地烘干机械化水平67%以上；高效植保机械1200多台，植保机械化水平97%以上。省级农机示范合作社9家、维修点4家。

【秸秆机械化还田】 按照《2021年全省秸秆机械化还田暨生态型犁耕深翻还田工作实施指导意见》的通知及阜宁县2021年秸秆机械化还田实施方案要求，组织实施秸秆机械化还田工作。核对2021年夏季秸秆还田兑付清册，合计82373人，面积4.11万公顷，兑付金额1541万元。2021年，兑付秸秆还田面积6.93万公顷，资金合计2599.05万元。

【兑付农机购置补贴】 根据《省农业农村厅、省财政厅关于印发2021—2023年江苏省农机购置补贴实施意见的通知》《2021年度阜宁县农业机械购置补贴实施方案》的通知文件要求，组织实施农机购置补贴工作，全年兑付农机购置补贴资金1332.772万元。

【安全生产检查】 与公安交巡警、交通部门开展联合整治行动，全面查处上道路拖拉机运输机组逾期未检、拼装改装、违法载人、无牌行驶、无证驾驶等违法行为，向公安部门提供协查信息26份。开展“三夏”“双秋”和重要时段的农机安全检查、隐患排查工作。全年出动执法人员138人次，检查各类责任主体352个，排查隐患37项，完成行政处罚98件，罚款2950元。强化道路交通安全法律法规、农业机械安全操作规程宣传力度，发放农机安全宣传画册、安全生产宣传彩页1600余份，播放农机普法宣教片20余次。

【集中送检便民服务】 3月17日—5月12日，协调县人保财险公司、中华联合财险公司，携带移动检测台和制证设备，对拖拉机运输机组、轮式拖拉机和联合收割机开展集中送检便民服务行动。全年检验拖拉机运输机组406台、轮式拖拉机710台，联合收割机1026台，发放跨区作业证670张。注册登记轮式拖拉机149台，联合收割机420台，新核发驾驶证215本，增驾85本，有效期满换证464本。及时注销达报废年限的变型拖拉机，实现省定清零目标。组织安全教育活动19场，累计受教育1960人次，签订责任状900余份。

【农机报废更新】 全县拖拉机、联合收割机保有量3511台，其中轮式拖拉机1137台、联合收割机1844台，拖拉机运输机组530台。全县报废达到报废标准或超过报废年限的农业机械160台。 （吴文开）

工业综述

【概况】 2021年，阜宁县坚持落实新发展理念，围绕高质量发展主题，扎实实施工业经济高质量发展培育计划，推动全县工业经济平稳增长。2021年全口径工业开票销售实现499.2亿元，同比增长23.4%，其中应税开票实现490.5亿元，同比增长24.6%，应税销售占比98%。265家规上企业开票销售实现348.6亿元，同比增长31.3%，规上增长面为76.6%，同比提高35.1个百分点。“2+2+3”产业规上企业开销售占比63.3%，其中新能源、环保新材料产业开票分别增长28.1%、25.4%，电子信息、汽车零部件产业开票分别增长62.7%、64.5%。开票销售超亿元企业76家，税收超千万元企业14家。工业星级企业6家。“专精特新”获批小巨人企业1家，复审通过新产品企业1家。新增国家两化融合贯标认证企业7家、省三星级以上上云企业50家，建成省级智能车间2个。认定省企业技术中心1家。坚持走绿色化发展，积极倡导节能集约。推动化工企业关停并转，提前一年完成市下达累计关停33家化工企业目标任务，实现园区所有关停退出化工企业的危废全部清零，累计处置各类危化品物料8300余吨、危废7746吨。“智慧阜宁”获批2021年中国智慧城市优秀案例和网格化管理优秀案例，符合《光伏制造行业规范条件》企业1家，创成国家、省绿色工厂各1个，“5G赋能光伏制造助力贯彻双碳战略”获国家工信部第四届“绽放杯”5G应用征集大赛优秀奖。

【节能降耗】 开展节能执法监察活动，对阿特斯、协鑫再生能源、凯盛不锈钢等重点耗能企业的能耗限额、能管员备案、淘汰落后设备、节能审查手续等内容进行日常监察，对“万家”企业澳洋科技开展专项节能监察。组织绿色工厂创建，协鑫集成创成国家绿色工厂、东方滤袋创成省绿色工厂。建立拟建、在建“两高”技改项目清单库和2020年以来投产的存量“两高”项目清单库，遏制“两高”项目盲目发展。

经济运行

【政策激励】 出台《关于加快工业经济高质量发展激励意见》《关于开展“三送”活动鼓励外地员工春节期间留阜过节的措施意见》，多渠道立体式强化政策宣传解读，指导企业用足用好政策，兑付2020年度工业经济奖补资金合计11216.35万元，发放235家企业1767名外地户籍员工过节补贴共计93.55万元。

【梯队培育】 持续开展工业经济高质量发展培育，组织召开经济运行月度调度会、工业战新产业发展培训会议、企业家座谈会，科学精准制定2021年度工业经济高质量发展培育计划清单，纳入培育计划税收超千万元企业实现税收4.7亿元，超千万重点技改项目17个，实施重点新增长点项目15个。组织金海新能源申报省级专精特新小巨人企业，推荐阿特斯申报国家工业和信息化部光伏制造规范企业名单。

【配套保供】 召开供应链产业链合作对接会，突出县内企业上下游配套合作，全力化解化工企业整治、铜产品税收、海上风电平价上网等政策影响；开展精准帮扶活动，着力化解企业运行资金不足、人才招引难、原料上涨等要素困难，保证全县产业链供应链稳定，保证企业健康稳定发展。

“互联网+”工业

【推动两化融合】 组织召开“5G+工业互联网暨企业上云研讨会”和“5G+智慧工厂”示范企业观摩等活动，对荣威娱乐、金海新能源等12家重点工业企业开展“5G入企”调研，阿特斯、协鑫集成、上纬碳纤等7家企业已获国家两化融合贯标证书，豪升布业、仕航电气等50家企业获省三星级上云企业，东方滤袋、中洲阀门等2家企业获评省智能示范车间，阿特斯“5G+工业互联网”融合应用建设项目获第四届“绽放杯”5G应用征集大赛省二等奖、国家优秀奖，已作为可复制、可推广、成效显著的典型案例纳入优秀项目案例集。加快建设“智慧城市”，民众体验进一步舒畅。一是加强项目智慧监管。建设阜宁县信息化项目智慧监管平台，实现从方案编制、项目审批、预算评审、项目建设、验收评价等方面的全流程的监管，审核卫健委、教育局、公安局、应急管理局等10个部门的26个信息化项目，报审项目总预算近1亿元。

【应用项目建设】 编制《“数字阜宁”三年发展规划》和《阜宁县信息化建设项目管理办法》，建设覆盖14个镇区（街道）的审批服务综合执法一体化平台项目，扩容升级政务云；编制城市驾驶舱阜宁分舱建设方案，“我的盐城”APP阜宁板块上线运行，覆盖政务服务、社会保障、交通出行、医疗健康等10个部门的49项服务，群众满意度、获得感进一步增强。“智慧阜宁”建设工程获中国智慧城市论坛“优秀案例”和中国通信工业协会“网格中心优秀案例”。

【基础设施建设】 制定农村通信公共基础设施管护工作方案、实施细则，对串场河旅游公路8号线、329省道两侧弱电杆线进行通信线路整理改造，对金港名门北侧通信基站进行美化整改，推进5G基站建设，重点推广黄金频段700MHz基站向农村延伸，年底前建成237座，其中农村地区建成90座，实现城镇、农村热点区域全覆盖。

资源集约发展

【园区等级创建】 发挥牵头作用，推动部门业务指导责任的落实，强化东益工业园区主体责任的到位，指导园区加快在建项目建设进度，强化项目服务，提升园区经济规模、企业运行质量、发展后劲和社会贡献；推动园区围绕“八有”要求对标找差，加快科技孵化器建设，开展区域评估工作。

【资源高效利用】 制定《阜宁县闲置土地、厂房、楼宇清理工作实施方案》，成立工作领导小组，建立闲置、低效资源全面清单，对所有闲置和低效的资源，对照辖区土地影像图逐一标注。

【探索建立绩效评价机制】 对闲置土地、厂房、楼宇项目资源库和新实施项目库的入库项目以及占地0.2公顷以上的工业企业，以亩均税收、亩均销售等指标为主要评价内容进行评价，对项目实施和运行过程中出现的异常，及时向项目属地和相关部门发出预警，引导资源节约集约、高效利用。

新特产业

【新能源产业】 2021年，阜宁县新能源产业主要集中在风电装备和光伏两个领域，集聚了中材科技、三峡新能源、京冶轴承、协鑫光伏、阿特斯等一批行业龙头企业，风电装备形成了以叶片用预津布、拉挤碳板、树脂、风电叶片、塔筒、法兰、轴承、定子转子等部件生产为主的产业链条，光伏形成了硅片、电池片、组件、金刚线、光伏电站全产业链条，新能源产业规模以上企业全年实现开票销售98.87亿元。

【节能环保产业】 2021年，阜宁县节能环保产业主要集中在环保滤料领域，集聚了东方滤袋、蓝天环保等一批行业龙头企业，规模以上企业达44家，形成了原料纤维、基布、无纺布、过滤布、膜、滤袋、龙骨及五金配件、滤袋回收再利用、除尘装备等完整的产业链条，拥有行业内仅有的“志荣”“森源”“蓝宇”3个中国驰名商标，节能环保产业规模以上企业全年实现开票销售21.53亿元。

【装备制造产业】 2021年，阜宁县装备制造产业主要集中在阀体装备领域，集聚了雷纳德、宏泰石化、应流机械、精工阀门等一批骨干企业，规模以上企业达52家，初步形成以泵阀、铜阀、油田阀门、船用阀门为特色的产业链条，装备制造产业规模以上工业全年实现开票销售32.69亿元。

【新材料产业】 2021年，阜宁县新材料产业主要集中在新型纤维材料领域，产品涵盖芳纶原料、芳纶纤维、粘胶纤维，以及玻纤、PTFE等滤料纤维，2021年度全球最大的纤维素纤维生产商赛得利签约并购澳洋科技，新材料产业规模以上工业全年实现开票销售13.2亿元。（佘维红）

传统产业

【轻工工业】 2021年，阜宁县轻工工业主要集中在文体用品、纸品、木材、防水材料、橡塑制品、玻璃制品、医疗器械等领域，荣威、宏泰纸品、中鼎塑业、黄河药业等一批骨干企业，规模以上企业45家，规模以上工业全年实现开票销售41.2亿元，增长60.3%。

【纺织工业】 2021年，阜宁县纺织工业主要涉及腈纶纱、亚麻纱、棉纺纱、混纺纱、绒布、无纺布、高档织物面料、床上用品、上衣、西裤、针织衫、棉袜等领域，拥有中恒纺织、金诚家纺、金戈家纺、金莱特纺织等一批骨干企业，规模以上企业25家，规模以上工业全年实现开票销售21.8亿元，增长-6.0%。

【化工产业】 2021年，阜宁县化工产业取消化工产业定位后，关闭退出化工企业34家，实现应退尽退，圆满完成去化任务，保留规模以上化工企业6家，予以转型升级，规模以上工业全年实现开票销售14.7亿元，增长63.3%。

【建材产业】 2021年，阜宁县建材产业主要集中在水泥、混凝土、管桩等新型建筑材料领域，规模以上企业23家，规模以上工业全年实现开票销售15.7亿元，增长25.6%。

（顾 坚）

2021年阜宁县规模以上工业企业一览表

表8

序号	单位名称	镇区（街道、社区）	序号	单位名称	镇区（街道、社区）
1	中海宏祥铜业江苏有限公司	益林镇	150	江苏丰鑫源环保集团有限公司	阜城街道
2	世纪电缆有限公司	阜城街道	151	上纬（江苏）新材料有限公司	开发区
3	江苏新浙铜业有限公司	新沟镇	152	江苏航润机械有限公司	益林镇
4	阿特斯阜宁光伏发电有限公司	益林镇	153	雷纳德流体智能科技江苏股份有限公司	开发区
5	江苏宏远铜业有限公司	阜城街道	154	特阀江苏流体机械制造有限公司	开发区
6	盐城昊宇风电设备技术服务有限公司	吴滩街道	155	江苏阜升环保集团有限公司	阜城街道
7	阜宁协鑫光伏科技有限公司	开发区	156	盐城胜达锻压件有限公司	阜城街道
8	江苏金海风电塔筒科技有限公司	开发区	157	盐城晶鑫光学科技有限公司	新沟镇
9	江苏永固混凝土有限公司	开发区	158	江苏高特阀业有限公司	开发区
10	盐城可以木业有限公司	羊寨镇	159	盐城市正扬钢绳有限公司	东沟镇
11	盐城市天马日用品有限公司	益林镇	160	江苏速莱尔环保科技有限公司	阜城街道
12	阜宁广维金属制品有限公司	开发区	161	中科天工电气控股有限公司	开发区
13	盐城国瑞电气设备有限公司	金沙湖	162	江苏中尼机械科技有限公司	三灶镇
14	阜宁锦宇塑业有限公司	新沟镇	163	江苏宏腾运动场地新材料有限公司	三灶镇
15	阜宁新能光伏电力有限公司	开发区	164	盐城创玮新型建材有限公司	开发区
16	江苏贵研电子科技有限公司	阜城街道	165	盐城双宁农化有限公司	古河镇
17	江苏鑫瑞杰智能装备有限公司	阜城街道	166	舒恒管夹制造有限公司	开发区
18	盐城日月服饰有限公司	羊寨镇	167	盐城市精工阀门有限公司	阜城街道
19	盐城凯晔纸业有限公司	益林镇	168	阜宁县荣泰纺织品有限公司	芦蒲镇
20	江苏通盛滤袋有限公司	阜城街道	169	江苏瑞达环保科技有限公司	阜城街道
21	阜宁新港混凝土有限公司	开发区	170	江苏森泽环保工程科技有限公司	开发区
22	江苏宏泰石化机械有限公司	开发区	171	盐城顺扬纺织科技有限公司	羊寨镇
23	江苏至臻环保科技有限公司	阜城街道	172	盐城市仁益纺织有限公司	吴滩街道
24	江苏经纬阀业有限公司	开发区	173	江苏金烨建材有限公司	开发区
25	江苏尊年滤料有限公司	阜城街道	174	阜宁县东郊建材有限公司	新沟镇
26	江苏润固新型环保材料科技有限公司	阜城街道	175	江苏京冶海上风电轴承制造有限公司	开发区
27	阜宁县钥达铜业有限公司	高新区	176	盐城普尔玛汽车配件有限公司	吴滩街道
28	盐城利民农化有限公司	高新区	177	盐城金烨新材料科技有限公司	高新区
29	阜宁县宏达石化机械有限公司	阜城街道	178	江苏金石玄武岩纤维科技有限公司	阜城街道
30	盐城创颐家居用品有限公司	益林镇	179	阜宁芦嘉木业有限公司	芦蒲镇
31	阜宁金诚家纺有限公司	开发区	180	江苏方舟环保设备有限公司	陈集镇
32	盐城市中天磁材有限公司	阜城街道	181	江苏金科环境工程科技有限公司	板湖镇
33	江苏菲斯特滤料有限公司	开发区	182	盐城市西前木业有限公司	沟墩镇
34	江苏彩瑞实业有限公司	高新区	183	盐城建达新型建材有限公司	高新区
35	盐城市鑫源石化机械有限公司	开发区	184	江苏沃慧德智能流体科技有限公司	开发区
36	盐城市盛丰木业有限公司	芦蒲镇	185	金科龙智造科技盐城有限公司	高新区
37	盐城市天中艺木业有限公司	芦蒲镇	186	阜宁惠仁新材料科技有限公司	益林镇
38	江苏荣威娱乐用品有限公司	开发区	187	盐城宏泰纸品包装有限公司	阜城街道
39	江苏中冶液压件有限公司	开发区	188	盐城凯尔悦纺织有限公司	古河镇
40	阜宁尚格智能科技发展有限公司	高新区	189	盐城市恒星石油化学有限公司	益林镇
41	盐城市恒通石油机械制造有限公司	阜城街道	190	拓金（江苏）五金有限公司	高新区
42	安德鲁工业纺织品江苏股份有限公司	开发区	191	江苏晟欣防排水材料有限公司	阜城街道
43	阜宁天达燃气有限公司	阜城街道	192	江苏天域阀业制造有限公司	开发区

续表

序号	单位名称	镇区（街道、社区）	序号	单位名称	镇区（街道、社区）
44	阜宁县永达风筒布有限责任公司	东沟镇	193	江苏精异锻造股份有限公司	陈集镇
45	江苏华伟防水材料有限公司	硕集社区	194	江苏朗朗门业有限公司	公兴社区
46	江苏天正电气有限公司	开发区	195	江苏宁富食品有限公司	阜城街道
47	阜宁亚明土工材料有限公司	阜城街道	196	江苏森源防水材料股份有限公司	开发区
48	阜宁中自船舶配件有限责任公司	阜城街道	197	江苏昊晨机械制造有限公司	开发区
49	江苏黄河药业股份有限公司	开发区	198	江苏鑫泉环保材料有限公司	阜城街道
50	盐城市龙昌塑胶制品有限公司	东沟镇	199	盐城市吉平人造革有限公司	东沟镇
51	江苏恒达机械制造有限公司	沟墩镇	200	江苏东旺环保科技有限公司	阜城街道
52	江苏瀚霆环保滤材有限公司	阜城街道	201	盐城市森鑫石油机械有限公司	开发区
53	盐城麦宝卫浴有限公司	阜城街道	202	盐城市天友特种纺织有限公司	益林镇
54	江苏东方滤袋股份有限公司	阜城街道	203	江苏阜宁海天金宁三环电子有限公司	开发区
55	上伟（江苏）碳纤复合材料有限公司	开发区	204	江苏省仁舟水泥有限公司	古河镇
56	江苏腾龙玩具有限公司	益林镇	205	江苏恒固混凝土有限公司	高新区
57	盐城永太服装有限公司	高新区	206	江苏氟美斯环保节能新材料有限公司	高新区
58	阜宁茂林新能源科技有限公司	吴滩街道	207	江苏中鼎塑业有限公司	益林镇
59	江苏万高新能源科技发展有限公司	开发区	208	盐城市锦闳建材有限公司	东沟镇
60	江苏万兴石油装备有限公司	开发区	209	江苏亚旗环保科技有限公司	高新区
61	江苏鑫鸿运滤料有限公司	新沟镇	210	江苏绿地佳木木业有限公司	东沟镇
62	江苏托普轮胎股份有限公司	新沟镇	211	盐城金科亚麻纺织有限公司	益林镇
63	盐城艾达无纺布制品有限公司	东沟镇	212	江苏泸泉泵业有限公司	益林镇
64	中材科技（阜宁）风电叶片有限公司	开发区	213	阜宁凯盛不锈钢材料有限公司	益林镇
65	江苏坛鑫再生资源科技有限公司	罗桥镇	214	江苏康彩塑料新材料科技有限公司	硕集社区
66	阜宁双建机械制造有限公司	益林镇	215	盐城市金达纺织有限公司	益林镇
67	阜宁金宋纺织有限公司	开发区	216	翰德智能制造（江苏）有限公司	沟墩镇
68	阜宁信仁建材有限公司	公兴社区	217	江苏索西热能科技有限公司	开发区
69	阜宁县给力风筒布有限公司	东沟镇	218	江苏鑫昊达节能环保科技有限公司	阜城街道
70	盐城市嘉昊塑业有限公司	芦蒲镇	219	阜宁阿特斯光伏科技有限公司	开发区
71	江苏优联特精密机械制造有限公司	阜城街道	220	阜宁协鑫集成科技有限公司	开发区
72	江苏鼎盛滤袋有限公司	阜城街道	221	江苏苏龙环保科技有限公司	阜城街道
73	江苏恒鑫石化机械有限公司	阜城街道	222	盐城三和管桩有限公司	高新区
74	阜宁鸿基滤材有限公司	阜城街道	223	江苏绿瑞特环境科技有限公司	高新区
75	盐城市祥顺阀业有限公司	阜城街道	224	盐城朗日新材料科技有限公司	开发区
76	阜宁县石油机械有限公司	新沟镇	225	盐城万林管业有限公司	古河镇
77	盐城羿宝旅游用品有限公司	益林镇	226	盐城雨顺约克肉制品有限公司	新沟镇
78	盐城锦天成工业布有限公司	阜城街道	227	中粮米业（盐城）有限公司	开发区
79	江苏飞虎矿山机械设备有限公司	陈良镇	228	盐城洪源食品有限公司	罗桥镇
80	江苏鼎源电气有限公司	阜城街道	229	江苏华强新型材料有限公司	东沟镇
81	江苏权琦丰服装有限公司	开发区	230	灵氟隆新材料科技江苏有限公司	板湖镇
82	江苏凯奥机械制造有限公司	开发区	231	盐城市优信饲料有限公司	公兴社区
83	阜宁县鑫源铝制品厂	东沟镇	232	阜宁恒通纺织有限公司	沟墩镇
84	江苏新凯预涂膜科技有限公司	沟墩镇	233	江苏神山风电设备制造有限公司	开发区
85	盐城神瑞胶带有限公司	东沟镇	234	江苏永得宝医疗器械有限公司	益林镇
86	江苏工一流体控制设备有限公司	沟墩镇	235	中稀（阜宁）稀土新材料有限公司	陈良镇

续表

序号	单位名称	镇区（街道、社区）	序号	单位名称	镇区（街道、社区）
87	阜宁黄海建材有限公司	开发区	236	江苏鼎鹏机械科技有限公司	吴滩街道
88	万上泵阀集团有限公司	阜城街道	237	江苏中成紧固技术发展股份有限公司	开发区
89	阜宁县骏逸服饰有限公司	开发区	238	江苏美林堡木业有限公司	开发区
90	江苏三元环保科技有限公司	阜城街道	239	盐城鸣朋环保科技有限公司	益林镇
91	江苏明晶布业股份有限公司	阜城街道	240	阜宁新宇纺织有限公司	沟墩镇
92	盐城市欧蓝森布业有限公司	板湖镇	241	江苏省银河飞业面粉有限公司	益林镇
93	江苏宏光布业有限公司	板湖镇	242	阜宁金山混凝土有限公司	板湖镇
94	阜宁阿特斯阳光电力科技有限公司	开发区	243	江苏双马线缆科技有限公司	三灶镇
95	盐城市宁润玻璃制品有限公司	新沟镇	244	伯奈聚合材料盐城有限公司	新沟镇
96	江苏恒生环保科技有限公司	阜城街道	245	阜宁苏民绿色能源科技有限公司	开发区
97	盐城市合荣文体用品有限公司	板湖镇	246	阜宁圣超机械有限公司	益林镇
98	江苏坤泰环保科技有限公司	开发区	247	阜宁万力机械有限公司	开发区
99	江苏金州新能源科技有限公司	三灶镇	248	江苏新时代新型建材有限公司	开发区
100	阜宁祥瑞砂浆混凝土有限公司	阜城街道	249	阜宁鑫特机械制造有限公司	益林镇
101	盐城森友木业有限公司	古河镇	250	盐城市精工铸业股份有限公司	阜城街道
102	江苏康隆迪超净科技有限公司	阜城街道	251	江苏双昌生物科技股份有限公司	高新区
103	盐城市佳鑫石化机械制造有限公司	阜城街道	252	江苏真劲纺织有限公司	开发区
104	阜宁金戈家纺有限公司	新沟镇	253	盐城陈宇玻璃有限公司	阜城街道
105	江苏华泽环保集团有限公司	新沟镇	254	阜宁县汇德铝制品厂	东沟镇
106	江苏一凡木业有限公司	芦蒲镇	255	江苏金旺环保科技有限公司	新沟镇
107	盐城永美新材料科技有限公司	高新区	256	盐城市佳宁水泥有限公司	新沟镇
108	江苏应流机械制造有限责任公司	开发区	257	江苏固牌新材料科技有限公司	阜城街道
109	盐城世邦布业有限公司	开发区	258	阜宁希望饲料有限责任公司	开发区
110	盐城豪升布业有限公司	阜城街道	259	阜宁县华强纸品有限公司	益林镇
111	江苏蓝天环保集团股份有限公司	阜城街道	260	盐城金美新材料有限公司	高新区
112	阜宁润椿塑料制品有限公司	阜城街道	261	江苏晟功筑工有限公司	新沟镇
113	江苏强伟环保科技有限公司	阜城街道	262	盐城新凯树脂有限公司	沟墩镇
114	江苏飞浦泵业有限公司	东沟镇	263	江苏方舟环保科技有限公司	陈集镇
115	江苏坤威电力科技有限公司	阜城街道	264	江苏杰禹防水科技有限公司	陈良镇
116	阜宁领丰机械有限公司	东沟镇	265	阜宁澳洋科技有限责任公司	高新区
117	江苏清湖实业有限公司	板湖镇	266	盐城德安德新材料科技有限公司	高新区
118	江苏新科达滤袋有限公司	阜城街道	267	阜宁县恒河油脂有限公司	东沟镇
119	盐城紫运来木业有限公司	羊寨镇	268	江苏闽中有机食品有限公司	益林镇
120	江苏阜华桩业有限公司	东沟镇	269	江苏瑞斯特针纺有限公司	益林镇
121	阜宁县万宇电气设备有限公司	东沟镇	270	江苏顶汁味糖业有限公司	吴滩街道
122	盐城市星火阀业制造股份有限公司	阜城街道	271	江苏特尔维斯智能科技有限公司	高新区
123	江苏景程防水材料有限公司	开发区	272	盐城恒德富亨家具有限公司	沟墩镇
124	江苏金海新能源科技有限公司	开发区	273	江苏众康环保科技有限公司	高新区
125	江苏万盛绿色食品股份有限公司	阜城街道	274	盐城金莱特纺织有限公司	益林镇
126	江苏丰源布业有限公司	东沟镇	275	江苏华恩风电设备有限公司	沟墩镇
127	江苏精异重工机械有限公司	陈集镇	276	阜宁县中油恒燃石油燃气有限公司	开发区
128	江苏洛克精密铸造有限公司	古河镇	277	阜宁协鑫再生能源发电有限公司	高新区
129	阜宁县恒源机械制造有限公司	阜城街道	278	江苏阜士通新能源有限公司	益林镇

续表

序号	单位名称	镇区（街道、社区）	序号	单位名称	镇区（街道、社区）
130	江苏柯沣石化机械有限公司	开发区	279	江苏华钛彩瑞新型建材有限公司	高新区
131	江苏江恒阀业有限公司	开发区	280	博喜节能科技（盐城）有限公司	高新区
132	阜宁云瑞服饰有限公司	开发区	281	阜宁县自来水有限公司	新沟镇
133	盐城旭方通防设备有限公司	东沟镇	282	江苏淮宁能源科技有限公司	开发区
134	江苏荣捷铝业有限公司	沟墩镇	283	盐城中基桩业有限公司	开发区
135	江苏绿地环保滤材有限公司	板湖镇	284	阜宁美跃木业有限公司	沟墩镇
136	江苏省欣叶环保节能材料有限公司	开发区	285	江苏伟鑫炉料加工有限公司	益林镇
137	朗天科技股份有限公司	新沟镇	286	江苏双亮冷拉型钢有限公司	三灶镇
138	江苏开驰新能源有限公司	益林镇	287	江苏巨之澜科技有限公司	陈集镇
139	江苏喜洋洋环保设备科技有限公司	板湖镇	288	盐城市驰顺纺织有限公司	吴滩街道
140	江苏怡和嘉业环保科技有限公司	沟墩镇	289	江苏国畅风电设备制造有限公司	开发区
141	盐城市维民布业有限公司	板湖镇	290	世纪长江电气有限公司	阜城街道
142	江苏亿融新型建材有限公司	开发区	291	阜宁泰达燃气有限公司	开发区
143	江苏百事利家居用品有限公司	陈集镇	292	阜宁长青生物质能源有限公司	益林镇
144	江苏飓风环保科技有限公司	板湖镇	293	江苏钦恩新材料科技有限公司	阜城街道
145	阜宁东益新港混凝土制品有限公司	益林镇	294	江苏旭腾钢材有限公司	高新区
146	江苏丽王科技股份有限公司	高新区	295	晟高发新能源发展（江苏）有限公司	开发区
147	江苏飞扬装饰材料有限公司	古河镇	296	盐城吉瓦新材料科技有限公司	开发区
148	盐城惠华金属线有限公司	开发区	297	北大荒丰缘（江苏）食品有限公司	益林镇
149	盐城昊隆机械有限公司	古河镇	298	阜宁县鑫源光伏电力有限公司	东沟镇

供　电

【概况】 2021年，阜宁县完成全社会用电量28.93亿千瓦时，电网最高负荷61.57万千瓦，完成电网发展投入5.16亿元，投产35千伏及以上线路19.96千米，线损率3.8%。

2021年阜宁县全社会用电量情况一览表

表9

指标名称	单位	2021年	2020年	指标名称	单位	2021年	2020年
一、供电最高负荷	万千瓦	61.57	56.28	1. 采矿业	万千瓦时	15	43
二、供电量	万千瓦时	300748	265038	2. 制造业	万千瓦时	163259	145966
三、用电量	万千瓦时	289320	254742	3. 电力、燃气及水的生产和供应业	万千瓦时	24119	19049
四、线路损失电量	万千瓦时	11428	10296	三、建筑业	万千瓦时	2880	2725
五、线路损失率	%	3.8	3.88	四、交通运输、仓储和邮电业	万千瓦时	4544	2565
六、平均日负荷率	%	83.01	81.61	五、信息传输、计算机服务和软件业	万千瓦时	4002	3356
七、全社会用电量总计	万千瓦时	314287	275758	六、批发和零售业	万千瓦时	10962	8516
#第一产业	万千瓦时	5609	3764	七、住宿、餐饮业	万千瓦时	4580	3297
第二产业	万千瓦时	190026	167549	八、金融业	万千瓦时	670	620
第三产业	万千瓦时	49675	38600	九、房地产业	万千瓦时	2916	2520
A、城乡居民生活用电合计	万千瓦时	68977	65845	十、租赁和商业服务业	万千瓦时	637	350

续表

指标名称	单位	2021年	2020年	指标名称	单位	2021年	2020年
乡村居民	万千瓦时	26681	24849	十一、科学研究、技术服务和地质勘查业	万千瓦时	123	89
城镇居民	万千瓦时	42296	40996	十二、水利、环境和公共设施管理业	万千瓦时	2259	2456
B、全行业用电合计	万千瓦时	245310	209913	十三、居民服务和其他服务业	万千瓦时	1696	1355
一、农业牧渔水	万千瓦时	14597	10793	十四、教育	万千瓦时	2645	1930
#排灌	万千瓦时	2141	2157	十五、卫生、社会保障和社会福利业	万千瓦时	2337	1915
二、工业	万千瓦时	187393	165058	十六、文化、体育和娱乐业	万千瓦时	573	404
#轻工业	万千瓦时	–	–	十七、公共管理和社会组织	万千瓦时	2496	1964

【完成“十四五”电网规划编制】 县供电公司完成“十四五”电网规划编制，并将“十四五”电网规划项目纳入国土空间规划一张图，编制的单元制规划文本被省电力公司作为模板推广。

【中压直挂式储能系统实用化的课题研究】 连续2年开展该课题研究，此项目为国网系统首台首创，在110千伏蒋圩变建设储能电站，并逐步实现储能、数据、通讯“多站融合”，为电网储能、综合服务提供可推广、可复制的经验。先后被表彰为阜宁县十大创新成果、省公司科技进步二等奖、省机电行业管理创新一等奖。

【中海油阜宁2×100兆瓦级燃机热电联产项目送出工程】 中海油阜宁2×100兆瓦级燃机热电联产项目送出工程总投资1240万元，架设220千伏线路总长1.4千米，扩建220千伏间隔2个，项目实施后，可满足中海油阜宁2×100兆瓦级燃机热电联产项目接入电网需求，提高电网新能源电源占比。

【完成110千伏硕集输变电工程】 110千伏硕集输变电工程总投资7149万元，架设110千伏线路总长20.5千米，新增主变容量100兆伏安，建成后实现35千伏计桥变电站升压替代，满足硕集周边负荷增长需求。

【完成110千伏阿特斯输变电工程】 110千伏阿特斯输变电工程总投资8831.36万元，架设110千伏线路总长10.7千米，敷设安装110千伏电缆0.42千米；新建主变容量40兆伏安，增容主变63兆伏安；建成后可满足阿特斯5GW高效太阳能电池片生产线项目和10GW切片项目用电需求，促进地方经济发展要求。

【完成协鑫风电110千伏接入工程】 项目总投资567万元，敷设安装110千伏电缆总长0.53千米，扩建100千伏间隔1个，项目实施后，可满足阜宁协鑫45兆瓦风电接入电网需求，提高电网新能源电源占比。

（杨 亚）

建筑业综述

【概况】 2021年，全县建筑企业完成建筑业总产值601.7亿元，同比增长13.3%；新承建高大难工程项目504项，实现建筑业增加值151亿元；建筑业从业人数9.8万人，其中外出施工从业人数6.9万人。在2021年度盐城市“争星创优”活动中，晟功集团、中科建工获评五星企业，新晟集团获评四星企业，恒健集团、苏科建工获评盐城市建筑业三星企业，晟功集团、中科建工获得“销售规模单项奖”。

【企业资质】 全县有各类建筑企业503家，其中：建筑工程总承包特级资质企业2家、一级资质企业13家，市政公用工程总承包一级资质企业2家，专业承包一级资质企业4家。年内，有5家企业晋升总承包企业一级资质，2家企业晋升专业承包一级资质；支持企业创优夺杯，全县施工企业申报发明专利5项，实施省级新技术应用示范工程2项，创省级优质工程奖3项、市级优质工程奖6项，创省标化星级工地11项、市标化星级工地24项。

【阜宁建造品牌】 2021年，实施“走出去”战略，多渠道推介“阜宁建造”品牌优势，拥有北京、上海、浙江等30多个产值超5亿元的较大规模建筑市场。外建市场年产值473亿元。对接上级部门，帮助晟功集团、中科建工、恒健集团等5家企业获得市建筑业“30强企业”称号，为阜宁县建筑企业参与盐城城市建设提供便利。

【产业结构调整】 2021年，持续推进产业结构调整，推广应用绿色建筑和装配式建筑，新增城镇绿色建筑面积63.1万平方米，占比100%，新开工装配式建筑28.4万平方米，通过绿色建筑与建筑产业现代化省级美丽宜居城市建设试点中期考核；打造绿色产业集群，帮助园区企业拓展市内市外装配式构件市场。江苏晟功筑工有限公司装配式构件出货量同比增长96%；加快推进建筑产业现代化实训基地建设，先后获批中国建筑业协会首批“建筑工人职业技能等级认定社会培训评价组织”和省级“建筑产业现代化专项能力实训示范基地”，可年培训适应新型建造需求的各类人才2000名以上。

建筑业重点企业选介

【中科建工集团】 中科建工集团有限公司成立于1971年，前身为江苏省盐阜建设集团有限公司，注册资本41155万元，以房屋建筑施工为主营业务，拥有房屋建筑施工总承包特级资质，建筑行业设计甲级资质，市政、地基基础、建筑装修装饰等一级资质，水利、机电安装、公路、桥梁、隧道、钢结构、古建筑、环保等专业承包二级资质。2021年，有员工500多人，其中大专以上学历人员285人，高级职称53人、中级职称124人。多次获评中国建筑业竞争力百强企业、中国施工企业信用评价AAA级企业、中国工程建设企业诚信典型企业、江苏省建筑业50强企业，江苏省建筑业优秀企业、江苏省第一批总承包试点企业、盐城市“五星企业”等称号。获鲁班奖、国家优质工程奖各1项；有100多项工程获华东杯、扬子杯、白玉兰杯、龙江杯等省级优质工程奖项。主持编制行业标准1个，工法3项，授权国家专利30多项，通过质量体系、环境体系、职业健康体系认证。

【中之兆建设有限公司】 中之兆建设有限公司（原江苏金谷园建设有限公司）成立于2016年9月，系由江苏盐城二建集团有限公司资质分立、重组而产生的，是国家建筑工程施工总承包特级资质企业（于2007年2月7日取得），拥有地基与基础工程专业施工一级、建筑装饰装修工程专业施工一级、市政公用工程施工总承包二级、钢结构工程专业施工二级、消防设施工程施工二级、机电设备安装专业施工二级资质。2021年，有管理人员近400人，其中高级职称人员19人，一级建造师52人、二级建造师21人，在国内主要城市设立了10多个分公司。通过质量管理体系、环境管理体系、职业健康安全体系认证，拥有多项知识产权，拥有专利16项，其中发明专利2项；获得4项国家级工法、12项省级工法。主持编制国家级技术标准1项、江苏省地方标准2项。获得“鲁班奖”1项，省、市优质工程和标准化文明工地多项。多次被评为江苏省建筑业竞争力百强企业，市、县综合先进企业等称号。

【江苏晟功建设集团】 江苏晟功建设集团创建于2007年8月，是集设计、采购、施工、运维及装配式构件生产于一体的全产业链工程服务商，下辖包括钢构、市政等十多家子（分）公司，在上海、南京设立人才集聚中心。2021年，有员工千余人，中高级技术人员223人，注册建造师155人。拥有建筑工程总承包一级、市政公用总承包一级、水利水电总承包二级、钢结构工程专业承包一级、建筑机电安装专业承包一级、装饰装修专业承包一级、建筑幕墙专业承包一级；电子智能化、消防、地基基础专业承包二级以及施工劳务等各类专业资质。逐步从施工总承包向工程总承包转变，成为江苏省住建厅批准的第一批工程总承包试点企业；投资成立苏北首家装配式建筑部品构件生产基地；相继获扬子杯、玉女峰杯、盐阜杯等百余项荣誉。被评为全国企业社会信用评价AAA级信用企业、全国优秀施工企业、工程建设诚信典型企业、江苏省最具成长性百强企业等，位列盐城市建筑业发展考核“第一等次”，多次获盐城市争星创优五星企业的称号。

【新晟建设集团】 新晟建设集团有限公司成立于2009年9月，具有国家建筑工程施工总承包、机电工程施工总承包壹级资质，建筑装修装饰、地基与基础、消防设施专业承包壹级资质，市政工程、钢结构、电子与智能化、防水防腐保温、石油化工、电力及三承等资质及施工劳务资质。2021年，有员工1200多人，其中各类注册人员55名，含一级注册建造师28名、二级注册建造师20名；高级工程师12人、工程师35人。获得星河地产“优秀供应商”称号，参建的广州中铁建庆盛人工智能产业园及安置房工程获得国优奖。先后被省施工企业管理委员会、省招投标管理办公室联合授予质量安全信誉AAA施工单位，省中质企业信用评估监督委员会评为江苏质量诚信AAA级品牌企业，连续2年获评盐城市星级企业称号。

【江苏远扬建设工程有限公司】 江苏远扬建设工程有限公司成立于2017年3月20日，是一家致力于房屋建筑公司，是苏科建工集团有限公司全资子公司。2021年，有管理人员近150人，其中高级职称5人，一级建造师5人、二级建造师20人，在南京、青岛等城市设立分公司。拥有建筑装饰装修工程专业施工二级、消防设施工程施工二级、建筑机电安装工程施工二级、钢结构工程专业施工二级、建筑工程施工总承包二级、地基与基础工程专业施工三级。

【盐城益大建设有限公司】 盐城益大建设有限公司成立于2011年，2021年晋升建筑工程施工总承包一级资质，拥有装饰装修工程专业承包二级资质、地基与基础工程专业承包二级资质、市政工程施工总承包三级资质。有员工1370多名，其中各类技术人员157名，一级建造师8人、二级建造师25人，高级工程师5人、工程师20人。主营服务建筑施工，兼营装饰装潢、地基基础、市政建设、钢结构施工、园林工程、预制混凝土等相关工程。先后与中铁建工集团、中铁建工安装总公司、中铁十局、中铁十六局、中建集团等单位进行合作。多个项目获评江苏省文明工地。

【江苏三箭建筑工程有限公司】 江苏三箭建筑工程有限公司成立于1987年，是具有房屋建筑工程施工总承包一级资质的施工企业，有地基与基础工程专业承包二级、建筑装修装饰工程专业承包二级、市政公用工程施工总承包三级、古建筑工程专业承包三级、钢结构工程专业承包三级资质。承建的中国石油大庆石化分公司乙烯改扩建工程获2016—2017年度国家优质工程奖、大庆石化公司乙烯并线改造到120万吨/年配套工程获2017年度石油优质工程金奖，盐城“623”灾后重建立新新村工程获市委、市政府颁发的先进集体称号，厦门花苑获得江苏省建筑施工文明工地盐城市优质工程。

【江苏瑞邦建设工程有限公司】 江苏瑞邦建设工程有限公司（原名阜宁澳洋工业园建设工程有限公司）成立于2009年5月14日，2021年晋升建筑工程施工总承包一级资质，公司注册资本金11800万元，同时拥有市政公用工程总承包二级资质、环保专业工程承包一级资质、装饰装修工程专业承包二级资质。有职工近千人，其中中专以上学历230人，具有各类职称人员295人，一级建造师4人、二级建造师10人，小型项目管理师4人。代表性工程有“6·23”灾后重建丹平安置点工程，阜宁中心商城3#、5#、6#、7#楼、酒泉淇岸环境科技有限公司玉门建化园区危废处理、危废刚性安全填埋项目，酒泉志合新材料有限公司年产5000吨对羟基苯甲酸、1500吨对羟基苯甲腈、1000吨尼泊金酯项目、伊犁文化旅游综合监管指挥中心建设工程等。

【江苏九建建设工程有限公司】 江苏九建建设工程有限公司（原阜宁县陈集建筑安装工程有限公司）成立于1971年，注册资本7388.8万元，拥有房屋建筑工程施工总承包贰级资质、建筑装修装饰工程贰级、市政工程、地基与道路工程、钢结构工程、土石方工程、城市道路照明工程三级、建筑劳务分包等资质。2021年，有员工680人，其中中级职称以上32人，一、二级建造师40人。所施工的项目合格率100%，优良率达80%以上。多次被评为盐城市建筑业百强企业，市、县综合先进企业等。

（李　广）

2021年阜宁县建筑业企业资质情况一览表

表10

序号	企业名称	资质序列	资质专业	资质等级
1	中科建工集团有限公司	施工总承包	建筑工程	特级
2	中之兆建设有限公司	施工总承包	建筑工程	特级
3	江苏晟功建设集团有限公司	施工总承包	建筑工程	一级
4	江苏恒健建设集团有限公司	施工总承包	建筑工程	一级
5	南华建工集团有限公司	施工总承包	建筑工程	一级
6	中工科建建设有限公司	施工总承包	建筑工程	一级
7	江苏伟厦建设集团有限公司	施工总承包	建筑工程	一级
8	江苏中荣建设有限公司	施工总承包	建筑工程	一级
9	江苏三箭建筑工程有限公司	施工总承包	建筑工程	一级
10	中森宇建设工程有限公司	施工总承包	建筑工程	一级
11	江苏乾锦建设工程有限公司	施工总承包	建筑工程	一级
12	盐城益大建设有限公司	施工总承包	建筑工程	一级
13	盐城中利达建设有限公司	施工总承包	建筑工程	一级
14	江苏瑞邦建设工程有限公司	施工总承包	建筑工程	一级
15	江苏省三元建筑安装工程有限公司	施工总承包	建筑工程	二级
16	江苏顶盛建设工程有限公司	施工总承包	建筑工程	二级
17	江苏荣兴建筑工程有限公司	施工总承包	建筑工程	二级
18	江苏九建建设工程有限公司	施工总承包	建筑工程	二级
19	江苏宁仁建工有限公司	施工总承包	建筑工程	二级
20	阜宁新宇建筑安装工程有限公司	施工总承包	建筑工程	二级
21	江苏银驰建设工程有限公司	施工总承包	建筑工程	二级
22	江苏齐云建设工程有限公司	施工总承包	建筑工程	二级
23	江苏省利峰建设工程有限公司	施工总承包	建筑工程	二级
24	江苏万顺建设集团有限公司	施工总承包	建筑工程	二级
25	江苏伟建建设工程有限公司	施工总承包	建筑工程	二级
26	江苏元亨建设工程有限公司	施工总承包	建筑工程	二级
27	江苏昊天建筑安装工程有限公司	施工总承包	建筑工程	二级
28	江苏中伟建设集团有限公司	施工总承包	建筑工程	二级

续表

序号	企业名称	资质序列	资质专业	资质等级
29	江苏阜泰建设工程有限公司	施工总承包	建筑工程	二级
30	江苏咨辰建设工程有限公司	施工总承包	建筑工程	二级
31	江苏新宁建筑安装工程有限公司	施工总承包	建筑工程	二级
32	江苏鼎厦建设工程有限公司	施工总承包	建筑工程	二级
33	江苏贵昌弘建设有限公司	施工总承包	建筑工程	二级
34	江苏德天建设工程有限公司	施工总承包	建筑工程	二级
35	江苏远扬建设工程有限公司	施工总承包	建筑工程	二级
36	江苏巨铭建筑工程有限公司	施工总承包	建筑工程	二级
37	中筑科建工程有限公司	施工总承包	建筑工程	二级
38	江苏冠航建设工程有限公司	施工总承包	建筑工程	二级
39	世翔建设集团有限公司	施工总承包	建筑工程	二级
40	江苏中鑫贵建设有限公司	施工总承包	建筑工程	二级
41	江苏居源建设工程有限公司	施工总承包	建筑工程	二级
42	江苏中之泰建设有限公司	施工总承包	建筑工程	二级
43	江苏通宁建筑安装工程有限公司	施工总承包	建筑工程	二级
44	江苏中盐建设工程有限公司	施工总承包	建筑工程	二级
45	长江建设（盐城）有限公司	施工总承包	建筑工程	三级
46	江苏南诏韵建设有限公司	施工总承包	建筑工程	三级
47	江苏圣普聚建设工程有限公司	施工总承包	建筑工程	三级
48	江苏凡尔达建设工程有限公司	施工总承包	建筑工程	三级
49	江苏金羽达建设有限公司	施工总承包	建筑工程	三级
50	江苏诚远市政工程有限公司	施工总承包	建筑工程	三级
51	江苏斯翔建设工程有限公司	施工总承包	建筑工程	三级
52	盐城旭峰建设工程有限公司	施工总承包	建筑工程	三级
53	江苏倚天建设有限公司	施工总承包	建筑工程	三级
54	江苏盛鑫建设工程有限公司	施工总承包	建筑工程	三级
55	江苏和春建设工程有限公司	施工总承包	建筑工程	三级
56	江苏安嘉建设工程有限公司	施工总承包	建筑工程	三级
57	盐城市途顺建筑工程有限公司	施工总承包	建筑工程	三级
58	江苏永润建设集团有限公司	施工总承包	建筑工程	三级
59	江苏伟勃智能装配式充气膜结构有限公司	施工总承包	建筑工程	三级
60	江苏新鼎建筑安装工程有限公司	施工总承包	建筑工程	三级
61	盐城锦华利建设工程有限公司	施工总承包	建筑工程	三级
62	江苏大禹水利建设工程有限公司	施工总承包	建筑工程	三级
63	江苏大明建设工程有限公司	施工总承包	建筑工程	三级
64	江苏双奇电气工程有限公司	施工总承包	建筑工程	三级
65	江苏一木建设工程有限公司	施工总承包	建筑工程	三级
66	江苏飞凡建筑安装工程有限公司	施工总承包	建筑工程	三级
67	江苏尚城建设集团有限公司	施工总承包	建筑工程	三级
68	江苏华府建设集团有限公司	施工总承包	建筑工程	三级
69	盐城建晟建筑工程有限公司	施工总承包	建筑工程	三级
70	江苏华巍建设工程有限公司	施工总承包	建筑工程	三级
71	江苏阜都建设有限公司	施工总承包	建筑工程	三级
72	江苏玮图建设工程有限公司	施工总承包	建筑工程	三级

续表

序号	企业名称	资质序列	资质专业	资质等级
73	江苏中万建设工程有限公司	施工总承包	建筑工程	三级
74	江苏轩宇项目管理有限公司	施工总承包	建筑工程	三级
75	江苏建高建设有限公司	施工总承包	建筑工程	三级
76	江苏富林建设有限公司	施工总承包	建筑工程	三级
77	江苏旭光建设工程有限公司	施工总承包	建筑工程	三级
78	江苏美鑫源绿色建筑工程有限公司	施工总承包	建筑工程	三级
79	江苏云鹏建设工程有限公司	施工总承包	建筑工程	三级
80	江苏帝尧建设有限公司	施工总承包	建筑工程	三级
81	盐城龙潭建设工程有限公司	施工总承包	建筑工程	三级
82	江苏安耀建设工程有限公司	施工总承包	建筑工程	三级
83	江苏地杰建设工程有限公司	施工总承包	建筑工程	三级
84	江苏杰好建筑安装工程有限公司	施工总承包	建筑工程	三级
85	江苏丰齐建设工程有限公司	施工总承包	建筑工程	三级
86	江苏中权昇工建设工程有限公司	施工总承包	建筑工程	三级
87	江苏文宇建设工程有限公司	施工总承包	建筑工程	三级
88	江苏中侨建设工程有限公司	施工总承包	建筑工程	三级
89	江苏永筑建设工程有限公司	施工总承包	建筑工程	三级
90	江苏晟荣建设工程有限公司	施工总承包	建筑工程	三级
91	江苏光盛建设工程有限公司	施工总承包	建筑工程	三级
92	江苏恒睿建设工程有限公司	施工总承包	建筑工程	三级
93	江苏鼎博建设工程有限公司	施工总承包	建筑工程	三级
94	江苏惠远建设有限公司	施工总承包	建筑工程	三级
95	江苏锦拓建设工程有限公司	施工总承包	建筑工程	三级
96	江苏桓安建筑工程有限公司	施工总承包	建筑工程	三级
97	江苏弘涛建设有限公司	施工总承包	建筑工程	三级
98	江苏隆陆达建设有限公司	施工总承包	建筑工程	三级
99	江苏洪瑞建设工程有限公司	施工总承包	建筑工程	三级
100	江苏通利建设工程有限公司	施工总承包	建筑工程	三级
101	江苏恒舒建设工程有限公司	施工总承包	建筑工程	三级
102	盐城腾茂建设工程有限公司	施工总承包	建筑工程	三级
103	江苏磊泽建设有限公司	施工总承包	建筑工程	三级
104	江苏文泽建设有限公司	施工总承包	建筑工程	三级
105	江苏富塔建设有限公司	施工总承包	建筑工程	三级
106	江苏聚富建设工程有限公司	施工总承包	建筑工程	三级
107	江苏德仁建设工程有限公司	施工总承包	建筑工程	三级
108	江苏名乔建设工程有限公司	施工总承包	建筑工程	三级
109	盐城利安建设工程有限公司	施工总承包	建筑工程	三级
110	盐城得仁建设工程有限公司	施工总承包	建筑工程	三级
111	江苏云飞建设工程有限公司	施工总承包	建筑工程	三级
112	盐城晟川建设工程有限公司	施工总承包	建筑工程	三级
113	盐城市方广建设工程有限公司	施工总承包	建筑工程	三级
114	江苏石涛建设工程有限公司	施工总承包	建筑工程	三级
115	江苏宏康项目管理有限公司	施工总承包	建筑工程	三级
116	盐城市欧蓝森布业有限公司	施工总承包	建筑工程	三级

续表

序号	企业名称	资质序列	资质专业	资质等级
117	盐城泰辉建筑工程有限公司	施工总承包	建筑工程	三级
118	江苏尔航建设工程有限公司	施工总承包	建筑工程	三级
119	江苏顿嘉建设有限公司	施工总承包	建筑工程	三级
120	盐城文辉建设工程有限公司	施工总承包	建筑工程	三级
121	盐城美卓建设工程有限公司	施工总承包	建筑工程	三级
122	江苏安轩项目管理有限公司	施工总承包	建筑工程	三级
123	江苏威标建筑工程有限公司	施工总承包	建筑工程	三级
124	江苏新晟建筑安装工程有限公司	施工总承包	建筑工程	三级
125	江苏阜居建设有限公司	施工总承包	建筑工程	三级
126	江苏联阳鑫建设工程有限公司	施工总承包	建筑工程	三级
127	盐城通宁建设工程有限公司	施工总承包	建筑工程	三级
128	江苏桓贷建设工程有限公司	施工总承包	建筑工程	三级
129	江苏牧溪扬建设工程有限公司	施工总承包	建筑工程	三级
130	江苏鸿宏项目管理有限公司	施工总承包	建筑工程	三级
131	盐城科赛建设工程有限公司	施工总承包	建筑工程	三级
132	江苏铭德建设工程有限公司	施工总承包	建筑工程	三级
133	江苏东伟建筑工程有限公司	施工总承包	建筑工程	三级
134	江苏丽莎建设有限公司	施工总承包	建筑工程	三级
135	江苏明楼建设工程有限公司	施工总承包	建筑工程	三级
136	江苏新九月建设工程有限公司	施工总承包	建筑工程	三级
137	江苏禾米项目管理有限公司	施工总承包	建筑工程	三级
138	江苏坤宏建设工程有限公司	施工总承包	建筑工程	三级
139	江苏百邦装饰有限公司	施工总承包	建筑工程	三级
140	江苏中星建设集团有限公司	施工总承包	建筑工程	三级
141	江苏楷铭建设工程有限公司	施工总承包	建筑工程	三级
142	江苏傲壮建设工程有限公司	施工总承包	建筑工程	三级
143	盐城泽丰建设工程有限公司	施工总承包	建筑工程	三级
144	江苏拔高建设工程有限公司	施工总承包	建筑工程	三级
145	江苏丹佳建设工程有限公司	施工总承包	建筑工程	三级
146	阜宁县新城置业有限公司	施工总承包	市政公用工程	一级
147	江苏中顺建设集团有限公司	施工总承包	市政公用工程	二级
148	江苏鑫通项目管理有限公司	施工总承包	市政公用工程	二级
149	江苏晨功建设工程有限公司	施工总承包	市政公用工程	二级
150	江苏盐城金达市政工程有限公司	施工总承包	市政公用工程	二级
151	江苏地天泰基础工程有限公司	施工总承包	市政公用工程	二级
152	江苏鼎纳建设工程有限公司	施工总承包	市政公用工程	二级
153	江苏隆之平建设工程有限公司	施工总承包	市政公用工程	二级
154	江苏成固建设有限公司	施工总承包	市政公用工程	三级
155	阜宁县自来水有限公司	施工总承包	市政公用工程	三级
156	中工科建集团有限公司	施工总承包	市政公用工程	三级
157	江苏泓源管道安装有限公司	施工总承包	市政公用工程	三级
158	江苏海风建设有限公司	施工总承包	市政公用工程	三级
159	盐城驰络建设工程有限公司	施工总承包	市政公用工程	三级
160	江苏天润景观工程有限公司	施工总承包	市政公用工程	三级

续表

序号	企业名称	资质序列	资质专业	资质等级
161	阜宁华阳市政工程有限公司	施工总承包	市政公用工程	三级
162	江苏富京建筑工程有限公司	施工总承包	市政公用工程	三级
163	江苏妙佳建筑工程有限公司	施工总承包	市政公用工程	三级
164	江苏安宇建设工程有限公司	施工总承包	市政公用工程	三级
165	盐城市赛博建设工程有限公司	施工总承包	市政公用工程	三级
166	江苏巨旭建设工程有限公司	施工总承包	市政公用工程	三级
167	阜宁县市政设施管理养护有限公司	施工总承包	市政公用工程	三级
168	江苏荣硕建设工程有限公司	施工总承包	市政公用工程	三级
169	江苏蒙宇建设工程有限公司	施工总承包	市政公用工程	三级
170	盐城市晋远建设工程有限公司	施工总承包	市政公用工程	三级
171	江苏恩之洋建筑工程有限公司	施工总承包	市政公用工程	三级
172	盐城市艺久建设工程有限公司	施工总承包	市政公用工程	三级
173	江苏方凡建设发展有限公司	施工总承包	市政公用工程	三级
174	江苏卓贝达建筑工程有限公司	施工总承包	市政公用工程	三级
175	江苏暖华建设工程有限公司	施工总承包	市政公用工程	三级
176	江苏省广厦建筑安装工程有限公司	施工总承包	市政公用工程	三级
177	盐城凡安建设工程有限公司	施工总承包	市政公用工程	三级
178	盐城亿昌建设工程有限公司	施工总承包	市政公用工程	三级
179	江苏利新强建设工程有限公司	施工总承包	市政公用工程	三级
180	江苏森特华建设工程有限公司	施工总承包	市政公用工程	三级
181	江苏瀚翀禹建设工程有限公司	施工总承包	市政公用工程	三级
182	江苏屹源项目管理有限公司	施工总承包	市政公用工程	三级
183	江苏智德市政工程有限公司	施工总承包	水利水电工程	二级
184	江苏省禹苑集团有限公司	施工总承包	水利水电工程	二级
185	江苏润州建设有限公司	施工总承包	水利水电工程	二级
186	江苏必和必拓建设有限公司	施工总承包	水利水电工程	二级
187	江苏冬春水利建设工程有限公司	施工总承包	水利水电工程	三级
188	江苏润阜水利建设有限公司	施工总承包	水利水电工程	三级
189	江苏泰峰水利建设有限公司	施工总承包	水利水电工程	三级
190	阜宁县公路养护工程有限公司	施工总承包	公路工程	二级
191	江苏元宁建设工程有限公司	施工总承包	公路工程	二级
192	江苏大堰建设工程有限公司	施工总承包	公路工程	二级
193	阜宁县宁通公路工程建设有限公司	施工总承包	公路工程	三级
194	江苏路畅畅建设工程有限公司	施工总承包	公路工程	三级
195	江苏辞鹊建筑工程有限公司	施工总承包	公路工程	三级
196	江苏将学究机械科技有限公司	施工总承包	公路工程	三级
197	江苏聚登建设工程有限公司	施工总承包	公路工程	三级
198	江苏富源电力工程有限公司	施工总承包	电力工程	三级
199	中科天工电气控股有限公司	施工总承包	电力工程	三级
200	江苏申源电气工程有限公司	施工总承包	电力工程	三级
201	江苏祥海电气工程有限公司	施工总承包	电力工程	三级
202	阜宁恒源电气实业有限公司	施工总承包	电力工程	三级
203	江苏天九电力工程有限公司	施工总承包	电力工程	三级
204	新晟建设集团有限公司	施工总承包	机电工程	一级

续表

序号	企业名称	资质序列	资质专业	资质等级
205	江苏瑞达环保科技有限公司	施工总承包	机电工程	三级
206	盐城市铁友建筑工程有限公司	施工总承包	机电工程	三级
207	江苏伟奥建筑装饰工程有限公司	施工总承包	机电工程	三级
208	盐城伯胜机电设备有限公司	施工总承包	机电工程	三级
209	江苏盛泰建设工程有限公司	专业承包	地基基础工程	二级
210	盐城单民建设工程有限公司	专业承包	地基基础工程	三级
211	江苏省富伟建设工程有限公司	专业承包	地基基础工程	三级
212	江苏润喆建设有限公司	专业承包	地基基础工程	三级
213	盐城拓涵建筑劳务有限公司	专业承包	地基基础工程	三级
214	江苏曜羽华建设工程有限公司	专业承包	地基基础工程	三级
215	盐城汇乔装饰装璜有限公司	专业承包	防水防腐保温工程	二级
216	盐城昊宇风电设备技术服务有限公司	专业承包	防水防腐保温工程	二级
217	盐城宸翊防腐工程有限公司	专业承包	防水防腐保温工程	二级
218	江苏陆纬防水工程有限公司	专业承包	防水防腐保温工程	二级
219	江苏白悦威建筑工程有限公司	专业承包	防水防腐保温工程	二级
220	江苏顺欧建设工程有限公司	专业承包	防水防腐保温工程	二级
221	中之昱（江苏）建设工程有限公司	专业承包	防水防腐保温工程	二级
222	江苏金烨建材有限公司	专业承包	预拌混凝土	不分等级
223	阜宁县东郊建材有限公司	专业承包	预拌混凝土	不分等级
224	阜宁东益新港混凝土制品有限公司	专业承包	预拌混凝土	不分等级
225	阜宁县金地混凝土有限公司	专业承包	预拌混凝土	不分等级
226	阜宁祥瑞砂浆混凝土有限公司	专业承包	预拌混凝土	不分等级
227	阜宁县卢佳混凝土制品有限公司	专业承包	预拌混凝土	不分等级
228	阜宁新港混凝土有限公司	专业承包	预拌混凝土	不分等级
229	江苏恒固混凝土有限公司	专业承包	预拌混凝土	不分等级
230	江苏新时代新型建材有限公司	专业承包	预拌混凝土	不分等级
231	阜宁永盛混凝土有限公司	专业承包	预拌混凝土	不分等级
232	阜宁金山混凝土有限公司	专业承包	预拌混凝土	不分等级
233	江苏程远建材有限公司	专业承包	预拌混凝土	不分等级
234	阜宁黄海建材有限公司	专业承包	预拌混凝土	不分等级
235	阜宁信仁建材有限公司	专业承包	预拌混凝土	不分等级
236	江苏晟功筑工有限公司	专业承包	预拌混凝土	不分等级
237	阜宁德丰建设工程有限公司	专业承包	钢结构工程	二级
238	盐城元二建设工程有限公司	专业承包	钢结构工程	二级
239	盐城苏宁钢结构有限公司	专业承包	钢结构工程	二级
240	盐城铁生钢构有限公司	专业承包	钢结构工程	二级
241	盐城中清建设有限公司	专业承包	钢结构工程	二级
242	苏科重工（江苏）有限公司	专业承包	钢结构工程	二级
243	盐城市珊瑚海装饰工程有限公司	专业承包	钢结构工程	三级
244	盐城积庆建设有限公司	专业承包	钢结构工程	三级
245	江苏铭之宏建设工程有限公司	专业承包	钢结构工程	三级
246	江苏鲁坊建设工程有限公司	专业承包	钢结构工程	三级
247	江苏特恩斯建设工程有限公司	专业承包	钢结构工程	三级
248	江苏多维钢结构工程有限公司	专业承包	钢结构工程	三级

续表

序号	企业名称	资质序列	资质专业	资质等级
249	盐城泰易凯建设工程有限公司	专业承包	钢结构工程	三级
250	江苏哲博建设工程有限公司	专业承包	钢结构工程	三级
251	盐城典尊建设工程有限公司	专业承包	钢结构工程	三级
252	盐城正气建设有限公司	专业承包	钢结构工程	三级
253	盐城宏韦达建设工程有限公司	专业承包	钢结构工程	三级
254	盐城鼎升泓建设工程有限公司	专业承包	钢结构工程	三级
255	阜宁新懿建设科技有限公司	专业承包	钢结构工程	三级
256	中之富江苏建设工程有限公司	专业承包	钢结构工程	三级
257	盐城金普元建设工程有限公司	专业承包	钢结构工程	三级
258	盐城恒之昊建设工程有限公司	专业承包	钢结构工程	三级
259	江苏环泉建筑工程有限公司	专业承包	钢结构工程	三级
260	江苏永益钢结构工程有限公司	专业承包	钢结构工程	三级
261	江苏正协信建设有限公司	专业承包	钢结构工程	三级
262	江苏中屾泉建设工程有限公司	专业承包	钢结构工程	三级
263	阜宁明宇水电安装有限公司	专业承包	消防设施工程	二级
264	盐城市红鑫消防设备安装服务有限公司	专业承包	消防设施工程	二级
265	盐城瑞伟建筑配套工程有限公司	专业承包	消防设施工程	二级
266	苏科建工集团有限公司	专业承包	消防设施工程	二级
267	江苏尊纳建设工程有限公司	专业承包	消防设施工程	二级
268	盐城科豪消防工程有限公司	专业承包	消防设施工程	二级
269	江苏金业鼎机械安装有限公司	专业承包	起重设备安装工程	二级
270	江苏塔林建筑机械有限公司	专业承包	起重设备安装工程	二级
271	阜宁县起重设备安装工程有限公司	专业承包	起重设备安装工程	二级
272	盐城鸿祥起重设备安装工程有限公司	专业承包	起重设备安装工程	三级
273	盐城福安设备安装有限公司	专业承包	起重设备安装工程	三级
274	江苏飞鸿建筑设备租赁有限公司	专业承包	起重设备安装工程	三级
275	盐城锦衡机械设备租赁有限公司	专业承包	起重设备安装工程	三级
276	阜宁县金牛起重设备安装工程有限公司	专业承包	起重设备安装工程	三级
277	江苏众化成建设工程有限公司	专业承包	起重设备安装工程	三级
278	阜宁县安诚机具设备安装有限公司	专业承包	起重设备安装工程	三级
279	江苏博奥洲际装饰工程有限公司	专业承包	建筑装修装饰工程	一级
280	江苏七彩虹建筑装饰工程有限公司	专业承包	建筑装修装饰工程	一级
281	江苏益鹤建筑工程有限公司	专业承包	建筑装修装饰工程	二级
282	江苏健苑建设工程有限公司	专业承包	建筑装修装饰工程	二级
283	江苏晟功装饰工程有限公司	专业承包	建筑装修装饰工程	二级
284	盐城一品装饰设计工程有限公司	专业承包	建筑装修装饰工程	二级
285	江苏开装建筑科技有限公司	专业承包	建筑装修装饰工程	二级
286	盐城悦瑞琳建筑装饰工程有限公司	专业承包	建筑装修装饰工程	二级
287	江苏安好居装饰有限公司	专业承包	建筑装修装饰工程	二级
288	阜宁苏尚建筑劳务有限公司	专业承包	建筑装修装饰工程	二级
289	江苏建佳建筑装饰工程有限公司	专业承包	建筑装修装饰工程	二级
290	江苏明华门窗科技有限公司	专业承包	建筑装修装饰工程	二级
291	江苏通奎建设工程有限公司	专业承包	建筑装修装饰工程	二级
292	江苏若江建设工程有限公司	专业承包	建筑机电安装工程	三级

续表

序号	企业名称	资质序列	资质专业	资质等级
293	江苏金海新能源科技有限公司	专业承包	建筑机电安装工程	三级
294	江苏森泽环保工程科技有限公司	专业承包	环保工程	二级
295	江苏博奥环保集团有限公司	专业承包	环保工程	三级
296	江苏福优特环保科技有限公司	专业承包	环保工程	三级
297	江苏飓风环保科技有限公司	专业承包	环保工程	三级
298	江苏坤凯建设工程有限公司	专业承包	环保工程	三级
299	江苏金石玄武岩纤维科技有限公司	专业承包	环保工程	三级
300	江苏新科达滤袋有限公司	专业承包	环保工程	三级
301	江苏惠华环保科技有限公司	专业承包	环保工程	三级
302	江苏力威环保科技有限公司	专业承包	环保工程	三级
303	江苏亿邦环保设备有限公司	专业承包	环保工程	三级
304	江苏绿地环保滤材有限公司	专业承包	环保工程	三级
305	盐城惠硕建设工程有限公司	专业承包	环保工程	三级
306	江苏阜帝环保科技有限公司	专业承包	环保工程	三级
307	江苏健扬电气有限公司	专业承包	输变电工程	三级
308	江苏云尊建筑工程有限公司	专业承包	城市及道路照明工程	三级
309	江苏诚源电气工程有限公司	专业承包	城市及道路照明工程	三级
310	江苏锦民锋建设工程有限公司	专业承包	桥梁工程	三级
311	盐城市现代交通设施有限公司	专业承包	公路交通工程	一级
312	星裕建设发展有限责任公司	专业承包	建筑幕墙工程	一级
313	江苏钰喆建设工程有限公司	专业承包	建筑幕墙工程	二级
314	阜宁跃进建设工程有限公司	专业承包	建筑幕墙工程	二级
315	盐城南朝园林古建筑有限公司	专业承包	古建筑工程	三级
316	盐城金瑞房屋平移有限公司	专业承包	特种工程（建筑物纠偏和平移）	不分等级
317	盐城市锡斌房屋平移有限公司	专业承包	特种工程（建筑物纠偏和平移）	不分等级
318	盐城市明达房屋平移工程有限公司	专业承包	特种工程（建筑物纠偏和平移）	不分等级
319	阜宁县安顺房屋平移有限公司	专业承包	特种工程（建筑物纠偏和平移）	不分等级
320	阜宁平安房屋平移有限公司	专业承包	特种工程（建筑物纠偏和平移）	不分等级
321	盐城市正全房屋平移有限公司	专业承包	特种工程（建筑物纠偏和平移）	不分等级
322	江苏科之杰楼房整体平移有限公司	专业承包	特种工程（建筑物纠偏和平移）	不分等级
323	江苏超达楼房整体平移有限公司	专业承包	特种工程（建筑物纠偏和平移）	不分等级
324	阜宁通亚吊装有限公司	专业承包	特种工程（特殊设备起重吊装）	不分等级
325	盐城火南建设有限公司	专业承包	模板脚手架	不分等级
326	江苏苏瑞建设工程劳务有限公司	专业承包	模板脚手架	不分等级
327	江苏鑫润劳务有限公司	专业承包	模板脚手架	不分等级
328	阜宁盛泰建筑劳务有限公司	专业承包	模板脚手架	不分等级
329	盐城雨泉建筑劳务有限公司	专业承包	模板脚手架	不分等级

续表

序号	企业名称	资质序列	资质专业	资质等级
330	盐城伟嘉建筑劳务有限公司	专业承包	模板脚手架	不分等级
331	江苏金泰恒辰劳务有限公司	专业承包	模板脚手架	不分等级
332	江苏汇众建筑劳务有限公司	专业承包	模板脚手架	不分等级
333	江苏缔创建筑工程劳务有限公司	专业承包	模板脚手架	不分等级
334	江苏昂达建筑工程有限公司	专业承包	模板脚手架	不分等级
335	江苏中冶建设工程有限公司	专业承包	模板脚手架	不分等级
336	阜宁县国顺建设工程劳务有限公司	专业承包	模板脚手架	不分等级
337	江苏星航建筑工程有限公司	专业承包	模板脚手架	不分等级
338	盐城恒大建筑劳务有限公司	专业承包	模板脚手架	不分等级
339	江苏长海建筑劳务有限公司	专业承包	模板脚手架	不分等级
340	盐城新晟建筑劳务有限公司	专业承包	模板脚手架	不分等级
341	江苏伟创建筑劳务有限公司	专业承包	模板脚手架	不分等级
342	江苏中天建筑工程有限公司	专业承包	模板脚手架	不分等级
343	江苏盐城二建集团第一工程有限公司	专业承包	模板脚手架	不分等级
344	江苏小财建设工程有限公司	专业承包	模板脚手架	不分等级
345	盐城阳升建筑劳务有限公司	专业承包	模板脚手架	不分等级
346	江苏惠诚建筑工程有限公司	专业承包	模板脚手架	不分等级
347	盐城市铁军建设工程有限公司	专业承包	模板脚手架	不分等级
348	盐城市锦苑建设工程劳务有限公司	专业承包	模板脚手架	不分等级
349	盐城市京华建筑工程有限公司	专业承包	模板脚手架	不分等级
350	江苏宝成建设工程有限公司	专业承包	模板脚手架	不分等级
351	盐城金林建设工程有限公司	专业承包	模板脚手架	不分等级
352	江苏顶盛劳务有限公司	专业承包	模板脚手架	不分等级
353	阜宁县人工巧匠劳务有限公司	专业承包	模板脚手架	不分等级
354	江苏盛世建筑工程有限公司	专业承包	模板脚手架	不分等级
355	江苏华洲建筑劳务工程有限公司	专业承包	模板脚手架	不分等级
356	江苏新菱建设劳务工程有限公司	专业承包	模板脚手架	不分等级
357	江苏佳铭建筑工程有限公司	专业承包	模板脚手架	不分等级
358	盐城市桐川锦成建筑工程有限公司	专业承包	模板脚手架	不分等级
359	盐城倍仝建设工程有限公司	专业承包	模板脚手架	不分等级
360	盐城俊展建筑劳务有限公司	专业承包	模板脚手架	不分等级
361	盐城方铭建设工程有限公司	专业承包	模板脚手架	不分等级
362	江苏杰富建筑工程有限公司	专业承包	模板脚手架	不分等级
363	江苏中厚建筑劳务有限公司	专业承包	模板脚手架	不分等级
364	江苏盛秉泽建筑劳务有限公司	专业承包	模板脚手架	不分等级
365	江苏新菱远景建设工程有限公司	专业承包	模板脚手架	不分等级
366	江苏海霞建设工程有限公司	专业承包	模板脚手架	不分等级
367	江苏雄踞建筑劳务有限公司	专业承包	模板脚手架	不分等级
368	江苏托利多建设工程有限公司	专业承包	模板脚手架	不分等级
369	江苏鼎达电气科技有限公司	专业承包	电子与智能化工程	二级
370	阜宁瑾云建设工程有限公司	专业承包	河湖整治工程	三级
371	阜宁昊坤建设工程有限公司	专业承包	公路路基工程	三级
372	盐城市涵通机电设备安装工程有限公司	施工劳务	不分专业	不分等级
373	盐城新翰建筑劳务有限公司	施工劳务	不分专业	不分等级

续表

序号	企业名称	资质序列	资质专业	资质等级
374	江苏跃建建筑工程劳务有限公司	施工劳务	不分专业	不分等级
375	江苏世好建设工程有限公司	施工劳务	不分专业	不分等级
376	江苏悦众建筑劳务有限公司	施工劳务	不分专业	不分等级
377	阜宁鸿安建筑劳务有限公司	施工劳务	不分专业	不分等级
378	阜宁万仕达通信科技有限公司	施工劳务	不分专业	不分等级
379	阜宁县怡轩建筑劳务有限公司	施工劳务	不分专业	不分等级
380	盐城睿鲸建筑劳务有限公司	施工劳务	不分专业	不分等级
381	阜宁县昱立建设工程有限公司	施工劳务	不分专业	不分等级
382	盐城通亚劳务有限公司	施工劳务	不分专业	不分等级
383	江苏成如旦复合材料有限公司	施工劳务	不分专业	不分等级
384	盐城新悦劳务有限公司	施工劳务	不分专业	不分等级
385	江苏达安建筑劳务有限公司	施工劳务	不分专业	不分等级
386	江苏斯航建筑劳务有限公司	施工劳务	不分专业	不分等级
387	阜宁正新建筑劳务有限公司	施工劳务	不分专业	不分等级
388	江苏执稳建筑劳务有限公司	施工劳务	不分专业	不分等级
389	阜宁县大楼建筑劳务有限公司	施工劳务	不分专业	不分等级
390	阜宁远洋建筑劳务有限公司	施工劳务	不分专业	不分等级
391	江苏崇业建筑工程有限公司	施工劳务	不分专业	不分等级
392	盐城中驰建设工程有限公司	施工劳务	不分专业	不分等级
393	江苏明功建设工程有限公司	施工劳务	不分专业	不分等级
394	江苏兮艺建筑劳务有限公司	施工劳务	不分专业	不分等级
395	盐城市顺畅建筑劳务有限公司	施工劳务	不分专业	不分等级
396	江苏盛鹏快速建筑工程有限公司	施工劳务	不分专业	不分等级
397	阜宁华世项目管理有限公司	施工劳务	不分专业	不分等级
398	江苏百荣建筑劳务有限公司	施工劳务	不分专业	不分等级
399	江苏欣建建设工程有限公司	施工劳务	不分专业	不分等级
400	盐城鑫阜建筑劳务有限公司	施工劳务	不分专业	不分等级
401	阜宁昊宇服务外包有限公司	施工劳务	不分专业	不分等级
402	阜宁县云翔建筑劳务有限公司	施工劳务	不分专业	不分等级
403	江苏雄城建筑劳务有限公司	施工劳务	不分专业	不分等级
404	盐城裕茂建筑劳务有限公司	施工劳务	不分专业	不分等级
405	江苏金鼎益建筑劳务有限公司	施工劳务	不分专业	不分等级
406	江苏强滨建设工程有限公司	施工劳务	不分专业	不分等级
407	江苏沚桦园林建设有限公司	施工劳务	不分专业	不分等级
408	江苏华竣达钢结构工程安装有限公司	施工劳务	不分专业	不分等级
409	江苏大烨建设劳务有限公司	施工劳务	不分专业	不分等级
410	盐城博威建设工程有限公司	施工劳务	不分专业	不分等级
411	江苏建铁建设工程有限公司	施工劳务	不分专业	不分等级
412	江苏择贝建设工程有限公司	施工劳务	不分专业	不分等级
413	盐城大军建筑防水工程有限公司	施工劳务	不分专业	不分等级
414	盐城龙力通信网络工程有限公司	施工劳务	不分专业	不分等级
415	阜宁县兄弟劳务有限公司	施工劳务	不分专业	不分等级
416	阜宁达康建筑工程有限公司	施工劳务	不分专业	不分等级
417	盐城恒优建筑劳务有限公司	施工劳务	不分专业	不分等级

续表

序号	企业名称	资质序列	资质专业	资质等级
418	江苏龙佳惠建设有限公司	施工劳务	不分专业	不分等级
419	江苏苏兆建筑劳务有限公司	施工劳务	不分专业	不分等级
420	江苏雄坤建筑工程有限公司	施工劳务	不分专业	不分等级
421	盐城班栾密建设工程有限公司	施工劳务	不分专业	不分等级
422	江苏妍阜达建筑工程有限公司	施工劳务	不分专业	不分等级
423	盐城赛杰建筑劳务有限公司	施工劳务	不分专业	不分等级
424	盐城好工匠建设工程有限公司	施工劳务	不分专业	不分等级
425	江苏严宽建筑工程有限公司	施工劳务	不分专业	不分等级
426	江苏焜日建筑工程有限公司	施工劳务	不分专业	不分等级
427	江苏毕方建筑工程有限公司	施工劳务	不分专业	不分等级
428	江苏迅宇昊建筑劳务有限公司	施工劳务	不分专业	不分等级
429	盐城恩泽建筑防水工程有限公司	施工劳务	不分专业	不分等级
430	江苏立行建筑劳务有限公司	施工劳务	不分专业	不分等级
431	江苏希棋建筑劳务有限公司	施工劳务	不分专业	不分等级
432	江苏庆奥建筑劳务有限公司	施工劳务	不分专业	不分等级
433	江苏仰观建设工程有限公司	施工劳务	不分专业	不分等级
434	江苏新泰盛劳务有限公司	施工劳务	不分专业	不分等级
435	江苏思齐衡建设工程有限公司	施工劳务	不分专业	不分等级
436	江苏袖博建筑劳务有限公司	施工劳务	不分专业	不分等级
437	江苏东松建筑劳务有限公司	施工劳务	不分专业	不分等级
438	盐城宝工建筑劳务有限公司	施工劳务	不分专业	不分等级
439	江苏顺进宝建筑劳务有限公司	施工劳务	不分专业	不分等级
440	江苏鼎峰项目管理有限公司	施工劳务	不分专业	不分等级
441	江苏恒威项目管理有限公司	施工劳务	不分专业	不分等级
442	盐城市姜耀建设工程有限公司	施工劳务	不分专业	不分等级
443	盐城北鑫建筑有限公司	施工劳务	不分专业	不分等级
444	盐城旭方建设有限公司	施工劳务	不分专业	不分等级
445	盐城吉桥建设有限公司	施工劳务	不分专业	不分等级
446	江苏洺东元建筑劳务有限公司	施工劳务	不分专业	不分等级
447	江苏国之昱项目管理有限公司	施工劳务	不分专业	不分等级
448	江苏安之坤建设工程有限公司	施工劳务	不分专业	不分等级
449	盐城安博尔智能科技工程有限公司	施工劳务	不分专业	不分等级
450	阜宁圣通道路工程有限公司	施工劳务	不分专业	不分等级
451	盐城红蚂蚁路桥工程有限公司	施工劳务	不分专业	不分等级
452	江苏祥煜建设工程有限公司	施工劳务	不分专业	不分等级
453	阜宁县嘉达建筑劳务有限公司	施工劳务	不分专业	不分等级
454	盐城市银派建筑劳务有限公司	施工劳务	不分专业	不分等级
455	阜宁正顺建设工程有限公司	施工劳务	不分专业	不分等级
456	江苏光速建设有限公司	施工劳务	不分专业	不分等级
457	阜宁阜润建筑劳务有限公司	施工劳务	不分专业	不分等级
458	江苏达力迅建设工程有限公司	施工劳务	不分专业	不分等级
459	盐城力富建筑劳务有限公司	施工劳务	不分专业	不分等级
460	盐城曼城建设工程有限公司	施工劳务	不分专业	不分等级
461	盐城哈顿建设工程有限公司	施工劳务	不分专业	不分等级

续表

序号	企业名称	资质序列	资质专业	资质等级
462	江苏恒阜晟建设工程有限公司	施工劳务	不分专业	不分等级
463	江苏字孟德建设工程有限公司	施工劳务	不分专业	不分等级
464	江苏烨智建设工程有限公司	施工劳务	不分专业	不分等级
465	江苏阜米装饰工程有限公司	施工劳务	不分专业	不分等级
466	江苏智侠哲建设有限公司	施工劳务	不分专业	不分等级
467	江苏万之顺建设工程有限公司	施工劳务	不分专业	不分等级
468	江苏明得利建材有限公司	施工劳务	不分专业	不分等级
469	阜宁县云海建设工程有限公司	施工劳务	不分专业	不分等级
470	盐城明厦建设工程有限公司	施工劳务	不分专业	不分等级
471	江苏睿好恒建设工程有限公司	施工劳务	不分专业	不分等级
472	江苏玮珀项目管理有限公司	施工劳务	不分专业	不分等级
473	盐城中之磊建筑劳务有限公司	施工劳务	不分专业	不分等级
474	江苏壮伟建筑劳务有限公司	施工劳务	不分专业	不分等级
475	江苏兮圆城建筑劳务有限公司	施工劳务	不分专业	不分等级
476	盐城市尚彩建筑劳务有限公司	施工劳务	不分专业	不分等级
477	盐城杰庆建筑劳务有限公司	施工劳务	不分专业	不分等级
478	江苏航之达建筑工程有限公司	施工劳务	不分专业	不分等级
479	盐城市鑫辉劳务服务有限公司	施工劳务	不分专业	不分等级
480	盐城建通工程材料有限公司	施工劳务	不分专业	不分等级
481	盐城拓恩建筑劳务有限公司	施工劳务	不分专业	不分等级
482	江苏亚恒建筑劳务有限公司	施工劳务	不分专业	不分等级
483	江苏匠勋建设工程有限公司	施工劳务	不分专业	不分等级
484	江苏荣之唐建筑劳务有限公司	施工劳务	不分专业	不分等级
485	江苏恒铁建设工程有限公司	施工劳务	不分专业	不分等级
486	盐城恒阜轩建材有限公司	施工劳务	不分专业	不分等级
487	盐城木香园林绿化有限公司	施工劳务	不分专业	不分等级
488	江苏轩丰项目管理有限公司	施工劳务	不分专业	不分等级
489	盐城鑫协建设工程有限公司	施工劳务	不分专业	不分等级
490	江苏恒欣成建筑劳务有限公司	施工劳务	不分专业	不分等级
491	盐城文都建筑劳务有限公司	施工劳务	不分专业	不分等级
492	江苏欧拓建筑工程有限公司	施工劳务	不分专业	不分等级
493	江苏新晟钢构有限公司	施工劳务	不分专业	不分等级
494	江苏顾森发建筑劳务有限公司	施工劳务	不分专业	不分等级
495	盐城路泰建设工程有限公司	施工劳务	不分专业	不分等级
496	江苏浠悦渼建筑劳务有限责任公司	施工劳务	不分专业	不分等级
497	江苏晟阜庭建筑劳务有限公司	施工劳务	不分专业	不分等级
498	江苏中之全建设工程有限公司	施工劳务	不分专业	不分等级
499	江苏启宇楼建设工程有限公司	施工劳务	不分专业	不分等级
500	江苏晟源享建设有限公司	施工劳务	不分专业	不分等级
501	江苏宁竟延建设有限公司	施工劳务	不分专业	不分等级
502	盐城市磊诺建设工程有限公司	施工劳务	不分专业	不分等级
503	江苏宁滨工程有限公司	施工劳务	不分专业	不分等级

商贸服务

【对外及港澳台贸易】 2021年，阜宁县外贸及港澳台贸易进出口总额6.81亿美元，同比增长30.3%。超千万美元企业15家，同比增加3家。江苏荣威娱乐用品有限公司全年进出口额2.39亿美元，成为阜宁县首超2亿美元的企业。宣传第四届海上丝绸之路博览会、"苏新服务·智惠全球"服务贸易对接会、海南消费品博览会、广交会、"江苏优品·畅行全球线上展会"跨电选品会、跨电会等一系列线上线下展会，全年有32家企业参加65场展会。

【外资及港澳台资】 2021年，阜宁县实现注册外资及港澳台资到账5854万美元，同比增长158%，增幅全市第一，注册外资到账总量为近8年来最高。新设外资及港澳台资企业10个，协议外资及港澳台资2.79亿美元，总投资超3000万美元外资及港澳台资项目5个，其中工业项目2个。总投资60亿元的新加坡金鹰赛得利集团纤维及无纺布项目落户，成为阜宁县首个注册外资超1亿美元的工业项目。

2021年阜宁县外商及港澳台商直接投资情况统计表

表11　　单位：万美元

所属镇区	企业名称	注册外资到账数	小计	投资方
开发区	欧丽能有限公司	328	2013	中国香港
	晟高发新能源发展（江苏）有限公司	50		中国香港
	盐城市阜宁港通惠房地产开发有限公司	1529		中国香港
	江苏华睿供应链管理有限公司	106		中国香港
高新区	赛得利（盐城）纤维有限公司	2347	2347	中国香港
阜城街道	万家得（盐城）家居有限公司	200	200	中国香港
东沟镇	盐城德宝商务管理有限公司	515	515	中国香港
沟墩镇	江苏银农供应链管理有限公司	21	21	中国香港
罗桥镇	艾迪睿特（江苏）礼品有限公司	120	120	澳大利亚
三灶镇	盐城宝船商务管理有限公司	600	638	中国香港
	盐城维宝商务管理有限公司	38		中国香港
合计		5854	5854	

【贸易额】 2021年，阜宁县贸易额占全市比重9.7%，列全市第5名；增速为24.1%，列全市第7名。批零住餐增速分别为30.3%、17.1%、22.6%、31.8%，分别列全市5、6、3、4名。

【社零指标】 2021年，随着疫情的逐渐稳定，阜宁县社会消费品零售总额呈大幅度增长态势，全年实现278.5亿元，增速21.6%，全市增幅排名第八位。

2021年阜宁县各镇区（街道、社区）社会消费零售总额一览表

表12　　单位：万元

镇别	2021年	2020年	同比增长（%）	镇别	2021年	2020年	同比增长（%）
合计	2785300	2290599	21.6	板湖镇	86490	72583	19.2
阜城街道	948050	772881	22.7	东沟镇	192700	157397	22.4
沟墩镇	210300	172368	22.0	硕集社区	39400	33100	19.0
吴滩街道	68700	57502	19.5	公兴社区	39400	33085	19.1

续表

镇 别	2021 年	2020 年	同比增长（%）	镇 别	2021 年	2020 年	同比增长（%）
陈良镇	72910	59922	21.7	益林镇	419050	342135	22.5
三灶镇	64880	54210	19.7	古河镇	82440	69512	18.6
新沟镇	85200	70094	21.6	罗桥镇	70450	58692	20.0
陈集镇	84700	70235	20.6	开发区	61330	50566	21.3
羊寨镇	81930	69159	18.5	高新区	70100	58064	20.7
芦蒲镇	72350	60494	19.6	金沙湖	34960	28598	22.2

【奥斯特沃德公司洽谈合作】 11月1日,澳大利亚奥斯特沃德公司董事长山姆在阜宁洽谈在阜投资项目推进事宜,县委书记张利华参加活动并介绍阜宁县经济社会发展情况。欧丽能项目总投资5000万美元,是澳洲专业从事民用高端铜质水暖阀门及配件生产分销的澳大利亚奥斯特沃德集团在中国的第一个制造基地。山姆对阜宁县经济社会发展、营商环境优化以及城乡面貌等方面给予肯定。县领导于木村、丁小虎参加活动。

【赛得利集团洽谈合作】 11月3日,新加坡金鹰集团旗下赛得利集团总裁张文涛一行在阜宁洽谈项目合作,县委书记张利华参加活动并就具体事宜进行洽谈。张文涛对阜宁县经济社会发展、营商环境优化以及城乡面貌等方面给予肯定。县委常委、组织部部长徐加晔参加活动。

【新加坡金鹰赛得利集团和澳洋集团签订合作协议】 5月6日,新加坡金鹰赛得利集团和澳洋集团项目合作签约仪式在盐城举行,市委副书记、市长曹路宝,赛得利集团总裁张文涛出席仪式并致辞,省委统战部副部长、省侨办主任王华,副市长陈卫红,澳洋集团董事长沈学如,市政府秘书长刘光球,县委书记徐华明,县委副书记、县长张利华参加签约仪式。曹路宝向合作协议的正式签订表示祝贺。张文涛对社会各界全力推动此次合作表示感谢。赛得利集团与澳洋集团在盐签订合作协议,推动澳洋科技公司重组,进一步深化项目合作,共享发展机遇,实现互利共赢。两家集团就澳洋科技公司重组事宜签订合作协议,是阜宁县推动产业转型的重要成果。 （陈晓东）

物流业

【概况】 2021年,全县有物流企业308家,载货汽车2924辆、载重量2.87万吨,运输船舶2052艘、总吨位61万吨。规模以上的物流企业均有运输（送货）、货物代理、搬运和干线运输等方面的能力。全县物流业呈现货运代理、自营物流、第三方物流多种业态并存的局面。全年货运量547万吨,完成邮政快递行业处理量3872.88万余件。有肉类、水产品类、水果类、医药类、种子仓储类、贸易流通类等多类冷链仓储企业30余家、总计冷库容量5.34万立方米,冷藏车23辆量、总吨位46.5吨。

【载体建设】 阜宁港物流园区通过省示范物流基地、省示范物流园区审核。园区有物流及相关企业92家,其中规模以上物流企业21家,营业收入超亿元企业5家。2021年实现主营业务收入17.65亿元、税收1.2亿元,新增注册商标10件,总数50件。阜宁港已经开通连云港、淮安、张家港、山东、湖北5条专线。阜宁港与大丰港合作成立宁丰河海联运公司,航线已开通。

【物流网络】 持续加强物流等基础设施网络建设,推进旨在构建“通道+枢纽+网络”物流运行体系。境内铁路总里程54.05千米,新长铁路、连盐铁路、徐宿淮盐铁路贯彻其中。公路总里程2245.5千米,其中高速20.5千米,G204盐城至阜宁段正在快速化改造。航道总里程585.36千米。阜宁港为二类内河口岸,通用机场项目正在进行前期申报工作。

【阜宁县伟业运输有限公司】 该公司成立于2007年,自有车辆131辆,年运输量200多万吨,拥有占地3.3公顷的集办公、仓库、停车场等于一体的大型物流仓储基地,是从事第三方综合服务的物流企业,可根据客户的要求量身订制物流方案。在政府的支持下,该公司对接上“运满满”信息平台,通过大数据共享,公司车辆空驶率降低10%,年运输量提高20%,极大实现物流降本增效。 （顾 坚）

粮食流通

【仓储设施建设】 2021年,阜宁县按照2020年秋江苏省仓储物流“以奖代补”相关项目文件批复,新建阜宁县地方粮食储备库有限公司3万吨应急保供库项目。项目于3月份开工建设,9月份主体工程完工,于2022年5月份通过省、市主管部门项目验收。

【粮食安全监管】 按照“有仓必到、有粮必查、有账必核、查必彻底、全程留痕”原则,坚守底线思维,聚焦粮食库存管理中的突出问题和薄弱环节,以4月30日为检查时点,对全县35个库点、38.69万吨政策性粮食开展库存检查,确保所有存粮账账相符、账实相符,轮换手续齐全。对全县最低收购价粮食库存进行春秋两季抽检普查,抽检样品605个,检测结果合格率100%,均符合国家粮食质量标准和卫生指标。 （顾 坚）

供销合作

【概况】 2021年，县供销合作总社（简称县供销总社）实现商品销售额43亿元，农副产品收购额28亿元，连锁销售额6亿元，电商销售额5.5亿元，农产品市场交易额9.5亿元，新建产业融合体1个，改造薄弱基层社1个，新建村级供销社1个，农村综合服务社转型升级2个，建设供销e站3个，新建提升现代农业综合服务中心1个，新建冷链设施5个，培训农民经纪人200人，秸秆利用总量30万吨。获全市系统综合业绩评价第一等次第4名，县委、县政府全县综合考核先进集体，郭墅、板湖两个供销合作社分别被市供销总社表彰为“十佳”为农服务单位和项目建设先进单位。

【党史学习教育】 实施“六学结合”学全学透必学内容，组织走进县内红色遗存接受实境教育，挖掘社史资源开展弘扬供销社“扁担精神”传统教育，为退离休老人送书送教“送学上门”，举行老党员“在党50年”纪念章集中佩戴活动，选树出本系统县五一劳动奖章获得者、阜宁青年五四奖章集体、巾帼文明岗、巾帼建功标兵先进典型，以及开展“两在两同建新功”“我为群众办实事”活动等。

【农药零差率配供】 实施全县农药零差率统一配供和包装废弃物集中回收处理工作拓点扩面工程，在2020年建成县级配供中心和沟墩、陈良、郭墅、吴滩4个镇级配供站，初步搭起构架开展运行的基础上，加强基层配供站点建设，扩大农药统一配供覆盖面，做优配供品种和做大配供量。镇村配供站由2020年的4个扩展到29个，用药品种由17种增加到43个，配供销售额由450万元增加到750万元，配供农户数由312户增加到1971户，集中回收农药废弃包装物由52718个增加到404126个，服务面积由4000公顷（6万亩）增加到1.27万公顷（19万亩），打造出高效的半小时配供服务圈升级版，助力全县农业生产“双减”工作。扬州邗江区社、镇江扬中市社、盐城市农资公司以及建湖、滨海、响水等多地供销社到阜宁参观学习。

【基层社“三会”制度建设】 重视深化供销合作社综合改革，接续将恢复“三性”工作向基层延伸。在推进基层社建立“三会”制度现有条件相对较弱的情况下，按照“十四五”期间全覆盖目标，年初制定工作规划，部署做出安排，落实任务单位，经过调研、县基配合、过细工作和准备，分别于11月20日和21日召开益林、板湖两个基层社社员代表大会，提出工作目标，选举产生理、监事会治理机构和领导班子，把两地100多个优质为农服务组织和资源吸收到供销社为农服务体系中。

【薄弱基层社改造】 在板湖供销社实施薄弱基层社改造工作，投入46万元完成该社老门市经营服务网点改造及办公场所装潢修整，整理出紧连老门市一侧的9000平方米拥有集体产权的土地，实施对沿路的近1000平方米场地水泥浇筑，其余8000平方米土地平整，为建设二期工程现代农业综合服务中心奠定了基础。依托板湖“供销e站”建设，建成包含农资供应、农药零差率配供及废弃包装物回收、化肥供应中心、农民培训中心、专业合作社联合社、庄稼医院、植保飞防等一批为农服务项目设施，建立起板湖供销社为农服务示范点，扩大供销社在当地富民兴社、服务“三农”的工作影响。

【现代农业综合服务中心】 协调置换郭墅供销社社属土地，采取与孙郑村两委合作形式，建设孙郑现代农业综合服务中心，打造一个现代化的综合为农服务平台。该综合服务中心总投资600万元，建筑面积3400平方米，主要服务功能包括：农药零差率配送、农水服务大厅、农民培训中心、生活超市、便民宾馆等，依托郭墅供销社领办参办的农民专业合作社，将稻麦种植、农机作业、秸秆收储、植保飞防等服务内容充实到服务中心。现代农业综合服务中心功能齐全，综合服务中心的建成促进郭墅供销社“三体两强”实力进一步彰显。

【供销e站】 按照“新农村社区建在哪里，综合服务项目建到哪里”要求，推进新农村社区综合服务项目——供销e站建设，年内分别建成郭墅、古河、板湖三家供销e站，于11月份通过市供销总社组织的验收。供销e站建设，统一设计、统一标识、统一模式、统一管理，坚持高标准设计、高质量建设、快速度推进，着力打造供销社服务“三农”品牌，为引领农民享受高质量生活、促进农村高质量发展、推进农业现代化建设、促进乡村振兴贡献供销力量。供销e站建设，升级供销社新型经营业态，拓宽为农服务领域，提高服务工作的能力水平，促进加快供销社为农服务工作现代化的步伐，扩大供销社富民兴社、服务“三农”工作影响。

【秸秆机械化离田】 协同县农业部门争取到阜宁进入全市秸秆机械化离田试点县，出台《阜宁县农作物秸秆离田利用实施方案》。县供销总社机关干部及全系统27家秸秆收储加工企业工作人员，做到县基上下联动、秸秆收储企业全员发动、各类机械设备全面出动，开赴任务区拼搏秸秆机械化离田工作。夏秋两季组织秸秆机械化离田8000公顷，增加秸秆收储3万吨，经验做法被省供销总社在工作简报推介，市供销总社主要领导在阜宁调研时给予肯定，在全市系统内推广。

【网上供销直播】 1月，在市供销总社举办的名特优农产品公益助农专场直播活动中，县供销总社所属的江苏绿通电子商务自建直播间，精选100多种阜宁名特优农产品展示展销，直播销售49.12万元，全市第一业绩，市供销总社发贺信祝贺。

【安全生产】 坚持安全生产行业监管，落实各级安全生产责任，建立健全管理体系的基础上，分别于6月和

11月举办两期全系统大型安全生产培训班，培训班后接续请县安全生产、消防专家随队，采取“四不两直”的方式，组织对全系统50多个监管单位开展安全生产拉网式检查，对检查出的安全隐患和问题进行现场解剖，现场指导整改，全年安全生产无事故优异成绩。

【省供销总社调研】 3月23日，省供销总社一级巡视员、苏合投资运营集团董事长徐筱棣一行在阜宁县调研，先后来到大鹤蛋业、县农药零差率配送中心进行现场走访，听取企业负责人相关情况介绍，并就江苏省供销合作产业发展与阜宁县现代农业相结合进行沟通交流。县委书记徐华明介绍相关情况。市供销总社党委书记、理事会主任朱雯，副县长陈聪参加活动。（朱超山）

烟草专卖

【卷烟销售】 2021年，阜宁县烟草专卖局贯彻“总量控制、稍紧平衡，增速合理、贵在持续”的方针，全力克服疫情不利影响，完成卷烟销售3.06万箱，实现销售额11.46亿元，实现税利3.2亿元。根据市场调研，卷烟社会库存合理，零售价格指数较高，卷烟零售户经营信心持续向好，客户满意度处于历史较好水平。年初，承担江苏金丝利零售户盐城首家直营店的建设任务，5月28日开业，直营店全年实现销售额43.14万元，其中卷烟销售36.84万元、非烟商品6.30万元，发挥直营店“新零售培训中心、消费体验中心、品牌展示中心、新品发布中心”功能，开启现代零售终端体系建设。加盟终端、“金丝利·通”现代终端、普通终端建设逐步深入，“千人万户增收富民”工程2.0版不断发展。

【专卖管理】 坚持“端窝点、断源头、破网络、抓主犯”，始终保持打假破网高压态势，维护市场健康稳定，全年查处各类违法违规卷烟案件185起（其中假烟案件49起），查获卷烟461.53万支（其中假烟52.62万支），总案值464.11万元，移交司法机关依法刑事拘留6人，上缴罚没款36.96万元。开展百日会战、利剑7号、利剑8号等专项行动，加大打击贩售假私卷烟、非法流通卷烟等各类违法违规涉烟行为，取消违法违规卖烟大户经营资格15户。依法加强电子烟监管，严格执行新修订的《烟草专卖法实施条例》，持续加大对电子烟市场的监测和监管力度。抓牢许可证后续监管，源头解决大户控制小户、证址不符、虚拟证、中小学幼儿园周边零售户等异常证问题，针对存在问题形成负面清单，落实销号整改，并持续优化完善，提升工作质效。

2021年3月15日，阜宁烟草局开展3·15国际消费者权益日普法宣传。
王宝军/摄

【文化建设】 参与省、市烟草局各类文化活动，在“青春心向党，我想对党说”主题演讲征文比赛，获征文一等奖、演讲二等奖。在“明理 增信 崇德 力行”庆祝建党百年党史知识竞赛选拔赛，获团体第2名。在“光辉历程 峥嵘岁月”庆祝建党100周年职工书画摄影大赛，2人分获书法类一、二等奖。在盐城烟草系统篮球比赛，获男子篮球比赛季军。1人被评为最美苏烟人、盐城市优秀共青团员，1人志被评为全县共青团工作先进工作者。1人获评盐城市“最美家庭”标兵户。（王宝军）

盐业专卖

【盐产品销售】 2021年，阜宁县盐业有限公司销售盐产品6938.51吨，其中：小包装食盐销量2061.3吨（品种盐195.52吨，高端盐24.91吨，小包装销量其中含调拨20吨），大包装食盐销量（含农牧渔盐）2133.5吨，小工业盐销量2743.71吨。

【营业收入】 全年实现营业收入801.34万元，其中：主营业务收入701.4万元，非盐产品收入（不含租金）83.65万元，主要是食品类减少24.55万元、味精减少28.69万元。粮油增加2.5万元.酒类减少21.82万元。化工类产品销售增加196.31吨。

【利润总额】 全年报表利润总额10.91万元。

【食盐应急销售】 省应急管理厅印发《江苏省家庭应急物资储备建议清单》通知，导致县域食盐销售突然加大，公司班子领导分工带队全力保障供应，加班加点第一时间将食盐配送到各商超及零售店。（葛红伟）

电信服务

【概况】 2021年，中国电信阜宁分公司完成收入1.83亿元，同比增幅8.6%，天翼净增1.13万户，宽带净增0.67万户，iTV净增0.62万户，存量收入月均保有率94.46%，看家发展1.06万部、同装率26.7%，WIFI发展2.14万部、同装率46.6%。

【数字建设】 8月31日，举办“平安乡村”现场观摩会，县委政法委副书记韩坚、各乡镇（街道）政法委员一行近30人集中观摩阜宁县古河镇富民村“平安乡村”建设示范点，对由中国电信承建的“平安乡村”取得的成效、对阜宁分公司助力地方政府数字化智能化建设、以信息化提升人民幸福指数方面所作出的努力给予肯定。在“平安乡村”现场观摩会后，5个镇建立8个平安乡村。

【数字化综合网格建设与应用】 通过前期小区楼宇信息的摸查与建模，异网信息的搜集与录入，持续推进数字化综合网格的建设工作；为强化数字化综合网格的应用，组织城市社区店进行专项培训，确保人人知晓、人人会用；依托沙盘系统开展精准营销，围绕“四类小区”打响宽带攻防战，先后在城市支局开展单转融训练营、低渗小区攻坚赛等活动。加强生态合作，通过异业合作持续获取商机信息，进行跟踪、转化，形成一套系统的营销流程。

【政企经营工】 坚持以收入为目标，强化责任意识，以新兴业务为引领，推进公司云改数转战略落地，实现企业高质量发展，以5G+应用切入政企市场，结合5G+MEC、云、AI 等能力为客户打造综合信息解决方案，融入客户生产管理流程，同时拉动5G业务发展，保存量、拓新量。政企渠道全年累计完成收入2055万元，同比增长70%；完成新兴业务收入2891.8万元。

【动力隐患排查整治】 全年累计排查发现29处隐患，其中B类机房动力隐患9处，D类机房动力隐患20处，截至12月底，累计完成28处整改，目前仅剩益林油机自启动改造未完成，益林油机房计划新建，正在实施中，油机搬迁，同步增加油机自启动改造。持续对OLT局站机房出局同管道进行排查。通过现场光缆摸查，共发现5处理出局光缆存在同管道隐患，已累计完成4处整治，其余1处罗桥青阳正在实施。杆线安全隐患整治方面，迁改11个处，抢修10处，电杆600根，吊线27千米；共计投资立项6起，成本立项21起，合计金额245.39万元。

【网络优化】 重点解决经营单元反馈的无线信号弱覆盖问题，通过射频优化、安装微型直放站、新建分布系统、新建800M宏站等方式，累计解决59处，解决率45.73%。开展OLT设备万兆上联改造，已实现万兆上联的设备为100台，设备万兆率99%。完成1600个10G PON端口建设，同时建设6台新一代中兴C600型号OLT设备，提升了千兆放装能力。

【光网维护工作】 FTTH端口利用率：目标61 %，完成63.3% ；2021年新建分光器占用率50%，完成51%。线路安全摸查，干线维护方面全年完成合利高铁干线、盐淮直埋、架空、北沿海同沟以及大连至南通的割接工作，确保一、二干保障的安全。同时对北沿海架空34处跨越道路高度不足用10M杆进行升高，并请公安水警大队协助对三条通航河道跨河杆路进行排查，发现10处跨河隐患，已经完成安全整治工作。市政建设大范围开展，点多、面广，涉及电信管线较多。为做好管线迁移工作，通过多方面沟通、协调资金482万元，助力市政建设。 （戴　晔）

移动通信服务

【概况】 2021年，中国移动通信集团江苏有限公司阜宁分公司，年运营收入3.78亿元，收入同比增幅5%。

【手机用户】 全年手机通信用户净增达成1.15万户，全年用户净增份额51.77%。提升5G用户规模及价值，全年5G登网客户到达10.27万户。

【信息化服务】 在企业、民生、公安、卫生、教育、党政等行业积极推动信息化服务，在企业上云、公安技防城、应急管理平台、智慧交通等本地项目上取得突破，利用5G、物联网、大数据等产品为政府企业做好服务。利用“企业上云”政策与49家单位达成上云合作；关注民生服务，拓展多家单位服务为民项目；以全面实现“政府无纸化移动办公”为目标，与7家部单位合作OA办公项目；旅游燃信项目助力地方旅游收入增长。

【家庭信息化】 家庭市场全年有线宽带净增11827户，年度互联网电视净增15700户。数字化市场加大优+权益、和彩云等业务融合推广，加强权益会员等新业务体验营销，稳定和留言、视频彩铃等新业务基础规模。全年权益规模达到7.45万；视频彩铃到达7.37万；和彩云规模达到1.37万。 （殷小龙）

联通通信服务

【概况】 2021年，阜宁联通新增移网用户2.65万户，新增宽带用户0.97万户，传统业务收入完成2786万元，创新业务收入完成750万元，主营业务收入合计完成3536万元，收入预算完成率全区第一。

【服务公益】 协助政府相关部门，将全县疫情防控、安全生产、反诈防诈、气象灾害等信息，及时以短信形式通知到境内所有联通用户，确保县里各项措施得到迅速落实。与阜宁妇联结对，定向帮扶郭墅镇一名贫困儿童，每个季度安排党员干部前往该儿童住所进行慰问和帮扶一次，并指定一名女员工为其“爱心妈妈”，为其解决日常学习和生活中遇到的困难，鼓励其努力学习。 （邹荷花）

综　述

【银行业概况】 2021年，阜宁县有银行业金融机构12家、90个营业网点。其中，中国人民银行阜宁县支行履行中央银行职能，承担传导与执行货币政策、维护金融稳定、提供金融服务的职责；中国农业发展银行阜宁县支行履行政策性银行职责，营业网点1个；中国工商银行、中国农业银行、中国银行、中国建设银行、江苏银行、南京银行均为有限公司，其阜宁支行和中国邮政储蓄银行、常熟农商行的阜宁支行均履行商业银行职能，营业网点分别为4个、11个、5个、4个、2个、1个、24个、2个；江苏阜宁农村商业银行、阜宁民生村镇银行股份有限公司为地方性法人金融机构，履行商业银行职能，主要职责是为农村、农业、农民服务，对外营业网点分别为32个、3个。全县各项贷款余额为404.61亿元，比年初新增51.15亿元，增幅为14.47%。各项存款余额为663.73亿元，比年初新增65.78亿元，增幅为11.00%，其中：储蓄存款余额为421.85亿元，比年初新增47.06亿元，增幅为12.56%。

2021年阜宁县金融机构存款年末余额一览表

表13　　　　单位：亿元

项　目	本外币年末余额	#人民币年末余额	比年初增减额	#人民币比年初增减额
各项存款合计	663.73	662.26	65.78	65.78
（一）境内存款	663.42	662.13	65.70	65.68
1. 住户存款	475.65	475.15	52.18	52.20
（1）活期存款	108.83	158.73	5.95	12.07
（2）定期及其他存款	366.82	316.43	46.23	40.13
2. 非金融企业存款	116.87	116.08	17.48	17.43
（1）活期存款	60.67	59.88	1.11	1.02
（2）定期及其他存款	56.21	56.20	16.36	16.41
3. 广义政府存款	70.89	70.89	-3.95	-3.95
（1）财政性存款	8.05	8.05	-1.46	-1.46
（2）机关团体存款	62.83	62.83	-2.49	-2.49
4. 非银行业金融机构存款	0.01	0.01	0.00	0.00
（二）境外存款	0.31	0.14	0.08	0.09

2021年阜宁县金融机构贷款年末余额一览表

表14　　　　单位：亿元

项　目	本外币年末余额	#人民币年末余额	比年初增减额	#人民币比年初增减额
一、各项贷款	404.61	404.39	51.15	51.12
（一）境内贷款	404.61	404.39	51.15	51.12
1. 住户贷款	174.05	174.05	30.06	30.06
（1）短期贷款	79.33	79.33	17.07	17.07
消费贷款	23.42	23.42	3.97	3.97

续表

项 目	本外币年末余额	#人民币年末余额	比年初增减额	#人民币比年初增减额
经营贷款	55.91	55.91	13.10	13.10
（2）中长期贷款	94.72	94.72	12.99	12.99
消费贷款	79.69	79.69	6.42	6.42
经营贷款	15.03	15.03	6.57	6.57
2. 非金融企业及机关团体贷款	230.56	230.34	21.09	21.07
（1）短期贷款	77.77	77.55	7.95	7.92
（2）中长期贷款	110.36	110.36	20.04	20.04
（3）票据融资	42.42	42.42	–6.90	–6.90
（4）融资租赁				
（5）各项垫款	0.02	0.02	0.00	0.00
3. 非银行业金融机构贷款				
（二）境外贷款				

【保险业概况】 2021年，阜宁县保险业平稳发展，两个中央保险企业下伸单位中国人寿保险股份有限公司阜宁支公司和中国人民财产保险股份有限公司阜宁支公司分别实现保费收入39816.08、14838万元，分别比2020年减少（增加）–339.06、1503万元万元，分别下降（增长）–0.84%、11.27%。

2021年阜宁县保险业务主要指标一览表

表15

指 标	单位	绝对值	指 标	单位	绝对值
保费收入	万元	131952.37	财产险	万元	28281.86
财产险	万元	41173.78	寿险	万元	21796.98
#企业财产保险	万元	434.61	保险公司数	个	20
家庭财产保险	万元	302.42	#财产保险公司	个	8
机动车辆保险	万元	4450.83	人寿保险公司	个	12
人身意外伤害险	万元	1315.91	#中资保险公司	个	20
健康险	万元	10198.50	外资保险公司	个	0
寿险	万元	90778.59	保险公司分支机构	个	4
各项赔款和给付	万元	50078.84	从业人员数	万人	0.17

【政策工具落细落实】 强化两项货币政策工具延期宣传，收集、编印信用贷款产品宣传册，制作、发放信贷产品宣传单等42种7万余份。做实落细金融纾困政策，全年为阜宁农商行、阜宁民生村镇银行发放阶段性延期还本付息激励资金759.22万元；发放信用贷款5088.56万元。有1130户小微企业享受到两项直达实体货币工具的政策红利。累计投放支农、支小再贷款7.3亿元，用于投放到需要资金支持的民营、小微企业和涉农经济主体中，贷款发放加权平均利率不高于6%。

【反洗钱工作】 按照中心支行反洗钱工作统一部署，定期、主动对接县法院、检察院、公安等部门；加强市县联动，邀请中支反洗钱科与县公安局等部门开展联研联判；充分利用反洗钱信息共享平台，对涉嫌反洗钱案件线索逐一排查，发现价值线索及时上报。10月28日，全市首起洗钱案件在阜宁法院成功宣判。1篇反洗钱编译调研获南京分行反洗钱征文竞赛优秀奖。

【助力乡村振兴】 11月10日，牵头召开“滴灌金融活水，赋能乡村振兴”五方联学共建活动，联合中支货币信贷科、县金沙湖管委会、地方金融监管局，共同研判县金融支持乡村振兴情况，谋划普惠金融投放。全县实体贷款余额362.71亿元，比年初增加57.92亿元，增长19%，增速比各项贷款高4.53个百分点。其中，全县涉农贷款余额273.16亿元，比年初增加41.40亿元，增长17.86%，增速比各项贷款增速高3.39个百分点。

【征信工作】 推进征信产品创新，推动阜宁农商行在全省率先创新推出活体畜禽作为抵押物的贷款新品种“鑫农贷”，走出一条解决畜禽活体资产抵押难问题的新路子。强化征信教育，以“3·15”“5·15”等宣传日和“金融知识宣传月”为契机，开展“三走进”诚信教育宣传活动，进行“诚信贷”“创业贷”“扶贫贷”等业务知识和征信知识宣传。采编的反映诚信老人郭夕祥事迹“重信践诺，言而有信”的专题报告被《盐阜大众报》、南京分行征信处录用，并被南京分行宣传部制作了专题宣传片。指导阜宁农商行对全县信用村、信用户，实施动态化管理与监测，对已评定信用农户14233户，发放信用贷款120289万元，贷款利率累计优惠213.82万元。做好农村新型经济主体信息采集工作，组织涉农金融机构，共同采集农村经济主体综合信息，录入省农村经济主体综合信息系统。（陈　博）

中国人民银行阜宁县支行

【窗口指导】 2021年，中国人民银行阜宁县支行(简称县人行)牵头出台《2021年激励金融服务经济发展意见》，调动金融机构加大信贷投放的积极性。严格落实属地管理主体责任，做好法人信贷预计数管理工作。至年底，全县各项贷款余额404.61亿元，比年初增加51.15亿元,超额完成全年贷款投放40亿元的目标任务。组织银企对接活动加大对企业的支持力度，在益林、东沟、阜城、开发区等重点镇（区）举办6场专场银企对接活动,现场落实85户中小企业资金需要1.85亿元。9月，牵头召开“金融赋能·共促发展”银企对接活动，全市22家金融机构、40家企业参加活动，投放贷款60.21亿元，其中现场放款34.68亿元。打造“中小微企业金融服务能力提升工程”，推动建立“敢贷、愿贷、能贷、会贷”长效机制。

【金融稳定】 密切关注和监测各类风险、加强重大事项上报，抓好薄弱环节和重点问题整改。督促各行健全考核评价、内控合规、资本补充、拨备核销、流动性管理等工作机制，切实增强风险抵御和损失吸收能力。落实重大事项报告制度要求，压实金融机构重大事项报告主体责任。1月，召开中恒集团贷款协调会，共同研判化解风险。4月，配合中心支行对阜宁农商行、阜宁民生村镇银行进行压力测试，反馈测试结果并进行风险提示。落实房地产贷款集中度管理，加强对各金融机构集中度管理工作的实时监测。指导超限的阜宁农商行、阜宁民生村镇银行稳妥压降，督促未超限银行稳健开展房地产贷款相关业务，保持房地产贷款占比、个人住房贷款占比基本稳定。贯彻落实《盐城市存款保险宣传工作方案》，建立存款保险宣传包干责任制，将全县19个镇区339个村(居)包干到行并进行现场抽查和检查。5月，与县地方金融监管局联合开展“存款保险宣传月”暨打击非法集资集中宣传活动。6月份，在郭墅、古河等镇进行存款保险宣传。12月份，指导阜宁农商行排演小品“会飞的猪”参加中心支行“银行存款保险”专题宣传展演活动。落实《阜宁县创建省金融生态优秀县三年行动计划（2020—2022年）》，促进金融生态建设规范化、制度化。

【金融服务】 办理国库预算内收入59.67万笔152.48亿元、归集预算外资金10.73万笔4001.50万元，办理预算内拨款5.46万笔174.82亿元、退库2.72万笔10.43亿元。10月，配合县财政部门做好县财政一体化推广上线工作，推动全县非税收入电子化试点推广，不断提升国库服务效能。开展“线上+线下”“流动+固定”等多种形式做好国债恢复发行40周年宣传活动，采取约谈、现场督查等方式全面推进“送国债下乡”活动，全年销售储蓄国债2750.46万元，其中三年期1326.3万元、五年期1424.13万元。落实“断卡”行动，与县公安局等多家联席单位开展反电信网络诈骗联合宣传暨“无诈”系列创建活动，全方位提升老百姓反诈骗识别和防范能力。升级普惠金融服务点，提升农村金融综合服务站建站效果，225家服务点已达金标，办理各项业务35.54万笔32684.86万元。稳步推进移动支付推广工作，持续开展“一分钱乘公交”活动、云闪付宣传活动，全年新增云闪付活跃用户17872户，超额完成任务目标。持续推动场景建设，已在阜宁师范学校附属小学、陈良镇初级中学、阜宁县沟墩中学等学校上线智慧校园。开展发行基金托管试点工作，8月，阜宁农商行托管库验收合格并正式运行。全年办理业务55笔，其中累计存款业务8笔3.24亿元，累计取款业务16笔3.24亿元，核库业务24笔。创新“固定”+“移动”残损人民币兑付机制，利用流动银行车、设置便民现金服务点开展残损人民币及小面额兑换和反假人民币工作，全年服务来行群众78人次，兑换残损币52笔297038.7元，累计收缴各类假人民币1930张，合计184840元。

【金融消费权益保护】 开展金融知识普及教育，提升金融消费者风险责任意识和金融知识素养。持续推进金融纠纷多元化解机制建设，维护金融消费者权益。全年受理金融消费者投诉数量9笔，办结投诉9笔。组织辖内10家金融机构进校讲课，进一步推进金融教育工作常态化、长效化。在“今日头条”开设“金融知识微课堂”账号，开展金融知识普及线上宣传活动，受众人数超1万人次。

【外汇管理】 全年办理涉汇企业名录登记、变更29户，完成1户外商投资企业外债签约登记（变更）10笔。制作《一文看懂个人外汇业务政策》《新设进出口企业网上办理名录登记业务指南》等材料，在银行网点、实体企业、乡镇小区开展外汇政策宣传。加大监管力度，防范辖区外汇风险，开展非现场监测，全面提高辖内申报数据质量，全年完成非现场监测记录188条。定期到外汇指定银行开展国际收支统计申报现场核查，先后组织开展对县中行、县农行和县邮储行现场核查，做到问题反馈及时，整改落实到位。开展“外汇服务银企行”活动，先后两次到上伟(江苏)碳纤宣读新政，并与其开户银行共同解决企业经营面临的难题。9月，汇银联动走进金诚家纺开展汇率避险户户行活动，帮助企业纾难解困。

（陈 博）

农发行阜宁县支行

【贷款业务】 2021年，中国农业发展银行阜宁县支行各项贷款114385.56万元，其中购销企业粮油收购贷款33309.7万元、地方储备粮油（轮换）贷款5256.86万元、中长期项目贷款75819万元、挂账贷款0万元。全年累计投放各类贷款82536.68万元，其中地方储备粮油（轮换）贷款6036.68万元、购销企业粮油收购贷款66500万元、中长期贷款10000万元；累计收回各类贷款58498.53万元，其中地方储备粮油（轮换）贷款5833.42万元、购销企业粮油收购贷款47311.16万元、粮油购销流动资金贷款300万元、中长期贷款3000万元、挂账贷款2053.95万元。

【支农资金筹集】 日均企事业单位存款46700.2万元，较年初（46007.79万元）上升692.41万元。企事业单位存款余额43530.4万元，其中财政性存款27826万元、企业单位存款15704.4万元。存款余额较年初（41077.37万元）上升2453.03万元。

【小微企业贷款余额】 小微企业贷款月额3800万元，比年初净增2300万元。

【粮油贷款投放】 粮油贷款投放完成72536.68万元。

【扶贫贷款累放】 扶贫贷款累放19625万元。 （陶荫钧）

工商银行阜宁支行

【概况】 2021年，中国工商银行股份有限公司阜宁支行实现拨备前利润6569.98万元，人均拨备前利润90.82万元；实现净利润1830万元，人均净利润24.08万元；实现中间业务收入3836万元。

【存款业务】 在储蓄存款方面，争揽批量和大额资金、加大中高端客户维护、注重物理网点和智能设备作用、重视产品推动等，在对公存款方面，进一步维护好财政、国土、城投、水务等重点大户的关系，持续抓好有贷户存贷比等。两项存款余额34.68亿元，其中：储蓄存款余额23.16亿元，网均储蓄存款增量1216万元；日均储蓄存款余额23.06亿元；对公存款余额11.85亿元。

【经营转型】 修订、完善绩效考核分配办法，加大在市行考核排名在绩效中的考核比重。全年发放信用卡822张，累计代理保险销售1021万元；个人理财产品余额21011万元；重点拓展阜宁碧桂园汉水置业土地出让金项目保证金2.95亿元、出让金0.68亿元。成功营销赛得利基本户和共管账户以及第一笔收购资金近4亿元。年末公司存款较年初增长2.15亿元。成功营销同业美元存款9亿元存入，实外汇存款现历史性突破。开展信用卡分期付款、对公理财、贵金属以及日均资产5万元以上公司、机构客户提质等业务和产品的专项营销活动。非货币基金销售增量1206万元，全量客户新增22199户。

（张 楠）

农行阜宁县支行

【概况】 2021年，农行阜宁支行各项存款102.79亿元，各项贷款52.56亿元，实现中收5958.6万元万元，实现营业净收入2.78亿元、拨备前利润2.08亿元、拨备后利润3.0亿元，全年实现安全经营无事故、无案件。

【信贷投放】 拓展重大项目，紧跟全县项目建设步伐，加大重大项目拓展力度，投放“白水塘生态水产养殖基地项目”项目贷款1.5亿元、中海油阜宁热电有限公司“阜宁燃机热电联产”项目贷款0.46亿元、阜宁美丽乡村建设有限公司“阜宁县康居工程三期”项目2.6亿元。围绕县域“2+2+3”产业格局，在新能源、环保滤料2个特色主导产业，电子信息、汽车零部件2个引领性产业，金属阀体、食品加工、纤维纺织3个传统产业上，加大客户营销力度。加强对阜宁县人民医院、江苏万兴石油装备有限公司、阜宁市政设施等优质客户营销，累计增加流动资金贷款6.9亿元。开展整村推进、旺季营销、普惠会战月、“大营销、大提升、大拜访”活动，全行普惠贷款余额9.53亿元，其中：法人普惠贷款余额3.35亿元，个人普惠贷款余额6.18亿元。瞄准协鑫光伏、城投公司、开源建设等重点客户，抓好营销对接，做大贴现规模，全年办理贴现2.17亿元。

【稳存增存】 在对公存款上，紧跟城投、建投、交投、金沙湖等重点平台，做好发债、定融等资金跟踪营销，争取资金份额；紧盯财政、国土、住建等机构客户，抢抓专项债、土拍、拆迁等热点资金；主动对接上伟、荣威、中粮等重点企业，抓好对公存款归集；结合普惠贷款专项营销活动，进一步压实责任，加强综合营销，提升贷存比。全行对公存款总额24.64亿元，日均增量1.22亿元。在个人存款上，坚持以“包户包贷”为抓手，发挥“科技+数据”驱动作用，加快营销宝、SOP、客群、OCRM系统应用，精准营销、精准获客，通过抓区域内热点资金、抓季节性重点资金、抓流量资金、抓资产引领、抓存量贵宾客户综合回报、做大代发工资规模，提升存款组织能力，全行个人存款总额78.15亿元，日均增量7.07亿元。

【数字化转型】 坚持把掌银作为数字化转型的重要手段，围绕目标客户和重点客群，坚持网点营销和批量外拓相结合，通过项目、场景、活动等载体，强化线上线下同步营销，切实提升掌银发展质量，全年新增个人掌银总量3.93万户，其中新增掌银注册活跃客户3.64万户，个人掌银月活跃客户数7.15万户，新增企业掌银网银活跃客户1200户。围绕有效场景、特色场景、重点场景建设,加大家校通、智慧+、生活缴费等推广力度,新增有效场景39户,其中智慧校园9个、智慧厂区有效场景净增2户(食堂+考勤)、智慧厂区有效场景净增8个(电子工资单)、智慧社区净增3个、智慧党建有效场景净增12个、缴费支付有效场景净增7个。新增供应链有效场景1个。新增现金管理及银客链接系统客户1户,新增日均存款1.5亿元。坚持数据驱动,品牌带动,瞄准抵押e贷、房抵e贷、惠农e贷等重点特色产品,加快线上信贷业务发展,全年线上贷款累计投放3亿元。 (宋爱军)

中国银行阜宁支行

【概　况】 2021年,中国银行阜宁支行本外币各项存款时点余额53.40亿元,较年初新增4.51亿元。其中:本外币储蓄存款余额36.30亿元,较年初新增2.30亿元;公司存款17.10亿元,较年初新增2.21亿元。人民币各项贷款余额33.42亿元,较年初上升2.8亿元,其中公司贷款21.91亿元,较年初上升2.2亿元,零售贷款11.51亿元,较年初新增0.6亿元。在2021年度中行江苏省分行组织的业务技能测试中,参测率、能手率和合格率三项100%。金誉支行网点获第20届总行级"青年文明号"称号、县五一劳动奖。

【资产业务】 突出资产业务的主导地位,优化信贷结构,按照省行战略新兴产业、绿色信贷投向指引,获批1亿元项目贷款,实现战略新兴、绿色信贷、民营投放、制造业中长期四项考核指标的新增。在普惠金融业务方面,开展普惠金融竞赛活动和年末收官专项竞赛活动,全员发动、全员出击、全力争抢市场份额,坚持批量拓客,普惠金融发展迅速。切实解决普惠金融不敢贷、不愿贷、不会贷、不能贷等难题。在上级行关于城市更新项目政策出台后,第一时间与客户对接,紧盯项目进度,获批盐城分行首笔县域城市更新项目,该项目是阜宁地区所有金融机构第一笔获批的城市更新项目,得到地方政府高度认可,全年获批2笔城市更新项目,金额合计8亿元,已投放1.5亿元,在手储备两笔,金额合计7亿元。

【负债业务】 抢抓核心业务,紧扣业务发展主旋律,突出负债业务的主流地位,不断调整经营策略,开展基础客户营销工作,存款业务实现稳定增长。储蓄存款全年围绕机构考核目标,从资源配置、过程管理、数据赋能等方面着力攻坚,持续推进重点负债产品销售,做好六类客群的精准营销,实现储蓄存款稳步提升。以负债业务为全行各项业务的重中之重,坚持主动负债及产品组合运用,强化重点客户维护晋级、基础客群代发深耕。存款强化各层级公私联动协同,通过优化负债业务结构、争揽大额资金、持续提升基础性存款占比等措施,扭转一度严重下滑的趋势,基本实现稳存增存的目标。

【内控运营】 贯彻上级行内控管理工作部署,细化落实内控案防工作方案,强化问题整改,突出风险防控,推进"全员、全程、全面"内控管理,始终坚持"做实""有效"原则,提升基层基础和三道防线内控履职能力,细化落实内控案防三道防线建设及内控措施各项要求,严控案件、重大风险事件、外部处罚、重大差错、问题总数等,提升员工合规意识和风控能力,进一步压实内控管理责任,深化合规氛围,推进各项内控案防工作的组织、检查、考核等有效开展,实施精细化管理,全面增强员工合规意识和风控能力,有效提升全行整体内控管理水平,在全辖内控管理考核中实现进位争先。授信业务方面,实施风险关口前移,对授信客户的准入开展事前评审制度,加大对不良的清收处置力度,使得整体资产质量稳步提升。确保全年无案件、无重大违事件、无外部处罚事件。

【队伍建设】 提高人力资源产出率,持续配合市行推进分层次、多梯队的"166"人才工程,为加强对优秀人才的培养,进一步制定计划,细化要求,强化落实,年末支行"166"人才库在库人员6人;开展"双引导"行动,通过挂职、牵头等多项措施,制定落实一人一计划,2名优秀青年党员分别纳入培养计划当中,其中1人已提拔聘任用为公司部门副主任,通过计划培养,推动优秀人才快速、健康成长;新聘网点负责人1人,将优秀青年员工加入到支行中层管理队伍中,加快培养使用年轻干部。

(王志强)

建设银行阜宁县支行

【存款业务】 2021年,建设银行阜宁支行一般性存款时点余额38.79亿元,比年初增长2亿元;日均余额39.36亿元,比年初增长3.27亿元;其中,对公存款余额14.66亿元,时点年新增1.04亿元,日均余额15.43亿元,日均年新增0.34亿元;个人存款时点余额达24亿,时点年新增2.56亿元,列系统第四位;日均新增2.92亿元,列系统第六位;时点、日均新增均列同业第三位,较2020年度提升一位;日均点均新增7320万元,列同业第一位;日均存款增长率13.94%,列同业第一位。时点和日均两项指标创新高、超历史、超同期。

【贷款业务突破发展】 各项贷款较年初净增1.5亿元,先后投放隐债置换贷款2.68亿元、安置贷1亿元、制造业贷款6000万元,其中赛得利制造业并购贷款1亿元为盐城分行并购业务历史首单。

【中收业务】 实现中间业务收入3601万,其中大公司中收3149万元,计划完成率109.38%,列系统第2位,个金中收计划完成率90.49%,列系统第5位,较2020年度提升1位。

【产品销售】 个人理财业务中,开放式理财、封闭式理财合计余额34386万元,年新增5892万元;日均余额38054万元,年新增9524万元。全面关系客户3556户，年新增989户。全年代销售基金4779万元，实现中收48.58万元。全年代销售各类保险2623万元，实现中收175万元。全年完成信用卡分期3467万元，其中：一般分期26.5万元，专项分期3440万元。手机银行月活客户数32149户，月活完成率93.19%。企业网银完成1564户。（李守伟）

邮储银行阜宁县支行

【个金业务】 2020年，邮储银行阜宁县支行存款余额为12.82亿元，金融总资产14.09亿元,年日均净增11337万元；保险全年新单保险3498万元。新增激活手机银行9401个，快捷绑卡净增10302户，邮惠付新增1106户；信用卡发卡4638张，激活2598张。

【零售信贷业务】 零售信贷年净增16312万元，其中经营贷净增5553万元；个人综合消费贷款净增负123万元；房贷净增10882万元。

【对公业务】 对公存款余额8.66亿元，年日均余额8.29亿元，年日均净增完成1.03亿元。年内新开户120户，机构户15户。

【小微企业贷款】 小企业贷款余额12074万元，本年年净增2154万元。

【票证业务】 票据贴现金额3.58亿元，累计完成收入235.04万元，收入指标为480万元。

【缴费平台】 完成缴费平台5户。

【逾期不良情况】 信贷总资产15.25亿元。其中不良资产987.54万元，较2019年末降101.41万元；不良率0.65%，较2019年末降降0.22%。

【清收情况】 收回不良贷款601.49万元，其中核销后收回188.3万元，存量不良收回413.19万元，新增不良收回43.91万元。（黄碧环）

江苏银行阜宁支行

【概况】 2021年，江苏银行阜宁支行辖下阜宁支行和新城支行均被评为江苏银行盐城分行2021年度“金牌网点”称号；阜宁支行被县文明办授予“敬老服务示范网点”称号，被中国金融工会江苏工作委员会授予“江苏金融系统工会先进集体”称号；新城支行被省银行业协会评为“2021年度江苏省银行业文明规范服务适老网点”称号。

【经济指标】 各项存款余额50.51亿元，其中对公存款29.95亿元、储蓄存款20.56亿元。各项贷款余额40.29亿元，其中全资本节约型口径小企业贷款2.83亿元、普惠贷款4.47元，个贷新增4089.35万元。储蓄日均存款新增2.4亿元，零售产品保有量较年初新增2.85亿元，个人金融资产较年初新增5.53亿元。

【文优服务】 严格按照总分行文优要求，加强对员工服务礼仪的培训，督促员工形成良好的服务习惯和服务意识，提高专业服务水平。在日常工作中，将专业化、人性化、贴心化的服务融入到工作中，践行“想客户所想，急客户所急”的服务宗旨，督导员工说好每一句话、办好每一笔业务、服务好每一个客户。

（李媛媛）

阜宁农商银行

【存款业务】 2020年末，阜宁农商银行各项存款余达186.02亿元，较年初净增26.73亿元，增幅16.78%。

【贷款业务】 各项贷款余额达138.02亿元，较年初净增19.6亿元，增幅16.55%。

【电子银行】 手机银行客户总量35.64万户，占比为52.43%，较年初增6个百分点，手机银行月活跃客户占比为20.84%。优质收单商户数4741户，较年初增加2702户，人均优质收单商户数9.84户，增幅123.6%，收单商户日均结算资金2070.36万元，较年初增长858.24万元，增幅70.80%。贷记卡收入达1345.48万元，较2019年同期增465.36万元，增幅52.8%，贷记卡新增有效发卡8525张。社保卡激活48.79万张，较年初增长8.69万张，激活率为59.92%，社保卡存款8.33亿元，较年初增长3.12亿元，增幅60%。

【资产质量】 不良贷款3.02亿元，不良率2.19%，较年初下降0.03个百分点。拨备覆盖率214.24%，资本充足率13.24%。大额贷款8.51亿元，占比9%，较年初下降0.05%。

【经营效益】 各项收入达8.99亿元，较同期增0.72亿元，各项营业支出7.53亿元，较同期增0.8亿元，营业利润1.46亿元，净利润1.27亿元，金融增加值3.81亿元。

【服务三农】 以阳光信贷授信签约为抓手，开展贷款授信签约有礼活动，通过电视、广播等渠道加大营销宣传力度，至年末，325个村居已全部完成白名单导入，导入有效白名单授信256138户，授信金额达242.12亿元。

【网点转型】 强化智能机具应用，至2020年末，STM累计办理业务超170万笔，占厅堂业务的49%，STM业务量占总业务量达35%，ATM业务量占总业务量30.13%，整体分流率达65.13%，STM非现金转化率85%，现金转化率91%。参与省联社测试STM存单功能,基本实现对网点的全覆盖，推广便携式STM运用，辖内28家网点全部配备了便携式机具，为外拓营销金融产品和服务提供了有力保障。（张　军）

阜宁民生村镇银行

【概况】 2021年，阜宁民生村镇银行股份有限公司坚持“支农支小”发展方向和“做小做微”经营策略，瞄准小微储蓄和小微贷款，设立金融联络人模式，突出领头人、能人、包工头、村组干部等人群的管理维护，及时获取在外人员返乡信息、开展营销活动。全行资产总额17.85亿元，各项存款余额14.67亿元，日均存款16.88亿元，各项贷款余额12.68亿元，日均贷款12.29亿元，全年实现净利润2046.65万元。

【荣誉表彰】 业务规模继续处于民生村镇银行系统第一方阵，监管评级保持二级。获村镇银行综合优胜奖、省级放心消费创建示范单位、全国百强村镇银行、村镇银行助力乡村振兴创新典范单位、监管部门授予的2021年年度新闻舆情工作先进单位称号。（王增辉）

常熟农商行阜宁支行

【概况】 2021年，常熟农村商业银行阜宁支行紧抓机遇稳发展、不忘初心助“三农”、主动作为控风险、深化改革促转型，提升普惠金融质效，全面助力乡村振兴。总存款日均余额92370.14万元，其中对公日均存款比2020年同期增长了6633.7万元，储蓄日均存款比2020年同期增长了4383.99万元。各项贷款余额114499.77万元。

【惠民公益】 为乡村振兴进一步提供金融服务支持，助力农村产业兴旺、美居乐业，加强走访农村企业、农户，切实将金融惠民服务落到实处。为持续加大对经济薄弱村的挂钩帮扶力度，不断发展壮大村级集体经济，作为后方单位，按时完成帮扶资金的筹措工作，提供了有力的资金上的支持。（孙红霞）

南京银行阜宁支行

【概况】 2020年，南京银行阜宁支行支持地方基础设施建设，推进普惠金融，多渠道满足小微企业资金需求，多层次满足居民金融服务需求，以“鑫火计划、淘金计划、鑫伙伴计划”扶持产品高附加值、技术尖端、管理精细的科技型企业成长，运用“鑫快捷、鑫联税、鑫采购”等小微标准化创新产品帮助小微企业降低融资成本。个人贷款品种多样，按揭贷款、你好e贷、信易贷等，手续简便，利率优惠，还款方式灵活方便，满足不同人群的资金需求，凭借资产管理优势，打造鑫梅花理财品牌，理财产品期限选择灵活，收益稳健。

【业务发展】 年末，总存款余额25.62亿元，公司贷款余额36.35亿元，其中表内贷款10.99亿元，表外融资25.36亿元；个贷余额2998万元。（胡慧）

人保财险阜宁支公司

【概况】 2021年，中国人民财产保险股份有限公司阜宁支公司保费收入14838万元,全险种直接赔款10845万元，,缴纳各项税费486万元，代收车船税552万元。

【业务发展】 全险种实现保费收入14838万元,其中:车险保费收入8036万元,团险保费收入1547万元，个险保费收入1040万元，农险保费收入4342万元。全险种累计亏损47万元。

【风险担当】 为昊宇风电等1739个法人单位、19721多位个人客户、54542辆车辆提供超过617亿元的风险保障。2021年公司全险种直接赔款10845万元，其中:车险直接赔款6482万元，非车非农直接赔款1834万元，农险直接赔款2530万元。全年支付单位/个人超百万赔款的大案4件，合计支付赔款719万元。

【服务乡村振兴】 持续做好农业保险服务工作，在原有已开办14个种植、养殖政策性保险的基础上，新开桃、苹果、梨政策性农业保险险种，并开展苗圃（县财政补贴）险种，农业保险险种达到了18个，惠及52553户/次农户，提升保险对农业生产的保障范围和保障水平。全年累计支付农险赔款2604.86万元。进一步做好与地方结对帮扶工作，为阜宁县经济薄弱村板湖镇沟北村的25户贫困家庭提供资金帮扶。开办普惠金融，为有资金需求的农业生产者提供融资保证，全年通过农保贷保险累计放款40万元。（孟森）

人寿阜宁支公司

【概况】 2021年，中国人寿保险股份有限公司阜宁支公司（简称中国人寿阜宁支公司）总保费达成39816.08万元，其中首年标保达成2832.44万元，首年期交达成6178.38万元，10年期及以上达成3203.96万元，大短险达成3148.45万元，综合金融代理财产险业务完成1420万元。

【政府协作】 独家承保全县老人险、妇联保险，其中老人险参保5万余人占老年人口比例33%，其中70岁以上人口覆盖100%。承接公安干警、民生三项等重要财政出资项目。（胥跃）

人寿财险阜宁县支公司

【概况】 2021年，中国人寿财产保险股份有限公司阜宁县支公司实现保费收入2022.54万元，年度实现利润3.53万元，保费占市场份额5.35%，赔款支出1320.08万元，综合赔付率77.33%，综合成本率99.63%。

【活动开展】 推进从严治党，发挥政治引领和政治保障作用。贯穿“提速增效”理念引领，实现年初既定的“转型发展，提速增效”目标。提升经营管理格局，以制度创新激发高质量发展内生动力。加强人才队伍建设，促进公司在高质量发展轨道行稳致远。增强合规经营理念，守住不发生重大风险的底线。（黄朝云）

旅游业

综　述

【概况】 阜宁县地处苏北里下河地区，是知名的淮剧之乡、杂技之乡、散文之乡、长寿之乡，素有“江淮乐地”之称。阜宁是著名的红色土地，抗日战争时期，中共中央华中局、新四军军部进驻阜宁18个月。2021年，阜宁县依托独具特色的生态旅游资源，围绕生态底色，打造独具特色的长三角地区生态旅游康养基地，有国家4A级景区1个、3A级景区5个，省四星级乡村旅游区1个、省三星级乡村旅游区3个，拥有79处红色遗存，形成集滨水娱乐、生态度假、民俗体验、果品采摘为一体的生态休闲旅游发展格局。中国阜宁桃花节入选2021中国节庆品牌100强；金沙湖景区获评市级生态旅游康养基地称号；桃花源生态经济区、七彩农业园创建成国家3A级旅游景区。全年接待游客192万人次，旅游总收入11.76亿元，文化游、夜间游、亲子游等业态发展迅猛。

2021年阜宁县旅游业基本情况一览表

表16

指标名称	单位	2021年	2020年
年末旅行社数	个	28	28
年末导游人数	人	65	65
国内旅游人数	万人次	192	154.30
#国庆节国内旅游人数	万人次	40	42.25
国内旅游收入	亿元	12	8.1
#国庆节国内旅游收入	万元	9585	9886
接待海外旅游者人次数(含一日游)	人次	105	890
外国人	人次	30	260
港、澳、台同胞	人次	75	630
接待海外旅游者人天数	人天	105	890
旅游外汇收入	万美元	1	3.5
星级饭店数	个	2	3
#三星饭店数	个	1	2
四星饭店数	个	1	1
五星饭店数	个		
星级饭店客房总数	间	245	226

【打造旅游品牌】 金沙湖旅游度假区突出浴场景区、七彩阜宁农业公园、湖滨酒店、喻口古镇核心项目建设，拥有全国最大的淡水沙滩浴场，苏北有影响力的室外滑雪场和温泉汤池，为国家4A级旅游景区、国家级水利风景区和省级旅游度假区，获江苏十大旅游避暑胜地、全国十佳生态旅游示范景区等称号，七彩阜宁农业公园创成国家3A级旅游景区，金沙湖旅游度假区11月获批市级生态旅游康养基地称号；马家荡湖荡湿地素有“苏北沙家浜”之称，流传着“马良独修金山寺、不用江南一锹土”的美丽传说；古黄河有着“黄河夺淮”“黄淮合流”的历史文化，堆上发展林果基地2000公顷，旅游公路2号线串联南北，桃花源生态经济区2020年度创成国家3A级旅游景区，有“苏北桃花源”的美誉。

【农旅融合游】 以七彩阜宁农业公园为龙头，穆沟村、蟠龙村等为支撑，将旅游与农业结合，发展科普研学游、湿地民俗游、果品采摘游等旅游业态，打造以农业景观游赏、农耕文化体验、农业科技展示为主要内容的特色园区。

【旅游文化节庆】 金沙湖沙雕艺术节、渔文化旅游节、古黄河桃花节、打春牛等传统旅游节庆活动，成为在全国具有较大影响力的文化旅游节庆。阜宁县立春“打春牛”作为盐城市唯一的民俗活动，入选江苏省“文化进万家——视频直播家乡年”重点民俗活动，提高阜宁的文化知名度和旅游影响力。策划四月踏春行、高铁游阜宁、寻味之旅等系列活动，金沙湖景区推出帐篷节、沙滩音乐节、冰雪嘉年华等主题活动，桃花源景区举办首届堆羊美食节，确保月月有活动、季季有精彩，先后被人民网、央视网、澎湃新闻等主流媒体报道。

【发展文化旅游业】 相继实施串场河文化风光带、文体中心、文化大剧院等文旅项目。加大铁军纪念馆、华中局第一次扩大会议旧址、新四军盐阜抗日阵亡将士纪念塔、停翅港新四军军部旧址等红色文化景点提升工作，着力实现以文兴产、以文促产发展模式。

【寻味阜宁品牌建设】 举办阜宁首届寻味之旅、金沙湖夜宴、灯光秀等活动，并整合阜宁农旅特色商品，制作《阜宁大糕》《益林酱油》《硕集卜页》《马荡青蟹》等寻味阜宁系列专题短视频，单条视频点击量超10万+，其中阜宁文旅抖音号推出的“中秋国庆双节宣传推介”“寻味阜宁·为你而来”两条短视频共获300多万点击量。

【旅游推介】 为加大在上海乃至长三角地区品牌影响力，县文广旅局创新策划“沪动游阜宁”“高铁品牌专列首发仪式”等活动，并举办“高铁游阜宁”主题推广月活动，先后在苏州、海安、南通、连云港、淮安、上海、南京等沿线节点城市举办专题旅游推介会和系列广场、社区推介活动，提升阜宁旅游知名度。开通上海—阜宁旅游直通车，确保每周至少发车2班次以上。通过持续举办四月踏春行、十月金秋行、金沙湖·夜荷、桃花节、农民丰收节等活动，推进文化游、夜间游、亲子游等业态发展，县文旅局牵头策划“四月踏春行”活动先后登上央视新闻和人民网等媒体。持续加大线上、线下媒体宣传力度，基本实现上海地铁站、沪通高铁品牌专列、盐城市区公交站牌、户外大屏、电台口播广告等全覆盖，做好阜宁文旅微信、抖音公众号等线上新媒体营销，打造“寻味阜宁·遇见美好”旅游名片。阜宁文旅抖音号推出的“中秋国庆双节宣传推介”“寻味阜宁·遇见美好”两条短视频共获得300多万点击量和2万多个点赞。

2021年4月20日，阜宁县举行“多彩多情·赴约阜宁”高铁品牌专列首发仪式。 县文广旅局/供

旅游资源

【概况】 2021年，阜宁县有2A级以上旅游景区7个，分别是国家4A级旅游景区有金沙湖旅游度假区，国家3A级旅游景区有七彩阜宁国家农业公园景区、铁军纪念馆、马家荡旅游景区、桃花源生态经济区、庙湾古城景区以及盘龙古寺。各大景区在阜宁遥相呼应，看似一幅画，听如一首歌，风情婉约、景色宜人。

【金沙湖旅游度假区】 金沙湖旅游度假区，是国家4A级旅游景区、国家水利风景区、省级旅游度假区、省级生态旅游示范区，位于阜宁县城南端，总面积22.61平方千米，其中核心区8.09平方千米。湖水清澈，黄沙细腻，地热充裕，是我国东部地区具有垄断性的旅游资源。景区内建有中国最大的淡水沙滩浴场、全国唯一的一座沙制滑雪场、长三角地区最大的沙雕艺术园、江苏最大的冰雪梦幻王国等，利用沙水资源开发沙滩足球、沙滩排球、沙画表演、沙滩摩托车、电动船、龙舟、皮划艇等娱乐项目，吸引诸多长三角地区以及国外的游客观光游玩。

【七彩阜宁国家农业公园景区】 “七彩阜宁”国家农业公园，是国家3A级旅游景区、全国休闲农业和乡村旅游五星级示范园、江苏省四星级乡村旅游区，位于县城南新区，占地303公顷，由大地风景规划科学研究所规划设计，立足于阜宁的江淮农耕文明与阜宁乡土文化。景区设有开心农场、爱恋桃花源、杏花溪、桃林小岛、农田彩画、油麦彩画、稻田彩画、童趣牧场等。

【桃花源生态经济区】 桃花源生态经济区，是国家3A级旅游景区、省三星级乡村旅游区，位于羊寨镇329省道南侧，地势高亢，田园秀美，是游客踏青采摘、野趣美食、乡野观光、乡村度假、乡俗体验的乐园。主产葡萄、苹果、油桃，以万亩桃园和一年一度的“古黄河之春桃花节”打造以花为媒式赏花踏青。以生态农家特色为亮点，让游客品尝黄河故道边的生态农家饭菜、黄河野味。

【马家荡旅游景区】 马家荡旅游景区，是国家3A级旅游景区，地处江淮生态走廊北端，阜宁西南边陲，为古射阳湖的一部分。景区沟河纵横，荡滩连片，水清见底，风光秀丽，物产富饶，素有“八八六十四荡，马家荡是首荡”之称，更有“马良独修金山寺，不用江南一锹土”的佳话。盛产鱼、虾、蟹，是家禽饲养的天然好场所，适宜生长菱藕、茨菇、河蚌育珠。马家荡自然村落形似水中卧龟，景区内可游览千年古寺、马良乐园、湖上索道、水上游艇等，集旅游、观光、度假、疗养于一身。

【庙湾古城景区】 庙湾古城景区，是国家3A级旅游景区，位于县城射阳河北岸，由庙湾古城、兴国古寺和射河外滩等核心部分组成。起初是为防倭寇入侵骚扰，保地方安宁而建。景区古城采用明清时期徽派建筑风格，融入江南园林建筑形式，是阜宁历史文化的缩影，有江淮文化第一城之称，已成为阜宁重要的文化标志。古城中的兴国寺是阜宁城最古老的庙宇。

【铁军纪念馆】 铁军纪念馆，是国家3A级旅游景区，占地面积11公顷，由铁军纪念馆、牌楼、烈士纪念塔、英名墙、凉亭、曲桥、长廊等节点组成。整体为四合院式的古典园林型建筑，建筑面积1000平方米，布馆面积603平方米，内设红色丰碑、铁军风采、英烈永生、精彩阜宁5个展厅，厅内声、光、电并用，雕塑、图片、实物、绘画兼备，全方位、多角度展示阜宁人民革命斗争史，已成为阜宁红色旅游的重要景点。

【盘龙古寺】 盘龙古寺，是国家3A级旅游景区，始建于明朝万历二十六年（1598年），原名盘龙庵，为莲宗八祖道场，后被毁。2003年，经阜宁县人民政府批准在原址复建，占地4.67公顷（近70亩），建有天王殿、文殊殿、普贤殿、大雄宝殿、三圣殿藏经楼、古药师殿、玉财神殿等。其中寺内高48米的汉白玉舍利宝塔被称为东南亚第一巨塔。已形成集观光、休闲、朝拜于一体的古寺庙景区。

2021年8月，庙湾古城　　县摄影家协会/供

乡村旅游

【概况】 以乡村振兴为抓手，初步形成以七彩阜宁农业公园为核心，集阜城十里风光带、三灶北郊生态园、马家荡穆沟村、羊寨镇外口村为一体的环城特色农旅融合区，推出系列以农业景观游赏、农耕文化体验、农业科技展示为主要内容的休闲研学项目。结合盐城市旅游公路2号线建设，强化精品农旅项目建设。

【七彩玫瑰园】 七彩阜宁农业公园内新建七彩玫瑰园项目，主要建设以玫瑰花种植、观赏、科普、销售等为主，产学研一体化，玫瑰工坊可体验玫瑰花精油、玫瑰花茶等系列文创产品生产销售。

【穆沟古村】 穆沟古村位于益林镇马家荡居委会，占地面积9.2公顷（约138亩），规划建筑面积4600平方米，一期工程建有游客服务中心、非遗一条街、特色民宿区和村容村貌景观提升等项目，打造具有苏北水乡特色的民俗体验区，彰显江淮乐地古村落的文化品位。

【蟠龙旅游驿站】 蟠龙旅游驿站主要包含新型社区建设、手工艺馆、旅游驿站、湖荡湿地生活馆及游客服务中心、景观小品等节点。其中湖荡湿地生活馆内设立有湿地动植物展厅、荡鲜美食、地方土特色产销售、蟠龙大礼堂、水乡民宿、非遗手工体验等项目，已成为新晋网红打卡地。

【羊寨镇外口村】 羊寨镇外口村依托黄河故道综合提升项目，重点加强外口特色田园乡村村容村貌综合提升，并打造金牛嘴河塘、桑陌人家等景观。

湿地旅游

【概况】 阜宁境内，射阳河、通榆运河、苏北灌溉总渠、淮河入海水道交汇融合，金沙湖、马家荡生态湿地、古黄河自然景观富有特色。

【金沙湖旅游度假区】 位于县城南部，早在新石器时期就有人类繁衍生息，是江淮文明的重要发祥地之一。含有多种微量元素与活性离子的温泉，是周边地区最好的医药理疗温泉。境内物种资源丰富，有獐、刺猬、锦鸡、白鹭等40多种野生动物和芦苇、芡实、荷藕等30多种植物。淡水沙滩浴场景区建有淡水沙滩浴场、沙雕艺术园、沙画中心、欢乐滑沙场、彩虹滑道、金沙湖滑雪场、沙滩摩托车、画舫游湖等项目。

【马家荡旅游景区】 地处江淮生态走廊北端，益林镇境内，为古射阳湖的一部分。与三市（盐城、淮安、扬州）四县（阜宁、建湖、涟水、宝应）接壤，是苏北里下河地区一片广阔的水乡沼泽之地。沟河纵横，荡滩连片，水清见底，鱼虾竞游，风光秀丽，物产富饶，自古以来就有“八八六十四荡，马家荡是首荡”之美称，马家荡大青蟹更是历史悠久、远近闻名，获江苏省无公害产品，2019年获批国家地理标志商标。

【串场河生态景观廊道】 串场河阜宁段南起沟墩镇大唐村，北至庙湾与射阳河合流，全长22.5千米。2021年，阜宁县将串场河整治列入政府为民办实事项目，致力打造“水清、河畅、岸绿、景美、文兴”的生态廊道。围绕彰显串场河“北码头”的阜宁记忆，重点建设“一廊两段八场”景观，“一廊”就是把全域打造成集生态修复、绿道休闲、滨水田园的串场河蓝绿廊。“两段”为城镇活力段、田园风光段。“八场”包含盐运湾、芳林洲、戏沙岸、悠然庄、意趣林、渔苇荡、醉田园、水乡镇8个重要景观节点。挖掘串场河和西侧河堤——范公堤的盐文化、码头文化、漕运文化、民俗文化，着力把串场河阜宁段打造成承载文化记忆、彰显生态特色的美丽阜宁标识。

红色旅游

【概况】 阜宁是革命老区，是全国闻名的红色土地。抗日战争时期，中共中央华中局、新四军军部移驻阜宁18个月。新四军军部旧址、中共中央华中局第一次扩大会议旧址等79处红色遗存铭刻着阜宁的红色记忆。其中，盐阜区抗日阵亡将士纪念塔2019年入选国家级文物保护单位名录，中共中央华中局第一次扩大会议旧址和铁军纪念馆入选2021年全省20条“永远跟党走”红色旅游线路。

【红色记忆游】 线路是：铁军纪念馆—华中局第一次扩大会议旧址—盐阜区抗日阵亡将士纪念塔—停翅港新四军军部旧址

旅游线路

【概况】 2021年，阜宁县有专门的旅游线路5条，分别是生态休闲游、红色记忆游、文化风情游、乡村民俗游、廉政文化游。

【生态休闲游】 金沙湖旅游度假区（畅游万顷金沙碧水，体验激情滑沙滑草，欣赏惊艳沙雕沙画）—七彩阜宁农业公园（体验江淮农耕民俗、亲子乐游）—桃花源生态经济区（漫步氧吧，观千亩果园，参与果品采摘）—马家荡旅游景区（观十里荷塘，逛流动古镇、听马良传说、品马荡青蟹）

【文化风情游】 盘龙古寺（千年古刹，礼拜大偏）—喻口古镇（漫步燕子街头，步入喻口人家）—庙湾古城景区（参观真武庙堂，聆听淮剧名段，夜赏射河美景）—铁军纪念馆（重温峥嵘岁月）

【乡村民俗游】 桃花源生态经济区（赏花踏青、果品采摘、民俗体验）—晓光村乡村旅游区（畅游竹海，体验挖笋野趣）—马家荡旅游景区（泛舟荷塘、采莲戏水、品美味水产）；

【廉政文化游】 华中局第一次扩大会议旧址—庙湾古城景区—陈良镇新涂村—七彩阜宁农业公园—喻口古镇—金沙湖旅游度假区

旅游设施建设

【旅游公路建设】 顺应自驾游、体验游等新趋势，结合盐城市美丽乡村旅游公路建设，阜宁县优化提升，打造全长69.2千米的旅游公路2号线，沿线种植中山杉、樱花、海棠、红枫等景观绿化，马家荡段新建稻梦空间、希望驿站、芦荡荻歌等6个景观节点，以“彩色路+旅游”的模式串联马家荡、桃花源等景观资源。2021年初在全县国道干道、高铁站等主要出入口，新增旅游交通标识牌68块。开通多条旅游专线覆盖高铁站、重点景区等游客集聚区，基本解决全域景区最后1千米问题。

【优化旅游要素】 全县有现有三星级以上旅游饭店3家，湖滨酒店等景区周边高档酒店5家。推进厕所革命，全县新（改）建A级以上厕所54座，其中A级以上旅游厕所48座，主要景区厕所全部达到A级以上标准。加大旅游商品开发力度，阜宁大糕、马家荡水产品、“生态三宝”等特色产品的品牌效应不断放大。九如大糕进入东航和京沪高速江苏段服务区。

旅游市场管理

【疫情防控】 2021年，疫情防控工作贯穿全年，全县所有旅行社、星级宾馆疫情防控和复工复产工，以预防为主，抓实体温检测、出示苏康码、戴口罩、定期消毒4个环节。做好旅游行社、星级酒店从业人员疫苗接种、核酸检测、疫情防控工作。复工复产工作以引导为主，地为旅游企业争取政策和奖金支持。全年疫情检查32次，参与人次73人，检查旅游企业250多家次，检查和整改问题30多个。

【旅游市场检查】 对星级宾馆主要检查电梯的定期检修情况，对旅行社重点检查旅游包车的使用情况，专门召开旅游安全工作会议、旅游大巴整治会议，要求用符合手续的旅游专用大巴，用车实行报备制度，2次联合交运局对旅游包车进行专项督查，没有发现违规现象。

【旅游市场督查】 结合省、市、县的工作要求，开展消防、旅游大巴、特种设备、疫情防控等专项督查工作。全年开展安全检查130余次。全年安全工作零事故。

（吴界和）

综　述

【概况】 2021年，阜宁县有经营房地产开发企业47家，其中一级资质2家，分别是盐城市广源房地产开发有限公司、江苏德惠建设集团有限公司；二级资质（含暂定二级）42家；叁级资质（含暂定三级）3家。建设房地产开发小区有美麟·常青藤、观澜名邸、绿水印象、铂悦府、天鹅丽都、冠城·雍景、悦珑府、双熙名邸、文澜府、中南·春澜云苑、久悦城等项目，全年新开工面积139.64万平方米，完成工程竣工备案面积98.37万平方米，接转下年开发面积83.9万平方米。

【房地产市场监管】 2021年，办理各类商品房合同备案6134件；新建商品房预售资金监管累计入账10.81亿元、支出6.42亿元，预售资金监管账户余额4.39亿元；存量房合同网签备案3302份；存量房资金监管（托管）金额约260万元；出具房屋登记信息查询证明13692份；整理归集档案3926余份；审核建立楼盘表68幢；合同备案管理面积41.9万平方米，其中：住宅37.37万平方米，非住宅4.53万平方米；预查解封986件；维修资金征收逾2.65亿元。加强房地产市场销售监管及中介机构督查管理工作，全年不定期开展双随机检查，发放整改通知100余份，约谈企业10余家，通报处理2家。

【棚户区改造】 根据年度棚户区改造工作计划，2021年已完成宏人商品城周边地块、洲业汽车城北地块、原化机厂等等地块3079户26.26万平方米的房屋征收搬迁工作；芳林南苑安置楼开工建设，大桥新村、天津路西、宏人商品城、洲业汽车城安置楼建设做好开工前期准备工作。

物业管理

【概况】 2021年，全县有物业管理小区128个，其中市场化管理小区61个、县物业总公司托管小区67个，物业服务企业45个。

【物业信息公示】 按照应示尽示、全面覆盖的基本原则，将物业服务收费基本情况、小区共用资产及收益情况、小区专项维修资金使用情况、小区设施设备维护情况、小区自治组织运行情况进行全面公开公示。县城128家小区物业服务收费信息公示已实现全覆盖。

【物业整治】 对小区公开公示工作开展落实情况、小区管理区域内摊晒农作物整治工作开展情况、飞线充电、小区电动车违规停放、堵塞消防通道等安全管理工作开展情况进行整治与规范。对部分小区开展标准化要求活动。加强公共停车场规划建设，落实建筑物配建停车位有关标准要求，加强自行车和电动车智能集中充电点建设等基础保障，推进消防车通道智能化管理。健全住宅小区物业服务全覆盖监督考核体系，加大物业诚信企业褒奖和失信企业惩戒力度。

【纠纷调解】 调解物业矛盾纠纷，集中统一登记及时处理化解各类信访投诉，全年处理投诉件1200余件。规范维修资金使用，涉及应急维修时，聘请专业的监理公司对工程的实施进行有效监督。 （李　广）

2021年7月10日，县领导检查明达公寓的物业整治工作。
县融媒体中心/供

综　述

【概况】 2021年，阜宁县接续打造“四张名片”（全国新能源产业集聚区、全国新时代文明实践引领区、淮河生态经济先行区、苏北改善农民住房条件样板区），着力建设长三角中心区新兴工贸城市，推进城市有机更新，改造整治老旧小区12个、背街小巷及低洼易涝片区16处，铺设燃气主管网9.4千米，新建新能源电动汽车充电桩100个，完成公厕改造、遮阳棚建设、后街小巷路灯提升等任务。整治黑臭水体6条，建设生态河道11条，完成河道沿河“两违三乱”整治、城河路雨污分流主管网建设、新阜坎河清淤疏浚等工作，新城水厂建成通水。开展乡村建设行动，组织实施农村人居环境整治行动，完成农房改善6113户，建设新型农村社区7个，穆沟新型农村社区获评省级农房改善示范创建项目，成功创建板湖镇孔荡村等省、市特色田园乡村4个，美丽宜居乡村建成率100%。

2021年阜宁县城市建设情况一览表

表17

项　目	单位	2021年	项　目	单位	2021年
一、城区人口	万人	30.31	五、园林绿化		
二、城市面积	平方千米	54.6	绿化覆盖面积	公顷	3560.06
#建成区面积	平方千米	49.0	#建成区	公顷	2009.06
#居住用地面积	平方千米	14.52	绿地面积	公顷	2988.1
三、道路长度	千米	239.57	#建成区	公顷	1910.1
道路面积	万平方米	529.92	公园绿地面积	公顷	525.46
#人行道面积	万平方米	160.3	公园个数	个	17
四、排水和污水处理情况			公园面积	公顷	249.46
污水排放量	万立方米	2480	建成区绿化覆盖率	%	42.84
排水管道长度	千米	594	六、供气总量(人工煤气、天然气)	万立方米	3171
#污水管道	千米	327	#家庭用量	万立方米	1406
污水处理厂数量	座	2	用气人口	万人	15.2
处理能力	万立方米/日	8	液化石油气供气总量	吨	11000
污水处理处理量	万立方米	2390	#家庭用量	吨	6900
污水处理率	%	96.4	用液化气人口	万人	14.83

2021年阜宁县城乡建设重大项目一览表

表18

序号	项目类型	项目名称	建设内容及规模	建设起止年限	计划总投资（万元）
1	市政工程	南京路北延	北起射河南路，南至澳门路，全长0.22千米	2020—2021	750
2	市政工程	射河南路东延	西起天津路串场河桥（射河南路下穿段）设计全长0.34千米，红线宽14.5米	2020—2021	400
3	市政工程	串场河治理工程	实施射阳河至204国道、沟墩集镇段景观建设工程，完成河道疏浚、绿化、防洪调整和农村新型社区建设	2020—2022	60000

续表

序号	项目类型	项目名称	建设内容及规模	建设起止年限	计划总投资（万元）
4	污水处理工程	污水处理设施全运行（村庄）	新建97个行政村农村生活污水治理设施	2021	18000
5	污水处理工程	城镇污水处理提质增效建设	黑臭水体整治、雨污分流、污水管网建设检测修复等工作	2021	15000
6	老旧小区改造工程	老旧小区改造提升	明达公寓，胜利花苑，碧水明苑等11个老旧小区和邮局宿舍，供电局东宿舍等32处零散楼栋进行改造提升	2021	21860
7	绿化工程	游园绿化工程	厦门路东侧与香港路南侧交叉口游园绿化工程	2021	65.1191
8	绿化工程	射河风光带三期绿化工程	射河风光带三期绿化工程	2021	33.996
9	绿化工程	香港路林荫路绿化工程	香港路林荫路绿化工程	2021	15.399
10	绿化工程	维修工程	公共绿地园林附属设施零星维修工程	2021	398.5762
11	绿化工程	上海路绿化亮化工程	上海路绿化亮化工程	2021	294.5

【镇村建设】 2021年，阜宁县完成市下达的4500户农民住房条件改善任务，创成1个省级特色田园乡村（板湖镇孔荡村大爱）、3个市级特色田园乡村（羊寨镇外口村、益林镇角巷新型农村社区、板湖镇戚桥新型农村社区）；陈良镇陈良中心村新型农村社区、益林镇穆沟新型农村社区获评市农房改善优秀示范项目，益林镇穆沟新型农村社区获评江苏省农房改善示范创建项目。对照省级特色田园乡村和市农房改善2.0版要求，推进益林镇穆沟村庄改造和蟠龙新型农村社区改造提升项目。

【住房保障】 2021年，省、市下达阜宁县棚改征迁5277户、新开工棚改安置房2250套、住房租赁补贴200户的目标任务。县住建局房产服务中心贯彻落实国家和省棚户区改造等住房保障政策，全年完成棚改征迁5290户、棚改新开工2301套。争取国家和省等上级专项补助资金1595万元，资金均已下达到县财政专户，专项用于阜宁县棚户区改造及安置住房等保障性安居工程建设。完成2021年度住房保障准入标准动态调整工作，进一步降低住房保障准入门槛。加大对新市民、青年人，特别是基本公共服务行业住房困难群体的支持力度，稳步扩大住房保障覆盖面。全年受理经济适用住房、公共租赁住房、租赁补贴等各类住房保障对象申请资料46户。完成住房租赁补贴发放289户，发放金额102.93万元。进一步加强保障房动态复核及退出管理，经适房对象中，有71户按市场价补缴了差价、2户退出购买的经适房；通过年审续签公（廉）租房合同55户，4户按规定退出承租的公租房。根据部、省对政府投资公租房分配入住要求，将全县的公（廉）租房房源、配租对象等信息数据录入全国公租房信息系统。

【直管公房管理】 做好直管公房、廉租房、公租房运营管理，及时足额收取租金并缴存县财政专户，全年收取直管公房、公租房、廉租房租金135.51万元。

城市建设

【燃气配套】 加快燃气管网配套建设，铺设主管网9.2545千米，配套居民7747户。全县天然气供气总量3345万立方米其中家庭用量1364万立方米。全县天然气用气人口21万人。全县液化石油气供气总量13707吨，其中家庭用量10919吨，用液化气人口14.83万人。

【园林绿化】 2021年，县城新建改造口袋公园15个，新增、改造绿地面积45.6万平方米。至年底，建成区绿地面积1910.1公顷，建成区绿地率40.73%，建成区绿化覆盖面积2009.06公顷，建成区绿化覆盖率42.84%，公园绿地面积城区525.46公顷，人均公园绿地17.5平方米。

【背街小巷改造】 2021年，完成府右街、城西居委会四组巷道等12条背街小巷。

【污水处理设施建设】 县城有城市污水处理厂2座，日处理规模7万吨；污水主管网149.84千米、污水泵站13座，达标区完成比例约31.3%，污水集中收集处理率55.4%，污水处理厂平均进水浓度（BOD5）96.7毫克/升，“333”行动工作稳步有序推进。有4座建制镇污水处理厂，日处理规模1.33万吨。农村有331个行政村、2422个自然村，行政村已完成污水处理设施全覆盖，自然村污水处理设施覆盖率47%，总计完成污水管网810千米、污水泵站54座、微动力污水处理设施187座，完成投资约5.3亿元。

【县城黑臭水体整治】 根据《城市黑臭水体整治工作指南》，结合县城排水体制、排水设施现状以及河道水系分布等实际情况，编制县城黑臭水体整治“一河一策”实施方案，2021年完成沿岗河、川里河、驿马河、老阜坎河、新阜坎河、城河6条黑臭水体治理，在2021年底前完成10条黑臭水体整治工作。2022年1—3月底，结合问卷调查和水质检测方式，开展“初见成效”效果评估，10条黑臭水体的问卷满意度均超过90%，水质检测结果均已满足非黑臭标准。

城市规划

【概况】 2021年，县自然资源和规划局履行部门职责，协同各镇区（街道、社区）和县各相关部门，加快推进全县国土空间总体规划编制工作，科学确定城市定位、发展目标、空间布局和实现路径，统筹划定生态保护红线、永久基本农田及城镇开发边界，合理布局生态、生产、生活空间，坚持一张蓝图绘到底，切实发挥国土空间规划的引领作用，为“十四五”规划落地实施提供空间保障。

【规划编制】 2021年，阜宁县国土空间总体规划编制工作初见成效。按照部省、市相关工作要求，县自然资源和规划局高质量完成双评价双评估、规划基期数据转换、年度城市体检等多项专题研究工作，初步划定生态保护红线、基本农田保护线、城镇开发边界“三条控制线”，完成全县生态空间管控区域调整工作，初步确定国土空间开发保护的总体格局，形成本轮国土空间总体规划的初步成果。

【规划审批】 2021年，县自然资源和规划局贯彻落实国家省、市、县改革部署要求，按照工程建设项目“四即”服务要求，推进“提前介入服务+信用承诺制审批”，全面实现工业项目“拿地即开工”。全年窗口办理各类行政许可服务事项1322件，其中：核发建设用地规划许可证110本；乡村建设规划许可证154本；建设工程规划许可证304本；建设工程规划核实合格书63本；土地竣工验收合格书94本；帮助企事业单位不动产补充办证现场核查96次；开展规划方案前期介入服务、规划核实验收现场踏勘316次；工业项目规划方案审查72件；建设项目用地预审与选址意见书17本。帮助阜宁中心等富建集团名下的7个历史小区落实化解措施，解决近万户购房群众的办证难的问题。“放管服”改革工作在全市自然资源和规划系统名列前茅。10月份，全市自然资源和规划系统行政许可服务工作现场会在阜宁召开。行政许可窗口全年被行业主流媒体采用新闻宣传稿件8篇。10月27日以《江苏阜宁局：提升服务“软实力”构筑发展“硬支撑”》为题，分别在《中国自然资源报》、i自然、“学习强国”平台，对县自然资源和规划局的优化营商环境工作给予了深度报道。

【县国土空间规划近期实施方案】 2021年，根据《江苏省自然资源厅关于加强近期国土空间规划实施方案管理的通知》等文件要求，县自然资源和规划局组织编制完成阜宁县国土空间规划近期实施方案，并获省政府批准。 （柏明华）

乡村振兴

【概况】 2021年，阜宁县严格按照中央和省市统一部署和要求，加强低收入农户监测和帮扶，持续保持帮扶政策总体稳定，开展富民强村帮促行动，着力构建低收入农户增收和经济薄弱村发展长效机制，巩固拓展脱贫致富奔小康成果，接续推进乡村全面振兴，促进实现共同富裕。

【巩固脱贫攻坚成果】 按照市委办、市政府办《关于开展富民强村帮促行动接续推进乡村全面振兴的实施意见》要求，及时召开会议，传达贯彻市相关文件精神，研究出台《阜宁县开展富民强村帮促行动接续推进乡村全面振兴的实施意见》，参照市里分工方案，严格落实各相关部门责任，加强政策优化，实施与乡村振兴有效衔接。县出台一系列文件，将乡村振兴纳入年终综合考核，实行严格考核，确保相关工作落实到位。

【农村低收入人口监测】 以社会保障体系为基础，对农村低收入人口开展动态监测，加强乡村振兴、卫健、医保、住建、教育、民政等部门数据比对和信息共享，完善基层主动发现机制，做到早发现、早帮促。每季度，对低收入人口家庭收支情况进行测算，先后对全县3.2万建档立卡农户7.4万低收入人口、72户边缘户182个边缘人口进行收入测算，对因病、因灾等原因影响没有达到序时收入进度的农户，督促镇村及时落实有效的针对性帮促措施。7月，对全县农户住房安全情况进行排查摸底，对存疑的125户全部移交住建部门核实解决。8月，开展精准帮促工作，确保不发生规模性返贫现象；10月，对全县建档立卡低收入劳动力务工就业情况进行逐户排查，全县低收入劳动力务工就业9180人，按照县内、县外省内、省外三种类型分别给予每人300—700元的交通和生活补助，累计发放补贴412万元。出台《阜宁县“十四五”期间小额信贷实施意见》，确保脱贫人口小额贷款政策平稳过渡，精准满足脱贫人口信贷需求，将边缘易致贫户纳入帮扶范围，控制信贷风险。全年向脱贫人口发放小额信贷470笔、1701.50万元，其中：种植类有259笔，金额899.45万元；养殖类有189笔，金额788.05万元；货运类（购拖拉机）有5笔，金额19万元；粮食加工类有2笔，金额7万元。

【优化调整帮促政策】 2021年，严格按照“四个不摘”要求，督促“三保障”等相关部门，对“十三五”采取的帮扶政策保持总体稳定，适时加以分类优化调整，确保真脱贫、稳得住、能致富。继续实施基本医疗保险资助参保、大病保险倾斜支付、医疗救助等医疗保障政策，优化完善大病专项救治、先诊疗后付费、家庭医生签约服务和年度健康体检等健康帮促政策，全额资助参加城乡居民基本医疗保险人员82976人，其中建档立卡低收入人口70827人、低保14136人、特困供养5804人、60年代精简退职职工271人、困境儿童135人、重点优抚对象2819人、孤儿26人、特困职工4人、重点残疾8231人。建档立卡低收入人口县内定点医疗机构治疗300332人次，医疗总费用13436.57万元，医保补偿7390.79万元，医疗救助3170.55万元，个人自付2875.23万元。县医疗保障局发放调查问卷300份，知晓度和满意度均为100%。健全控辍保学机制，继续实施家庭困难学生教育资助政策，建立农村家庭经济困难学生精准资助体系。全年学前教育资助困难儿童2727人、272.65万元，义务教育资助困难学生11012人、1313.45万元；高中教育资助困难学生2107人、421.4万元，高中免学费839人、134.16万元，中职资助困难学生518人、103.5万元，中职免学费4849人、1066.67万元，政府提标资助225人、17万元，社会力量资助困难学生3080人、395.5万元，“圆梦助学”资助15人、7.5万元，贫困大学生新生一次性补助83人、24.9万元，生源地信用助学贷款459人、390.9万元。继续实施农村农房改善，逐步建立农村低收入人口住房安全保障长效机制，继续实施农村农房改善，逐步建立农村低收入人口住房安全保障长效机制，全县改善任务4500户，实际改善6113户，其中进新型农村社区930户、进城入镇4906户、规划发展村庄原址翻建新建277户。建成美丽宜居乡村126个、省级特色田园乡村5个。

【农村低收入人口认定】 县乡村振兴部门与民政部门配合，制定工作方案，出台《关于全面开展低收入人口认定和动态监测工作的通知》，做好农村低保对象、特困供养、家庭人均年纯收入高于低保标准且低于低保标准1.5倍的低保边缘户，以及家庭人均年收入低于阜宁县2020年度居民人均可支配收入，扣减医疗、教育、残疾康复或因灾因意外事故等刚性支出后低于年低保标准的支出型困难家庭等四种类型低收入人口认定工作，重点对原建档立卡人口、边缘易致贫人口进行信息比对，将符合认定条件的纳入到农村低收入人口中，确保应纳尽纳，初步认定15596户23626人。

【探索建立精准防贫长效机制】 为切实增强农村低保对象、特困供养对象、低保边缘家庭和支出型困难家庭抵御风险能力，阜宁县积极探索实施政策外防贫保险模式，制定全县防贫基金工作实施方案，筹集防贫基金330万元，设立因病防贫保险、因学防贫保险、意外伤害防贫保险和家庭生产经营保险四个险种，对低收入人口及时提供救助，真正构建精准防贫长效机制，进一步巩固拓展脱贫攻坚成果。做好小额贷款、光伏扶贫、消费帮扶、资产受益帮促等工作，带动低收入农户受益增收。

【开展富民强村帮促行动】 根据省、市统一决策部署，研究制定《阜宁县开展富民强村帮促行动接续推进乡村全面振兴的实施意见》，在省里确定帮扶阜宁县30个重点薄弱村、市领导挂钩11个村、市委帮促工作队帮促25个薄弱村的基础上，选派110个单位、抽调66名工作队员，组成16支县委富民强村帮促工作队，对34个经济薄弱村开展帮促行动，选派“第一书记”到经济薄弱村。各镇区（街道、社区）对其他村级集体经营性收入低于30万元的188个村选派“第一书记”，实现村集体经营性收入30万元以下经济薄弱村派驻“第一书记”全覆盖，动员社会力量参与乡村振兴，坚持专项、行业和社会帮促互为支撑的大帮促格局，整合各类资源，优化配置。

【扶持发展村级集体经济增收项目】 抢抓市、县派驻帮促工作队机遇，发挥政策、资金、信息和人脉资源作用，为村级集体经济发展提供动力。整合各级财政专项资金和社会帮促资金，发展壮大村集体经济。出台《阜宁县发展壮大村级集体经济三年行动计划（2021—2023）》，建立全县发展村集体经济工作推进机制，逐村过堂督查村级增收项目实施情况、增收收入按预期序时到账情况，实行一月一过堂、一月一通报，制定时间表，强势组织推进，确保所有经济薄弱村集体经营性收入达22万元以上，力争经济强村达50个以上，全面完成年度村集体增收目标任务。2021年，中央及省、市、县投入资金5501.43万元，实施产业、物业项目98个，扶持村集体发展，帮助村拓宽增收渠道。根据过堂测算结果，328个涉农村集体经营性收入12328.93万元，村平37.59万元。328个涉农村均已达到22万元以上，114个村达到30万元以上。

【挖掘村级资产资源】 重抓清产核资，加大村级资产清查，加快农村产权制度改革和完善，确保村级资产保值增值。重抓产权交易和“三资”监督管理，积极探索股份合作、标准厂房、门市房等村集体发展的有效路径。制定村集体经济增收项目，立足农村土地做文章，加快土地流转，在提升村级组织服务功能的同时获得一定村级服务收入。发展光伏电站、为农服务合作社、闲置资产资源发包等自主经营可持续增收项目。

【制定渠北片区“十四五”帮促规划】 组织动员发改、交运、水务、农业农村等20个部门系统，开展调查研究，进行研讨论证，排查帮促项目，与省、市沟通衔接，征求基层意见，科学制定《阜宁县灌溉总渠以北片区“十四五”帮促项目规划》，编排产业发展、基础设施、民生实事等各类项目133个，计划总投资2.98亿元，其中2021年计划实施项目23个，总投入1.07亿元，该计划争取到省级以上资金2180万元。

【片区联席会议制度】 定期召开全县渠北片区个成员单位分管领导和联络员会议，组织协调片区整体帮促工作，加快片区帮促项目建设，坚持以产业经济为主体，突出基础设施、民生实事等整体帮促项目和关键性工程建设，实施区域改造，解决影响片区发展的困难和问题，促进实现共同富裕。

【片区帮促工作督查推进】 加强片区帮促项目督查，定期督查了解项目实施情况，推进帮促项目实施进度，强化渠北片区帮促工作考核，将片区帮促工作列入乡村振兴工作考核，全面推进片区帮促工作。（吴文开）

城市管理和综合执法

【概况】 2021年，阜宁县综合行政执法局围绕全国文明城市创建、垃圾分类治理、为民办实事等重点工作，全面加强党的建设，深化综合执法改革，开展专项整治行动，强化市容环卫管理，实施民生实事项目，改善城乡环境面貌。新招录事业编制人员20名。经县编办批复，局财务科独立设置，成立局工程管理科。县综合行政执法局被县委、县政府表彰为综合先进集体（一等奖），被市城管局表彰为全市城市管理工作（执法队伍建设）先进集体，在“学习市委全会精神争当‘看得出、站得出、豁得出’干部”主题征文活动获优秀组织奖。4人被市、县表彰为优秀党员、优秀党务工作者。

【建立执法联动机制】 7月30日，县委副书记、代县长许根林主持召开县政府第45次常务会议，研究县综合行政执法联动工作。8月13日，县政府办印发《关于成立县综合行政执法联动工作领导小组的通知》，成立县综合行政执法联动工作领导小组，领导小组下设办公室、住房和城乡建设事项执法协调组、自然资源和规划事项执法协调组、殡葬事项执法协调组、水政事项执法协调组和市容环卫事项执法协调组，强化行业和属地监管责任，健全工作机制，规范工作流程。7月28日，县综合行政执法局与县水务局签订行政执法委托书面协议，县水务局将部分水务行政处罚权委托县综合行政执法局集中行使。

【市容秩序管理】 全年纠正不规范行为7800多次，清理乱牵挂、乱堆放、乱晾晒1万多处。联合交警部门现场纠正非机动车乱停放行为3600

2021年11月，锦香花苑垃圾“四分类”房（垃圾分类智慧环保屋）
县综合行政执法局/供

多起，整治组现场处罚5100多辆，集中清拖1700多辆。清理主次干道、农贸市场、校园周边等场所流动摊点15200多次。拆除破旧店招标牌、楼顶广告等300多块。改造府佑街店牌175块。完成射河南路大屏更新。办理行政许可事项1160件。拆除违建80多起2600多平方米，查处住建等部门移交的违建6万多平方米。

【县城环卫管理】 全年处理积存建筑垃圾2万多吨。累计签订餐厨废弃物收运协议416份、集中收运处理6200多吨。改造垃圾池37座。30辆渣土运输车安装定位系统和行驶装卸记录仪，实现渣土运输管理智能化。无害化、资源化处理生活垃圾约19万吨。明确委托处理焚烧飞灰生态修复补偿费结算方式。

【农村垃圾治理】 3月，县委办、县政府办印发《阜宁县农村垃圾长效治理实施方案（试行）》，对19个镇区320个行政村农村垃圾长效治理督查考核，下发督办单262份，交办问题12216处，抽查整改率97.8%。摸底排查非正规垃圾堆放点，发现垃圾收集点周边积存垃圾225处，临时非正规垃圾堆放点46处。召开镇区中转站渗滤液规范处理工作会议，检查19个镇区35座中转站渗滤液处理，下发任务交办单15份，交办问题32个。

【垃圾分类治理】 县城帝景蓝湾、翰林居、锦香花苑等共11个小区开展垃圾“四分类”试点工作，建设垃圾分类集中收集点11座，设置楼道宣传版面466幅，采购5吨厨余垃圾处理设备1套。同步推进农村垃圾分类试点工作。

【路灯亮化】 旅游2号线路灯建设工程、S329（香港路至阜溧高速）路灯改造按时竣工，保障市县重点工程、重大活动。新阜宁大桥亮化、S329金沙湖大桥亮化、城南大厦A座亮化、S329（高速出口到上海路）和上海路中国结竣工亮灯，提升城市亮化品位。落实能耗“双控”（能耗“双控”指对能源消费的总量和强度进行双控制）措施，调整路灯亮化亮灯时间，年用电总量消减18.9%，实行“双控”目标。提升后街小巷路灯，对120多条巷道路灯补充和集中控制，新建路灯150盏，更换老化线路8万多米、控制箱54个。

【数字化城管】 受理各类城市管理问题62300多件，考核结果每月在

《阜宁日报》公布。办理“12345”平台工单2800多条、“263”污染防治综合监管平台工单300多条。

【遮阳挡雨棚建设】 阜城大街、香港路、苏州路21个路口建设遮阳挡雨棚59座。

【公厕革命】 改造公厕18座，完善配套设施，改善内外环境。15家单位20座公厕加入“公厕联盟”，对外开放，安装导示牌。接管宏人商品城公厕。更换公厕标志牌150块，安装无障碍扶手20处，新增公厕除臭器64台。

【文明单位创建】 县综合行政执法局被授予盐城市文明单位称号。组队参加市城管局组织的“永远跟党走”群众性活动、“精管善治再起航”新时代城管高质量发展主题文化活动；举办城管执法辩论赛，获象棋团队第四名、乒乓球和篮球优秀奖，1幅书法作品获市一等奖、省住建厅二等奖，拍摄垃圾分类微电影《追垃圾》和短视频《垃圾分类》小淮剧，征集为群众办实事主题征文18篇。

【疫情防控】 8月4日，连夜完成庙湾古城核酸检测实战演练场所组织工作，圆满完成县委、县政府交给县综合行政执法局的任务。分别成立10个环卫、秩序保障小组，负责县城10个演练点的卫生秩序保障。定期为职工发放防疫口罩。组织3轮全员核酸检测，完成疫苗接种，每周常态化组织核酸检测。

【典型人物】 环卫工人陈开霞救助老人、顾红霞拾金不昧典型事迹，受到媒体广泛关注，被市城管局表彰为“城管好人”。12月6日，陈开霞驾驶垃圾收集车行驶到县城光明路与城河路交界处，发现一位老人趴在花池中，面对高龄老人摔倒在路中间花池无法动弹，陈开霞毫不犹豫地停车上前扶起摔倒老人，将老人送到居住的小区。陈开霞救人的事迹先后被《盐城晚报》、阜宁融媒体、市城管局网站、《现代快报》、腾讯新闻、住建部《建筑》等媒体报道。12月15日，市城管局印发《关于在全市城管系统开展向阜宁环卫女司机陈开霞同志学习的通知》，号召全市城管系统干部职工向她学习。陈开霞被县总工会表彰为五一巾帼标兵，被县文明委表彰为阜宁好人，被市城管局表彰为最美城管人、城管好人，被省委宣传部、省文明办、省总工会表彰为第十九届“江苏省十佳文明职工”，被省总工会获予江苏省五一劳动奖章。

2021年阜宁县城市环境卫生情况一览表

表19

项　目	单位	2021年	2020年
一、道路清扫保洁面积	万平方米	442	442
二、生活垃圾			
1. 无害化处理厂	座	2	2
# 卫生填埋场	座	1	1
# 焚烧发电厂	座	1	1
2. 无害化处理能力	吨 / 日	600	850
# 卫生填埋	吨 / 日		250
# 焚烧发电	吨 / 日	600	500
3. 无害化处理量	万吨	18.71	19.18
# 卫生填埋	万吨		
# 焚烧发电	万吨	18.71	19.18
三、生活垃圾处理厂（场）本年运行费用	万元	3391	3208
四、生活垃圾无害化处理率	%	100	100
五、公共厕所	座	153	153
# 三类以上	座	153	153
六、市容环卫专用车辆设备总数	辆	124	116

（王继强）

水务

综　述

【概况】 2021年，水务系统落实习近平总书记“节水优先、空间均衡、系统治理、两手发力”的治水思路，贯彻新发展理念，推动新阶段水务高质量发展。总渠入海水道堤防管理所被省委、省政府授予全省防汛抗洪工作先进集体；县水务局被省文明委表彰为江苏省文明单位；串场河、金沙湖幸福河湖建设通过第三方测评，益林镇马良湖建成省级水利风景区；硕集社区用水协会，被国家发改委、水利部、农业农村部等部委授予全国农民用水合作示范组织；北沙抽水站通过省三级水管单位复核验收。

2021年阜宁县供水用水基本情况一览表

表20

项　目	单位	2021年	2020年
一、综合生产能力	万吨/日	20.00	20.00
二、全年供水情况			
1. 供水总量	万吨	5220.23	4625.83
2. 售水量	万吨	4426.74	3838.34
#生产运营用水	万吨	831.18	755.82
公共服务用水	万吨	350.81	1129.75
居民家庭用水	万吨	3135.93	1143.54
其他用水	万吨	108.82	231.68
3. 最高日供水量	万吨/日	16.1	15.7
三、年末供水管道长度	千米	3254.41	3252.21
四、用水情况			
1. 用水户数	户	446571	440141
#生产经营用户	户	21068	19659
生活用户	户	425503	420482
2. 用水人口	人		
3. 人均日生活用水量	升		
4. 用水普及率	%	100	100

水利规划

【协助完成里下河洼地治理工程用地报批】 配合省市开展里下河洼地治理工程用地报批工作，办理好各项报批手续，将报批材料组卷上报；按照工程建设计划的安排，解决用地问题。

【完成县串场河整治和环境提升工程水务部分相关设计等前期工作】 组织串场河整治和环境提升工程水务部分等相关实施方案报批，做好河道疏浚、闸站工程的施工图设计等，为工程后续施工做好准备。

【其他规划】 完成盐城市新水源地及引水工程（二期）水资源补偿工程设计、施工招标等前期工作；做好窑头河–渔滨河整治工程的前期规划工作；做好苏北灌溉总渠治理工程的前期工作；做好串通河治理工程规划设计等前期工作。

水利重点工程

【概况】 2021年，为提升区域防洪除涝、引水灌溉能力和水土保持水平，全县投资3.16亿元实施四项水利重点工程。

【渠南灌区续建配套与现代化改造工程】 投资2亿元，拆建总渠引水洞2座，疏浚整治苏嘴支渠、十里圩支渠计35.62千米，衬砌防渗分支渠14.83千米，拆建、新建防洪闸14座、排灌泵站21座，把渠南灌区建设成为“设施完善、节水高效、管理科学、生态健康”的现代化灌区，为全县“十四五”期间的农业现代化建设奠定基础。

【里下河洼地治理二期工程】 里下河洼地治理二期工程工程投资6080万元，完成潮河整治、射阳河沿岸病险建筑物拆建，收成河、北青沟河整治全面完工。

【小流域水土保持综合治理工程】 国家级水土保持项目选择在花园街道冒港小流域，放在严庄省考断面，总投资1000万元，治理面积10平方千米，通过疏浚清淤、种植林草等措施，将立新河等8条河道打造成生态河道，有效防止水土流失。市级生态清洁小流域建设选择在阜城街道十里风光带，放在通榆河国考和严庄省考断面，总投资1500万元，治理面积21.09平方千米，通过疏浚河道、绿化河堤、落实管护等措施，切实改善水环境。

【旱涝灾后应急治理工程】 投资3246万元，实施总渠沿线苏嘴洞、马河洞、东沙港洞拆建。除马河洞因树木清障暂未开工，其余工程建成通水。

城市水利

【城市防洪】 投资650万元，在射阳河与北京河交汇处新建每秒8立方米的排涝泵站1座，增强南城区的防洪排涝能力；强化城市防洪泵站运行管理，投资97万元，对射阳河沿线的邓大港、崇大港等10座排涝泵站进行维修养护，保证汛期排涝。

【市河管理】 围绕“水更清、流更畅、岸更绿、景更美”的目标，完善市河保洁长效机制。城市河道管理所对城市内河保洁进行了新一轮承包，配足配齐船只、车辆和人员，确保15条市河每天保洁不间断，做好市河漂浮物打捞、垃圾清理工作，做到河面清洁无杂物、水质良好无异味。投资500万元，对老城区的新阜坎河、老阜坎河、沿岗河、川里河、驿马河、城河、城北大沟等7条内河，以及南城区的红星河，进行清淤清杂，以畅通水系、改善水质。

农村水利

【概况】 2021年，阜宁县以恢复农村水系功能、提高水安全保障能力、改善生态环境为目标，通过河道疏浚、水系连通、岸坡整治、生态修复、长效管护等措施，开展农村河道生态治理。

【省级农村河道疏浚整治项目】 全年投资2092万元，疏浚整治县乡河道77条，长度190.47千米，土方270.34万方，建设生态河道11条。

【“一村一河”农村河道整治项目】 投资3000万元，整治村庄河塘507条，长度725千米。通过采取疏浚整治、绿化提升、控源截污、长效管护四项措施，全面改善村庄水环境。

【县乡河道整理清洁生态提升专项行动】 全县整理清洁生态提升县乡河道552条，提升农村生态河道覆盖率。

水利管理

【防汛防洪】 汛期6—9月份，全县累计降雨841.6毫米,雨日33天。全县于6月13日入梅，7月11日出梅，梅期长29天，梅期偏长（常年23—24天），梅雨量184.1毫米。7月25—29日县城遭遇连续降雨，阜宁气象观测站累计总雨量162毫米，受其影响，射阳河阜城水位于7月29日达到1.99米，超警戒水位0.69米，为年度最高水位。针对水情、工情的变化，修订完善流域性河道防洪、低洼圩区防洪、县城防洪等9项预案，对各种可能出现的水旱灾害和险情，分类分级别提出具体防御措施。全县储备防汛块石10502吨，编织袋228万只；县防汛物资仓库储备抢排机泵650台套、土工布5000平方米、木棍35立方米。全县组建水务、消防、住建、综合执法4支专业抢险队伍142人。20个镇区组织专业抢险队伍536人，并组织了339支群众抢险队伍。6月10日，县组织防汛实战演练。7—8月总渠大流量长时间行洪期间，县组建应急抢险队7支156人。沿线各镇组织人力对总渠南堤45.4千米的杂草林木进行清理，落实228人对总渠进行24小时巡堤查险。

【防台抗台】 2021年，县分别受到第6号台风“烟花”、第14号台风“灿都”的影响。台风前，县政府召开防御台风视频会议，及时启动应急响应，落实防台措施。台风期间，全县累计撤离转移人员345人，上岸避风船只98条，停工工地70处，关闭景区7处，台风未造成县境人员伤亡和财产损失。

【河长制工作】 全县落实县、镇、村三级河长976人，各地建立起属地管理、分级负责、无缝对接、责任到人的网格化推进机制。同时，落实县、镇、村三级河道专职管护人员741人，加强河长和管护人员业务知识培训，强化“河长通”使用，提高治河、管河业务水平和工作效率。县委、县政府主要领导和分管负责人定期检查河道“两违”整治情况，掌握突出矛盾，研究对策措施。由县河长办牵头，相关部门组成考核小组，对全县河道“两违”治理进行全覆盖考核并通报。坚持治水管河“一盘棋”思想，建立跨区域联动共治机制，与淮安区、滨海县、建湖县等多地开展协作，按照“抓苗头、堵源头”的要求，开展预警预报，防患于未然、治患于萌芽，全年整治河道污染问题103处。

【水利工程运行管理】 对照《水利工程运行管理监督检查办法（试行）》，每月对工管单位运行管理工作督查1—2次，突出电气预防性试验、设备故障排查、日常检查、行车、低压及高压运行等管理。列出专项资金，对周门站、单港站、北沙站以及阜宁泵站、芦杨泵站等水工建筑物进行工程观测。按照《江苏省泵站安全鉴定管理办法》，做好国有泵站安全鉴定工作，单港翻水站和北沙抽水站被评定为盐城市水利安全生产标准化三级单位。

【水利工程维修养护】 2021年，省水利厅下达阜宁县水利工程维修养护经费243万元，县政府下达县管水利工程岁修经费60万元。县水务局严格履行项目建设程序，加快推进维修养护实施进度，按照批复内容全部实施完成。

【水行政审批】 依据法律法规和“放管服”改革要求，持续规范优化水行政审批办事流程，减少申请材料，提高水行政审批办理质量、办件效率和服务水平。全年受理行政审批事项22件，其中河道管理范围内建设项目工程建设方案审批5件，生产建设项目水土保持方案审批17件，全部办结并发放行政许可决定书。

【水行政执法】 坚持标本兼治，河长制任务清单全部完成，4项水利部暗访交办“清四乱”任务清单、25项省市“两违三乱”整治任务清单全部整治达标，并通过验收销号，完成率100%。水务部门与生态环境、综合执法、市场监管、农业农村、公安、住建、自然资源和规划等部门密切配合，抽调人员组成综合执法组，常态化开展乱占、乱建、乱排等涉河违法违规行为的查处执法，全年查处违法违规行为103起，维护河湖正常秩序。

【水利安全生产管理】 按照“管业务必须管安全”的要求，开展隐患排查，186条安全隐患在既定期限内整改完成。开展安全生产三年专项整治行动，48条涉及危化品隐患全部整改完成。强化对全县供水运行状况的日常监督管理，确保城乡供水安全。

【水利科技管理】 阜宁县作为水资源相对丰沛的地区和农业大县，近年来突出抓好农业节水全过程管理，全县灌溉泵站、流动机泵共安装计量设施2868台，达到计量设施安装全覆盖，实现用水总量控制、定额管理，为农业节水夯实基础。在古黄河堆上发展低压管灌、喷滴灌等节水灌溉面积2000公顷，其中66.67公顷（1000亩）采用世界先进的以色列滴灌技术。

【创建幸福河湖】 将串场河和金沙湖列入幸福河湖创建计划，成立工作专班、制定创建方案、落实创建资金，全面推进幸福河湖创建工作。12月底，串场河、金沙湖幸福河湖建设通过第三方测评。

供　水

【新城水厂建成运行】 总投资7.8亿元,占地8.67公顷,供水总规模达到每日15万吨,采用“预处理+常规处理+深度处理”的全流程处理工艺。工程于年底建成投入试运行，实现城乡供水系统的互联互通，有效提高全县供水安全保障能力。

【老旧小区管道改造】 投入490多万元，对明达公寓、新宁花苑等37个老旧小区进行管网升级改造，更换老旧管网6000多米、水表146只，新建供水管网300多米，为3346户居民解决了用水难问题。

【农村管网优化提标】 全年完成老旧管网改造60处，改造升级自来水管道50.723千米；完成康居工程8处，共计726户；完成“四好”农路21处，配套迁移和新建供水管道10.54千米。

【管网运维】 强化冬季安全保供，提前部署落实供水设施防寒保温工作，突击维修更换水表4328只，室外管道保温约7000米，表箱加盖保温棉2687块，保温管廊2800处，保障群众冬季正常用水。定期开展供水设施隐患排查，全年发现和处理暗漏28处，维修管道371次，维修阀门、阀井及消防栓179座，维修及时率99%以上。

【供水管理与服务】 严格控制漏损，县城区域累计漏损率在12%；农水区域漏损率为15.1%。县城区域水费综合回收率为99.62 %，农水区域水费回收率99.55%。加强违章查处，县城区域查处违章48起，补收水费33.03万元；农水区域违章查处219起，补收水费32.98万元。致力提升水质，出厂水合格率99.6%，综合合格率95.0%以上，符合国家《生活饮用水卫生标准》。强化水源保护，凯发水厂潮河公兴水源地2021年10月14日完成行政验收，10月26日完成取水许可验收，西南区域饮水安全保障有力提升。编修供水规划，编制完成《阜宁县“十四五”城乡供水保障规划》，开展城东水厂通榆河应急备用水源地上移选址调研，完成苏北灌溉总渠板湖水源地规范化建设工作。改造智能水表，全县远传表用户累计17415户，较2020年新增3274户，远传表上传率达99%以上。优化供水服务，开通支付宝缴费及预存业务，提升客户满意度，全年线上支付水费44.03万笔，累计缴费金额4629.15万元。舆情处理及时率和群众满意率均达98%以上。（刘建平）

交通综述

【概况】 2021年，盐阜快速通道开工建设，阜宁港至太仓港集装箱航线正式通航，新长铁路益林道口平改立工程完成上部结构施工，淮河入海水道配套航道工程通过国家发改委可研审查。新改建农村公路95千米，改造提升危桥135座，建成乡村旅游景观公路2号线、4号线、8号线、金沙湖支线总长78.4千米。县域公交实现全覆盖。桃花源中山路入选交通运输部“红色之旅初心路”全国十强。县交通运输局交通法治文化示范点被省交通运输厅确定为省级法治创新示范项目。

【交通规划】 县综合交通运输十四五规划和中长期发展规划通过评审，临盐高速正在编制工可报告，淮河入海水道配套航道工程可研报告通过国家发改委审查，阜宁港区淮河作业区正在申报纳入省市内河港口总体规划，阜宁通用机场拿到路条，盐阜快速通道全面开工建设，新长铁路益林道口平改立工程完成上部结构施工。

【交通民生工程】 新改建农村公路95千米，改建和提升危桥135座，实施农村公路安保工程40千米，设置路长制公示牌617块，完成县乡村道路面维修8万平方米，改造农村公路“白改黑”工程6万平方米。

【货运行业】 公示27家货物装载重点源头单位，全县3家水陆危货运输企业普及电子运单管理，主动安全动态监管系统安装率100%。

【维修驾培】 建立机动车排放检测和强制维护制度，全县备案的修理厂和门市34家，其中通过环保和交通部门联合验收的汽车排放污染维修治理站3家、二类修理厂19家、三类修理门市12家。全县16所驾校、529名教练员、310辆教练车合并重组为10家，其中三级驾校7家、二级驾校3家。

【邮政快递行业整治】 整治未实名收寄、未收寄验视等违法违规行为，严密防范涉枪涉爆物品、涉毒物品、危险化学品、非法出版物等禁止寄递物品进入寄递渠道，出动检查人员356人次，检查企业及末端网点980家次，发现问题隐患11条，全部整改到位。

【制定交通“十四五”发展规划】 实施交通强国战略，聚焦交通重点领域和关键环节，完善综合运输大通道、综合交通枢纽和物流网络，基本建成“安全、高效、便捷、绿色、经济、智慧”的现代综合交通运输体系，强化与周边战略区域的畅联优通，向南全面融入长三角、向北融入“一带一路”、向东直通沿海港口、向西辐射更广大腹地范围，将阜宁打造成淮河流域入海门户的重要交通物流节点城市。做好内河港、铁路型陆港建设，构建“两圈两廊”，实现半小时到达市区，1.5小时通达南京、上海的出行圈和市域“半日”送达、省内“1日”送达、国内“2日”送达的物流圈；两大对外运输走廊：横向沿淮—徐宿走廊，打通阜宁向西辐射通道；纵向沿海—苏南走廊，助力阜宁加速融入长三角。

【推进黄河故道片区乡村振兴】 制定黄河故道片区近三年实施重点项目，通过建设高速、省道，进一步完善农村公路网络等方式，加快构建快进漫游的交旅融合发展网络，建成“安全便捷、经济高效、开放融合、绿色智慧”的现代化综合交通运输体系。

【政务服务】 交通运输524项权力事项全部进驻窗口，“不见面”审批率100%。到神山风电、中材科技等县重点大件运输企业，主动上门服务，办理超限运输手续。

【智能型综合交通信息服务平台】 投资1000余万元，建设智能型综合交通信息服务平台，达成由“人防”向“技防”的提升。平台通过“一张网”“一个库”“一平台”“一张图”的建设，实现对全县整体交通运行状况“看得清”，对全县各种交通服务主体“喊得应”，把各类交通决策“想得透”的目标，全面推进数据资源赋能交通发展。

【行政执法】 在省政务服务网站公示阜宁县交通运输局行政许可、行政处罚等权力清单524项，在省行政执法监管平台公示行政执法主体、执法人员身份、职责、权限等内容。严格执行执法人员持证上岗制度，统一着装，主动出示执法证件。先后制定《行政执法全过程记录制度》《行政执法视音频管理办法实施细则》，明确执法人员对行政执法活动进行全过程记录，实现行政执法行为全过程留痕、可回溯管理。多次邀请公安部门执法骨干开展视音频记录设备操作使用专项培训，提升执法人员使用技能。印发《重大行政执法案件法制审核制度》，成立重大行政决定法制审核领导小组，对重大案件和重大行政决定在做出决定之前，由法制审核小组负责对案件和决定进行审核。聘请律师作为县交运局法律顾问，在行政处罚、案卷评查等方面由法律顾问审核。

2021年阜宁县交通运输基本情况一览表

表21

项　目	计量单位	2021年	2020年	项　目	计量单位	2021年	2020年
运输线路长度				铁路	万人	46.74	11.05
铁路营业里程	千米	55.12	55.12	公路	万人	352	714
公路通车里程	千米	2299.08	2145	旅客周转量	万人千米	75044	152220
#等级公路里程	千米	2278.58	2125	货运量总计	万吨	1112.88	967.90
#高速公路	千米	20.5	20.5	铁路	万吨	12.88	32.95
一级公路	千米	155.63	164.6	公路	万吨	850	552.95
二级公路	千米	306.77	329	水运	万吨	250	382
内河航道里程	千米	585	585	货物周转量	万吨千米	344525	520000
公路桥梁	座	1378	1346	民用运输船舶拥有量			
公路桥梁长度	米	46125.6	44240	机动船	艘	712	743
客运量总计	万人	398.74	725.05	驳船	艘	26	29

公路建设与运输

【概况】 2021年，阜宁县公路营业总里程2299.08千米，其中登记公路里程2278.58千米（其中高速公路20.5千米、一级公路155.63千米、二级公路306.77千米）；公路桥梁1378座，公路桥梁长度46125.6米；公路客运量352万人，公路货运量850万吨。

【旅游公路】 建成乡村旅游景观公路2号线、4号线、8号线（老204国道）、金沙湖支线，总长78.4千米。开通红色公交旅游专线，全县县域公交实现全覆盖，镇村公交实行免费乘坐。

【道路巡查养护】 处治道路病害，着力消除路肩堆积物、种植物，有效遏制路边砂石场和打谷晒粮现象，按照“平整密实、宽度一致、整齐划一、边沟整洁、排水畅通”的标准,定期整修公路路肩、边坡、绿化带，全面提升路容路貌，保证路面清洁、安全畅通。强化桥涵管护，建立“一桥一档”制。定期开展桥梁专项检查，及时发现桥梁台背、桥面、护坡、伸缩缝、栏杆、防眩板等部位损坏并及时维修，使每座桥梁质量均处于受控状态，保障桥梁的运营安全。完成市交运局布置的县境内国省干线79座桥梁信息公示牌的施工，有效提高桥梁电子信息化程度和管理效率，使桥梁信息更加完善、全面，桥梁检查工作更加规范有效。按照市道路交通安全专项整治领导小组要求，对G204、S329、X302射阜线、X201沟吴线、X301合阜线等道路上的安全隐患点位，按照“一点一策、一段一策”，制定精细化整改方案，进一步细化任务分解表，确保安全隐患整治工作有人管、有人做、有人盯。增设交通标志78块、交通标线72处，中隔开口爆闪灯9处、路口减速带3处、临河段护栏7处、辅道1处，更换爆闪灯1处、标志牌2块，清理路侧绿化2处，修剪遮挡视距绿化73处，处置中分带开口16处，漆划路口停止标线5处。

【绿化提升工程】 实施省道绿化提升工程、旅游公路2号线绿化提升工程及草花大道工程，总投资2000万元。实施对S329、S231绿化断垄处进行补植、旅游公路2号线、旅游公路支线海芦线、烈士路、芦临线、迎宾大道、朝阳路、双陈线、停翅港支线、东益互通连接线景观绿化工程单侧里程总长66.9千米，完成绿化栽植40.14万平方米，栽植高杆女贞、榉树、香樟、海棠、中山杉、红叶石楠、广玉兰等乔木共33758棵，播种地被、草花计18.17万平方米，完成草花大道栽植40万平方米。

【道路交运整治】 强化国省道安全隐患整改，排查道路交通隐患57处，其中事故整改完成市道路交通安全专项整治领导小组办公室交办的204国道交通安全第二阶段巩固提升任务清单中涉及阜宁县的30项安全隐患，强化公路超限超载整治，检查车辆约4000辆，超载车辆约500辆。对全县4家道路客运企业和2家道路危货运输企业开展全覆盖式专项检查，全县“两客一危”车辆卫星定位装置和主动智能安全防控系统安装率均达到100%。查处非法营运案件约80起。建立城市公交安全监控中心，在10个公交回车场站安装82个高清摄像头，在线营运的282辆公交车全部安装驾驶区安全隔离装置和一键报警装置，安装一键智能破窗装置468只，新增智能灭火弹564只。

【危险化学品运输整治】 强化企业主体责任，督促企业签订全员安全生产责任状，落实企业法人代表和实际控制人为安全生产第一责任人，2家道路危险货物运输企业二级安全生产标准化均已达标。按照“双随机一公开”检查计划，排查隐患12项，下发限期整改通知3份，均已整改到位。企业监控人员能够熟练使用主动安全智能防控系统，及时处理系统报警信息和车辆违规信息，按规定填报危险货物运输电子运单。督促企业开展三级安全培训，常态化开展从业人员安全教育，2家道路危险货物运输企业主要负责人及安全生产管理人员均经过安全培训持证上岗，实现一企一档、一人一册。

【国省干线危桥专项整治】 对国省干线公路79座桥梁和县道1261座桥梁开展拉网式安全检查，优先对城市公交、镇村公交和校车行驶线路途径临河临渠、急弯陡坡的71座危桥进行改造。

【县乡道基础设施提升】 新改建农村公路88.559千米，改造危旧桥涵135座，完成临水无防护路段安防护栏40千米，实施县乡道“白改黑”和路面维修工程90400平方，完善村道限载标志420套，完成农村公路桥梁信息公示牌设置1267座，设置县乡村道“路长制”公示牌617套，累计投资15000万元。

【助力疫情防控】 7月南京、扬州新冠疫情期间，按照市、县主管部门的部署要求，根据《关于设置公路查验点的通知》，在S329阜宁羊寨市际交界处安排19名人员联合公安、卫健等部门严格执行24小时值班值守制度，坚持“逢车必查、逢人必测，逐车逐人登记”的原则，坚决守牢公路防线，检查车辆27401辆，人员35128人；劝返车辆1229辆，人员1743人。安排6名专职人员，协同卫健、公安部门做好阜宁东站出站旅客疫情防控工作，对每一名出站旅客严格执行体温检测，查看行程码、健康码，核验旅客身份证件，登记旅客联系方式等相关信息，检测出站旅客184666人，均体温正常。

【中山路成为红色之旅初心路月度主题活动入围线路】 7月，阜宁县中山路成为交通运输部公布2021年度“我家门口那条路”红色之旅初心路月度主题活动入围线路，这是江苏省唯一入选的公路。中山路北起阜宁县羊寨镇北沙村，南讫阜宁县芦蒲镇童营村，贯穿整个桃花源生态园区，在2017年全面提升改造，全长36.106千米,其中主线31.56千米，两条连接线4.546千米，分别连接到羊寨镇区和芦蒲镇区，全线四级公路标准，沥青混凝土路面宽6.5米，路基宽9米。随着中山路的等级提升，交通车流量日益增长，公路养护部门加强日常巡查，在开展日常精细化养护的同时，抓好预防性养护，根据道路季节性规律进行针对性养护和预防性养护，打造“畅、洁、绿、美、安”的交通环境，这条路景交融的风景线在2020年被划入盐城市旅游公路2号线，成为2号线上一段重要节点。

【市在阜宁举行盐城至阜宁、大丰快速通道项目开工动员大会】 8月28日，市委、市政府在阜宁县举行盐城至阜宁、盐城至大丰快速通道项目开工动员大会。市委书记曹路宝出席大会并宣布项目开工，市委副书记、代市长周斌讲话，市政协主席陈红红等市四套班子领导出席，县委书记张利华汇报开工准备情况并代表各属地政府作表态发言。盐阜快速通道项目是G204的重要组成部分，路线全长41.4千米，总投资约71.15亿元，按双向六车道一级公路标准建设，设计时速100千米，计划于2023年建成通车。会议以视频方式举行。市交通运输局在主会场介绍项目基本情况，中铁四局集团、市交投集团在主会场发言，建湖县、亭湖区、盐南高新区、大丰区在分会场通过视频连线报告项目开工准备情况。各县（市、区）市有关方面负责人和阜宁县四套班子领导参加活动。

铁路建设与运输

【概 况】 2021年，阜宁县铁路营业总里程55.12千米，铁路客运量46.74万人，铁路货运量12.38万吨。

【铁路沿线安全环境整治】 开展铁路沿线安全环境整治活动，加强铁路道口管理和铁路桥梁防碰撞管理，严密防范铁路沿线轻飘物侵入铁路限界，发现隐患151处，全部完成整改。

内河航道建设与运输

【概 况】 2021年，阜宁县内河航道里程千米，水路客运量46.74万人，水路货运量250万吨；民用运输船舶中，机动船712艘，驳船26艘。

【航道建设】 实施小中河航道疏浚工程，打通小中河航道“卡脖子”瓶颈，投入92.8万元疏浚土方4.6万立方米，投入200多万元新建通榆河航道阜宁港段护岸561.5米，着力配合县政府提升阜宁港，改善通榆河航道通航条件。

【开展“学党史、筑安全、保畅通”系列活动】 开展“学党史、筑安全、保畅通”系列活动，累计上航巡查40多天，里程约8000千米，检查维护航标、标志标牌17次，航标正常率100%，完成航道扫床和等级航道典型性断面测量任务，清理各类碍航物。结合“航道安全生产百日行动”，统筹推进疫情防控和春运保畅，开展“疫情防控到船头”活动，坚持航标“日日遥测、周周夜查”，协同海事部门清理通榆河航道329省道大桥下40根暗桩，消除通航安全隐患。“五一”期间，强风突袭“两保一强”突击队员坚守一线岗位，突击对辖区通榆河、射阳河、小中河等航道逐条进行巡航，检查风后航标、标志标牌等助航设施的受损情况，及时疏导通榆河航道城北大桥段违章靠泊的10多艘回港船舶，维护通航秩序。开展船舶碰撞桥梁隐患治理，梳理登记辖区等级航道上86座跨河桥梁，先后对住建局、东沟镇、开发区等单位镇区开展上门业务指导30多次，配合制定“一桥一方案”，联系资质评估单位开展防碰撞评估，完成全县所有桥梁桥涵标和防碰撞设施的施工安装。

【污染防治】 全县16家持证码头安装船舶污染物接收指示牌21块，垃圾接收桶84只，生活污水和含油污水接收设施各24套，港口岸电箱26台，扬尘监测设备30台。

【水上交运整治】 落实危化品船进出港报告制度，执行危化品运输船舶夜间禁航制度，累计对692艘次危化品运输船舶实施管控，对835艘次危化品运输船舶实施进出港管理。开展桥梁防船舶碰撞专项整治，完成全县通航水域等级航道86座桥梁防碰撞设施的设计和标志标牌建设。开展港口航道安全生产专项整治，督促16家持证码头全部完善环保手续，坚持每天对航标进行遥测，确保辖区内干线航道通航保证率100%，航标维护正常率100%。对通榆河、射阳河、小中河、苏北灌溉总渠等七级以上航道扫床214.67千米，辖区等级航道上未发生新的违章建筑。

【航道船舶碰撞桥梁安全整治】 完成国省干线航道船舶碰撞桥梁安全风险隐患自查和防碰撞能力评估，辖区等级航道上86座桥梁全部完成防撞设施及助航标志建设。

【内河非法码头专项整治】 全县纳入市专项整治的内河非法码头共17座，14座码头已规范提升，3座已拆除。加强对已停渡2年的三份港渡口监管力度，严禁偷渡、私渡。严格检查在港危化品船舶现场，累计实施行政处罚171次。严格禁止600总吨及以下载运危险化学品的船舶夜间22时至次日凌晨5时在县域水上航行，禁止所有单壳危化品船和单壳油船在县域航行、停泊。

【安全生产】 针对“海涛”轮翻扣、中天精钢塔吊折弯、沈海高速响水段重大交通事故等组织安全警示教育，开展落实企业安全生产主体责任“春风行动”和“百团进百万企业”活动；“安全生产月”期间，组织观看《生命重于泰山》等专题片，利用LED滚动宣传安全标语，参加县铁军广场安全宣传日集中宣传活动。强化安全稳定隐患预警和排查治理，以“水上交通安全生产专项整治行动”为主线，运用“盐城交安APP”，先后开展安全检查22次，排查整改安全隐患3处；在春节、全国两会、庆祝建党100周年等重大节日和重点时段，坚持24小时值班和领导在岗带班；立足“防大汛、抢大险、抗大灾”，开展汛前检查，制定完善防汛应急预案，落实防汛物资储备，提升快速响应能力。开展“安全示范岗”评比、安全知识竞赛、安全案例剖析、安全隐患随手拍、安全书法作品征集等活动，全员参加全国“安康杯”职工安全应急技能知识普及竞赛。（王永宁）

邮政业

【概况】 2021年，阜宁邮政公司实现业务总收入1.7亿多元，实现利润5426.2万元，利润规模列全市邮政第一；实现代理金融业务收入1.4亿元，规模全区第一；新增金融总资产12.9亿元；新增储蓄余额8.4亿元；储蓄余额规模85.5亿元；实现保险销量4亿元，列全市第一位，保险市场占有率列全县金融机构第一位；渠道平台专业实现收入1104万元。

【邮务业务】 围绕经营目标任务，有的放矢的开展市场营销，全年集邮与文化传媒实现收入650万元。

【寄递业务】 成立益林快递营销中心，标快业务于11月实现整体实体化动作。法院类业务持续做好法院传票、执行文书、集中送达、辅助事务外包项目等，公安类业务主要抓住二代证邮寄率的转化和临时身份证下发到派出所办理契机，全年实现业务收入近50万元，国税业务2021年实现业务收入40.47万元。业务覆盖中行、工商行、建行等8家银行。快包业务规模客户占比60%以上，全年实现收入1291万元，整体利润率超20%。

【目标管理】 安全生产稳定运行，实现生产经营场所高清监控全覆盖。组织“安全生产月”、交通安全警示教育培训、消防安全及应急救援知识培训等。开展邮件处理场地、金融网点、综合楼等应急处置演练，强化对普遍服务、特殊服务达标、实物网及投递网建设、营投通信服务质量、专业合规管控工作，各项管控目标（KPI）全部达标。全年实现进出口邮件安全无事故，无违章收寄禁限寄邮件、无丢失损毁。省、市公司窗口服务质量神秘人检查总得分在全市邮政处于先进水平。投递通信服务质量KPI指标全部达标。11183、11185直派工单及时处理率100%。开展“风控体系建设深化年”活动，全年未发生资金案件和风险隐患事件。启动“员工素质提升提优年”工作，员工有效持证率82.01%，高技能有效持证数占比39.4%，职鉴通过率65.25%。

【文明建设】 参与省市文明单位复审，保持省、市文明单位称号；“邮爱驿站”品牌建设初见成效，建成24个驿站，设置爱心座椅48个、敬老窗口24个，每个窗口都设立志愿服务站，配备兼职志愿服务者24名，专门负责接待老年人、残疾人、户外工作者等人群；为24个“邮爱驿站”配齐急救包、老花镜、充电器、雨伞、饮水机等用品用具，全年接待和服务户外工作者、残疾人、老年人4700余人次。通过在各“邮爱驿站”张贴海报、悬挂标语、发放宣传资料，开展口口宣传活动，开展防金融诈骗、反假币、文明创建应知应会知识宣传；启动第三批“寻找烈士亲人、让英烈魂归故里”活动，收到寻亲信106封，为12名烈士寻找到亲人。持续推进拥军邮路、致富邮路、助残邮路、禁毒邮路特色邮路打造。建成“扫黄打非”示范点9个，“扫黄打非”工作受县“扫黄打非”办、邮政管理局好评。

（殷益华）

生态环境

综　述

【概况】 2021年，阜宁县坚持以习近平生态文明思想为指导，牢固树立绿水青山就是金山银山理念，坚持以生态环境高质量为导向，聚焦解决突出环境问题，持续打好污染防治攻坚战，县域环境质量明显改善，人民群众生态环境获得感显著增强。阜城、益林2个镇（街道）创成“国家级生态乡镇”，罗桥镇青沟村创成“国家级生态村”，创成“省级生态乡镇”12个、“省级生态村”12个。8月，金沙湖生态修复入选江苏省首届“最美生态修复案例”。2021年8月，盐城市阜宁生态环境局被国家机关事务管理局国家发改委财政部表彰为节约型机关。

2021年阜宁县环境保护基本情况一览表

表22

项　目	计量单位	2021年	2020年
污染排放与处理利用情况			
废水			
工业废水排放量	万吨	881	974
城镇生活污水排放量	万吨	1612	1499
集中式治理设施污水排放量	万吨	2.00	2.00
化学需氧量排放量	吨	10389	10029
#工业源	吨	963	1190
农业源	吨	1050	1050
城镇生活源	吨	8376	7789
氨氮排放量	吨	1818	1758
#工业源	吨	80	90
农业源	吨	728	723
城镇生活源	吨	1010	940
废气			
二氧化硫排放量	吨	1147	1222
#工业源	吨	1010	1079
城镇生活源	吨	137	143
集中式治理设施	吨		
氮氧化物排放量	吨	2066	2194
#工业源	吨	1405	1502
城镇生活源	吨	204	217
机动车	吨	457	475
烟（粉）尘排放量	吨	615	830
#工业源	吨	580	797
城镇生活源	吨	35	33
机动车	吨		

续表

项　目	计量单位	2021年	2020年
工业固体废物			
一般工业固体废物产生量	吨	174445	171526
一般工业固体废物综合利用量	吨	158951	162850
#综合利用往年贮存量	吨	152.8	5000
一般工业固体废物综合利用率	%	91.1	94.9
一般工业固体废物处置量	吨	2722	8792
#处置往年贮存量	吨	172	250
一般工业固体废物贮存量	吨	702	134

环境状况

【概况】 2021年，阜宁县生态环境质量持续改善，空气质量优良天数312天，优良率85.5%，同比优良天数增加8天；细颗粒物（PM2.5）浓度32微克/立方米，同比下降3.0%。通榆河城北大桥国考断面水质、集中式饮用水源地水质均达到Ⅲ类，灌溉总渠陈涛地龙断面达到Ⅱ类。

【空气环境质量】 2021年，阜宁县环境空气有效监测365天。根据空气质量指数（AQI）评价，县城空气良好以上312天，空气质量优良率为85.5%，较2020年上升2.4个百分点。二氧化硫（SO2）、二氧化氮（NO2）年均浓度分别为9微克/立方米、22微克/立方米，均优于《环境空气质量标准》（GB3095-2012，以下简称国标）二级标准，可吸入颗粒物（PM10）年均浓度为66微克/立方米，达到国标二级标准，细颗粒物（PM2.5）年均浓度为32微克/立方米，达到国标二级标准，一氧化碳（CO）日均值未出现超标，臭氧（O3）日最大滑动8小时浓度平均值超标率5.7%。

2021年阜宁县环境空气监测结果表

表23

污染物	SO_2 (ug/m^3)	NO_2 (ug/m^3)	PM_{10} (ug/m^3)	$PM_{2.5}$ (ug/m^3)	优良率（%）
年均值	9	22	66	32	85.5
年均值二级标准	60	40	70	35	/

【水环境质量】 2021年，国考通榆河城北大桥断面水质总体符合Ⅲ类标准，达到目标水质要求。涉省考断面5个，分别为淮河入海道南漫水桥和北漫水桥，射阳河硕陈大桥、严庄断面，苏北灌溉总渠陈涛地龙断面，省考断面均为Ⅲ类以上水质，达标率100%。县级集中式水源地4个，其中在用水源地苏北灌溉总渠板湖水源地和陈集水源地取水量合计4449.7万吨，达标率100%，通榆河备用水源地未取水，水质达标率为75.0%，水质超标集中在汛期。

2021年阜宁县国控断面水质情况表

表24

河流名称	断面名称	目标水质类别	2020年水质评价	2021年水质评价
通榆河	城北大桥	Ⅲ	Ⅲ	Ⅲ

2021年阜宁县省考监测断面水质类别

表25

河流名称	断面名称	目标水质类别	2020年水质评价	2021年水质评价
苏北灌溉总渠	陈涛断面	Ⅲ	Ⅲ	Ⅱ
射阳河	硕陈大桥	Ⅲ	/	Ⅲ
	严庄	Ⅲ	Ⅲ	Ⅲ
淮河入海水道	南漫水桥	Ⅲ	/	Ⅲ
	北漫水桥	Ⅲ	Ⅲ	Ⅲ

【声环境质量】 2021年，阜宁县城区声环境质量总体较好，区域声环境质量总体达到二级（较好）水平，道路交通声环境质量总体达到一级（好）水平。城区功能区噪声昼夜达标情况良好。各类功能区噪声昼间总体达标率为100%，夜间为90.6%。其中居住、文教机关（1类区）、居住、商业混杂区（2类区）、工业区（3类区）以及交通干线两侧区域（4类区）昼间达标率均为100%；住、文教机关（1类区）、居住、商业

混杂区(2类区)、工业区(3类区)夜间达标率均为87.5%，交通干线两侧区域(4类区)夜间达标率均为100%。县城区域环境噪声测点110个，昼间平均等效声级分布在43.1—61.6 dB(A)之间，城区昼间平均等效声级52.1dB(A)，达到城市区域环境噪声二级水平，声环境质量为较好。与2020年相比，城区昼间平均等效声级上升0.1 dB(A)。县城区布设道路交通声环境监测点位20个，监测道路总长44.6千米。2021道路交通干线噪声昼间加权平均等效声级是62.3dB(A)，昼夜道路交通噪声强度均为一级，声环境质量为好，比2020年减少4.1dB(A)。

【土壤环境质量】 2021年，阜宁县建设用地土壤安全利用率100%，受污染耕地安全利用率100%，未发生土壤环境污染事故。

水资源保护

【完善组织体系】 2021年，阜宁县有省管湖泊1个(射阳湖)，县、镇、村三级河道2356条(其中县级河道74条，镇级456条，村级1826条)，落实县、镇、村三级河长1527人(其中县级河长14名，镇级河长292名，村级河长1221名)，河长实现全覆盖。设立县、镇、村三级河长公示牌2430块，向社会公告河长姓名、工作职责、河湖概况、管护目标、监督电话等，主动接受社会监督。把河长制工作纳入年度目标任务绩效考核，出台河长制会议制度、考核办法、验收办法、督查制度、信息报送制度、信息共享制度、河长巡查制度等七项工作制度，明确河长指导、协调、监督、检查等各项职责。

【强化巡河履职】 按照河长制工作要求，保证河长巡河频次，县级河长两个月巡河1次，县级河长助理和镇级河长每月巡河1次，村级河长每周巡河1次，切实履行河长职责，正常开展巡河、治河、管河，抓好问题交办督办，及时上报河长巡河治河情况，认真完善巡查表、交办单、督办单、回复单、工作图片等巡河资料。由河长牵头或委托有关负责人组织召开河长制工作会议，拟定和审议河长制工作重大事项，协调解决推行河长制工作中的重大问题，指导督促各地、各相关单位认真履职尽责，加强对河长制推进情况的检查督导。

【督查考核】 实行月度考核、半年考核和年终考核相结合。既对当月河长制工作进行考核，也对前面考核通报的问题进行回顾性考核。每次考核对所有镇区进行排名，并按同等职务或同一条河道对河长进行排名，排名末位的镇区主要负责人和河长进行公开表态发言。考核结果纳入县委、县政府年度综合考核，并作为下达河长制工作相关经费的主要依据。

【保障国考断面水质】 县政府主要领导担任断面长，6位县领导担任6个省考以上断面的断面长，高质量推进断面水质达标工作。压实相关镇区(街道、社区)和有关部门保障国省考断面稳定达标的主体责任，明确攻坚目标，细化分解攻坚任务清单，高效落实水质保障措施，全面完成国省考断面水质全部优Ⅲ目标。强化水污染物减排，围绕水环境质量目标，制定年度减排计划，排列减排工程，强化过程督查。经省核定，2021年，全县年度COD、氨氮、总氮、总磷较2020年分别下降2.0%、0.7%、0.8%、1.1%，完成年度减排目标。严格环境执法监管，始终保持环境执法监管高压态势，开展“利剑斩污”等系列环保执法专项行动，不断完善环境执法司法联动机制。对全县环境违法典型案件进行公开曝光。

【河湖水质保护攻坚】 编制完成县本级及所辖区水生态环境保护“十四五”规划，建立完善水污染防治协调议事机构。做好全县重点河湖生态水位保障工作，对金沙湖和月牙湖与其联系的河道进行疏浚整治，保证其水系联通，并对其所有河道进行封闭建闸站，做到涝水可排出，水位不足时可及时补水。2021年，完成金沙湖周边的涸公河、北居民门河和中心河疏浚工作、马荡南闸站和新荡二组闸拆除工作。完成2020年及“十三五”水环境承载力评价工作。落实水源地长效管护措施，做好长效管护评估。开展饮用水水源地环境问题隐患排查和整治，定期排查保护区内环境问题，动态更新集中式水源地保护区矢量图集。已实现“双源供水”，新城水厂年底前建成。对“千吨万人”以上的饮用水水源每季度监测一次。已编制水污染事故、饮用水安全突发事件、城乡供水突发事件等相关应急预案，并定期组织演练。

【污水处理提质增效攻坚】 巩固黑臭水体整治成效，完成主城区污水管网排查检测任务，并推进即查即改项目，确保已治理的4条黑臭水体实现长治久清，防止返黑返臭。完成2021年度区域水污染物平衡核算编制及评审。完善工业集聚区废水治理设施，开展省级以上工业园区污水处理设施整治专项行动，5个500吨以上污水集中处理设施已全部安装出水、出水自动监控设施，并与省生态环境厅、省住建厅监控平台联网。加快城乡污水处理一体化二期工程建设，推动镇区污水主管网向周边村庄延伸覆盖，确保农村生活污水能够接管纳污，从源头上保证重点骨干河流水质稳定达标。

【通榆河水污染防治】 巩固通榆河整治成果，建立健全空间管控和长效管护机制，修复通榆河生态，保护河道综合功能全面完成内河从事货物装卸作业的非法码头及设施(无项目审批手续和经营许可证)的清理整治，摸排出全县7个非法码头已全部拆除，全面完成船舶水污染物接收装置的配备，所有持证港口企业配备率100%。

【推动水污染防治工程实施】 阜宁经济开发区完成省级及以上工业园区污水处理设施整治核查并形成整改报告；完成“千吨万人”饮用水水源地整治任务，阜宁潮河公兴水源地保护区划分方案均已经省政府批复同意。2个列入2021年度省水污染防治重点工程项目，已全部完成，完工率100%。

土地资源保护

【概况】 2021年，全县永久基本农田有7.82万公顷，第三次全国土地调查认定阜宁县现有稳定耕地8.07万公顷。

【耕地保护】 县政府与镇（街道、社区）政府签订耕地保护目标责任书。全年应签订个数19个，实际签订个数19个，签订比例100%。

【自然保护地监管】 金沙湖省级湿地公园为阜宁县唯一一处自然保护地。县自然资源和规划局对金沙湖省级湿地公园组织定期与随机巡查检查，确保自然保护地监管工作不留遗漏，不留死角，切实将各类违法违规行为扼杀在萌芽状态，全年未发生违法违规破坏、侵占自然保护地行为。

森林资源保护

【植树造林】 以“担当时代新使命，建设幸福新阜宁”为目标，按照“提质、限采、增绿、添景”的总体思路，实施串场河绿廊建设、金沙湖湖区绿化提升、碳汇林营造、绿美村庄创建等10项造林绿化重点工程，提升绿化质量、景观水平和综合效益，全县新增成活率在85%以上的成片林107.25公顷，其中新增造林40.41公顷、更新改造66.84公顷;新建完善高标准农田林网300公顷，补植完善680公顷；四旁植树62万株，新创建并通过验收的绿美村庄15个。

【林业防害】 2021年，县、镇区（街道、社区）和县各有关部门签订有害生物防控责任书22份，防治林业有害生物面积18233.67公顷次，无公害防治作业面积17333公顷次，无公害防治作业率96%。其中6月12日飞机防治约45333公顷，对发生白蛾危害进行地面防治三代次累计约13713公顷。释放周氏啮小蜂蛹3000枚，共1.5亿头；释放1000管花绒寄甲蜂，共10万头。投入高射程喷雾机、高枝剪、诱捕器等应急防治药械200台（套），购买苦参碱、甲维盐等农药5.675吨，组织92名防治人员，成立23个专业防治队伍进行突击防治。

【林业执法】 2021年，县自然资源和规划局出动林业执法检查96场次，检查人员230人次对县灌溉总渠、淮河入海水道、通榆河沿线及镇区（街道、社区）成片林开展巡林巡查工作。为全力打击各类破坏森林资源违法犯罪行为，全面配合调查涉林案件，开展涉林案件鉴定15起，全部移送县执法部门对涉嫌违法案件线索进一步处理。

【湿地保护】 阜宁县湿地保护工作已在人民日报、学习强国等重要媒体进行宣传。林木收储交易，做到采伐与回购疏堵结合，加大林木收储力度。全年收储5宗地块，林木收储蓄积量为12868.32立方米。

（柏明华、邓拥军）

节能减排

【协同减污降碳】 打造碳达峰先行区，1家重点企业（阜宁澳洋科技有限责任公司）温室气体排放报告工作已完成，省级部门已组织第三方对该企业排放报告进行核查。二是优化调整产业结构，推动绿色低碳转型发展。推进现有工业集聚区整合和提升，取消阜宁高新技术产业园化工产业定位。2021年计划关停9家化工企业已全部完成。完成培育A级企业1家任务。高新技术产业产值为162.9亿元，同比增长23.1%，占规上工业总产值的比重为43.4%。县有县城、高新区、东益经济区3个集中供热片区，片区范围内无落后燃煤机组。推广使用绿色建筑和装配式建筑，全年新增绿色建筑63万平方米。

【削减煤炭消费总量】 对所有行业各类新建、改建、扩建、技术改造耗煤项目，一律实施煤炭减量或等量替代，严控煤炭消费增量。推进清洁能源和可再生能源发展，启动整县屋顶分布式光伏发电国家试点项目开发工作。全县累计已并网清洁能源发电项目269兆瓦，其中光伏213兆瓦、风电9兆瓦、生物质47兆瓦；在建清洁能源发电项目240兆瓦，其中天然气200兆瓦、风电40兆瓦。

【加强生态保护修复】 实施生态保护修复工程，完成串场河及金沙湖幸福河湖验收工作，建成益林潮河取水口生态安全缓冲区并通过验收。加强生态空间保护区域刚性管控，对生态红线保护区域内已完成清理整治的问题开展“回头看”工作，无反弹现象。开展国土绿化行动，全县已完成造林107.25公顷，湿地保护率51%。

污染防治

【概况】 2021年，阜宁县贯彻落实习近平生态文明思想，坚持以生态环境高质量为导向，系统抓好各类环境问题整改，合力攻坚克难，全力以赴打好打赢污染防治攻坚战，不断提升全县生态环境治理能力和水平，生态环境质量持续改善。11月，阜宁县被省打好污染防治攻坚战指挥部表彰为打好污染防治攻坚战宣传工作先进集体。

【水污染防治】 2021年，全县6个省考以上断面达标率100%，Ⅲ类水质比例分别为100%，实现国考、省考断面Ⅲ类水比例“双百”；集中式饮用水源地水质达标率100%。严格履行落实水环境保护“党政同责”“一岗双责”，纵深推进“条管块包”责任体系，县主要负责人亲自研究部署、跟踪推进，各责任部门牵头负责，相关镇区守土尽责，做到水环境治理工作一抓到底。县相关领导坚决履行断面长职责，密切关注断面水质变化情况，加强形势研判，多次现场调研督办断面水质相关问题，组织调查和处置断面水质异常情况，积极开展问题排查、溯源分析并落实整治措施。为实现国省考断面水质全部优Ⅲ目标，进一步提高政治站位，编制水生态环境保护"十四五"规划，开展2020年及"十三五"水环境承载力评价，根据国考断面水质现状，对照其所在回水范围实行差别化环境排放标准和管控要求；建立完善水污染防治协调议事机构；梳理"十四五"受汛期影响较大的断面名单，制定和实施《"十四五"阜宁县通榆河城北大桥国考断面水质提升保障方案》《阜宁县2021年汛期防范国省考断面水质下降应对预案》《阜宁县国省考断面水质"保III增III"百日攻坚方案》，明确攻坚目标，细化分解攻坚任务清单，逐条明确责任单位，及时督促相关镇区和部门高效落实水质保障措施，加大督查考核力度，对属地责任履行不力、部门监管责任缺失，造成水环境质量变差的，一律严肃追责问责，确保断面水质稳定达标。加强水质监测，加大国省考断面周边及上下游水质监测溯源力度，对每条平交河道增加3—5个监测点，结合水质监测数据，对重点污染源排口、排涝泵站等进行溯源排查。落实环境监管网格化管理措施，强化断面水质监测和水利闸站调度的联动，定期巡查断面上游支流闸站、堤坝控制情况，严控支流劣质水体流入。严格控制工业污水排放，执行"三线一单"制度，强力推进企业接管纳污工作，做到"应接尽接"，加强企业排污监管，将每月用水量300吨以上的大户全部纳入监控网络，督促企业严格执行排放标准，全部实行合法排污、持证排污。深入开展"零点行动""假日行动""暴雨行动"等突击检查工作，严厉打击超标排放、偷排漏排等环境违法行为。开展全县涉水企业事故排放及应急处置设施专项督查整治工作，切实消除环境安全隐患。持续压降农业面源污染，开展农村生活污水治理提升行动，130个新型农村社区（行政村）污水管网及污水处理设施已完成建设工作，农村生活污水治理行政村覆盖率已达100%，已实现水质断面周边农村生活污水全收集、全覆盖、全处置目标。通过提倡肥料深施，设施栽培应用水肥一体化等措施，在田水稻、蔬菜等作物化肥施用量比2020年同期下降0.6%以上。通过使用减药技术，全县农用农药使用量较2020年下降0.5%。农药包装废弃物回收良好以上等级率80%以上。推广生态健康养殖技术模式，应用率70%。持续完善城乡统筹生活垃圾收运处置体系，推行农村生活垃圾就地分类和资源化利用。建立回收网点18个，新型地膜试验示范点22个，地膜监测点两个，回收率90%。针对工业源排放导致南漫水桥断面氟化物异常升高的问题，加强对光伏电池、不锈钢酸洗、磷肥、蚀刻、磨砂玻璃等重点行业执法监管，重点监控企业周边水体环境、市政排污管道及提升泵站，督促企业加快改造升级，优化处理工艺，切实减少含氟废水排放。推进水质提升工程，推动四通河闸站建设、黑臭水体整治、城乡污水处理一体化二期、开发区污水处理厂扩能改造等工程项目尽快建设到位。推进小区、单位雨污分流改造，完善管网体系消除点源污染，推动小散乱排水、雨污混接错接点整治，全面消除直排口。推进主城区污水管网排查检测即查即改项目，加快实现污水全收集、全处理。积极落实长效管护机制，常态化开展河道巡查管养，切实巩固整治成效，确保完成治理的黑臭水体实现长制久清，防止返黑返臭。开展区域水污染物平衡核算管理工作，推动源头治理、改善区域水环境质量，完善工业集聚区废水治理设施，开展省级以上工业园区污水处理设施整治专项行动。完善乡镇污水收集系统，推进乡镇污水处理设施提标改造，确保全部正常运行。

【饮用水源地保护】 严格控制项目审批关，对可能影响水源地安全的项目许可从严把关，禁止在饮用水源地保护区内审批可能造成水源污染的工业、农业、商业及服务业等项目，从源头上防范环境风险。加强饮用水源地保护区的环境执法监管工作，一级保护区内禁止新建、改建、扩建与供水设施和保护水源无关的建设项目，拆除现有可能污染和破坏水源的设施，二级保护区内，依法取缔非法经营活动，禁止新建设排污口；加大排查力度，全面掌握饮用水源地环境安全状况，强化执法监管，依法严厉打击偷排、漏排等环境违法行为。认真落实水源地长效管护措施，做好长效管护评估，完成2021年饮用水源地环境状况评估。开展城市建成区及乡镇饮用水水源地环境问题隐患排查和整治工作，定期排查保护区内环境问题，动态更新集中式水源地保护区矢量图集。定期对饮用水源地的水质进行监测，生态环境局与水务局、自来水公司形成信息共享机制，加密开展人工监测，及时了解水源水质变化动态。对"千吨万人"以上的饮用水水源每季度监测一次。加快推进板湖水源地自动监测项目提标改造工程和潮河水源地水质自动监测站建设进度，提高自动监测能力，对水源地的水质情况进行实时监控，使水质预警能力进一步加强。实现集中式饮用水源地水质自动监控全覆盖，相关信息及时接入水源地信息共享平台。完善饮用水源地突发性水污染事故应急预案。建立预警机制，明确相关部门职责。多部门协调联动，全面提升水源地环境应急管理水平，着力提高处置饮用水突发环境事件的能力和水平。开展阜宁潮河水源水质监控、特征污染溯源及应急处置研究。制定水污染事故、饮用水安全突发事件、城乡供水突发事件等相关应急预案，定期开展演练。利用各类媒体，多方式多渠道广泛地宣传饮用水源保护工作，建立舆论监督和公众监督机制，积极营造全社会共同关心饮用水源保护工作的良好氛围，引导形成良好的生产、生活习惯，提高参与饮用水源保护工作的自觉。完善和规范饮用水水源保护区的范围标识，建立严格的保护制度，实施严格的管理。

【水环境问题整治】 2021年，坚持问题导向、目标导向、结果导向，统筹谋划，加大投入，系统治污，全面加大突出水环境整治力度，2个列入2021年度省水污染防治重点工程项目已全部完成，完工率100%。完成“千吨万人”饮用水水源地整治任务，阜宁潮河公兴水源地保护区划分方案已经省政府批复同意。完成阜宁经济开发区污水处理设施整治核查并形成整改报告。

【大气污染防治】 2021年，阜宁县PM2.5年均浓度32微克/立方米；优良天数312天，优良天数比例85.5%。建立点位长责任制，每月通报全县2个省控站点和15个乡镇站点空气质量数据及在全市排名情况，推动点位长尽责履职。完成低挥发性有机物等原辅料源头替代项目2个，打造1家源头替代示范型企业。完成东益经济区和高新区两个涉及挥发性有机物重点企业集群排查或“回头看”工作。对32个县区级及以下产业园区（集聚区）开展排查整治工作。督促5家挥发性有机物排放重点监管企业编制挥发性有机物综合治理“一企一策”方案。完成3家企业重点行业绿色改造工程项目。完成1个无组织排放和20个储罐治理项目整治工作。完成5台燃煤锅炉超低排放改造和11台燃煤锅炉淘汰工作；完成30台燃气锅炉低氮改造或“回头看”工作；完成64台生物质锅炉超低排放或“回头看”工作。推进工业炉窑综合整治，完成6家企业28台工业炉窑深度治理或清洁能源替代。淘汰国三及以下排放标准的营运柴油货车50辆。开展柴油车路检路查，非道路移动机械入户抽测，完成柴油车路检路查180辆，机动车入户监督抽测48辆，工程机械监督抽测72台。对6家机动车检测机构进行全覆盖检查。先后印发《扬尘治理专项行动实施方案》《阜宁县环境噪声专项整治工作方案》《阜宁县2021年挥发性有机物专项治理攻坚行动方案》《阜宁县2021年餐饮油烟污染综合治理工作方案》4个专项整治行动工作方案，强化源头替代、日常监管和末端治理，全力压减大气污染物排放。修订并发布《阜宁县重污染天气应急预案》，加强重污染天气应对，做好“进博会”“国家公祭日”等重大活动空气是质量保障工作。编制阜宁县144家企业重污染天气应急减排清单。全县建成15个乡镇（街道）空气监测站建设。

【土壤污染防治】 2021年，全县土壤环境质量总体保持稳定，污染地块和污染耕地安全利用率实现双“100”；农村生活污水治理设施行政村覆盖率达100%；危废处置利用能力14.8万吨/年。对全县85家重点行业企业开展信息采集工作，后增补13家，共计98家重点行业企业地块，全部录入国家信息采集系统。在重点行业企业土壤信息采集工作基础上，确定需开展土壤污染状况调查企业共计10家；对在产的4家企业，通知企业自行开展相关调查工作；对关闭的6家企业开展土壤调查公开招标，委托苏州宏宇环境科技股份有限公司开展调查、现场核实，并编制采样方案，10家地块已全部调查结束。根据省市要求，阜宁县全市第一家公开招标开展全县地下水调查工作招标工作，率先完成全县地下水调查和分区工作。对全县在产的重点监管企业进行梳理，针对有色金属冶炼、石油加工、化工、电镀、制革以及农药、铅蓄电池、钢铁和危险废物产生及利用处置等重点行业企业进行排查，公布企业名单8家，并与相关单位签订土壤污染防治责任书，严查土壤污染重点单位，控制土壤环境污染风险。高新区取消化工定位，部分化工企业关闭，存在土壤污染风险，全年完成高新区关闭退出的16家化工企业土壤污染状况调查，初步摸清高新区土壤污染状况，确保污染地块的污染状况及时发现，对部分地块实施风险管控，适时开展污染地块的土壤修复工作。推进现有工业集聚区整合和提升，取消阜宁高新技术产业园化工产业定位。关停化工企业并开展拆除工作，加快城市建成区内江苏双多化工搬迁工作。优化调整产业结构，加大高新区化工整治力度，彻底淘汰整治安全系数低、污染问题严重的化工企业，对不符合标准的坚决关停淘汰。完成全县331个行政村生活污水设施及管网建设任务，积极开展现场督查督导，行政村建成生活污水治理设施100%。重新组织农村黑臭水体排查，重新制定可行的整治方案，现场排查认定并对部分疑似黑臭水体监测取样，重新核定15条黑臭水体。通过疏浚、绿化、控源、管护等工程积极开展治理，全年完成15条黑臭水体的治理。根据省生态环境厅《关于做好江苏省危险废物全生命周期监控系统上线运行工作的通知》，在前期5家重点企业接入危险废物全生命周期监控系统的基础上，全县110家企业全部接入危险废物全生命周期监控系统，开展危险废物产生、转移和处置利用的全过程管理。

环境监管

【概况】 2021年，阜宁县落实生态环境保护行政执法三项制度，推动全县生态环境系统依法执法、规范执法、阳光执法。开展危险废物处置百日执法、污水处理厂专项执法、涉氟化物企业专项检查、涉铊企业排查整治工作、废矿物油污染专项整治、涉水企业事故排放及应急处置设施专项检查等各类专项行动，全年依法立案查处44件，罚款299.66万元，依法涉嫌刑事犯罪移交司法机关4件、涉嫌行政拘留移交公安机关2件、查封扣押6件、限产1件。中央和省级环保督察以及市委巡察、市人大交办问题整改，均达年度工作要求。不断完善环境信访工作机制，环境信访总量较2020年下降15.8%。

【污染源监测】 高质量完成环境质量监测工作，全年获得环境监测数据近60万个，为全面改善生态环境质量提供数据支撑；监测企业155多家次，获得污染源监测数据1458个，完成监测报告、报表170份；投入290余万元购买一辆移动监测车，可移动监测空气质量，投入30余万元购买便携式检测仪、土壤重金属检测仪等现场监测设备，投入100余万元购买离子色谱、化学需氧量、石油等实验室分析仪器；投入2000多万元用于自动监测能力建设，完成潮河水站和板湖水厂水站升级改造，在四通河和通榆河上新建2座小型水质自动站，完成15个乡镇空气自动站的建设、验收并正常运行。严格对照省市要求，加强监测监控体系建设，进一步完善开发区监测监控网络体系。开展建设实施方案编制、项目点位选址、项目标书编制、资金落实、上网公开招标，年底前完成项目建设。通过日常平台巡查，结合市生态环境局通报等，针对平台中发现的数据缺失和超标等异常数据，及时交办属地进行现场核查，大部分异常数据均开展现场执法活动。督促企业按时完成平台超标异常处置问题，全年累计督促处理自动监控数据超标、设备不正常运行12起。

【环境保护督查】 2016年中央环保督察交办信访件25件、2018年中央环保督察“回头看”交办信访件17件都已完成整改，并完成销号。2019年省级生态环境保护督察交办问题6个、信访件11件，5个问题和3件市级信访件已通过市级销号，8件县级信访件已完成整改并通过县级销号，1件正在整改的是化工整治问题，该问题整改时限为2022年12月底。2020年，长江经济带生态环境警示片曝光阜宁县通榆河生态红线一级管控区存在27个违法违规项目，县成立通榆河整治工作组，县委、县政府主要负责人对重点问题进行现场督查、现场交办，并邀请省、市生态环境部门来阜进行现场指导，通过无人机巡查和现场核查相结合的方式全面摸排违法违规项目具体情况，共拆除违章建筑40613.22平方米，通榆河生态红线27个违法违规项目整治任务全部完成，通过省生态环境厅“回头看”现场核查工作。

【环境监管执法】 优化执法重点，重点开展流域水陆协同专项执法行动、大气污染协同专项执法行动、危险废物环境违法犯罪和重点排污单位自动监测数据弄虚作假违法犯罪专项行动、生态环境数据弄虚作假专项执法行动、噪声污染专项执法行动、环境风险隐患监督检查等六大专项行动，以打击突出违法问题为重点，采取交叉互查、集中整治、重点攻坚等多种方式，精准解决一批重大生态环境问题。优化执法方式。常态开展执法大练兵和技能比武，坚持“全年、全员、全过程”大练兵模式，建立健全执法大练兵制度，常态化开展执法大练兵。强化移动执法系统应用，利用污染源在线监控平台进行数据分析，有效查找环境违法行为，提高非现场执法能力，加大无人机、走航监测等现代感知手段应用，健全“实时预警—调查检查—溯源执法—情况通报”闭环工作机制。推动自动监测监控全覆盖，确保重点污染源自动监测监控数据实现应联尽联。优化执法效能。加大执法力度，强化日常监管，在日常执法检查的同时增加“双随机”检查、夜间检查、突击检查频次，每月从标准执法记录数、执法效率、立案数、拟处罚金额等方面强化对执法人员进行考核，根据综合绩效考核成绩排名，在单位公示栏公示各人的执法情况，成绩前3名纳入红榜，最后2名纳入黑榜，“红黑榜”考核情况将作为年底评优、个人职级晋升的重要依据。优化联动执法机制。健全环境行政执法与司法联动机制，全年召开2次司法联动联席会议（活动），专门讨论涉嫌司法移送环保案件和污染损害赔偿案件。开展污染损害赔偿案例实践，全年办理污染损害赔偿案件2件全部结案，11家企业投保环境污染责任保险。3月26日下午，在盐城华钛化学有限公司开展阜宁县生态环境应急拉练暨盐城华钛化学有限公司储罐泄漏突发环境事件应急演练，邀请市生态环境综合行政执法局分管领导现场指导，组织全县较大环境隐患以上企业和环境执法人员现场观摩，提高企业应急处置能力和环境应急队伍的快速反应能力。7月5日上午，在盐城淇岸环境科技有限公司会议室进行环境应急处置培训暨应急演练桌面推演，通过讲解和推演，强化环境风险防范意识，提升执法队伍突发环境事件应急能力，做到迅速应对，妥善处置。完善信访调处组织机制，专门设立信访接待室，明确信访接待值班制度，安排专人负责信访受理、转办、督办、反馈等工作，落实专职人员管理12345、12369等信访平台，落实局领导信访包案，严把接访初访关。严格落实回访反馈制度，及时进行回访，切实减少越级信访及重复信访。对重点信访问题依法化解、分类处置，件件落实，逐一解决。全年在12345平台受理信访308件、答复归档304件，全国生态环境信访投诉举报平台受理信访16件、答复归档14件，江苏省生态环境信访举报系统受理信访35件、答复归档30件，其他方式受理信访14件、答复归档10件，受理率为100%，均在规定时限内进行调处，有效地控制环境污染信访纠纷。印发《危险废物等安全专项整治三年行动具体实施方案》，开展危险废物三年安全专项整治工作，切实加强安全排查，确保环境安全，共检查问题413个，处罚企业1家；制定《危险废物处置企业使用危险化学品使用安全专项整治具体工作方案》，开展危险废物处置企业使用危险化学品使用安全专项整治，全年聘请安全专家2次对全县4家危险废物经营单位开展安全专项检查，对专家检查提出的22条安全问题及时移交有关部门，确保危废处置企业环境安全；牵头组织召开全县环境安全生产工作联动会议，加强部门联动，实行联合监管，针对专项行动中排查出来的环境安全隐患销号工作进行会商，通报专项整治中发现的安全问题，请相关职能部门积极帮助企业完善相关规划、安全、消防手续，推进环境安全隐患销号。 （李　娟）

科学技术

综　述

【概况】2021年，全县获批国家高新技术企业47家，市外引进国家高新技术企业7家，高新技术企业总量达160家。61家企业进入市高企培育库，省级星创天地、市级农业科技型企业各2家。成功举办第五届县科技创业大赛，28个团队和企业参赛，参赛项目涉及电子信息、新能源及节能环保、农业科技、先进制造、新材料等5大行业，在全县营造科技创新创业的氛围。同时宣传“苏科贷”政策，帮助昊晨机械、恒生环保等27家企业解决资金难题，累计发放科技贷款7765万元。

2021年阜宁县科学技术基本情况一览表

表26　　单位：万元

项　目	计量单位	2021年	2020年
获得各级政府科技进步奖项目	项		
国家级	项		
省级	项		
市级	项		
实施科技项目数	项	9	
1. 国家级	项		
2. 省级	项	9	
市级以上研发机构	个	36	29
1. 国家级	个		
2. 省级	个	3	3
3. 市级	个	33	26
高新技术企业数	个	160	150
1. 国家级	个	160	150
2. 省级	个		—
省民营科技企业数	个	56	57
省级以上高新技术产品	个		—
技术合同			
合同数	个	105	23
合同成交总额	万元	74202	121900
技术交易额	万元	43521	11531
江苏省工程技术研究中心认定数	家	1	1
江苏省企业院士工作站认定数	家		
江苏省农业科技型企业认定数	家		
江苏省科技进步奖	个		
专利申请授权量	件	2294	1780
1. 发明专利	件	68	88
2. 实用新型专利	件	2085	1587
3. 外观设计专利	件	141	105

【叶自春在阜宁洽谈项目】 1月6日，上海姚记生物科技集团有限公司总裁叶自春一行在阜宁洽谈项目合作，并举行项目座谈以及智慧工厂项目签约。县委书记徐华明参加活动并介绍阜宁县经济社会发展情况。叶自春详细介绍姚记生物科技集团有限公司在智慧工厂、水产饲料项目等业务领域，并对阜宁县经济社会发展、营商环境优化以及城乡面貌等方面给予高度评价，对来阜投资合作充满信心。签约仪式上，县高新区与上海姚记生物科技集团成功签约计划投资5亿元的智慧工厂项目。

科技计划实施

【概况】 全年组织120家企业申报国家高新技术企业，获批47家，市外引进国家高新技术企业7家。61家企业进入市高企培育库，获批省民营科技企业57家，市工程技术研究中心29家，省工程技术研究中心1家，市科技副总4家，省科技副总35家。实施省苏北专项8项，获省330万元资金支撑。发放科技成果转化风险补偿专项资金贷款7765万元。

2021年阜宁县列入国家、省、市科技计划项目一览表

表27

序号	项目类别	项目名称	承担单位	获批金额(万元)
1	国家高企	江苏宏纬工业用布有限公司		
2		江苏凯奥机械制造有限公司		
3		阜宁协鑫光伏科技有限公司		
4		江苏天域阀业制造有限公司		
5		江苏东方滤袋股份有限公司		
6		江苏明晶布业股份有限公司		
7		江苏至臻环保科技有限公司		
8		江苏汇达森环保材料有限公司		
9		江苏丽王科技股份有限公司		
10		江苏三昌纺织有限公司		
11		江苏恒达机械制造有限公司		
12		江苏洛克精密铸造有限公司		
13		江苏天正电气有限公司		
14		江苏经纬阀业有限公司		
15		江苏昊晨机械制造有限公司		
16		江苏神山风电设备制造有限公司		
17		江苏中成紧固技术发展股份有限公司		
18		盐城市弘通石油机械有限公司		
19		盐城朗日新材料科技有限公司		
20		江苏万兴石油装备有限公司		
21		江苏诺温特热能设备有限公司		
22		江苏双马线缆科技有限公司		
23		阜宁县石油机械有限公司		
24		盐城狮峰机械制造有限公司		
25		江苏爱丝品环保新材料有限公司		
26		阜宁县万宇电气设备有限公司		
27		阜宁中自船舶配件有限责任公司		
28		盐城雄威石化通用机械设备有限公司		
29		江苏晟欣防排水材料有限公司		
30		盐城市佳鑫石化机械制造有限公司		
31		盐城市恒通石油机械制造有限公司		
32		世纪电缆有限公司		
33		盐城华钛化学有限公司		
34		江苏亚旗环保科技有限公司		
35		阜宁创新铸业有限公司		

续表

序号	项目类别	项目名称	承担单位	获批金额(万元)
36	国家高企	上伟（江苏）碳纤复合材料有限公司		
37		江苏黄河药业股份有限公司		
38		盐城市苏豪阀业有限公司		
39		江苏森源环保科技有限公司		
40		江苏中尼机械科技有限公司		
41		江苏宏腾运动场地新材料有限公司		
42		江苏森隆环保科技有限公司		
43		盐城普尔玛汽车配件有限公司		
44		盐城昊宇风电设备技术服务有限公司		
45		盐城晶鑫光学科技有限公司		
46		朗天科技股份有限公司		
47		盐城市禾鼎机械股份有限公司		
48		阜宁东翔信息科技有限公司		
49		盐城锦泽食品机械有限公司		
50		盐城尊祥节能服务有限公司		
51		盐城浩派沃科技服务有限公司		
52		阜宁垣夏科技信息服务有限公司		
53		盐城世尔椏网络科技有限公司		
54		盐城同鑫宏茂信息科技有限公司		
55	市高新技术企业培育库入库企业	阜宁裕隆环保材料有限公司		
56		江苏宏光布业有限公司		
57		盐城市明新工业布有限公司		
58		盐城广良纸品包装有限公司		
59		江苏库锐包装容器有限公司		
60		盐城单民建设工程有限公司		
61		初行电力科技（江苏）有限公司		
62		阜宁富亚机电设备有限公司		
63		阜宁广兴机械有限公司		
64		阜宁县给力风筒布有限公司		
65		阜宁县万宇电气设备有限公司		
66		江苏天信工业橡胶有限公司		
67		阜宁县宏智机械有限公司		
68		江苏富华化工设备有限公司		
69		江苏贵研电子科技有限公司		
70		江苏骅晨环保科技有限公司		
71		江苏康暖科技有限公司		
72		江苏速莱尔环保科技有限公司		
73		江苏鑫景源电力科技有限公司		
74		江苏尊年滤料有限公司		
75		盐城邦瑞电气有限公司		
76		盐城陈宇玻璃有限公司		
77		盐城国瑞电气设备有限公司		
78		江苏望沛自由石加工有限公司		
79		江苏众康环保科技有限公司		

续表

序号	项目类别	项目名称	承担单位	获批金额（万元）
80	市高新技术企业培育库入库企业	拓金（江苏）五金有限公司		
81		盐城金美新材料有限公司		
82		盐城永太服装有限公司		
83		阜宁创新铸业有限公司		
84		阜宁金一新能源科技有限公司		
85		盐城东洁石油机械有限公司		
86		盐城舒乐美胶业有限公司		
87		盐城祥升铸造有限公司		
88		盐城昊隆机械有限公司		
89		盐城众奥新材料科技有限公司		
90		阜宁华尔特阀业有限公司		
91		江苏宝帆重工机械有限公司		
92		江苏铂康生物科技有限公司		
93		江苏华龙鼎门业科研有限公司		
94		江苏汇联智通通信科技有限公司		
95		江苏赛恩洛克流体系统科技有限公司		
96		江苏森源环保科技有限公司		
97		晟高发新能源发展（江苏）有限公司		
98		阜宁华灿机械有限公司		
99		盐城市欧蓝森环保科技有限公司		
100		江苏华星管夹制造有限公司		
101		江苏森隆环保科技有限公司		
102		江苏中特阀门有限公司		
103		盐城联翔电子科技有限公司		
104		江苏康彩塑料新材料科技有限公司		
105		盐城昊宇风电设备技术服务有限公司		
106		盐城市超强空调设备有限公司		
107		阜宁锦宇塑业有限公司		
108		江苏椿宇机械制造有限公司		
109		江苏欧尼亚食品有限公司		
110		江苏晟功筑工有限公司		
111		江苏仕航电气有限公司		
112		江苏多禾木业有限公司		
113		阜宁东益新港混凝土制品有限公司		
114		盐城市金达纺织有限公司		
115		江苏方舟环保科技有限公司		
116	省民营科技企业	江苏宏泰石化机械有限公司		
117		盐城众奥新材料科技有限公司		
118		盐城市正扬钢绳有限公司		
119		盐城海博滤材科技有限公司		
120		江苏鑫富达电气有限责任公司		
121		盐城市华研复合材料有限公司		
122		盐城卡斯特管夹制造有限公司		
123		盐城佳宇环保科技有限公司		

续表

序号	项目类别	项目名称	承担单位	获批金额（万元）
124	省民营科技企业	江苏悦谷农业科技发展有限公司		
125		江苏源万隆给排水设备有限公司		
126		盐城荣之圣复合材料有限公司		
127		阜宁锦宇塑业有限公司		
128		盐城木鱼金属科技有限公司		
129		盐城市百年京宁食品有限公司		
130		江苏宏光布业有限公司		
131		盐城市弘通石油机械有限公司		
132		江苏同花盛鞋业有限公司		
133		江苏托普轮胎股份有限公司		
134		江苏应流机械制造有限责任公司		
135		江苏宏尚源机械有限公司		
136		阜宁县工业管道阀门制造有限公司		
137		阜宁县阜虹食品有限公司		
138		江苏波尔检测技术有限公司		
139		江苏欧尼亚食品有限公司		
140		江苏汇联智通通信科技有限公司		
141		江苏库锐包装容器有限公司		
142		阜宁县中洲阀门有限公司		
143		盐城昊隆机械有限公司		
144		江苏飕风环保科技有限公司		
145		阜宁铭源机床附件制造有限公司		
146		江苏新凯预涂膜科技有限公司		
147		江苏众康环保科技有限公司		
148		江苏尊年滤料有限公司		
149		江苏赛恩洛克流体系统科技有限公司		
150		江苏菲期特流体科技有限公司		
151		江苏中磊环保科技有限公司		
152		江苏艾尔克斯净化设备有限公司		
153		盐城优源环保科技有限公司		
154		江苏安味臻食品有限公司		
155		阜宁县广厦新型建材有限公司		
156		江苏仕航电气有限公司		
157		盐城金美新材料有限公司		
158		江苏安轩项目管理有限公司		
159		江苏康暖科技有限公司		
160		盐城永太服装有限公司		
161		盐城广良纸品包装有限公司		
162		森铂（盐城）三维科技有限公司		
163		江苏精异重工机械有限公司		
164		盐城集微轴承有限公司		
165		盐城市禾鼎机械股份有限公司		
166		江苏金亿源电力设备制造有限公司		
167		江苏金兴铠源机械有限公司		

续表

序号	项目类别	项目名称	承担单位	获批金额(万元)
168	省民营科技企业	盐城贝思尔燃气设备有限公司		
169		江苏润州建设有限公司		
170		江苏华龙鼎门业科研有限公司		
171		江苏望沛自由石加工有限公司		
172		江苏方舟环保科技有限公司		
173	市工程技术研究中心	盐城市高性能有机颜料工程技术研究中心	江苏彩瑞实业有限公司	
174		盐城市新能源汽车车用齿轮工程技术研究中心	盐城市禾鼎机械有限公司	
175		盐城市电动服务车辆工程技术研究中心	江苏金风彩电动车辆有限公司	
176		盐城市化工污水处理工程技术研究中心	江苏瑞达环保科技有限公司	
177		盐城市工业车辆实心轮胎及车轮工程技术研究中心	江苏托普车轮胎有限公司	
178		盐城市高低压电气成套设备工程技术研究中心	江苏天正电气有限公司	
179		盐城市（精异）石油装备锻造工程技术研究中心	江苏精异锻造股份有限公司	
180		盐城市（舒恒）管夹工程技术研究中心	舒恒管夹制造有限公司	
181		盐城市（阜宁）石油机械工程技术研究中心	阜宁县石油机械有限公司	
182		盐城市柔性导风筒工程技术研究中心	阜宁九龙输送装备有限公司	
183		盐城市（雄威）石油井口装备工程技术研究中心	盐城雄威石化通用机械设备有限公司	
184		盐城市（宏达）井下工具工程技术研究中心	阜宁县宏达石化机械有限公司	
185		盐城市（洛克）精密铸造工程技术研究中心	江苏洛克精密铸造有限公司	
186		盐城市（灵氟隆）聚四氟乙烯制品工程技术研究中心	灵氟隆新材料科技江苏有限公司	
187		盐城市（吉平）矿用风筒工程技术研究中心	盐城市吉平人造革有限公司	
188		盐城市（至臻）耐高温复合滤料工程技术研究中心	江苏至臻环保科技有限公司	
189		盐城市（通盛）除尘布袋工程技术研究中心	江苏通盛滤料有限公司	
190		盐城市（世邦）除尘布袋工程技术研究中心	盐城世邦布业有限公司	
191		盐城市（爱丝品）环保除尘滤材工程技术研究中心	江苏爱丝品环保新材料有限公司	
192		盐城市（恒鑫）高性能石化机械工程技术研究中心	江苏恒鑫石化机械有限公司	
193		盐城市（高特）调节阀工程技术研究中心	江苏高特阀业有限公司	
194		盐城市（安普）高性能耐磨陶瓷阀门工程技术研究中心	江苏安普阀门机械有限公司	
195		盐城市（上伟）碳纤维复合材料工程技术研究中心	上伟（江苏）碳纤复合材料有限公司	

续表

序号	项目类别	项目名称	承担单位	获批金额(万元)
196	市工程技术研究中心	盐城市（鑫源）石油钻采装备工程技术研究中心	盐城市鑫源石化机械有限公司	
197	市工程技术研究中心	盐城市（华泽）环保滤料工程技术研究中心	江苏华泽环保集团有限公司	
198	市工程技术研究中心	盐城市（协鑫集成）光伏发电工程技术研究中心	阜宁协鑫集成科技有限公司	
199	市工程技术研究中心	盐城市（亚旗）活性炭工程技术研究中心	江苏亚旗环保科技有限公司	
200	市工程技术研究中心	盐城市（中洲）精密锻压阀门工程技术研究中心	阜宁县中洲阀门有限公司	
201	市工程技术研究中心	盐城市（应流）异形环类锻件工程技术研究中心	江苏应流机械制造有限责任公司	
202	省工程技术研究中心	江苏恒达机械制造有限公司		
203	市科技副总	江苏沃慧德智能流体科技有限公司		
204	市科技副总	江苏灵氟隆环境工程有限公司		
205	市科技副总	盐城世邦布业有限公司		
206	市科技副总	盐城市精工铸业股份有限公司		
207	省科技副总	盐城市通力石油机械有限公司		
208	省科技副总	阜宁创新铸业有限公司		
209	省科技副总	盐城陈宇玻璃有限公司		
210	省科技副总	江苏金科环境工程科技有限公司		
211	省科技副总	江苏森源防水材料股份有限公司		
212	省科技副总	江苏索西热能科技有限公司		
213	省科技副总	江苏申源电气工程有限公司		
214	省科技副总	江苏金石玄武岩纤维科技有限公司		
215	省科技副总	江苏万高新能源科技发展有限公司		
216	省科技副总	江苏信旺电气有限公司		
217	省科技副总	盐城市中天磁材有限公司		
218	省科技副总	江苏新汇源电气科技有限公司		
219	省科技副总	江苏华泽环保集团有限公司		
220	省科技副总	江苏鼎盛滤袋有限公司		
221	省科技副总	江苏双马线缆科技有限公司		
222	省科技副总	江苏阜祥阀门制造有限公司		
223	省科技副总	盐城市星火阀业制造股份有限公司		
224	省科技副总	盐城市精工阀门有限公司		
225	省科技副总	江苏新科达滤袋有限公司		
226	省科技副总	盐城东盛磁电科技有限公司		
227	省科技副总	盐城麦宝卫浴有限公司		
228	省科技副总	朗天科技股份有限公司		
229	省科技副总	江苏润州建设有限公司		
230	省科技副总	盐城市精工铸业股份有限公司		
231	省科技副总	阜宁中自船舶配件有限责任公司		
232	省科技副总	江苏天正电气有限公司		
233	省科技副总	盐城博尔滤料有限公司		
234	省科技副总	盐城祥升铸造有限公司		
235	省科技副总	江苏宁富食品有限公司		

续表

序号	项目类别	项目名称	承担单位	获批金额(万元)
236	省科技副总	江苏瑞赛克环保设备科技股份有限公司		
237		江苏绿瑞特环境科技有限公司		
238		江苏鑫鸿运滤料有限公司		
239		江苏黄河药业股份有限公司		
240		江苏沃慧德智能流体科技有限公司		
241		江苏中尼机械科技有限公司		
242	省苏北科技专项	莲藕、小龙虾综合种养关键技术集成与应用	阜宁县兴茂水产养殖有限公司	52
243		南美白对虾套养罗氏沼虾关键技术集成与应用	阜宁惠之丰水产养殖有限公司	49
244		池塘小龙虾“一轮三季”健康养殖关键技术集成示范	盐城恒发农业科技有限公司	43
245		稻、虾综合生态种养技术集成与示范推广	阜宁县凯胜农业发展有限公司	42
246		基于“减抗替抗”生猪健康养殖关键技术集成与应用	阜宁县开秀禽业有限公司	44
247		古黄河高堤生态林下培肥增效种植模式集成示范	阜宁同营木业有限公司	35
248		大棚西瓜水旱轮作高效栽培技术集成与应用	阜宁县文之泽农业发展有限公司	34
249		“大叶女贞和草坪草”复合式栽培技术集成及推广	阜宁县宏茂农业发展有限公司	31

2021年阜宁县科技成果转化风险补偿专项资金贷款

表28

序号	贷款企业	贷款银行	贷款额度(万元)
1	盐城世通阀门机械有限公司	江苏银行	130
2	江苏瀚霆环保滤材有限公司	南京银行	100
3	江苏速莱尔环保科技有限公司	南京银行	200
4	江苏金科环境工程科技有限公司	南京银行	300
5	江苏诚大运动场地新材料有限公司	阜宁农商行	200
6	江苏宏纬工业用布有限公司	南京银行	100
7	江苏洛克精密铸造有限公司	南京银行	300
8	江苏强伟环保科技有限公司	南京银行	300
9	江苏昊晨机械制造有限公司	江苏银行	500
10	江苏大相智能装备有限公司	农业银行	200
11	江苏精异锻造股份有限公司	农业银行	500
12	江苏万盛绿色食品股份有限公司	南京银行	300
13	江苏润众环保材料有限公司	南京银行	100
14	江苏天域阀业制造有限公司	江苏银行	200
15	江苏怀仁生物科技有限公司	农业银行	500
16	朗天科技股份有限公司	南京银行	500
17	江苏恒生环保科技有限公司	农业银行	500
18	江苏鑫鸿运滤料有限公司	南京银行	200
19	江苏三元环保科技有限公司	农业银行	300
20	江苏宏纬工业用布有限公司	南京银行	200
21	江苏苏龙环保科技有限公司	农业银行	485

续表

序号	贷款企业	贷款银行	贷款额度（万元）
22	江苏氟莱尔环保科技有限公司	农业银行	300
23	江苏森源防水材料股份有限公司	农业银行	500
24	江苏亚旗环保科技有限公司	农业银行	300
25	江苏景程防水材料有限公司	农业银行	200
26	盐城市禾鼎机械股份有限公司	华夏银行	150
27	盐城市苏豪阀业有限公司	南京银行	200
	合　计		7765

高新技术产业

【概况】 强化高企创建的政策宣传和辅导，深入各镇区、企业宣传发动、上门辅导、对标补差。全年共培育61家企业进入市高企培育库，组织120家企业申报国家高新技术企业，47家获批，其中重新申报获批23家、新获批24家，市外引进国家高新技术企业7家，高企总量达到160家。

2021年阜宁县国家、省、市级高新技术企业名录一览表

表29

序号	企业名称	级别	获批时间
1	阜宁凯盛不锈钢材料有限公司	国家	2019
2	盐城市恒星石油化学有限公司	国家	2019
3	江苏润众环保材料有限公司	国家	2019
4	江苏清湖实业有限公司	国家	2019
5	雷纳德流体智能科技江苏股份有限公司	国家	2019
6	江苏新汇源电气科技有限公司	国家	2019
7	江苏金海新能源科技有限公司	国家	2019
8	江苏托普轮胎股份有限公司	国家	2019
9	江苏鼎盛滤袋有限公司	国家	2019
10	江苏绿地环保滤材有限公司	国家	2019
11	灵氟隆新材料科技江苏有限公司	国家	2019
12	江苏喜洋洋环保设备科技有限公司	国家	2019
13	江苏柯沣石化机械有限公司	国家	2019
14	江苏宏泰石化机械有限公司	国家	2019
15	江苏利民新型防火材料有限责任公司	国家	2019
16	江苏京冶海上风电轴承制造有限公司	国家	2019
17	江苏应流机械制造有限责任公司	国家	2019
18	江苏森泽环保工程科技有限公司	国家	2019
19	江苏瀚霆环保滤材有限公司	国家	2019
20	江苏丰源布业有限公司	国家	2019
21	阜宁丰隆机电制造有限公司	国家	2019
22	江苏泛华环境科技有限公司	国家	2019
23	江苏新科达滤袋有限公司	国家	2019
24	盐城市祥顺阀业有限公司	国家	2019
25	阜宁县元丰泵业有限公司	国家	2019
26	江苏三元环保科技有限公司	国家	2019
27	盐城市吉平人造革有限公司	国家	2019
28	江苏通盛滤袋有限公司	国家	2019
29	江苏东旺环保科技有限公司	国家	2019
30	江苏欧美克自动化设备有限公司	国家	2019

续表

序号	企业名称	级别	获批时间
31	盐城神瑞胶带有限公司	国家	2019
32	阜宁隆德机械制造有限责任公司	国家	2019
33	江苏坤威电力科技有限公司	国家	2019
34	江苏润州建设有限公司	国家	2019
35	江苏华伟防水材料有限公司	国家	2019
36	江苏固牌新材料科技有限公司	国家	2019
37	江苏阜升环保集团有限公司	国家	2019
38	中稀（阜宁）稀土新材料有限公司	国家	2019
39	江苏精异锻造股份有限公司	国家	2019
40	江苏盐高阀门制造有限公司	国家	2019
41	江苏沃慧德智能流体科技有限公司	国家	2019
42	江苏瑞达环保科技有限公司	国家	2019
43	盐城麦宝卫浴有限公司	国家	2019
44	盐城欣昌新型建材有限公司	国家	2019
45	江苏特尔维斯智能科技有限公司	国家	2019
46	江苏粤阜合金材料有限公司	国家	2019
47	盐城市宁润玻璃制品有限公司	国家	2019
48	盐城市鑫源石化机械有限公司	国家	2019
49	盐城锦泽食品机械有限公司	国家	2019
50	阜宁东翔信息科技有限公司	国家	2020
51	盐城尊祥节能服务有限公司	国家	2020
52	阜宁垣夏科技信息服务有限公司	国家	2020
53	盐城世尔榧网络科技有限公司	国家	2020
54	盐城同鑫宏茂信息科技有限公司	国家	2020
55	阜宁联达机电制造有限公司	国家	2020
56	江苏恒锐环保科技有限公司	国家	2020
57	中材科技（阜宁）风电叶片有限公司	国家	2020
58	阜宁泰利泵业有限公司	国家	2020
59	盐城市森鑫石油机械有限公司	国家	2020
60	江苏蓝天环保集团股份有限公司	国家	2020
61	盐城平云机械制造有限公司	国家	2020
62	江苏水碧天蓝节能环保科技有限公司	国家	2020
63	盐城胜达锻压件有限公司	国家	2020
64	盐城市正扬钢绳有限公司	国家	2020
65	江苏正达机械制造有限公司	国家	2020
66	江苏泸泉泵业有限公司	国家	2020
67	盐城森诺建材科技有限公司	国家	2020
68	阜宁鑫特机械制造有限公司	国家	2020
69	阜宁金航水泵配件有限公司	国家	2020
70	阜宁县腾雨铸件有限公司	国家	2020
71	阜宁阿特斯阳光电力科技有限公司	国家	2020
72	阜宁木森铸件有限公司	国家	2020
73	江苏阜祥阀门制造有限公司	国家	2020
74	江苏索西热能科技有限公司	国家	2020
75	阜宁优越机械有限公司	国家	2020

续表

序号	企业名称	级别	获批时间
76	江苏鑫泉环保材料有限公司	国家	2020
77	盐城市中天磁材有限公司	国家	2020
78	江苏高特阀业有限公司	国家	2020
79	阜宁县曙光合成革有限公司	国家	2020
80	江苏恒生环保科技有限公司	国家	2020
81	江苏氟莱尔环保科技有限公司	国家	2020
82	江苏臻中滤料科技有限公司	国家	2020
83	盐城博尔滤料有限公司	国家	2020
84	阜宁县宏达石化机械有限公司	国家	2020
85	江苏强伟环保科技有限公司	国家	2020
86	江苏金石玄武岩纤维科技有限公司	国家	2020
87	江苏航锋金刚石工具有限公司	国家	2020
88	盐城市大昌石化设备有限公司	国家	2020
89	阜宁苏民绿色能源科技有限公司	国家	2020
90	江苏丰鑫源环保集团有限公司	国家	2020
91	江苏景程防水材料有限公司	国家	2020
92	江苏菲斯特滤料有限公司	国家	2020
93	阜宁县荣泰纺织品有限公司	国家	2020
94	特阀江苏流体机械制造有限公司	国家	2020
95	盐城市精工铸业股份有限公司	国家	2020
96	江苏鑫鸿运滤料有限公司	国家	2020
97	江苏氟美斯环保节能新材料有限公司	国家	2020
98	盐城市博莱格绳网有限公司	国家	2020
99	盐城市欧蓝森布业有限公司	国家	2020
100	江苏彩瑞实业有限公司	国家	2020
101	江苏工一流体控制设备有限公司	国家	2020
102	江苏中鼎塑业有限公司	国家	2020
103	江苏瑞赛克环保设备科技股份有限公司	国家	2020
104	江苏万高新能源科技发展有限公司	国家	2020
105	江苏灵氟隆环境工程有限公司	国家	2020
106	盐城市通力石油机械有限公司	国家	2020
107	江苏森源防水材料股份有限公司	国家	2020
108	江苏康隆迪超净科技有限公司	国家	2020
109	盐城森友木业有限公司	国家	2020
110	江苏鹏鹰智造科技有限公司	国家	2020
111	盐城市维民布业有限公司	国家	2020
112	江苏坤泰环保科技有限公司	国家	2020
113	盐城浩派沃科技服务有限公司	国家	2020
114	江苏天域阀业制造有限公司	国家	2021
115	阜宁协鑫光伏科技有限公司	国家	2021
116	江苏凯奥机械制造有限公司	国家	2021
117	江苏宏纬工业用布有限公司	国家	2021
118	盐城朗日新材料科技有限公司	国家	2021
119	江苏双马线缆科技有限公司	国家	2021
120	江苏三昌纺织有限公司	国家	2021

续表

序号	企业名称	级别	获批时间
121	江苏神山风电设备制造有限公司	国家	2021
122	阜宁县石油机械有限公司	国家	2021
123	江苏洛克精密铸造有限公司	国家	2021
124	盐城市弘通石油机械有限公司	国家	2021
125	江苏东方滤袋股份有限公司	国家	2021
126	江苏恒达机械制造有限公司	国家	2021
127	江苏经纬阀业有限公司	国家	2021
128	江苏天正电气有限公司	国家	2021
129	江苏至臻环保科技有限公司	国家	2021
130	江苏丽王科技股份有限公司	国家	2021
131	江苏万兴石油装备有限公司	国家	2021
132	盐城狮峰机械制造有限公司	国家	2021
133	江苏昊晨机械制造有限公司	国家	2021
134	江苏中成紧固技术发展股份有限公司	国家	2021
135	江苏明晶布业股份有限公司	国家	2021
136	江苏汇达森环保材料有限公司	国家	2021
137	江苏诺温特热能设备有限公司	国家	2021
138	盐城雄威石化通用机械设备有限公司	国家	2021
139	阜宁创新铸业有限公司	国家	2021
140	江苏亚旗环保科技有限公司	国家	2021
141	盐城市恒通石油机械制造有限公司	国家	2021
142	江苏中尼机械科技有限公司	国家	2021
143	盐城市禾鼎机械股份有限公司	国家	2021
144	盐城晶鑫光学科技有限公司	国家	2021
145	阜宁中自船舶配件有限责任公司	国家	2021
146	朗天科技股份有限公司	国家	2021
147	江苏黄河药业股份有限公司	国家	2021
148	盐城普尔玛汽车配件有限公司	国家	2021
149	江苏晟欣防排水材料有限公司	国家	2021
150	盐城市佳鑫石化机械制造有限公司	国家	2021
151	世纪电缆有限公司	国家	2021
152	江苏森源环保科技有限公司	国家	2021
153	盐城华钛化学有限公司	国家	2021
154	江苏森隆环保科技有限公司	国家	2021
155	江苏爱丝品环保新材料有限公司	国家	2021
156	盐城昊宇风电设备技术服务有限公司	国家	2021
157	上伟（江苏）碳纤复合材料有限公司	国家	2021
158	盐城市苏豪阀业有限公司	国家	2021
159	阜宁县万宇电气设备有限公司	国家	2021
160	江苏宏腾运动场地新材料有限公司	国家	2021

科技交流与合作

【概况】 加强人才引进，围绕企业人才引进和研发中心建设，积极帮助企业对接高校院所，寻求支撑，帮助企业与东南大学、南京理工大学、常州大学、上海理工大学、江苏科技大学等高校院所开展产学研对接，引进博士后、博士共37人到企业担任科技副总，其中35人获省科技副总计划，4人获批市级科技副总（有两位既是省科技副总也是市科技副总）。累计签订产学研合作协议103项，共促成81家企业与高校、科研院所的产学研合作，其中包括超32项与长三角地区高校、科研院所的合作。帮助江苏彩瑞实业、盐城市禾鼎机械等29家企业建成市级研发中心，恒达机械获批省工程技术研究中心，积极与上海市纺织科学研究院等单位对接，推进环保滤料产业技术研究院建设。

2021年阜宁县各类专业技术人员基本情况一览表

表30　　　　单位：人

类 别	合计	1. 高级		2. 中级		3. 初级	
			#女性		#女性		#女性
合 计	80668	4837	2404	15981	7639	59850	29190
工程技术	46957	763	157	5525	941	40669	15572
农业技术	3126	265	89	953	173	1908	567
卫生技术	9927	1459	637	3427	1774	5041	4156
教学技术	16384	1995	1336	5190	4380	9199	7654
经济专业	864	75	45	181	76	608	299
会计专业	1276	108	61	218	97	950	430
统计专业	521	52	13	140	42	329	135
政工专业	226	36	24	72	34	118	65
其它	1387	84	42	275	122	1028	312

科技成果转化

【概况】 开展产学研对接，实现“线上线下”齐头并进，线上通过“技联阜宁”科技服务平台，向全县企业推荐高校院所最新的技术成果。同时对企业需求进行征集，累计下基层走访42次，摸排企业196家，征集蓝天环保、东方滤袋等企业技术需求167项，围绕企业技术需求，开展“专家、教授阜宁行”活动，主动对接包括东华大学、北京交通大学、扬州大学、盐城工学院等十几所高校的专家、教授进企业进行考察对接。全年申报省科技成果转化项目1项、省重点研发等科技计划项目40余项，组织申报省苏北专项8项，完成技术交易合同额7.42亿元。

2021年阜宁县企业研发活动及相关情况一览表

表31

指标名称	计量单位	2021年	2020年	2021年比2020年 ±%
一、研究开发人员情况				—
研发开发人员合计	人	3251	2998	8.4
其中：女性	人	728	658	10.6
其中：全职人员	人	2097	2341	-10.4
其中：本科毕业及以上人员	人	1228	1142	7.5
二、研究开发费用情况				
研究开发费用合计	万元	141530	125044	13.2
1. 人员人工费用	万元	23716	20874	13.6
2. 直接投入费用	万元	85344	74664	14.3
3. 折旧费用与长期待摊费用	万元	8891	6873	29.4
4. 无形资产摊销费用	万元	812	248	227.4
5. 设计费用	万元	6395	4760	34.4
6. 装备调试费用与试验费用	万元	4716	5692	-17.1
7. 委托外部研究开发费用	万元	2102	2593	-18.9
①委托境内研究机构	万元	74	19	290.5
②委托境内高等学校	万元	364	198	83.8
③委托境内企业	万元	1285	1932	-33.5
④委托境外机构	万元	379	442	-14.3
8. 其他费用	万元	9553	9337	2.3

续表

指标名称	计量单位	2021 年	2020 年	2021 年比 2020 年 ±%
三、研究开发资产情况				
当年形成用于研究开发的固定资产	万元	12275	20448	-40.0
其中：仪器和设备	万元	9621	18307	-47.4
四、政府经费及相关政策落实情况				
来自政府部门的研究开发经费	万元	259	246	5.3
研究开发费用加计扣除减免税	万元	1822	2507	-27.3
高新技术企业减免税	万元	1246	2311	-46.1
五、企业办研究开发机构（境内）情况	—			
期末机构数	个	95	87	9.2
机构研究开发人员	人	1083	1025	5.7
其中：博士毕业	人	19	24	-20.8
硕士毕业	人	73	37	97.3
机构研究开发费用	万元	36547	31490	16.1
期末仪器和设备原价	万元	24998	21120	18.4
六、研究开发产出及相关情况	—			
(一) 专利情况	—			
当年专利申请数	件	473	508	-6.9
其中：发明专利	件	137	147	-6.8
期末有效发明专利数	件	722	504	43.3
其中：已被实施	件	281	196	43.4
(二) 新产品情况	—			
* 新产品销售收入	万元	1005362	729486	37.8
* 其中：出口	万元	49855	48585	2.6
(三) 其他情况	—			
* 期末拥有注册商标	件	151	265	-43.0
发表科技论文	篇	7	14	-50.0
形成国家或行业标准	项	22	5	340.0
七、其他相关情况	—			
(一) 技术改造和技术获取情况	—			
* 技术改造经费支出	万元	4900	7145	-31.4
* 购买境内技术经费支出	万元	54	59	-9.2

科技管理

【概况】 开展挂钩为企服务活动，将全县规上企业落实到人，实现“一对一”的挂钩服务，协助企业制定科技创新年度计划，全方位为企业提供创新服务，同时安排年轻同志下沉一线、到镇区驻点，累计走访企业200余家，邀请省、市专家10余次来阜宁县开展高企创建、研发费用等培训活动。

【科创奖励】 全年累计向企业发放各类科技创新奖励达6770.74万元，在全县企业中产生了较大的激励作用和示范影响。 （刘小军、李 松）

教育·体育

综　述

【概况】 2021年，阜宁县纳入教育经费统计的各类学校有172个，其中：完中6所(其中民办1所)，初级中学32所(其中民办4所)，小学36所，职业中学2所，特殊教育学校1所，幼儿园101所（其中公办31所）。年末，在校学生141458人，其中：职业中学学生5301人，普通高中学生14149人，普通初中学生34769人，小学学生63524人，特殊教育学校学生343人，幼儿园在园人数23372人。小学适龄儿童入学率、毕业率、升学率均为100%；初中生毕业率100%，升学率99.9%；高中升学率89.9%；幼儿园入学率99.2%。年末教职工9786人。校舍总面积151万平方米，年末固定资产总值265812万元，年末一般图书册数365.8万册。投入资金17000万元，新建北京路初中，校舍面积5.12万平方米；投入资金3439万元，新建其他学校校舍11682平方米。全县普通高考600分以上学生45人，一人被清华大学录取；本科录取人数连续三年居全市前三位；特殊类型招生线上人数突破910人，位于全市第二。中考有10人被盐城中学创新班录取，占全市20%。

2021年阜宁县教育事业基本情况一览表

表32

学校类别	学校数（所）	毕业生数		招生数		在校生数		教职工数				代课教师
		小计	#女生	小计	#女生	小计	#女生	小计	#女性	专任教师	#专任教师（公办）	
一、中小学合计	71	26124	12507	27362	12629	118086	53316	9786	4849	9241	8520	
1. 普通中学	32	13161	6111	16095	7488	48918	22593	4776	2040	4514	3810	
其中：初中	27	9083	4125	11359	5278	34769	15820	3507	1465	3340	3264	
高中	5	4078	1986	4736	2210	14149	6773	1269	575	1174	546	
2. 职业高中	2	1358	607	2000	769	5301	2018	451	205	412	412	
其中：阜宁中等专业学校	1	915	346	1592	513	3981	1282	364	160	329	329	
阜宁县现代服务中等专业学校	1	443	261	408	256	1320	736	87	45	83	83	
3. 普通小学	36	11535	5742	9224	4357	63524	28604	4507	2572	4268	4251	
4. 特殊教育学校	1	70	47	43	15	343	101	52	32	47	47	
二、幼儿园合计	101	10526	5068	5979	2850	23372	11181	2184	2049	1410	300	47
1. 公办	31	3217	1556	2078	1032	7382	3593	376	336	282	282	
2. 集体办												
3. 其他部门办	2	311	155	159	80	683	336	36	36	27	18	47
4. 社会力量办	68	6998	3357	3742	1738	15307	7252	1772	1677	1101		

2021年，阜宁县教育系统在做好疫情防控的同时，开展学校各项工作。15个大阅读课题进入省评，获盐城市“新华杯”小学读书知识竞赛特等奖5个、一等奖8个、二等奖3个，全市第一。全县小学各自打造大阅读工作品牌，实小府前街校区的“百年流韵”大讲堂、实小石字路校区的“阅读领航”、实小向阳路校区的“紫藤诗韵”、实小长春路校区的“长春剧社”、附小新兴路校区的“三坛悦读汇”、益林小学的“创意阅读”、实小北京路校区的“行知书苑”、吴滩小学的“春芽小园地”等。实施体育美育浸润行动计划，规范艺术教育，打造“一校一品”“一校多品”的学校体艺发展新局面。在2021年度生源地助学贷款本息回收工作中，名列

全省第一，连续10年获省教育厅、财政厅绩效评价优秀。

【庆祝建党百年】 在阜宁教育微信公众号开设"党史故事100讲"栏目，每天以文字、图片配以学生或教师讲述的音视频等方式推送一则党史故事，并附带五个党史知识测试题，全县14万学生登录系统答题。局机关和各学校组织3万多名党员干部、师生走进停翅港新四军军部旧址、中共中央华中局第一次扩大会议旧址、盐阜区抗日阵亡将士纪念塔等红色遗址，开展党史学习教育。"阜宁教育·悦读书房"开设户外"党史大课堂"，以中国共产党成立百年来的伟大历史为序，以不同时期的典型事例、历史人物、精彩故事为主干，融歌曲、美术、朗诵、课本剧等元素，并通过阜宁教育微信公众号进行现场直播。该项目已被评为盐城市"永远跟党走"群众性主题宣传教育重点项目。与盐城师范学院、县淮剧团合作，开展"颂扬红色经典·高雅艺术进校园"献礼建党百年主题展演活动，并在线上直播。还通过绘画、作文、歌谣、视频等征集大赛，开展"音乐让生活更美好万人同奏献给党"庆祝中国共产党成立100周年主题乐器演奏日活动，全县各中小学数万名学生带着乐器，走出课堂、校园，走进广场、社区，进行乐器演奏。

【党建工作】 围绕"学党史、悟思想、办实事、开新局"的目标要求，念好"学、讲、做"三字诀，用好阜宁本地红色资源，开展党史学习教育活动。"悦读书房·党史大课堂"项目被评为盐城市"永远跟党走"群众性主题宣传教育重点项目，阜宁教育悦读书房被评为党史学习省级、市级督查观摩点。学习强国、新华社等主流媒体26次报道阜宁教育系统党史学习教育活动。各基层党组织常态化开展"三会一课一日"活动，实施"教坛先锋"工程，24个先进基层党组织、70名优秀共产党员、34名优秀党务工作者在"七一"期间受到教育工委、教育局党委表彰。开展调查研究，指导基层党组织开展党建工作，打造县特殊教育学校"融合教育，共享和谐"、实小向阳路校区"诗心向党，筑梦向阳"、实小苏州路校区"绚丽尚美党建领航"、附小新兴路校区"党建强内涵，'五红'放光芒"、杨集小学"铁性不改初心永红"5个市"一校一品"党建文化品牌。

【教育督导】 举行第四届责任督学聘任大会，新聘任164名责任督学，新聘的14名专职督学，学校、幼儿园98名兼职督学。组织督学开展经常性督导、综合督导和专项督导，《盐阜大众报》2次报道阜宁县教育督学工作动态及取得的成绩。组织3万名学生参加"学宪法、讲宪法"，法治校园网上知识竞赛活动，万名教师网上学法活动，组织参加县"百团大战文艺汇演"获一等奖。年底，接受县人大年终对相关单位谁执法、谁普法履职评比，获第二名。

【"双减"工作】 全县100%学校开展课后服务，100%名师参与课后服务，100%满足有需求的学生参加课后服务。53家学科类培训机构全部注销，压减率100%。教育部、新华社等主流媒体点名表扬阜宁县"双减"做法。

【教育惠民】 全县所有符合条件的学校体育设施继续全面对社会开放，并做好管理工作。继续搞好为学生的课后延时服务，减轻学生家长压力。投入资金3643万元，为全县中小学更换课桌椅20481套，为2299间教室更换照明设备，为东沟小学等7所学校新建厕所，为56所学校安装426台直饮水机，为12所农村初中新建或改造学生浴室。

【科研引领】 全县中小学申报省教研课题6项、省规划课题23项、市规划课题53项、乡村教育专项12项，均在评审中。年内结题的省市规划及教研课题共15项。在研准备结题的省市规划课题和教研课题共有26项。全年有25人次获市基本功或优课一等奖。

（董植林、林树森、陈 锋、刘亚军、戴平俊、于利君）

学前教育

【概况】 2021年，新建幼儿园1所（阜宁县澳门路幼儿园），实际投入990万元，新建校舍2900平方米，增加学位270个。年末，全县有幼儿园101所，其中公办31所，在园幼儿共23372人，学前三年幼儿毛入园率99.21%。有教职工2184人，其中专任教师1410人，在编教师300人。在全市教育系统关心下一代工作中，县幼儿园获先进集体，县东风路幼儿园被市教育局评为盐城市安全工作先进集体。推进课程游戏化建设，开展2轮诊断式教研，组织5期片区轮值研讨活动，推进学前教育普惠健康发展，年内认定普惠性民办园6所，新创省级优质园1所。

【课程建设】 组织"全县幼儿园课程改革区域推进项目轮值研讨"活动，根据领衔项目开展专业书籍共读活动，并结合实践进行案例式分享，推动户外活动领衔项目研究。组织全县幼儿园"家家到"诊断式教研活动，通过听取汇报、观摩活动，访谈幼儿、教师、家长及社会人士，审议环境和保教资料等形式，剖析幼儿园课程建设中存在的问题，通过问诊把脉，现场列出整改清单，跟踪督查，推进课程游戏化进程。邀请南通如皋市教师发展中心姚亚云到阜宁县调研，剖析阜宁县学前教育存在的不足，并提出切实可行的改进建议。全县公、民办幼儿园结对帮扶，通过民办园跟岗、公办园开放，民办园开放、公办园指导等活动，带动整个地区学前教育质量的提升。

【师资优化】 定期组织第二批兼职教研员开展专题研讨、读书分享等活动，加强教研员队伍建设。组织园长到扬中市新坝镇中心幼儿园跟岗学习，现场观摩该园环境创设、区域设置、资源开发及一日活动组织等，并参与镇江市第一期幼儿园课程改革区域推进项目轮值教研活动，学习区域教研、课程改革方面的经验做法，抓实园长跟岗研修。组织全县学前教育名师送教下乡，通过开设示范课、微型讲座以及保教活动观摩诊断等形式，为农村幼儿园提供全面的专业指导，发挥名师引领作用。举行全县学前教育青年教师基本功两轮选拔赛，评出一等奖5名、二等奖8名、三等奖13名，以比赛促青年教师成长。根据男幼师自身优势，将30名男幼师分成5组，每月分小组开展活动，每学期进行县级展示交流，不断淬炼“阳光、阳刚、勇气、大气”幼教男幼师专业特质。举行春学期全县学前教育工作研训会，开展暑期兼职教研员和园长、骨干教师、新教师分层培训，组织园长、骨干教师、保育员参加国家行政干部学院网络培训，并分批组织公、民办园长和骨干教师到北京、南京、大丰、建湖、盐城等地学习，全年培训幼儿教师1500余人次，促进幼师队伍素质提升。

（周向农）

义务教育

【概况】 2021年，全县九年义务教育阶段学校有小学36所，其中九年一贯制学校3所（丰唐实验学校、新沟实验学校，雏阳实验学校），民办学校1所（雏阳实验学校）。初级中学27所，其中民办4所（新沟振兴学校、青沟初中、润远外国语学校、雏阳学校）；九年一贯制学校3所（丰唐、新沟、雏阳）；完全中学有初中部的1所（陈集中学）。在校学生中，小学63524人，其中：女生28604人，少数民族学生88人，寄宿生89人，随迁子女1547人，农村留守儿童6358人，送教上门13人，随班就读230人；初中34769人，其中：女生15820人，少数民族21人，寄宿生7209人，从外省、本省外县随迁子女1547人，随迁进城务工子女1385人，农村留守儿童5944人送教上门21人，随班就读71人。在职教职工中，小学4507人，其中女教职工2572人，在编人员4448人，专任教师4268人（专任教师中，女性2509人，正高级技术职务2人，副高级技术职务651人，中级技术职务2508人，硕士研究生学历83人，本科学历4101人）；初中3507人，其中女教职工1465人，在编人员3252人，专任教师3340人（专任教师中，女性1434人，副高级659人，中级1550人，硕士研究生学历154人，本科学历2857人，专科学历7人）。

【控辍保学】 多年来，阜宁县九年义务教育普及率一直在99.5%以上。初中部分成绩差的学生中往往存有厌学情绪，为防止因厌学而辍学，确保“该入学的一个不少，已入学的一个不走”，年内，县教育局坚持控辍保学月报制度，了解情况，及时处理；学校和社区搞好走访，建立个人档案，落实帮扶措施，让学生们在生活上舒心，学习上有信心，有效防止辍学生的出现。

【国防教育】 全县义务教育学校以“双拥活动月”和“国防教育宣传月”活动为切入点，以开展学生军训、军警民共建活动为契机，上好国防教育课。组织少先队员参观红色遗迹、瞻仰纪念馆、祭扫烈士陵园、寻访烈士足迹、了解简单的军事知识、学习国防教育读本、参加军事夏令营等活动，深化国防教育。

【书法教育】 全县中小学校开展“人人写一手好汉字”书法教育活动，利用阜宁教育微信公众平台，实施线上硬笔书法教学，每周录播江苏省硬笔书法家协会名誉主席汪寅生书法讲座，参加学习的学生书法作业通过教师批改后，挑选优秀学生作业在学校班级展示，然后推荐到年级展示，再到学校展示，最后学校报送局审评，由教育局公布优秀学生和进步学生名单，并将部分优秀学生作业在阜宁教育微信公众平台上展示。还邀请获省书法优质课特等奖的边春艳教师上示范课，邀请本县的国家、省、市、县书法特色校与其它学校交流，在全县形成书法教育春满园的良好局面。2021年，全县义务教育学校创建国家级书法特色校1所、省做书法特色校3所、县级书法特色校6所。在江苏省中小学毛泽东诗词经典书写大赛中，阜宁县有12名参赛选手获奖，县教育局获优秀组织奖；在庆祝中国共产党成立100周年全市中小学生软笔硬笔书法优胜赛中，阜宁县陈集小学5人参赛均获特等奖，县教育局获优秀组织奖。

【实践活动】 组织开展形式多样的德育、阅读、体艺、劳动实践活动，全面提升学生综合素养。各学校开展学生文明礼仪实践教育，助推文明城市创建，打造文明校园。年内有3所学校创成省级文明校园，9所学校创成市级文明校园。继续深化大阅读工作，15个大阅读课题进入省评，获盐城市“新华杯”小学读书知识竞赛特等奖5个、一等奖8个、二等奖3个。实施体育美育浸润行动计划，规范艺术教育，打造“一校一品”“一校多品”的学校体艺发展新局面。

【教学质量】《关于进一步减轻义务教育阶段学生作业负担和校外培训负担的意见》下发后，县教育局采取措施，严把学生作业质量关，严格控制作业量和考试次数，进行专项督查，落实“双减”提高教育教学质量。2021年中考，有10人被盐城中学创新班录取。

【课后服务】 推进课后服务、强化作业管理、规范校外培训机构等工作，切实减轻学生负担。全县100%学校开展课后服务，100%名师参与课后服务，100%满足有需求的学生参加课后服务。53家学科类培训机构全部注销，压减率100%。教育部、新华社等主流媒体点名表扬阜宁县“双减”做法。

【平安校园】 组织8次安全大检查，累计检查993家场所，排查整改安全隐患96个。完善安防“六个”100%建设，校园视频监控达到全覆盖，全部与110指挥中心联网；配齐配足安防器材“八小件”，达到一名保安一套防卫器械标准；门前防冲撞设施全部安装到位，一键报警全部与公安平台联网，所有学校灭火器全部按规定标准配足配齐，全县49所有危化品储藏室的学校全部实现电子监控全覆盖。全县中小学未发生一起安全事故。（孙训光、曹征亚、潘其军）

普高教育

【概况】2021年末，全县有普通高中5所，292个班级，在校学生14149人，其中：女生6773人，少数民族学生20人，寄宿生6512人，残疾生3人，随迁子女529人，共青团员4109人。包括完中、高中、十二年制学校的高中部教职工1269人，其中女性575人，在编人员1269人，专任教师1174人。在专任教师中，专业技术人员1174人，正高级的2人，副高级的440人，中级的417人，助理级的221人；学历是研究生毕业的106人，本科的1066人，专科的2人；教职工中中共党员363人，专任教师中中共党员351人。

2021年高考，全县600分以上45人，1人被清华大学录取；特殊类型招生线上人数突破910人，本科文化连续三年达线数位于全市前2，地方专项录取数连续两年位居全省前2。阜宁中学再次获江苏省文明校园（2019—2021年）称号（连续12年获此殊荣），被评为江苏省思政育人特色学校、江苏省健康促进学校（银奖）、盐城市心理健康教育特色学校、盐城市国防教育示范学校。东沟中学被市教育局表彰为全市毒品预防教育示范学校，创建成盐城市安全发展学校。

【学习党史】阜宁中学将学党史与师德师风建设、“我为师生办实事”、创建文明校园相结合，创新活动形式，丰富学习内容，把学习教育成果转化为服务学校高质量发展的强大动力。东沟中学结合“五项整治”活动，进一步规范教师从教行为，净化育人环境。用党的光荣传统和优良作风，凝聚全校党员干部的力量，用党的实践创造和历史经验明理、增信、崇德、力行。加强党员教师在“修师德、练师能、铸师魂”方面的示范引领作用，倡导全体教师争做“四有”好教师。

【多元培训】为进一步提高普通高中管理水平、教学质量，县教育局搭建平台，要求各校苦练内功开展多元培训。暑期全县教育管理干部培训、中小学各学科暑期培训、备课组长暨学科核心组成员培训、新入职教师培训、高中基础年级教师培训与国家教育行政学院合作的全体3000人网络培训（共10个项目），邀请专家对部分学生家长进行专题培训。结合校情抓细抓实校本研修，并与教研组、备课组活动有机结合起来，组织高中教师参加市统一组织的考试，平时开展师生同考。鼓励广大教师参加省、市、县教育主管部门组织的各类研修、竞赛等活动。县第一高中仅秋学期就组织33次，167人次外出学习培训，有5人次在市、县组织的优质课竞赛中获一、二等奖。

【研训工作】为推进研训工作，提升教师品位，研训员首先带头上课和参加学校活动。开学第一课研训员必上，平时研训员正常到学校参加教研，每周不少于3天到校调研、参加“半日研修”和晚自修教研活动，年人均听课200节左右，并参加学校课堂教学过关等工作。学校教学管理者率先垂范。校长带头上研讨课和示范课，年内，先后有10多位校长、副校长登台献艺。在盐城市高一英语学科培训活动上，县一高校长王国定开设讲座。

【教学管理】全县各学校执行《课程计划》，开齐课程开足课时，落实《江苏省中小学管理规范》。东沟中学每个月通过定期检查和随机检查相结合的办法，把备课、上课、作业批改、课后辅导、教后反思等作为检查重点，并将检查结果及时反馈，督促教师及时改进。在教学管理中，多所中学实施堂堂清、日日清、周周清的“三清”制度，强化课后反馈的力度，用反馈的形式来倒逼学生们掌握课堂上应该掌握的知识要点。

【课外阅读】全县教育围绕“深度打造‘大阅读’特色品牌”中心工作，服务阜宁教育高质量发展大局，精心谋划、部署、督查，阅读活动精彩纷呈，阅读工作有条不紊，促进学生核心素养和教师专业素养提高，促进学校内涵发展。县第一高中利用学校现有藏书资源，图书馆全天开放，星期一至五的大课间活动以班级为单位由班干集体借还图书，周末留校学生直接进书库自行借还。各年级开设阅读课，有专职阅读教师上课，每次考试都单独设名著阅读加试题，课外阅读拓展学生的视野，增强学生们的写作能力。该校3名学生在《青年文摘》上发表了作品，有10多人次在省级以上作文大赛上获奖，近百人次在《中学语文》等报刊杂志上发表习作。（曹于清、戴平俊）

职业教育、社会教育

【概况】2021年，全县职业教育学校有阜宁县中等职业技术学校、阜宁县现代服务中等职业学校，毕业学生1358人（其中女生607人），招生2000人（其中女生769人），全日制在校学生5301人（其中女生1249人）。县现代服务中等职业学校在校生都是五年制高职中职段，有学生1320人。阜宁县中等职业技术学校，开设机电技术应用、机械加工技术、现代农业技术、旅游艺术等专业（31）个，教职工364人（其中女性160人），有专任教师329人（副高级职称的97人，获硕士学位20人，本科毕业276人）。阜宁县现代服务中等职业学校，开设烹饪、美术、旅游管理、幼儿保育、电子商务、计算机等专业6个，教职工87人（女性45人），有专任教师83人（副高级职称的27人，获硕士学位1人，本科毕业82人）。县现代服务中等职业学校创建成2019—2021年度江苏省文明单位、盐城市文明校园；县中等职业技术学校被评为盐城市文明校园。全县社会教育主要由社区教育中心牵头组织，教育局管理指导，已实现省级社区教育中心全覆盖。

【党史教育】 党史学习教育围绕“学史明理、学史增信、学史崇德、学史力行”目标，县中等职业技术学校举办庆祝建党100周年文艺汇演、征文比赛、演讲比赛、党史进课堂等一系列活动，推动党史学习教育。县现代服务中等职业学校成立新四军研究中心，并根据当年新四军在阜宁战斗的历史史实，组织编写《铁军精神永放光芒》《红色阜宁》等红色校本教材。在《阜宁报》开辟“党史微课开讲啦”栏目，利用陈集停翅港新四军军部旧址，羊寨华中局第一次扩大会议旧址、芦蒲抗日阵亡烈士纪念馆、阜宁铁军纪念馆等革命传统和爱国主义教育基地，大力开展红色教育主题宣传、实践活动。在参加县委宣传部和党史工作办公室举办的“‘话百年非凡历程担民族复兴大任’暨庆祝中国共产党成立100周年理论研讨会”征文评比，张虎的《中国共产党百年辉煌历程及革命斗争经验》、戴苏兰的《为中国革命叫好》获特等奖。在《中国青年报》发表《亮底色显主色打造红色文旅品牌》，《盐阜大众报》发表《实施责任教育，让铁军精神永放光芒》《坚守初心勇担当践行“三出”育人才》《拥护“两个确立”实现伟大梦想》等文章。

【对口高考、技能大赛】 2021年，县中等职业技术学校对口高考本科进线61人；在对口技能高考中，获省技能状元4人，旅游、农学专业技能平均分全市第一，电子、农学专业包揽全市前十名。县现代服务中等职业学校在江苏省职业学校师生技能大赛中，旅游烹饪系的教师童一沁获导游类省三等奖，学前艺术系的教师陈思泉获艺术表演（声乐）省三等奖、学生王静获省三等奖。在盐城市职业学校师生技能大赛中，电商信息系、学前艺术系6名师生分别获得数字影音后期制作技术、平面艺术设计、服装设计与工艺、声乐艺术表演、舞蹈艺术表演的一、二、三等奖。在市“杨侍”杯烹饪技能比赛中，旅游烹饪系有3位教师分别获一等和三等奖。

【教学教研】 依据“让学引思”课堂教学理念和课改要求，推进有效教学，打造“活力课堂”和“高效课堂”。公共基础课和专业理论课实施“6＋1”课堂教学模式改革，开设课改研讨课、课改竞赛课、教学能力考核课等赛课考核活动。专业课以“做学教合一”为突破口，整合专业课程资源，开发综合实践课程，形成并实施真正以专业能力训练养成为核心内涵的中职课程教学模式。在教研方面，开展半日研修、听课磨课、教师培训等活动，提高职中教师的专业水平。年内，县中等职业技术学校在江苏省第十五届“蓝天杯”优秀教学设计评选中，3位教师获一等奖，1位教师获二等奖，4位教师会三等奖。在盐城市职业学校课堂教学大赛中，李玲等教师领衔3个团队分别获一等奖，王莹等教师领衔3个团队分别获二等奖。另外，有3个省级教研课题将结题。县现代服务中等职业学校在2021年盐城市职业学校教学大赛中，数学组徐驰等4位教师获市二等奖；英语组朱慧慧等3位教师获市三等奖；旅游烹饪系陈逻等四位教师获市三等奖；学前艺术系王晶等四位教师获市三等奖。另有1个省级课题立项，有12篇科研论文在《中国青年报》《盐阜大众报》等刊物发表。

【校企合作】 阜宁中专同江苏端端电子、阜宁宇舟机械制造有限公司、特阀企业等加强合作交流，深化产教融合。同相关职业院校举行开班仪式，统筹规划，共同建设。发挥各专业师资、设备的资源优势，组织开展退役军人专业培训（184人次），为县域经济发展服务。同人社局共同组织面向社会的中式烹饪、酒店管理及创业素养提升等方面的培训。

（朱中林、陈永堂、单 雯）

特殊教育

【概况】 年内，阜宁县特殊教育学校在职教职员工52名，其中专任教师47名，均为在编人员，均接受过专业教育，其中党员27人（教师党员22人），有18个教学班，其中小学阶段12个，初中阶段6个；在籍学生343名（含初中阶段121名），其中女生101名。学校占地面积12259平方米，其中绿化用地1525平方米，运动场地用地3695平方米。教室20间，图书5290册，数字终端105台。学校位于阜城街道通榆路416号。学校通过中国书法特色学校申报工作，教师边春艳在江苏省书法优质课比赛中获特等奖。

【学校管理】 加强疫情防控和安全管理，实行全天候、网格化控制，进行经常性的隐患排查和安全示例教育，实现全年零事故。

【实训基地】 立足学生生涯发展，推进职业教育，建设阜宁特校产、学、研一体实训基地，主体工程全部完成。基地建筑面积688平方米，由县政府全额投资200万元。基地内设生活适应训练区、职教专业训练区、研究区康复区、社团活动区等功能区域。

【课改教研】 聚焦课堂教学，加强日常备课、课堂常规等检查，展示30余节青年教师教学公开课及业务讲座，每周两次教研活动，组织了教师阅读读书笔记评比、粉笔字比赛、行知杯师陶杯等论文评比、江苏省第八届智障教育微课大赛、四校教研课堂教学大比武等活动。在2021年全市小学综合实践优质课评比活动中，教师梁羽获二等奖。在2021年度江苏省第十三届“行知杯”论文评比中，有18篇论文获奖，其中一等奖2名、二等奖8名、三等奖8名。

【随班就读】 全县有残疾证的随班就读学生223人，各普校特教专干建立随班就读学生“一人一案”学籍档案，特校建立专业、有经验的指导教师队伍，与普校一一对应，每月到乡镇巡回指导。

【送教上门】 全县重残儿童送教人数28名，普教特教加强合作，特校负责业务巡回指导，片区学校组织教师送教上门，残障成度特别严重的由特校组织专职特教教师送教上门，实现义务教育学龄儿童少年全覆盖、零拒绝。（周志明）

教师队伍建设

【概况】 2021年末，全县有教职工11970人，离退休教职工4581人，其中幼儿园2184人、普通中学4776人、普通小学4507人、特殊教育学校52人、中等职业学校451人；在专任教师中，研究生学历343人，本科学历8024人；正高级职称4人，副高1750人，中级职称4475人。全年新招录中小学教师271人，其中研究生学历112人；柔性引进6位上海名师和2个名师工作室。组织12名教师申报市名教师，87名教师申报市学科带头人，156名教师申报市教学能手，42名教师申报市教坛新秀，新增2名正高级教师（附小周华东、明达初中武庆开）、1名特级教师（附小卢建山）。1人获"全国三八红旗手"称号；新增2个市级好教师团队，8人入选市"名校长培养工程"，推荐上报乡村优秀青年教师培养奖励对象2名，26人入选市领航名师工作室。

【师德师风】 把职业理想、职业道德教育融入到教师招录准入、职后培训、日常管理全过程；新入职教师的岗前培训、在职教师培训都开设师德教育课程。在教师节期间，组织教师宣誓活动。召开"两创三争一贡献"总结表彰大会，表彰4个师德师风先进集体、24个德育工作先进个人、38位优秀校（园）长、121位优秀班主任、254位优秀教师，开展向芦蒲初中司万平（全国优秀教师）和新沟实验幼儿园春晖分园李玉红（全国模范教师）的学习活动，在全县教育系统形成见贤思齐的价值导向。整治有偿家教，提高人民群众对教育的满意度。

【教师资格认定和注册】 4月和9月份，县教育局经过网上报名、材料审核、现场确认、体检、专家评审等程序，先后为659人办理教师资格认定手续，并报教育部审核通过。10—11月份，为全县6628名教师办理了教师资格注册手续。

【人事管理】 秋学期，全县撤并丰唐实验、永兴实验、硕集实验3所学校，分流127名教师。从农村中小学共抽调257人进城顶岗，缓解驻城学校师资短缺的状况；集团校内部则通过电脑派位方式，促进名师均衡派位，稳步推进县管校聘工作。

【援青援疆】 根据省市部署，以政治可靠、师德高尚、爱岗敬业、业务精良为标准，选派4名援疆教师和1名援青教师，完成支教任务；落实支教政策，协助其搞好职称评审、子女入学。（陈　凯、朱中林）

教育设施

【概况】 2021年，全县校舍面积中，幼儿园有28.0740万平方米，新增1.2455万平方米；中、小学有129.2370万平方米，新增1.7449平方米；特殊教育学校有5357平方米。全县幼儿园及特殊教育学校占地面积597967平方米，其中绿化81327平方米，运动场地182665平方米；图书576591册，电子图书41277册，音视频39326小时。全县中小学占地面积373.5423万平方米，其中绿化95.5574万平方米，运动场地106.2635万平方米；图书368.04万册，计算机18832台，网络多媒体教室3008间，教学仪器设备资产值27659.347万元，其中实验设备4279.94万元。全县中小学信息化建设：电子图书26334册，电子期刊3册，学位论文2册，音视频25851小时，接受过信息技术相关培训的专任教师2391人次，信息化工作人员268人。

【基础设施】 新建初中1所（实验初中北京路校区，校址：北京路南，县委党校以东地块，占地6.67公顷），新建校舍（实验初中长春路校区等5所学校新建教学楼、宿舍楼）5.1万平方米，增加学位4500个；新建幼儿园1所，新建校舍2900平方米，增加学位270个；改扩建初中4所，新建校舍11430平方米，增加学位1900个；改扩建小学2所，新建校舍1971平方米；扩建高中1所，新建校舍8925平方米，增加学位1500个；维修塑胶8片，工程款项都按序时进度拨付到位。

【惠民工程】 根据市政府统一要求，实施新四项惠民工程，投入资金3643万元，为2299间教室更换照明设备，更换课桌椅20481套，为东沟小学等7所学校新建厕所，为56所学校安装426台直饮水机，为12所农村初中新建或改造学生浴室。

【教育装备】 通过多轮摸排，对照省定标准，添置多媒体320套、计算机教室32个、实验仪器98台套、体育器材85件套。

【教育信息化】 为全县中小学装备32个云机房、320套多媒体、10对城乡互动教室、1个学业数据采集项目、2个创客教室。阜宁县入选全国在线教育应用创新项目区域，国家级课题《学生网络学习课程资源建设研究》获总课题组论证并立项，《阜宁教育"云上课堂"：打造有温度的空中课堂》获评江苏省唯一入选全国在线教育应用创新典型案例，市委工作简报刊文推介。

（陈　标、孙为友、李林祥）

体育、卫生、艺术教育

【概况】 2021年，全县各校把体、艺教育与德育、劳动实践活动结合起来，提升学生综合素养。年内有3所学校创成省级文明校园，9所学校创成市级文明校园。5所中小学足球代表队在市获奖。全县中小学生人人学会一种以上乐器的做法，受到省教育厅、文化和旅游部公众号推介。

【校园足球】 校园足球队坚持训练，提升竞技水平。在2021年盐城市第十届"市长杯"青少年校园足球总决赛中，陈集中学女子足球队获第三名，东沟中学男子代表队获第七名，东沟小学、实小苏州路校区、东沟初中分别获女子甲组、男子乙组、初中男子组第八名。

【一校一品】 年内，实施体育美育浸润行动计划，打造"一校一品""一校多品"的学校体艺发展新局面。实小石字路校区、附小通榆路校区、实小苏州路校区、附小新兴路校区、附小香港路校区、益林小学、县幼儿园、东风路幼儿园等学校器乐特色班初具规模，学生器乐演奏水平大幅提升。实小长春路校区的书法、古河小学的扎染、公兴小学的面塑、东沟小学的龙狮舞、沟墩小学的篆刻，传承中华传统文化。

【生生会乐器】 全县12万中小学生会一种以上乐器的学生近10万人，三年级以上学生乐器教育普及率100%。全县有千人乐器方阵28个、百人方阵98个、交响乐团45个，实现"校校上规模，班班有特色，生生有特长"。省教育厅工作简报、文化和旅游部公众号刊文推介阜宁县推进艺术教育的做法。

【饮食安全】 各校继续安排家长代表全程参与伙食监督，学校教师和学生吃同样伙食。对学生餐加工操作流程全程监控、监控视屏保存一个月以上。所有学校的食材采购、食品加工过程、从业人员健康状况、着装情况、伙食质量、服务质量、就餐环境、光盘行动等全方位监控。对上级要求、阶段检查情况通过校园食品安全工作群平台及时传达或反馈到各学校、幼儿园，立即贯彻或整改。

【劳动教育】 各学校因地制宜开辟种植、手工等实践基地，提升学生劳动素养。县教育局出台《初中毕业生劳动与技术考核办法》，在全省率先推行初中毕业生劳动与技术考核制度。

2021年阜宁县体育事业基本情况一览表

表33

项　目	单位	数量	项　目	单位	数量
一、县体育场设施			1. 体委系统	人	562
1. 8000座标准田径场	个	1	2. 其他系统	人	
2. 室内游泳馆	个	1	八、中小学达标情况		
3. 室外游泳池	个	1	1. 应测学生	人	113296
4. 门球场	个	4	2. 达标学生	人	
5. 乒乓球馆	个	3	按教育等级分		
6. 篮球场	个	34	①中学	人	50632
7. 全民健身中心	个	1	②小学	人	62664
二、业余体校学生数	人	83	按达标等级分		
# 田径	人		①及格人数	人	107231
三、业余体校教练员	人	6	②良好人数	人	48253
# 专职教练员	人	6	③优秀人数	人	24663
专职文化教师	人		九、省级体育先进乡镇	个	
四、等级运动员	人		十、参加市级以上体育竞赛成绩		
# 运动健将	人		国家级比赛	个	
一级运动员	人		第一名	个	
二级运动员	人	3	第二名	个	
三级运动员	人		第三名	个	
五、等级裁判员	人		江苏省级比赛	个	
# 一级裁判员	人		第一名	个	2
二级裁判员	人	2	第二名	个	3
三级裁判员	人	30	第三名	个	2
六、举办县级运动会	次		盐城市级比赛	个	
1. 体委系统	次	1	第一名	个	16
2. 其他系统	次		第二名	个	12
七、参加比赛人数	人	562	第三名	个	24

（黄　伟）

综 述

【概况】 2021年,阜宁县的杂技《魔幻三重奏》《热心人》入围中国杂技金菊奖决赛,《热心人》获第十一届中国杂技金菊奖,实现阜宁县杂技项目在该项赛事上零的突破;魔术节目《舞瑶赋》《魔幻三重奏》分获“江苏省文艺大奖·杂技奖”金银奖;杂技《我的小小世界》获江苏省文华奖表演奖。阜宁“牛歌”《悠悠牛歌故乡情》获2020年度盐城市政府文艺奖一等奖。现代淮剧《田家湾的号声》获2021年盐渎文华艺术展演月新创剧目文华大奖、文华表演奖、文华导演奖、文华音乐奖,被新华网、中国新闻网、交汇点等多家媒体报道。县文化馆在国家文化和旅游部举办的第五次全国文化馆评估定级中,获评国家一级馆;阜有诗书·樊登阅读空间获“2021年长三角及全国部分城市最美公共文化空间大赛”奖。县文化广电和旅游局获评江苏省境外卫星电视传播秩序专项整治工作成绩突出单位;县文化市场综合执法大队获江苏省优秀管理示范单位。

2021年阜宁县文化事业基本情况一览表

表34

项 目	计量单位	2021年	2020年
一、文化馆	个	1	1
公用房屋建筑面积	平方米	3006	5000
固定资产原值	万元	314	296
二、文化站	个	19	19
公用房屋建筑面积	平方米	281402	281402
固定资产原值	万元	750	750
藏书量	万册	28.3	28.3
三、图书馆			
图书馆	个	1	1
#县级图书馆	个	1	1
图书馆建筑面积	平方米	4720	4720
固定资产原值	万元	3666	3666
藏书量	万册	40.86	37.5
#县级图书馆藏书量	万册	40.86	37.5
阅览室席位数	个	250	250
电子阅览室终端数	个	20	20
四、文物保护单位	个	1	1
全国重点文物保护单位	个		
省级重点文物保护单位	个	1	1
五、非物质文化遗产	项	41	41
国家级非物质文化遗产	项		
省级非物质文化遗产	项	3	3
盐城级非物质文化遗产	项	14	14
六、图书销售网点	个	120	120

续表

项　目	计量单位	2021年	2020年
七、互联网上网服务营业场所	个	75	75
八、电影放映单位	个	26	26
影剧院	个	6	6
#镇级	个	1	1
放映队	个	21	21
#镇级	个	21	21
电影放映场次	场次	2986	2972
观众人次	人次	447900	445800
九、艺术事业			
淮剧团	个	1	1
杂技团	个	1	1
演出场次	场	286	410
观众人次	千人次	286	210

2021年阜宁县文化活动一览表

表35

序号	活动名称	主办、承办	媒体报道	活动时间	活动地点
1	深入贯彻县委第十四届十一次全会精神专场文艺演出（3场）	县委宣传部、县文化广电和旅游局、县新时代文明实践中心、县文化馆		1月1日	县铁军广场
2	2021阜宁县非遗（剪纸）进课堂（1场）	县文化馆、县非物质文化遗产保护中心	人民网、紫牛新闻	1月16日	益林镇
3	我们的中国梦 文化进万家 送福送春联活动（1场）	县文化广电和旅游局、县文学艺术界联合会。县文化馆、县美术馆	文明阜宁、阜宁发布	1月30日	县文化馆
4	2021庆祝中国共产党成立100周年牛歌之乡牛歌情省级非遗项目阜宁县历届牛歌和打春牛集锦（7场）	县文化馆	文化馆公众号	2月3日	县文化馆、县铁军广场
5	阜宁县2021年新春文化惠民演出（7场）	县委宣传部、县文化广电和旅游局、县新时代文明实践中心、县淮剧团、县文化馆	文明阜宁、阜宁发布	2月15日	县庙湾古城
6	我们的中国梦·滨阜响书画联展	滨海县委宣传部、阜宁县委宣传部、响水县委宣传部，阜宁县书法美术协会、县文化馆。县美术馆、县书画院		2月22日—3月5日	县文化馆、美术馆
7	欢欢喜喜闹元宵·相约美丽金沙湖——阜宁县文化惠民景区行（3场）	县委宣传部、金沙湖管委会、县文化广电和旅游局、县新时代文明实践中心、县淮剧团、县文化馆		2月27日	金沙湖旅游度假区
8	阜宁县“学雷锋志愿服务月”红色故事分享会镇村行（2场）	县委宣传部、县文明办、陈良镇、县新时代文明实践中心、县文化馆		3月4日	新涂村
9	“别样芳华”阜宁县女子书法十人作品联展（11场）	县文化广电和旅游局、县妇女联合会、县文学艺术界联合会、县书法美术协会、县文化馆、县美术馆、县书画院		3月7日	县文化馆、县美术馆
10	庆祝中国共产党成立100周年盐城市优秀群文节目巡演阜宁专场（2场）	市委宣传部、市文化广电和旅游局主办，市文化馆、县文化广电和旅游局承办，县淮剧团、县文化馆协办	《紫牛新闻报》《阜宁日报》	3月17日	县庙湾古城、县七彩农业公园
11	“多彩多情 赴约阜宁”四月踏春行 免费游阜宁 惠民演出（3场）	县委宣传部、县文化广电和旅游局主办，县淮剧团、县文化馆、阜城十里风光带承办	央视新闻报道	4月3—5日	阜城十里风光带

续表

序号	活动名称	主办、承办	媒体报道	活动时间	活动地点
12	2021 金沙湖风筝节 惠民演出（3 场）	县文化广电和旅游局、金沙湖旅游度假区管理委员会	央视新闻报道	4 月 3—5 日	金沙湖旅游度假区
13	“学党史 感党恩 跟党走”阜宁县百米画卷《成长》获吉尼斯世界纪录“亚洲之最”授牌仪式暨“颂歌献给党”专场文艺演出	县委宣传部、县文化广电和旅游局、县文学艺术界联合会主办，县文化馆、县美术馆承办	省交汇点、盐城文旅报道	4 月 18 日	庙湾古城
14	“学党史 感党恩 跟党走 学技艺 丰内涵 兴文化”阜宁县 2021 年春季文艺骨干业务培训班	县文化馆	盐城文旅	4 月 22—23 日	县文化馆
15	强化安全知识，2021 春季消防安全知识讲座	县文化馆		4 月 26 日	县文化馆
16	“百年峥嵘”——美在红五月，喜迎 5 · 18 系列文艺演出	县委宣传部、县文广旅局、县新时代文明实践中心主办，县文化馆承办		5 月 1—3 日	县庙湾古城
17	我们的中国梦 · 文化进万家 5 · 18 专场文艺演出	县委宣传部、县文广旅局主办，县淮剧团、县文化馆承办		5 月 18 日	县庙湾古城
18	我们的中国梦 · 文化进万家 5 · 18 非遗集市展演	县文化馆、县非遗保护中心主办		5 月 18 日	县庙湾古城
19	阜宁县非物质文化遗产传习展示	县文化馆、县非遗保护中心主办		5 月 18 日	县庙湾古城
20	美在红五月喜庆 5 · 18 弘扬传统文化 践行时代精神淮剧名家名段演唱会	县委宣传部、县文广旅局主办，县淮剧团、县文化馆承办		5 · 18 日	县文化中心
21	“百年峥嵘——让幸福舞起来”阜宁县第十届舞蹈大赛初赛	县委宣传部、县教育局、县文化广电和旅游局、县新时代文明实践中心		5 月 21—22	县铁军广场
	“百年峥嵘——让幸福舞起来”阜宁县第十届舞蹈大赛决赛	县委宣传部、县教育局、县文化广电和旅游局、县新时代文明实践中心		5 月 29 日	县文化中心
22	江苏省庆祝中国共产党成立 100 周年“百年百场”优秀群众文艺作品巡演	省文化和旅游厅主办，市文化广电和旅游局、县文化广电和旅游局协办，省文化馆承办		5 月 30 日	县文化中心
23	2021 苏北五市文艺联盟群文精品展演	省群众文化学会指导，盐城市文旅局、徐州市文旅局、淮安市文旅局、连云港市文旅局、宿迁市文旅局主办，盐城市文化馆承办		6 月 10 日	盐都区文化中心
24	人民的非遗 人民共享 庆祝中国共产党成立 100 周年暨 2021 年“文化和自然遗产日”阜宁县非物质文化遗产传习展示活动	县文化广电和旅游局主办，县淮剧团、县文化馆、县非遗保护中心承办		6 月 12 日	县庙湾古城
25	我们的中国梦文化进万家文化惠民社区行 端午相约金沙湖（3 场）	县委宣传部、县文化广电和旅游局、县金沙湖管委会主办，县文化馆承办		6 月 12—14 日	金沙湖
27	2021 年文化志愿服务队第二届端午节包粽子比赛暨传统非遗文化知识讲座	县委宣传部、县文化广电和旅游局、县新时代文明实践中心主办，县文化馆、县非遗保护中心承办		6 月 14 日	七彩农业公园
28	“百年辉煌路 江淮乐地情”党史学习教育实景课堂活动			6 月 18 日	文化中心

续表

序号	活动名称	主办、承办	媒体报道	活动时间	活动地点
29	庆祝中国共产党成立100周年“百年峥嵘——让幸福唱起来”阜宁县大合唱比赛（6场）	县委、县政府主办，县委宣传部、县文化广电和旅游局承办		6月21—25日	文化中心
30	“初心永驻·百年芳华”阜宁县农村文化大院优秀文艺展演	县文化广电和旅游局主办，县文化馆承办	盐阜大众报	6月28日	县铁军广场
31	“立象·尚意”盐城市油画学会提名作品展	县美术馆、县文化馆		6月30日	县文化馆 县美术馆
32	“百年峥嵘 传承红色基因”阜宁面塑礼赞建党百年非遗作品展	县文化馆		7月1日	县文化馆
33	激情开启新征程 持续发展新阜宁 深入学习贯彻阜宁县第十五次党代会精神专场文艺演出	县委宣传部、县文化广电和旅游局主办，县淮剧团、县文化馆承办	阜宁新闻	7月20日	县庙湾古城
34	2021“我们的节日”中秋文化惠民演出	县委宣传部、县文化广电和旅游局、县新时代文明实践中心主办，县文化馆承办		9月19—21日	县庙湾古城
35	阜宁县2021年农民丰收节庆祝活动	县委、县政府主办，县农业农村局、金沙湖街道承办，县淮剧团、县文化馆协办；		9月23日	县七彩农业公园
36	2021阜宁县“国庆7天乐”文化惠民演出	县委宣传部、县文化广电和旅游局、县新时代文明实践中心主办，县淮剧团、县文化馆承办	新闻联播、新闻天下、新闻直播间、学习强国、新华网、中国新闻网、	10月1—7日	县铁军广场
37	“百年峥嵘——让幸福唱起来”阜宁县第十三届少儿歌手大赛	县委宣传部、县教育局、县文化广电和旅游局、县新时代文明实践中心主办，县文化馆、县音乐和舞蹈家协会承办		10月6日	县铁军广场
38	面塑进校园	县文化馆	阜宁日报、阜宁发布、江苏教育新闻网	10月15—25日	附小通榆路校区、附小新兴路小学、实小苏州路校区、县幼儿园、实验初中上海路校区、古河小学、明达初中
39	2021阜宁县文化惠民企业行、景区行、乡村行、军营行	县委宣传部、县文化广电和旅游局主办，县文化馆承办	阜宁日报、阜宁发布	11月	中成紧固、荣威、铁军广场。宗教10月乡村20月企业4月景区1
40	激情开启新征程 接续建设新阜宁 2021年阜宁县第三届“百团会战”暨法制文艺汇演	县委宣传部、县法治宣传教育领导小组办公室、县文化广电和旅游局、县司法局、县新时代文明实践中心主办，县文化馆承办		11月27—28日初赛 12月3日决赛	庙湾古城、马家荡景区
41	“戏在阜宁”淮剧大奖赛	县委宣传部、县文广旅局、县文联主办，县戏剧协会、县淮剧团、县文化馆承办，上海阜宁商会协办			县文化馆四楼小舞台
42	2021年阜宁县文艺骨干业务培训班	县文化广电和旅游局主办，县文化馆承办		12月29—30日	县文化馆四楼小舞台

【文化基础设施建设】 提档升级40个村（居）综合文化服务中心和19个镇（区）综合文化站设备设施；建成24小时自助图书馆、"阜有诗书"阅读新空间；加强数字文化馆、图书馆、博物馆建设，推出文旅活动云直播、慕课、线上展览、云讲座、宣传防疫等一系列线上活动。

【文化保护成果】 做好文物保护工作，全县有17处革命遗址入选江苏省第一批革命文物名录。实施"四老"工程，对老镇老村老建筑老树名木进行挂牌保护，编印《阜宁印记》宣传保护画册。

【非遗活动展演】 "阜宁牛歌"受邀参加2021中国农民丰收节全国农民文化展演·湖南主场展演活动；传统民俗"打春牛"代表江苏省被列入文旅部"文化进万家——视屏直播家乡年"活动。"阜宁大糕"代表盐城市参加第5届中国非物质文化遗产传统技艺大展，阜宁新四军题材"面塑"非遗传习展活动被央视《新闻联播》《新闻直播间》连续报道。开展"多彩非遗 薪火相传"面塑进校园活动，走进11个学校，用非遗技艺传承革命精神，弘扬红色文化。

【文化惠民】 先后举办新春文化演出、淮剧名家名段演唱会、少年歌手大赛、文化惠民乡村行等群众文化活动。开展朗诵周末、"经典诵读传承国学文化"等系列活动，推广全民阅读。在东沟、新沟、杨寨等镇区举办文化大院优秀节目文艺展演10余场。

【全民阅读】 2021年，阜宁县以全民阅读"十百千万"工程为抓手，利用阅读阵地优势，开展各项全民阅读推广活动，有全民阅读春风行动、图书馆特色开放日活动、"新中国的诞生"图片展、上三角阅读马拉松大赛、"朗诵周末"——"我心向党庆百年"读书演讲比赛等。

【文化市场监管】 加强文化市场日常监管，开展扫黄打非等30多次专项行动，下发责令整改通知书41份，取缔游商地摊5个，收缴各类非法出版物850本（册），立案查处行政处罚案件15起，移交公安部门刑事处理网络传播淫秽色情案件1起，会同检察部门共同办理娱乐场所涉未成人案件2起。强化安全生产管理，组织开展文旅企业安全生产大培训，落实安全隐患大排查大整治专项行动，关停取缔存在安全隐患经营单位16家，实现全年安全工作零事故。开展境外卫星电视传播秩序专项整治行动，获省广电局2021年度工作成绩突出单位的通报表扬。实施智慧广电乡镇建设工程，试点东沟镇智慧广电乡村工程已通过市局验收。

2021年阜宁县杂技团获奖作品一览表

表36

时间	作品	参加活动	活动地点	奖项
5月2日	热心人	第十一届中国杂技金菊奖全国魔术、滑稽比赛	深圳市欢乐谷大剧院	"滑稽"金奖
5月3日	魔幻三重奏	第十一届中国杂技金菊奖全国魔术、滑稽比赛	深圳市欢乐谷大剧院	"魔术"入围奖
10月7日	我的小小世界	第五届江苏省文华奖优秀舞台艺术作品"杂技木偶"专场	常州市溧阳市艺术中心	个人表演奖
12月21日	舞瑶赋	江苏省文艺大奖"杂技奖"魔术作品大赛	省文联艺术剧场	金奖
12月21日	魔幻三重奏	江苏省文艺大奖"杂技奖"魔术作品大赛	省文联艺术剧场	银奖

阜宁县文化馆

【概况】 2021年，阜宁县文化馆开展文化惠民活动39次，成功申报16项县级非遗、33个县级非遗传承人，全县累计有41项非物质文化遗产项目，其中3项省级非遗、14项市级非遗、24项县级非遗；累计有市级非遗传承人11人、县级非遗传承人58人。

【活动开展】 发挥阵地服务、线上服务、流动服务优势，通过一楼橱窗栏和庙湾古城展板展出、文化馆微信公众号展出等方式，面向全县集中展示阜宁县历年牛歌大赛及"立春·打春牛"活动，吸引近3万人观看。利用文化馆微信公众号，每日推送非遗云课堂，开展阜宁县非物质文化遗产"非遗集市"传习展览活动、2021"非遗"走进课堂，带领学生们传习剪纸技艺，被人民网、紫牛新闻宣传报道。成功申报民间文学——却金亭传说，民间文学——庙湾八景由来，民间文学——大榆树的传说，民间文学——跨马石巷传说等16项县级非遗。

【文化馆数字云平台】 配合响应国家关于数字文化馆云平台建设，注重打造线上服务，积极推送各类直播、文化活动、线上慕课等服务项目，全年公众号推送信息112条，全年线上服务人次112万人次，关注文化馆公众号人数1.5万人次。

【荣誉表彰】 6月，《牛歌声声》获2021年苏北五市文艺联盟群文精品展演优秀节目奖。8月，申报的《阜宁县阜城街道夕阳红法治艺术团》《阜宁县射河春晓艺术团》《阜宁县双桥村农民艺术团》，被省文化和旅游厅列为江苏省优秀群众文化团队培育对象。9月，《牛歌声声》参加湖南长沙举行的2021全国农民文化艺术展演，获纪念证书。国庆期间，"我们的中国梦 文化进万家"2021阜宁县"国庆7天乐"文化惠民演出、阜宁新四军题材面塑非遗传习展，被新闻联播、新闻天下、新闻直播间、中国新闻网、"学习强国"平台、新华网、江苏教育新闻网等媒体报道。11

月，组织编排的舞蹈《谷场情》、舞蹈《炫彩东方》、男声独唱《把一切献给党》获市音乐、舞蹈、曲艺展演一、二等奖。县三支群文团队获江苏省优秀群众文化团队培育对象。省级非遗项目阜宁大糕制作技艺受邀参加第五届中国非物质文化遗产传统技艺大展。市级非遗项目蒲包茶干制作技艺被列入《江苏省地标美食记忆名录》。立春·"打春牛"代表省文旅厅，参加文旅部主办的2022年"文化进万家——视频直播家乡年"活动，是盐城唯一入选项目。

阜宁县图书馆

【概况】 2021年，阜宁县图书馆接待读者约20万人次；文献借阅量大幅增加，图书外借册次达到15万；举办7场展览、10场讲座（培训）、52场阅读推广活动，服务总人次约52.8万人次。纸质馆藏量增加2万多册，数字资源总量增加明显，新增RFID自助借还设备，实现自助办证、自助借还。

【自助书房】 县文广旅局、县图书馆联合打造的"24小时自助书房"建成并向市民开放。24小时自助书房的建成和使用，满足读者阅读需求，延伸图书馆服务效能。

【总分馆建设】 全县有分馆51个，其中文化站分馆19个、学校分馆18个、其他类型分馆14个，170多个村级农家书屋设立基层服务点，和县图书馆共同构成一个图书馆网络，形成在本县范围内读者借阅证通借通还。

阜宁县博物馆

【概况】 2021年，阜宁县博物馆着重突出阜宁红色文化的鲜明特色，其中"严学优、戴文军师生美术作品展"、严学优"新中国—苏北新农村"木刻版画展取自革命艺术家严学优的作品；"国家记忆——革命艺术章展"与阜宁县凤凰广场合作，举办系列社会教育活动弘扬阜宁红色文化；"大美阜宁，幸福家园"阜宁县优秀摄影作品展在县博物馆展出并送展下乡；"天使在人间"阜宁县抗击新冠肺炎图片展讴歌县人民医院援鄂抗疫医护人员的抗疫精神。全年举办展览11次，接待观众8万人次，其中未成年人9062人，讲解接待40余场次。

【活动开展】 举办"春和大地，节暖阜宁"迎新春活动，组织"文明祭扫，平安清明"征文活动、"弘扬社会主义核心价值观，争当社会主义好青年"五四青年节活动、迎中秋"八礼四仪"青少年礼仪教育活动等主题活动，开展"学雷锋日""文明小义工"等青少年志愿者活动、"百年峥嵘 我心向党"百年党史宣传教育活动、学党史迎"七一"系列活动等。

【红色阜宁专题活动】 与阜宁县凤凰书城合作开展名为"红色阜宁"的系列专题活动。"红色阜宁"系列专题活动自国庆节假日开始，至年底结束，共6个场次。其中包括在阜宁县凤凰广场三楼展出的国家记忆—革命纪念章展、"星火燎原，信念永恒"教育志愿活动、"红色阜宁，诉说历史"教育志愿活动等。系列专题活动主题鲜明、形式多样，有革命讲座、故事会、红色比赛等，吸引众多市民与青少年学生的参与。

文化市场管理

【文化普法宣传】 按照年初制定的《2021年度普法工作计划》，利用423世界读书日、10月份依法行政法律法规宣传日、119消防宣传月等时间节点，组织开展普法宣传活动4场，制作普法宣传展板20块，发放宣传单2000余份，宣传手册800余份。

【文化市场专项整治】 会同公安、消防、安监、宣传等部门组织开展扫黄打非、安全生产、疫情防控、文旅市场经营秩序、暑期文化市场百日整治、卫星电视传播秩序整治、净化校园周边文化市场专项整治等专项行动，全年出动执法人员1250余人次，检查文旅市场经营单位1500余家次；下发责令整改通知书35份，取缔游商地摊5个，收缴有害内容的出版物2200余册，立案查处行政处罚案件32起，移交公安部门网络传播淫秽色情案件1起，会同检察院、人社部门共同办理涉未成人案件2起。上报案件卷宗参加省广电厅和市广电局评选，阜宁县两份卷宗分别入选江苏省文旅厅优秀案件、盐城市文广旅局十佳案件。

【安全生产应急演练】 全年组织文旅行业负责人开展3期安全生产应急演练活动，与300名经营业主签订《阜宁县文旅行业安全生产、守法经营承诺书》，通过组织开展全覆盖、拉网式的安全生产大检查、大排查、大整治，关停取缔存在安全隐患经营单位16家。 （王洪军）

党史工作

【完成《中共阜宁县历史第二卷》初稿撰写】 2021年，中共阜宁县委党史工作办公室（简称县委党史工办）把党史二卷本编纂工作当作头等大事，总结前期编写经验，在对已查阅的文书档案资料的整理、消化基础上，走访部分老教师、老领导等当事人、知情人，推进剩余稿件的撰写工作和统稿工作，已完成全部4编20章共计30万字初稿的撰写，正在进行审校、修改并完善，12月份报市评审。

【编写阜宁县百年历史大事记】 为迎接建党100周年，组织编写《非凡历程——阜宁县百年历史大事记》一书，全书约23万字。该书于"七一"前夕，面向全县各部门、单位、学校、社区、农村赠阅发行，并被县委、县政府指定为党史学习材料。

【举办庆祝建党100周年理论研讨交流表彰会】 3月份，与县委宣传部、县委党史学习教育领导小组联合下发《关于"话百年非凡历程 担民族复兴大任"暨庆祝中国共产党成立100

2021年10月28日，阜宁县召开“话百年非凡历程 担民族复兴大任”暨庆祝中国共产党成立100周年理论研讨会。 县委党史办/供

周年理论研讨会论文征集的通知》，活动共征集到论文投稿60余篇，从中遴选20篇优秀论文，于10月28日召开理论研讨交流表彰会，县委常委、宣传部长到会并讲话。10月29日，阜宁新闻作专题报道。

（戴美玲）

地方志工作

【年鉴工作】 组织业务人员参加省、市年鉴业务培训和市县两级综合年鉴读评会，提升年鉴业务能力。3月份，提请县委办、县政府下发《关于做好〈阜宁年鉴（2021）〉编纂工作的通知》。7月份进入文稿总纂阶段，9月份出文字稿送出版社审稿定书号，10月份为文字稿插图、修改、校对、做索引、排目录，交付出版社，已交付印刷厂印刷，12月初出版发行。

【镇村志工作】 贯彻落实盐城市《关于在“十四五”期间开展镇村志编纂工作的通知》。3月份，由办主要领导带队，赴全县19个镇区（街道、社区）摸底调研镇村志工作情况，并对调研结果进行汇总后向县分管领导汇报。4月8日，召开全县镇村志编纂工作会议，全面启动“十四五”期间全县镇村志编纂工作，按照十四五期间“镇区志全覆盖，有条件的村居志全覆盖”的要求，明确16部镇区志、30部村居志合计46部志书编修任务。在全市率先提出“以奖代补”的激励政策。5月初，编印《阜宁县镇村志工作手册》，下发全县各镇村志编修人员。9月9日，在县委党校举办全县镇村志编纂业务骨干培训班，并邀请市志办专家到会作业务辅导，全县各镇区党政办负责人，镇区志、村居志执行主编79人参加培训。指导全县有镇村志编纂任务的镇、村完成纲目编写，全面启动资料征集工作。选聘专兼职人员，县专门成立督查指导推进办公室，定期不定期分赴有编修任务的镇村开展上门指导服务工作。多次到东沟、开发区、沟墩、郭墅等镇村开展点对点上门指导17场次，以县政府名义组织1次面上督查指导。

【地情宣传】 全年累计向省、市级媒体推送信息20余篇。其中《江苏地方志·红色地名》专刊刊用阜宁县4篇稿件（全省共100篇），居全市首位。春节期间，先后向“方志江苏”微信公众号推送阜宁民俗“打春牛”、阜宁传统美食“阜宁大糕”等稿件，均被采用。

【研究制定县“十四五”地方志发展规划（征求意见稿）】 年初，多次组织人员到全县各镇村、各有关部门开展调研走访，在充分酝酿的基础上，于10月19日制定出台《阜宁县“十四五”地方志发展规划》（征求意见稿），主要内容包括：拟开展乾隆本、光绪本、民国本《阜宁县志》的点校、整理工作和92版《阜宁县志》的重印工作；做好“十四五”期间镇志全覆盖、30部村居志的编辑出版工作；启动部门志、行业志，“十四五”期间拟编辑出版10部部门志、行业志；高质量出版5部综合年鉴，力争在专业年鉴、镇级年鉴上取得突破；做好三轮修志启动前的准备工作；做好其他村居志“十五五”期间全面启动的准备工作；建成阜宁县史志馆等。

（王 杰）

档案工作

【概况】 2021年，阜宁县档案馆为县委直属事业单位，编制11人。县档案馆继续推进新馆改造装修工程，接收出生医学证明档案、企业破产档案、主题教育档案进馆，接待查档利用4470人次，馆藏档案数字化工作接近尾声，受县档案局委托对全县89家立档单位档案工作进行年检。

【推进新馆改造装修工程】 县档案馆所在场所是过渡用房，设施老化，县里决定将开发区开源公司的“邻里中心”调剂给档案馆使用。新馆改造装修项目被列入县政府2021年重点工程之一。3月，完成设计招投标工作，项目所需经费已到财政账户。

【出生医学证明档案进馆】 根据省、市、县统一部署，多次到县卫计委对婴幼儿出生证明档案整理及数字化工作进行指导。7月，全县2003—2014年100145名新生儿出生医学证明档案移交进馆。

【主题教育档案进馆】 中共十八大以来，党中央先后组织开展了5次集中性学习教育。县档案馆与县主题教育领导小组办公室加强沟通协调，形成合力，重点做好文件整理、编目、信息化扫描等工作。共接收“党的群众路线教育实践活动”档案476件、“三严三实”专题教育档案132件、“两学一做”学习教育档案28件、“不忘初心、牢记使命”主题教育档案369件。

【利用馆藏档案资料】 全年接待查

档群众4470人次，查阅档案资料3755卷、2800件，免费复印提供证明2850份，通过江苏省政务外网民生档案便民服务平台和长三角一体化民生档案服务平台提供异地查档29人次。

【征集编研】 9月，县政府办将2020年剩余的157枚涉及机构改革单位的印章移交进馆。为进一步丰富馆藏内容，与党史办、融媒体中心、等部门联系，接收8530张照片、264部视频和11020份电子文件。根据省规范馆测评标准，做好阜宁县档案馆指南的续编工作。 （陈 蕾）

阜宁日报

【概况】 2021年，《阜宁日报》强化深度报道，开设“激情开启新征程，接续建设新阜宁”“奋斗百年路，启航新征程”、迅速贯彻落实市党代会精神、同心协力创建全国文明城市、学习贯彻中共十九届六中全会精神等20多个专栏，刊发稿件3000多篇，其中策划制作阜宁蹚出新能源产业发展新路径、“5·18”特刊、红色阜宁、聚焦系列特刊等200多个特刊专版。

2021年度阜宁县好新闻评选获奖情况一览表

表37

类别	序号	作品标题	作者	奖次
通讯类	1	绿色发展成常态，“阜宁蓝”成常景	葛兰兰	一
	2	泪目！3岁走失27年后回阜认亲	唐春霞 蔡浩 张昌友	二
	3	迷迭香“飘”致富路	唐磊 葛兰兰	二
	4	手机成了“新农具”直播成为“新农活”	陈哲 张昌友	三
	5	“四水同治”解民忧，共建民生“大幸福”	胡春禹	三
	6	喜看沃野翻“金浪”	袁婷婷	三
消息类	1	家庭农场里的“现代范儿”	葛兰兰	二
新闻图片类	1	党史教育进课堂	顾建	二
	2	迎冬奥，趣滑雪	楚美丽 顾建 陶晓凡	三
网微类	1	“多彩多情 赴约阜宁”高铁品牌专列隆重首发	王扬 邓梦黎	一
	2	以战备战，实练实战，阜宁县全员核酸检测演练有力有效开展！	李琳 王扬	三
好标题类	1	寒冬里的一场“藕遇”	葛兰兰	
好版面类	1	江淮乐地，水绿阜宁	谢剑 马悦	
	2	大河两岸，一城半湖	王晓艳 马悦	

【发行管理】 做好《阜宁日报》的编排发行工作，年总发行247期1268个版面，日赠阅超2万份，不断丰富阅读模式，提升阅读体验，通过云报、阅报栏等渠道扩大受阅面。

广播电视

【概况】 2021年，《阜宁新闻》累计播出新闻3500多条，广播节目《早安阜宁》直播252期。

【广电宣传】 广播电视《阜宁新闻》先后开辟“【奋斗百年路 启航新征程】 学党史 悟思想 办实事 开新局”“两在两同建新功”“创建全国文明城市在行动”“贯彻党代会 启航新征程”“我为群众办实事”“学习贯彻十九届六中全会精神”等20多个主题主线专栏。“时代先锋 身边榜样”聚焦担当作为先进群体，推出31篇；“走乡村 看振兴”聚焦农村发展新风貌，推出130篇。加强与主流媒体深度对接合作，精心创作外宣作品，进一步“传播阜宁好声音、讲好阜宁真故事”。全年在央视用稿16条，《新闻联播》2次报道阜宁，省广播电视台用稿102条，市广播电视台用稿126条。在年度广播电视节目创优评比中，获省创优奖项6个，获市创优奖项21个，其中一等奖2个、二等奖9个。

【播出保障】 严格执行“三审三校”“重播重审”等新闻生产相关流程管理制度，确保各媒体平台新闻生产安全；定期对重点部门设备、线路进行排查，发现隐患及时整改，确保全中心广播电视节目正常制作播出。在元旦、春节、全国“两会”、七一、国庆等重要安全播出保障期期间，加强领导带班和技术值班，随时监看监听。对照庆祝建党100周年活动要求，对播出系统单节点进行升级改造，联系专业单位对发射塔进行检测维护，全力保障安全播出无事故。

【移动直播】 做好全市“家家到”观摩项目广播移动直播实战演练，并协助市广播电视台完成当日直播工作；完成“金融赋能”广播移动直播工作。

【应急广播】 县应急广播系统近1600个终端，覆盖全县341个村居，常态化做好广播通响督查考核工作。应急平台启动应急广播15次，气象局通过手机向平台发布气象预警信息27次。在秸秆双禁、文明创建、疫情防控期间，县、镇、村三级利用应急广播及时播放通知通告，普及相关知识，开展宣传教育。

2021年阜宁县广播电视事业基本情况一览表

表38

项 目	计量单位	2021年	2020年
广播电台	个	1	1
乡镇广播电视站	个	20	20
通播率		100%	100%
广播覆盖率		100%	100%
喇叭入户率		100%	100%
电视台	座	1	1
电视差转台	座	1	1
卫星电视地面站	个	2	2
电视覆盖率		100%	100%
县有线电视台	个	1	1
广播电视光缆杆路长度	杆千米	5520	5520
有线电视频道	个	202	202
县城有线电视用户数	万户	6.03	6.03
乡镇有线电视用户数	万户	11.08	11.08
数字电视用户数	万户	17.11	17.11

融媒体

【概况】 2021年，阜宁县融媒体中心按照中央深改委《关于加强县级融媒体中心建设的意见》，根据中办、国办印发的《关于加快推进媒体深度融合发展的意见》部署和《江苏省加快推进媒体深度融合发展的实施方案》要求，立足"主流舆论阵地、综合服务平台和社区信息枢纽"的职责定位，突破传统媒体束缚，构筑定位准、属性优、功能强的渠道平台，强化用户连接、提升传播效能，推动媒体深度融合。

【阜宁发布】 发挥新媒体"短、频、快"优势，以短视频为突破口，创新表现形式和方法，开设专栏，提升融媒产品的影响力。"阜宁发布"已成为包括APP、微信、抖音、视频号、微博等在内的综合融媒品牌，"阜宁发布"新媒体平台累计发布各类稿件4100多篇。公众号文章《早安阜宁丨草棚党校在阜宁》《融媒直播丨人才招聘》阅读量超10万；《通往春天的高铁》《项目！项目！》等一批H5、图文等原创内容，总阅读量超20万；视频号推出《红色阜宁》《联海发展赋能未来》《聚焦党代会 开启新征程》《我的家乡我的河》《两在两同同心抗疫》等系列短视频作品130多篇。围绕庆祝建党100周年和党史学习教育等重点任务，阜宁发布APP推出"早安阜宁""夜读阜宁"两大特色栏目，每日推送"习近平总书记系列重要讲话""党在阜宁的光辉历程""党史故事夜读"等内容，推出504期。

【APP建设】 推进"一机在手，全程无忧"便民功能，与省"荔枝云"技术平台对接，全面升级"阜宁发布"APP架构，丰富功能、创新界面、完善内容，新增生活服务、交通、政务三大类模块，涉及健康、通勤、快递等40多项服务，提升用户产品体验感。

【阜宁融媒"大糕视频"工作室】 成立阜宁融媒"大糕视频"工作室，采用制片人制度，聚焦精品短视频创作。

2022年1月30日，阜宁县融媒体中心举办"阜明水秀 物阜民宁"2022年大糕音乐节。 顾 建/摄

【"学习强国"阜宁融媒号】 "学习强国"阜宁融媒号上线，为盐城市首家入驻"学习强国"的县级融媒号，通过图文、视频等多种形式，多维度讲好阜宁新时代践行新理念、推动高质量发展的故事，传播阜宁声音、传递阜宁力量。 （郑兴木）

新华书店

【概况】 2021年,江苏凤凰新华书店集团有限公司阜宁分公司落实凤凰集团、股份公司及发行集团的各项部署要求，持续推动公司高质量发展，提高服务水平，提升销售能力，聚焦全民阅读，拓展阅读阵地，以丰富的读书活动塑造品牌形象，完成营业收入7538.35万元，实现利润338.98万元。连续20多年被省文明委表彰为江苏省文明单位、被市文明委表彰为盐城市文明单位。5月，被中国出版传媒商报评为创新单位，9月被省出版物发行业协会授予江苏省双优诚信发行单位。

【学习型企业建设】 持续推进学习型企业建设，建立常态化、长效化学习机制，中层以上人员带头读书学习，通过凤凰新华"得到"APP、"学习强国"APP、微信工作群等进行线上学习。做好员工教育培训工作，加强业务交流学习，提升服务水平，提高工作效率。10月29日，公司组织业务骨干赴射阳新华书店开展交流学习活动，学习射阳书店的先进经验和门店管理方法。加强员工的业务技能培训教育工作，7月7—11日，第十一届江苏书展期间，选派3名优秀青年员工到苏州主展场全程参与布展工作，锻炼和提升青年员工的业务技能、服务水平。

【打造阅读空间】 致力于书香社会建设，打造多处阅读新空间，满足全县读者不断增长的精神文化需求。1月1日，阜宁凤凰广场开业，位于凤凰广场内二楼、全国首家自然田野风格的儿童主题书店——绿野书屋和三楼社科文艺书店——阜宁书城阅读新空间同步开业。6月28日，经过精心设计，装修提升的益林门店开业。

【拓展图书市场】 通过调整门店图书结构和空间布局，开展缤纷多彩的阅读推广活动，营造浓郁的全民阅读氛围，全力促进一般图书销售。加强图书的选品工作，在书城入口处设立新书和畅销书展台，通过改善图书品种结构，优化图书空间布置，打造舒适的阅读环境，在方便读者选购的同时，进一步增加读者的体验感。二是通过多姿多彩的文化活动，带来一般图书的销售增长。在阜宁书城先后举办"朗读红色经典，牢记初心使命——红色经典朗读比赛"活动、吴光辉红色散文分享会、"我心向党"中华经典诵读大赛、"论语精选——君子之道"读书分享会、"读经典学四史"阅读推广活动等。做好教材教辅发行工作，7—8月南京、扬州等地爆发新一轮新冠疫情，秋季教材发放的时间点与抗疫防疫的关键期重合，"课前到书，人手一册"面临新情况和新困难，阜宁新华书店8月4日成立疫情防控小组，制定教材教辅应急发行方案，完成教材教辅发行工作。

2021年6月27日，阜宁新华书店开展关爱留守儿童活动。 新华书店/供

【加强政治读物发行】 2021年是中国共产党建党100周年，做好重点政治读物的宣传发行工作，在阜宁书城专门设立政治图书专架，方便全县读者学习选购。开展"我心向党"建党100周年主题读物联展,推动政治读物的销售发行。2月中共中央印发《关于在全党开展党史学习教育的通知》，就党史学习教育作出部署安排，阜宁新华书店向县委、县政府领导及宣传部领导汇报并争取政策，及时备足货源，全部送书上门，实现全县党员全覆盖。全年销售《中国共产党简史》《论中国共产党历史》等4本党史学习教育用书近55000套，码洋620多万元。

【社会责任履行】 从11月8日起，做好阜宁县2021年农家书屋图书更新补充工作，将全县158家农家书屋的1.81万册、59.85万元的图书准确按时分发到位。响应省文明委关于"城乡结对、文明共建"的通知要求，开展"我为群众办实事"活动。2月8日,筹集扶贫资金8800元及价值600多元的春联，到结对帮扶的沟墩镇陈坎村进行精准帮扶。7月15日、8月12日，分别向结对帮扶的三灶镇东湾村捐赠价值8000多元的电脑、两台价值3万元的空调。5月23日，县教育局举办阜宁县2021年"我心向党"中华经典诵读大赛，阜宁新华书店提供价值19700元的购书券作为奖品；9月2日，向困难学生赠送价值1812.60元的《关心下一代周报》等报刊；9月9日，协助县教育局举办2021年全县"新华杯"小学生课外阅读知识竞赛，捐赠奖券13040元。 （刘 春）

卫生健康

综　述

【概况】 2021年，阜宁县有各级各类医疗卫生机构416个,其中：县直医疗卫生单位6个，卫生院20个，民营医院14个，村卫生室325个，诊所22个、门诊部19个，医务室10个。全县医疗机构核定床位4349张，实际开放床位5155张，千人床位数6.52张；医生数2695人，护士数2639人，千人医生数3.41人，千人护士数3.34人；全县注册乡村医生1001人。阜城街道林海社区创成全国示范性老年友好型社区；《江苏阜宁，坚持"三免三提四保障一控制"打造特色健康扶贫模式》入选国家发改委助力脱贫攻坚典型案例、全省唯一；县卫健委被省委、省政府表彰为全省脱贫攻坚暨对口帮扶支援合作先进集体；县卫健委机关党支部被市委表彰为先进基层党组织；县人民医院被市委、市政府表彰为全市抗击新冠肺炎疫情先进集体，建成国家疼痛专业质控中心首批哨点医院、全市唯一；县人民医院将最美逆行者"家书"真实故事搬上荧幕,《告儿书》获江苏医院微电影节最佳故事片奖、市政府文艺奖三等奖；县疾控中心获国家癌症中心肿瘤登记工作优秀奖；县卫生监督所获市卫生健康行政处罚案卷一等奖、获评市卫生行政许可优秀案卷；中国贫血东部协作组学术交流会在阜宁县召开。

2021年阜宁县卫生事业基本情况一览表

表39

卫生机构名称	机构数（个）	床位数（张）编制床位	床位数（张）实有床位	床位数（张）标准床位	从业人员数 合计	卫生技术人员 小计	卫生技术人员 执业医师	卫生技术人员 执业助理医师	卫生技术人员 注册护士	卫生技术人员 药剂人员	卫生技术人员 检验人员	卫生技术人员 其他	其他技术人员	管理人员	工勤人员
总 计	419	4349	5155	5155	7476	6381	1752	940	2635	219	147	673	328	142	276
一、医院合计	17	2778	3394	3394	3868	3350	909	82	1752	124	70	398	230	121	226
县人民医院	1	1100	1138	1138	1865	1614	449	25	855	67	40	165	107	52	142
县中医院	1	300	360	360	599	487	157	7	213	19	10	79	64	14	40
县第三人民医院	1	190	300	300	146	144	27	2	105	6	2	2		1	1
仁济肝胆医院	1	98	150	150	48	48	21	1	24	2					
施庄眼科医院	1	150	180	180	91	87	20	7	50	2	1	7		1	3
现代医院	1	60	110	110	125	104	25	6	66	3	2	2	3	5	13
安康妇幼医院	1	99	132	132	146	141	36	12	70	6	2	15	4	3	1
明光五官科医院	1	80	50	50	52	52	12	2	35	2	1				
仁爱康复医院	1	140	144	144	159	154	13	1	62	2	2	74		5	
城北医院	1	33	118	118	71	70	32		35	2	1		1		
城西医院	1	80	80	80	75	67	19		27	1	1	19		8	
明光老年病医院	1	80	120	120	47	45	17		24	2	1	1	1	1	
现和康复医院	1	100	144	144	158	121	26	10	48	5	3	29	32	5	
拜博口腔医院	1	18	18	18	38	27	5		22				7	3	1
大爱妇产医院	1	50	80	80	155	115	30	1	78	3	2	1	2	18	20

续表

卫生机构名称	机构数（个）	床位数（张）			从业人员数								其他技术人员	管理人员	工勤人员
		编制床位	实有床位	标准床位	合计	卫生技术人员									
						小计	执业医师	执业助理医师	注册护士	药剂人员	检验人员	其他			
瑞泰护理院	1	50	120	120	44	31	8	1	18		1	3	4	4	5
东晔康复医院	1	150	150	150	49	43	12	7	20	2	1	1	5	1	
二、卫生院合计	20	1571	1761	1761	2008	1910	583	196	757	86	63	225	56	8	33
中心卫生院	6	671	701	701	854	791	258	68	342	35	33	55	47	2	15
镇卫生院	14	900	1060	1060	1154	1119	325	128	415	51	30	170	9	6	18
三、专业公共卫生机构	3				234	192	76	2	55	3	12	44	29	7	13
县妇幼保健所	1				80	77	29		32	2	6	8	3	3	
县疾病预防控制中心	1				112	79	47	2	23	1	6		26	4	7
县卫生监督所	1				42	36						36			6
四、村卫生室	325				1116	700	91	605	4						
五、其他单位	54				250	229	93	55	67	6	2	6	13	6	4
#个体诊所	54				250	229	93	55	67	6	2	6	13	6	4

【卫生改革】 加快县院二期、县三院改扩建、基层医疗机构设施提升等工程进度，出台并实施县妇保院建设方案。提请政府层面出台《关于印发健康中国行动推进健康阜宁建设实施方案的通知》《阜宁县改革完善医疗卫生行业综合监管制度的实施方案》《关于进一步加强我县职业病防治工作的实施意见》《关于印发推进阜宁县3岁以下婴幼儿照护服务工作实施方案的通知》等，促进卫健重点工作有效落实。县卒中中心通过国家认证，县人民医院被国家疼痛专业质控中心认定为首批哨点医院，与上海华东医院建立协作单位并成立名医工作室，增设江苏医药职业学院临床医学教学点，筹建南京医科大学康达学院附属医院，与县中西医结合医院、沟墩中心卫生院建立医共体。引进3.0T磁共振，有效缓解患者等待时间。县中医院建成全国基层名老中医药专家传承工作室，县中西医结合医院晋升“二乙”，年内创成二级综合医院、二级专科医院各1家，建成省农村区域性医疗卫生中心2家、省社区医院3家、省基层特色科室2个。“优质服务基层行”17家卫生院达国家基本标准，其中3家达推荐标准；建成三级以上基层中医馆13家，3个村卫生室达到省推荐标准、被确认为市甲级村卫生室。

【院前急救】 阜宁县急救医疗站成立于2006年10月，依附于阜宁县人民医院。2021年，有救护车10辆，其中7辆负压型救护车；院前急救医生8名，护士7名，驾驶员11名，调度员4名。全年出车15558次，其中：分站1756次，疫情防控用车162次，南北院转诊、大型检查用车6425人次，急危重病人698人次，医疗保障311人次。全年组织急救培训4次，参与全县学校、消防、企业危险化学品泄漏爆炸、工厂安全生产事故等突发事件应急救援演练23次。为进一步做好疫情防控工作，1月新建救护车洗消中心，项目总投资约185万元，建筑面积261.64平方米，建设有洗消中心配套用房、车辆外部洗消系统、救护车内消毒系统、气溶胶消毒机、空间消毒系统等，2022年4月份竣工并投入使用。该中心的投产使用能够实现对转运特定传染性疾病患者的车辆、设备和急救人员实施规范洗消，实行闭环管理，降低交叉感染的风险。

【疫情防控】 织密筑牢疫情防控安全网，指导重点场所、重点单位做好常态化防控，严格落实重点人群全流程闭环管控，在全市创新配备卫生专业人员担任集中隔离点“副点位长”，以“人防”促“物防、技防”。加强对医疗卫生机构、公共场所、集中隔离点检查督查，开展中高风险地区来阜人员、密接次密接排查管控和健康管理。建立健全公安、公卫、工信“三合一”协同机制，加快提升流调溯源能力，对36类重点人群检测核酸26万人次。强化医疗机构预检分诊、发热门诊“哨点”作用，实施发热病人闭环管理。落实落细院感防控“八排查”制度，以“零差错、零失误、零缺陷”力保“零感染”。累计接种新冠疫苗141.6万针次，全程接种率81.78%，“加强针”接种8.5万人。全民核酸检测实战演练采集样本78万人份、占常住人口98%,结果均为阴性。提升应急处置能力，核酸检测日单管达2.4万管，新建、改建发热门诊7家，村（居）公共卫生委员会建设全覆盖。全县救护车总数26辆，其中负压救护车13辆。县人民医院新冠疫苗接种工作被《健康报》报道。

【疾病预防与控制】 发挥疫情防控“参谋部”“主力军”作用，建立“一长七组”管理机制，严格“三区两通道”设置和隔离人员健康管理措施，

2个集中隔离点、270个隔离房间规范有序运行；防患于未然，多维度、高频次开展培训演练，储备隔离点16个、隔离房间1764间；开展H7N9疫情模拟演练、车祸伤急诊救治应急演练、霍乱模拟疫情实地和桌面演练，及时规范报告、有效处置突发公共卫生事件2起。强化基层组织卫生应急规范化建设，完成县级疾控机构规范化、县级紧急医学救援基地建设工作，迎接省级卫生应急工作示范县（市、区）复评。加强重点传染病监测与管理，无甲类传染病报告，报告乙类传染病5种562例、报告发病率70.78／10万，丙类传染病4种672例、报告发病率为84.62/10万。规范开展预防接种和健康管理，免疫规划疫苗接种115623针次，接种率均达95%以上，新出生儿童建档3048名，建档率100%。登记在册严重精神障碍患者4020人，规范管理3910人，规范管理率97.26%。

【基层卫生】 推进“优质服务基层行”，强化内涵建设、规范服务行为、提升服务能力，着力打造技术过硬、服务优质、群众满意的基层医疗机构，20家卫生院接受省、市评估，17家达到国家基本标准，其中3家达到推荐标准。推进县镇村协调发展，县人民医院邀请专家教授指导三级公立医院绩效考核和等级医院创建工作，与上海华东医院老年医学科建立协作单位并成立名医工作室，成为中国创伤救治联盟“创伤救治中心建设单位”，卒中中心第一批通过省级认证，与县中西医结合医院等单位试点建设“医共体”，建成主任团队工作室1个、外科联盟协作单位1个、名医工作室7个，建立基于微信平台的“互联网+PICC导管延续护理”网络，为居家患者提供更好慢病管理服务。县中医院赵勋工作室通过全国基层名老中医药专家传承工作室验收，影像科、骨伤科创建市级中医重点专科；县中西医结合医院晋升“二级乙等”，沟墩中心卫生院建成二级综合医院；益林、沟墩2家卫生院建成省农村区域性医疗卫生中心，益林、沟墩和东沟3家卫生院建成省社区医院；东沟中心卫生院申报二级老年病医院市级评审、针灸推拿科创成省基层特色科室。完成乡镇卫生院中医馆服务能力建设评价任务，建成三级以上中医馆10家。3个村卫生室达到省村卫生室服务能力推荐标准，并被确认为市“甲级村卫生室”。全县基层医疗机构诊疗量360.46万人次，高质量发展指标“基层医疗卫生机构诊疗量占比”79.02%。做实家庭医生签约服务，在全市率先将孕产妇新生儿管理服务纳入家庭医生签约式服务内容，家庭医生进入11家敬老院开展履约服务。强化全科医生责任，联合《中国乡村医药》杂志社举行培训，助推全县基层慢性病管理“医防融合”，全县重点人群家庭医生签约率62.13%。将家庭药师纳入家庭医生签约服务团队，8人参加全省家庭药师培训并规范开展居家药学服务。在农村低收入人口看病就医“便利、控费、提质”上持续发力，推进健康扶贫与乡村振兴有效衔接。

【妇幼健康】 妇幼健康规范化门诊率95%，县卫健委获市妇幼健康技能竞赛团体三等奖，县孕产妇和新生儿危急重症救治中心在市级绩效评估、复评中成绩良好。每季度至少组织1次专项技能培训，制定孕产妇死因前10位应急预案，开展产科危急重症抢救实战演练、危重孕产妇及新生儿急救演练，以多学科高效联动筑牢母婴安全保障网络。

【职业健康】 开展《中华人民共和国行政处罚法》专题培训及工伤预防、职业病防治知识培训，783家用人单位、1164人参加培训，参培率71.9%。开展职业卫生示范引领用人单位创建和争做“职业健康达人”活动，进一步落实用人单位职业病防治主体责任，持续改善工作场所环境和劳动条件。

【人口计生家庭发展】 实施三孩生育政策及配套支持措施，计划生育家庭奖扶12596人、特扶877人，县计划生育协会和益林镇益西社区计划生育协会、东沟镇北堆村计划生育协会被表彰为全省计划生育协会工作成绩突出单位，东沟镇“暖心家园”被省卫健委、省计划生育协会评为省级“示范点”，2家幼儿园被省计生协确认为“向日葵亲子小屋”项目点。促进3岁以下婴幼儿照护服务发展，阳光雨露幼儿园创成市普惠托育示范机构。

【老年健康】 19家医疗机构创成老年友善医疗机构，为88387名老年人购买老年保险，县卫健委获全市2021年度“安康关爱行动”卓越组织奖。适老化智能培训4573人，帮助老年人跨越“数字鸿沟”、开启“智能”生活。

【爱国卫生】 将卫生镇村、健康企业、无烟单位等创建纳入对各镇区（街道、社区）和部门综合目标考核，5个镇通过省级卫生镇暗访并通过省级现场评估。县融媒体中心开设“健康阜宁”专栏，助力省健康促进县创建。及时将农村厕所革命相关职能移交至县农村农业局（乡村振兴局），双方就农村户厕改造统计报表、资金下达文件、改厕技术规范等台账资料进行交接，切实做到底数清、情况明、数据实。

【中医工作】 深化中医医院改革，完善县中医院、县中西医结合医院基础设施建设，促进提档升级。乡镇卫生院中医馆建设实现全覆盖，达到省定标准，其中三级中医馆9家、四级中医馆2家、五级中医馆1家。按照“以奖代补”模式，全面推开村卫生室中医阁建设，所有村卫生室均建成中医阁。深化医联体实质性运作，规范县级专家基层下沉制度，全年下基层342人次，诊治患者3215例次，开展会诊手术30台次，业务培训指导90次，健康团队下村860次，服务群众7530人次，基层群众满意度98.1%。持续开展中医药适宜技术推广年活动，举办县级适宜技术培训班5次，镇级培训班80余次，培训镇村中医药人员和能中会西人员2000余人次。实施基本公共卫生中医药健康服务项目，全县65岁老年人开展中医体质辨识84715人，占比65.9%；0—36个月儿童开展中医药健康指导11156人，占比69.6%。强化卫生人才队伍建设，招录中医药人员6人，农村定向免费培养中医本科1人、针灸推拿大专3人。有7人中医师承学习并进行了公正。贯彻《中华人民共和国中医药法》，组织中医药专家50余人次开展中医相关科普宣传活动，举办咨询和讲座20余场次，发放宣传资料6000余份，受益群众万余人。

【卫生监督】 强化全系统工作人员学法用法制度化、规范化、常态化，与审判、检察机关建立协作机制，增强公益诉讼认识。开展卫生综合监督执法，立案查处各类卫生行政违法案件64起，实施罚没款46.3万元，移送公安机关依法追究刑事责任1起。优化审批和医疗卫生服务，提高行政许可案件办理质量，县卫生监督所获评市卫生行政许可优秀案卷。

【医政药政管理】 严格医疗质量监管，开展急诊急救检查、病历处方点评及护理质量管理、血液透析安全等专项督查，对存在问题限期整改并跟踪回访。督促医疗卫生机构落实自我管理主体责任，加强公立医疗机构绩效考核与结果运用，强化对社会效益、服务提供、综合管理、成本控制、资产管理、可持续发展等方面监管。加强与市、县审计组的联动，规范补助资金管理行为，提高公共卫生资金使用效益。加大医保和公共卫生资金管理力度，监管对象延伸至管理、医务及公共卫生人员。落实医疗卫生机构内部雨污分流改造、管网错接混接整治、预处理设施建设及接管等工作，依法防治水污染。全县26家公立医疗机构，325家村卫生室，全部零差价销售国家基本药物，全年通过省药品阳光采购平台采购3.37亿元。严格执行省短缺药品监测预警“每月零报告”制度，及时把短缺药品信息上报到省以及国家平台。遴选8名药学工作人员参加家庭药师培训学习，提升药学服务能力和居家药学服务的开展。

【科教兴卫】 县人民医院增设江苏医药职业学院临床医学教学点，与南京医科大学康达学院开展合作，“难治性血小板减少”症维持治疗科技创新团队被评为市优秀科技创新团队，获中华护理杂志社主办的“2021年护理高质量发展及安全管理学术论坛暨外周静脉输液治疗护理创新案例演讲决赛”二等奖、全市健康科普短视频大赛中一等奖、江苏医药职业学院年度兼职教师“同课同台”临床技能比赛一等奖。县疾控中心成为国家科技重大专项——涂阴肺结核免疫干预缩短疗程方案项目实施单位。全系统上报省“333高层次人才”8人，申报省级科研立项3项、省级新技术引进奖1项、市级新技术引进奖7项、市级科研立项13项，3篇论文获市自然科学优秀学术成果三等奖、3项新技术获市医学新技术引进奖、7项医学科研项目获市医学科技项目立项。

【智慧健康】 推进信息化发展，进一步完善区域平台应用，推进医疗公卫体检系统互联互通和数据共享。完成医保接口改造、医疗废弃物管理平台上线及电子票据应用等工作。

（孙军成、张星星）

【百岁老人】 2021年末，全县有百岁及以上老人66人，其中年龄最大的108周岁。

2021年阜宁县百岁及以上老人基本情况一览表

表40

序号	镇区	姓 名	年龄（周岁）	序号	镇区	姓 名	年龄（周岁）
1	沟墩	戴凤英	102	34	板湖	曹玉生	100
2	沟墩	周彩兰	100	35	板湖	邱秀英	100
3	沟墩	胡宝珍	101	36	东沟	刘凤超	101
4	沟墩	颜小妹	102	37	东沟	成凤祥	102
5	沟墩	陈 放	100	38	东沟	孙凤英	100
6	陈良	蒋兆云	101	39	益林	吴殿青	102
7	陈良	徐荣珍	100	40	益林	周迁凤	101
8	陈良	陈 芳	101	41	益林	郭 平	100
9	阜城	戴训洪	100	42	益林	魏 明	101
10	阜城	祁玉芳	101	43	古河	陶汪氏	105
11	三灶	刘桂英	107	44	古河	张李氏	102
12	三灶	徐 兰	105	45	罗桥	金夏氏	100
13	三灶	蒋兆坤	101	46	罗桥	赵保如	102
14	新沟	吴秀珍	100	47	花园	张之华	100
15	新沟	季有华	101	48	花园	茆古凤	101
16	新沟	季玉珍	101	49	花园	刘于灿	108
17	陈集	曹兴芳	100	50	花园	花秀英	106

续表

序号	镇区	姓 名	年龄（周岁）	序号	镇区	姓 名	年龄（周岁）
18	陈集	陈王氏	100	51	花园	徐兰英	101
19	陈集	姜兆岭	103	52	花园	杨介花	100
20	陈集	倪效良	100	53	高新区	祝为亮	100
21	陈集	张周氏	103	54	高新区	祝周氏	103
22	陈集	姚庆春	100	55	高新区	刘灯付	102
23	羊寨	钱兰花	101	56	高新区	刘古英	102
24	羊寨	李玉兰	100	57	金沙湖	解国娟	100
25	羊寨	高为干	100	58	金沙湖	陈德万	100
26	羊寨	水李氏	102	59	金沙湖	黄新华	101
27	芦蒲	杨春英	102	60	吴滩	孙其浩	100
28	芦蒲	徐学梅	102	61	吴滩	蒋玉花	100
29	芦蒲	余金花	100	62	吴滩	邹 平	104
30	芦蒲	沈天林	100	63	公兴	张兰英	100
31	板湖	王民方	101	64	公兴	陈维珍	100
32	板湖	杨效云	101	65	硕集	刘国云	102
33	板湖	余秀英	100	66	硕集	张张氏	101

疾病预防与控制

【概况】 2021年，阜宁县疾病预防控制中心设职能科室2个、业务科室14个，在编68人，专业65人中技术职务高级17人、中级17人、初级15人。获全市疾控系统第三届“健康江苏·我行动”健步走比赛一等奖，被国家癌症中心评为2021年度肿瘤登记工作优秀单位。

【疫情报告管理】 管理、审核传染病疫情报告系统各类传染病报告卡、2300张，处理预警154起，各月传染病疫情报告质量综合指数100%。共告乙类传染病5种562例、报告发病率70.78／10万，丙类传染病4种672例、报告发病率为84.62/10万。监测霍乱等等急性传染病，跟踪督导托幼机构、学校缺课监测网络直报，通报教育部门学生缺课漏报结果，中小学校67所日上报率100%、非零报告率65.03%，处置网上预警疫情4324起中校园水痘179起、结核11起。

【免疫规划】 管理数字化预防接种门诊三级2个、二级19个，学校、托幼机构入托入学儿童13789人预防接种证查验率100%，免疫规划疫苗补种率98.5%。报告疑似预防接种异常反应178例，无严重异常反应、接种差错，无流脑、乙脑、脊灰、白喉、新破、新生儿破伤风。

【地寄防】 人群碘营养监测居民盐样300份，碘盐覆盖率95.67%、合格率95.67%，合格碘盐食用率100%；饮用水监测城市水样144份1728个项合格率100%，镇区13个省饮用水监测点52个检样枯丰水期及二四季度水样156份5304项、合格率水样100%、项目99.51%，不合格项目为游离余氯。核实出国劳务人员档案，调查高疟区流动人口195人，未发现疟疾，发热病人血检4266人次复核率62.7%(2673/4266)；土源性线虫病监测点公兴社区青南村、合利社区北汛村、郭墅镇张庄村、古河镇古颜村、板湖镇孔荡村随机抽取3周岁以上人群1135人监测粪便，未检出阳性病例。

【结核病、麻风病、艾滋病防治】 报告疑似肺结核730例总体到位率97.5%（712/730），诊断活动性肺结核277例病原学阳性率72.1%（200/277），耐药肺结核高危人群45例筛查率100%，治疗确诊耐利福平肺结核10例；筛查65岁及以上老年人92485人、糖尿病20108例，筛出肺结核可疑症状者2635人，发现疑似肺结核18例，确诊活动性肺结核6例。各乡镇肺结核277例症状筛查率100%，2020年同期肺结核258例规则治疗率95%（245/258）。省麻风病主动发现项目报告疑似麻风18例，复核鉴定排除麻风，调查随访、康复指导治愈麻风117例。有艾滋病初筛实验室8个、HIV抗体检测点28个，检样常住人口202574份，人群HIV抗体检测率25.51%，检出HIV抗体阳性26例，自愿咨询检测门诊（VCT）1026人，确证HIV抗体阳性6例，现管艾滋病人、HIV抗体阳性308例。

【慢性病防治】 基本公共卫生服务项目管理高血压47606例、糖尿病15963例；高血压、糖尿病自我管理小组20个活动400场；报告肿瘤3274例，死亡22288例，死亡发病比0.7；全人群死亡7209人，死亡报告率6.5‰。

【健康教育与健康促进】 “阜宁疾控”微信公众号编发疾病预防知识稿116篇，社区慢病防空知识讲座发放无纺布袋子、健康围裙、控油减盐套装，“健康教育进机关”常态更新卫生大厦、政务中心、623纪念馆、教育局、财税大厦、人社局健教资料观阅栏，投放宣传品11000余册；组织全国肿瘤防治宣传周、531世界无烟日、10·8全国高血压日等主题宣传12场，肿瘤与高血压防治、控烟、“三减三健”微信知识答题参与28000余人次，健康素养监测调查问卷930份。

【卫生应急】 完善卫生应急管理制度，对全县新冠肺炎防控流调、消毒人员开展培训，规范隔离点管理，通过开展全流程实地推演、卫生系统拉练及采样技能考核等方式，提高新冠肺炎防控能力。

【人才培养与疾控科研】 省市专家培训授课多人次，参加省市专题培训，招录本科生预防医学2人、医学检验3人、财务管理1人、公共事业管理1人、法医学1人、微生物学1人。国家上消化道早诊早治项目筛查2020—2021年度1015人，检出癌症和癌前病变6例中早期3例，早诊率50%。

【卫生监（检）测】 环境卫生监测中小学校14所，协助检测机构健康危害因素监测宾馆、游泳场、沐浴场、理发店、候车室等重点公共场所124个，检样440份合格率100%。完成8—9周岁少儿口腔3000颗牙齿窝沟封闭。食源性疾病哨点医院扩到一级以上综合性医院23个，报告1266例报告率100%。职业性健康体检11890人，体检从业28000人、在校学生109812人。 （孙文杰）

卫生监督

【概况】 2021年，阜宁县卫生监督所在严守疫情防线的基础上，扎实推进面上工作和重点难点工作的统筹推进，公共场所、生活饮用水、放射卫生监督覆盖率、卫生行政许可规范实施率均达到100%，医疗机构、学校卫生监督覆盖率均达到200%。不断加大内部工作稽查和环节质量控制力度，持续提升执法监督和文书制作等内涵质量，在市组织的专项评比中，获得卫生行政处罚卷宗评比一等奖和卫生行政许可文书评比优秀奖（第二名）。

【日常监督】 全县有公共场所经营单位1107户，完成监督1107户，监督覆盖率100%；检查集中供水单位3家14户次，二次供水单位4家19户次，涉水产品生产企业4家6户次（其中2家为下半年新发证）；完成春、秋学期新冠肺炎疫情防控和学校卫生综合监督检查，对162所中小学校及托幼机构进行至少2次的监督检查。检查各级各类医疗机构500余户次，下达《卫生监督意见书》40余份。

【职业卫生】 根据省、市职业卫生监督工作要求，结合阜宁县职业卫生工作实际，开展粉尘危害专项治理行动、省（市）级职业卫生“双随机、一公开”执法检查、省（市）职业健康领域挂牌督办重大风险隐患化解、职业病防治法宣传、培训等职业卫生监督工作，全年对700余家用人单位、1000余名职业卫生负责人和管理人员进行职业健康培训，进行职业卫生监督检查155个单位次，下发卫生监督执法文书140份，立案查处4家职业卫生用人单位，保障广大劳动者职业健康权益。

【行政许可】 贯彻落实县委、县政府“放管服”改革工作部署，全年接待办事群众2500余人次。办理各类政务服务事项1425件，涉及医疗机构执业登记、医疗机构校验、中医诊所备案、生活饮用水集中式供水（管道分质直饮水）卫生许可新证、放射诊疗建设项目、职业病危害项目、医护执业注册、再生育一孩等九大类许可。每一项审批时限比法定规定平均缩短10个工作日以上。

【疫情防控】 配合上级部门做好疫情防控工作，将疫情防控和当前卫生监督工作结合起来，科学部署、统筹推进、有序开展。全年对宾馆、美容美发、公共浴室、歌厅、商场、影院等公共场所单位的疫情防控工作进行现场监督检查892户次。通过微信、电话等方式，对各公共场所从业人员新冠疫苗接种情况进行督促统计。

【卫生综合监管】 查处各类卫生行政违法案件64起，立案查处63起（其中一般程序案件46起，简易程序案件17起），移送公安机关追究非法行医罪案件1起，实施罚没款46.3万元。申请建湖法院强制执行5起。未发生一起行政复议和行政诉讼案件。 （孙堂梁）

妇幼健康

【母婴安全综合保障】 2021年，阜宁县妇幼保健计划生育服务中心以落实母婴安全保障制度为重点，全面开展孕产妇妊娠筛查与风险评估，对孕产妇进行分级分类管理，严格实行高危孕产妇专案管理，进行高危孕产妇和新生儿抢救绿色通道拉练，开展妇幼健康服务技能竞赛，组织产科病历评审，开展孕产妇死亡和5岁以下儿童死亡病例评审。按照规范要求对产科单位开展助产技术评审和爱婴医院复查，巩固爱婴医院成果。全年有产妇3163人，活产数3194人，高危孕妇管理率100%，无孕产妇死亡，婴儿死亡率2.19‰，5岁以下儿童死亡2.82‰。

【出生缺陷综合防治】 2021年，全县出生缺陷发生率为8.64‰。开展婚前保健及孕前优生检查工作，婚前医学检查率85.92%；孕前优生健康检查对象目标任务完成率104%，经评估存在风险因素573人。规范做好产前筛查工作，提高产前筛查服务覆盖率，产前筛查率97.82%。新生儿疾病筛查工作运转良好，全县助产单位活产数2998人，采集送检筛查标本2975人份，筛查率99.23%，确诊先天性有机酸、脂肪酸代谢异常4人；完成新生儿听力筛查2961人，筛查率98.77%，确诊听力障碍患儿1人。先天性心脏病筛查率99.7%，筛查阳性心超检查率96.43%，确诊6人。

【托幼机构卫生保健管理】 2021年，落实《国家基本公共卫生服务规范（第三版）》《托儿所幼儿园卫生保健管理办法》《托儿所幼儿园卫生保健工作规范》及《托幼机构新冠肺炎疫情防控技术方案（修订版）》的有关要求，开展托幼机构卫生保健工作，和教育局联合举办托幼机构卫生保健工作管理规范培训班，培训保健人员112人次。对托幼机构进行卫生监督管理和卫生保健指导，托幼机构卫生管理率100%。组织全县托幼机构工作人员和在园儿童健康体检。全年开展4—6岁儿童体检26349人，体检率99.67%，新生入园体检5947人，体检率98.71%，托幼机构工作人员体检1830人，体检率100%。

【基本避孕项目管理】 2021年，全县各级医疗保健单位按照年度计划生育服务工作总要求，积极落实计划生育技术服务相关工作，规范开展免费基本避孕手术，扩大药具发放覆盖面。全年开展免费计划生育技术服务手术1537例，其中，放环575例，取环962例；共发放口服避孕药717板，节育环396只，凝胶989，避孕膜303，避孕栓153，避孕套365108只。避孕药具不良反应监测上报314例。

【妇幼健康管理服务】 2021年，在全县范围内继续使用全省统一的新版《母子健康手册》，新建孕产妇保健手册2886份，早孕建卡率92.13%，孕产妇系统管理率90.51%，产后访视率96.56 %，妇女常见病筛查率90.43%，妇女病筛查疾病检出率11.36%；各助产机构新建儿童保健手册2998份，新生儿访视率97.62%，3岁以下儿童系统管理率94.49%，0—6岁儿童健康管理率99.3%。全县在园儿童视力健康电子档案建档率100.45%；农村妇女增补叶酸项目目标人群发放2508人。农村妇女宫颈癌、乳腺癌（两癌）筛查项目工作，宫颈癌检查28637人，检出宫颈癌前病变170人，确诊宫颈癌9人。乳腺癌检查28675人，确诊乳腺癌14人。提供孕产妇HIV抗体、梅毒、乙肝检测2988人，梅毒阳性产妇8人，确诊乙肝阳性产妇62人，所生儿童首剂乙肝疫苗及时接种率100%，乙肝免疫球蛋白及时注射率95%以上。

【业务培训】 围绕全县妇幼健康重点工作召开会议，县妇计中心专题培训和指导全县妇幼计生工作人员，组织开展相关项目人员的技术培训，2021年共举办孕产妇健康管理、0—6岁儿童健康管理、“两癌”检查项目、计划生育及避孕药具等培训班5期，培训各类业务骨干600余人次。围绕妇幼健康重点难点问题，8月举办全县妇幼健康技能竞赛，以赛促学，以赛促练，提高基层妇幼健康队伍整体素质，提升妇幼健康服务理论水平和操作能力。10月，妇计中心孙兰兰参加2021年江苏省妇幼健康服务技能竞赛获产前筛查组个人三等奖。

【健康教育】 在日常妇幼健康服务中开展孕产妇宣教、儿童科学喂养及婚前孕前指导等健康教育的基础上，开发制作妇幼保健宣传手册、展板、宣传折页、宣传单、宣传片等宣传材料，广泛发放，宣传普及妇幼健康知识利用“三八”“六一”“世界母乳喂养周”“出生缺陷预防日”“世界避孕日”“爱眼日”“爱耳日”等重要节点通过电视、网络、报纸、宣传栏等形式开展宣传教育活动，营造全县重视和关注妇幼健康的良好氛围。2021年，县妇计中心开展10场义诊宣传活动，活动现场发放宣传册1000余份，接受群众义诊咨询500余人次；在《江苏商报》、交汇点新闻等媒体发表5篇妇幼健康工作报道。

医疗机构选介

【阜宁县人民医院】 始建于1946年7月，为国家三级综合医院，是南京中大医院集团成员单位，是南通大学、江苏医药职业学院教学医院，是江苏省助理全科医生培训基地。2021年，占地面积14.9万平方米，建筑面积19.7万平方米，总资产9.39亿元；有职工1533人，其中卫技人员1256人、博士1人、博士在读2人、硕士研究生69人，高级职称304人，中级职称376人；设有33个临床科室、10个医技科室、36个护理单元，开放床位900张；拥有市级医学重点学科3个、市级重点专科6个、市级重点专科建设单位1个、市医学创新团队6个、市专科护士实习基地1个。创成卒中中心、胸痛中心，挂牌中国创伤救治联盟创伤救治中心建设单位，危重症孕产妇救治中心、新生儿危重症救治中心通过市级复评。医院专科设备齐全，50万元以上医疗设备70余台件。2021年，完成门急诊诊疗人次97.99万，出院人次4.04万，手术台次1.24万，其中三、四级手术占比57.95%。

【阜宁县中医院】 初创于1958年，1995年通过国家二级甲等中医院评审，2013年通过全国二级甲等医院复评，2019年通过省市二级甲等医院复评，是集医、教、研、预防、保健于一体的“二级甲等”中医院。有国家级农村中医药特色专科脑病科、针灸科，省级基层中医特色专科内分泌科，市级重点专科脑病科、内分泌科、肾病科。开展中医护理技术16项，各病区开展中医护理技术4项以上。拥有一批临床实践经验丰富、具有一定学术名望和影响力、各有所长的名老中医，指导和提高中医临床医诊水平，开展师承工作，设立名中医工作室，整理、传承、推广名老中医独到的医诊经验。

（朱红平）

社会事务

就业创业

【概况】 2021年，全县实现新增城镇就业7253人，城镇下岗失业人员再就业5086名。阜宁县人力资源和社会保障局（简称县人社局）帮助1646名就业困难人员实现再就业，城镇登记失业率为4%；新增转移农村劳动力5070人；组织创业培训1595人，组织城乡劳动者就业技能培训8636人，组织城乡劳动者就业技能培训4439人，组织新生代农民工技能提升培训2875人，支持成功自主创业4219人，扶持农民创业2503人，引领大学生创业人数421人；发放创业贷款8212万元。

2021年阜宁县城镇就业和失业变化情况一览表

表41

项　目	2021年	2020年
一、本期末从业人员总数	182360	175107
二、本期失业人员总数	7416	12627
1. 上期末结转的失业人员		1562
2. 本期增加的失业人员	7416	11065
其中：女性	4178	4979
三、本期失业人员就业人数	8928	11084
其中：女性	4211	4987
按经济类型分：		
国有企业		
私营企业	4331	5377
其他企业	1716	2130
个体私营组织	2881	3577
按经济行业分：		
工业	3429	4258
批零贸易、餐饮业	744	924
社会服务业	1668	2071
其他行业	3287	3831
四、新增就业人数	7253	13148
失业人员再就业人数	5086	7701
就业困难人员再就业人数	1646	2101

【就业招聘】 在春节期间，举办“网络直播招聘”活动，累计吸引20万人次点击收看，央视对该项活动4次聚焦报道。全年举办线上线下招聘活动38场，累计带动5000余人入企就业。引进高校毕业生2660人，兑付人才补贴636万元，名校优生补贴158.7万元。开展各类技能培训2万人，举办县第九届职业技能大赛，参赛人数历届最多。结合疫情防控、文明城市创建和残疾人护理，新开发公益性岗位1206个，省人社厅工作简报将阜宁县做法作为经验交流在全省推广。

【落实就业补贴政策】 累计发放稳岗返还资金536.62万元。为2791名失业人员发放失业保险金

1768.74万元；为2750名失业人员缴纳医疗保险费421.36万元；为1417名失业人员发放失业补助金400.2万元。为2354就业困难人员发放社保补贴1165.46万，其中灵活就业1147.91万2343人、企业1家17.55万。兑付创业贷款贴息527.8万元，兑付2020年返乡业先进集体奖励、省大学生优秀创业项目奖励和2021年返乡创业之星奖励、创业载体运营补贴、创业扶持引导补贴等资金157.8万元。

【用工服务】 因疫情影响取消新春系列招聘活动以后，第一时间推出线上招聘服务平台，春节期间举办"网络直播招聘"活动，累计吸引20万人次点击收看，央视对该项活动四次聚焦报道。常态化举办"周六招聘市场"，全年举办线上线下招聘活动38场。完成对"小蜜蜂"工作室改造，硬件设备入场，人员配置到位，编撰了《职介工作标准化、精细化、制度化建设方案》，让职介服务在制度的框架下持续优化。

【培训工作】 阜宁县作为江苏省就业培训"云眸工程"试点单位（苏北唯一，全省共3家），省人社厅副厅长张宏伟对阜宁试点建设给予肯定。阜宁县继续以"职业技能提升三年行动"为引领，全年开展各类补贴性职业技能培训19227人，其中企业职工岗前培训17741人（新型学徒制培训349人），其他技能培训1486人。

社会保险

【概况】 2021年，全县企业职工基本养老保险参保98129人、工伤保险参保74683人，当年征收企业养老保险基金92959万元、征收工伤保险基金2530万元。机关事业养老保险参保单位301个，在职参保人数15125人，离退休共计9861人；征收养老保险费6.51亿元，社会化发放养老金6.51亿元。城乡居民基本养老保险参保缴费人数176356人，征收基金2.48亿元，人均缴费1302元，创历史新高，基础养老金发放191513人，发放率100%。基础养老金提高到210元/月·人。

2021年阜宁县劳动保险和机关事业保险情况一览表

表42

项　目	计量单位	2021年	2020年
一、劳动保险			
1. 参加单位数	个	3541	3035
其中：国有企业	个		
集体企业	个		
2. 参保人数	人	98129	98957
其中：国有企业	人		
集体企业	人		
3. 支付离退休费用人数	人	65315	61735
其中：国有企业	人		
集体企业	人		
4. 养老金收入	万元	251141	136846
5. 养老金支出	万元	250137	165879
二、机关事业保险情况			
1. 授保单位	个	298	283
机关	个	85	85
事业	个	213	203
2. 保险人数	人	15431	15191
机关	人	4370	4409
事业	人	11061	11614
3. 支付离退休费用人数	人	9485	9775
机关	人	3039	3020
事业	人	6374	6755
4. 养老保险基金收入	万元	32132	32215
5. 利息收入	万元	106	189
6. 历年结余	万元	8683	2415
7. 收入总计	万元	61173	71346
8. 养老保险基金支出	万元	67176	63499

续表

项　目	计量单位	2021 年	2020 年
9. 提取管理费	万元		
10. 滚存结余	万元	1595	8683
11. 支出总计	万元	68262	65079

2021 年阜宁县城乡基本社会保险情况一览表

表43

项　目	计量单位	2021 年	2020 年
一、养老保险			
城乡基本养老保险年末应保人数	人	279968	266782
城乡基本养老保险年末参保人数	人	278914	265448
基金收入	万元	78455	62294
基金支出	万元	55884	46081
基金累计结余	万元	146175	123604
二、医疗保险			
城乡基本医疗保险年末应保人数	人	907698	944207
#城镇基本医疗保险年末应保人数	人	124800	120600
新型农村合作医疗年末应保人数	人	782898	823607
城乡基本医疗保险年末参保人数	人	912246	927949
#城镇基本医疗保险年末参保人数	人	129348	121123
新型农村合作医疗年末参保人数	人	782898	806826
城乡基本医疗保险覆盖率	%	100.5	98.3
#城镇基本医疗保险覆盖率	%	103.6	100.4
新型农村合作医疗覆盖率	%	100	98.0
基金收入	万元	143331	130820
基金支出	万元	123406	112948
基金累计结余	万元	19925	17872
三、失业保险			
年末参保人数	人	62583	3383
基金支出	万元	3330	4100
基金累计结余	万元	12522	11692

【开展“社会保险扩面征缴百日行动”】 通过全方位、立体式、多形式社会保险政策法规宣传，增强了用人单位及职工的依法参保意识；通过成立工作领导小组、召开推进会议、建立联动机制、数据信息比对、加大督查考核促进社保扩面工作。全年新增企业参保职工12020人。

【下调工伤保险费率】 根据省人社厅《关于2021年社会保险缴费有关问题的通知》要求，从2021年5月1日起，延续实施工伤保险缴费比例由原来的0.6%—1.9%调整为0.2%—1.9%。据统计，工伤保险费率降低后，全年为全县企业减负约600万元。

【加强基金安全管理】 推广使用“我的盐城”和“江苏智慧人社”APP认证软件，降低养老金领取资格认证人为录入操作风险；定期与民政、司法等部门进行数据信息比对，避免欺诈冒领养老金现象发生。认真核实国家和省下发的各类疑似违规领取养老保险待遇数据信息，及时核查整改发现的问题，确保养老保险基金安全与完整。

【机关事业养老保险改革】 5月，全省机关事业养老保险系统一体化平台上线。2021年机关事业单位退休人员调资工作在2021年6月30日前全部调整到位，此次调资涉及退休总人数为9850人，人均增加220元，增发退休金达1300万元。

【二次提高城乡居民基本养老保险基础养老金最低标准】 根据《关于提高全市城乡居民基本养老保险基础养老金最低标准的通知》，全市城乡居保基础养老金最低标准从2021年1月1日起提高到每人200元/月，每月净增20元，阜宁县在6月30日前补发到位。根据《关于提高全市城乡居民基本养老保险基础养老金最低标准的通知》,全市城乡居保基础养老金最低标准由每人每月200元提高至210元,从2021年1月1日起执行,阜宁县在11月15日前补发到位。

【开展城乡居民基本养老保险公共服务标准化试点工作】 2021年,阜宁县被省确认为城乡居民基本养老保险公共服务标准化试点单位,县优选1个县级经办机构、4个镇级经办机构和4个村级经办机构参与试点建设,推行"工作前置、集成经办、痕迹管理、服务后延"为核心的"四步工作法",打造"一门、一窗、一人、一表、一卡"通办模式,实现城乡居保公共服务技术有支撑、窗口有清单、操作有规则、质量有保证、服务有评价的目标,创建"暖心"服务品牌,受到省主管部门的表扬。

【实施"颐养计划"】 阜宁县从"兜底、提标、尊老、促小、扶弱"5方面建立健全"颐养"机制,实施"颐养计划"。"兜底",对个人账户养老金不足10元的由地方财政补足10元;"提标",建立基础养老金增长机制,实现"11连增";"尊老",建立年满65周岁的待遇领取人员增发5元/人.月制度;"促小",发布最低缴费指导线,引导群众高档次缴费、高质量参保。对连续缴费超过15年的,每超过1年,基础养老金增发1%;"扶弱",对重残、农村五保、城市"三无"和失独家庭成员等特殊困难群体,由政府按照100—500元/年代缴保费。该项目被市人社局作为典型进行推广介绍。

人事人才

【概况】 2021年,阜宁县人才学历层次明显提高,专业技术人才有所增加,其中高级职称4837人(正高305人,副高4532人)、中级职称15981人、初级职称59850人。全县享受国务院政府特殊津贴的专家4人,省、市有突出贡献的中青年专家15人。

【事业单位岗位设置管理】 坚持人事聘用与岗位聘用相统一的改革思路,按照以编定岗、以事设岗的原则,规定各类岗位的结构比例和层级比例。2021年,全县事业单位已设置各类岗位18797个,其中管理岗位2097个,专业技术岗位15789个,工勤岗位911个。

【事业单位公开招聘工作人员】 2021年,根据编制岗位余缺和用人单位的实际工作需要,人社局会同用人单位共同组织实施事业单位公开招聘7批次,719个招聘计划(其中教育系统379人、卫生系统245人),应届毕业生招聘计划570人(占招聘岗位79.3%),共完成招聘515人(其中教育系统299人、卫生系统144人),面向应届毕业生招聘410人(占招聘人数79.6%),其中研究生学历120人。事业单位进人一律实行公开招聘,招聘考试安全率100%。

【机关事业单位工资福利管理】 全县事业单位12281人,审核发放奖励性绩效工资17862万元。机关工人170人,发放年终一次性奖金60.42万元。为机关单位473人,事业单位2209人,合计2682名在编人员审核2019年度应休未休年休假报酬。2019年度支付给在编人员年休假报酬为1390万元。开展2021年度机关事业单位遗属生活困难补助年审工作。全县参加审核的遗属补助对象总数1775人,1693人通过年审,82人因死亡、到龄或重新有其他收入等原因不再享受。按照到龄即退,即时办理的要求,共为机关事业单位293名到龄退休人员办理了退休手续。为机关事业单位69名离休干部增发生活补贴。从2021年起,离休干部的增发月数在原有基数上增加一个月。增发基数仍是基本离休费加上600元。为机关事业离休干部及新中国成立前老工人79人调整高龄护工费补贴标准,每人每月增加200元,从2021年1月起执行。根据省委组织部、省人社厅、省财政厅印发《关于提高乡镇工作补贴标准的通知》,从2021年1月1日起,为乡镇机关事业单位6972人调整乡镇工作人员补贴标准。

【专业技术人员职称管理】 2021年,评审推荐职称材料6363份,其中:高级327份、中级654份、初级5382份;共聘任高级职称349人、中级451人。

【"才·阜行动"人才引进计划】 精准招才引智方向,围绕企业人才智力需求,以急需紧缺人才为重点,走进盐城工学院、江苏大学、上海第二工业大学等对口高校,开展"才阜行动"走进高校系列活动9场。送政策送信息送岗位送服务到高校,活动现场累计接待求职咨询260人,先后签订意向性协议413人。采取悬挂标语、布置宣传栏、发放宣传扇、宣传纸杯、鼠标垫等多种形式,在全县范围内掀起"才·阜行动"宣传热潮。在东南大学、上海大学、河海大学、南京工业大学等39所高校建立引才工作站,聘请100名高校师生为阜宁县引才大使。

【高校毕业生就业服务】 通过"全国高校2021年春季校园网络招聘平台""盐城市高校毕业生网络供需平台"等线上平台,构建"企业自主式招聘,毕业生自助式求职"的服务新模式,提高人岗匹配度。先后发布138场省内外高校网络招聘活动,及时推送企业就业岗位信息,促进高校毕业生与企业供需双方精准对接。疫情居家隔离期间收到简历366份,向企业推送阜宁籍人才求职信息600余次,有113人成功签约。与33家承担高校毕业生就业见习任务的企事业单位对接,开发就业见习岗位,累计开发620个见习岗位,并定期对见习人员进行跟踪回访,提高见习服务管理水平。

【人事代理服务工作】 建全规章制度,规范档案服务工作,严格执行档案库房、办公室、阅卷室"三分开"制度,逐步实现规范化、制度化。优化业务办理程序,严格档案接收流程和服务行为,做到"当日接收档案、当日登记核对、当日归档入库”。全年接收各类高校毕业生档案3544份，调出人事代理档案1315份，年底库存档案44841份；干部人事档案专项审核工作中，完成事业单位人员人事档案改版971册；先后为314名事业单位改制人员办理相关调资手续；先后整理归档材料6600份。

劳动维权

【工地大讲堂】 2021年，县人社局牵头开展“互学互比、打造‘民心工地’”活动，通过学先进工地、学特色做法、新开工项目学成功经验，评选出“保障农民工工资支付‘民心工地’”，提高农民工和用人单位法律知晓度。

【优化监察维权服务】 人社局先后妥善调处化工行业整改、县人民商场等改制企业遗留问题引发的群体性事件。将调解工作下移至企业一线，帮助澳洋公司妥善处置职工1200余人，仲裁立案调处956人。审批特殊工时27家，指导阿特斯申报省级劳动关系和谐企业，推荐苏民、协鑫光伏、宏泰石化3家申报市级劳动关系和谐企业。完成薪酬调查79家企业，完成执行最低工资标准调查74家企业。从2021年8月1日起，将全县最低工资标准由1620元/月调整至1840元/月。（殷雷雷）

医疗保障

【品牌创建】 2021年是阜宁医保精细管理年，阜宁医疗保障工作着力打造“阜宁医保就是我（945）”服务品牌，打造阜宁医保新特色。“9”就是全县通办机制、绿色通道机制、合力筹资机制、协同宣讲机制、线上办理机制、开门协商机制、应急处理机制、奖优罚劣机制、委屈补偿机制等县镇村联动服务九项机制；“4”就是敬业、乐业、专业、创业职业精神；“5”就是真心、热心、细心、耐心、恒心“五心”服务。

【城乡居民医疗保险筹资标准】 2021年，城乡居民基本医疗保险个人缴费标准为城乡居民年满18周岁（不含在校学生）每人为350元，在校学生、托幼儿童及其他未成年人每人为250元。城乡居民基本医疗保险财政补助标准为每人710元。对省定7类重点医疗救助对象、符合条件的建档立卡低收入人口及拓展的医疗救助对象，由医疗救助基金全额资助参保。

【城镇职工医疗保险筹资标准】 2021年1—6月，职工医疗保险、生育保险缴费基数上限为16842元，缴费基数下限为3368元；7—12月，职工医疗保险、生育保险缴费基数上限按20586执行，下限按3800执行。其中职工医疗保险由用人单位按缴纳基数的8%缴纳，职工个人按2%缴纳；生育保险由单位按缴费基数的0.9%缴纳。

【医保扩面】 实施全民参保计划，组织全民医保春节行、全民医保家家清活动，组织医保政策大宣讲，成立19个宣讲小组，分头进镇区、进企业、进村居，面对面进行228场次宣讲。借助户籍、统计、人社、税务等深度筛查，对工业企业、三产服务业和灵活就业人员等进行重点宣传，动员参加职工医保，优化参保结构。至年底，全参加基本医疗保险人数为91.36万人，其中城乡居民基本医疗保险参保人数为78.43万人；城镇职工基本医疗保险参保人数为12.93万，同比增长10.04%；生育保险参保6.27万人，同比增长6.27%。

【优化“两病”医保服务】 “两病”适用人群为参加阜宁县城乡居民基本医疗保险，符合“两病”诊断标准且需采取药物治疗，但未达到盐城市城乡居民医保门诊慢性病种标准的参保人员，可申请享受“两病”待遇。开展“两病”门诊用药保障工作，做好“两病”门诊用药保障与普通门诊统筹和门诊慢特病保障等政策的归口衔接，确保“两病”患者不漏一人、应享尽享，及时享受应有待遇且待遇水平不降低。全年度全县范围内申请通过的“两病”参保患者有52652人。

【加大医疗救助力度】 巩固和完善“一站式”结算，加快医保信息化建设，推进医疗救助与基本医疗保险、大病保险、补充保险等信息共享和服务衔接，实现全县范围内“一站式服务”“一单制结算”，全面落实建档立卡低收入人口县域内定点医疗机构住院“一站式”结算和先诊疗后付费政策，切实减轻救助对象跑腿垫资负担。大幅降低医疗救助手工报销比例，提供方便快捷服务。全年支出1.41亿元，其中资助居民参加城乡居民医疗保险82976人。

【推广激活医保电子凭证】 通过与参保单位逐一对接，携手微信、支付宝团队，联合教育、卫健部门，加强宣传引导，加强对各定点医药机构医保电子凭证推广使用工作进行督查，全速推进医保电子凭证，让参保人员真正感受到“一码在手，医保无忧”的方便与快捷，让数据多跑路，让群众少跑腿。全县参保人员全年使用医保电子凭证次数40.88万人次，其中在县内使用医保电子凭证次数40.67万。

【异地就医】 推进异地就医备案工作，对刚需患者实现“应转尽转”，解除广大参保人员异地就医“垫资跑腿”后顾之忧。全年异地安置退休人员、异地长期居住人员、常驻异地工作人员异地就医备案7738人次，其中窗口现场备案3137人次，通过盐城市医保局门户网站，盐城市医保微信公众号平台，“我的盐城”手机APP，江苏医保云，国家异地就医小程序，进行网上办、掌上办、自助办备案4601人次，异地就医备案成功率100%。

【医保支付方式改革】 推行总额控制下多元复合支付方式改革，加快DRG付费落地，减少诊疗过程中不合理的医保支出，有利于保障医保基金安全、合理控制基金支出，减轻参保

2021年9月16日，市医保局实地查看阜宁县县镇村三级医保服务网络建设。 王 林/摄

患者医疗负担。积极推进督促各家试点医疗机构病案数据填报、接口改造工作，县人民医院的DRG付费模拟质量走在全市前列。扩展按病种付费，从7月1日起对精神病类实行按床日付费。

【药品耗材集中招采】 贯彻《关于推动药品集中带量采购工作常态化制度化开展的意见》，单列编制药品和医用耗材集采预算，及时结算集中采购结余留用资金。督促医疗机构网上议价，推进药品耗材回归价格合理区间。主动参与国家、省联盟采购和苏盐宿徐通淮“六市联盟”普通耗材带量采购，先后组织开展5次药品集采和5次医用耗材集采，预付资金585.73万元。落实国谈药“双通道”政策，邀请人大代表、政协委员实地评议，遴选出4家医院、5家药店作为“双通道”候选定点。

【打击欺诈骗保行为】 先后组织5次规模较大的法律法规培训，开展“送法律、送政策、送服务”活动，保持对苗头问题、面源问题、重大问题的敏感性和预见性，掌握工作主动权，更好守护百姓治病钱、救命钱。把握“两定”协议的行政合同属性，严把签订关、履行关、退出关，依据协议对市场定价医院实行限价支付。开展“双随机、一公开”检查2次，飞行检查6家，行政处罚1家，定点医药机构现场检查覆盖率100%。组建案件审理小组，所有案件一律集体会审，适时邀请医保治理社会监督员、专家库成员共审，一人一票，确认签字，确保每个案件处理都经得起检验。持续开展源头治理，在加强自查自纠的基础上，突出与纪检监察、公安等部门的协同配合，协助纪检监察部门调查10批次，配合公安机关侦查13件。针对假病人、假病情、假票据问题和重复收费、分解收费、超标准收费、套用编码收费问题，以及使用社保卡套现套药、购买化妆品生活日用品等问题，坚持露头就打，保持高压态势。组织“清零行动”，发布打击欺诈骗保典型案例5例，实施行政处罚案件1件，上级交办线索办结率100%。

【县镇村医保服务网络】 全市首家完成县镇村三级医保服务网络建设，落实19个镇级医保中心和325个村级医保服务站工作制度和服务清单，调整充实镇级医保中心力量，医保公共服务“最后一公里”全面打通，打造以横向扩面覆盖、纵向下沉服务为重点的基层医疗保障服务机构建设工程。建成高新区、东沟镇2个“15分钟医保服务圈”市级示范点。

【推进疫情防控工作】 及时解缴疫苗接种费用及接种工作费用1.1亿元，为全民免费接种提供了坚强保障，构建全民免疫屏障。疫情期间及时为患者提供优质高效的医保经办服务，全面推行医保事项线上办理，畅通异地就医备案渠道，优化结算购药服务环境，推行不见面服务，避免出现人员密集办理业务情况，做到防控工作不间断，经办服务不间断。

（三 林、王韩萍）

民 政

【救助困难群体】 2021年，阜宁县及时将492户（913人）纳入低保，有序将172名符合条件人员纳入特困供养，对全县276户“两易户”“两骤户”采取不间断动态监测，防止返贫。8—11月，推进低收入人口认定工作，摸底排查和入户走访40007户（90909人）困难家庭，初审认定1100户（3214人）低收入困难家庭。持续深化社会救助重点环节改革工作，全面推行困难群众申办社会救助不见面审批，进一步简化申办流程，提高救助效率，取消群众评议流程，缩短办结时间。开展困境儿童精准排查工作，为困境儿童建立“一人一档”，将所有符合条件的儿童纳入对应关爱保障范围。推进困境儿童和农村留守儿童关爱保护工作，购买社会组织专业服务，开展“儿童关爱之家”系列活动，为困境儿童和农村留守儿童提供文化娱乐、心理疏导、学业辅导、安全教育等专业服务，满足儿童多样化和个性化需求。

【民生实事重点工程】 开展困难老年人家庭适老化改造工作，完成适老化改造困难老年人家庭429户。推进区域性养老服务中心建设，重点改造提升郭墅、羊寨、板湖敬老院，打造成区域性养老服务中心，年内完成。通过公开招标，引进上海天与、山东青鸟、盐城悦达3家专业养老公司对全县所有镇区的80周岁以上老年人，60周岁以上的五保、低保重中度失能老人，70周岁以上重点优抚对象、失独家庭和75周岁以上的低保边缘户中的失能老人提供助餐、精神慰藉、健康咨询等服务，已为33064位老人提供396964人次的上门服务，高龄、经济困难失能老年人养老服务保障达标率98.45%。

【殡葬秩序专项整治】 为全面规范殡葬秩序、推进全县殡葬管理、服务高质量发展，在全县范围内开展殡葬秩序专项整治工作，全县拆除各类违建空穴大墓5413座。规划建设城市公益性公墓，工程计划总投资1.1亿元，由上海福寿园公司进行规划设计，初步形成规划设计方案和施工建设方案，完成招标文件准备工作。组织开展场地平整、墓区绿化、厂房拆除等前期工作。先期预制标准墓穴100个，12月中旬进场安装。加快推进镇级公益性公墓建设，三灶镇、板湖镇、陈集镇、沟墩镇做到明确专人管理，规章制度上墙，配套设施基本到位。

【基层社会治理】 完善社区党群服务中心建设，按照每百户不低于30平方米的国家标准，对全县党群服务中心进行摸排，对未达标的党群服务中心列入年度省重点改造提升工程。完成村居委换届选举工作，首次实现100%集中换届、100%换届成功两个"百分百"，全县所有村（居）"两委"委员共计2643名。做好选举后续工作，推选产生337个村（居）委会监督委员，16370个村（居）代表和4164名村（居）民小组长。进一步规范社会组织管理，对全县1188家社会组织进行排查，排查出375家"僵尸型"社会组织，撤销6家长期不接受监管的社会组织。指导10个符合条件的社会组织组建功能型党支部。完成10个行业协会商会与行政机关脱钩改革相关工作。推行"一门受理、一站式服务、全科社工"的社区服务模式，促进城乡社区公共服务均等化和社区服务供给便捷化。

2021年阜宁县民政事业基本情况一览表

表44

项　目	单位	2021年	2020年
一、社会救济对象			
1. 城市特困人数	人	40	41
2. 农村特困人数	人	5893	5861
3. 临时救助人次	人次	3995	5675
4. 困难残疾人生活补贴人数	人	11766	10683
5. 重度残疾人护理补贴人数	人	12489	11078
7. 城镇居民最低生活保障人数	人	410	455
8. 城镇居民最低生活保障家庭	户	277	301
9. 农村居民最低生活保障人数	人	13815	14131
10. 农村居民最低生活保障家庭	户	8092	8134
二、社会举办优抚福利事业			
1. 有敬老院的镇数	个		
2. 院数	个		
3. 职工人数	人		
4. 床位数	张		
5. 收养人数	人		
6. 年集体供给金额	万元		
三、城镇社区服务设施数			
1. 老年人服务设施数	个	346	506
2. 残疾人服务设施数	个	88	86
3. 其他社会福利性设施数	个	65	63
4. 社区服务志愿者组织数	个	18	17
5. 社区服务志愿者人数	人	131867	13036
四、婚姻登记情况			
1. 准予登记结婚数	对	5709	6250
（1）初婚数	人	10160	9847
（2）再婚数	人	1258	2653
2. 离婚数	对	1468	2694
五、社会团体管理情况			
1. 年末实有社团机构数	个	505	501

续表

项　目	单位	2021年	2020年
2. 本年申请登记社团机构数	个	12	39
3. 本年准予注销社团机构数	个	3	27
4. 民办非企业单位年末实有数	个	687	637
六、流浪乞讨救助人员数	人次	24	29
七、殡葬事业情况			
全年火化遗体数	具	7516	7228
八、发放尊老金人数			
1.80—89岁	人	28041	26153
2.90—99岁	人	3351	3153
3.100岁以上	人	68	62

（邹蕾蕾）

住房公积金管理

【概况】 2021年，住房公积金阜宁管理部新增扩面人数10599人，归集住房公积金6.79亿元，全年提取额4.89亿元，发放公积金贷款1.70亿元，贷款逾期率继续保持为零。获全省住建系统“模范职工小家”称号。

【归集扩面开源】 按照“五个一”工作法，全力开展扩面归集工作。借助“住房公积金覆盖率”纳入地方政考核契机，以县政府名义出台《2021年度全县住房公积金扩面任务分解表》并与年终考核挂钩。以未建制、未全员建制的星级企业、定报企业、规模企业、新建企业，以及民办学校、劳务中介企业为重点，做好扩面建制工作。年初排定医保70人以上未建制19家单位，已有15家单位全员建制；年初医保人数与住房公积金缴存人数相差100人以上单位19家，已有13家单位全员建制或者人员增加。落实民办学校住房公积金制度，与县教育局配合，通过召开推进会、寄送开户通知书，上门宣传等方式，督查引导全县70家民办学校667人全部建立住房公积金制度。严格按照市中心扩面、执法等工作流程，坚持说理式执法，规范执法行为。全年寄送各类开户、缴存、催建、责令等执法文书223件，申请市中心立案2件，结案2件，参与庭审1起。开展行政执法普法月活动，落实省行政执法平台日常考核，进行市级行政执法人员培训，参加全市国家工作人员法律知识考试。把推广新市民建制作为践行党史学习教育活动“我为群众办实事”重要着力点，召开银行行长、行业协会、镇区街道“新市民”住房公积金建制度推进会，在阜宁电视台、阜宁日报、“文明阜宁”公众号、城区主干道、沿街门市商铺广泛开展新市民各类政策宣传，在业务大厅滚动播放新市民建制政策宣传视频，以及向个体工商户推送精准宣传短信等多举措扩大宣传效应。全年新市民建制度783人，发放补贴1.5万元。2021年底，全县住房公积金覆盖率70.48%。

【网上公积金服务】 支持配合政务中心“一张网”项目建设，聚焦“数据多跑路，群众少跑腿”，引导单位业务“网上办”，个人业务“掌上办”。全年组织职工参加中心以及管理部组织的各类业务培训会10余次，7人到建湖参加中心组织“双提升”培训班。在全市住房公积金系统“建功‘十四五’、奋进新征程”综合业务技能竞赛中，管理部4人获奖，其中二等奖1人、三等奖3人。组织职工进园区、进社区、进企业，开展“公积金就在您身边”宣传活动10多场，发放政策宣传以及网上办理流程资料近4000份，通过“面对面”交流，“送政策”上门，让广大缴存单位和职工清楚如何线上办理业务。张贴线上业务操作海报、组建微信群、QQ工作群、公布业务电话、安排专窗专人等方式，及时为缴存单位和缴存职工做线上业务操作辅导。督促单位按月汇缴，全年平均按时汇缴率稳定在90%以上。引导单位线上开展基数调整，全年增加归集额约7000万元。对阜宁辖区内所有1141个开户单位缴存信息全部进行逐一核对完善，累计修改各类基础数据1482条。全年单位网厅办理业务2.7万笔、缴存人“不见面”提取业务6.6万笔。

【惠民暖企】 与县行政审批局协同配合，自5月份起推行企业住房公积金预缴存登记业务，全年预缴存登记企业2419个，住房公积金已开户单位17个。继续执行市阶段性降低企业住房公积金缴存比例政策，为7家受新冠疫情以及用电轮休影响经营困难单位办理降低比例缴存手续。开展日常按揭楼盘准入审批服务，当年新签订合作楼盘2个，新增楼栋25栋。10月份，与县法院签署《盐城市住房公积金司法业务网上办理协议》，实现司法查询、冻结、扣划线上办理，自网上开通司法业务以来，查询3笔，冻结3笔，计40万元。设置“跨省通办长三角一体化平台”专窗，全年办理异地贷款12笔计375万元，异地提取3笔计55.7万元，异地转入196笔计212.3万元，异地转出105笔计138.6万元。实施“汇盐行动”和“黄海明珠”高素质人才贷款优惠政策，继续执行驻盐高校毕业生留盐就业贷款额度上浮政策，全年为27名驻盐高校毕业生发放贷款812万元。

（赵　明）

综 述

【综 述】 2021年，阜宁县高度关注天气险情尤其是季节交替、夏秋雨季、大风雨雪等强对流、灾害性天气，构建完善信息互通渠道，累计印发《极端天气灾害预警提示单》18份、发布预警提示600余次、发送预警短信110余万条，确保极端天气监测及时、预警有效。制定印发《阜宁县应急管理局应急值班值守工作制度》，坚持24小时应急值班，累计编写值班日志388期。节假日、重大会议等重点时段严格履行省、市"三分之一值班，三分之一备勤，三分之一轮休"值班要求，确保各时段带班领导和值班人员在岗在位应对突发事件；收集整理各镇区（街道、社区）、县各有关部门和单位安全防范情况，全县累计成立检查组1087个，组织检查企业3896家次，发现问题隐患3999项，确保各类信息流转迅速，上传下达及时。

【推动应急救援能力建设】 制定出台《阜宁县专业应急救援队伍建设规划》，政府专职队和行业专业应急救援队正在建设之中。初步形成"1+43+N"应急预案体系，阜宁县突发事件总体预案已完成发布，县级专项预案规划43项已完成40项，县级部门各类预案正在有序推进，各镇区（街道、社区）总体预案和专项预案均已完成。推进应急管理信息化建设，完成应急管理信息化建设一期、二期以及视频会议系统、危险化学品监测预警系统、应急管理综合业务平台、应急融合通讯、应急移动指挥系统等平台与设备的建设，在全市率先建设完成集应急指挥、会商研判、辅助决策、力量调配、预警监测等功能为一体的应急指挥中心。

【应急物资储备】 县应急物资储备情况如下：12平方米框架棉帐篷100顶、30平方米充气帐篷30顶、棉被300床、应急帐篷灯200只、救灾工作灯10只、橡皮艇2艘、救灾应急装备包20套、木棍20立方米、编织袋150000个、12寸潜水泵5台、10寸潜水泵5台、橡胶软管200米、土工布5000米。

【市应急管理局调研组督查安全生产工作】 3月9日，市应急管理局党委书记、局长张鹏程带队在阜宁县督查安全生产工作。县委副书记、县长张利华介绍阜宁县安全生产工作情况。张鹏程一行实地来到江苏拜克新材料有限公司、江苏苏源辉普化工有限公司检查企业关闭退出情况，到盐城德安德新材料科技有限公司检查企业复产安全生产情况。县领导王宁参加活动。

防灾减灾救灾

【概 况】 2021年，阜宁县多次遭受极端天气影响，避险转移群众891人，倒损房屋98间，造成经济损失41.2万元，均按时限要求完成灾情核查、评估、上报。争取上级救灾资金30万元，均按照个人申请、村评议、镇审核、县审批流程，公平公正发放救灾资金，协助群众进行民生保险理赔139.43万元。

【地震监测预报】 9月，经县政府同意，阜宁县启动测震台搬迁计划，10月开始实施，2022年1月追加15万元用于测震台强震台合建，正在按计划进行。建成后，将为国家和省地震局提供更详细和准确的测震数据。

【震害防御】 阜宁县"1+7"应急避难场所工程为2020年列入重点工程，包括中心避难场所拟为定金沙湖文化体育生态公园；固定避难场所拟为阜宁县明达初级中学、阜宁中学、实验小学城河路校区、阜宁县实验高级中学（原阜宁中学左涤江校区）、阜宁县第一高级中学、阜宁实验初中长春路校区、阜宁师范新兴路小学7处。有效避难面积约24万平方米，避难人数8万人左右，预计2022年底完成7个中短期固定应急避难场所的改造建设。建成后将在灾前防御、灾中救援、灾后安置等方面发挥着重要的作用。

【建立健全长效机制】 加强沟通联系气象、住建、水务等部门，利用多种手段方式，及早发布各种自然灾害预警信息，全年发布灾害预警信息34次，让群众提早防范，减轻减少灾害损失。

【防灾减灾宣传】 全年组织2次大型防灾减灾宣传活动，通过现场讲解、多媒体宣传、悬挂横幅、发放1.1余份宣传资料、8684人参加防灾减灾知识有奖答题活动，宣传防灾减灾知识。

【加强基层队伍建设】 全年培训灾害信息员近200人，增强灾害信息员的履职能力。提升查灾、核灾、报灾的速度和准确性，为精准救灾救助提供支持。

安全生产监督管理

【概况】 2021年，全县按照县委、县政府部署安排，推进安全生产专项整治和各项重点工作，全力防范遏制生产安全事故发生，全县共发生生产安全事故10起、死亡5人，同比分别下降23.08%、37.5%，安全生产形势总体平稳。

【安全生产责任体系】 全面落实党政领导责任，出台县委常委、县政府领导班子成员重点工作清单和督办重大问题隐患清单，县委常委会、县政府常务会、县四套班子月度例会19次专题研究安全生产工作，县委、县政府班子成员全年召开工作例会70次，到基层宣讲17场，带队安全检查70次。不断强化部门责任，结合县实际部署开展涉及建筑施工、城镇燃气、危化品等10个领域“百日攻坚”专项执法行动，制定印发《各镇区（街道、社区）和县安委会成员单位履行安全生产工作责任考核评价指标》。认真宣贯新《中华人民共和国安全生产法》，各镇区（街道、社区）、各部门组织开展“百团进百万企业千万员工”学习宣讲333场次，覆盖企业2696家次，覆盖人数1.5万余人。组织开展“四季安全行动”“暖阳安全行动”集中执法活动，检查企业120家次，发现问题隐患4909条，立案83起，罚款102.69万元。

【安全生产培训宣传】 县委组织部、县安委办联合组织镇区和部门86名安监人员到浙江工商大学接受安全生产专题培训。县委编办、县应急管理局联合开展“家家到”督查，推动基层安监机构能力建设。县应急管理局组织基层安监人员分批到局职能科室跟班学习，解决基层能力不足、力度不够等问题，累计参加学习4批次16人。举办新修订的《中华人民共和国安全生产法》专题培训班2期，开展新修订的《中华人民共和国安全生产法》巡回宣讲20场。在主流媒体刊播安全知识80余次，发送移动“燃信”15余万条，组织安全生产文艺演出20场次。举办各类安全生产教育培训班47期（其中特种作业人员19期，企业负责人和安全生产管理人员19期），累计培训人员7962人。

【安全生产专项整治行动】 围绕三年专项整治“1+2+8”方案体系，明确全县面上26项、重点行业领域82项、镇区（街道、社区）65项清单任务，压实责任措施，强化巡查督导，严格排查整治。2021年，全县各层级累计排查整改各类问题隐患34558条（其中重大隐患50条），责令停产整顿企业13家，立案查处1002起，罚款688.29万元，约谈警示企业17家，联合惩戒失信企业10家。省安全生产巡查组交办问题隐患15条，省督导组两次交办问题隐患30条，市督导组四次交办阜宁县问题隐患311条，全部整改完成。县10个督导组同步开展督导，交办问题隐患886条，全部完成整改。

【危化品专项整治】 累计检查企业167家次，排查整改隐患1085条（其中重大隐患4条），立案22起，处罚27.475万元。推动8家化工生产企业和42家危化品经营企业建立安全风险分区分级工作，9家保留企业均按要求建设“五位一体”平台建设并完成验收。县6家保留化工企业的外部防护距离均符合标准规范要求；涉及高危工艺的5家企业均已完成安全设施设计诊断和整改工作；涉及氯化、重氮化的2家企业均已完成反应安全风险评估；5家涉及“两重点一重大”的生产装置、储存设施的自动化控制系统的装备投用率达到100%；涉及可燃性固体、液体、气体或有毒气体包装，或爆炸性粉尘的包装独栋厂房当班操作人员已全部控制在9人以下；丽王公司对危化品仓库进行调整使重大危险源由一级降为三级。

【危化品使用专项治理】 制定印发《阜宁县危险化学品使用安全专项治理行动工作方案》，共排查出危化品使用单位1566家，已全部录入系统。累计检查企业（单位）3011家次，排查整改隐患14126条，立案64起，罚款103.69万元，责令停止设施设备使用1家。建立危险化学品使用专项整治联席会议制度，并将专项治理考核结果纳入年度安全生产目标考核。运用危化品使用信息系统，建立危化品使用企业“一企一档”，形成监管行业领域的“一图一表”。以“四不两直”的方式，采取听取汇报、检查台账、提醒约谈、专家指导等多种形式，对全县20个镇区（街道、社区）商贸行业使用燃气的餐饮单位专项治理工作情况进行全覆盖专题督导检查。联合县新闻出版局联合对全县印刷行业企业检查。联合县教育局对全县教育机构的实验室危化品使用安全专项治理情况进行专题检查。通过阜宁日报和“阜宁发布”微信公众号等媒体平台公布举报电话，张贴专题宣传海报6200余份。

【省安全生产第九督导组调研督查安全生产工作】 17日，省安全生产第九督导组副组长、省商务厅二级巡视员夏网生带队在阜宁县调研督查安全生产工作，听取相关工作介绍，并就做好当前和下一步工作提出要求。县委书记徐华明介绍阜宁县安全生产工作情况，在阜期间，省督导组分两组，实地察看宏人商贸城、新沟镇杨受成关爱老年中心、美林堡木业、苏油加油站等现场，详细了解安全生产、化工企业关闭退出、残余物料清理等工作开展情况。（黄怀召）

气　象

【气象灾害】 4月30日傍晚，受雷雨大风影响，郭墅镇、板湖镇等16个镇（街道）246人受灾；98间房屋不同程度损坏，农作物受灾面积8公顷；

表45

2021年阜宁县气象基本情况一览表

	单位	全年	一月	二月	三月	四月	五月	六月	七月	八月	九月	十月	十一月	十二月
平均气温	℃	16.0	2.4	7.3	9.8	14.1	20.0	26.0	27.3	26.6	24.2	17.8	11.1	4.9
最高气温	℃	37.7	16.0	25.9	23.8	26.5	33.7	37.7	36.2	34.8	32.8	31.6	21.7	15.5
出现日期	日 / 月	6/6	14	21	28	29	31	6	14	31	22	4	4	6
最低气温	℃	-11.6	-11.6	-3.7	-2.3	4.3	8.7	17.1	21.0	20.4	18.4	6.7	-0.9	-8.0
出现日期	日 / 月	7/1	7	18	2	4	1	4	5	27	30	17	23	26
降水量	mm	1235.7	7.6	26.6	47.1	28.4	62.8	58.3	458.6	169.5	225.6	121.4	28.8	1.0
雨日	天	85	4	4	9	11	6	7	13	10	6	8	5	2
最大降水量 / 日	mm	123.9	4.0	24.9	10.7	15.9	41.2	30.3	123.9	56.6	74.7	53.3	19.9	0.7
出现日期	日 / 月	16/7	26	25	27	22	15	15	16	21	5	10	7	12
最长连续降水日	天	5	2	2	2	4	3	2	5	2	2	5	4	1
最长连续降水量	mm	162.0	4.1	25.1	10.4	14.2	46.8	50.6	162.0	78.7	80.5	88.1	27.9	0.7
起止日期限	日 / 月	25–29/7	25–26	25–26	28/2–1	31/3–3	14–16	14–15	25–29	20–21	4–5	7–11	5–8	12
最长无雨日	天	22	22	18	7	8	9	9	7	7	14	15	19	20
起止日期	日 / 月	30/12/2020–20/1	30/12–20	27/1–13	2–8	13–20	5–13	5–13	8–14, 18–24	30/7–5	6–19	17–31	17/10–4	22/11–11
日照时数	小时	1942.3	170.5	158.3	163.1	146.4	193.3	154.2	131.3	141.8	150.9	143.0	182.8	206.7
日照率	%	44	54	52	44	38	45	36	30	34	41	41	59	67
蒸发量	mm	1090	32.1	63.9	76.5	92.0	123.4	144.2	124.6	102.9	112.6	76.4	60.2	81.2
总云量晴天数	天	208	20	20	17	13	18	15	12	13	16	17	22	25
≥ 8 级大风日数	天	3				2			1					
雪日数	天	1	1											
平均风速	m/s	2.4	2.5	3.0	2.6	2.5	2.6	2.2	2.6	1.8	2.1	1.9	2.4	2.2
最大风速	m/s	12	7.6	9.4	8.4	11.5	8.4	12.0	11.2	6.4	7.6	7.3	11.0	8.4

直接经济损失41.2万元（无人员伤亡）。8月20日夜里，受雷雨大风影响，罗桥镇射滨村有5户屋面受损，1户屋顶300多片瓦片被风吹落，4户均为几十片瓦片被风吹落；3户外出无人居住，2户2人避险转移到亲属家；陈良镇曹南村有1户屋面一般受损，造成漏雨，人员避险转移到亲属家；沟墩镇1户养殖场受损，南坎村3户屋面一般受损，造成漏雨，人员已避险转移到亲属家，3户轻微受损（1户跃进村，2户南坎村），人员在自有的其他房屋居住。

【气象防灾减灾服务】 2021年，气象服务工作尤其是突发性、灾害性天气监测预报预警服务工作，突出气象防灾减灾和服务民生，突出汛期和重大活动气象服务保障，提高气象预报预警精准度和服务水平。县气象灾害防御领导小组办公室全年启动全县气象灾害应急响应4次，县气象局启动内部应急响应5次，气象台发布各类服务短信700多条，发布气象灾害预警信号90多次、重要天气报告期7期、气象信息参考66期、专题气象服务94期。县气象局与融媒体中心联合开展气象预警信息全网发布，启动应急广播27次、调频广播91次，插播电视字幕或画面24次、防台信息2千多条，“阜宁发布”APP和微信公众号36次。县气象局与应急管理局联合发布气象灾害应对工作提示单18期。台风影响期间，县气象局协调移动、电信、联通运营商全网发布台风警报和防范措施提醒短信29万人次。

【履行社会监管责任】 对89家防雷重点单位开展行政检查177次，发出28份整改通知书，排除隐患51条，整改闭环率100%。其中包括重点单位全覆盖检查、旅游景区双随机检查、驻阜中介机构检查、突出问题“回头看”检查以及常规安全巡查。全年开展气球巡查32次，约谈升放气球资质单位1家，进行升放气球资质申请现场核查1次。

【气象现代化建设】 阜宁县气象灾害监测预警中心内装工程开始施工，智能化方案通过图审。羊寨镇X波段天气雷达附属工程稳步推进，围墙、绿化等开始施工。完成X波段天气雷达系统的安装、检测和调试应用，在省气象局的统一部署下参加组网协同观测，逐步开展X波段雷达产品业务应用。

（李佩伦）

消防救援

【概况】 2021年，阜宁县消防救援大队持续深化消防安全专项整治“三年行动”，提升消防安全现代化治理能力，完善消防安全责任体系，夯实基层基础建设，全县消防安全形势持续平稳。组织学唱并拍摄《盐城消防之歌》MV，在央视媒体上发表。创作歌曲《蓝焰使命》获江苏省消防救援总队“丹青光影献百年”主题文艺作品展铜奖，排练两个文艺节目并在省消防总队正规化现场会晚会进行演出。

【火灾态势及消防救援情况】 2021年，全县各消防救援站累计接处警635起，其中火灾485起、火灾直接财产损失1850余万元、抢险救援101起（含交通事故47起）、社会救助49起。与2020年同期相比，火灾起数下降9.2%，火灾直接财产损失下降10.6%，抢险救援起数上升25%（交通事故上升8.5%），社会救助上升36.7%。

【消防宣传】 利用安全生产月、119消防宣传月等重要节点，集中开展消防宣传。11月4日，在协鑫产业园举办“119消防宣传月”启动仪式和综合性应急救援演练，被国家、省、市媒体报道，各镇区、部门开展形式多样的宣传活动。开展消防安全“九类”人员培训，制作针对性课件，对镇区及行业部门监管人员、社区微型消防站队员、物业服务单位、重点单位负责人及管理人等开展30余个批次培训考核，提升消防安全管理能力。实行“挂图作战”，到企业、村居、家庭开展“靶向”宣传，开展培训会96场、组织演练136场次，培训村居189个，培训各类人员8.2万余人次。

【消防执法】 以消除火灾隐患，维护人民生命财产为目标，加强监督执法，监督检查各类场所单位2100余家，督改隐患4800余处。政府挂牌督办整改6家重大火灾隐患单位，关停单位21家，实施临时查封27家，行政处罚105起；办理消防行政拘留4起，拘留5人。立足阜宁实际，健全专家排查机制，累计排查单位1130家，发现火灾隐患5145条，消委办直接交办镇区、部门，督促限时整改，消除火灾风险隐患。

【基层建设】 持续实施打通“生命通道”工程，组织开展集中清理行动20余次，清理违章占道车辆130余辆次，落实专款46万元，聘请第三方公司对64个住宅小区补充划设标线4045.8平方米、标识272个，提升“生命通道”管理水平。推广安装独立式感烟探测器402只、简易喷淋50套、电动车智能充电桩81套、电气火灾装置80套；连续三年将消防安全治理作为老旧小区改造重要内容，纳入县政府“为民办实事”工程项目，提升居民小区整体消防安全水平。

【建立橙风破浪志愿者服务队】 组建一线灭火救援人员“橙风破浪”志愿服务队，到辖区敬老院、社区街道、旅游景点、乡镇等单位场所开展“我为群众办实事”志愿服务活动30余次，开展消防宣传700余次、发放宣传手册3万余份，服务群众10余万人次。

（江毛平）

新任县领导

张利华，男，1975年8月生，汉族，江苏响水人，大学学历，学士学位，1999年6月加入中国共产党，1997年8月参加工作。1993年9月，在南京师范大学经济法政学院思想管理专业学习；1997年8月，任响水县人大常委会办公室秘书；2000年3月，任响水县委组织部组织员；2002年2月，任滨海团县委副书记；2003年1月，任滨海团县委书记；2004年2月，任滨海县滨淮镇党委副书记、镇长；2006年3月，任滨海县滨海港镇党委书记、人大主席；2011年1月，任滨海港经济区党工委书记；2011年6月，任亭湖区委常委；2012年2月，任亭湖区委常委，盐城环保产业园党工委副书记、管委会主任；2014年2月，任亭湖区委常委、盐城环保科技城党工委书记、盐城农副产品加工交易园区党工委书记（正处职）；2015年4月，任亭湖区委常委、江苏盐城环保科技城党工委书记；2016年12月，任亭湖区委副书记、江苏盐城环保科技城党工委书记；2018年12月，任阜宁县委副书记、阜宁县人民政府代县长、党组书记；2019年1月，任阜宁县委副书记、阜宁县人民政府县长、党组书记；2021年7月，任阜宁县委书记。

许根林，男，1980年7月生，汉族，湖南耒阳人，研究生学历，博士学位，2001年12月加入中国共产党，2009年7月参加工作。1999年9月，在武汉大学公共管理学院行政管理专业学习；2003年7月，在清华大学公共管理学院公共管理专业博士研究生学习；2009年1月，清华大学招生办公室工作人员；2009年4月，任清华大学招生办公室主任助理；2010年11月，任清华大学党委研究生工作部部长助理（副处级）（其间：2009年11月至2011年4月，挂职任江苏省淮安市洪泽县副县长）；2011年4月，任洪泽县副县长；2013年12月，任洪泽县委常委、组织部部长(其间：2014年1月至2014年11月，兼任洪泽县三河镇党委书记）；2016年7月，任共青团淮安市委书记、党组书记；2018年7月，任中国江苏国际经济技术合作集团有限公司党群工作部部长；2018年9月，任中国江苏国际经济技术合作集团有限公司人力资源部（党委组织部）部长；2020年4月，任江苏省丹阳市委副书记、副市长（挂职），中国江苏国际经济技术合作集团有限公司人力资源部（党委组织部）部长（2020年6月任高级人力资源师）；2021年7月，任阜宁县委副书记、代县长。

国家级先进个人

司万平，女，1969年1月出生，芦蒲初级中学党支部副书记、副校长。自1983年9月被聘任为芦蒲初中英语教师起，坚守乡村教师岗位。2014年9月，被省教育厅评为“感动江苏教育人物——最美乡村教师”；2017年9月，被省委宣传部、省教育厅联合授予“江苏最美人物·最美教师”称号；2019年9月，被教育部评为全国优秀教师，被省文明办评为“江苏好人”；2020年10月，当选“中国好人榜·敬业奉献好人”；2021年2月，被全国妇联授予全国三八红旗手称号。

金凤邦，男，汉族，1972年3月出生，江苏阜宁人，省委党校研究生，1990年7月参加工作，2001年7月加入中国共产党，阜宁县人民政府副县长，益林镇党委书记，兼任中共阜宁县东益工业园区工作委员会委员、书记。2021年12月，被全国普法办评为2016—2020全国普法工作先进个人。

王红，女，1970年生，阜宁县阜城街道向阳社区居民，因“好儿媳26年独自支撑一个家，丈夫去世后悉心照料重病的婆婆”的事迹，被中央文明办评为2021年11月“中国好人榜”孝老爱亲类中国好人。

人物故事：

多年来王红一边悉心照顾患病的丈夫，一边打工挣钱养家。丈夫去世后，王红将婆婆当作亲生母亲一般对待，婆婆3次重病住院，2次被下病危通知，即便是负债累累，王红也从来没有想过放弃，依旧是不分昼夜，竭心尽力地照料婆婆。王红入选“江苏好人榜”。

一句承诺 终身守候

1992年，王红与丈夫相识并结婚，婚后育有一个女儿，一家人生活其乐融融。不幸的是，1995年，丈夫因病丧失了劳动能力，家庭的重担落到了王红肩上。2005年，丈夫患上了脑萎缩，逐渐生活无法自理，她一边精心照料丈夫每日的饮食起居，同时努力工作赚钱补贴家用。

2012年3月，婆婆罹患胆总管结石，保守治疗无效后进行了手术。术后，婆婆的排尿量一直达不到标准，王红心急如焚，日夜操劳寸步不离。医生会诊后采用药物辅助排尿，婆婆的排尿量终于达到了正常值，王红心里的一块大石头这才落了地。

2015年3月，丈夫病重，王红知道丈夫心中的牵挂，于是向他承诺，"你放心，我一定会好好照顾公婆和女儿，我会替你尽孝的。"不久，丈夫去世。

丈夫去世后，王红将身患疾病的婆婆当作亲生母亲一般对待。婆婆三次生病入院治疗，王红都不离不弃在床边尽力服侍。

奇迹源于坚持

2018年3月，婆婆因急性胰腺炎转入ICU治疗，当婆婆醒来得知治疗需要花费巨额医疗费后，坚决拒绝接受进一步治疗。王红在探视时对婆婆说，"我们这个家需要您，您要是不在了，这个家就散了，我求您一定要配合治疗。您放心，我借钱也给您治，我带您出来治病就一定把您健健康康地带回家。"婆婆内心感动，终于答应配合医生进行进一步治疗。在王红的坚持下，奇迹终于发生了。在王红去ICU探望婆婆时，医生告知说婆婆陈邦兰第二天就可以转出ICU，听到这个消息，王红激动地哭了出来。

本以为雨过天晴的王红，没想到不幸再次降临。2018年7月，厄运再次降临，王红的婆婆又被查出结肠癌，全家人聚在一起商量决策时，王红坚定地说："一定要治疗，就是借钱也必须治，这个家不能没有妈。"于是王红带着婆婆去外地求医。但是，面对医院列出的20多项术前检查，王红犹豫了，她担心婆婆的身体状况没办法配合。正在左右为难的时候，王红托人打听的一家江苏省内的医院表示，只要婆婆的体能达到手术标准，可以考虑为其进行手术。王红欣喜不已，回到家后，想方设法给婆婆补充营养，帮助她放松心情，努力改善婆婆的身体状态。手术期间，王红寸步不离地守在门口等待，直至手术成功。

26年来，为了给丈夫和婆婆看病，王红背上了20多万元的债务，但无论多辛苦，她从不放弃对公婆的赡养。如今，78岁的婆婆每次提起儿媳都感慨地说，"是儿媳妇3次把我从阎王手中抢回来，我今生遇上了好儿媳！"

江苏好人

张龙华，女，1964年2月生，阜宁县罗桥镇洪桥村村民，因"35年如一日照顾瘫痪小叔子的好嫂子"的事迹，被省文明办评为2021年9月江苏好人。

人物故事：

张龙华35年如一日悉心照料患精神分裂症的小叔子，虽然徐阿彩被命运无情地夺去了正常人的生活权利，但嫂子张龙华让他心中的感激与庆幸深深掩盖了对老天不公的埋怨。张龙华自成为徐家媳妇的第一天起，就从未放弃过对徐阿彩的照顾，更以长嫂的担当支撑起了这个九口之家，勇挑重担、坚韧不拔、永不言弃的精神在这位好嫂子身上尽显无疑。

"嫁到这个家，肩上就多了这一份责任"

1983年春天，从小患过小儿麻痹症的张龙华，从邻镇嫁入了徐家。公婆身体不好，丈夫徐阿荣是徐家长子，家里兄弟姐妹四个，姐姐、妹妹后来相继出嫁，小叔子在校念书。一家7口人的生计全靠丈夫承担。为了能让丈夫安心养家，新婚的她来不及细细体会那份喜悦和甜蜜，就迅速地适应了上有老下有小的生活：煮一大家子的饭，伺候公婆、照顾弟妹、和丈夫下地干活……面对重重困难，面对娘家人的担忧，张龙华没有一句怨言，默默无闻地在这个家里扎下了根。操心着为两个姐妹分别成了家。1986年8月，19岁的小叔子徐阿彩职高毕业后到苏州一家蚕种场打工，张龙华本以为家庭的日子从此要好过一点了，可怎么也没想到，没到一年功夫，小叔子精神开始失常，厂里呆不下去了，回到家里提出要复习考大学。张龙华便从娘家为他借来了复读学费，不想竟成了小叔子住进精神病院的治疗费。刚嫁到徐家三年多一点的张龙华，便主动承担起照顾小叔子的重任，尽可能多一点为公婆分忧解难。1997年婆婆因患贲门癌离开人世，2003年公公患食道癌病逝，两个子女都还在上学，家里连个像样的房子都没有，日子穷的叮当响。面对这衰败的家庭，张龙华没有退缩、没有放弃，而是义无反顾地站出来，用柔弱的肩膀承担起照顾瘫痪小叔子，撑起这个风雨飘摇的家庭。这个决定对当时年轻的张龙华来说有太多的不容易，为此，她付出了自己宝贵的年华。

公婆去世后，为了更好地照顾小叔子的起居，张龙华夫妇便将小叔子搬到自己的家中，共同生活。天有不测风云，2015年，丈夫徐阿荣不幸患上了肺癌，不久便去世了。丈夫临终前，张龙华向丈夫做出了只要自己有一口气，就不会抛下小叔子不管的人生承诺。

"延续他的生命，我才对得起做人的良心"

"阿彩，起来吃饭啦！"每到饭点，村里人都会听到张龙华喊小叔起床吃饭的声音，这一喊就是30多年。

徐阿彩的精神病不同于一般人每个月只发作几次，他是几乎不知道冷和热，每天卧床不起，相当于植物人。平时，张龙华都在床前伺候。虽然徐阿彩的智力很低，但也是个大男人，张龙华刚开始也觉得不方便，但是为了能更好地照顾他，还是勇敢地克服了心理障碍，她说："虽然他是小叔子，但是我一直都把他当小孩来看待和照顾。"

张龙华每天为小叔子洗衣浆裳，烧茶端饭，请医问药。有时小叔子大小便在床上，她一个人为小叔子换洗。小叔子不吃肥肉，张龙华就每周买些瘦肉给他吃，有时还做成肉圆子。小叔子晚上常年不吃粥饭，张龙华就买来饼干、面包、鸡蛋糕，轮换着给他吃。提起这些，前后邻居总是夸个没完。邻居说，徐阿彩要不是嫂子张龙华服侍，命可能早就没有了。一天、两天服侍不难，30多年都这样，不简单。徐阿彩指甲一长，张龙华就想办法帮他剪掉。头发长长了，张龙华按时把理发师傅请进门为他理发。徐阿彩上厕所，习惯性下床就尿，她就找来瓦工师傅为他设计专门的便池。为了家里没有异味，张龙华采摘了许多艾草，晒干后放置在小叔子的房间。

在照顾小叔子期间，也有让张龙华感觉到幸福的事。这么多年，小叔子仅感冒过两次。尤其在喂药时，小叔子已经和自己形成了默契，自己的一个眼神、一个动作，小叔子似乎能够意会，而且渐渐地也不朝她发火。张龙华说，只要小叔子活着一天，她就会好好照顾他一天。苦点累点不算什么，看到小叔子能活下去，自己也就心满意足了。

“有了子女的支持，更加坚定了我照顾小叔子到老的决心”

2018年3月，村干部报请民政部门，打算把徐阿彩送到县康复中心生活。张龙华得知这一情况后，谢绝了镇村干部的好意，她说：“他一个失去意识的人，再好的生活条件对他也没有意义，不给政府增加麻烦，还是在家由我服侍他吧。”就是这样朴素的话语，打动了村民，也感染了家人。

张龙华悉心照料小叔子的事，村干部一直看在眼里，记在心头。2018年底，洪桥村为徐阿彩建起了单独的托底安置房，改善了张龙华服侍小叔子的生活环境。张龙华的一双儿女也都乖巧善良，从没对叔叔另眼相看，对母亲的做法也都极力支持。如今，儿女也都各自成家，在母亲的影响下，每逢节假日便会提上东西回家看望叔叔。张龙华的儿子结婚10年，孙子一直在儿媳的娘家带着，她一天也没带过孙子。儿媳妇陈娟这么多年没有半句怨言。

在张龙华的带动下，一家人都加入到关心叔叔的队伍中来，不仅是张龙华的子女对叔叔照顾有加，就连小孙子也懂得，有啥好吃的，要给病床上的二爹送上一份。张龙华的女儿心疼地说：“我妈都快60岁了，这么多年连盐城市区都没去玩过一次，回趟娘家连饭都吃不好就想着回来，就是怕叔叔一个人在家没人照顾啊。”

“只要还有一口气在，我就要继续照顾好小叔子。我也希望用自己的实际行动为孩子们做好样子，希望他们能做一个善良、有责任心的人。”这是张龙华的铿锵誓言，也是她对孩子们的殷切期望。张龙华的儿子徐超一直说：“母亲年龄越来越大，身体也不好，今后我会接过她的担子，保证尽力照顾好叔叔。”

2020年10月，张龙华先后被市、县评为第三季度“盐城好人”“阜宁好人”。江苏文明网、《盐阜大众报》《阜宁日报》等媒体先后宣传报道了她的感人事迹。

江苏省十佳文明职工、江苏省五一劳动奖章

陈开霞，女，汉族，江苏阜宁人，1981年5月出生，中专学历，2018年4月到阜宁环卫所工作，从事环卫车辆驾驶，2022年4月被省委宣传部、省文明办、省总工会评为江苏省十佳文明职工，并被省总工会授予江苏省五一劳动奖章。自工作以来，陈开霞先后负责驾驶冲洗车、垃圾收集车，恪尽职守，尽心尽力，认为完成各项工作任务。2021年12月6日早上7时许，她驾驶垃圾收集车行驶到向阳路与光明路交界处，发现路中间花池内有位老人面朝下趴在花池中，陈开霞立即将车停下，跑到到老人身边，路过行人劝她不要扶。面对“扶与不扶”，陈开霞毫不犹豫地把老人搀扶起来，将老人送到小区门口才放心离开。老人的女儿到县综合行政执法局送来感谢信，表示其父亲长年患有脑梗，多亏陈开霞伸出援助之手，否则会有生命危险，十分感谢陈开霞救人的善举。陈开霞助人为乐的凡人善举，受到媒体广泛关注，阜宁电视台、《盐城晚报》《现代快报》、“学习强国”平台等各级媒体相继报道宣传。陈开霞先后被县综合行政执法局表彰为十大标兵，被县总工会表彰为五一巾帼标兵，被县文明委表彰为阜宁好人，被市城管局表彰为最美城管人、城管好人，被省委宣传部、省文明办、省总工会表彰为第十九届江苏省十佳文明职工，被省总工会获予江苏省五一劳动奖章。

2021年12月6日，环卫工人陈开霞救助老人。　县综合行政执法局/供

阜城街道

【概况】 2021年，阜城街道实现地区生产总值1314569万元；财政收入88924万元，其中预算内收入53715万元；财政总支出28409万元，其中公共财政总支出23553万元；总户数70328户、总人口182053人；农村居民可支配收入34041元。阜城街道人民来访接待中心获市“人民满意窗口”称号。滤料产业集群获中国滤料产业名镇、纺织行业优秀智能制造园区、“十三五”优秀公共服务平台等称号。

【工业经济】 完成全口径开票销售收入84.05亿元，其中规上开票销售收入62亿元；完成全口径入库税金4.86亿元，其中规上入库税金3.89亿元；5000万元以上投资项目完成7个，500万—5000万元投资项目完成25个；技改规模企业完成19家；培育“四上企业”完成28个。滤料产业集群获中国滤料产业名镇、纺织行业优秀智能制造园区、“十三五”优秀公共服务平台等称号。瞄准“2+2+3”产业定位，按照“四有三聚”要求，持续发力招商引资和项目建设，促进工业经济提质增效。按照县统一部署，组建环保滤料和阀体装备2个产业招商局，抽调4名机关公务员专职从事招商，跟踪有价值亿元以上工业项目32个，签约8个，其中环保滤料4个、阀体装备类2个、电子信息类1个、线缆类1个。强化园区基础设施建设，新落户项目全部入驻智能制造产业园，统一建设二层以上高标准厂房。年内落户氟美隆新材料、协泰环保滤料、三帆科技等重大亿元项目7个，全年完成开竣工亿元以上项目各6个。引导企业技改扩能，20家规模以上企业实施技术改造。开展“三清”行动，突出闲置土地、低效厂房清理，盘活存量资产，累计排查闲置土地20多公顷、低效厂房21700平方米。盘活睿赛耳新材料、至臻环保2个亿元项目。做大阀体装备、开关柜产业，阀体装备重点打造北周庄阀门特色村，已集聚企业10多家。

【农业经济】 实施乡村振兴战略，发展现代农业，打造田园乡村，壮大集体积累，增加群众收入，打造农业农村现代化示范引领区。深化农业农村改革，培育新型经营主体，新培育家庭农场5家，新增农民专业合作社1家。加快实施千亩高标准农田建设项目，改善农业基础设施发展条件。筹建现代农业园区服务中心，新建2座8000平方米智能大棚、13.33公顷片联栋大棚，组织群众入股经营、基地打工、市场销售，加快建成市级现代农业示范园区。

【民生实事】 推进农村住房改善工程，累计拆除农村危旧房屋1200多户、10.8万平方米，新建城东佳园、城东花苑、新林花苑等5个康居示范点，1000多户群众喜搬新居。强化社区阵地建设，8个社区全部建立“440”便民服务中心、党建中心和“阳光大讲堂”宣教中心。改造8家党群服务中心，提升展览中心、教育中心等党建教育阵地。对照“六无、三有”标准，对辖区35条河道进行生态提升，重点整治“两违三乱”，对绿植、河道疏浚统一招标，先突击、后保洁，全面落实常态化闭环管理，打造水清岸绿景美生态河道。扶持城乡居民就业创业，结合社保扩面工作，年内新增创业人员300多人、就业人员4000多人。重抓农村公路提档升级，投入1000多万元，新建改建20千米农村公路和10座桥梁，方便群众出行。落实河长制，辖区河道全部落实县镇村三级河长，开展综合整治，建立长效机制，跃进河、朝阳河被评为县级样板河道。开展“我为阜城做贡献”大讨论活动。持续开展“新任村居、社区两委班子纪律教育大会”“210、510警示教育大会”“正风肃纪镇村行”等活动，做好党风廉政宣传教育，践行监督执纪“四种形态”，全年上报“第一种形态”39件，立案处理19件。按照“三到位一处理”要求，开展信访积案化解系列行动，初信初访化解率100%，17件信访积案得到化解，群众满意率99%以上。按照“一年小灶、三年大灶”部署要求，开展安全生产系列专项整治，全面排查、彻底整治。今年市交办的2件重点安全隐患问题已全部整改到位。开展“263”专项行动，强化面源污染治理，禁养区禁止新上所有养殖项目，推进工业园区污水管网建设，实现全覆盖。常态化抓好疫情防控。

【创建全国文明城市】 作为县城所在地，将创建全国文明城市作为头等大事，高效运作街道创建全国文明城市指挥部，调优配强“一办七组”创建工作机构，抽调人员，合署集中办公。完善编印《创文手册》，将考察点涉及的11个项目，细化到所有创文点位，定岗定位定任务，每周汇报、上下联动，确保点点有人、全员有责。按照县《三年行动方案》部署，抓好18项整治。全年对133条背街小巷按照精致化、标准化、一般化三种类型，分门别类、统一标准、全面提升，已完成8条精致化、13条标准化巷道提升工程。对136个居民小区开展问题排查，排出问题651个，已解决532个。开展辖区70家再生资源回收经营点整治行动，33家退出经营。对县城出入口、城郊结合部和工业园区环境全面出新，整治5条黑臭水体河道，提高标准，综合施策，彻底消灭创建盲区。常态化开展道德讲堂、市民文明10条教育、应知应会宣传，编排文明小戏进机关、进村居、进社区宣传，倡导文明礼仪。立足常态创建，以网格化为抓手，完善网格员创建责任清单，实行街村联动、标本兼治、建管并重。健全街道环卫、公共场所和河道保洁机制，推行市场化运作方式，严格闭环管理，注重制度规范，确保创建成效。

2021年阜宁县阜城街道各村（居）基本情况一览表

表46

村（居）	村（居）党组织书记	村（居）主任	村（居）经管员	村（居）民小组个数	农民人均可支配收入（元）
新 桥	黄志成	黄志成	林凤芹	8	37081
条 河	陈 瑜	陈 瑜	陈永春	5	37165
窑 桥	姜和安	姜和安	孙 娟	7	34604
城 北	姜加勇	姜加勇	陈德祥	5	47632
城 西	胡加斌	梁 勇	梁 勇	13	46042
桥 北	何卫国	何卫国	潘为芹	2	48526
城 南	王建全	王建全	吴小娟	4	28680
崔 湾	潘正兵	潘正兵	孙 倩	8	32959
红 心	姜 红	姜 红	沈 莉	6	27664
孙 桥	夏斯华	夏斯华	刘兰香	5	27052
和 平	施玉亮	施玉亮	周 媛	6	27217
缪 黄	黄海林	黄海林	柳 慧	5	29768
北周庄	朱国章	朱国章	胡长惠	4	23384
新 港	姜海龙	姜海龙	洪 芹	8	26315
方 黄	梁古忠	梁古忠	王祚中	5	26631
杜 庄	顾正智	顾正智	张善飞	6	26589
城 东	胡礼亮	胡礼亮	杨 洁	9	29971
中 岗	陈旭升	陈旭升	俞正荣	8	26968

（阜城街道）

沟墩镇

【概况】 2021年，沟墩镇围绕“高质量打造盐阜强镇，全方位扮靓阜宁南大门”的奋斗目标，将党史学习教育同解决实际问题结合起来，打造通村主干道沿线环境，开展串场河沿线环境整治和提升活动，完成盐阜路快速路改造拆迁任务，通过省级“味稻”小镇创建验收，代表市县接受省农村改厕现场督察。实现地区生产总值482629万元；财政收入8425万元，其中预算内收入6425万元；财政总支出4343万元，其中公共财政总支出4178万元；总户数21150户、总人口62764人；农村居民可支配收入29959元。镇党委被市委组织部表彰为先进基层党组织。

【工业经济】 完成全口径开票销售收入16.74亿元，其中规上开票销售收入6.06亿元；完成全口径入库税金4018万元，其中规上入库税金790万元；围绕“亿元项目提质增效年”活动要求，紧盯长三角、珠三角等重点区域，镇党政主要负责人带头招商，以驻点招商、以商招商、人脉招商、乡情招商为抓手，着力招引重大项目、产业项目、外资项目、税源项目。新开工千万元以上项目12个，其中亿元2个，分别是翰德智能物流项目和赫邦家具项目。以盘活存量厂房、存量土地为主攻方向，盘活铁生钢构、众华生物科技、丰饴园食品等公司存量厂房近26000平方米。与全镇骨干企业实行“一对一”挂钩服务，及时向企业宣讲各类项目资金支持政策、人才引进政策、安全环保相关条例等，指导企业用好、用活、用足政策，引导企业技改扩能、做大做强和转型升级，恒达机械、工一流体等9家企业投入资金进行技改。

【农业经济】　发展特色品牌农业，围绕特水养殖、苗木花卉、优质稻米等产业，全力打造特色产业集聚区，创成省级“味稻”小镇，正在申报创建省级绿色优质农产品基地。突出招引农业特色项目，招引2000万元的果汁加工项目，已完成前期立项备案，12月中旬开工建设。落实落细产业带动、项目帮扶、资金支持、入股分红等相关政策，22个村居持续稳定的经营性收入都已达标，其中白水塘村、南坎村、三合村、墩北居委会步入集体经济强村序列，年度经营性收入超50万元。全年镇产权交易项目70个，成交总额为594.13万，溢价率10.7%。新申报省级示范家庭农场2家，县级合作社10家，其中建军水产家庭农场成功申报省级示范社。为切实保障群众权益，对各村居上报的涉农补贴的清册、合同、面积、定位进行核实，并对百亩以上大户进行救灾物资补助登记，按照规定做好相应公示，累计准时发放农业支持保护补贴860多万元、稻谷补贴600多万元。

【民生实事】　继续推进农房改善，拆除低矮破旧空农房152户，进城入镇安置55户，新增条海新型农村社区建设，安置100户；红旗社区三期建设，安置126户；条岗2点四期建设，安置4户。实施大唐三期、红旗四期、柳集三期等3个新型农村社区扩建，共安置175户。投资1500多万元建设“四好农路”9.4千米，其中，新建农村公路6条，新改建桥涵38座，除南尧桥、陈家桥因重大设计变更已纳入2022年改建计划，其余项目建设均已完成，交付使用。在匣东、兴隆、南坎、白水塘等村实施高标准农田建设1200公顷。全镇疏浚河道4条12.7千米24.68万立方米、村庄河塘71条151.81万立方米。开展低收入人口的认定工作，对扶贫部门移交的2637户4776人进行入户调查，建立一户一档台账。开展留守儿童和困境儿童上门关爱等活动，帮助优抚对象250名、“两困”儿童和在校大学生18名。落实医保扩面征缴、城乡居民养老保险工作，筹集医保保费1300万元，医保续保率超93%。组织低收入农户、企业职工、创业培训345人次，新增返乡创业75人、大学生创业12人、农村劳动力自主创业人数达40人、返乡就业358人，年审核发放创业贷款近300万元。对照创文要求，不断加强集镇精细化管理。在扩大镇区保洁范围的同时，将镇区划分相应的网格，落实责任到机关各部门、各责任人。镇区各路段、各小区配齐清扫保洁人员，签订责任书，确保路段、小区清扫保洁不断档。开展人大代表共建人民路文明示范街活动，对沿街破损破旧雨棚、户外广告、垃圾桶、路灯等进行更新，组织文明养犬劝导、文明出现引导等志愿者活动。有序增加镇区机动车位482个，非机动车位画线2500多米。6个铁骑日常巡逻维持镇区交通秩序，拖扣违章电动车辆300多辆，收缴处理出摊经营户260余次。打造宝龙华府示范小区。“一村一河”整治71条，对通村主干道及村部周边环境开展专项治理工作，沿线种植草花31千米，新栽补栽绿化1300株，结合农房改善沿线拆除42户，拆除违章违法建筑357处。高标准打造海芦线沿线环境，对海芦线在2020年整治的基础上向纵深延伸推进，拆除猪圈105座、鸡鸭鹅圈29处、乱堆乱放153处，改厕46座，破败房屋4户，清理垂直河道14条。全镇新造成片林、农田林网建设、森林抚育等任务完成率居全县首位。推进政府信息公开工作，处理答复“12345”政府公共服务平台信息943件，办结满意率99.6%。开展安全生产宣讲及检查活动，查出安全隐患460条，已整改420条，整改率91%，全年未发生重大安全生产责任事故。持续开展黑臭水体整治，年初通过调查摸底、现场察看将61条涉及18个村居的河道纳入黑臭水体整治任务，全部整治到位，同时争取到上级200万元环保资金用于渔深河水环境综合提升。全面加强砂石场及烘干房扬尘管理，推进畜禽养殖、水产养殖环境治理，对三合、雪泉等村的7个市级交办禁养塘按照升级转型、改变养殖模式的方式进行推进整改。

【串场河沿线环境综治提升】　该工程突出整体谋划、系统治理、特色打造兼顾人居环境、产业调整、文化记忆。对串场河西岸72户6908平方米破旧房屋以及东岸2个厂房2000平方米进行拆除，西岸原蚕桑站拆除新上恒达机械项目。整治“两违三乱”拆除猪舍鸡舍和彩钢瓦棚子1200多平方米、房屋50间1735平方米。实施串场河三期绿化工程，栽植各类乔木3万多株，种植草花及其他灌木5万平方米，建设绿化景观节点5处，沿线水产养殖基地实施立体绿化工程，栽植法青和蔷薇1万多株。对沿线村居房屋刷白2.6万多平方米，在大唐、丰渔、红旗等村推广菜园栅栏，彰显田园特色，对原丰唐中学周边商户和镇区段房屋立面改造7.1万多平方米，完善镇区段污水管网建设。挖掘古韵沟墩历史文化，建设220平方米的镇史馆、350平方米的文化大礼堂以及310平方米轮船码头游客服务中心，打造集观赏性、文化性、体验性于一体的水乡古镇。开展沿线整田去杂和特色农业打造，对串场河沿线大唐、郑飞等4个村提供油葵种植指导、培训，试种面积4公顷。串场河沿线综合整治和提升工作先后受到市、县领导多次点赞表扬和兄弟乡镇调研学习。

【盐阜路快速化改造拆迁】　按照“靠前指挥，一线作战”原则，对拆迁中遇到的问题，主动上门开展工作，全力保障征地拆迁工作快速平稳推进和全市重点项目的用地需求。按序时拆除186户24000多平方米，征收鱼塘44口17.87公顷，13家企业围墙全部拆除，其中两家企业被整体收购，拆除两家大型精养企业围栏600米，移除红线内镇级路灯13座、镇村标志碑（牌）11处，全镇共征收土地31.73公顷。

2021年阜宁县沟墩镇各村（居）基本情况一览表

表47

村（居）	村（居）党组织书记	村（居）主任	村（居）经管员	村（居）民小组个数	农民人均可支配收入（元）
红 旗	陈志永	陈志永	邓海霞	3	29271
林 道	李权成	李权成	丁海霞	7	28247
丰 渔	邓成波	邓成波	唐 群	8	29729
大 唐	颜廷明	颜廷明	何国强	7	28477
陈 坎	吴其健	吴其健	张永高	5	28764
郑 飞	陈 硕	陈 硕	陈志刚	11	28933
雪 泉	彭大胜	彭大胜	梁子健	11	29409
新 建	戴连梅	戴连梅	陈劲松	8	28477
匣 东	陈宏香	陈宏香	陈 艳	5	29652
兴 隆	陈敬东	陈敬东	李洪成	6	28470
白水塘	陈宏杰	陈宏杰	陈 海	8	29572
南 坎	陈一山	陈一山	陈淑英	7	30619
三 合	夏斯林	夏斯林	邓俊峰	6	32404
条 岗	戴 良	戴 良	王建圣	6	29997
柳 集	宗长伟	宗长伟	曾云峰	5	30089
跃 进	夏斯明	夏斯明	姚春友	10	32747
林 河	崔大海	崔大海	王直育	7	28230
新 岗	陈建辉	陈建辉	唐 龙	6	28798
大曹庄	徐德刚	徐德刚	徐海英	8	29519
曹 唐	陈保进	陈保进	刘文静	5	28844
朝 阳	戴 超	戴 超	马晓玲	3	34582
墩 北	陈加虎	陈加虎	沈 洁	5	34268

（沟墩镇）

吴滩街道

【概况】 2021年，吴滩街道实现地区生产总值211483万元；财政收入5590万元，其中预算内收入2448万元；财政总支出5590万元，其中公共财政总支出3530万元；总户数15645户、总人口52946人；农村居民可支配收入22826元。

【工业经济】 完成全口径开票销售收入8.33亿元，其中规上开票销售收入19.88亿元；完成全口径入库税金1918万元，其中规上入库税金1016万元；培植普尔玛汽车配件、江苏鼎鹏机械、盐城昊宇风电规上企业3家。组团外出招商10余次，拜访江浙沪一带企业老板60余人次，分别招引1.2亿元的宁波客商投资的汽车零部件、5000万元的宏驰磁业、3000万元的凯佛特新材料、2000万元的户外用品、2000万元的机械加工等项目；宏驰项目已竣工投产，投资1.4亿元“利亨”汽配项目主厂房已竣工，投资5000万元的鼎鹏机械二期工程正在建设。

【农业经济】 投资2000万元的盐城茂兴水产有限公司建成投入运营，解决吴滩近万亩水产品交易、批发、冷链的问题。夏秋，老沙村的梨果、吴滩居委会水藕丰收。立新、吴滩、通阳等村（居）400公顷良种培育基地创收。在许合村打造200公顷高标准农田；吴滩农业全程“机械化”代表全县被省、市观摩验收。

【民生实事】 投入近500万元，出动劳力万余人次、机械千余台套，拆除沿线违规建筑210余处，搬运陈年草堆500余座，拆除露天厕所、禽舍270余间，农房刷白提升300余户，清除路肩杂草千余吨，沿路栽植各类景观树木8000余株，高标准打造吴合路、西环路、蛤蜊港路等7条示范道路。河长制工作定人定责，常年按照上级水务部门规定标准，对县街村三级河道全天候保洁，打造胜利河、胡大港、立新河、十二中沟等水清岸绿示范河道近20条，对吴滩、合利两集镇市场环境、交通秩序进行彻底整治，按照新一轮全县文明城市创建的标准，做到环境的提升与健全台账资料。建成6米宽、3.5米宽水泥路和一事一议农用道路累计近15千米，建成阜射线吴滩集镇段14米宽、近1千米长的沥青道路，解决车辆、群众出行难问题。在329省道和工业园区二路增设平面交叉口的申请，获得省交通运输厅的许可决定，年底启动改造。安装路灯700余盏，新建各类桥涵8座。常态化到辖区内各单位、企业、商场等重要区域开展安全生产大检查，全年未发生一起较大的生产安全事故。抓好夏秋两季秸秆双禁工作，全年未发生一起秸秆焚烧事件。新冠疫苗第一针接种率全县领先，核酸检测做到全民全覆盖。打造邹圩、立新、许合新时代文明实践示范站，21个实践站志愿者服务队开展文艺、卫生、疫情防控知识宣传、文明城市创建知识宣传、文艺演出活动等近300场次，受教育群众2万余人。举办街道首届"十佳贤内助、十佳好婆婆、十佳好媳妇"活动、首届梨花节、第三届牡丹节、首届"十佳青年"评选活动、庆祝建党100周年暨"在党50年"授章仪式等一系列活动。每个季度举行评选文明村居、文明户、吴滩好人活动，通过各部门、分工街干、"两代表一委员"打分评定，评选一、二、三星级村（居），每季度初在大会上颁授流动红旗；每季度通过小组推荐，村（居）初评，街道办审查后公示，累计评出文明户120余户、吴滩好人140余人。

2021年阜宁县吴滩街道各村（居）基本情况一览表

表48

村（居）	村（居）党组织书记	村（居）主任	村（居）经管员	村（居）民小组个数	农民人均可支配收入（元）
吴滩	吴国祥	吴国祥	刘明山	9	25364
蔡河	周素兰	周素兰	蔡正领	7	19562
立新	陈红明	陈红明	孙壮	7	19756
合东	孙青松	孙青松	孙筛成	7	21330
合利	姜涛	姜涛	蔡正庭	8	23908
通阳	邹霞青	邹霞青	纪海平	9	20608
邓舍		孙兵	薛学文	7	20398
仁范	李长春	李长春	李进	4	16883
陈戴			魏娃娃	7	19568
戴沟	戴广伟	戴广伟	周红霞	11	19764
许合	许立超	许立超	许海堂	8	20465
两河	王华	王华	王爱军	6	19697
三岔	刘克全	刘克全	徐冬兰	4	20463
大王	仇如军	仇如军	陈中芹	7	20482
射南	姜苏	姜苏	吴开德	7	19563
双港			吴海燕	4	19354
兴东	顾旭红	顾旭红	邓会丽	8	19459
邹圩			周霞	7	19096
北汛	顾卫星	顾卫星	黄正洋	8	21604
老沙	顾领兵	顾领兵	顾祥林	7	20228
阜东	倪殿池	倪殿池	邹远东	6	19872

（吴滩街道）

陈良镇

【概况】 2021年，陈良镇实现地区生产总值224522万元；财政收入5976万元，其中预算内收入5367万元；财政总支出5976万元，其中公共财政总支出5367万元；总户数13802户、总人口43151人；农村居民可支配收入23983元。

【工业经济】 完成全口径开票销售收入11.07亿元，其中规上开票销售收入1.86亿元；完成全口径入库税金7598万元，其中规上入库税金63万元。加大"走出去"招商和项目排摸力度，选派综合素质高、招商能力强的精干人员驻点招商，新招引落户开发区亿元项目1个为正昌设备，年底部分投产。新开工世泽包装、昱明粮食加工等千万元项目5个，其中5000万元以上项目2个。开展低效厂房清理，腾空傲雪制冷设备两幢厂房5100平方米，正在商谈冷鲜牛羊肉制品、鱼片加工项目进驻事宜。帮助企业完成专利上报、水电接入、环评检测和开拓市场等。

【农业经济】 全年小麦总产量1.1万吨，水稻总产量1.5万吨；生猪存栏1.5万头，出栏2.5万头。投入200多万元，建设1000平方米标准化农贸市场。开展骨干河道"两违三乱"整治工作，拆除射阳河大型鸭场1个、退渔还湖12.53公顷，建成生态河道24条，7条正在整治，并落实常态长效管护机制。

【民生实事】 投入近700万元，对集镇主干道进行改造提升，实施镇区范围内雨污分流工程。投入100多万元，完成卫星河驳岸新建、河道清淤工程，在卫星河两侧建设绿色步道、设置健身器材，栽植绿化，打造“口袋公园”。对村（居）1千米示范线再延伸，在主干道、要道处打造一条长1.5千米以上草花大道。完成158户进城购房和各村房屋安全隐患录入工作，农房改善一户一档和良寓家园的项目档案通过省检查验收。开展房屋安全隐患排查，对16户C、D级危房出台整改方案并督促整改到位。实施农村公路提档升级工程，新建农路6条共5.3千米，新建维修桥涵20座。对危险路段设置危险标识、波形护栏、爆闪灯，整治农路路肩4千米，填土5万余立方米，沿线新栽植绿化近1000棵。完善社会救助制度，农村低保、五保严把阳光操作、严格审核和动态管理“三道关”，全年新增低保10户17人，出保19户28人，新增五保11户11人，做到应保尽保、应退尽退。压实敬老院和村（居）安全责任，做好五保老人和困境儿童的安全管理工作。加大残疾人扶贫解困力度，建设陈良居、盐港村“残疾人之家”，推动残疾人创业就业。治理殡葬领域的突出问题，拆除超标空穴大墓、豪华墓209座；建设镇级公益性公墓，村级墓地统一收归村集体运营管理，落实殡葬惠民政策。对建档立卡户做好过渡期“四个不摘”，做好1667户3252人动态监测工作，人均收入7000元以上；村级经营性收入保持持续稳定增长，全镇完成经营性收入383.8万元，各村（居）均超22万元。吸引返乡就业315人，返乡创业35人，其中大学生创业8人。开发公益性岗位69个，其中非全日制公益性岗位65人，低收入农户岗位17人。12位创业者申请并获批创业贷款，获得财政贴息10万元，江苏马尔默公司在县创业大赛中获“创业之星”。完成县征兵任务。全镇常住人口新冠疫苗接种率92%，有序做好疫情防控工作。按照“党政同责、一岗双责、失职追责”的要求，开展“百团进百万企业千万员工”主题宣讲活动，通过定期检查、专项检查、聘请安全专家检查等方式开展大排查大整治，排查各类隐患956条，已整改903条，整改率94.5%。新涂村率先创建“全国综合减灾示范社区”，已通过市初验。落实镇信访联席会议“周周清”制度，完善信访结案化解机制，回复12345工单987件，接待信访群众308人次，办理江苏阳光信访平台29件。

2021年阜宁县陈良镇各村（居）基本情况一览表

表49

村（居）	村（居）党组织书记	村（居）主任	村（居）经管员	村（居）民小组个数	农民人均可支配收入（元）
陈 良	陈克亮	陈克亮	陈斯权	9	25850
曹 南	周海兵	周海兵	刘 静	10	23960
周 庄	黄文闻	黄文闻	周效光	9	22192
三 烈	周海成	周海成	王启佳	8	24126
盐 港	陈昌彦	陈昌彦	柏华实	8	22195
玉 丹	许士青	许士青	刘成鹏	6	20525
李 良	王柱权	王柱权	王永茂	8	19522
丰 民	单国银	单国银	唐秀芹	6	22192
许 湾	王桂苏	王桂苏	许学兵	4	19877
如 珍	焦登成	焦登成	周春雨	8	23983
丹 平	王冬兰	王冬兰	王丽娟	7	22742
成 俊	孙 阳	孙 阳	王寿浩	7	21000
新 涂	王志清	王志清	陈 雄	7	23666
新 同	姜有爱	姜有爱	胡春年	6	25645
永 同	丁古林	丁古林	戴曙华	7	20183
顺 桥	胡 扬	胡 扬	曹恒开	7	20123

（陈良镇）

三灶镇

【概况】 2021年，三灶镇实现地区生产总值178335万元；财政收入5911万元，其中预算内收入4635万元；财政总支出5911万元，其中公共财政总支出4635万元；总户数16873户、总人口57159人；农村居民可支配收入20492元。8月，北郊生态农业园被省农业农村厅推荐为全省农业林果主题创意农园。

【工业】 完成全口径开票销售收入8.64亿元，其中规上开票销售收入1.33亿元；完成全口径入库税金3101万元，其中规上入库税金353万元。完成开、竣工亿元项目各1个，现有在手成熟亿元项目信息4条。

【农业经济】 围绕“农业增效、农民增收”主题，引导土地有序流转，构建新型农业体系，全镇土地流转总面积3200公顷。以高标准农田项目区建设为契机，高标准农田自建项目12月底开工建设；国家级高标准农田项目区1066.67公顷，总投资2800万元，已施工。新植（改造）绿化面积100公顷，退渔还林7.33公顷，河坡绿化率95%以上。生猪出栏约6.5万头，存栏约4.3万头，培育家庭农场6个。8月，北郊生态农业园被省农业农村厅推荐为全省农业林果主题创意农园。

【民生实事】 全年改善农房60户，进城入镇37户。投入1200多万的通阜线北段路面改造工程已竣工通车投入。1200余万元，完善镇区污水管网体系，提升道路两侧绿化亮化，改造提升农贸市场。投入300余万元，新建文化公园、休闲公园。开展低收入人口认定和动态监测工作，全镇确认低收入人口119户367人。改善农房60户，进城入镇37户。为276户困难家庭发放临时救助资金17.16万元，全镇479户871人纳入最低生活保障，279人纳入特困供养对象。把建档立卡户、五保户和低保户、重大疾病个人支出超5万元的大病户汇编成册。推进村集体经营性收入达标工作，实现农村常住居民人均可支配收入20492元。推进违法违规用地整改工作，拆除改造空置大墓509座，整改违法违规用地50处。在全县率先建成镇级公益性公墓。疏浚河道86条，建成生态示范河道46条，查处各类水事违法案件3起。发挥“大数据+网格化+铁脚板”精细化治理优势，推进网格化建设，提升综合治理效能。落实安全生产“三个责任”和“三管三必须”的要求，针对行业特点组织高频率、多层面检查，做到有检查必复查，有隐患必闭环。对所有工业企业开展安全生产“三同时”、安全风险评估报告等手续完善工作。全年举办安全生产宣传活动8次，发放宣传资料7000余份，整治安全隐患625项，全年未发生一起安全生产责任事故。

2021年阜宁县三灶镇各村（居）基本情况一览表

表50

村（居）	村（居）党组织书记	村（居）主任	村（居）经管员	村（居）民小组个数	农民人均可支配收入（元）
七　灶	顾　斌	顾　斌	钱正树	6	21629
掌　李	掌文兵	掌文兵	王远洋	9	20284
九　灶	顾春诚	顾春诚	皋古将	5	21061
同　兴	徐以书	徐以书	徐振华	7	20676
楼　子	顾亚军	顾亚军	李进忠	7	20853
陈　吕	陈明虎	陈明虎	刘金女	5	21126
十　灶	李柏祥	李柏祥	栾立帅	9	20454
前三灶	徐　政	徐　政	余正勇	8	20542
中三灶	丁　亚	丁　亚	嵇华荣	10	20065
丰　墩	张　林	张　林	陈昌荣	11	20145
庄　杨	仇　刚	仇　刚	杨士茸	5	20143
昌　兴	胡果林	胡果林	金汝东	5	20275
蒯　东	徐　权	徐　权	徐曼曼	12	20566
东　湾	潘道龙	潘道龙	陈红宏	4	19955
后三灶	蒋文韬	蒋文韬	孔月平	7	20438
王　集	许天龙	许天龙	董乃浪	7	20608
双　岗	傅正源	傅正源	刘　专	6	20240
沿　渠	姜必成	姜必成	刘德忠	10	19796

（房　兵）

郭墅镇（高新区）

【概况】 2021年，郭墅镇（高新区）瞄准建设百亿级产业园区，加强园区安全监管，加快产业转型，创建全国文明城镇、“无访”镇区，实现地区生产总值275012万元；财政收入20388万元，其中预算内收入16969万元；财政总支出20243万元，其中公共财政总支出18980万元；总户数15343户、总人口49682人；农村居民可支配收入22752元。

【工业经济】 完成全口径开票销售收入49.45亿元，其中规上开票销售收入36.2亿元；完成全口径入库税金10088万元，其中规上入库税金5128万元。有企业42家，其中规上工业企业21家，开票超亿元企业7家，分别是澳洋科技、利民农化、彩瑞实业、三和管桩、丽王科技、德安德、胜达；其中三产规上企业5家，分别是县殡仪馆、飞龙汽车运输公司、民鑫大药房、沙河禽蛋专业合作社、铭豪大酒店。拟培育规上企业有华钛化学、高地建材、众康环保、水处理、旭腾钢棒、淇岸、泛华等。

【项目推进】 围绕智能制造、高端纺织服装、节能环保三大产业精准开展招商活动，举办慈溪轴承产业和北京招商引资推介会，重点推进新加坡金鹰集团投资17亿元并购澳洋科技项目，签约开工广东造裕投资5亿元的智能装备制造、上海姚记生物科技投资5亿元的智慧工厂、高地建材投资5亿元的新型建材等一批重大项目。金鹰集团并购澳洋科技项目已通过国家市场监管总局反垄断调查，全力组织对澳洋科技员工清算，筹备双方资产交割及手续办理等工作。造裕智能装备项目，新上智能装备生产线，生产销售智能注塑机、机器人、机械手以及非标自动化设备等产品。目前已部分投产，8月份为全市高质量发展项目观摩推进会活动提供了项目现场。

【民生实事】 抓住省委推进苏北农房改善、加快乡村振兴的政策机遇，聚力推进农房改善工作，提高标准配套，打造为新农村建设的样板工程，对照县农房办出台的“十二个严禁”交办各村居安置小区整改事项456条，全部整改到位。对全区农村房屋安全进行全面排查，对各村居上报的12户危房邀请第三方进行鉴定，对D级危房组织全面整改。推进创文创卫工作突出背街后巷、老旧小区、污水管网等“看不见”的重点，集镇小区雨污分流基本全覆盖，镇村全面试点垃圾分类工作，创成省级卫生镇，推进国家级卫生镇创建工作。希望南路改造已完成，创新大道、消防站、雨污分流、新时代文明实践所正在建设中。推进违建、破损房屋拆除，推进集镇环境、主干道沿线风貌和“一村一河”等人居环境整治工作，打造许沿路示范线，创建成西季村县级绿美村庄。掬湖公园配套建设充电桩，提升镇区主干道路及掬湖公园绿化品味，改造提升农贸市场、垃圾中转站，实施希望南路改造工程，基本实现集镇主干道路黑色化。对全区脱贫户、边缘易贫户、农村低收入户进行动态监测，核实人均收入在6050—12100元有1306户，12100元以上有361户，无一户返贫。全区17个村居集体经营性收入，实现收入22万元以上的村居14个，50万元以上的村居3个。国家和省级交办的10件重复信访事项已完成8件重复信访件治理。防范化解重大风险，完善网格化治理体系，推进平安创建。对各经营性墓地下发整改通知书，限期自行拆除，对逾期未拆除的超面积未安葬大墓组织专门人员强制拆除，共拆除各类违规殡葬79座；并启动孙灶祥和园镇级公益性公墓建设。在镇卫生院，18周岁以上人员接种23465人，完成全区常住人口接种比例72%。按照外防输入的要求，做好在外人员回归核酸检测工作。按照绿化、亮化、美化、硬化、文化、规划等“六化同步”的要求，重推敬老院改造提升，加强五保老人日常管理服务。

【化工企业整治】 按照国家、省、市相关产业政策精神和省、市对化工整治工作的要求，原有40家化工企业，已复产6家、重组转型9家、关闭拆除16家，剩余9家关闭退出。对规模以下、安全环保不达标的化工企业全部关闭退出，对关闭拆除的化工企业腾退出的土地由园区投资平台收储回购，为园区转型发展提供土地资源保障。鼓励引导有能力的退出化工企业异地投资发展，星晨化工到山东菏泽定陶工业园投资建厂，凯威化工到山东菏泽东明工业园投资建厂，格瑞茵化工到陕西榆林投资建厂，志达化工到内蒙古阿拉善投资建厂，胜达化工到山东投资，仁博硅化学到河北投资等。按照复产程序和要求，督促企业不断提升安全环保管理水平，帮助上纬新材料、丽王科技、双昌生物、华钛化学、彩瑞实业、德安德新材料6家企业通过市批复复产。长鑫化工被祥创机械收购新上机械加工项目；康贝特医药、格瑞茵化工被众康环保收购新上资源化利用项目；绿佳化工被中核环保收购新上微晶陶粒项目；同泰化工利用现有土地新上建材项目；拜克新材料被园区平台公司收储新上智能制造项目；龙升化工、胜达化工、凯威化工利用现有土地和厂房改做贸易，不再从事生产活动。

2021年阜宁县郭墅镇（高新区）各村（居）基本情况一览表

表51

村（居）	村（居）党组织书记	村（居）主任	村（居）经管员	村（居）民小组个数	农民人均可支配收入（元）
沿 川	周 伟	周 伟	陈彩虹	8	22623
刘 李	刘万德	刘万德	刘志跃	9	23990
孙 灶	孙 铸	孙 铸	毛福高	6	21945
唐 城	嵇达泼	嵇达泼	嵇绍雷	10	22839
沙 河	何 敏	何 敏	潘地强	6	22637
阜 沙	沈 勇	沈 勇	徐德利	8	21452
许 祝	许 青	许 青	张 军	8	22694
孙 郑	周怀马	周怀马	沈卫国	5	23971
张 庄	嵇士峰	嵇士峰	张步嵘	7	23090

续表

村（居）	村（居）党组织书记	村（居）主任	村（居）经管员	村（居）民小组个数	农民人均可支配收入（元）
阜 阳	嵇士荣	嵇士荣	嵇明仁	7	22550
兴 庄	李 亮	李 亮	边金星	8	23210
西 北	张古亮	张古亮	孙学云	8	22528
马 河	冯安军	冯安军	朱广寿	7	22124
刘 河	陈昌荣	陈昌荣	单 聪	5	22853
王 庄	王苏辛	王苏辛	王友球	7	23649
东沙港	曾从华	曾从华	杨广建	7	22428
西 季	李文富	李文富	季旭芹	7	22649

（郭墅镇）

新沟镇

【概 况】 2021年，新沟镇以“融入县城大发展，建设美丽卫星镇”为定位，实现地区生产总值270299万元；财政收入18834万元，其中预算内收入11112万元；财政总支出11407万元，其中公共财政总支出10517万元；总户数15082户、总人口51736人；农村居民可支配收入28096元。

【工业经济】 完成全口径开票销售收入31.92亿元，其中规上开票销售收入17.86亿元；完成全口径入库税金13293万元，其中规上入库税金11972万元；出台《新沟镇关于2021年招商引资工作实施意见》，编制新沟镇在外有成人士名录。次组织招商推介活动，全年收集有价值项目信息55条。储备环保新材料、汽车动车配件等4个亿元项目。培育鑫鸿运等3家规上企业。全年开工亿元以上项目4个，分别是品晟管桩、中江种业、特种碳纤维和良延环保，亿元以上竣工项目3个。开展闲置低效厂房整治。持续开展“服务进千企”活动，开展为园区企业组织送工进厂活动2次。打造“阜宁帮办2.0版本”，镇领导定期会办三项制度，帮助企业和项目解决运营中的实际困难，落实专人跟踪服务，全程帮办。利用市不动产证办理窗口期，办结阜慧环保、石膏线、赢润机械和伯奈聚合4家企业不动产证，实现工业企业不动产证应办尽办。

【农业经济】 按照省级现代农业示范园和省级农业科技园的标准要求，快速推进春华秋实农业园“双园同创”工作，投资800万元新建占地面积2490平方米的科创中心楼，争取项目资金640万元，对A区项目进行提升。争取500万元对新南片区土地进行整理，争取2000万元新建园区道路8.5千米。高效建设533.33公顷高标准农田，西甜瓜精品果蔬特色逐渐形成。扶持金沃源育苗基地扩大发展规模，年育苗量超6000万株，成为全市乃至苏北最大的西瓜育苗中心。强化产学研合作，引进省农科院在春华秋实园区成立亚夫科技服务阜宁新沟工作站，全县唯一，全市第一。成立专班服务投资8000万元中江农业种粮一体化项目，7月份开工，推动全县水稻制种产业发展。推动欧尼亚食品投产，成为全县生产能力最大的大糕生产企业。全镇15个村居同镇内15家优质企业签订联建协议书，东季村利用闲置校舍，招引阜宁县乡情生态农业有限公司等3家公司在村投产，年集体增收10.5万元，带动村里50名劳动力就业。产权交易平台交易38笔，交易总额2024万元，流转土地246.53公顷，土地管理服务费增收18.49万元，为村级增加集体经营性收入近30万元。

【民生实事】 围绕“做美城镇、完善功能、提升品位”的总体要求，打造小中河、老沙河休闲景观带。投资130万元，对小中河进行环境提升，建设沿河步道850米，安装石材栏杆800米，太阳能路灯25盏。投资250万元，进行老沙河环境进行提升，建设沿河步道1100米，整理河坡550米，清淤13800立方米，安装太阳能路灯37盏，栽植大小乔木890株，灌木3700平方米，草坪4200平方米。开展文明城市创建，投入10万元，对集镇破损路面、雨水盖板和下水道进行维修。投入400多万元，改建8座危桥、2条农村水泥路；争取一事一议资金100万元，新建一事一议水泥路2.8千米。对照省级卫生镇总体要求，宣传健康卫生知识、清除镇村卫生死角，拆除旧旱厕73座，通过省级暗访验收。抓好农村环境整治、垃圾分类、主干道沿线违建拆除、集镇管理等重点工作。作为县垃圾分类工作的试点镇，新购置二分类垃圾箱13423个、240升垃圾桶668只、100升垃圾桶224只、垃圾清运车17辆、多功能电动清扫运车1辆，新建垃圾收集亭31座；在县定工资的基础上，再投入30多万元用于提高农村垃圾清运员、保洁员的工资，并制定落实考核奖惩措施，提升常态长效管护能力。拆除违法建设及乱搭建99户125处，改变沿线环境的整体形象。规范提升集镇管理水平，落实商户“门前五包”责任制，实行城管、环卫人员分地段包干制。按照“四个不摘”“应保尽保、应保必保”的动态管理原则，对全镇建档立卡低收入农户1460户进行动态监测，并对人均收入低于12100元的农户逐户落实增收保障措施，为332户在外务工建档立卡户发放务工奖补资金。为14

个村居争取市级扶持资金123.32万元，共同购置房产出租，增加村级集体经营性收入，为中心村争取省级扶持资金60万元、新北村争取省级扶持资金100万元。新增28户低保户。累计为全镇550名残疾人等特殊困难群体发放补助金377.9万元，为15户残疾人家庭进行无障碍改造，为20名精神病人办理免费服务卡。完成城乡居民参保人员10479人，其中新增参保409人。帮助210人实现就业，动员返乡创业340人。加快提升基础设施，镇综合文化服务中心完成前期设计，农贸市场完成标准化改造。培育新胜、新东等村文化大院。推进农家书屋全覆盖，对全镇15个村居农家书屋进行提档升级，并以新东农家书屋为龙头，动员群众注册农家书屋微信平台3000多人。组织志愿者队伍送戏下乡，先后开展建党100周年、欢度国庆、爱老敬老、“阅百年历程，读红色阜宁”全民阅读巡演等主题活动近50场次。新冠疫苗接种率98%。开展安全宣讲327人次，发放宣传材料1500余份。开展交通运输、城镇燃气、建筑施工、有限空间等专项大检查，对全镇320座农村桥梁进行逐一排查，增设交通安全警示标志300多处，检查工贸企业78家，住宿餐饮50家，燃气用户9865家，排查各类隐患764处，整改率100%，复查整改171家。

2021年阜宁县新沟镇各村（居）基本情况一览表

表52

村（居）	村（居）党组织书记	村（居）主任	村（居）经管员	村（居）民小组个数	农民人均可支配收入（元）
南湾	王本继	王本继	刘龙祥	10	25360
大楼	郭子中	郭子中	王中奎	11	32683
中心	姜亚成	姜亚成	曹海军	9	23560
西沙湖	丁学富	丁学富	王卫卫	9	34529
海宗	李纲	李纲	张宝爱	11	34650
新东	史洪胜	史洪胜	李祥	7	35200
新胜	毛刚	毛刚	毛晓华	8	35440
新北	季荣光	季荣光	刘永	14	23510
东季	季新松	季新松	张思民	9	20080
新沟	李玉才	李玉才	刘慧	14	33260
合力	曹效楼	曹效楼	孔明川	8	22837
新西	葛昌年	葛昌年	薛立千	6	21834
吉沟	薛为育	薛为育	蔡大坠	14	29120
新风	刘其永	刘其永	张兰	7	23140
新南	嵇首伟	嵇首伟	刘宏	8	26234

（吴汉林、殷文倩）

陈集镇

【概况】 2021年，陈集镇实现地区生产总值200712万元；财政收入6022万元，其中预算内收入5541万元；财政总支出6022万元，其中公共财政总支出5541万元；总户数15520户、总人口51345人；农村居民可支配收入21265元。被县委、县政府表彰为平安法治工作先进集体，瓦许村被市第七次全国人口普查领导小组办公室、市统计局授予第七次全国人口普查工作“先进集体”。

【工业经济】 完成全口径开票销售收入4.68亿元，其中规上开票销售收入1.53亿元；完成全口径入库税金1543万元，其中规上入库税金257万元。招引项目7个，其中亿元以上项目2个，5·18签约的广垠纸品包装项目，第一条生产线已投产，正在洽谈二期合作事宜。6月份，新招引由申阜达（江苏）电机有限公司投资的机电项目，部分设备已调试生产。腾麟机械加工项目、金燕麻纺项目、环保设备项目、机械加工项目、恒振电子项目等项目均已正式投产。完善出台《关于2021年度镇班子成员挂钩服务企业的实施意见》，督促各挂钩干部每月到企实地走访，指导所有挂钩服务人员登录阜企帮扶APP小程序进行帮扶录入，及时汇总交办企业存在的问题，对为企服务全过程进行跟踪、督查、考核。镇工业企业已实现疫苗接种全覆盖，按照时间节点全部应种尽种。对工业企业特别是能耗较高企业实施控时生产、部分生产、停产等措施，并做好厂区生活区节能措施。不定期到重点能耗企业动态督查企业用电量，对未达预定目标的单位和个人及时进行通报和提醒，已关停4家低效高耗能企业。

【农业经济】 指导农户做好田间管理等农业生产工作。宣传绿色防控技术，指导稻麦及蔬菜病虫害精准防控。发放小麦赤霉病防治补助药剂，覆盖面积达到1278.13公顷。高标准农田建设涉及大刘、姚场等村，面积400公顷，已经进场施工。定期开展畜禽污染防治和大消毒行动，整顿不规范养殖场，鼓励符合条件的养殖户申报生态健康养殖项目。做好非洲猪瘟疫情防控工作的同时，鼓励养殖生猪大户做好生猪复产工作。组织水产养殖培训。查处水产品违禁药物，配合县渔政站组织水产品抽样检查及打击非法电力麻鱼工作。针对2017年之前在耕地中建成的单一养殖池塘，一部分规范整改成稻田综合种养，一部分要逐步收归集体，到期一批、集中流转一批，收回变成集体公有，实现资源重组再利用。针对2017年之后以稻虾种养名义流转耕地从事单一养殖的“非粮化”田块，通过提高复垦保证金、缩短承包期、强制收回等方式，整改到位。针对2021年1月之后出现的“非粮化”田块，立即复垦到位。在陈小西侧3号地（1.53公顷）、百亩集镇森林（7.33公顷）、工业园区北岸（1公顷）栽植桂花、银杏、红叶石楠、榉树、紫薇等绿化树木，共计2万多株。完成四旁植树10万余株，新建成片林约4公顷，更新改造绿化林约13.33公顷。按照“南菜北粮”布局，在大刘、姚场两村打造陈集万亩种粮一体化基地，总规划面积800公顷，已流转土地133.33公顷，与江苏江邮农业发展有限公司合作，开展优质稻麦“种粮一体化”基地建设。以盐城市六旭黑猪养殖公司种繁基地为依托，联合江苏省农业科学研究院共同打造做强阜宁黑猪生态品牌，强化生产管理，严控生物安全，采用全自动料线水线、漏缝地板，高效率养殖，推行“屠宰+养殖”的生猪产业全产业链。新建陈集丝瓜标准产业园。以新建成的阜宁县陈集镇汪朱村蔬果初加工仓储保鲜冷链项目为依托，发挥上海市外蔬果供应基地的优势，发展高效设施农业。在停翅港三组按照国家产业园标准，新建陈集丝瓜产业园，图纸已完成规划设计，一期工程于12月份动工。

【民生实事】 完成瓦许村绿美村庄建设，各村均完成一条重点路段或一条河堤绿化项目。集中推进游园加苗圃基地、百亩集镇森林绿化提升、小中河北路、杉并路、兆罗线汪朱段道路绿化提升工程、西南工业园绿化提升等项目落地。推进农房改善工作，县下达的160户目标已经全部完成。开展镇区既有房屋安全排查整治专项行动，建立和细化农村危险房屋工作台账明细1100余户，形成隐患问题清单，并明确日常管理和排查整改责任。实施十字河、韦岳、阴孙的陈桥3座，官路、空寺、停翅港、旗杆等村涵13座，汪朱武进路、农贸生产路、大刘小中河中线、姚场东舍中心路共4条总长7.35千米，争取姚汪中路，陈郝线等路的板块维修2500平方米。快修韦岳村岳庄南路250米，维修存在重大安全隐患桥梁55座，安全隐患道路口8处。拆除双营路口阻碍交通视线有重大安全死角的房屋1处，广告牌、公示栏2处。成立二级交通安全劝导站1个、三级劝导站18个。对村（居）破旧垃圾池、桶、箱进行拆除和更换，提前进行垃圾分类试点工作，更新垃圾清运车辆，所有垃圾桶按照省定标准配置到位。河长制工作特别是对“两违三乱”工作查治更加彻底，阜东总干渠边的闸东鸭场、大曹鸭场及郭陈河聂国栋违建码头的拆除，得到上级河长办的肯定。实施“一村一河黑臭水体”查治36条，推进生态河道查治30条，清理水花生、水葫芦、水漂浮物37500多平方米，清理河坡种植46条，清除围网养殖127次。促进殡改工作规范收费标准，开展殡葬救助工作政策宣传，确保殡改工作落实到实处。镇公益性公墓选址在韦岳村的西北角处，前期的选址以及公墓规划和设计基本完成。对照政策严格落实殡葬补贴政策，通过家人承诺申请，村（居）把关，严格要求过世后必须火化、进规划地或公墓，领取火化减免补贴。拆除违规大墓活人墓79座。对照《创建全国文明城市实地考察操作手册》和省级卫生镇创建要求，对照条目查漏补缺，重点整治殷马线北侧和集镇背街小巷环境，拆除和改造集镇区内旱厕。发放“创文应知应会宣传手册”和“一封信”800多份，提高群众知晓率和参与度。拆除集镇区内违章建筑2处，清理野广告900多处，清理老旧灯笼746个，清理晾衣绳500多根。拆除废旧广告牌85个，清理大型违规广告指示牌1个，清理住户门前乱堆乱放杂物127处，拆除破败花坛12个，较大程度地改善了集镇的环境。对集镇“六小行业”亮证经营情况进行全面排查，发现8家无证经营，10人健康证过期的情况，已督促整改。全镇城乡居民养老保险新参人数为933人，新增发放361人，核销人数255人，恢复暂停人数48人。开展就业困难人员审核、认定和管理工作，完成16人的困难认定工作。完成有就业意向人员母婴培训54人，创业培训57人。有五保户366户661人，在村分散供养人员每月发放1100元生活补助金。有低保户363户657人。在册困境儿童50人，孤儿在册2人。全镇残疾人信息采集认证1166人，享受残疾人对象生活补贴发放660人，护理补贴606人。重度残疾生活补贴每月每人发放730元，失能护理每人每月发放130元。残疾人之家搬迁入住在韦岳村，已正常运营。开展矛盾纠纷的大排查、大整治工作，对突出治安问题的排查与整治，开展大排查活动12次，排查出重点难点焦点问题8起。在19个村（居）及农贸市场、学校周边张贴反邪教宣传标语210多份，悬挂横幅58条，散发反邪教宣传册1490份。开展整治非法宗教活动、遏制宗教渗透蔓延专项整治工作，组织宗教场所安全检查20轮次，消除安全隐患13件，化解矛盾纠纷1起。

【停翅港村入选全国红色美丽村庄试点】 年初，停翅港村入选中组部、财政部乡村振兴建设红色美丽村庄试点村，是江苏省首批13个行政村之一，是盐城市唯一入选村。停翅港村位于陈集镇区西南约4千米，是抗战时期的新四军军部旧址所在地，因刘少奇、陈毅等老一辈革命家曾在此战斗生活而闻名遐迩。该村将以此次试点为契机，依托独特的红色资源，因地制宜发展壮大村集体经济，建设成强村富民、红色的美丽村庄。

【建成红色广场】 12月，投入60万元，建成陈集镇红色广场。广场北依镇政府，南邻陈集中心小学，占地0.37公顷，原为闲置的烂尾楼。广场上建有石墙、风雨长廊、新四军群像雕塑等富有特点和寓意的建筑物，还原新四军将士当年在盐阜地区反“扫荡”斗争的英勇无畏的场景。同时，将陈集17个红色遗存和新四军在盐阜一系列生动故事通过红色展板灯箱和文化墙的方式呈现，将红色文化、陈集人文特色自然融合。广场成为该镇爱国主义教育与红色文化宣传的窗口，也为全镇干群提供一个绿色生态休闲的场所。

【建成医养综合服务楼】 投入800多万元，在镇中心卫生院新建集医疗、养护于一体的医养综合楼。该楼为3层框架结构，建筑面积2943.37平方米，主要建有医护工作站、输液大厅、抢救室、活动室、康复中心、食堂等。8月动工，预计2022年8月投入使用。

【省计生协领导到陈集考察】 6月10日，省计生协秘书长陈国斌等领导在市、县卫健部门有关负责人陪同下，到陈集镇中心幼儿园海口分园调研省计生协“向日葵亲子小屋”建设项目落实情况，现场查看亲子小屋硬件设施建设情况，听取镇中心幼儿园园长有关亲子小屋活动开展、亲子教育、“向日葵亲子小屋”建设等方面的情况汇报。“向日葵亲子小屋”建设是促进我国农村妇幼健康、推进健康中国建设的利国利民之举，陈集是该项目的试点单位。

【停翅港村被表彰为省级文明村】 12月，停翅港村被省文明委表彰为2019—2021年度省级文明村。停翅港村是曾经的新四军军部旧址所在地，近年来，该村经济、社会发展成绩显著，全村精神文明建设水平不断跃上新台阶。为保证此次评比公开、公正，且评比结果接受社会各界监督，10月30日，市文明办在盐阜大众报上公示推荐名单。

【陈集中心小学受市表彰】 9月，陈集中心小学被市教育局评为盐城市学生资助工作先进集体。12月，被市教育局评为盐城市文明校园。

【陈集中学在市校园足球联赛中获季军】 10月29日至11月1日，在盐城市第十届“市长杯”青少年校园足球联赛高中组总决赛中，代表阜宁县参赛的陈集中学高中女子足球队获季军。县教育局负责人专程到该校为女子足球队举行颁奖仪式。

【5人受省级表彰】 11月，镇党委副书记徐军、统计站站长于水芹、统计员邱士兰、双营村党总支书记张军年、郝周村经管员刘海燕被省第七次全国人口普查领导小组办公室、省统计局联合表彰为人口普查工作先进个人。为高标准高质量做好此次普查工作，采取多种方式，加大人口普查宣传力度，营造浓烈宣传氛围，牵头做好县、镇人口普查培训，认真做好普查摸底工作。普查工作期间，主动放弃节假日休息时间，与各村居普查员一起到农户了解真实情况，最终在全县镇区中率先完成141个普查小区、14897户居民的走访、摸底、填表、PDA录入等工作。

【曹明在市演讲比赛中获奖】 12月，在盐城市第四届“行知伴我成长”演讲比赛中，唯一代表阜宁县参赛的陈集中学教师曹明，通过与其他30多位选手比赛，获二等奖。曹明，是陈集中学美术教师、艺术组组长，兼任学校朗诵社团指导员。

2021年阜宁县陈集镇各村（居）基本情况一览表

表53

村（居）	村（居）党组织书记	村（居）主任	村（居）经管员	村（居）民小组个数	农民人均可支配收入（元）
陈集	陈柏林	陈柏林	陈京本	11	22805
双营	张军年	张军年	刘海波	7	20178
石狮	王明生	王明生	王志军	5	20260
胡庄	曹新生	曹新生	唐晓田	5	21008
大刘	张雷	张雷	刘建	8	22595
姚场	姚海鸥	姚海鸥	廖坤	6	20460
金星	陈志高	陈志高	边成	7	20936
闸东	姜利华	姜利华	郑明彩	7	21430
海口	周付生	周付生	何成华	6	20970
官路	曹屯将	曹屯将	王婷婷	7	21396
钟左	单其明	单其明	左如军	5	20910
韦岳	曹拥军	曹拥军	岳天各	6	20586
瓦许	许志珊	许志珊	董翠兰	9	20130
旗杆	周丙香	周丙香	张廷桂	3	20794
郝周	周德黄	周德黄	刘海燕	6	20258
郭李	岳锦秀	岳锦秀	郑金龙	4	22165

续表

村（居）	村（居）党组织书记	村（居）主任	村（居）经管员	村（居）民小组个数	农民人均可支配收入（元）
停翅港	朱明星	朱明星	朱卫荣	11	21540
汪　朱	曹党生	曹党生	曹秀开	8	21686
空　寺	刘凯祥	刘凯祥	蔡东霞	11	22850

（姚爱民、王　明、李建平）

羊寨镇

【概况】 2021年，羊寨镇以“富民、强村、兴镇”为目标实现地区生产总值187225万元；财政收入5568万元，其中预算内收入3070万元；财政总支出5568万元，其中公共财政总支出4569万元；总户数17933户、总人口57272人；农村居民可支配收入19854元。5月，华中局第一次扩大会议旧址入选全国红色旅游百条精品线路。7月，中山路成为交通运输部公布的2021年度“我家门口那条路”红色之旅初心路月度主题活动入围线路。9月，央视东方时空《24小时》栏目报道羊寨镇新鲜水果喜获丰收的新闻，对“农村公路+红色旅游+生态建设”的模式给予肯定。承办“感悟百年历程 重温红色经典”国庆大型演出，被央广网全国推广。

【工业经济】 完成全口径开票销售收入6.58亿元，其中规上开票销售收入0.96亿元；完成全口径入库税金2043万元，其中规上入库税金179万元。新开工项目2个，分别为投资1.2亿元的匹格饲料、投资7000万元的盛之轩汽车拖挂部件项目；竣工项目3个，分别为投资1.2亿元的匹格饲料、投资8000万元的哈莫尼雕塑、投资6000万元的紫运来木业项目。盘活闲置的新富机械3000平方米厂房，新上商固户外用品项目，带动就业100多人，新增入库税金40余万元。完成阜宁籍在外乡贤人士信息排查，对本土籍客商实现目标化跟踪。新增个体工商户188家，新办民企125家、一般纳税人22家，实现返乡创业80人、返乡就业230人。加大对木制品加工、纺织等行业检查力度，关停2家木制品企业。

【农业经济】 续推进造林绿化，新增成片林7.33公顷，其中净增2公顷、改善完善5.33公顷；苗木抚育26.67公顷；农田林网新建26.67公顷、更新完善40公顷；在原水舍村自然村庄打造17.3公顷的“绿美村庄”，栽植柳树、法桐、枇杷等各类树木1万余株。从化肥农药减量化、农药瓶回收、秸秆双禁和离田等方面入手，严控农业面源污染。着眼工地扬尘、餐饮油烟、企业污染等治理源头。对不同主体分类进行粪污治理，对牧原、万盛等万头以上猪场实行“猪—沼—农”模式，进行畜禽粪污资源化利用，对其余养殖大户抬高标准实行生态养殖。鼓励群众自主创业，通过林果采摘等方式实现就业230户310人。与银宝大地禾公司签订5000万元的粮食精细化加工项目，建设高标准、规模化稻麦生产基地，打造优质农业产业化示范区。强势推进农村集体产权交易，全年经镇产权交易平台交易的土地流转面积约333公顷，为集体增加稳定性收入186.8万元，总成交额5400万元。市委富民强村帮促工作队与世明、外口、孔苏、苏水4个村居结对，量身定制发展方案，帮办民生实事，协调筹资245万元，新上粮食烘干项目。

【民生实事】 坚持“水岸同治”，排查清理河道146条、水花生5368平方米、河坡乱耕种6175平方米，打造“五个一”示范河道19条，提升生态河道30条；沿河植柳21754棵、栽植睡莲1000棵。提升改造镇西、北沙污水处理厂以及镇村污水管网，城乡一体化污水处理项目基本完工。将镇村干部与贫困少数民族家庭以及困难台湾籍人士结对，开展就业培训4场200人次，鼓励镇内企业在同等条件下优先聘用低收入人群，解决42户46人就业难题。制定出台《关于农村环境长效管护实行网格式实施意见》系列文件，实行保洁员末位淘汰制，累计淘汰工作不力人员22人；在港北、港南、蒲坞、镇东、北沙新型社区和外口村试点推行垃圾分类，投入16余万元安装垃圾分类设施，提高清运效率；强势推进河长制工作，河长累计巡河1224次，交办问题1626处，全部整改到位。投入203万元，新建改造桥涵6座；投入76万元，完成道路板块维修6条总面积500平方米；投入716.5万元，新建改造道路5条，其中明清路东段黑色化改造工程、外口中心路黑色化改造工程和羊于线已竣工；投入35万元，对集镇至芦蒲段安装太阳能路灯，并在部分路段增设爆闪灯、减速慢行标志、减速带等安全设施。投入20余万元，对残疾人之家进行改扩建；投入100万元，进行敬老院改造提升；完成117户户厕改造。以“不破坏村庄原有风貌肌理、修旧如旧”的理念，建设“故道桃源、阡陌外口”特色田园乡村，对村庄2000米长主干道进行黑色化提升，新增太阳能路灯22盏，新建微动污水处理设施1座、雨污管网3200米，拆除破旧圈舍、旱厕583个，改建公厕2座，新建菜园篱笆1120米，利用废旧石料、农村老物件、旧砖瓦新建乡土院落23处，对102户房屋提升出新。绘制田园风光墙绘12处，建设村口标识2处，编制五谷丰登粮仓和耕牛等稻草制品，重拾土窑、老井等农耕记忆。对羊寨小学实施修建改造提升工程。完善镇村医疗卫生服务体系，发挥村卫生室网底作用，走访慰问百岁老人，开展留守老人健康体检2520人。完成企业职业健康监管注册登记，指导企业进行职业病危害项目申报。推进兜底保障制度，对136户困难家庭实施临时困难救助；按照“应保尽保、应进则进”原则，严把低保进出关，核定低保户563户917人。

【红农旅融合发展】 立足地域优势，发展林果经济，由南向北建起苹果自摘园、葡萄观光园、红杉水果庄园、外口黄桃基地和流泉香梨基地等一批生态果园，持续推进林果规模化、产业化、高端化发展。系统梳理红色文化资源，收集编排红色故事，对北沙人民抗日纪念碑、童世明烈士纪念碑等进行提升改造。5月，华中局第一次扩大会议旧址入选全国红色旅游百条精品线路。7月，2号旅游公路被交通运输部评为2021年“我家门口那条路——红色之旅初心路”TOP10，是江苏省唯一入选的公路。9月，央视东方时空《24小时》栏目报道羊寨镇新鲜水果喜获丰收的新闻，对“农村公路+红色旅游+生态建设”的模式给予肯定。

2021年阜宁县羊寨镇各村（居）基本情况一览表

表54

村（居）	村（居）党组织书记	村（居）主任	村（居）经管员	村（居）民小组个数	农民人均可支配收入（元）
阜 羊	黄万山	黄万山	韩 鼎	12	22969
镇 东	候银龙	候银龙	汤昌耀	6	23479
镇 西	杨 军	杨 军	衡 华	4	23907
后沙岗	殷绍山	殷绍山	杨安华	5	20554
北 沙	钱增道	钱增道	李众志	7	22800
孟 滩	查克良	查克良	孟跃林	5	17721
大 西	陈 震	陈 震	吴兆奎	12	17678
永 昌	杨 旭	杨 旭	许加仁	10	19399
单家港	钱 山	钱 山	高祥民	13	20125
世 明	王园园	王园园	孔翠娥	11	22213
外 口	楚万洋	楚万洋	高兆笋	6	17589
王 山	郭青林	郭青林	倪代仁	7	18812
于 集	徐钊连	徐钊连	王 飒	8	17919
流 泉	张 猛	张 猛	李如江	11	18947
蒲 鸠	王加慧	王加慧	孟 明	8	19719
苏 水	朱新权	朱新权	张 利	8	18524
南 羊	蔡亚军	蔡亚军	高秀秀	9	21218
福 海	吴昌亮	吴昌亮	蔡利丽	11	20742
孔 苏	苏 波	苏 波	孙祝兰	6	19927

（戴神圣）

芦蒲镇

【概况】 2021年，芦蒲镇实现地区生产总值143349万元；财政收入5299万元，其中预算内收入2785万元；财政总支出4669万元，其中公共财政总支出4529万元；总户数13927户、总人口49508人；农村居民可支配收入19798元。镇获中国老区建设促进会颁发的老区建设宣传工作优秀奖。

【工业经济】 完成全口径开票销售收入7.62亿元，其中规上开票销售收入3.32亿元；完成全口径入库税金2029万元，其中规上入库税金645万元；规上服务企业营业收入3772万元；完成技改投入1165万元，实现技改企业1家，其中四上企业1家；规模以上工业企业6家；竣工亿元以上项目1个，5000万元以上项2个，500万—5000万元4个。完成民企创办6家，新增个体工商户95户，新增一般纳税人企业33家，完成工业升格企业1家。

【农业经济】 全年流转土地35公顷，完成3.8公顷占补平衡和农田改造项目，新增优质稻种植200公顷，新造成片林10公顷，打造绿美村庄1个。部分农户引进新的管理柿子、苹果、葡萄、水蜜桃等技术，产量和品质有所提升。

【民生实事】 新建改建农村道路4条约4.9千米，改建桥梁2座，维修道路近5000平方米。投入420万元，对集镇马集大街、建新路等进行黑色化改造，新浇筑破损路面4600平方米，清理镇区污水管网2.6千米;投入38万元，在镇区新建公厕2座。拆除危旧房65户，其中自行安置18户、县城购房38户、原址重建9户。

【阜金粤合金材料项目竣工】 该项目由山东仁合新材料科技有限公司

兴办，总投资1.18亿元，落户在阜宁高新区，项目占地1.2公顷，租用厂房12000平方，新购高温熔炉、切割机械等设备三台套，价值2000多万元，于2021年10月份开工建设，12月底竣工试产。

【镇政府获国家表彰】 镇围绕实施乡村振兴战略，强化老区开发宣传工作，参与黄河故道开发调研、扶贫助学以及“赛三事”等工作，宣传乡村振兴工作中的典型事迹。5月，镇政府获中国老区开发宣传工作优秀奖，受到中国老区建设促进会表彰。

【临黄村被评为省文明村】 临黄村以学习宣传习近平新时代中国特色社会主义思想为中心，以建设社会主义核心价值观体系为根本，以创建江苏省文明村活动为载体。开展思想道德、法律法规、农村技能、文明创建等宣传教育活动。倡导健康、科学、文明、环保等生活方式，推进移风易俗，树立文明新风。组织开展百佳文明户、十佳孝星、五好家庭、创业之星等评比活动，推动乡风文明和乡村振兴。2022年1月，被评为2019—2021年度“江苏省文明村”，连续三届获评省文明村。

【建党百年红歌比赛获奖】 庆祝建党100周年，镇组织百人红歌合唱团，参加县举行红歌比赛，从训练、彩排、初赛、决赛历时2个月。合唱团以一首《长征》获县红歌比赛集体三等奖。

【首次举行国庆抖音助农直播】 10月4日晚，镇首次在抖音举办庆国庆网红直播推介农产品晚会，数十名盐阜网红和当地歌手在直播现场，以网络直播+短视频展示的模式，进行线上线下综合推介助农销售活动。本地有机大米、小榨豆油、玉丰柿子、淮河水蜜桃、林下草鸡、草鸡蛋等农副产品在抖音直播间进行网络推介，扩大芦蒲农产品对外销售渠道。

【司万平被授予省和全国“三八红旗手”称号】 司万平在农村从教38年，她把青春献给乡村教育，把爱撒在留守儿童的心田。她先后获江苏最美乡村教师、全国优秀教师、中国好人、盐城市道德模范等称号。2021年2月，先后被授予江苏省三八红旗手、全国三八红旗手称号。

2021年阜宁县芦蒲镇各村（居）基本情况一览表

表55

村（居）	村（居）党组织书记	村（居）主任	村（居）经管员	村（居）民小组个数	农民人均可支配收入（元）
沿　淮	罗建本	罗建本	周二领	10	20026
长　北	徐国慈	徐国慈	谢昕林	6	20973
童　营	周国华	周国华	胡爱萍	5	20082
蒲　南	周　锋	周　锋	唐文霞	10	22035
临　黄	周志雄	周志雄	梁文兵	7	18881
三　联	张其兵	张其兵	钱春元	10	19146
蒲　东	张　标	张　标	张伟超	6	19347
马　集	唐文开	唐文开	马开洲	7	20905
芦　蒲	朱向东	朱向东	李平加	7	19069
左　范	左栋梁	左栋梁	左其跃	6	26580
东　吴	李华山	管军堂	时长广	7	20941
罗　码	王炳学	王炳学	王月楼	7	20945
裴　王	曹文国	朱爱梅	王　林	7	19907
高　杨	薄学青	薄学青	郑海艳	5	20260
三　马	马飞山	马飞山	马前进	5	20355
新　荡	董加权	董加权	沃春耕	8	21167
周　门	裴万新	卞胜亮	裴树光	8	21643
曹　安	陈文武	陈文武	张星星	8	22346
双　码	胡功亚	胡功亚	张以康	7	20554

（陶书华）

板湖镇

【概况】 2021年，板湖镇实现地区生产总值189356万元；财政收入5567万元，其中预算内收入2915万元；财政总支出5567万元，其中公共财政总支出4519万元；总户数14785户、总人口47516人；农村居民可支配收入22565元。

【工业经济】 完成全口径开票销售收入6.77亿元，其中规上开票销售收入3.37亿元；完成全口径入库税金

2038万元，其中规上入库税金978万元。围绕镇主导产业环保滤料，继续以招商引资和项目建设为抓手，引进更多大项目及滤料产业链项目，促进经济结构调整和经济发展方式转变，提升产业集聚能力。开展“我为群众办实事”实践活动，推进项目建设，对新引进项目，由党政主要领导牵头，实行“一个项目，一个牵头领导，一套班子，一个方案，一抓到底”的工作机制。从项目引进到建成投产，全程跟踪督办、协调服务，及时解决遇到的各种问题，为项目建设提供优质高效的服务，实现招商、落地、建设、管理一体化推进。KGF玻璃纤维项目、鱼先生食品等一批企业投产达效。

【镇村建设】 围绕“省卫生镇”和“全国文明城市”创建目标，以强化镇容镇貌为切入点，不断强化队伍建设，创新管理举措，全力做好集镇管理和综合执法工作，规范交通秩序经营秩序和车辆停放。在集镇区域内采取网格化包干到村的“灭点”行动，将镇区背街小巷划分为19个片区，分别包干到19个村居。所有包干地段达到无乱堆乱放、无杂草杂物、路面地面平整整洁，墙体无乱贴乱画、乱扯乱挂。清理集镇陈年垃圾100余车，拆除破损广告80余块，清理“牛皮癣”200多处，清理乱堆杂物100余处，规范店外经营行为25家，劝导农贸市场摊贩入店经营15家，治理噪声扰民5次，集镇范围内墙面出新2万多平方，新增于创建相关的墙体彩绘图100多平方米。投入250万元，对硕陆线镇区段北侧1700多米进行黑色化，提升绿化档次。结合特色田园乡村建设，推动村庄建设由“短期清脏”向“长期清洁”转变。加大力度拆除农村的破旧猪舍、旱厕和附属建筑物，累计拆除影响村容村貌的“门前三宝”附属建筑113间、猪舍418间、移除乱堆乱放的草堆283处。打造孙合和市二号旅游线沿线村庄，刷白房屋328户，总面积2万多平方米。对新整治的河坡、路肩等一律禁止种植庄稼。打造花草大道总里程约15千米。经省特色田园乡村建设工作联席会议审定，孔荡大爱村被命名为江苏省特色田园乡村，邵湛村正在申报市级特色田园乡村。

【民生实事项目】 在各村居党群服务中心阵地，在室内外布置各种与新时代文明实践相关的雕塑小品、标识、文化墙等，营造浓烈的新时代文明实践宣传氛围，有孔荡、邵湛、戚桥等6个村对村级新时代文明实践站整体进行提升。全镇没有出现一例新冠疫情。城乡居民医保参保率100%，基本公共卫生服务覆盖率100%。开展校外培训机构清理整顿，保障广大从业人员、中小学生及其家长的合法权益。加大对安全隐患的排查整治力度，健全应急管理体系，应急预案编制和“义务应急救援”等工作得到市、县相关部门的高度认可，在6月30日召开的盐城市应急预案体系建设推进现场会上，板湖镇代表全县作经验交流。

2021年阜宁县板湖镇各村（居）基本情况一览表

表56

村（居）	村（居）党组织书记	村（居）主任	村（居）经管员	村（居）民小组个数	农民人均可支配收入（元）
板 湖	朱加根	朱加根	蒋 玉	16	26750
孙 合	孙玉文	孙玉文	孙卫光	9	21504
三 鑫	魏建军	魏建军	杨天伟	8	22680
渠 东	徐长恒	徐长恒	张阜成	7	21005
陈 徐	宋爱军	宋爱军	陈日春	7	21805
南 殷	郭乃义	郭乃义	殷德励	10	21780
西 崔	崔立用	崔立用	崔日元	8	21980
沟 北	赵 轩	赵 轩	周为奇	10	21650
戚 桥	田作海	田作海	王文兵	8	23360
孔 荡	孔金龙	孔金龙	孔斌斌	6	20860
邵 湛	王 兵	王 兵	张锦霞	5	21800
赵 黄	黄兴武	黄兴武	王 平	8	21500
侉 周	周 祥	周 祥	刘兰兰	5	22600
郑 朱	朱 宏	朱 宏	张桂顺	7	21800
河 北	郭杰华	郭杰华	高邦岭	8	21890
蔡 张	杨 松	杨 松	周学风	7	22870
前 汪	朱祥军	朱祥军	雷 蕾	4	22940
渠 河	高一成	高一成	曹文前	8	22689
板 湖	朱加根	朱加根	蒋 玉	16	26750

续表

村（居）	村（居）党组织书记	村（居）主任	村（居）经管员	村（居）民小组个数	农民人均可支配收入（元）
孙　合	孙玉文	孙玉文	孙卫光	9	21504
三　鑫	魏建军	魏建军	杨天伟	8	22680
渠　东	徐长恒	徐长恒	张阜成	7	21005
陈　徐	宋爱军	宋爱军	陈日春	7	21805
南　殷	郭乃义	郭乃义	殷德励	10	21780

（板湖镇）

东沟镇

【概况】 2021年，东沟镇实现地区生产总值507741万元；财政收入10992万元，其中预算内收入7383万元；财政总支出10309万元，其中公共财政总支出7141万元；总户数15132户、总人口49150人；农村居民可支配收入25178元。

【工业经济】 完成全口径开票销售收入21.16亿元，其中规上开票销售收入8.98亿元；完成全口径入库税金4096万元，其中规上入库税金1809万元。开展全员大招商，出台政策激励，对招商队伍进行补充更换，由人大主席亲自带队，四个班子成员参与驻点招商。强化招商考核，对村居提供项目信息和招引落户项目，加大加分力度，拉开月度考核差距。重点培育年内有较大经济增量的阜华桩业、铝制品、绿地佳木等项目。实施技改企业22家，其中规上企业5家、规下企业17家。培育飞浦泵业、汇德铝制品、万宇电气、栖岭农业、初行电力等5家工业企业申报入库。新开工项目5个，分别是上海索骏电力投资1亿元的传感器、阜华桩业投资6000万元的方桩、江苏华强抗震科技投资5000万元的减隔震材料、朋高阀业投资5000万元的自动控制阀门、建湖安普汽配投资5000万元的百信腾带业项目。新签约项目4个，分别是江苏圣羊乳业投资3亿元的奶制品深加工项目、盐城润俊科技投资1.2亿元的热镀锌钢带项目、上海索骏电力投资1亿元的传感器项目、建湖安普汽配投资5000万元的百信腾带业项目帮助百腾信带业、润俊科技等10多家企业办理项目备案、环评、不动产证等手续；加强银企对接力度，累计协调贷款1000多万元；采取“线上”招聘和小型现场招聘相结合，新增就业300多人，为13家企业解决用工难题。与上海材料研究所、国家煤炭上海研究院、江苏科技大学等高校院所合作，镇区科技创新水平及产业化发展能力得到提升。

【农业经济】 按照“稳定粮食面积、打造产业特色、提升农业质效”的总体思路，推进农业规模化、特色化、产业化、绿色化发展，加快形成以品牌、科技、质量、流通为重点的现代农业产业体系。加快高标准农田建设改造，不断拓展与银宝集团合作规模和层次，加快建成万亩连锁农场基地。在阜益、东方、嵩乳、丁横、黎明5个村开展高标准农田建设400公顷，前期各项准备工作已完成。

【民生实事】 开展扶贫工作“回头看”，加强低收入农户家庭收入监测预警，及时跟踪掌握农户家庭收入和家庭突发情况，全镇1365户建档立卡户、低收入人口3378人无一返贫。进一步开展“万企联万村、共走振兴路”活动，拓宽村集体增收渠道，加大村级集体经济增收力度，全镇37个涉农村（居）均达到稳定经营性收入22万元以上。完成中心南北路步行街改造、镇区绿化提升；对育才路、健康路、宇鹏路等集镇道路进行黑色化改造。推进红色遗存保护、五村联建村部、镇区亮化提升、农贸市场建设、东沟公墓建设、污水支网及下水道改造等工程。开展“一村一河”整治和生态河道提升工作，先后投资600万元对镇区北圩河、西城河、幸福河等49条河道进行打造，补植绿化15000余株，恢复河流的生态。完成恒河油脂公司景观林、沿河村工业地产项目成片林、集镇希望路景观道、东南绿美村庄等一批重点绿化造林工程。创建东鲞大道、东丁线、滕甲南路、硕东线、张合路等5条花草景观大道。推进东沟中学、东沟初中的新教学楼、食堂、宿舍建设，即将交付使用；东沟中学高考本科进线300多人。帮助353位残疾人申请评残，及时为715位残疾人申请生活补贴，为722位残疾人申请了护理补贴。经摸底排查核实全镇留守儿童、困境儿童，及时帮困境儿童申请生活保障金，落实监护人责任，做好结对帮扶制度。对210家企业、单位开展督查检查，查出隐患1013条，已整改956条。完成首次安全风险报告企业110家。

2021年阜宁县东沟镇各村（居）基本情况一览表

表57

村（居）	村（居）党组织书记	村（居）主任	村（居）经管员	村（居）民小组个数	农民人均可支配收入（元）
市　民	陈育高	陈育高	李海龙	5	25287
新　东	裴　琴	裴　琴	邱红云	2	

续表

村（居）	村（居）党组织书记	村（居）主任	村（居）经管员	村（居）民小组个数	农民人均可支配收入（元）
西 城	王德龙	王德龙	魏礼芹	2	
海 北	周立军	周立军	许 露	2	
永 兴	田为杰	田为杰	董红兵	8	26132
黎 明	田 漫	田 漫	张青燕	12	22908
东 南	朱元松	朱元松	马汝标	9	23021
沿 河	常 丰	常 丰	杨秀兰	9	23157
北 堆	唐修兵	唐修兵	朱志成	11	25939
嵩 乳	魏卓亚	魏卓亚	陈洋洋	6	24155
阜 益	魏明州	魏明州	徐广荣	9	22459
东 方	魏红军	魏红军	顾克霞	5	23903
丁 横	邱叶芝	邱叶芝	邵国兰	7	23038
镇 南	汤善友	汤善友	顾爱莲	6	24937
永 西	陈文武	陈文武	黄德飞	6	24448
五 楼	周华之	周华之	周为曙	6	24311
官 庄	陈书文	陈书文	杨国柱	7	24329
合 心	侍海龙	侍海龙	朱义凤	8	24054
兴 园	陈木书	陈木书	王 慧	7	23388

（东沟镇）

益林镇

【概况】 2021年，益林镇以“打造魅力小上海，创建经济发达镇”为目标，突出“阜宁副中心、江北小上海、旅游目的地”的定位，主攻工业崛起、乡村振兴、旅游突破、治理创新。实现地区生产总值664643万元；财政收入21699万元，其中预算内收入19721万元；财政总支出 万元，其中公共财政总支出15084万元；总户数27832户、总人口89160人；农村居民可支配收入27311元。营商环境、社会文明程度测评指数居全市上游。获江苏省美丽宜居小城镇、江苏省文明镇、首批江苏省绿色蔬菜产业特色县（镇）称号，连续五年蝉联全国“千强镇”，乡村振兴工作受到省委、省政府表彰。

【工业经济】 完成全口径开票销售收入48.99亿元，其中规上开票销售收入39.53亿元；完成全口径入库税金21097万元，其中规上入库税金18873万元。开工建设亿元以上项目4个，竣工亿元以上项目2个。以绿色产业、特色产业推进东益工业园产业升级，打造绿色园区、生态园区、集约园区。依托已投产的中鼎塑业PVC薄膜和新引进的永得宝塑胶手套等项目，加快引进上、下游配套项目和同行业项目。着力推进医疗器械、石墨硒应用、智能制造装备基地、中冶集团和凯盛不锈钢合作重组等重大亿元项目早日落地。

【农业经济】 做好稳定粮食生产工作，遏制耕地“非粮化”现象的发生，全镇粮食种植面积比2020年增长14.6公顷。在2号旅游线两侧及益板线、益马线两侧尝试麦油轮作换茬，共试栽种面积320公顷。建成东兴，振业等村5000亩高标准农田。完成25条一村一河整治，土方34万立方米。建设蟠龙垃圾阳光发酵房和智能垃圾投运房等。全力组织参加相关创建活动，闽中食品有限公司通过“江苏味美菜园”评选活动，益林镇创建成江苏省绿色蔬菜产业特色镇。抓好农作物秸秆还田和离田工作，申报发放各项惠农补贴资金约1300万元，享受补贴农户1.1万多户。恢复生猪生产，全年存栏量2.1万头，出栏量3.8万头。创建现代渔业示范园，推进池塘生态化改造，落实蟠龙、马家荡创建面积333.33公顷。新培植家庭农场2家。对村（居）38个项目52个标段进行产权交易，成交金额2000多万元。通过土地股份合作社运营、盘活“三资”、项目建设等方式，全力扶持村级集体经济壮大，23个村（居）集体经营性年收入均达到22万元。

【民生实事】 持续开展露天菜场、流动摊贩、占道经营、违章户外广告等专项整治，维修路面80多处、下水道管网1400米，更换各类井盖258块，维修路灯174盏，清理电力安全隐患42处。完成农房改善218户。着力创建蟠龙和穆沟省级特色田园乡村，角巷市级特色田园乡村。穆沟新型农村社区一期项目建设完成并通过省级验收。完成康居佳园项目1—6号楼主体工程。加快新开发项目的建设进度，锦瑞学府一期主体竣工，学府花苑二期主体封顶，馨苑丽都项目全部竣工，君亭大酒店项目主体完工。在重要路口安装“平安灯箱”66个。强化矛盾纠纷化解，接访登记率和调处率均在100%，矛盾化解率98%。争创省市“信访人民满意窗口”提升工程，被市信访工作联席会议办公室评为信访人民满意窗口。完成农路农桥项目6个。开展中华善文化主题教育活动，新建益林善文化馆和复兴少年宫，创造新时代文明实践的“益林特色”。重抓安全环保专项整治行动，社会大局持续稳定。创新基层治理“三整合”，通过市验收。

【文旅融合】 精准分析全年旅游经济形势，在重要节假日，精心策划玩转马家荡系列活动，突出品位马家荡、竞技马家荡、乐享马家荡主题，举行小马良绘画比赛、垂钓马良湖、骑骋马良湖家庭双人水上自行车赛、第三届网红桥比赛、马良故事征文大赛，民间奇人表演大赛等活动。招募网红代言人宣传马家荡旅游景区，开设景区抖音官方账号，赴上海、南京、苏州等地召开旅游招商推介会，推介马良笔、马家荡大青蟹、马家荡咸鸭蛋等特色文创产品。围绕美景美食开发特色美食马良荡鲜面以及河鲜宴、海鲜宴、土菜宴三大品牌餐饮。积极创建马良湖省级水利风景区。围绕创建国家4A级景区，一体化推进马家荡旅游景区、蟠龙湖荡湿地生活馆、穆沟民宿区建设，与深圳玩呗旅行科技有限公司成功签订战略合作协议。

【益林初中科技馆获国家点赞】 1月，中国科技馆发展基金会公布2020年度农村中学科技馆项目表扬名单，益林初级中学科技馆榜上有名，全省仅两家。

【获中国淘宝镇称号】 2月，阿里研究院公布2020年中国淘宝镇及淘宝村名单，益林镇再次上榜“中国淘宝镇”，是益林镇继2019年后再次上榜。

【镇商会获评省年度“四好”商会】 益林镇商会成立于2011年7月，2021年有会员总数65个，其中小微企业占比80%。益林镇商会在创建“四好”商会工作中，实施发展一家会员、培植一个产业、温暖一方群众的“三个一”活动，推动“四好”商会建设。3月，被省工商联认定为2019—2020年度江苏省“四好”商会。

【甘肃省庆城县政协考察】 4月11日，甘肃省庆城县政协主席何骁玲带队一行14人，在益林镇考察“有事好商量”协商议事室建设运作情况，详细了解该镇“协商议事室”建设和运作情况。

【益林镇新时代少年以笔代歌颂党恩】 3月，为庆祝中国共产党成立100周年，益林镇举办“魅力益林·颂歌献给党”主题征文活动，面向全镇范围中、小学生征集描写家乡益林在党的领导下取得的辉煌成就的优秀文章，抒发对党的热爱之情、对家乡的赞美之情。活动收到征文132篇，经评选产生一等奖6名、二等奖8名、三等奖17名。

【市残联调研】 4月，市残联副理事长杜鸿儒一行在益林镇残疾人服务机构调研，先后到儿童康复大厅、仁爱残疾人之家和社区康复站，看望正在接受康复训练的残疾儿童、残疾人，慰问正在进行辅助就业的残疾人。

【市委编办调研】 4月23日，市委组织部副部长、编办主任蒋红萍带队在益林镇开展重点工作调研，先后来到镇综合指挥中心、益林战役纪念馆和综合执法指挥中心，详细了解机构编制改革工作情况，对益林镇综合行政执法体制改革和深化网格化建设取得的成绩给予肯定。

【穆沟新型农村社区获批省示范创建项目】 5月，益林镇穆沟村新型农村社区获批苏北地区农民群众住房条件改善第三批省级示范创建项目。益林镇穆沟村围绕挖掘水乡建筑风格、水乡文化的特质，突出打造既保留20世纪中期苏北村庄建筑风貌，又彰显水乡特色风格的高档民宿区，融入“家”的内涵，打造村庄改造示范点，提升广大群众幸福指数。

【魅力益林健走运动协会揭牌】 5月22日，阜宁县魅力益林健走运动协会在镇新时代文明实践所举行成立揭牌暨魅力益林暴走团3周年庆典活动。县委宣传部副部长王平为魅力益林暴走团“人人为我，我为人人”志愿服务项目获得2020年阜宁县“最佳志愿服务项目”颁奖。

【党史学习教育市委巡回指导组参观为民办实事现场】 5月25日，党史学习教育市委巡回指导第七组组长、市人社局二级调研员三道远一行在益林镇参观为民办实事现场，先后参观益林镇善文化馆、为民服务中心、蟠龙新型社区，对益林镇坚持以弘扬中华优秀传统文化为抓手，广泛开展善文化教育，构建道德风尚高地的做法给予肯定。

【市党员分节点激励关爱工作现场会在益林召开】 5月26日，盐城市党员分节点激励关爱工作现场会暨新中国成立前老党员集体过政治生日活动在益林镇召开，为老党员们送上“政治生日”贺卡和纪念品。市委组织部组织三处处长汪剑锋出席活动并讲话。

【市委宣传部副部长徐曼参观善文化馆】 6月3日，市委宣传部副部长徐曼一行在益林镇参观善文化馆，并就相关问题指导交流。

【马家荡景区旅游推介会在南京举行】 6月5日，“相约马良故里，醉美水乡风情”阜宁县马家荡旅游景区旅游推介会在南京举行，旨在深入推介马家荡旅游景区，进一步拓展南京客源市场，推动与南京涉旅企业合作，让更多南京人了解阜宁、到马家荡旅游。

【省委党史学习教育第四巡回指导组视察指导“为民办实事”现场】 6

月18日，省委党史学习教育第四巡回指导组一行在益林视察指导“为民办实事”现场。在镇为民服务中心，指导组详细了解“我为群众办实事”实践活动开展情况，通过综合执法一体化平台，视频连线实时了解网格员走访入户情况；在镇善文化馆现场，指导组听取情况介绍，了解善文化渊源和结合党史学习教育开展活动情况。

【马家荡杯民间才艺表演】 7月4日，由县文广旅局和益林镇政府主办、马家荡旅游景区承办的“颂建党百年·秀奇门绝技”马家荡杯民间才艺表演赛暨“马良故事”征文大赛颁奖典礼在马家荡旅游景区举行。

【蟠龙村入选市“建党百年·百佳示范党支部”典型案例】 7月，益林镇蟠龙村入选盐城市“建党百年·百佳示范党支部”典型案例。蟠龙村先后获江苏省现代渔业示范村、阜宁县先进基层党组织、阜宁县高效农业示范村等称号。

【中国新四军和华中抗日根据地研究会来益林考察】 10月21日，中国新四军和华中抗日根据地研究会第一副会长、中将徐承云带队，在益林考察新四军红色文化保护、利用和开发工作，先后参观新四军三师师部纪念馆、益林战役纪念馆等现场，实地考察益林善文化馆、商业街、马家荡景区，对益林镇近年来经济社会高质量发展取得的成绩给予肯定。

【入选“全国千强镇”】 10月，《2021年中国中小型城市高质量发展指数研究成果》发布揭晓2021年全国千强镇榜单，益林镇入选。益林镇不断以党史学习教育的效果检验高质量发展的成果，按照生态优先、绿色发展思路，实施乡村振兴战略，抢抓市旅游2号线“一线”大格局发展机遇，推动旅游公路沿线村居产业结构调整、新型社区建设、水乡民宿打造和马家荡旅游景区建设，倾力打造乡村振兴样板区、农旅融合示范区、现代农业先行区、农创客集聚区“四区”。

【玩呗蟠龙驿站开门迎客】 11月30日，马家荡旅游景区玩呗蟠龙游客驿站开业仪式在蟠龙湖荡湿地生活馆盛大举行马家荡旅游景区与深圳玩呗旅行科技有限公司强强联合，共同打造了集展览、休闲、娱乐、餐饮、住宿为一体的马家荡旅游景区玩呗蟠龙游客驿站，加速一体化推进马家荡旅游景区、蟠龙湖荡湿地生活馆、穆沟民宿区建设的脚步。

【6个村居被评为市生态文明建设示范村】 12月，市生态文明建设领导小组办公室发布《关于开展盐城市生态文明建设示范镇、村、工业园区创建工作的通知》，益林镇蟠龙村、角巷村、倪东社区、兴杨居委会、大东社区、东兴村6个村居被命名为盐城市生态文明建设示范村。

【马良湖获评江苏省水利风景区】 12月28日，在江苏省水利风景区暨水利遗产工作会议上，马良湖（马家荡）水利风景区获2021年度“省级水利风景区”称号。马良湖（马家荡）水利风景区依托马良湖建设而成，属于自然河湖型水利风景区。景区建设坚持“提升水工程、保护水资源、修复水生态、改善水环境、弘扬水文化”的理念，依托丰富的水体资源和水利工程等优势，完善防洪、排涝、观光、休闲等多种功能，围绕“以水文化为灵魂，以马良湖水系治理与生态修复成果展示为特色，集水利科普、生态旅游、休闲度假、文化体验等多功能于一体的自然河湖型水利风景区”目标，丰富产品体系，增加水文化内涵，努力打造长三角地区知名的水文化景区，为创建国家级水利风景区奠定基础。

2021年阜宁县益林镇各村（居）基本情况一览表

表58

村（居）	村（居）党组织书记	村（居）主任	村（居）经管员	村（居）民小组个数	农民人均可支配收入（元）
益 东	周 军	周 军	许清秀	益 东	39221
益 西	崔 蓉	崔 蓉	王 曹	益 西	38566
益 南	钱万付	钱万付	陆开锋	益 南	36647
益 北	蔡 荣	蔡 荣	左文芬	益 北	37710
王 楼	朱育庆	朱育庆	左广中	王 楼	34892
大 东	宋 旭	宋 旭	冯桂芳	大 东	35795
倪 东	陈学颇	陈学颇	朱巧春	倪 东	35209
北 郊	伏晓峰	伏晓峰	梁 政	北 郊	32804
大 余	余跃浪	余跃浪	孙步权	大 余	33788
管 计	裴德玲	裴德玲	胡 强	管 计	31941
西 南	王海华	王海华	王海兵	西 南	30036
大 有	陈云山	陈云山	李永操	大 有	30240
马家荡	董克振	董克振	朱为松	马家荡	28624

续表

村（居）	村（居）党组织书记	村（居）主任	村（居）经管员	村（居）民小组个数	农民人均可支配收入（元）
蟠 龙	杨正春	杨正春	袁德顺	蟠 龙	26436
荡 东	左 峰	左 峰	邵锦兵	荡 东	26406
兴 杨	吴国联	吴国联	王志华	兴 杨	26167
振 兴	郑炳文	郑炳文	杨 梅	振 兴	24915
东 兴	李立兵	李立兵	卞以干	东 兴	27962
角 巷	丁大俊	丁大俊	周超	角 巷	24783
振 业	赵维华	赵维华	金兆顺	振 业	25886
周 邱	邱 峰	邱 峰	邓秀玲	周 邱	25556
荡 西	朱 琴	朱 琴	胡 昊	荡 西	25899
樵 农	陈建民	陈建民	韩亚祥	樵 农	31630

（张洪文）

古河镇

【概况】 2021年，古河镇实现地区生产总值184379万元；财政收入3777万元，其中预算内收入3630万元；财政总支出3450万元，其中公共财政总支出3450万元；总户数15647户、总人口56594人；农村居民可支配收入21367元。

【工业经济】 完成全口径开票销售收入4.64亿元，其中规上开票销售收入2.66亿元；完成全口径入库税金1074万元，其中规上入库税金493万元。盐城市沪森旅游用品项目已经投产，带动周边群众近300人就业；招引的高频液压振动打桩机械项目已经签约，盘活闲置土地1.8公顷；盐城三维思无纱环保滤料项目正在协调阜城滤料产业园落户用地。招引的海耀鑫电子科技、展恒纺织用品两个项目投产达效，恒动新能源生物质颗粒项目正在试生产。淘汰2个低效项目，腾出厂房4000平方米。

【商贸服务业】 打造人民路网红一条街，提升小康路、光明路，以何家坞商业街为核心，构建何家坞、人民路、小康路、兴镇路、光明路循环商业圈，推动餐饮、零售、批发等三产服务业快速发展。11月，招引投资超千万元、占地3000多平方米乐德购超市开业。古南大道、学府大道、兴镇路、小康路、人民路、府后路、建业路、育才路等镇区主干道全部绿化、亮化、美化、黑色化，镇区所有道路亮化全覆盖。投资500万元的农贸市场正在建设。开展清菜地、清脏乱、清违建，改后巷、改厕所、改线路，提升市场规范度、提升集镇秩序度、提升群众文明度“三清三改三提升”专项行动。

【农业经济】 整合全镇农产品资源，加强与大鹤集团深度合作，提升古河农产品附加值。线上利用大鹤入驻的天猫、京东、拼多多旗舰店平台，推行“电商+直播”销售模式。线下深化与上海永辉、盒马鲜生等高端超市合作，新创建上海农产品直销窗口2个、主供基地1个，推荐古河鸡蛋、芦笋、茨菇、大米特色农产品，打响古河农产品品牌。3A级现代农业园区创建工作快速推进。抓实清理低效合同、清理村级尾欠、清理闲置资产，增加村级积累“三清一增”行动，用原创精神不断挖掘潜力，助推村集体经济提质增效。推行大鹤、芦笋、茨菇“村居+生产基地+企业”运营模式，帮助群众就近就业增加收入。10月，运河村举办首届茨菇文化节，现场签约茨菇销售合作近千万元，运河村千亩茨菇基地年净利润约350万元，带到周边群众200余人就业，增收约120万元。

【民生实事】 以党史学习教育为契机，做实“我为群众办实事”活动，按照镇、村、组三个层面建立2021年度民生实事工作清单，重点实施洋桥西出口和中桥东出口形象提升、银杏广场完善提升、人民公园建设等11项民生实事工程，各村居围绕道路、绿化、公园、路灯、河道等切入口，为群众解忧排难，各生产小组坚持尽力而为、量力而行为民办实事。实施村组级民生实事216件。构建“党政班子领导、村居分工镇干、村居书记、片区公安干警、信访近亲属”的“五位一体”信访包保责任体系，坚持开展信访隐患“月月排查”活动，不断巩固信访问题“周周清”例会制度，信访积案得到有效化解。树立安全发展理念，成立镇安全生产委员会，设立8个专业委员会，开展安全生产专项整治和安全隐患“月月排查”活动，每月定期召开安全生产工作专题会办会。推进农房改善，完成进城入镇51户。

【人居环境】 持续打造镇、村两级人居环境示范线，镇重点提升丰富人居环境15千米1号示范线，着力再打造15千米2号、3号示范线。各村居结合实际，打造1条村级人居环境示范线。以创建省级卫生镇为抓手，重点整治背街小巷、卫生死角，完善提升镇区基础设施，加快推进旱厕改造。实施盐淮线古河段沿线环境整治、形象提升工程。实行村居自评、片区初评、镇审核“三级评比”制度，每季度评选出全镇最美村居、最美村组，发动全体干群投身人居环境整治工作之中。开展“六万干群大扫除、社会集中清扫旬”等系列专项行动，引导广大群众转变观念，让清理家前屋后、庭院内外环境成为行动自觉。宣传“十要十不要”文明行为规范，营造树新风、扬正气、传导正能量的氛围。在人民公园规划建设镇史馆，结合学党史开展村居书记讲村史活动，讲好古河故事。

2021年阜宁县古河镇各村（居）基本情况一览表

表59

村（居）	村（居）党组织书记	村（居）主任	村（居）经管员	村（居）民小组个数	农民人均可支配收入（元）
古 河	张军芝	张军芝	张军吾	7	25674
古 颜	颜春明	颜春明	魏明新	7	24532
梁 庄	梁来杨	梁来杨	杨才先	5	21280
韦 唐	左 仁	左 仁	韦修建	5	21862
许 高	孙华成	孙华成	张立鸽	7	23200
小 许	颜士江	颜士江	朱小晶	6	20860
张 秦	丁建兵	丁建兵	厉如高	7	21520
洋 桥	季高峰	季高峰	李冠军	8	25674
联 合	张井府	张井府	张乃祥	7	25400
张 刘	刘志平	刘志平	刘学筛	8	21500
大 冲	徐沙飞	徐沙飞	陈彩宝	8	20600
神 墩	刘建军	刘建军	张志会	8	23334
前 墩	徐正溢	徐正溢	陆中雪	5	20934
运 河	张红军	张红军	唐春燕	6	23300
刘 庄	刘广辉	刘广辉	王建兄	5	25400
左 杨	陈 呈	陈 呈	左学帮	6	20862
富 民	吕立榜	吕立榜	蒋建春	6	20800
中 桥	梁 奇	梁 奇	牛国华	9	23600
梨 元	徐正满	徐正满	孙春易	6	24450
古 凤	李华荣	杨春堂	王 展	5	20688
古 河	张军芝	张军芝	张军吾	7	25674
古 颜	颜春明	颜春明	魏明新	7	24532
梁 庄	梁来杨	梁来杨	杨才先	5	21280
韦 唐	左 仁	左 仁	韦修建	5	21862

（张于生）

罗桥镇

【概况】2021年，罗桥镇实现地区生产总值22161万元；财政收入4396万元，其中预算内收入2275万元；财政总支出4396万元，其中公共财政总支出3248万元；总户数16276户、总人口56797人；农村居民可支配收入22161元。

【工业经济】完成全口径开票销售收入3.6亿元，其中规上开票销售收入0.78亿元；完成全口径入库税金1113万元，其中规上入库税金347万元。树立“大招商、招大商、一把手招商”意识，实行领导带头抓、部门联动抓，重点引进投资强度高、产出效益高、科技含量高、产业关联度高的项目。新开工浦缘发医疗器械亿元项目1个，艾迪睿特广告礼品等5000万元项目2个，户外旅游用品和钢结构支架等千万元以上项目2个，竣工亿元项目1个。投资1.6亿元的浦缘发医疗器械从4月份开工建设以来，手续办理、厂房建设、工人培训、机械安装同步推进，被县考核办通报表扬。

【农业经济】依托有机稻米种植区、农牧循环引领区、晓光采摘观光园和市级金韩河现代农业示范园“三区两园”，发挥循环农业典范效应。打造洪桥桃园、许何紫薇园、沿街葡萄园、龙窝采摘体验园。开发“智慧农业”系统，利用远教电商，拓展“互联网+”农业。启动高标准农田建设，沿金韩河两岸8个村流转土地453.33公顷，200公顷核心区实施土地整理。

【民生实事】投入500万元，重点实施兴隆东路、兴隆西路、健康北路提升工程，兴隆西路加铺沥青工程。推进“罗桥人家”小区招商建设工程。投入800万元，打造镇区杆线入地形象工程。投入150万元，新建智能化农贸菜市场工程。规划实施西游园迷宫、西游园无动力"勇敢者之路"和新时代文明实践大舞台改造等节点工程，建设美丽街区、美丽社区、美丽转角，提升西游小镇文化内涵。突出"河长制"落实、"两违三乱"专项整治、高铁沿线环境综合整治、农村环境常态化管理，全镇主干河道实现全域整治。以"快、严、细、干"做好疫情防控工作，建立完善镇村两级防控机制，细化明确职责分工，队伍组织、政策支持、防疫保障等工作迅速响应，累计动员完成疫苗接种5万针次，完成核酸实战演练检测人数27000人次。组织百名先锋话党情、百人队伍讲党史、百张笑脸感党恩、百篇感受强党性的党史学习教育"四百"专题活动。组织开展"百题党史知识"竞赛、红色电影周周看活动，寻找一批身边优秀共产党员；组织党员中心户联系服务群众活动，建立"红色朋友圈"。组织开展"民生直通车，党群面对面""五进五个一"活动。

2021年阜宁县罗桥镇各村（居）基本情况一览表

表60

村（居）	村（居）党组织书记	村（居）主任	村（居）经管员	村（居）民小组个数	农民人均可支配收入（元）
金 韩	颜 浒	颜 浒	颜廷美	6	18522
许 何	张洪轩	张洪轩	张志国	9	18983
洪 桥	吴江涛	吴江涛	韩卫如	6	19595
邵 刘	徐学中	徐学中	左利平	8	19768
张 赵	于春华	于春华	陈加美	6	19985
沈 顾	夏就海	夏就海	殷海娟	4	20212
双 联	张林杰	张林杰	黄 敏	7	20456
龙 窝	金海军	金海军	余林林	4	20982
新 联	顾 杰	顾 杰	孔庆春	11	21045
沿 边	陈惠林	陈惠林	刘海兵	12	21540
射 滨	李全华	李全华	袁锦龙	6	21872
林 舍	胡立春	胡立春	曹学红	5	22155
青 杨	吴加巧	吴加巧	冯爱春	5	22310
安 兴	董士清	董士清	潘玉兰	9	22510
青 沟	毛相军	毛相军	肖国峰	9	22422
东 凤	范益舟	范益舟	鞠凤华	8	22915
沿 路	周凤玉	周凤玉	高文虎	11	23011
沿 街	余为奇	余为奇	徐龙娟	9	23375
凤 谷	祝翠标	祝翠标	徐慧	5	23550
沿 荡	赵红卫	赵红卫	陈海霞	15	23875

（罗桥镇）

花园街道（开发区）

【概况】 2021年，花园街道（开发区）实现地区生产总值622033万元；财政收入84280万元，其中预算内收入52985万元；财政总支出69506万元，其中公共财政总支出52985万元；总户数14089户、总人口47095人；农村居民可支配收入25703元。开设基层党员冬训工作空中课堂，先后推出13期学习专题，获省市级冬训工作示范化镇区称号。

【工业经济】 完成全口径开票销售收入188.83亿元，其中规上开票销售收入156.25亿元；完成全口径入库税金38779万元，其中规上入库税金5128万元；新增规上工业企业10家，实现开票超20亿元企业2家。新增阿特斯光伏科技、上纬新材料、舒恒管夹、美林堡等开票超亿元企业5家。阿特斯开票超30亿元，成为园区历史上首家超30亿元企业；中材公司、阿特斯、应流机械、荣威娱乐等28家企业新上技改项目，完成技改投入超12亿元。开展"一对一"精准服务，帮助企业争取奖补资金5395.6万元。排出列市县闲置土地10宗44.29公顷、闲置厂房7家17.3万平方米，6宗35.73公顷闲置土地已被收购并开发，闲置厂房清理完成6家。全年新增国家高企12家，园区高企总数47家；黄河药业和沃慧德2家企业获市级"科技副总"认定，森源防水、索西热能等10家企业获省级"科技副总"认定。

【项目招引】 出台《开发区招商引资八项承诺》，激发全社会力量助力开发区招引项目。成立6个招商局，选优配强30名驻点招商人员，聘请专业招商团队，深耕长三角、珠三角，紧盯新能源、电子信息、阀体装备、现代服务业等产业。全年新开工阿特斯10GW切片、吉瓦新材料等亿元以上项目14个，其中5亿元以上项目4个、10亿元以上项目2个；新竣工中海油、淮宁新能源等亿元以上项目12个，其中10亿元以上项目4个、20亿元以上项目2个；新签约一众显示器、正东兴电子芯片、红利来智能安防等亿元以上项目14个，其中5亿元以上项目6个、8亿元以上项目2个。

【项目落地】 围绕在阜宁县召开的全市高质量发展项目观摩推进会，统筹谋划、精心组织、高标推进阿特斯5GW光伏电池、淮宁1GW高效组件和200MW 发电建材、中成风电叶片紧固件、上伟碳纤复合材料、阿特斯10GW硅片及 8 万卷金刚线6个项目，8月底接受市高质量发展项目观摩。召开主攻八大重点项目落地工作誓师大会，成立协鑫颗粒硅应用示范基地、龙工场跨境电商平台、博杰科技孵化产业园、一众显示器、红利来智能安防、正东兴电子芯片、恒凡光通讯模组、棕米手机钢化膜8个项目服务推进专班，排出时间表、路线图，定期召开专题会议，推进项目落地。龙工场跨境电商平台、一众显示器、红利来智能安防、正东兴电子芯片等项目已进场装修。

【载体建设】 对12平方千米的产业新城进行搬迁，完成600多户房屋征收搬迁工作，释放土地666.67公顷。有序推进园区雨污水管网建设和维护、供电供水保障、绿化养护、亮化改造、污水处理厂改扩建等重点工程，完成金岸路、串场河、城河路小学西侧公园景观工程等绿化养护共16万平方米，完成香港路、协鑫大道、骥超路污水管道工程和中小企业园污水管道维修工程9500米，完成专职消防站一期、二期建设工作。1号工业园二期14幢27.3万平方米4层标准厂房全部封顶，其中4幢已交付。

【营商环境】 海鑫集团全年累计组织资金31.6亿元，化解隐性债务7.8亿元，完成2.2亿元到期隐性债务置换。中小担保公司累计为企业提供融资担保2.1亿元，转贷公司办理转贷业务55笔、转贷金额2.3亿元。组织13个人才团队和4家初创企业、成长企业参加县创新创业大赛，其中都福科技和众创智检项目团队获县二等奖，丁宝贵和赵雷获2021年度返乡创业能手称号。邀请上海大学理学院院士张久俊和副院长刘予宇参加第二届盐城西伏河创新大会，中国科学院上海有机化学研究所研究员左智伟和复旦大学微电子学院研究员包文中等12位嘉宾参加第十一届沿海发展人才峰会，全年申报省“双创”人才项目1个、市“黄海明珠人才计划”领军人才项目6个。

【安全生产】 制定园区安全生产工作考核办法，签订安全生产工作责任书，健全企业安全监管“1+3”工作机制，扎实推进“厂中厂”“园中园”、违法违规“小化工”等专项整治行动。组织区内企业主要负责人、安全管理人员参加安全培训608人次，开展“百团进百万企业千万员工”宣讲、安全生产月、安全宣传“五进”等活动，将安全生产责任宣传落实到每一个层面。整改落实国家和省市县各级督导和专项巡察反馈的10批次问题隐患清单，排查和检查各类经营主体341家（次），共计查出问题隐患3029条，已整改到位2780条。

【生态环境】 联合阜宁生态环境局和第三方专业机构检查企业153家，查出问题136条，完成整改132条，责令停业整改2家，关停1家。对全区27家重点企业危废处置情况进行核查，发现存在问题22条，已全部整改到位。疏浚县乡河道4条总长10.52千米、9.73万立方米；一村一河整治22条总长23.65千米；生态河道提升18条总长38.68千米；落实境内花坎港、向阳河、新开河、居民河和战备河5条共6.1千米、9.2万立方米黑臭水体整治工作。

【民生实事】 推动居级集体经营性收入稳定提升，19个居全年经营性总收入838.94万元。全年实现返乡创业86人，大学生创业17人，农村劳动力创业35人，新增培育创业主体137个；实现返乡人员就业405人，困难群体就业100人，低收入农户劳动力就业60人，为31人申请富民创业贷款达455万元；新增职工参保人数2250人，自由职业参保420人。开展身边好人评选工作，共评出身边好人37人，向县文明办推荐阜宁好人5人，其中新丰居委会的陈卓汝被县文明办拟推荐为盐城市道德模范。开展新时代文明实践活动265场次，受众2万余人次。

2021年阜宁县花园街道（开发区）各村（居）基本情况一览表

表61

村（居）	村（居）党组织书记	村（居）主任	村（居）经管员	村（居）民小组个数	农民人均可支配收入（元）
花 园	张 炜	张 炜	戴艳丽	6	21800
码 头	曹浩东	曹浩东	刘春梅	4	24050
黄 舍	周国和	周国和	方国民	4	27000
专 榆	蒋兴龙	蒋兴龙	田圣艳	3	22350
必 生	孙 远	孙 远	钱红兰	10	13330
邓 灶	孙昌建	孙昌建	徐 蕾	7	22400
骥 超	曾祥政	曾祥政	施则标	5	24500

续表

村（居）	村（居）党组织书记	村（居）主任	村（居）经管员	村（居）民小组个数	农民人均可支配收入（元）
北 陈	陈建芳	陈建芳	陈 远	4	25600
新 储	陈会宁	陈会宁	邓慧玲	9	19500
光 明	茆海山	茆海山	陈柏林	15	22000
董 陈	董红斌	董红斌	杨吉计	8	26500
冒 港	孙宏照	孙宏照	戴尚年	6	20400
路 庄	董文明	董文明	路海英	6	15200
安 乐	郑海进	郑海进	刘志军	4	24850
必 余	张志龙	张志龙	孙明芹	6	20500
锦 仁	路海洋	路海洋	王正昌	9	25599
顾 庄	项戈成	项戈成	陈志军	7	22500
新 丰	顾海洋	顾海洋	吴开荣	9	21700
窑 湾	闻 军	闻 军	李迎春	3	21500

（丁 鹏）

金沙湖街道

【概况】 2021年，金沙湖街道实现地区生产总值62792万元；财政收入3295万元，其中预算内收入3295万元；财政总支出3295万元，其中公共财政总支出3295万元；总户数5870户、总人口19470人；农村居民可支配收入24586元。获2021年度盐城市开发园区创建等级AAAA、全县目标任务综合考核“综合先进集体一等奖”、全国农民体育健身活动示范基地、中国农技协科普示范基地、全省首届“最美生态修复案例”、盐城市信访系统“人民满意窗口”等荣誉。

【规划建设】 7月，湖滨酒店试运营，为全市高质量发展推进会提供会务接待；实施七彩玫瑰园二期主体建设工程，对主湖区四周环境实行集中整治，实施了梅园、桃园、海棠园等景区绿化提升工程，湖畔四季花海成网红打卡地。

【旅游活动】 围绕“三金一银”开展“金花季、金沙季、金秋、银冬”活动，举办的金沙湖藏满惊喜灯光秀、美人花溪、帐篷节、营港玫瑰花节、岗北粽子文化节、央视星光大道歌手走进金沙湖等系列活动，先后登上央视新闻、新华网、人民网、中新网、交汇点、《盐阜大众报》等中央、省、市媒体。金沙湖被确定为盐城市康养产业发展示范基地。

【民生实事】 走访农户5000多户，对全部脱贫的584户1405人口建档立卡户，进行动态监测，把巩固脱贫攻坚成果同乡村振兴进行衔接，接续推进脱贫群众的生活改善。实施喻口、营港等段52户拆迁安置，完成3个小区651套、总面积8.5万平方米的房源交付工作，结清账目445户、结清房款4145万元，接受预约登记不动产权2000多套；落实困境儿童、低收入人口的核查工作，完成城乡居民养老、医保缴费任务，做好民政对象的服务工作；按时足额发放各项优抚资金，累计发放174.41万元。

【安全生产】 突出三大景点、在建工程、拆迁安置、大湖暑期管理、食品药品、危化品、交通安全、农业农村等方面，开展安全生产排查治理、消防宣传和消防演练5次，摸底排查餐饮、商店93次，查出食品安全隐患41个，整改率100%，对农村路桥涵洞、农业机械作业、五保户、特困户及贫困户衣食住行、煤电气进行全方位安全检查，联合县住建局、燃气办为金沙湖区域内所有餐饮业免费安全最新款的燃气报警器共33家。

【环境保护】 对裸露土地进行绿化覆盖、景区沙滩定时洒水降尘、购置雾炮车每日液雾降尘，确保环境监测指标全部达标；严格执行长江禁捕工作要求，落实秸秆双禁，加强区域巡护；开展违法土地自查整改活动，发现问题，立即整改达标。

【文明创建】 对街道、道路、菜场、景区、小区、村居实行网格化管理，由班子成员担任网格长，65名机关人员担任网格员，包干到小区楼幢，开展综合整治；对厦门路200多个占道经营摊点进行专项清理，方便了群众出行；重抓景区创文氛围提升，实行服务精细化管理，第三方测评分值得到提升。

【金沙湖滑雪场开放】 1月1日，金沙湖滑雪场正式开放。滑雪场长150米，宽60米，坡度高10米，雪厚30厘米，配备6台滑雪机，建设了魔毯、滑板道和滑圈道三条滑道，属于标准初、中级跑道。高峰期每日可接待游客2000人。

【绿竹巷民宿开业】 1月1日，金沙湖绿竹巷民宿揭牌运营仪式在七彩农业公园举行。上海市旅游局副局长邹波，县委副书记、县长张利华，副县长郭碧玉参加活动并为绿竹巷民宿揭牌。绿竹巷民宿是以“竹”文化为主题的精品民宿，整个民宿占地1公顷，包含有茶餐厅、竹工坊、精品民俗等体验项目，可以给旅客带来深度的全竹慢生活体验。

【央视点赞金沙湖“星”年新春灯会】 2月14日，中央电视台《新闻联播》点赞金沙湖旅游度假区“星”年新春灯会。

【“缅怀革命先烈、重温红色记忆”主题教育】 4月1日，各居委会、机关和单位党员干部在阜宁烈士陵园开展“缅怀革命先烈、重温红色记忆”学习教育活动。全体参学党员重温入党誓词，参观铁军纪念馆，了解党在阜宁的发展历史、新四军在阜宁的抗战史。

【金沙湖放流】 4月23日，全县2021年渔业资源人工增殖放流启动仪式在金沙湖环湖北路西首码头举行。县委副书记、县长张利华参加活动，并与群众一起将优质鱼苗鱼种放流金沙湖。自长江流域“十年禁捕”国家战略实施后，金沙湖黄颡鱼国家级水产种质资源保护区被列为长江流域重点水域，自2020年1月1日零时起全面实施禁捕禁钓，成立由公安、农业农村、金沙湖管委会相关人员组成的综合执法大队，创新水生生物资源保护举措，探索大水面生态渔业高质量发展新路径，保持湖区秩序稳定。

【首届玫瑰花节】 5月20日，以“推动农旅融合，助力乡村振兴”为主题的2021首届营港玫瑰花节，在七彩农业园花卉种植基地内举办。营港居委会利用省道贯穿的交通优势和境内七彩阜宁农业公园的旅游优势，拓展产业形态，与七彩玫瑰园艺有限公司联建户外花卉种植、多肉盆栽植物等花卉项目，调整种植结构，新上46.67公顷竹稻、6.67公顷紫薯等项目，打造特色旅游农产品，提高土地产出效益。该村以江苏营港农业发展有限公司为平台，拓展以“七彩玫瑰”为主的系列农产品电商销售渠道。

【邹毅实到金沙湖调研】 6月9日，市人大常委会副主任邹毅实带队到金沙湖视察调研全域旅游项目建设及开展情况，邹毅实一行分别来到七彩农业公园和金沙湖温泉酒店等地，详细了解旅游产品开发、特色旅游项目建设推进情况和经验做法。县人大常委会主任林进、县人大常委会副主任徐静平陪同调研。

【市工信局到金沙湖开展主题党日活动】 6月24日，市工信局局长陈斌带队到金沙湖廉政教育中心开展“学史力行强服务、暖企强村促发展”主题党日活动。县委书记徐华明，县委副书记、县长张利华，县委副书记、市委驻阜富民强村帮促工作队队长戴云峰和徐加晔、丁小虎等县领导参加活动。

【陈卫红到金沙湖检查安全生产工作】 6月26日，副市长陈卫红一行到金沙湖湖滨金陵酒店检查安全生产工作。县委副书记、县长张利华，县委常委、宣传部长张国胜，副县长丁小虎陪同检查。

【“百年礼赞，红色传承”书画展】 6月28日，由县委宣传部、金沙湖旅游度假区、县文广旅局、县文联、县新华书店主办的“百年礼赞，红色传承”全国书画名家邀请展在阜宁凤凰广场开幕。县人大常委会主任林进，县委常委、宣传部长张国胜，副县长吴正年，县政协副主席嵇田参加活动。此次“百年礼赞、红色传承”全国书画名家作品邀请展，征集全国50位书画名家作品，都是中国美术家协会、中国书法家协会理事，以及河北、四川、贵州、山西、盐城等各省市书协、美协副主席和一些全国知名书画家的作品。

【金沙湖金陵湖滨酒店试营业】 7月28日，金沙湖金陵湖滨酒店投入试运营。金沙湖金陵湖滨酒店项目总投资12亿元，占地12.13公顷，建筑面积76000平方米，配有客房、餐饮、娱乐等多种设施。酒店以商务、会议、政务接待、休闲度假客源定位为主，其他客源为补充的五星级高端综合型酒店，为推动金沙湖旅游品牌升级奠定坚实的基础。

【最美生态修复案例】 8月10日，金沙湖生态修复入选江苏省首届“最美生态修复案例”。金沙湖原本是20世纪70年代开采黄沙时形成的废弃工矿区，区内杂草丛生、汪洋一片，制约当地经济社会发展。县委、县政府将金沙湖的生态修复纳入经济社会发展计划，2011年委托河海大学专门制定金沙湖水务系统规划，并全面启动金沙湖生态修复项目。金沙湖区域面积22.61平方千米，现有水域面积666.67公顷，是江苏省级旅游度假区、江苏省生态旅游示范区、国家4A级旅游景区、国家水利风景区。

【中国农民丰收节】 9月23日，2021年“中国农民丰收节”庆祝活动在七彩阜宁农业公园举行。开幕式举行丰收入仓仪式，观摩农产品展示展销现场。各镇（街道、社区）的数十种绿色、环保、优质的特色农副产品亮相，吸引游客驻足挑选。

2021年阜宁县金沙湖街道各村（居）基本情况一览表

表62

村（居）	村（居）党组织书记	村（居）主任	村（居）经管员	村（居）民小组个数	农民人均可支配收入（元）
向 阳	薛 梁	薛 梁	黄龙香	8	22000
桃 园	邱立新	邱立新	戴尚云	9	30800
两 合	戴必余	戴必余	周 全	5	23500
岗 北	黄 军	黄 军	王庆亮	10	24515

续表

村（居）	村（居）党组织书记	村（居）主任	村（居）经管员	村（居）民小组个数	农民人均可支配收入（元）
沙　岗	吴一峰	吴一峰	邱学中	8	24500
营　港	田圣利	田圣利	孙茂龙	5	23860
喻　口	瞿达扣	瞿达扣	郑婷婷	5	30115

（尤学飞）

硕集社区

【概况】　2021年，硕集社区围绕“经济发展、功能完善、环境优美、社会和谐”的发展规划，把握乡村振兴战略“20字”总方针，贯穿高质量发展主线，突出“富民强村补短板、因地制宜创特色、从严治党强震慑”，持续做好产业培育、乡村发展、民生保障、社会治理、队伍建设，实现地区生产总值100685万元；财政收入1533万元，其中预算内收入868万元；财政总支出959万元，其中公共财政总支出959万元；总户数10291户、总人口30961人；农村居民可支配收入24586元。获全县综合先进集体二等奖。

【工业经济】　树立“项目为王”理念，推行重大项目“一事一议”。沛乐环保材料亿元项目已投产达效，年内签约禾力非食用植物油脂制品亿元项目正在开工建设，新增规模以上工业企业、限额以上批零住餐业各1家。先后转征收一般农用地12.5公顷，规划建设工业集中区，完善基础设施建设，增强园区承载力。全年转征土地2宗计4.74公顷，盘活闲置厂房3处计5000平方米，硕集工业园区建设初见雏形。

【集体增收】　为推进巩固脱贫攻坚成果同乡村振兴有效衔接，通过土地规模流转、发展高效农业，8个村居集体经营性收入突破220万元，实现所有村居集体经营性收入超25万元的目标。省定经济薄弱村双桥村集体经营性收入30.32万元，同比增加27%，市定经济薄弱村张单村、阳光村，同比增加25%，所有村居集体经营性收入同比增加15%以上。

【民生实事】　投入300万元，对硕集老街的环境、基础设施进行提档升级，立面出新，河道清理，街头公园建设，墙面屋顶复古修复等。投入180万元，对永硕路进行改造提升，实现配套设施俱全、绿化亮化完善。

【精神文明建设】　组织习近平总书记“七一”重要讲话暨省市县委会议精神宣讲8场，参与群众10000余人次；开展建党100周年文艺巡演20余场，参与群众20000余人次。持续加强村综合文化服务中心和文化大院建设，硕集文化活动中心于8月被江苏省文化和旅游厅评为2021年度最美文化空间；双桥农民艺术团被江苏省文化和旅游厅列为优秀群众文化团队培育对象。2月7日，县委宣传部主办、硕集社区文化中心承办的“文化科技卫生”三下乡活动在中央电视台晚间新闻被专题报道。

2021年阜宁县硕集社区各村（居）基本情况一览表

表63

村（居）	村（居）党组织书记	村（居）主任	村（居）经管员	村（居）民小组个数	农民人均可支配收入（元）
何　桥	蔡　政	蔡　政	周晓冬	15	25650
东　崔	倪青天	倪青天	崔奇华	13	24700
计　桥	刘朝阳	蔡晓玮	曹克虎	13	21680
双　桥	嵇海东	嵇海东	汪　萍	7	23550
张　单	曹兆武	曹兆武	秦安定	9	22390
硕　集	秦为亚	王宝林	崔建龙	15	24665
阳　河	曹恒军	曹恒军	刘剑峰	10	23920
阳　光	许士忠	徐秀珍	陈允贵	7	24035

（周　涛）

公兴社区

【概况】　2021年，公兴社区实现地区生产总值82385万元；财政收入636万元，其中预算内收入398万元；财政总支出1684万元，其中公共财政总支出1544万元；总户数9779户、总人口30549人；农村居民可支配收入24586元。

【工业经济】　完成一般公共预算收入980万元，同比增长25%；完成全口径应税开票销售22870万元，同比增长20.7%，实现财政收入1060万元。完成地区生产总值82586万元，固定资产投资2.62亿元，农村居民人均可支配收入23021元。投资1.1亿元的江苏行润新型材料有限公司项目于3月竣工，4月份投产运行。与江苏优信生物科技有限公司签约投资约2亿元秸秆离田项目，该项目由江苏优信生物科技有限公司计划与伊利集团（元兴）饲料公司合作，拟征地2公顷，土地厂房、项目设备等固定资产投资约2亿元，项目四条生产线建成投产后将生产各类畜禽精饲料35000吨、秸秆饲料20000吨，每年将收购消耗周边秸秆30000吨。由圳乐府丰电子有限公司投资的蓝牙耳机亿元以上生产线项目在落户公兴受制约的情况下，2月已落户开发区开工建设，实行招引亿元项目“零”的突破。全年实施技改企业6家，其中规模以上企业3家、规模以下企业3家，技改投入量4800多万元。上报规模以上工业总产值5800万元。申报一项5000万元以上固定资产投资项目。

【农业经济】 以发展稻虾种养为突破口，稻虾种养遍及全社区13个村居。新发展高效设施农业项目16个，面积78.67公顷；新实施高标准农田建设项目7个，面积466.67公顷；新拓稻虾种养基地7个，面积59.13公顷，其中连片5百亩以上基地5个、连片千亩以上基地2个。整改规范稻虾综合种养213.33公顷。邀请渔业、国土等部门联合开展政策法规、种养技术培训，严格执行“养殖沟系占比不超10%、按时节种水稻”两条底线，通过挖沟筑堤、种草养虾、绿色种稻的虾稻共生、连作模式，实现亩产龙虾100千克、水稻550千克以上，年亩均产值8000多元，亩效益3500元以上。推动土地股份合作社，并以基地为纽带，吸纳建档立卡低收入农户务工人员1500多名，确保每名建档立卡低收入农户收入不低于7000元。加大土地流转和新型经营主体培育力度，年流转土地733.33公顷以上，已建成孙利村53.33公顷连栋设施农业特色农场、射河村733.33公顷连片稻虾共作种养种场、裴桥村666.67公顷连片水产品养殖批发市场等8大专业产业带。新开发平整太平桥、裴桥、双河、东盛土地80多公顷，衬砌青南、青墩、三益渠道4千米，硬化农田道路15.5千米，加固圩提21千米。

【民生实事】 实施东盛、桥东、太平桥、公兴居委会4个二期新型社区建设，建设房屋226栋，建筑面积近6万平方米，改善农民住房条件652户。注重困难群体群众的住房改善工作，已改造、重建困难群体住房63户，全部实现“二不愁、三保障”。推进拆旧房、进城入镇购房安置工作，已完成326户进城入镇购买商品房。打造公兴老集镇出新和长治路提升，投入180多万元，新建排水道2600米，新增绿地22000多平方米；投入30万元，新装和维修沿中心河两岸、老234省道、工业园区路灯82盏，新建规范分类垃圾箱80座，新划车位线、安全线600多平方米，拆除破旧广告牌60多个。农贸市场管理规范，镇区垃圾日产日清。对全社区范围内88条河流划分责任地段，落实责任制保洁承包，定期督查巡河，对主干河道沿线进行拉网式环境清理，清理水花生3万余平方米，清理白色漂浮物2800多处、沿岸生产生活垃圾近百吨。对高速、高铁500米可视沿线房屋、树木进行统一刷白，共计1000余户、23000余株。对全社区800多座垃圾池进行修缮粉刷和出新。拆除嘎粮河、潮河、裴桥荡区等所有禁养区域大小禽畜养殖场22座，搬迁改造6座。先后两次聘请专家对24家工贸企业、超市进行消防安全隐患问题专项排查，排查出58条消防安全隐患，已整改52条。对未整改到位的责令停产、停业整改；投入10多万元，在镇区新建3座消防栓，购置应急救援器材、办公用品，在道路交通要道新画安全振动线；组织专业人员，对农村居民家用液化气燃气瓶进行拉网式检测，检测出1632个有安全隐患燃气瓶，并及时更换。

2021年阜宁县公兴社区各村（居）基本情况一览表

表64

村（居）	村（居）党组织书记	村（居）主任	村（居）经管员	村（居）民小组个数	农民人均可支配收入（元）
公 兴	吉长春	吉长春	王恒波	12	25065
崔 庄	许明堂	许明堂	金 明	7	24560
射 河	卞 军	卞 军	孙 俊	5	22580
裴 桥	薛 晖	薛 晖	刘 永	6	26430
太平桥	刘永飞	刘永飞	卞加伟	8	22345
桥 东	邱保冲	邱保冲	邱寿海	3	22730
双 河	孔凡清	孔凡清	唐继军	8	23765
东 盛	嵇正付	嵇正付	卞宜进	8	21820
青 南	陈德明	陈德明	吉宝华	5	22756
孙 利	成登丰	成登丰	孙青华	6	21780
青 墩	张 伟	张 伟	张建荣	4	21860
三 益	田作添	田作添	石宝楼	7	22815
北 盛	羊为海	羊为海	赵 碧	7	21785

（公兴社区）

先进集体

全国（条线）先进集体

表65

获奖单位	奖项、荣誉称号	授予单位	授予时间
阜宁县	全国文明城市提名城市	中央文明委	2021 年 1 月
	全国推进乡村“复兴少年宫”建设试点县	中央文明办	2021 年 5 月
	全国县域农业农村信息化发展先进县	农业农村部信息中心	2021 年 12 月
	全国未成年人思想道德建设先进集体	中央文明办	2022 年 2 月
	2020 年度财政管理绩效进行综合评价，位居全国第 38 名	财政部	2022 年 7 月
县农业农村局（县政府扶贫工作办公室）	全国脱贫攻坚先进集体	中共中央、国务院	2021 年 2 月
芦蒲镇	中国老区建设宣传工作优秀奖	中国老区建设促进会	2021 年 5 月
硕集社区用水协会	全国农民用水合作示范组织	农业农村部、国家发展改革委、财政部、水利部等	2021 年 6 月
县老促会	全国老区宣传工作特等奖	全国老促会	2021 年 6 月
阜宁生态环境局	节约型机关	国家机关事务管理局、中共中央直属机关事务管理局、国家发改委、财政部	2021 年 8 月
阜宁县	全国整县（市、区）屋顶分布式光伏开发试点	国家能源局	2021 年 9 月
东沟法庭	第 20 届全国青年文明号	团中央、最高法院	2021 年 8 月
益林镇	全国“千强镇”	中国城市经济学会中小城市经济发展委员会、中小城市发展战略研究院携同中国社会科学院城市发展与环境研究所等	2021 年 10 月
县文化馆	在第五次全国文化馆评估定级中获国家一级馆	国家文化和旅游部	2021 年 11 月

省级（条线）先进集体

表66

获奖单位	奖项、荣誉称号	授予单位	授予时间
阜宁县	江苏省农产品质量安全县（市、区）	省食品安全委员会	2021年3月
	2020年度全省4A级城乡交通运输一体化发展水平	省交通运输厅	2021年8月
	全省基层党员冬训工作示范县	省委组织部省委宣传部	2021年9月
灌溉总渠堤防管理所	2020年全省防汛抗洪工作先进集体	省委、省政府	2021年5月
县妇联	2020年度江苏妇女儿童慈善优秀组织奖	省妇女儿童福利基金会	2021年3月
	2020年“99公益·网络募捐”优秀项目奖		
县财政局	全省法治财政标准化管理工作优秀单位	省财政局	2021年9月
县文广旅局	境外卫星电视传播秩序专项整治工作成效突出，获省广电局表彰	省广电局	2021年12月
县打好污染防治攻坚战指挥部办公室	全省污防指办宣传工作先进集体	省打好污染防治攻坚战指挥部办公室	2021年12月
益林镇			
沟墩镇			
羊寨镇			
花园街道	江苏省文明镇	省文明委	2022年1月
陈良镇新涂村			
新沟镇新东村			
益林镇王楼村			
芦蒲镇临黄村			
陈集镇停翅港村			
阜城街道新桥居委会			
金沙湖街道喻口居委会	江苏省文明村	省文明委	2022年1月
新盛社区			
兴阜社区	江苏省文明社区	省文明委	2022年1月
县水务局			
县气象局			
县审计局			
县人民检察院			
县人民法院			
县财政局			
烟草专卖局			
县交通运输局			
县税务局			
县委党校			
县人民医院			
县自然资源和规划局			
阜宁生态环境局			
县自来水有限公司			
人行阜宁县支行			
电信阜宁分公司			
阜宁农村商业银行			
新华书店			
邮政阜宁县分公司			

续表

获奖单位	奖项、荣誉称号	授予单位	授予时间
移动阜宁分公司	江苏省文明单位	省文明委	2022年1月
县实验小学			
阜宁中学			
阜宁中等专业学校	江苏省文明校园	省文明委	2022年1月
新沟镇			
古河镇	江苏省文明校园	省文明委	2022年1月
东沟镇			
板湖镇			
羊寨镇	2021年江苏省卫生镇	省爱卫会	2022年1月
古河镇运河村、古颜村			
板湖镇邵湛村、孔荡村			
东沟镇东方村、五楼村			
新沟镇新东村、西沙湖村、新南村			
羊寨镇王山村、世明村			
陈集镇金星村、双营村	2021年江苏省卫生村	省爱卫会	2022年1月
县税务局团委			
金沙湖团工委	江苏省五四红旗团委	团省委	2022年4月
益林镇	首批江苏省绿色蔬菜产业特色县（镇）	省农业技术推广总站	2021年5月
益林镇	江苏省美丽宜居城市建设第二批试点	省住房和城乡建设厅	2021年9月

市委、市政府表彰先进集体

表67

获奖单位	奖项、荣誉称号	授予单位	授予时间
阜宁县	获综合考核第二等次 文化建设高质量单项奖 人民生活高质量单项奖 获，获评	市委、市政府	2022年2月
经济开发区	市园区等级评定	市委、市政府	2022年2月
东益工业园区			
阜宁港物流园区			
现代农业产业园			
白水塘现代渔业园区			
金沙湖旅游度假区			
马家荡旅游度假区等园区			
中材科技	“争星创优”星级企业	市委、市政府	2022年2月
荣威娱乐			
金海新能源			
单港翻水站	先进基层党组织	市委	2021年6月

先进个人

全国（条线）先进个人

表68

姓 名	单位职务	奖项或荣誉称号	授予单位	授予时间
司万平	芦蒲初级中学副校长、党支部副书记	全国三八红旗手	全国妇联	2021年2月
王 红	阜宁县阜城街道向阳社区居民	“中国好人榜” 孝老爱亲类中国好人	中央文明办	2021年11月
金凤邦	副县长，益林镇党委书记兼任中共阜宁县东益工业园区工作委员会委员、书记	2016—2020全国普法工作先进个人	全国普法办	2021年12月

省级（条线）先进个人

表69

<table>
<tr><th>姓 名</th><th>单位职务</th><th>奖项或荣誉称号</th><th>授予单位</th><th>授予时间</th></tr>
<tr><td>徐 珊</td><td rowspan="2">县红色遗存保护利用中心工作人员</td><td rowspan="2">省红色旅游五好讲解员</td><td rowspan="2">省文化和旅游厅</td><td rowspan="2">2021年1月</td></tr>
<tr><td>张亚男</td></tr>
<tr><td>张龙华</td><td>罗桥镇洪桥村村民</td><td>江苏好人</td><td>省文明办</td><td>2021年9月</td></tr>
<tr><td>季洪球</td><td>新沟镇新北村二组村民</td><td>江苏省道德模范提名奖</td><td>省文明办</td><td>2021年10月</td></tr>
<tr><td>孙 剑</td><td>融媒体中心记者</td><td>“永远跟党走 奋进新征程”江苏百姓名嘴风采展示活动全省总决赛二等奖</td><td>省委宣传部</td><td>2021年12月</td></tr>
<tr><td>徐 珊</td><td>县委宣传部县新时代文明实践中心副主任</td><td>江苏省社科普及短视频大赛优秀奖</td><td>省哲学社会科学界联合会</td><td>2021年9月</td></tr>
<tr><td>高 凡</td><td>阜宁县“一缕阳光”志愿者协会团支部书记</td><td rowspan="2">江苏省优秀共青团干部</td><td rowspan="2">团省委</td><td rowspan="2">2022年4月</td></tr>
<tr><td>顾 颖</td><td>阜宁县协鑫集成科技有限公司行政专员</td></tr>
<tr><td rowspan="2">陈开霞</td><td rowspan="2">县环境卫生管理所垃圾收集车驾驶员</td><td>江苏省十佳文明职工</td><td>省委宣传部
省文明办
省总工会</td><td>2022年4月</td></tr>
<tr><td>江苏省五一劳动奖章</td><td>省总工会</td><td>2022年4月</td></tr>
<tr><td>咸宇杰</td><td>江苏省阜宁中学学生</td><td>江苏省优秀共青团员</td><td>团省委</td><td>2022年4月</td></tr>
<tr><td>季洪球获江苏省道德模范提名奖</td><td>季洪球获江苏省道德模范提名奖</td><td>季洪球获江苏省道德模范提名奖</td><td>季洪球获江苏省道德模范提名奖</td><td>季洪球获江苏省道德模范提名奖</td></tr>
</table>

注：1.荣誉栏内容由相关单位提供；
2.排名不分先后。

2021 年度阜宁县综合考核先进集体和先进个人名单

一、综合先进集体

（一）综合先进镇区、街道、社区

一等奖：

沟墩镇　金沙湖旅游度假区
阜城街道　开发区　古河镇
东沟镇　益林镇

二等奖：

高新区　罗桥镇　三灶镇
板湖镇　陈良镇　羊寨镇
新沟镇　芦蒲镇　硕集社区

（二）综合先进县级机关单位

一等奖：

交运局　财政局　农业农村局
卫健委　自然资源和规划局
工信局　发改委　金融监管局
综合行政执法局　审计局
科技局　老干局　供电公司
科协　妇联　统计局　信访局
检察院　公安局　法院
生态环境局　司法局
城发集团

二等奖：

住建局　水务局　市场监管局
人社局　教育局　商务局
供销总社　行政审批局
税务局　医保局
融媒体中心　工商联
编办　残联　总工会　团县委
红十字会　党史办
应急管理局　退役军人事务局
人行　气象局　农商行
民生银行　建行　邮储银行
水务集团　海鑫集团

（三）综合先进企业

江苏荣威娱乐用品有限公司
中材科技（阜宁）风电叶片有限公司
阜宁协鑫光伏科技有限公司
江苏宏泰石化机械有限公司
江苏东方滤袋股份有限公司
盐城利民农化有限公司
江苏黄河药业股份有限公司
江苏蓝天环保集团股份有限公司
江苏应流机械制造有限责任公司
江苏晟功建设集团有限公司
中科建工集团有限公司
新晟建设集团有限公司
江苏恒健建设集团有限公司
江苏远扬建设工程有限公司
盐城益大建设有限公司
江苏阜宁农村商业银行股份有限公司

二、特殊贡献先进集体

高新区　农业农村局

三、单项工作先进集体

（一）高质量发展争先进位先进集体

沟墩镇　板湖镇　东沟镇

（二）科技创新和人才工作先进集体

开发区　高新区　新沟镇　三灶镇

（三）乡村振兴促进先进集体

古河镇　羊寨镇　罗桥镇
益林镇　硕集社区

（四）绿色生态发展先进集体

羊寨镇　罗桥镇　金沙湖旅游度假区
吴滩街道　芦蒲镇　公兴社区

（五）共享发展幸福先进集体

阜城街道　三灶镇　沟墩镇
益林镇　新沟镇　陈良镇
硕集社区

（六）项目推进和招商引资工作先进集体

开发区　阜城街道　高新区
东沟镇　发改委
自然资源和规划局
农业农村局　住建局

（七）平安法治工作（含食品安全）先进集体

阜城街道　古河镇　陈集镇
东沟镇　三灶镇
沟墩镇　公安局　信访局
自然资源和规划局　交运局
综合行政执法局　司法局

（八）党建工作先进集体

开发区　板湖镇　古河镇
益林镇　金沙湖旅游度假区
沟墩镇　应急管理局　审计局
财政局　交运局　农业农村局
统计局　党校　教育局

（九）优化营商环境先进集体

行政审批局　市场监管局
工信局　供电公司　财政局
融媒体中心　卫健委　人社局
商务局　税务局　金融监管局
发改委

（十）真抓实干先进集体

人社局　财政局　交运局
卫健委　水务局

四、综合先进个人

宗慧娟　唐　娟　侯海亮　马晓红
李长正　金　玲　孙　晓　梁昌东
孙　峰　陈志达　花沃华　孙春泽
王进根　滕长林　蒋　永　陈晶晶
陈　浩　夏照晴　单怀平　张红兵
余红红　吴　勇　葛亚陈　沈　丽
张炳亚　张于生　张亚洲　陶　钧
曹天华　王　琼　彭正雷　焦武昌
姜利霞　孙　远　杨正卫
王　鹏（高新区）　时明晗
李　广（金沙湖）　黄春华
侯林生　黄德让　陈　熹　赵才政
王建芹　夏正益　陈　威　殷鼎臣
吴　迪　张　雪　彭加根　张寿广
邹　爽　颜雪峰　曹中奇　姜娟娟
邓拥军　高林红　陈玉林　刘　峰
王　鹏（农业农村局）　王远虎
许明月　朱学林　管福明　钱阜军
许为君　戴学树　顾　颖　张学勇
叶　辉　李素玲　李　萍　王一鸣
顾　昊　王成龙　周伟杰　王　猛
唐　瑭　蒋东灸　戴美玲　万德俊
沈　力　张仲琦　袁　媛　王庆艳
陈　甜　耿　斌　孙　昊　陈正权
高　峰　梁　萍　周志华　倪国彬
高书全　季　艳　徐荣梅　符建军
张明明　蒋明辉　刘泽华　吴　杰
朱中华　周伟军　谢天禧　李正坤
徐立山　刘　胜　王　军　丁友军
许为富　王　越　李　广（住建局）
姚定洋　朱明标　陈永春　葛永明
张　谦　唐　峰　李　鹏　马晓明
金明水　刘邦耀　王士清　陈加永
陈立群　侍炜骅　邓　平

五、招商先进个人

周　勇　孔峥嵘　施远峰　王大千
李长正　夏斯军　凌　云　蔡　坤
王乃宁　金爱民

2021年阜宁县社会经济主要指标一览表

表70

指　标	单位	数值	指　标	单位	数值
年末总人口	万人	108.49	资质以上建筑房地产企业数	个	190
#非农人口	万人	60.73	限额以上批零住餐企业数	个	172
耕地面积	万公顷	8.056	规模以上服务业企业数	个	79
年末从业人员	万人	47.83	邮电业务总量	亿元	10.13
第一产业	万人	11.72	固定资产投资额	亿元	166.81
第二产业	万人	17.04	社会消费品零售总额	亿元	278.53
第三产业	万人	19.07	注册外资实际到账数	万美元	5854
年末单位从业人员数	万人	5.61	进出口总额	万美元	68100
地区生产总值（当年价）	亿元	645.45	#出口总额	万美元	59400
第一产业	亿元	75.45	财政收入	亿元	120.71
第二产业	亿元	266.31	公共财政预算收入	亿元	30.43
#工业	亿元	185.59	财政支出	亿元	158.26
第三产业	亿元	303.69	年末金融机构存款余额	亿元	662.26
人均地区生产总值（当年价）	元/人	81265	#年末居民储蓄余额	亿元	421.85
农林牧渔业总产值（当年价）	亿元	131.79	年末金融机构贷款余额	亿元	404.39
粮食总产量	万吨	95.88	普通中学在校学生数	万人	4.89
油料总产量	万吨	1.09	小学在校学生数	万人	6.35
水果总产量	万吨	3.67	病床数	张	5155
肉类总产量	万吨	8.60	卫生技术人员数	人	6381
肥猪出栏量	万头	72.83	从业人员平均工资	元/人	74683
家禽出栏量	万只	1525.81	全体居民人均可支配收入		30492
水产品总产量	万吨	7.80	城镇居民人均可支配收入	元/人	36589
“四上企业”单位数	个	745	农村居民人均可支配收入	元/人	23409
规模以上工业企业数	个	304			

注：1.规模企业数为主营业务收入2000万元以上；
　　2.固定资产投资额为500万元以上固定资产投资。

2021年阜宁县各镇区（街道、社区）行政区划和土地面积情况一览表

表71

地区别	村（居）委会数（个）	1.居委会数	2.村委会数	村（居）民小组数（个）	土地面积（公顷）	耕地面积（公顷）
合 计	339	92	247	2453	143878	80577
阜城街道	26	19	7	141	6466	1996
沟 墩	22	2	20	149	11210	6732

续表

地区别	村(居)委会数(个)	1. 居委会数	2. 村委会数	村(居)民小组数(个)	土地面积(公顷)	耕地面积(公顷)
吴滩街道	21	5	16	141	8149	4511
陈 良	16	1	15	113	6755	3947
三 灶	18	1	17	133	8871	5291
新 沟	15	2	13	140	7740	4322
陈 集	19	1	18	131	8053	4888
羊 寨	19	3	16	156	9426	4613
芦 蒲	19	3	16	136	8666	4362
板 湖	18	1	17	141	6928	4446
东 沟	19	5	14	118	6629	3913
公兴社区	13	1	12	86	5772	3456
硕集社区	8	1	7	89	4732	2917
益 林	23	9	14	206	10875	6156
古 河	20	1	19	128	8715	5733
罗 桥	20	1	19	155	8872	5650
开发区	19	19		124	5620	2130
高新区	17	10	7	115	8136	4725
金沙湖	7	7		51	2264	789

2021年阜宁县各镇区(街道、社区)总户数和总人口一览表

表72

地区别	总户数(户)	总人口			性别比(女=100)	2020年总人口
		合计	男	女		
阜宁县	345304	1084908	569024	515884	110.30	1103404
阜城街道	70328	182053	88691	93362	95.00	179069
沟墩镇	21150	62764	32574	30190	107.90	63794
吴滩街道	15645	52946	27595	25351	108.85	53770
陈良镇	13802	43151	22628	20523	110.26	43712
三灶镇	16873	57159	30592	26567	115.15	57781
新沟镇	15082	51736	27265	24471	111.42	52517
陈集镇	15520	51345	27119	24226	111.94	52141
羊寨镇	17933	57272	32973	24299	135.70	57990
芦蒲镇	13927	49508	28417	21091	134.74	51157
板湖镇	14785	47516	25533	21983	116.15	48347
东沟镇	15132	49150	25716	23434	109.74	50105
硕集社区	10291	30961	16601	14360	115.61	31498
公兴社区	9779	30549	16174	14375	112.51	31187
益林镇	27832	89160	46338	42822	108.21	91860
古河镇	15647	56594	30960	25634	120.78	57562
罗桥镇	16276	56797	30536	26261	116.28	57968
开发区	14089	47095	23438	23657	99.07	50301
高新区	15343	49682	26054	23628	110.27	50314
金沙湖	5870	19470	9820	9650	101.76	22331

组织机构及领导名录

（收录各单位副科级实职及以上领导）

中共阜宁县委员会

书　记　徐华明（—2021.06）
　　　　张利华（2021.06—）
副书记　张利华（—2021.06）
　　　　田海波（—2021.06）
　　　　许根林（2021.06—）
　　　　钱　勇（2021.06—）
　　　　何玉良（挂）（—2021.04）
　　　　戴云峰（挂）（2021.04—）
常　委　郝瑞耀（—2021.02）
　　　　丁政万（—2021.01）
　　　　朱　玲（—2021.06）
　　　　倪一华（—2021.04）
　　　　罗时荣（—2021.04）
　　　　王　宁（—2021.04）
　　　　周达虎（—2021.04）
　　　　闵卫东（—2021.04）
　　　　王峻松（2021.04—）
　　　　张国胜（2021.04—）
　　　　徐加晔（2021.04—）
　　　　王怀亮（2021.04—）
　　　　杨春涛（2021.04—）
　　　　陈　聪（2021.06—）
　　　　于木村（2021.06—）

阜宁县人民代表大会常务委员会

主　任　林　进
党组书记　林　进
副书记　计　俊
副主任　王　飞
　　　　陈志国
　　　　计　俊
　　　　徐静平
　　　　朱　玲（2021.06—）

阜宁县人民政府

县　长　张利华（—2021.06）
　　　　许根林（2021.06—）
副县长　王　宁（—2021.04）
　　　　张桂军
　　　　吴正年（—2021.06）
　　　　郭碧玉（—2021.01）
　　　　　（2021.04—）
　　　　徐　义（—2021.04）
　　　　徐向东（—2021.04）
　　　　陈　聪
　　　　（2021.01—2021.06）
　　　　丁小虎（2021.04—）
　　　　王　伟（2021.04—）
　　　　陈艳燕（2021.06—）
　　　　项仕保（挂）
　　　　徐春光（挂）
　　　　王福权（挂）

政协阜宁县委员会

主　席　王玉新（—2021.01）
　　　　丁政万（2021.01—）
党组书记　王玉新（—2021.01）
　　　　丁政万（2021.01—）
副书记　周达虎（兼）（—2021.07）
　　　　王峻松（2021.07—）
副主席　蔡如航
　　　　路宝亚
　　　　李德平
　　　　嵇　田
　　　　吴正年（2021.06—）
秘书长　毛卫民

中共阜宁县纪律检查委员会

书　记　倪一华（—2021.04）
　　　　王怀亮（2021.04—）
副书记　孙　波（—2021.06）
　　　　徐　骏
　　　　周少浦（2021.06—）
常　委　王清红（—2021.07）
　　　　陶　飞
　　　　高　忠
　　　　刘建兵（2021.07—）
　　　　朱帮华（2021.07—）

县监察委员会

主　任　倪一华（—2021.04）
　　　　王怀亮（2021.04—）
副主任　孙　波（—2021.06）
　　　　徐　骏
　　　　周少浦（2021.06—）
委　员　陶　飞
　　　　高　忠
　　　　刘建兵（—2021.07）
　　　　朱帮华（—2021.07）
　　　　杨映雪（2021.07—）
　　　　施　煜（2021.07—）

县委巡察办

主　任　周少浦
副主任　杨映雪

派驻纪检监察组

第一派组组长　周其东
第二派组组长　高善兵
第三派组组长　夏世民
第四派组组长　季　祥
第五派组组长　刘素兰
第六派组组长　蒯文生
第七派组组长　张炳焱

第八派组组长　周德辉
第九派组组长　马　慧
第十派组组长　陈正洪
第十一派组组长　董海燕
第十二派组组长　许永亮
第十三派组组长　黄永生
第十四派组组长
周远景（—2021.07）
第十五组组长　陈昌华
第十六组组长

阜宁县人民武装部

政　委　闵卫东
部　长　杨春涛

阜宁县人民法院

院长、党组书记　丁益钧
副书记　顾忠勇
副院长　顾忠勇
刘　军
刘智明
李士胜
政治处主任　沈　健
审判专员　施宇华
张　益
党组成员
周远景（兼）（—2021.07）

阜宁县人民检察院

检察长　何新龙（2021.01—）
代理检察长　何新龙（—2021.01）
党组书记　何新龙
副书记　张　炜
副检察长　张　炜
邵　挺
孙玲慧（挂）
（2021.07—2021.12）
政治处主任　王新建
检察专委　季黎明
李国辉

县委工作机构及直属单位

办公室
主　任　刘兆栋
副主任　陈树根（—2021.11）
张维陶
顾石葆
陶永进
研究室
主　任　刘兆栋（兼）
机要局
局　长　刘兆栋（兼）
台湾工作办公室
主　任　刘兆栋（兼）
台湾事务办公室
主　任　刘兆栋（兼）
保密局
局　长　刘兆栋（兼）
国家密码管理局
局　长　刘兆栋（兼）
县档案局（县档案馆）
局　长　刘兆栋（兼）
馆　长　裴锡平
副馆长　郭　亚（—2021.11）
周　干
县全面深化改革委员会办公室
副主任　陈晓武
组织部
部　长　周达虎（—2021.04）
徐加晔（2021.04—）
常务副部长　颜成俊（—2020.12）
裴承坚（2021.11—）
副部长　王　军
葛昌梅（兼）
单正柏
李　进
县委“两新”工委
书　记　王　军
副书记　邱春潮
党建工作领导小组办公室
主　任　张其金
县考核工作委员会办公室
副主任　张其金（—2020.11）
陈　威（2022.07—）
县委宣传部
部　长　罗时荣（—2021.04）
张国胜（2021.04—）
副部长　蔡　刚（—2021.11）
陈　刚
王　平
杨君政（2021.11—）
县互联网舆情应急中心
主　任　王　平
副主任　张长森
赵金君
县文明办
主　任　陈　刚（兼）
副主任　朱中华
县融媒体中心
主任、党委书记　王　冰
副主任　刘　坚
陈　志
徐兆丹
李　玲
县新闻出版局（县版权局）
局　长　蔡　刚（兼）（—2021.11）
杨君政（兼）（2021.11—）
县委网络安全和信息化委员会办公室
主　任　陈　刚（兼）
统战部
部　长　周达虎（—2021.04）
王峻松（2021.04—）
常务副部长　卞正余
副部长　陈　梁
何娅娅（2021.11—）
县宗教局
局　长　陈　梁
副局长　王守勇
政法委
书　记　丁政万（—2021.01）
郭碧玉
（2021.01—2021.07）
陈　聪（2021.07—）
常务副书记　董友步
副书记　韩　坚
县委编办
主　任　路朝阳（—2021.04）
副主任　孙宇辉
王恒洋
县事业单位登记管理局
局　长　孙宇辉
县委老干部局
局　长　李　进
副局长　王　猛
薛映红
县委离退休干部工作委员会
书　记　李　进
副书记　张其金
王　猛
县委信访局（县信访局）
局长、书记　闻志国
副局长　韩红萍
戴　勇
督查专员　倪国彬
县委党校
校　长　田海波（—2021.06）
党委书记　张　虎
常务副校长　张　虎
副校长　洪　涌
陈　铸

县委党史工办（县志办）

主　任　钱　斌
副主任　赵廷政（—2021.11）
　　　　戴在光

县人大机关

办公室

主　任　管春光（—2021.11）
　　　　陈树根（2021.11—）
副主任　戴为军（—2021.11）
　　　　陈宏图（2021.11—）
　　　　李　鸣（2021.11—）

内司委（机构更名）

主　任　邱月娥（—2021.11）

监察和司法工作委员会

主　任　邱月娥（2021.11—）

财经委

主　任　王　怡（2021.11—）
副主任　陈宏图（—2021.11）
　　　　刘　玲（2021.11—）

教科文卫委

主　任　季洪日
副主任　王　怡（—2021.11）
　　　　臧茂江（2021.11—）

人代委

主　任　李德祥（—2021.02）
　　　　程　静（2021.04—）
副主任　陈　群（2021.11—）

农村委

主　任　张耀辉（—2021.11）
副主任　殷广陆

环资委

主　任　程　静（—2021.04）
　　　　周德鸿（2021.04—）
副主任　王绿玉

县政府工作机构

办公室

主　任　郭霞洲
副主任　宗光东
　　　　陈加永
　　　　王友华
　　　　张　顺
　　　　闻志国（挂）

县机关事务中心

主　任　刘平权
副主任　崔园园（—2021.02）
　　　　郑莉莎（2021.02—）
　　　　唐雪晔
　　　　张亚琴（—2021.11）
　　　　高　迪（2021.11—）

研究室

主　任　郭霞洲（兼）

外事办

主　任　郭霞洲
副主任　周伟军

县地方金融监督管理局

局长、党组书记　刘鹤黎
副局长　嵇　祥（—2021.08）
　　　　朱元清（2021.11—）

县金融办

主　任　刘鹤黎（兼）

县行政审批局

局长、党委书记　许小妍
副局长　朱开国
　　　　顾利群
　　　　严加华
　　　　全必顺

公共资源交易中心

主　任　季友红（—2021.11）
　　　　霍　文（2021.11—）

县人社局

局长、党委书记
　　　　陈　聪（—2021.04）
　　　　裴承坚
　　　　（2021.04—2021.11）
副局长　王建荣
　　　　吴　嵘
社保中心主任
　　　　张　虹（—2021.11）
劳动监察大队大队长　郭为春
人才中心主任　薛惠（—2021.01）
就业中心主任　陈丽娟
仲裁院院长　顾　斌
城居保中心主任　顾舒文

县医保局

局长、党组书记　邓正彬
副书记　于　翔
　　　　梁立虎（—2021.11）
副局长　于　翔

县财政局

局　长　陈士广
副局长　钟自力
　　　　王　海
　　　　卞　勇

县国资办

主　任　陈士广（兼）

县审计局

局长、党组书记　戴明乾
副局长　顾洪祥
总审计师　贾艳

县统计局

局长、党组书记　高兆师
副局长　陈其军
　　　　邹　卫

县交通运输局

局长、党委书记　周远超
副局长　郭凤稳
　　　　管福明
　　　　顾明道
　　　　徐　宁（—2021.11）
　　　　王　煜（2021.11—）

县住建局

局长、党委书记　邓正亚
副局长　郑一明
　　　　徐爱华（—2021.11）
　　　　邱爱东（2021.11—）
　　　　臧　蕾（2021.11—）

县建筑业发展中心

主　任　臧　蕾（—2021.11）

县房屋征收中心

主　任　张东升

人防办

主　任　邓正亚（兼）

县地震局

局　长　邓正亚（兼）

县城市发展投资公司

董事长、总经理、党支部书记
　　　　陈必高（—2021.08）
董事长　张栋天（2021.08—）
总经理　嵇　祥（2021.08—）
党支部副书记　陈慧淼
副总经理　李　刚（—2021.11）
　　　　季友红（2021.11—）
　　　　许　全（2021.11—）
　　　　徐中华（2021.11—）
　　　　陈慧淼（2021.11—）

县综合行政执法局

局长、党委书记　李华昌
副书记　季丰明（2021.11—）
副局长　徐正良
　　　　邱爱东（—2021.11）
　　　　顾　红
　　　　刘　萍
　　　　徐爱华（2021.11—）

县发改委

主任、党委书记　林　跃
副书记　姚为政（—2021.02）
　　　　梁洪权（—2021.02）
　　　　杨君政（—2021.11）

副主任　姚为政（—2021.02）
　　　　梁洪权（—2021.02）
　　　　王本飞
　　　　刘　玲（—2021.11）
　　　　张寿广
　　　　蔡连香（2021.11—）
　　　　戚　炯（挂）
县重大项目服务中心主任
　　　　计　奇（—2021.11）

县投资促进中心

主任　计　奇（兼）（—2021.11）

县经济技术协作中心

副主任　蔡莲香（—2021.11）
　　　　何　军（2021.11—）

县粮食和物资储备局

局长　林　跃（兼）

县工业与信息化局

局长、党委书记　陆志功
副局长　孙昌勇
　　　　吴　震
　　　　姜　超
　　　　周春华
　　　　陶兆胜（挂）

县应急管理局

局长、党组书记
　　　　裴承坚（—2021.04）
　　　　唐为晔（2021.04—）
副局长　仇学军（—2021.02）
　　　　李光辉（2021.02—）
　　　　曹海浪
　　　　朱友之

县商务局

局长、党委书记
　　　　陈华权（—2021.04）
　　　　路朝阳（2021.04—）
副书记　武德艳（2021.04—）
　　　　孙昌俊
副局长　孙昌俊
　　　　沈廷建
　　　　谈光明

县供销总社

主任、党委书记
　　　　王伏川（—2021.02）
　　　　徐　强（2021.02—）
副主任　周军荣
　　　　高文生（—2021.11）
监事会主任　朱明松（—2021.11）
　　　　李文婷（2021.11—）

县农业农村局

局长、党委书记　陈学建
党委副书记　刘士忠
副局长　路宝亚（兼）
　　　　魏　浩
　　　　刘　洋
　　　　王乃宁
　　　　郭丽华
　　　　王　一

县扶贫开发信息中心

主　任　刘士忠（2021.02—）

县水务局

局长、党委书记　杜龙洋
副局长　梁古柏裴学文
堤防所所长　王大胜
县防办主任　金春旭

县教育局（县委教育工委）

局长、党委书记　蔡卫国
副书记　　陈　华
副局长　羊昌军洪春雨

教师发展中心

主　任　赵永林（—2021.02）
　　　　姜有荣（2021.02—）
副主任　姜有荣（—2021.02）
　　　　黄　伟

县体育局

局　长　蔡卫国（兼）

阜宁中学

校　长　徐晓华
党委书记　陈　华
副校长　俞　翔
　　　　钱立勇

县实验高中（阜中左滁江校区）

校　长　周　军

县第一高级中学

校　长　王国定

职教中心

主　任　朱明圣
副主任　羊　健
　　　　殷红兵
工会主席　吴庆生

东沟中学

校　长　安　庆

陈集中学

校　长　顾修炼

县实验初中

校　长　蒋树开

县实验小学

校　长　戴卫红

县明达初中

校　长　刘道剑
副校长　孙宝娣

县文化广电和旅游局

局长、党委书记　闫志文
副局长　曾克修
　　　　王保国
　　　　彭　军

县文化市场执法大队

大队长　掌文献

县淮剧团

团　长　陈　俊

县卫健委

主任、党委书记　柏加建
副主任　张　军
　　　　徐浦秀（—2021.11）
　　　　李文杰
　　　　刘文羽
爱卫办主任　魏曙之
卫生监督所所长　李　勇
疾控中心主任　唐　杰

县人民医院

院长、书记　计成阜
副院长　费　文
　　　　赵学才
　　　　沈洲明
　　　　王涛武
　　　　曹恒军
工会主任　计耀军
纪委书记　刘鹏飞

县中医院

院　长　张　驹

县中西医结合医院

院　长　嵇亚军

县科技局

局长、党组书记　王新春
副局长　李文龙（—2021.02）
　　　　吕怀水
　　　　闻海峰（挂）

县公安局

局　长　徐向东（—2021.04）
　　　　王　伟（2021.04—）
党委书记、督察长
　　　　徐向东（—2021.07）
　　　　王　伟（2021.11—）
政　委　朱步宏
副书记　朱步宏副局长　朱志祥
　　　　魏新北
　　　　裴文河
　　　　蔡　斌
　　　　韦继飞
政治处主任　郑　光（—2021.11）

县司法局
局长、党组书记　陈国利
副局长　王阿芹（—2021.11）
　　周严东
　　王　华
县退役军人事务局
局长、党组书记　童广斌
副局长　张　猛
　　王　冬
县民政局
局长、党委书记　刘　祥
副书记　洪　波
副局长　洪　波
　　卢亚静（—2021.11）
　　陈玉林
　　韩亚东（挂）
县社会托底救助中心
主　任　陈斯红
副主任　韩亚东
市场监督管理局
局　长　杨素俊
书　记　史耀武
副书记　杨素俊
　　徐正连
副局长　徐正连
　　季益画
　　刘永胜
　　周　祥
　　魏益鹏
　　刘士德
第一分局局长　吴正军
第二分局局长　张海波
第三分局局长
　　于从能（—2021.11）
第四分局局长　赵怀友
第五分局局长　王　海
第六分局局长　孙正华
第七分局局长　周志勇
第八分局局长　周铁军
第九分局局长　贡庆华
市场执法大队大队长　陈　勇
综合检测中心主任　戴佐元
县知识产权局
局　长　杨素俊（兼）
县自然资源和规划局
局长、书记　丁红军
副局长　花本军
　　薛　岭
　　周　峰
　　蔡　坤
　　花茂盛
　　王　军
　　王　赞
沟墩分局局长　郑耀宁
土地储备中心主任　唐晓波
监察大队大队长　朱治
益林分局局长　周丹
开发区分局局长　魏再军
东沟分局局长　袁劲松
阜城分局局长　赵锦联
工会主席　杨鸿鸣
不动产登记中心主任　杨香泉
县生态环境局
局长、党组书记　邱军华
副局长　陈银龙
　　刘友青
　　郭为亮
　　蒋文俊
消防救援大队
大队长　李玉震
教导员　王健香
　　蒋　杰（2021.07—）

县政协机关

办公室
秘书长、主任　毛卫民
副主任　刘继烽
研究室
主　任　刘继烽
经科委
主　任　王贵法（—2021.02）
副主任　王爱华
文化文史委（原学习文史委员会）
主　任　刘建忠
提案委
主　任　翟正来（—2021.02）
王乃洁（2021.11—）
农业和农村委
主　任　许　山
副主任　王乃洁（—2021.11）
王建芹（2021.11—）
社会事业委（原教文卫体委）
主　任　程风雷

社会团体

县总工会
主　席　计　俊（兼）
党组书记　曹　洋
副主席　曹　洋
　　顾　祥
　　易素霞
团县委
书　记　朱荣大（—2021.04）
副书记　张仲琦
　　于家伟（2021.11—）
县妇联
主　席　孙静静
党组书记　孙静静
副主席　袁　媛
　　邹梅兰
县科协
党组书记　陈　俊
主　席　周婧苏
副主席　董学军（—2021.02）
　　张亚琴（2021.11—）
县社科联
主　席　王　平
县工商联
主　席　蔡如航
党组书记　陈玉兵（—2021.11）
　　何娅娅（2021.11—）
副主席　祝　安
县文联
主　席　顾冬成
县残联
理事长、党组书记
　　周志军（—2021.11）
副理事长　张学中
　　张　忠
县红十字会
会　长　吴正年（兼）
常务副会长　左红艳
副会长　张　晔

双管单位

县税务局
局长、党组书记　刘春阳
副书记　蔡成荣（—2021.06）
副局长　蔡成荣（—2021.06）
　　余谦洋（—2021.05）
　　韩雪峰（—2021.01）
　　张贵明（—2021.10）
　　李国富
　　邵延仁
　　陶　青
纪检组长　杨海滨
第一税务分局（办税服务厅）局长
　　吕月生（2021.04—）
第二税务分局局长
　　张春松（—2021.08）

阜城税务分局局长
王春行（—2021.04）
姚　宁（2021.04—）
沟墩税务分局局长　王亚东
新沟税务分局局长
韩乃华（—2021.11）
羊寨税务分局局长
赵学兵（—2021.07）
东沟税务分局局长
张恒明（—2021.05）
王志猛（2021.05—）
益林税务分局局长　张国军

县供电公司

总经理　胡卫丰
党委书记　杨洁天
副总经理　耿　斌
黄　韬（—2021.05）
吕志刚（2021.05—）
袁伯军（—2021.03）
王　琦（2021.03—）
纪委书记　唐　鑫（—2021.05）
曾海建（2021.05—）

中国电信阜宁分公司

总经理　徐海兵
副总经理　张永权
孙正川
黄春雨（2021.04—）

县邮政公司

总经理　钱元勇
副总经理　李寿勇
薛亮亮
钱　勃（2021.09—）

中国移动阜宁分公司

总经理　朱德成
副总经理　钱　江
刘勇林

中国联通阜宁分公司

总经理　袁　浩
副总经理　徐　健

县烟草局（烟草公司）

局长（经理）　毕奎奎
副局长　项达海
副经理　王劲松（—2021.01）
杨国锋（2020.09—）

县气象局

局　长　邝珠江
副局长　顾　雷（2021.09—）
韦华平

县盐业公司

总经理　伏　祥
副总经理　郑海军

人行阜宁县支行

行　长　陆　萍
副行长　杨长荣
陶　洪

国家外汇局阜宁支局

局　长　陆　萍
副局长　杨长荣
陶　洪

农行阜宁县支行

党委书记、行长　张建林
副行长　柳银军（—2021.09）
副书记、副行长
冯兆华（2021.09—）
纪委书记　袁志高

工行阜宁支行

党委书记、行长　祁建荣
副行长　钱　洁（—2021.05）

建行阜宁支行

党委书记、行长　唐红力
副行长　刘悦冬
纪委书记　邱　伟
副行长 刘永玲

中行阜宁支行

行　长　陈　进
纪检书记　徐　栋
副行长　季　雨（—2021.11）
蔡永青（—2021.01）
张　萍
冯秀娟（2021.11—）
黄　侃（2021.01—）

阜宁农村商业银行

党委书记、董事长　李纪荣
党委副书记、行　长　周培
监事长　李剑峰（—2021.07）
马建俊（2021.07—）
副行长　蔡万华
周立为
杨　成
熊莉娟（2020.08—）

农发行阜宁县支行

行　长　王继军
副行长　谷　苏（—2021.07）
朱锦成（2021.07—）
徐海兵

邮储银行阜宁支行

行　长　胡国民
副行长　徐文燕
丁　伟（2021.10—）

江苏银行阜宁支行

行　长　程　列
副行长　朱余万
徐　震（—2021.01）
周丽娟（2021.01—）

阜宁民生村镇银行

董事长　吴　勋
行　长　潘玉才
副行长　王锦绘

常熟农商行阜宁支行

行　长　沈　锋（—2021.06）
许　艳（2021.06—）
行长助理　孙凯超

人保财险阜宁支公司

书记、经理　查苏宁
副经理　陈　思（2021.01—）

人保寿险阜宁支公司

总经理　王　振

中国人寿阜宁支公司

经　理　曾　鸣（—2021.05）
王　锋（2021.05—）
副经理　许信成（—2021.05）
孙文锋（2021.05—）

人寿财险阜宁支公司

经　理　王德春（—2021.01）
周云峰（2021.01—）
副经理　黄朝云

阜宁住房公积金管理部

主　任　郑　浩
副主任　徐龙华（2021.12—）

省统计局阜宁调查局

局　长　高兆师
副局长　邱　林
陈爱红
盐城港行阜宁中心书记、主任
朱义林

镇　区

阜城街道

书　记　于木村（—2021.04）
徐海东（2021.04—）
副书记　徐海东（—2021.04）
朱元清（—2021.11）
李小平（2021.04—）
曹恒永（2021.11—）
邵　锋（2021.11—）
闻海峰（挂）
人大工委主任
孔成军（2021.11—）
主　任　徐海东（—2021.04）

李小平（2021.04—）
副主任　钱明宏（—2021.11）
孙海萍
谢海涛
孙洪淼（—2021.04）
曹恒永（—2021.11）
邵　锋（—2021.11）
宗慧娟（2021.11—）
祁丰成（2021.11—）
统战委员　王　娟（—2021.11）
王　琪（2021.11—）
人武部长　张春将
组织委员　宗慧娟（—2021.11）
刘　勇（2021.11—）
纪工委书记　徐　伟
宣传委员　陈　胜（2021.04—）
政法委员　夏斯军（2021.08—）

环保滤料产业园

主　任　钱明宏（2021.11—）
副主任　夏斯军（—2021.08）
周育成
王永兵（2021.08—）
刘　红（2021.08—）

吴滩街道

书　记　何娅娅（—2021.11）
副书记　杨广华
陈加政（—2021.04）
许黎辉（2021.04—）
人大工委主任
崔焕元（—2021.11）
裴庆虎（2021.11—）
主　任　杨广华
副主任　李　彤（—2021.04）
王进根
楚士高
许　腾
王　舒（2021.04—）
李　明（2021.04—）
郑　志（挂）
人武部长　王　振（—2021.11）
高国震（2021.11—）
统战委员　高杞林
宣传委员　贺广超
组织委员　刘　永
纪委书记　王　彪
政法委员　陈昌满（2021.11—）

花园街道

书　记　孙树马
副书记　陈东风
人大工委主任
孔成军（—2021.11）
杨阿娣（2021.11—）
主　任　孙树马
副主任　王建芬（—2021.11）
姜利霞
周　勇
陈金高（—2021.11）
孔峥嵘（2021.11—）
纪委书记　陈利民
组织委员　羊井文
人武部长　李　亮
政法委员　费伏庆
宣传委员　孙华荣
统战委员　张　芹

沟墩镇

书　记　韩启海
副书记　戴炳硕
顾寿雷
陶兆胜（挂）
人大主席　羊长华
镇　长　戴炳硕
副镇长　王友品（—2021.04）
杨　峰（—2021.04）
高善华（—2021.04）
徐卫东
许黎辉（—2021.04）
曹平新（2021.04—）
孙志远（2021.04—）
戴广亚（2021.04—）
孙　晓（2021.04—）
纪委书记　戴广亚（—2021.04）
张庆亚（2021.04—）
组织委员　凌　云
宣传委员　陈海荣
人武部长　陈　成
政法委员　孙志远（—2021.04）
邓克华（2021.04—）
统战委员　邓克华（—2021.04）
李权成（2021.04—）

陈良镇

书　记　朱亚东
副书记　李　磊
张鑫鑫
人大主席　花泳华
镇　长　李　磊
副镇长　周亚玲（—2021.04）
王柱玲
周海华（—2021.11）
王　超
张大志（2021.04—）
杨爱利（2021.11—）
纪委书记　张大志（—2021.04）
高　琪（2021.04—）
组织委员　张旭东
宣传委员　朱　可（—2021.04）
高仁俊（2021.04—）
人武部长　曹雪峰（—2021.04）
张亚敏（2021.04—）
政法委员　孙　耀（—2021.04）
曹雪峰（2021.04—）
统战委员　蒋　会（—2021.04）
顾天宇（2021.04—）

三灶镇

书　记　施宁琳（—2021.04）
张　勇（2021.04—）
副书记　张　勇（—2021.04）
李　军（—2021.04）
潘亮亮（2021.04—）
陈加龙（2021.04—）
陈必海（挂）
（2021.07—2023.07）
人大主席　朱益刚（—2021.04）
李　军（2021.04—）
镇　长　张　勇（—2021.04）
潘亮亮（2021.04—）
副镇长　李莉莉（—2021.04）
陈加龙（—2021.04）
苏简俊（—2021.11）
顾克飞
周国成（2021.04—）
蒋　永（2021.04—）
薛　明（2021.11—）
王金国（挂）
纪委书记　周国成（—2021.04）
李建平（2021.04—）
组织委员　掌兴华（—2021.04）
房　兵（2021.04—）
宣传委员　陈　胜（—2021.04）
朱妍娴（2021.04—）
人武部长　杨　刚
统战委员　蒋　永（—2021.04）
姚子航（2021.04—）
政法委员　祖安国
工委主任　掌兴华（兼）
（—2021.04）

郭墅镇

书　记　王海强
副书记　季丰明（—2021.11）
杨正卫
陈圣亚（2021.11—）

人大主席　唐为晔（—2021.04）
羊维刚（2021.04—）
镇　长　季丰明（—2021.11）
陈圣亚（2021.11—）
副镇长　陈炳顺
施文仁（—2021.08）
顾永俊（挂）
吴正跃
杨柳香（2021.04—）
施远峰（2021.08—）
纪委书记　王　飞（—2021.04）
陈慕华（2021.04—）
组织委员　杨柳香（—2021.04）
刘海孝（2021.04—）
宣传委员　孙　剑（—2021.04）
刘万超（2021.04—）
人武部长　孟令学（—2021.04）
周耀军（2021.04—）
政法委员　刘大德
统战委员　施远峰（—2021.08）
薛亚成（2021.08—）

新沟镇

书　记　许为峰
副书记　武德艳（—2021.04）
王　浩
朱荣大（2021.04—）
人大主席　王　龙
镇　长　武德艳（—2021.04）
朱荣大（2021.04—）
副镇长　曹平新（—2021.04）
姚　春
孙　健（—2021.04）
刘学伟
王一峰（挂）
宋士勇（挂）
孙英杰（2021.04—）
薛伟领（2021.04—）
政法委员　王　义（—2021.04）
王玉红（2021.04—）
纪委书记　孟晓俊
组织委员　薛伟领（—2021.04）
臧文寿（2021.04—）
宣传委员　王玉红（—2021.04）
王　义（2021.04—）
人武部长　孙　峰
统战委员　丁相好

陈集镇

书　记　张正华（—2021.04）
陈　灿（2021.04—）
副书记　张大飞（—2021.04）
王海永
徐　军（2021.04—）
周　浩（挂）
（2021.07—2023.07）
人大主席　魏高乾（—2021.04）
戴为军（2021.11—）
镇　长　王海永
副镇长　徐　军（—2021.04）
杨爱利（—2021.11）
张　猛
周士国（2021.04—）
殷　杰（2021.04—）
陈志春（2021.11—）
组织委员　孙英杰（—2021.04）
陈　浩（2021.04—）
宣传委员　周士国（—2021.04）
周　雯（2021.04—）
统战委员　朱明胜（—2021.04）
郑　翔（2021.04—）
人武部长　陈　浩（—2021.04）
杨君照（2021.04—）
政法委员　陈志春
纪委书记　郭　聪
工委主任　孙英杰（兼）
（—2021.04）

羊寨镇

书　记　张恩海
副书记　李小平（—2021.04）
朱学忠（—2021.04）
陈加政（2021.04—）
余红红（2021.04—）
周广春（挂）
（2021.07—2023.07）
季　峰（挂）
（2021.11—2022.11）
人大主席　蔡　虎
镇　长　李小平（—2021.04）
陈加政（2021.04—）
副镇长　王远景（—2021.04）
周少林
田　傲
陆高战
曹效利（2021.04—）
钱炳先（挂）
组织委员　李纯文
政法委员　魏义长（—2021.04）
蒋　会（2021.04—）
宣传委员　陈必和（—2021.04）
陈晶晶（2021.04—）
统战委员　曹效利（—2021.04）
王建明（2021.04—）
人武部长　邱海波（—2021.04）
侍　驰
（2021.04—2021.11）
纪委书记　姜庆红

桃花源生态经济区

书记、主任　杨君政（—2021.11）
张恩海（兼）
（2021.11—）
副主任　周阜生
陈必林
黄春华

芦蒲镇

书　记　周德鸿（—2021.04）
咸　将（2021.04—）
副书记　咸　将（—2021.04）
何翠阳（2021.04—）
刘庆庆（2021.04—）
华　翔（挂）
郭　凯（挂）
（2021.07—2023.07）
人大主席　张　正
镇　长　咸　将（—2021.04）
何翠阳（2021.04—）
副镇长　王永祥（—2021.04）
沈　埝（—2021.04）
马庆明
王大兵（—2021.04）
武　磊（2021.04—）
葛亚栋（2021.04—）
祁　浪（2021.04—）
李松峰（挂）
（2021.11—2022.11）
纪委书记　武　磊（—2021.04）
王　晓（2021.04—）
人武部长　刘　杰（—2021.04）
陈志远（2021.04—）
组织委员　杨新星
政法委员　葛亚栋（—2021.04）
张建秋（2021.04—）
宣传委员　郭益成（—2021.04）
姚海燕（2021.04—）
统战委员　张　翼
工委主任　杨新星（兼）

板湖镇

书　记　戴　斌
副书记　伏永元
单怀平
人大主席　朱天文
镇　长　伏永元

副镇长　刘庆庆（—2021.04）
陆中浩
郭　浩
易中刚（2021.04—）
李加政（2021.04—）
政法委员　易中刚（—2021.04）
刘　杰（2021.04—）
人武部长　朱军国（—2021.04）
吴　迪（2021.04—）
宣传委员　李加政（—2021.04）
姜　林（2021.04—）
统战委员　陈昌满（—2021.11）
王　振（2021.11—）
纪委书记　戴兰兰
组织委员　周　全

东沟镇

书　记　李文卫
副书记　陈　灿（—2021.04）
羊维刚（—2021.04）
裴庆虎（—2021.11）
刘恒新（2021.04—）
张　鹏（2021.04—）
唐红生（挂）
（2021.07—2023.07）
人大主席　杨中亮
人大副主席　曹天华
镇　长　陈　灿（—2021.04）
刘恒新（2021.04—）
副镇长　周国辉
张　鹏（—2021.04）
霍　力
李长正
李　彤（2021.04—）
卞恩超（2021.04—）
孙成群（挂）
纪委书记　卞恩超（—2021.04）
和树翠（2021.04—）
人武部长　孙建国
统战委员　颜廷兵（—2021.04）
钱　昊（2021.04—）
组织委员　董仁殿
宣传委员　侍冬雨（—2021.01）
邱　瑾（2021.04—）
政法委员　裴红军（—2021.04）
曹廷山（2021.04—）

公兴社区

书　记　陈寅阳（兼）
副书记　周国辉（兼）
崔　军（挂）
主　任　陈寅阳（兼）
副主任　周国辉（兼）
霍　力（兼）
曹天华（挂）

硕集社区

书记、主任　刘为青
副主任　裴红军（兼）（—2021.04）
蒯仁将（兼）
曹廷山（挂）（2021.11—）

益林镇

书　记　金凤邦
副书记　刘恒新（—2021.04）
岳天堂
张　伟
王友品（2021.04—）
人大主席　王大干
镇　长　岳天堂
副镇长　冯书剑
郭玉荣（—2021.04）
丁　青
岳天将（—2021.04）
王永祥（2021.04—）
孙　健（2021.04—）
施文仁（2021.08—）
潘正东（挂）
宣传委员　薛　明（—2021.11）
腾　菲（2021.11—）
纪委书记　李　明（—2021.04）
蔡　丹（2021.04—）
组织委员　刘　洋（—2021.04）
王海元（2021.04—）
政法委员　刘德松
人武部长　倪　斌
统战委员　崔　蓉（2021.04—）
工委主任　刘　洋（兼）
（—2021.04）

古河镇

书　记　崔金宁
副书记　张梦洁
潘亮亮（—2021.04）
刘　洋（2021.04—）
曾晨（挂）
（2021.07—2023.07）
人大主席　王　俊镇　长　张梦洁
副镇长　张永军
汪志豪
何翠阳（—2021.04）
董　欧（2021.04—）
朱明胜（2021.04—）
政法委员　王　舒（—2021.04）
季敬东（2021.04—）
纪委书记　董　欧（—2021.04）
邱星凯（2021.04—）
组织委员　张炳亚
统战委员　谢龙军
宣传委员　周　洲
人武部长　徐亚坤

罗桥镇

书　记　陈艳燕
副书记　崔　虎
孙洪淼（2021.04—）
邱　伟（挂）
（2021.07—2023.07）
人大主席　张亚洲
镇　长　崔　虎
副镇长　韩国建（—2021.04）
杨大仕（—2021.04）
付广胜
季　克（—2021.04）
李成国（2021.04—）
袁德怀（2021.04—）
李　坤（2021.04—）
石劲柏（挂）
宣传委员　季敬东（—2021.04）
朱　惠（2021.04—）
政法委员　袁德怀（—2021.04）
王鼎铭（2021.04—）
统战委员　李金阳（—2021.04）
张玲艳（2021.04—）
人武部长　黄大祥
组织委员　于家伟
纪委书记　李　坤（—2021.04）
周　鹏（2021.04—）

县开发区

书　记　郝瑞耀（兼）（—2021.02）
于木村（2021.06—）
主　任　徐静平（—2021.01）
于木村
（2021.01—2021.06）
刘兆栋（2021.06—）
副书记　徐静平（—2021.01）
于木村
（2021.01—2021.06）
刘兆栋（2021.07—）
孙树马（兼）
副主任　陈玉兵（—2021.11）
张栋天（—2021.08）
刘建荣
曹　阳（2021.11—）
陈朋飞（2021.11—）
施晓明（挂）

乔　芬（挂）
孟振亚（挂）
（2021.11—2023.11）
组织委员　羊井文（兼）
办公室主任　陈东风（—2021.11）
桂步良（2021.11—）
财税审计局局长　惠凌云
（2021.11—）
安监局局长　孔峥嵘（—2021.11）
高　专（2021.11—）
规划局局长　王建芬（—2021.11）
刘东东（2021.11—）
环保局局长　孔峥嵘（—2021.11）
人社局局长　戴德新
招商局局长　陈霄翔
经发局局长　嵇达波
台湾工业园管理办公室
王建芬（2021.11—）

富士康产业园

副主任　张栋天（兼）（—2021.08）
现代服务业园（阜宁港物流集聚园）
副书记　施晓明
主　任　施晓明
副主任　于水兵
（—2021.08）
周其双
戴振华（2021.08—）

风电装备产业园

主　任　陈朋飞（—2021.11）
陈金高（2021.11—）
副主任　王　景

武进高新区阜宁工业园管理办

主　任　曹　阳（—2021.11）
副主任　朱建人（2021.11—）

高新区

书　记　王海强
主任、副书记　孙卫青
副主任　王大兵（2021.04—）
王　飞（2021.04—）
孙　剑（2021.04—）
顾永俊（挂）
鲍培伟（挂）
纪委书记　王　飞（—2021.04）
组织委员　杨柳香（—2021.04）
宣传委员　孙　剑（兼）
（—2021.04）
人武部长　孟令学（兼）
（—2021.04）
区办主任　戴振华（—2021.08）
朱洪峰（2021.08—）
经发局局长　李士松
招商局局长　薛亚成（—2021.08）
李万春（2021.08—）
安监局（环保局）局长　黄东宁
纪委书记　王　飞
规划建设局局长　庄　昊

金沙湖旅游度假区

书　记　谢兆军
副书记　周朝明
路九成
主　任　周朝明
副主任　时明晗
杨阿娣（—2021.11）
董安骝（挂）
邓留成
王海平（2021.11—）
王志强（兼）
纪工委书记　朱中益（兼）

金沙湖街道

书　记　谢兆军
主　任　韩　阳
人大工委主任　徐　悦
副书记　韩　阳
张善民
副主任　时明晗
杨阿娣（—2021.11）
史如潮（兼）
王海平（兼）（2021.11—）
组织委员　王海平（—2021.11）
李建兵（2021.11—）
宣传委员　李建兵（—2021.11）
成　绘（2021.11—）
政法委员　仓洪基（2021.11—）
人武部长　张婷婷
纪委书记　朱中益
统战委员　孙　晓（—2021.04）
刘华秋（2021.11—）

现代农业产业园

书　记　谢兆军
副书记　张善民（兼）
周朝明
主　任　周朝明
副主任　张善民
王志强
史如潮

东益经济区

书　记　金凤邦
副书记　李文卫
张　伟（兼）
张本国（挂）
主　任　李文卫
副主任　张仁杰
侯海亮
纪委书记　卞恩超（兼）
（—2021.04）
和树翠（兼）
（2021.04—）

（县志办整理，县委组织部核）

文件目录选编

2021 年阜发文件目录（摘要）

表73

文号	文件标题	发文日期
2 号	关于表彰 2020 年度全县综合考核先进集体和先进个人的决定	2 月 3 日
3 号	印发《关于开展“亿元项目提质增效年”活动的实施意见》的通知	2 月 18 日
4 号	关于印发《阜宁县招商引资产业项目引荐人奖励办法》的通知	2 月 18 日
5 号	关于印发《阜宁县创建全国文明城市三年行动方案（2021—2023 年）》的通知	2 月 25 日
6 号	印发《关于开展党史学习教育的实施方案》的通知	3 月 18 日
7 号	关于庆祝中国共产党成立 100 周年系列活动安排的通知	3 月 18 日
9 号	印发《关于开展全县政法队伍教育整顿的实施方案》的通知	3 月 27 日
10 号	关于认真做好镇领导班子换届工作的实施意见	3 月 31 日
11 号	关于派驻镇党委换届工作组的通知	4 月 1 日
12 号	关于推进落实全市“科技创新突破年”活动的工作意见	4 月 27 日
13 号	关于加快工业经济高质量发展的激励意见	5 月 10 日
14 号	关于召开中共阜宁县第十五次代表大会的请示	5 月 24 日
15 号	关于成立中共阜宁县第十五次代表大会筹备工作领导小组的通知	5 月 24 日
16 号	关于全面推进乡村振兴加快农业农村现代化建设的实施意见	6 月 8 日
17 号	关于中国共产党阜宁县第十五次代表大会代表选举工作的通知	6 月 15 日
18 号	印发《关于在全县党员干部中开展“两在两同”建新功行动的实施意见》的通知	8 月 12 日
19 号	关于确定阜宁县出席中国共产党盐城市第八次代表大会代表候选人预备人选的情况报告	9 月 11 日
20 号	关于选举产生阜宁县出席中国共产党盐城市第八次代表大会代表的情况报告	9 月 13 日
21 号	转发中共阜宁县人大常委会党组关于做好全县县镇两级人民代表大会换届选举工作意见的通知	9 月 18 日
22 号	关于印发《法治阜宁建设规划（2021—2025 年）》的通知	9 月 22 日
23 号	关于表彰 2020 年度全县机关、事业单位先进个人的决定	10 月 29 日
24 号	印发《关于深化“有事好商量”协商议事工作的意见》的通知	11 月 17 日
25 号	转发《县委组织部、县委统战部关于政协阜宁县第十五届委员会人事安排意见》的通知	12 月 8 日
26 号	2021 年度全县综合考核意见	12 月 14 日

2021 年阜政发文件目录（摘要）

表74

文号	文件标题	发文日期
2 号	关于下达 2021 年全县“两重一实”投资计划的通知	2 月 8 日
3 号	关于印发阜宁县政府产业引导基金管理办法（试行）的通知	3 月 11 日
6 号	关于公布阜宁县第六批县级非物质文化遗产名录的通知	4 月 23 日
7 号	关于命名阜宁县第六批县级非物质文化遗产代表性传承人名单的通知	4 月 22 日
10 号	阜宁县人民政府 盐城市人力资源和社会保障局 关于印发阜宁县第九届职业技能大赛实施方案的通知	8 月 9 日
11 号	关于公布规范性文件清理结果的通知	8 月 20 日
12 号	关于组建阜宁县城市发展投资集团有限公司的通知	8 月 23 日
13 号	关于成立盐城海鑫投资集团有限公司的通知	8 月 23 日
14 号	关于印发阜宁县促进开放型经济工作高质量发展激励意见的通知	9 月 8 日
15 号	关于印发阜宁县科技创新高质量发展激励政策的通知	9 月 28 日
16 号	关于印发阜宁县“十四五”企业上市（挂牌）行动计划的通知	10 月 19 日
17 号	关于印发阜宁县阀体装备产业创新发展规划的通知	4 月 20 日
18 号	阜宁县人民政府 盐城市人力资源和社会保障局 关于公布阜宁县第九届职业技能大赛结果的通知	11 月 23 日
19 号	关于印发落实健康中国行动推进健康阜宁建设实施方案的通知	11 月 20 日
20 号	关于印发阜宁县镇街权力事项目录清单的通知	11 月 28 日

扛起新使命 推动新跨越
奋力描绘“阜明水秀、物阜民宁”现代化崭新画卷

——在中共阜宁县委十五届二次全会上的讲话

县委书记 张利华

2021年12月30日

同志们：

这次全会的主要任务是，全面贯彻习近平新时代中国特色社会主义思想，深入学习贯彻党的十九届六中全会、中央经济工作会议和省第十四次党代会、市第八次党代会精神，按照省、市委经济工作会议部署，回顾总结2021年工作情况，研究部署2022年工作任务，动员全县上下扛起新使命、推动新跨越，勇当沿海地区高质量发展排头兵，奋力谱写“强富美高”新阜宁现代化建设新篇章！

下面，我根据县委常委会研究的精神，讲三点意见：

一、点燃激情再出发，“十四五”开局之年迈出稳健步伐

过去的一年，在党中央和省、市委的坚强领导下，县委用心谋事、激情干事、尽力成事，描绘了一个启新程、续新篇的发展蓝图，布局了一批增动能、强势能的重大项目，启动了一些固根基、补短板的急事要事，以新担当、新状态、新作为，推动“十四五”实现良好开局。主要经济指标稳中提质，全年预计实现地区生产总值645.45亿元、增长7.2%，完成一般公共预算收入30.43亿元、增长7.5%，城镇和农村居民人均可支配收入分别增长8.3%、9.8%。

这一年，我们在攻坚重大项目中厚实了产业根基。坚持以项目构建产业发展体系，整合组建31个招商局，全面掀起项目引建热潮，全年新开、竣工亿元以上项目48个、44个，为一二三产业发展注入了新的动能。**工业产业构建新格局。**进一步理清产业方向和定位，构建“2+2+3”生态绿色工业产业新格局，新能源、环保新材料产业稳步增长，电子信息、汽车零部件产业强劲起步，阀体装备、食品加工、纤维纺织产业转型升级，阜宁县成功举办环保新材料创新论坛，入选全国整县（市、区）屋顶分布式光伏开发试点名单。全口径工业开票销售同比增长23.4%，应税销售占比达98%，规上企业增长面达66%，开票销售超亿元企业首超60家，国家高企达160家，阜宁县获评知识产权强省建设示范县，实际利用外资取得较大突破。总投资60亿元的赛得利纤维及无纺布项目成功落户，阿特斯5GW光伏电池片和10GW金刚线切片、淮宁2GW异质结光伏电池一期、中海油燃机热电联产等一批重大项目竣工投产。**现代农业取得新进展。**提升重要农产品稳产保供能力，坚决遏制耕地“非农化”、防止耕地“非粮化”，粮食和生猪生产提质增效，绿色优质农产品比重达74.3%，销往长三角农产品总额超65亿元。打牢农业生产基础，实施高标准农田9066.67公顷，推进中江种业“种粮一体化”项目，建立亚夫工作站。加快产业化步伐，优质稻米、生态黑猪、绿色果蔬、河荡水产等特色产业规模化、品质化发展，全县建成千万元以上农产品加工项目12个，县现代农业产业园被市认定为五星级园区，七彩阜宁农业公园获批“省康美基地”，“七彩阜宁”区域公用商标获批国家集体商标，“阜宁黑猪”入选全省十强农产品区域公用品牌，阜宁县获评全国县域农业农村信息化发展先进县，创成省农产品质量安全县。**现代服务业实现新提升。**出台促进现代服务业高质量发展激励意见，服务业投资、服务业增加值逆势上扬，阜宁港新开通太仓港集装箱航线，全县快递业务量、业务收入增速分别位列全市第2、第3，阜宁县获评全国电子商务进农村综合示范县。全面启动省级全域旅游示范区创建，金沙湖成为全市首批康养产业发展示范基地，金沙湖金陵湖滨酒店对外营业，华中局第一次扩大会议旧址入选全国“建党百年红色旅游百条精品线路”。建筑业产值突破600亿元，新晋升总承包一级资质企业5家。

这一年，我们在加快城乡融合中彰显了生态颜值。坚持将“生态肌理”植入“城市基因”，以生态厚植底色、彰显特色，一体推进美丽宜居城市和美丽田园乡村建设，“美丽阜宁”图景进一步铺展。精细化经营城市，高标准打响新一轮全国文明城市创建“卡位战”，深入实施老旧小区、人行道板、背街小巷等改造，大力推进宏人商品城、洲业汽车城北、原化机厂等地块棚改惠民工程，新建城乡污水管网390千米，县城范围内基本消灭黑臭水体，串场河风光带成为承载城市记忆的绿色生态廊道、滨水休闲空间、文化体验驿站。高位推进乡村振兴，持续抓好农房改善，纵深开展农村环境整治提升行动，谋划部署黄河故道片区新一轮综合开发，实施穆沟古村落复活改造、七彩玫瑰工坊建设等示范项目，全县新创成省、市特色田园乡村4个。加强生态治理，空气质量优良率达85.5%，国省考断面水质、集中式饮用水源地水质均达Ⅲ类标准，高新区化工企业实现应关尽关，金沙湖获评省首届“十佳最美生态修复案例”。

这一年，我们在促进共建共享中增进了民生福祉。坚持以人民为中心的发展思想，从群众身边的“小事”做起，持续改善和保障民生，群众获得感、幸福感、安全感切实增强。抓实疫情常态化防控，快速有序组织疫苗接种和全员核酸检测演练，既防范了输入风险，又服务了抗疫大局。

脱贫攻坚成果不断巩固，健康扶贫模式入选国家发改委助力脱贫攻坚典型案例、全省唯一。教育、卫生、交通等一批重点民生实事工程加快推进，盐阜快速通道开工建设，新城水厂主体建成。阜宁县入选全国首批乡村“复兴少年宫”建设试点县，获评全国在线教育应用创新项目区域，打春牛列入国家文化部“非遗过大年”民俗项目。养老、医疗、就业等保障水平不断提升，在全市率先建成县镇村三级医保服务网络。深入开展安全生产专项整治，安全生产形势持续保持稳定。深化平安法治建设，推动扫黑除恶斗争常态化，圆满完成建党100周年安保维稳工作，社会大局和谐稳定。

这一年，我们在弘扬建党精神中提振了干事激情。坚持以政治建设为统领，压紧压实管党治党责任，党建根基更加牢固。大力开展党史学习教育，认真学习宣传贯彻党的十九届六中全会和省、市党代会精神，引导全县各级党员干部知史促行、感恩奋进。把牢意识形态工作主动权，推动新时代文明实践工作走深走实，阜宁县连续10年获评全省基层党员冬训工作示范县。圆满完成县、镇党委和村“两委”班子换届工作，有序推进县镇人大、政府和县政协换届，“为发展配干部、凭实绩用干部”的导向更加鲜明，激情干事创业的氛围加快形成。政法队伍教育整顿取得明显成效。全力配合省、市委涉粮问题专项巡视、巡察，深入开展粮食购销领域腐败问题专项整治。一体推进不敢腐、不能腐、不想腐，重遏制、强高压、长震慑，政治生态得到进一步净化。人大、政协工作展现新气象，党管武装、统一战线、民族宗教、对台、侨务、群团、“三老一关一参两会”等工作取得新进展，团结奋斗的合力充分汇聚。

在肯定成绩的同时，我们更要时刻保持清醒头脑，看到存在的问题和不足：一是发展基础依然比较薄弱，产业规模总体偏小，项目不丰、投资不足的短板较为突出，重特大产业项目匮乏，与周边县（市、区）差距较大。二是乡村振兴步伐亟需加快，城乡二元结构明显，农业特色优势还未充分彰显，集镇管理不到位，黄河故道片区综合开发任务艰巨。三是民生领域欠账仍然较多，棚户区改造、公益性公墓建设等为民办实事项目进展不快，城乡公共配套设施不够健全和均等，优质教育、医疗、文化等资源供给能力不足，群众还有许多不满意的地方。四是社会治理能力还需提升，安全稳定的基础还比较脆弱，防范化解各领域风险隐患的压力仍然较大。五是干部队伍建设有待加强，对照“看得出、站得出、豁得出”要求，少数干部为官不为、混事度日，责任意识、担当精神和执行力、创造力均有所欠缺。这些问题，必须引起我们高度重视，采取有力措施，切实加以解决。

二、聚焦聚力厚家底，推动明年各项工作争先进位

2022年，是党的二十大召开之年。我们必须深刻领悟“两个确立”的决定意义和实践要求，始终沿着总书记指引的方向奋勇前进，坚决按照中央和省、市委部署，扎实做好各项工作。

明年工作的总体要求是：坚持以习近平新时代中国特色社会主义思想为指导，全面贯彻党的十九大和十九届历次全会精神，深入贯彻习近平总书记对江苏工作重要指示精神，认真落实中央经济工作会议和省、市党代会精神，按照省、市委经济工作会议部署，坚持稳中求进工作总基调，坚持以人民为中心的发展思想，统筹疫情防控和经济社会发展，统筹发展和安全，完整、准确、全面贯彻新发展理念，扛起新使命、推动新跨越，发起项目引建、城市更新“两大攻坚”，争当乡村振兴、绿色发展“两大标杆”，做好民生共享、改革创新“两大文章”，倾力打造长三角一体化发展北翼活力新城、江淮生态经济区新时代鱼米之乡，勇当沿海地区高质量发展排头兵，奋力描绘“阜明水秀、物阜民宁”现代化崭新画卷，为“强富美高”新阜宁现代化建设打下坚实基础，以优异成绩迎接党的二十大胜利召开。

主要预期目标是：地区生产总值增长7.5%，一般公共预算收入增长6%，城镇、农村居民人均可支配收入分别增长7.5%、8.5%。

1. 坚持聚力攻坚，加快项目突破，锻造县域经济发展强劲引擎。把握新型工业化加速期发展机遇，高举“项目为王、产业强县”大旗，发起项目引建攻坚，奏响“大抓项目、抓大项目”最强音，不断做大做强实体经济，为县域经济发展注入强劲动能。

强链延链，增强集聚力。在构建“2+2+3”生态绿色工业产业新格局基础上，突出主攻新能源、电子信息、新型纤维材料三大主导产业。按照集群成链思路，绘制产业链发展图谱，紧盯产业链紧缺和薄弱环节，加快集聚一批大中小项目，努力形成产业的“雁阵集群”“生态雨林”。2022年三大产业分别实现开票销售120亿元、40亿元、70亿元，2025年分别突破400亿元、200亿元、150亿元。开展重点产业链培育行动计划，围绕服务全市聚力打造的5条地标性产业链、着力发展的8条优势产业链、培育突破的10条潜力产业链，重点培育晶硅光伏、风电装备、大气污染防治设备3条产业链，重点推进光电显示、新能源汽车零部件、石油机械、智慧家纺、粮油果蔬加工5条产业链，精准开展建链延链强链。

招大引强，增强爆发力。坚持把招商引资作为“头号工程”，推动一流人才向招商一线倾斜，形成重兵出击的攻坚之势。发挥经济园区主阵地、主战场、主力军作用和31个招商局“突击队”作用，实行一个产业、一支队伍、一份招商地图、一本企业名册、一套政策保障，重点进驻以沪宁杭、苏锡常为主的长三角城市群和以深圳、广州、东莞、佛山为主的珠三角城市群，深入园区、街区，全面推进敲门招商、“扫街扫楼”。抢抓重特大项目落地的政策窗口期，深耕头部企业、央企国企、大型民企，推行“基金+项目”招引模式，通过基金引导、资本撬动、股权投资等方式，带动重特大产业项目突破，争取100亿元以上项目落地。专班专组服务保障项目建设，以“工作项目化、项目节点化、节点责任化”的思路，推进项目

建设全周期管理，确保5000万元以上项目入统数和投资额实现双提升、大翻身。

培优育强，增强竞争力。持续开展工业经济高质量发展培育计划，支持各类本土民营企业转型升级，推动大企业向“链主”企业、星级企业，中小企业向“专精特新”企业，规下企业向规上企业、高新技术企业攀高，明年实现开票销售超10亿元企业10家、1亿—10亿元企业50家、5000万元—1亿元企业60家，新增规上工业企业50家，获批工业星级企业7家。推动100家规上企业技术改造，重点推进5个超亿元和10个超千万元技术改造项目，全口径技改投入超30亿元。

整合提升，增强承载力。进一步做优园区布局，明晰园区边界，加强空间整合，逐步建立“一区一园”行政组织管理体系，形成省级经济开发区、东益工业园和多个特色区中园的“1+1+N”园区布局。按照“四有三聚”要求，化零为整、科学配置各类要素资源，深化园区等级创建和土地、厂房、楼宇资源高效利用工作，不断提升园区能级。加大水、电、路、气、网、热等基础设施投入，加快完善园区功能配套，更好满足重大项目落户需求。

2. *坚持以民为本，建设花园城市，彰显美丽宜居县城独特魅力*。把握新型城镇化加速期发展机遇，立足江苏沿海中等城市定位，充分发挥县城在县域经济发展中的龙头带动作用，发起城市更新攻坚，以全生命周期管理理念统筹城市治理，不断增强阜宁在江苏沿海区域主发展轴中的支撑功能，加快形成与中等城市相匹配的城市规模、质态和能级。

坚持规划先行，增强城市韧性。围绕“一主一副”城镇发展格局，系统谋划和制定国土空间总体规划，统筹好生产、生活、生态空间。着眼城市空间结构、功能布局、设施配套、产业发展等，高起点、高标准编制专项规划，推动各类规划与国土空间总体规划有机衔接，形成定位精准、多规合一的城市规划体系。把优化国土空间开发保护格局贯穿城市发展全过程，做好规划留白，预留城市发展空间。依托现有城市框架，统筹城北老城和城南新城，按照“拥湖入城”的思路，构建串场河、澳门路，北京路、苏州路等城市新组团，打造射阳河、串场河等一批临水空间，进一步彰显“大河两岸、一城半湖”的滨湖枕河城市形态。

突出功能完善，提升城市品质。实施城东迎宾大道高铁站-顾庄圆盘、城西阜城大街西圆盘-红韵广场、城南香港路东方广场-洲业汽车城，以及S329阜建高速出口等地段改造，扮靓城郊接合部。开工建设文体综合设施、城市商业综合体，补齐县城功能性短板。坚决打好棚改攻坚战，适时启动东至川里河、西至新兴路、南至射河北路、北至阜城大街和城西路、新林路两侧的西北片区房屋征收工作，逐步消除射阳河北岸最大一块棚户区，同时加快推进城南芳林南苑、大桥新村等5个安置楼建设，让棚户区蝶变出新模样。坚持促进城市有机更新和保护老城文化记忆相结合，继续开展老旧小区、背街小巷、老街老巷等改造，把“盲区死角”变成“美丽转角”。实施开发区大道顾庄圆盘-香港路城市化道路改造，改扩建阜东大桥，实行人车分流；推进澳门路东延、哈尔滨路西延，打通“断头路”，增加和优化老城区停车位供给，进一步畅通城市“微循环”。实施城南供电高压走廊迁移入地工程，为阜宁未来城市发展释放廊下空间2千亩以上。

促进提质扩容，繁荣城市经济。坚持供给端、需求端同向发力，加快构建与制造业相融合、城市功能相配套、居民需求相适应的现代服务业发展体系。生产性服务业要突出数字化、工业化“双向赋能”，重点拓展与现代物流、运维服务相关联的行业领域。生活性服务业要以促进传统消费扩容提质、新型消费加快成长、线上线下融合发展为目标和方向，大力招引高端商贸服务、餐饮酒店、文化休闲等项目入驻，加快久悦广场、铂悦府酒店等项目进度，持续繁荣城市商圈和特色街区。建筑业要加速转型升级，推动企业做大做强、拓展市场，明年新增一级资质企业2家，打造三星级以上企业6家、其中五星级企业2家，建筑业总产值力争突破650亿规模。

加强精细管理，厚植城市文明。纵深推进全国文明城市创建，巩固创建成果，补齐薄弱环节，保持常态长效，让城市兼具美丽颜值和独特气质。重抓“数字阜宁”建设，搭建“数字盐城”城市驾驶舱阜宁分舱，完善“我的盐城”APP阜宁版块功能，形成融合共享的城市治理服务“大数据”。提升城市精细化管理水平，坚持疏堵结合、张弛有度、综合施策，紧盯门前“五包”、建筑立面、停车管理、广告亮化、交通秩序、垃圾处置等重点难点问题，绵绵发力、久久为功，扮靓整洁有序的城市面貌。

3. *坚持融合发展，缩小城乡差距，创树乡村全面振兴示范标杆*。紧扣乡村振兴“20字”总要求，以项目化思维抓乡村振兴，每个村围绕一个特色产业、一处家庭农场、一支经纪人队伍、一套过硬“两委”班子、一座美丽村落、一团乡村和气“六个一”方向，谋准乡村振兴路径，努力建设农业强、农村美、农民富的新时代鱼米之乡。

突出产业发展。胸怀“国之大者”，坚决扛起耕地保护、粮食安全、生猪保供政治责任。坚持以效益为导向，坚定不移走精耕农业、科技农业、品质农业之路。因地制宜发展高效精品农业和都市农业，围绕推动特色产业“成块、成片、成带”集群发展，以桃花源特色产业园为依托，推动林果产业扩面提质，打造北部堆堤林果产业片区；以新沟春华秋实农业科技园为中心，带动周边镇区设施农业发展，打造中南部绿色瓜果蔬菜产业片区；以七彩阜宁农业公园为龙头，打造环城农旅融合发展片区；以益林、罗桥、公兴、沟墩等镇区为重点，打造南部湖荡水产片区。同时，发挥中粮、中江种业和牧原、阜顺等龙头企业引领作用，打造一批万亩连片优质稻米生产基地、万头生态黑猪养殖基地。大力开展农业招商，招引2个亿元以上农产品加工企业。重抓农产品品牌建设，推动“七彩阜宁”

母品牌和若干子品牌“抱团发展”，扩大阜宁大米、阜宁黑猪、大鹤蛋业等特色农产品品牌影响力，通过基地主供、窗口直销、农村电商、直播带货、休闲采摘等多种模式，将更多阜宁“国字号”优质农产品推向长三角市场。推动产业融合发展，锚定创建省级全域旅游示范区和国家级红色旅游融合发展示范区目标，统筹全县资源、力量，高标准推进金沙湖、马家荡、桃花源3个景区创建提升，做强生态、红色、农旅品牌，构建亲近自然、休闲娱乐、乡野民俗、红色研学、康养度假等沉浸式体验旅游功能板块。

突出乡村建设。加强集镇建设管理，不贪大、不求洋，重在功能完善和精细管理，对照县城公建配套要求，建设小公园、小街角、小广场等普惠性基础设施，打造“小而精”“小而美”的宜居安居集镇；规范集镇秩序，保持集镇整洁，每个镇每年重点改造1条街道，做到人车分流、雨污分流、停车有位、经营有序、垃圾清运及时、道路标识明晰、店容店貌美观、街角巷道靓丽。坚持旱涝保收、高产稳产“吨粮田”标准，突出黄河故道片区等基础薄弱地区，大力实施高标准农田建设，分层推进示范区、示范片、示范方建设，积极探索农田排灌系统生态化改造试点，明年全县建设高标准农田9700公顷。持续改善农民住房条件，加大农村“低矮破旧空”农房拆除力度，坚持按需新建和合理扩建相结合，加强新型农村社区治理服务，统筹做好新型社区周边的产业布局、公共服务配套和人居环境整治，以改善一处带动一片。复活有保留价值的部分传统村落，保护村庄肌理，形成喻口古镇和罗桥晓光、羊寨外口等特色小镇、特色田园示范村，高水平打造益林穆沟全国乡村旅游重点村、单家港新四军红色文化村。深入开展农村人居环境整治提升行动，抓实农村厕所革命、污水治理、垃圾处理等重点，引导群众扮靓一家一户美丽庭院，展现美丽乡村新图景。将黄河故道片区作为全县推进乡村振兴的重点区域，高位协调推进，精心打造采摘果园、路边民宿、河边驿站、现代灌区、红色印迹、堆上人家等关键节点，布局建设新四军干部实景教育基地及红色文旅基地，把片区打造成优质林果产业集中区、推进乡村振兴样板区、农旅融合发展示范区。

突出政策集成。积极推动农村承包地、集体产权、宅基地等改革政策落地，既抢抓机遇、主动实践，又把握方向、稳慎推进，最大限度释放农村改革活力和资源资产价值。建立农旅产业发展投融资平台，坚持资本化运作、市场化方向，为乡村振兴项目实施提供资金“蓄水池”。拿出专项资金，扶持具有乡土情结的大学生和有志有为的青年农民入驻村庄，领办创业工坊、家庭农场，绘就“田园梦”、实现“创业梦”，既留住浓浓的乡愁，又留下逐梦的人才。

4. 坚持“两山”理论，推进减污降碳，守护阜宁绿色生态宝贵家底。立足省委提出的江淮生态经济区、“生态大公园”定位，树好绿色发展标杆，努力把生态优势转化为发展优势，打造展现里下河水韵风貌、彰显阜宁高质量发展特色的“生态绿心”。

走好生态经济路径。把准产业方向，一二三产业都要坚定不移围绕“绿色”这个主题，调结构、促转型，走好“双碳”背景下的产业发展路径。落实项目联合评审制度，集聚一批符合国家产业政策和阜宁县产业定位的优质项目。稳妥推进整县屋顶分布式光伏开发，规划布局一批集中式光伏电站。坚决遏制“两高”项目盲目发展，严格执行节能审查制度，对重点行业、企业，开展专项监察。建立企业综合绩效评价体系，以亩均税收、亩均销售收入、单位能耗等为主要评价内容，促进资源要素向优质产业集聚。

打造绿色生态空间。把阜宁全域作为一个“生态大公园”来打造，用好“基于自然的解决方案”，保护自然肌理、生态基底，绘就“美丽江苏”的阜宁篇章。全面落实河长制、湖长制、林长制，强化水林田湖草沙协同治理，提升沿淮河和沿里下河区域生态系统碳汇能力。围绕构建“两区五廊”生态空间格局，进一步彰显金沙湖、马家荡生态湿地魅力，打造射阳河、串场河、通榆河、古黄河、苏北灌溉总渠5条高品位绿色生态走廊，擦亮阜明水秀标识。加强生态空间管控，严格落实“三线一单”分区管控机制。按照更新、改造、提升的思路，高质量推进国土绿化。

深化污染防治攻坚。做好第二轮中央生态环境保护督察迎查工作。坚持治水、治气、治土协同发力，推动环境质量持续改善。加强上游水系保护和水源治理，确保集中式饮用水水源地水质达标率100%，国省考断面水质稳定达标。加快补齐城乡污水处理设施建设短板，提升污水处理厂运行能力，打通截污纳管“最后一公里”，完成4个城镇污水处理提质增效达标区建设，4个污水处理厂改扩建和7个镇污水管网建设任务。巩固城市黑臭水体治理成果，持续推进县乡河道整治和农村生态河道建设，开展里下河洼地治理，实施益林、罗桥、芦蒲等县域水源上游地区整镇制河道治理工程。加大大气污染联防联控力度，重点实施PM2.5和臭氧浓度“双控双减”，确保空气质量持续提升。开展地下水和退出化工企业土壤调查，积极推进土壤治理和修复。抓好农业面源污染防治，进一步压减农药、化肥使用量，开展畜禽粪污资源化利用巩固提升行动，提高秸秆综合利用水平。

5. 坚持民生优先，加大投入力度，创造人民更加幸福美好生活。践行以人民为中心的发展思想，把“让老区人民的日子越过越红火”作为目标追求，聚焦群众急难愁盼问题和高品质民生需求，一年接着一年干、一件接着一件办，持续补齐民生领域突出短板，全力做好民生共享文章，努力用干部的辛苦指数换取群众的幸福指数。

增加居民收入，提升获得感。以低收入人口和经济薄弱村“两个增收”为目标，持续加大富民强村帮促力度，拓展联村带村、联农带农渠道，鼓励引导城乡群众通过勤劳致富改善生活，提升相对经济薄弱村35个，确保85个经济薄弱村集体收入达30万元。实施就业优先政策，开展多层次、多种类职业技能培训1万人以上，实现新增就业7000人以上。开发公益性岗位，积极吸纳大龄失业人员就业。支持返乡创业，安排全民创业专项扶持资金，举办返乡创业大赛，发放富民创业贷1亿元以上。

优化公共服务，提升幸福感。以改善城乡办学条件为基础、推进教育综合改革为关键、提升教育教学质量为目的，促进教育更加优质均衡高质量发展。建成北京路初中，实施阜宁中学滨湖校区、阜宁中专改扩建和一批镇级中小学校舍提升工程。深化新一轮教学质量振兴行动，全面落实"双减"政策，加强师德师风建设和中小学生身心健康管理工作。构建优质高效、覆盖城乡的医疗卫生服务体系，加快县人民医院二期、中西医结合医院整体搬迁等工程建设，改造提升一批镇级卫生院，建设一批"15分钟医保服务圈"省市示范点，创成省健康促进县，推动省级卫生镇创建全覆盖。开展文化溯源，组织专班深入研究阜宁红色革命史，探究阜宁历史文化资源，全面梳理文化脉络、挖掘城市底蕴，让阜宁人民透过县域发展史、地域变迁史，从"骨子里"增强文化自信、地域自信、发展自信。纵深推进新时代文明实践中心和乡村"复兴少年宫"建设，新建一批阅读新空间和体育休闲"微空间"，不断满足群众高品质精神文化需求。实施名师、名医、名家引培工程，破解教育、卫生、文化等专业人才紧缺矛盾。聚焦"一老一小"，加快综合养老服务体系建设，积极培育养老服务新模式新业态，大力发展普惠幼教和托育服务。扎实开展社保扩面、城乡居保公共服务标准化示范县创建等工作，稳步提升社保覆盖范围和待遇水平。织密基本生活救助、专项社会救助、急难社会救助等多元救助网络，统筹做好助残、救孤、济困、优抚等工作。深化殡葬事业改革，推进城乡公益性公墓建设，打造全市城市公益性公墓建设样板。

加强综合治理，提升安全感。坚定不移贯彻落实总体国家安全观，推进基层治理体系和治理能力现代化建设，坚决防范和化解各类风险。捍卫政治安全，加强分析研判，严守工作阵地，确保民族宗教、意识形态、网络空间等领域绝对安全。保障经济安全，推动平台公司转型发展，稳妥管控和化解政府性债务，有效防范化解企业债务、房地产市场、非法集资等领域风险。维护人民安全，狠抓常态化疫情防控不放松，坚持平战结合，落实"四早"措施，强化应急处置能力建设，坚决防范疫情输入风险；严格落实安全生产责任制，高标准、清单化完成"三年大灶"各项整治任务，积极推进省级安全发展示范城市创建，深入开展食品药品安全专项整治；完善应急管理机制，筑牢防灾减灾救灾的人民防线。确保社会安全，坚持和发展新时代"枫桥经验"，完善"大数据+网格化+铁脚板"治理机制，常态化开展扫黑除恶斗争，巩固拓展政法队伍教育整顿成果，促进执法、司法、普法有效贯通，严厉打击各类违法犯罪，坚决遏制个人极端事件和公共突发事件；坚持县镇村三级信访"周周清"例会制度，强化源头控访、服务减访、开门接访、责任化访、综合治访，下功夫解决好群众反映的身边事、涉及群体的重要事、久拖不决的棘手事，维护和谐稳定的发展环境。

6. 坚持创新引领，深化改革开放，激发经济社会发展强大动力。扎实做好改革创新文章，努力以更高水平开放拓空间、更深层次改革添活力、更大力度创新促转型，涌动阜宁高质量发展的澎湃浪潮。

深化对外开放。阜宁既沿海，又沿淮，同属沿海经济带、江淮生态经济区双重功能区。我们要增强开放自信，涵养开放胸襟，加快推进盐阜快速通道、临盐高速、淮河入海水道阜宁避流港、阜宁东站至S329货运连接线、S328改线等重大基础设施建设，着力构建全方位开放格局。围绕《江苏沿海地区发展规划（2021—2025年）》"三纵三横三片区"的总体布局，立足区域主发展轴、中部通道、河海联动区交汇叠加的关键节点，主动担当作为，干出阜宁精彩。积极策应市黄海新区建设，以陆海统筹、交通联通为牵引，以产业配套、项目承接为重点，以一体融合、协同发展为路径，全方位加强协作。主动投身长三角一体化发展，对接以上海为龙头的长三角城市群，谋求与苏南城市合作，外派干部到苏南、浙江、上海等长三角前沿阵地学习锻炼，在长三角城市群中展现阜宁的城市活力、发展活力、干部活力。提高经济外向度，加大日韩、港台等地外资招商力度，推进赛得利纤维、欧丽能流体设备等重点项目建设，拓展跨境电商、服务贸易、数字贸易等新业态，引导企业借助盐城跨境电商综合试验区平台，实现跨境电商新突破。

强化创新赋能。注重思维创新。在思想深处来一场深刻的自我革命，坚决破除固步自封、自我满足心态，推动视野格局、思想理念、工作方法全面适应现代化、对标长三角，善于用改革的思维破解难题、创新的理念突破困境，不断打开工作新局面。构建创新创业生态，常态举办创新创业大赛，激发各类群体创造潜能，形成鼓励创新、支持创业的社会风尚。突出业态创新。紧盯数字经济、流量经济、共享经济、文化创意等产业新赛道，大力培育和引进新业态、新模式、新场景。加强科技创新。深化科技创新在经济全局中的引领地位和支撑作用，推动产业链、创新链、要素链和人才链深度融合。积极布局科创载体，着力招引科创人才，加快环保新材料创新研究院和博杰科技孵化产业园建设，提升上伟碳纤、中材科技企业研发机构。实施数字智造升级工程和"两化"融合提升行动，启动110家规上企业数字化改造，鼓励企业建设示范智能车间和工业互联网标杆工厂，新增省星级上云企业30家，国家高企总数达180家。

优化营商环境。支持民营企业发展，是我们一以贯之的态度、义不容辞的责任。要围绕企业需求，推动服务保障升级，系统化深化"放管服"改革，集成化落实惠企政策，精细化做优企业服务，真正把企业的事当成自己的事，把企业的困难当成自己的困难，即知即办、立说立行，打造"'阜'好办、'宁'放心"的营商名片、亲商温度。为企业站台，就是为发展站台。各级干部要在恪守亲清政商关系前提下，敢于担当、主动靠前，光明磊落同企业家交朋友，尽心竭力支持企业发展，搭建政企连心桥，当好民企“娘家人”。大力营造尊重企业家、支持创业者的社会氛围，定期召开企业家座谈会，组织企业家赴发达地区参观学习等活动，让创新创业创造之火在阜宁大地激情燃烧，让勇立潮头的“阜商”风采在新时代竞相绽放。

三、抓实党建强保障，汲取奋斗前行磅礴力量

“阜明水秀、物阜民宁”，是阜宁人民对美好生活的热切向往，是对“强富美高”新阜宁的生动诠释，也是历届县委、县政府矢志不渝的目标追求。伴随着党的百年征程，在党的坚强领导下，阜宁大地留下了修筑“宋公堤”、根治淮河水、修复金沙湖等追求人与自然和谐共生的深刻印记，也书写了“旱改水引来稻花香”、挺进大河南再建新阜宁、改善农房实现安居梦、脱贫致富奔小康等协力同心的华彩篇章。我们要从百万干群勇毅前行的奋斗历史中汲取强大力量，在阜宁现代化建设的新征程中扛起使命担当，弘扬伟大建党精神，赓续老区红色血脉，以各级干部的出力出汗，换取阜宁发展的出新出彩，为奋力描绘“阜明水秀、物阜民宁”现代化崭新画卷提供坚强保障。

*一要增强守初心、担使命的思想自觉。*把政治建设作为首要任务，始终把稳思想之舵、筑牢政治之魂。汲取奋进伟力。坚定捍卫“两个确立”，坚持不懈用习近平新时代中国特色社会主义思想统一思想、统一意志、统一行动，进一步增强“四个意识”，坚定“四个自信”，做到“两个维护”，坚定地忠诚核心、拥戴核心、维护核心。深入学习宣传贯彻党的十九届六中全会精神，巩固拓展党史学习教育成果，自觉把党百年奋斗的重大成就和历史经验转化为奋进新征程的强大动力，勿忘昨天的苦难辉煌，无愧今天的使命担当，不负明天的伟大梦想，满怀激情开创阜宁事业发展新局面。担好发展重责。面向现代化、身处长三角，我们既面临加速发展的滚滚浪潮，又面临竞争分化的潜在危机。能否在新赛道上跨越赶超，关键靠各级干部带头加油干、带领群众一起干。要知责于心、担责于身、履责于行，永葆对党的赤胆忠心、对人民的坚定初心、对事业的进取之心，带头急起来、忙起来、跑起来，知重负重、实干苦干，在省域1+3重点功能区建设中找准阜宁定位、扮好阜宁角色，在沿海高质量发展的大潮中追风逐浪、跨越赶超。守好一方阵地。党的百年奋斗历程，镌刻了无数共产党人“人在阵地在”的强大信念、执着坚守和不屈斗争。全县各级党组织和广大党员干部都要有强烈的点位意识、阵地意识，既守好“无形”的阵地，坚持党管意识形态，强化理论武装，坚定理想信念，牢记初心使命，巩固壮大主流思想舆论；又守好“有形”的阵地，站好自己的位、守好自己的门、干好自己的事，不失位、不添乱，真正把讲政治、顾大局、守规矩的要求内化于心、外化于行。

*二要锻造“看得出、站得出、豁得出”的干部队伍。*全面加强干部队伍建设，打造一支敢冲锋、能突击、善打仗的“尖兵”团队。昂扬实干精气神。大力倡导真抓实干、紧张快干的务实作风，实行首问负责制、一线工作制、闭环督查制，踏石留印抓落实、敢为人先抓落实、群策群力抓落实，坚决做到有要求必有行动、有部署必有落实、有交代必有回音。旗帜鲜明为实干者担当，不求全责备、吹毛求疵，真正把“三项机制”用作出于公心、激情干事干部的“护身甲”，让品头论足、诬告陷害、恶意中伤的人成为“过街老鼠”。调动各方面积极性、创造性，充分发挥人大、政协职能作用，加强党管武装和双拥共建，提高统一战线工作科学化、规范化、制度化水平，支持群团组织、“三老一关一参两会”等在服务中心大局中建功立业。练就实战硬本领。分层分类组织“请进来”“走出去”培训，加大干部轮岗交流和挂职锻炼力度，培养多岗位历练的“多面手”和深耕专业领域的“行家里手”。把经济园区主战场和城市建设、乡村振兴、信访稳定第一线作为培养使用干部的“赛马场”，激励各级干部在攻坚克难中磨砺无坚不摧的“金刚钻”。坚持高标准谋事、高效率干事、高水平成事，一级带着一级干、边学边干边摸索，锤炼适应现代化建设要求的干事“铁军”。加强年轻干部、名校优生培养，让有梦想、有追求、有抱负的优秀“后浪”奔涌在现代化建设的时代洪流中。强化实绩论英雄。始终遵循“为发展配干部、凭实绩用干部”的用人导向，一切从工作出发，一切以成绩说话，让想干事者有机会，让能干事者有舞台。注重干部平时实绩考察，驻点研判镇区、部门班子建设和干部队伍情况，实行以实绩为基础的精准“画像”。推行“评差亮丑”工作法，激发“企业比贡献、部门比服务、干部比作为”的比拼意识，通过会议、媒体等多种渠道，“晒”工作、“晾”干部，让工作推进不力的条块“上头条”，让碌碌无为的干部“坐不住”。

*三要建设全面进步、全面过硬的基层组织。*深入贯彻新时代党的组织路线和组织工作条例，全面提升党的组织建设质量。实施基层党建“五聚焦五落实”深化提升行动，分类推进村党支部标准化建设、党员队伍建设，常态化整顿软弱涣散、选树典型示范基层党组织。进一步建强基层党组织骨干队伍，深化村书记专职化管理、社区工作者职业化体系、“两新”组织党务工作者专业化建设，不断提升基层组织组织力。以更高的标准、更大的力度、更实的举措，抓党建促乡村振兴，全面提升村级党组织谋划发展思路、带动强村富民、狠抓工作落实、创新基层治理的能力，让党旗在乡村振兴一线高高飘扬。各级党组织和广大党员要紧扣民心这个最大的政治，始终把人民放在心中最高位置，积极投身“两在两同”建新功行动，为群众创造更多民生的温度、幸福的质感。

*四要营造风清气正、海晏河清的政治生态。*坚决扛起全面从严治党主体责任，把严的主基调长期坚持下去，牢牢抓实案件查处、监督管理、警示教育、以案促改等各个环节，扎

实做好一体推进“三不”各项工作。认真落实中央和省、市委关于加强“一把手”和领导班子监督的实施意见，高质量推进政治巡察，以党内监督主导引领各类监督系统集成、协同高效，建立完善的监督管理机制、有效的权力制约机制、严肃的责任追究机制。从严落实中央八项规定精神，坚决整治群众身边不正之风和腐败问题，以优良党风促政风带民风，努力打造廉洁江苏的阜宁样板。

同志们，事在人为，业在人创，没有天生的领跑者，更没有不变的追随者，新征程上都是全程冲刺者。让我们更加紧密地团结在以习近平同志为核心的党中央周围，在省、市委的坚强领导下，扛起新使命，推动新跨越，倾力打造长三角一体化发展北翼活力新城、江淮生态经济区新时代鱼米之乡，勇当沿海地区高质量发展排头兵，奋力描绘“阜明水秀、物阜民宁”现代化崭新画卷，以优异成绩迎接党的二十大胜利召开！

政府工作报告（摘要）

——在阜宁县第十七届人民代表大会第一次会议上

代县长　许根林

2022年1月11日

各位代表：

现在，我代表县人民政府向大会报告工作，请予审议，并请县政协委员和其他列席人员提出意见。

2021年和本届政府工作回顾

过去一年，在上级党委、政府和县委的坚强领导下，在县人大、县政协的关心支持下，我们从百年党史中汲取奋进力量，紧扣开启全面建设社会主义现代化新征程，统筹推进疫情防控和经济社会发展，突出“生态新阜宁、开放新阜宁、产业新阜宁、幸福新阜宁”建设，扎实推进高质量发展，较好完成了县第十六届人民代表大会第五次会议确定的目标任务，实现“十四五”良好开局。实现地区生产总值645.45亿元，同比增长7.2%；一般公共预算收入30.43亿元，同比增长7.5%；城镇、农村居民人均可支配收入36589元、23409元，分别同比增长8.3%、9.8%。

一、攻项目、促转型，实体经济稳健发展。工业经济稳中向好。克服疫情散发、能耗“双控”、能源保供等因素影响，实现全口径工业开票销售499.2亿元、同比增长23.4%，其中应税销售占比达98%。265家规上企业增长面76.6%。“2+2+3”产业规上企业开票销售占比63.3%，其中，新能源、环保新材料产业开票分别增长28.1%、25.4%，电子信息、汽车零部件产业开票分别增长62.7%、64.5%。新增国家两化融合贯标认证企业7家、省三星级以上上云企业50家、市长质量奖企业1家，创成国家、省绿色工厂各1个，建成省级智能车间2个。开工、竣工亿元以上工业项目分别达41个、40个。成功举办环保新材料创新论坛。入选全国整县（市、区）屋顶分布式光伏开发试点名单。现代农业稳产增效。实施高标准农田9066.67公顷，耕地轮作试点341.6公顷，粮食总产量95.9万吨。生猪存栏45.2万头、出栏70.1万头，“阜宁黑猪”入选全省十强农产品区域公用品牌。绿色优质农产品比重达74%，创成省农产品质量安全县。“七彩阜宁”区域公用商标获批国家集体商标，“白水塘白对虾”成功注册国家地理标志商标。12个千万元以上农产品加工项目建成投产，新增省级农业产业化龙头企业1家。县现代农业产业园创成市五星级园区。服务业提速发展。阜宁港开通太仓港集装箱航线，阜宁港淮河作业区纳入盐城市内河港口总体规划。全县快递业务量、业务收入增速分别列全市第2位、第3位。获评全国电子商务进农村综合示范县。金沙湖获评全市首批康养产业发展示范基地，金沙湖金陵湖滨酒店对外营业。中共中央华中局第一次扩大会议旧址入选“全国建党百年红色旅游百条精品线路”。建筑业总产值突破600亿元，晋升总承包一级资质企业5家。

二、抓改革、扩开放，内生动能有效激发。重点改革稳步推进。深化“放管服”改革，企业开办全流程0.5天办结率达97.8%，新征地工业项目实现“拿地即办证”全覆盖。全省综合行政执法改革暨指挥中心建设先行示范县通过验收，益林镇创成全省“三整合”改革先行示范镇。行政复议体制改革扎实推进。农村产权制度改革不断深化，农村集体产权交易总金额同比增长53%。财政工作在财政部财政管理绩效综合评价中位居全国第38名、全省第3名。深化国企改革，组建城发集团、海鑫集团。与新华报业传媒集团合作设立产业引导基金。国有资产清产核资全面开展。闲置资源高效利用工作有序推进。创新能力逐步增强。“科技创新突破年”活动扎实开展，全社会研发投入同比增长21%，建成市级以上研发中心33家，签订产学研合作项目100项，获评知识产权强省建设示范县。6人成功申报国家重大人才工程项目。对外开放不断深化。设立31个招商局，遴选124名机关工作人员在上海、深圳等重点区域脱产驻点招商。注册外资到账5854万美元，同比增长158%，增幅全市第一。总投资达60亿元的新加坡金鹰赛得利集团纤维及无纺布项目成功签约。完成外贸进出口总额6.2亿美元，同比增长19%。

三、重统筹、提品质，城乡环境更加宜居。城市品质逐步提升。打好全国文明城市创建“卡位战”，推进宏人商品城、原化机厂等地块棚户区改造，完成房屋征收46.6万平方米，改造老旧小区12个，改建公厕18座，建设交通路口遮阳挡雨棚59座。新改建口袋公园15个，新增城市绿地45.6万平方米。整治县城黑臭水体6条，城河路雨污分流改造工程竣工。新建5G基站237座、新能源电动汽车充电桩100个。乡村建设深入实施。完成农房改善6113户，其中进城入镇4906户、进新型农村社区930户、原址新建翻建277户。穆沟新型农村社区被评为省级农房改善示范项目。孔荡村创成省特色田园乡村。成功争取清华大学在阜宁县设立乡村振兴工作站。交通条件日益改善。盐阜快速通道开工建设，新改建农村公路95千米，改造提升危桥135座。中山路入选交通运输部“红色之旅初心路”全国十强。生态优势更加彰显。空气质量优良率85.5%，6个国省考断面水质全部达Ⅲ类。疏浚整治县乡河道77条，建设生态河道11条。新增成片林107.27公顷，完善高标准农田林网980公顷，建成绿美村庄15个。

四、补短板、惠民生，发展成果普惠共享。疫情防控抓紧抓实。认真落实常态化疫情防控措施，累计集中管控中高风险地区来阜人员1016人，其中境外回阜人员648人。扎实推进疫苗接种，全人口全程接种率81.62%。社会保障扎实有力。健康扶贫模式入选国家发改委助力脱贫攻坚典型案例。获批全省就业培训“云眸工程”试点县。在全市率先建成县镇村三级医保服务网络。高龄、经济困难失能老年人养老服务和困境儿童保障覆盖率达100%。获评省残疾人工作先进县。公共服务均衡发展。教育“新四项”惠民工程全面完成，入选全国在线教育应用创新项目区域。县院南院区二期工程加快建设，县三院改扩建工程全面竣工。新城水厂建成通水。完成19个农贸市场标准化建设。完成县殡仪馆回购，城乡公益性公墓建设加快推进。入选全国首批乡村“复兴少年宫”建设试点县。“阜有诗书”阅读空间建成运营。“打春牛”列入文化和旅游部“非遗过大年”民俗项目，杂技《热心人》《我的小小世界》分别获国家金菊奖、省文华奖。社会治理持续加强。深化安全生产“三年大灶”整治，生产安全事故起数和死亡人数分别下降53.8%、37.5%。政府性债务化解进一步强化，金融风险防范化解扎实推进。平安阜宁、法治阜宁建设持续深化。食药安全形势持续稳定向好。坚持信访“周周清”例会制度，初信初访化解率达91.4%。与此同时，工会、共青团、妇联、科协、工商联、红十字会、统计、气象、档案、地方志、对台、侨务、民族宗教、机关事务管理和“三老一关一参三会”等工作取得新进展。

各位代表，2021年各项工作的顺利完成，为本届政府工作划上圆满句号。回首五年，这是阜宁发展史上极不平凡的五年。面对复杂多变的宏观经济环境、艰巨繁重的转型发展任务，本届政府坚持以习近平新时代中国特色社会主义思想为指导，全面贯彻党的十九大和十九届历次全会精神，认真落实习近平总书记对江苏工作重要指示精神，深入践行新发展理念，扎实推进高质量发展，实现“十三五”圆满收官和“十四五”良好开局，如期高水平全面建成小康社会，顺利开启现代化建设新征程。

一是综合实力跃上新台阶。地区生产总值是2016年的1.46倍，年均增长7.9%；人均GDP超过1万美元，是2016年的1.42倍，年均增长7.3%；城镇、农村居民人均可支配收入分别是2016年的1.44倍、1.52倍。打好精准脱贫攻坚战，“十三五”期间，提前一年完成脱贫攻坚任务，7.49万建档立卡低收入人口全部脱贫，171个经济薄弱村全部达标脱帽，为高水平全面建成小康社会打牢基础。

二是转型升级迈出新步伐。产业结构持续优化，二三产业占比较2016年提高1.8个百分点。中材四工厂、阿特斯5GW光伏电池片和10GW金刚线切片、淮宁2GW异质结光伏电池一期、中海油燃机热电联产等一批重大项目竣工投产。新能源产业由小到大，突破100亿规模，产业链条日趋完善。开票销售超亿元、税收超千万元工业企业分别达60家、20家，国家高企总数达160家。取消高新区化工产业定位，累计关停化工企业33家，实现应关尽关。粮食连年丰收，累计获批国家地理标志商标6个，大鹤循环农业、牧原生猪产业化项目投产达效，创成全国主要农作物生产全程机械化示范县，获评全国县域农业农村信息化发展先进县。建筑业总产值保持全市第一。

三是城乡面貌展现新形象。交通建设实现历史性跨越，连盐铁路、徐宿淮盐高铁相继建成通车，圆了百万阜宁人民家门口的“高铁梦”。城市建设稳步推进，完成白天鹅公园改造，建成协鑫生活垃圾焚烧发电厂、县城生活污水处理厂三期工程，滚动实施棚户区、背街小巷、老旧小区改造。串场河整治和环境提升工程县城段、沟墩集镇段景观完成建设，成为百姓文明休闲、城市文脉传承的新空间。获评全国文明城市提名城市，创成国家园林县城、国家卫生县城。乡村振兴扎实推进，在完成“6·23”灾后重建基础上，率先在全省启动农房改善工作，累计改善农房4.86万户，建成新型农村社区127个。持续抓好农村人居环境整治，建成乡村旅游景观公路189.7千米。

四是生态环境实现新蝶变。打好污染防治攻坚战，空气质量优良率增幅25.5%，PM2.5平均浓度降幅49.1%。国省考断面、县级以上饮用水源地Ⅲ类水质达标率100%。获评全国首批节水型社会建设达标县、全省水生态文明城市、耕地保护先进县、节约集约用地模范县。创成国家级生态乡镇2个、省级生态乡镇12个。金沙湖获评省首批“生态样板河湖”，入选省首届“十佳最美生态修复案例”。省级全域旅游示范区创建深入推进，桃花源、七彩阜宁农业公园创成国家3A级旅游景区。

五是民生事业取得新成效。每年兴办民生实事工程，累计投资113.72亿元。实现城镇新增就业5.53万人。新建各类学校25所，第一高中、东沟中学创成省四星高中，实验高中创成省三星高中，教育教学质量稳居全市第一方阵。县人民医院获评三级综合医院，创成全国群众满意乡镇卫生院5个、省示范乡镇卫生院12个。新四军盐阜区抗日阵亡将士纪念塔入选全国重点文保单位、国家级抗战纪念设施、遗址名录。连续三届获评省级双拥模范县。获评全国群众体育先进单位。成为全国首批新时代文明实践中心建设试点县。《阜宁县志（1986—2010）》获省优秀成果奖。芦蒲镇左范少数民族村获全国民族团结进步模范集体。打好防范化解重大风险攻坚战，疫情防控、防汛防台、安全生产、非法集资等领域风险防范有力有序，富建处置工作依法稳妥推进。连续16年获“省级平安县”称号。

六是自身建设得到新提升。政治建设持续深入。扎实开展“不忘初心、牢记使命”主题教育、党史学习教育。依法行政持续深化。政府常务会学法律、行政负责人谈体会已成常态。自觉接受县人大及其常委会法律监督、工作监督和县政协民主监督，累计办理人大代表议案、建议1203件，政协委员提案1022件，办复率100%。服务效能持续提升。不断改进政务服务，“12345”政府公共服务平台群众回访满意率96.37%。廉政建设持续加强。深入整治作风顽疾，持续防范廉政风险。

各位代表，这些成绩的取得，是习近平新时代中国特色社会主义思想在阜宁生动实践的结果，是上级党委、政府和县委正确领导的结果，是县人大、县政协有效监督、大力支持的结果，是全县百万人民勠力同心、苦干实干的结果。在此，我代表县人民政府，向各位人大代表和政协委员，并通过你们向全县广大干群，向离退休老同志、驻阜部队官兵，向关心支持阜宁经济社会发展的各界人士，致以衷心的感谢和崇高的敬意！

在肯定成绩的同时，我们也清醒地看到，在发展道路上还面临不少困难和问题：发展不充分问题依然突出，经济体量小，产业基础薄弱，重大项目偏少，经济园区支撑力亟待增强；城市发展能级不高，城市功能品质有待提升，乡村振兴任重道远；居民收入增长还不够快，优质公共服务供给与群众期盼仍有差距；安全生产、信访稳定、金融运行等领域基础还不牢固，防范化解重大风险的任务仍然较重；政府自身建设有待加强，部分干部的担当精神、创新意识、执行能力仍需提高。对于上述问题，我们将高度重视，在今后的工作中切实解决。

今后五年工作总体要求和主要目标

今后五年，新一届政府肩负着激情开启新征程、接续建设新阜宁的历史使命。我们将满怀信心，保持定力，牢记使命再出发，激情奔跑开新局。今后五年政府工作的总体要求是：坚持以习近平新时代中国特色社会主义思想为指导，深入贯彻习近平总书记对江苏工作重要指示精神和党中央、国务院重大决策部署，认真落实省委省政府、市委市政府和县委的各项决策部署，紧扣县第十五次党代会明确的目标任务，坚持以人民为中心的发展思想，坚决扛起“争当表率、争做示范、走在前列”光荣使命，坚持稳中求进工作总基调，统筹发展和安全，把握新发展阶段，贯彻新发展理念，融入新发展格局，推进高质量发展，勇当沿海地区高质量发展排头兵，奋力描绘“阜明水秀、物阜民宁”现代化崭新画卷，谱写“强富美高”新阜宁现代化建设新篇章。

今后五年，阜宁县经济社会发展的主要目标是：*综合发展实力显著提升*。到2026年，地区生产总值达860亿元，工业总产值突破1000亿元，建筑业总产值突破1000亿元，主要农产品生产能力稳中有增，绿色优质农产品比重超85%，服务业增加值占地区生产总值比重超50%，全社会研发投入占地区生产总值比重超3%。*人民生活品质显著提升*。到2026年，一般公共预算收入达40.5亿元，常住人口城镇化率达65%以上，人民群众在高质量发展中更好享受高品质生活。公共服务体系和社会保障体系更加完善，城镇登记失业率控制在4%以下，普通高中资源供给比例100%，每千人口拥有执业（助理）医师数3.3人以上。*生态环境质量显著提升*。污染防治取得新成效，美丽阜宁建设取得重大成果。空气质量优良率达90%以上，城乡污水集中处理率达100%，地表水达到或好于Ⅲ类水体标准，单位GDP能耗年均下降2.5%以上。林木覆盖率达27%以上。*社会文明程度显著提升*。习近平新时代中国特色社会主义思想入心入脑，社会主义核心价值观更加深入人心，文化产业和文化事业繁荣发展，新时代文明实践活动成效显著，创成全国文明城市。*共同富裕水平显著提升*。城乡发展更加协调，做好巩固拓展脱贫攻坚成果同乡村振兴有效衔接工作，黄河故道生态富民廊道建设取得明显成效。中等收入群体规模逐步扩大，困难群体得到更好的关心扶助。到2026年，全体居民人均可支配收入达44000元。*社会治理效能显著提升*。扎实推进基层治理体系和治理能力现代化建设。平安阜宁、法治阜宁建设向纵深推进。安全发展观念牢固树立，生产安全事故起数、死亡人数持续下降。疫情防控网扎得更紧更牢。

围绕上述目标，我们将抓重点、攻难点、出亮点、强弱项、补短板，一年接着一年干，一茬接着一茬办，全力抓好各项工作落实。*一是强产业*。坚持工业主导，全力突破重大项目，扶持民营经济发展，推进产业数字化、数字产业化，推动一、二、三产业全面转型升级，加快构建现代产业体系。*二是增动能*。把改革、开放、创新作为经济社会发展的动力源泉，以改革破除障碍、打通堵点，以创新转换动能、突破瓶颈，以开放集聚资源、促进融合，全力打造长三角一体化发展北翼活力新城。*三是美颜值*。实施基于自然的解决方案（NBS）和生态环境导向的开发模式（EOD），推进生态系统保护修复，持续解决突出环境问题，发挥金沙湖、马家荡、古黄河等生态优势，大力发展绿色低碳产业，一体建设美丽宜居城市和美丽田园乡村。四是办实事。在提高群众收入、完善社会保障、优化公共服务、创新社会治理、提高本质安全水平上持续发力，不断提高人民群众获得感、幸福感、安全感。

全面建设人民满意政府

开启新征程、描绘新画卷，对政府自身建设提出了新的更高要求。我们将以习近平新时代中国特色社会主义思想为指导，大力弘扬伟大建党精神，持续推进政府治理体系和治理能力现代化建设，努力开创政府工作新局面。

切实加强政治建设。更加自觉地用习近平新时代中国特色社会主义思想武装头脑，牢记“国之大者”，自觉践行、坚定捍卫“两个确立”，增强“四个意识”，坚定“四个自信”，坚决做到“两个维护”，始终沿着总书记指引的方向奋勇前进。把党对一切工作的领导落实在政府工作各个领域、各个方面、各个环节，坚决抓好县委各项决策部署的落实，确保令行禁止、政令畅通。牢记为民宗旨，强化为民情怀，切实把根植人民、依靠人民、造福人民转化为实际行动。

深入推进依法行政。坚持运用法治思维和法治方式解决问题、推动发展，扎实抓好法治政府建设。健全完善公众参与、专家论证、风险评估、合法性审查和集体讨论决定机制，严格规范重大行政决策程序。全面落实行政执法“三项制度”，大力促进严格规范公正文明执法。深入推进政务公开。认真执行县人大及其常委会的决议决定，坚持重大事项向县人大及其常委会报告、向县政协通报，依法接受人大法律监督和工作监督，自觉接受政协民主监督，主动接受社会舆论监督。

全面抓好能力提升。时刻秉持“本领恐慌”的危机意识，自觉增强“八项本领”、锤炼“五个过硬”、提高“七种能力”。深入学习历史知识、厚植文化底蕴、强化生态观念，更加突出专业素养和实战能力提升，注重系统谋划，注重借鉴“外脑”，注重实践创新，敢啃硬骨头、善打硬山头，始终以过硬本领应对复杂形势、完成艰巨任务、守好工作阵地、推进事业“出彩”，全力干出发展新业绩、干出群众好口碑。

着力强化担当实干。坚持“高”的标准、保持“紧”的节奏、树立“快”的导向、践行“严”的要求，主动在更大赛场上定目标、树标杆、抢进位，更多依靠改革的办法、开放的手段、创新的举措破解瓶颈制约，坚决做到“看得出、站得出、豁得出”。深入推进基层减负，更大力度精简会议、压缩文件。坚持项目化管理、清单式交办、节点式督查，强化工作闭环，确保各项部署快落地、见实效，始终以争先进位、跨越赶超的昂扬斗志和雷厉风行、抓铁有痕的实干作风，描绘“阜明水秀、物阜民宁”现代化崭新画卷。

始终保持清正廉洁。认真落实全面从严治党要求，把严的主基调长期坚持下去，巩固拓展落实中央八项规定精神成果，持之以恒纠治“四风”突出问题。树牢“过紧日子”思想，大力压减一般性支出、“三公”经费，把更多财力用于保民生、保运转、保稳定。严格落实党风廉政建设责任制，扎紧扎牢制度笼子，持续加强审计监督、统计监督和廉政风险防控，严肃查处各类违纪违法行为，坚决纠正侵害群众利益的不正之风，以实际行动赢得群众信任和支持。

各位代表，站在历史的今天，回望过去，一代又一代阜宁人筚路蓝缕、艰苦创业、一路向前书写华章；展望未来，我们使命在肩、豪情满怀、激情澎湃跨越赶超。让我们更加紧密地团结在以习近平同志为核心的党中央周围，在上级党委、政府和县委的坚强领导下，知责于心、担责于身、履责于行，扛起新使命，推动新跨越，倾力打造长三角一体化发展北翼活力新城、江淮生态经济区新时代鱼米之乡，勇当沿海地区高质量发展排头兵，奋力描绘“阜明水秀、物阜民宁”现代化崭新画卷，以优异成绩迎接党的二十大胜利召开！

索引

说 明

一、本索引为主题索引。

二、款目按标引词第一个字的汉语拼音第一个字母按顺序排列。

三、标引词后的数字内容所在的页码，数字后的拉丁字母a表示该页左栏，b表示中栏，c表示右栏。

1—9

A

B

C

G

H

J

K

L

M

N

P

Q

R

S

T

W

Z